DIE PRIVATE WELT DER HABSBURGER

Karl Vocelka / Lynne Heller

DIE PRIVATE WELT DER HABSBURGER

Leben und Alltag
einer Familie

STYRIA

Die Deutsche Bibliothek – CIP-Einheitsaufnahme

Vocelka, Karl:
Die private Welt der Habsburger : Leben und Alltag einer Familie /
Karl Vocelka/Lynne Heller. – Graz ; Wien ; Köln :
Verl. Styria, 1998
ISBN 3-222-12642-9

Umschlaggestaltung, Layout und Produktion: Franz Hanns, Wien
Reproduktionen: Grafo, Wien
Druck und Bindearbeit: Druckerei Theiss, Wolfsberg
ISBN 3-222-12642-9

INHALT

II UM BESITZ UND RECHT – MATERIELLE FRAGEN RUND UM DIE HABSBURGER

III UM KOPF UND KRAGEN – POLITISCHE FRAGEN RUND UM DIE HABSBURGER

EINLEITUNG

Mit diesem Buch, das selbstverständlich als eigenständiges Werk zu lesen ist, wird dennoch in mancher Weise der vor einem Jahr erschienene Band „Die Lebenswelt der Habsburger" fortgesetzt und ergänzt. Weitaus stärker als der Band über die Lebenswelt der Habsburger bezieht sich dieses Buch auf die vielen nicht regierenden Mitglieder der Familie und ihre Lebensschicksale, ohne dabei eine Aneinanderreihung biographischer Details oder gar „Geschichterln" sein zu wollen. Die Veränderungen im Verhalten der Familie in bestimmten Lebensbereichen sollen analysiert werden, strukturelle Fragestellungen stehen im Vordergrund.

Bei den Männern ist die Definition des Begriffes Habsburger einfach: Es sind alle von einem habsburgischen Vater in legitimer und standesgemäßer Ehe gezeugte Söhne. Bei den Frauen wurden sowohl die als Erzherzoginnen geborenen als auch die in die Familie einheiratenden „fremden" Prinzessinnen, die rechtlich durch ihre Ehe zu Habsburgerinnen wurden, in die Untersuchung aufgenommen. Ähnlich wie im ersten Band haben wir versucht, die spanischen Habsburger in adäquater Weise zu berücksichtigen.

Wirft man einen Blick auf die Habsburger-Literatur, so macht man eine überraschende Feststellung: Zu kulturellen Verhaltensmustern, von denen im letzten Band die Rede war, gibt es meist nur punktuelle Einzelstudien. Auch das vorliegende Buch begibt sich über weite Strecken auf Neuland, da bisher kaum epochenübergreifende zusammenfassende Darstellungen der Themenbereiche vorliegen.

Jeder der drei großen Abschnitte barg spezifische Schwierigkeiten. Im ersten Teil, der sich mit Vererbungsfragen, Kindern, Sexualität und Tod beschäftigt, bestand stets die Gefahr, allzusehr in biologistische Überlegungen – die in der bisherigen Literatur dominieren – abzugleiten. Einerseits stammt ein Großteil dieser Literatur aus der Zeit vor 1945 und vertritt damit theoretische Ansätze, die selbstverständlich die moderne Naturwissenschaft nicht mehr teilt. Andererseits bildet die Auseinandersetzung über die Prägung menschlicher Verhaltensweisen – ob durch Vererbung oder Sozialisierung? – einen nach wie vor umstrittenen Punkt verschiedener wissenschaftlicher Disziplinen. Unsere wissenschaftstheoretische Positionierung, daß Sozialisierung für das Verhalten wichtiger ist als Vererbung, hat sich keineswegs geändert. Der hohe Stellenwert der Erziehung wird betont, und die biologistischen Modelle werden – ohne den Einfluß der Vererbung zu leugnen – relativiert.

Eine unvermeidliche Schwierigkeit für den Leser stellt im ersten Kapitel das Nachvollziehen der oft extrem komplizierten Verwandtschaftsbeziehungen dar. Wir haben versucht, durch die Einfügung von Detail-Stammbäumen die Orientierung zu erleichtern. Diese sind nur auf die im Text geschilderte Situation bezogen und keineswegs vollständig, sie sind nur als Hilfe in dem Gestrüpp der Verwandtschaftsverhältnisse gedacht. Die Stammtafeln am Ende des Bandes bieten einen Überblick über die Gesamtheit der genealogischen Verhältnisse der Familie Habsburg bzw. Habsburg-Lothringen.

Das Problem bei der Darstellung des zweiten Teils bildete der komplizierte rechtsgeschichtliche Hintergrund der Besitz- und Machtstrukturen der Habsburger. Wir hoffen, die komplexen juridischen Fragen so einfach und klar als möglich ausgedrückt zu haben. Ein weiterer Teil dieses großen Abschnittes ist einem Themenbereich gewidmet, der, obwohl er von grundsätzlichem Interesse zu sein scheint, in der bisherigen Literatur kaum Beachtung fand: Was geschah mit jenen Habsburgern, die nicht zur Regierung gelangten?

Nur etwa ein Drittel der habsburgischen Männer wurde Kaiser, Könige oder Landesfürsten, der Rest mußte anderweitig versorgt werden. Den Mustern dieser verschiedenen Formen des Lebensunterhaltes sind wir systematisch nachgegangen. Versorgungfragen stellen sich natürlich in etwas anderer Form für die habsburgischen Frauen. Diese sind allerdings in der letzten Zeit Thema von zusammenfassenden Untersuchungen gewesen, weil generell in der Geschichtsschreibung das Interesse an „Frauenthemen" gewachsen ist. Deswegen konnte das Kapitel über die Schicksale der Frauen relativ kurz ausfallen.

Der dritte große Abschnitt des Buches ist hochpolitisch. Habsburgische Geschichte endet in fast allen Darstellungen mit dem Jahre 1918, was im Rahmen einer traditionellen Fragestellung Sinn ergibt. Aber selbst aus einem streng politischen Blickwinkel endet die Geschichte der habsburgischen Herrschaftsambitionen nicht im Jahr 1918. Natürlich ist dieses Thema nicht ohne Brisanz.

In Anbetracht der Verflechtung der behandelten Themenbereiche haben wir auf eine Untergliederung des Literaturverzeichnisses verzichtet. Alle in die Bibliographie aufgenommenen Arbeiten wurden unmittelbar benutzt und gelegentlich auch zitiert. Jedes Literaturverzeichnis kann bei der ungeheuren Fülle an Publikationen zu den Habsburgern ohnehin nur eine kleine Auswahl darstellen.

Wieder hatten viele Menschen Anteil am Zustandekommen des Buches. Allen voran Marie-Agnes Dittrich, die das Manuskript besonders gründlich und kritisch gelesen hat, aber auch Christa Müller und Anita Traninger, die sich ebenfalls der Mühe des Korrekturlesens im Manuskriptstadium unterzogen haben. Markus Reisenleitner hat nicht nur sensible Teile des Manuskriptes gelesen, sondern uns auch wieder seine probate Hilfe bei EDV-Problemen angedeihen lassen. Besonders gut hat diesmal die Bildrecherche funktioniert, die Erwin Strouhal in überaus effizienter Weise besorgte. Er hat viele bisher nicht publizierte, manchmal geradezu sensationelle Bilder gefunden, die den Band ansprechend illustrieren. Andrea Sommer-Mathis hat uns bei Verhandlungen mit spanischen Stellen wie immer uneigennützig und bereitwillig unterstützt. Unser Dank gilt auch Markus Feigl, der in großzügiger Weise Einblick in seine unveröffentlichten Materialien zu Karl VI. ermöglichte. Herrn Otmar Wandl aus Schwertberg sind wir für Informationen und die Überlassung eines Fotos dankbar. Und letztlich hat auch diesmal wieder die Betreuung durch unseren Lektor Hubert Konrad menschlich und fachlich bestens geklappt.

I

UM LEBEN UND TOD – BIOLOGISCHE FRAGEN RUND UM DIE HABSBURGER

Die Biologie war eine der Modewissenschaften des 19. Jahrhunderts. Unzweifelhaft machte sie in dieser Zeit große Fortschritte, vieles von dem uns heute selbstverständlichen Wissen geht auf Erkenntnisse dieser Periode zurück. Die Auswirkungen des naturwissenschaftlichen Fortschrittes auf vielen Gebieten – allen voran der Medizin – veränderte das Leben der Menschheit grundlegend.

Die Begeisterung für die biologischen Erklärungsmuster der Welt brachte jedoch auch eine Reihe von negativen Folgen mit sich. Aus der revolutionären Evolutionstheorie Darwins leitete sich ein diskriminierender Sozialdarwinismus ab, der biologische Erkenntnisse auf soziale Verhältnisse übertrug: Die Vererbungslehre mündete im Rassenwahn, der auch in unserem Jahrhundert so schreckliche Auswirkungen zeitigte. Selbst auf dem Gebiet der Geschichte, deren Methoden so weit entfernt von denen der Naturwissenschaften zu sein scheinen, hinterließ die Begeisterung für die Biologie tiefe Spuren. Lange Zeit dominierten biologistische Erklärungen das Fach – und gelegentlich findet man sie noch immer. Die Geschichte der Habsburger wurde ebenfalls häufig mit biologistischen Ansätzen betrieben, man versuchte, Gemeinsamkeiten der Familie nicht mit ähnlichen Lebensbedingungen oder mit der Erziehung, sondern mit der Vererbung zu erklären: Alles sei vererbt, nicht nur die Habsburgerlippe und die große Nase, sondern auch Eigenschaften wie die Frömmigkeit oder das kulturelle Interesse und Mäzenatentum.

Zweifellos wirkt sich Biologisches auf langfristige historische Entwicklungen aus, z. B. konnte eine zu große oder zu kleine Anzahl von Kindern (im dynastischen Sinn gedacht: Söhnen) zu Erbteilungen oder zum Erlöschen von Linien mit komplizierten Erbfolgekriegen führen. Doch was den Historiker dabei interessiert, ist nicht die Tatsache des Kindermangels oder Kinderreichtums an sich, sondern wie man mit solchen Themen umging.

Ebenso zweifellos gibt es biologische „körpernahe“ Ereignisse, die das individuelle Leben jedes Menschen prägen: Geburt, Krankheit und Tod. Aber den Historiker

interessiert wieder vor allem die Tatsache, wie man sozial mit diesen Phänomenen umging, wie man z. B den Tod in das gesellschaftliche Umfeld einbaute und wie man die genetischen Anlagen durch Erziehung und Umwelt formte.
Vieles im Bereich der materiellen Lebensgestaltung der Menschheit ist von biologischen Gegebenheiten abhängig: Nahrungsmittelspielräume, Bevölkerungsentwicklung und Seuchen hängen in einer sehr komplexen Form mit der Biologie zusammen. Aber gerade die Geschichte der Familie Habsburg zeigt, daß diese Probleme auch intensiv von sozialen Mechanismen geprägt werden. Verteilung von Nahrung ist ein soziales Phänomen, Seuchen kann man – wenn man entsprechende Ressourcen hat – auch entkommen, sei es durch bessere Ernährung, Hygiene oder einfach einen Ortswechsel, den sich andere nicht leisten können, etc.
Schließlich beruhen Fragen im Bereich von Eheschließung, (erlaubter) Sexualität und Kinderreichtum zwar auf biologischen Grundlagen, sie sind aber gesellschaftlich in ein Normensystem eingebunden. Im Kreis der Dynastien wurden diese Regeln mit ihren engen Definitionen von sozialer Ebenbürtigkeit der Ehepartner und den dadurch definierten Grenzen zwischen „richtigem" und abweichendem Verhalten äußerst streng festgelegt.
Biologische Fragen müssen von uns also in einem sozialen und kulturellen Umfeld betrachtet werden, um Sinn zu ergeben.

SCHWANGERSCHAFT, GEBURT UND VERERBUNG

Kampf um Erben – Geburtenhäufigkeit und Kindersterblichkeit

Jede Familie, die haben Kinder will, steht vor dem Problem, ob es mit der Fortpflanzung auch wirklich klappt. Im Falle einer Dynastie kam der Sorge um Nachkommen – insbesondere um männliche – besondere Tragweite zu. Auch beim Adel und Bürgertum, ja selbst bei den Bauern, die ihren Hof weitergeben wollten, war diese Frage angesichts eines rein männlichen Erbrechtes zentral. Doch ob ein Paar, das zu einer Dynastie gehörte, einen männlichen Erben in die Welt setzte oder nicht, betraf nicht nur die Familie, sondern auch die Menschen des Landes, in dem die Dynastie regierte. Die große Zahl der Erbfolgekriege der Frühen Neuzeit – darunter die für die Habsburger so traumatischen Ereignisse wie der Spanische und der Österreichische Erbfolgekrieg im 18. Jahrhundert – gibt davon Kunde, daß das Schicksal mancher Staaten an dieser Frage hing. Gerade im Zeitalter des Absolutismus verschacherte man Länder brutal an fremde Dynastien, ohne die Bevölkerung zu fragen. So mußte etwa Franz Stephan (als Kaiser Franz I.) auf das Aussterben der nächsten Dynastie warten, um wieder ein Territorium regieren zu können, nachdem er 1735 Lothringen verloren hatte. Erst 1737, als der Herrscher der Toskana, Gian Gastone Medici starb, war es soweit, und die Toskana wurde für mehr als ein Jahrhundert von der habsburgisch-lothringischen Dynastie regiert.

In der Frühen Neuzeit waren die Rahmenbedingungen der „Strategie der Vermehrung" durch religiöse Anschauungen beeinflußt. Die katholische Ehegesetzgebung erlaubte es nicht, sich von einer unfruchtbaren Ehefrau zu trennen, und andererseits erlaubten die strengen Moralbegriffe der Zeit keine „vorehelichen Versuche" des späteren Paares, wie es im allgemeinen im bäuerlichen Bereich der Fall war, wo häufig erst geheiratet wurde – und wird –, wenn ein Kind unterwegs war. Voreheliche Beziehungen zu nicht standesgemäßen Frauen wurden Männern hingegen stillschweigend zugestanden, manchmal galten sie sogar als erwünscht. Selbstverständlich schieden aber die illegitimen Kinder, die es in fast jeder Generation gab, als Erben aus. Über viele Jahrzehnte hing daher die Existenz der Familie Habsburg immer wieder von wenigen männlichen Mitgliedern der Familie ab, darum herrschte oftmals großes Zittern, wenn sich längere Zeit hindurch kein männlicher Nachwuchs einstellte.

Gab es im Mittelalter noch eine so große Zahl von Habsburgern, daß sich die Familie in drei Linien aufspaltete, von denen zwei allerdings bald wieder erloschen, so schien ab der Zeit Friedrichs III., seines Sohnes Maximilian I. und dessen Sohn Philipp dem Schönen († 1506) mit jeweils nur einem männlichen Erben pro Generation die Überlebenschance der Dynastie gering. Mit der Aufspaltung in zwei Linien unter Karl V. und Ferdinand I. verdoppelten sich immerhin die Chancen, wenn auch das gegenseitige Erbrecht, wie wir noch sehen werden, nicht völlig unbestritten war. Das Beispiel Maximilians II., der immerhin sechs Söhne hatte, die die Kindheit überlebten, zeigt, daß selbst eine größere Zahl von Kindern keine Garantie für das Weiterbestehen eines Familienzweiges darstellte; schon eine Generation später erlosch dieser Zweig des Hauses im (legitimen) Mannesstamm. Rudolf II. und Erzherzog Ernst († 1595) blieben unverheiratet, Maximilian III. († 1618) lebte als Hoch- und Deutschmeister, also als Inhaber einer geistlichen Funktion, zölibatär, Wenzels († 1578) Leben endete bereits mit 17 Jahren, und auch die beiden verheirateten Söhne, Kaiser Matthias und Erzherzog Albrecht († 1621), der Statthalter der Niederlande, starben kinderlos. Das gesamte 16. und 17. Jahrhundert hindurch waren sowohl die spanische als auch die österreichische Linie des Hauses arm an Knaben, die das Erwachsenenalter erreichten; beim Tod des Vaters stand fast immer nur ein einziger Thronfolger zur Verfügung. 1700 starb die spanische Linie und 1740 mit Karl VI. schließlich die gesamte Familie Habsburg im Mannesstamm aus.

Der einzige Sohn Maximilians I., Philipp der Schöne, hatte zwei Söhne – Karl und Ferdinand –, die die beiden regierenden Hauptlinien des Hauses begründeten. Werfen wir zuerst einen Blick auf diejenige der beiden Linien, die zuerst ausstarb – die spanische. Der ältere von Philipps Söhnen – als spanischer König Karl I. und als Kaiser des Reiches Karl V. – hatte nur einen legitimen Sohn, der die spanische Linie fortsetzen konnte. Philipp II., von dem also das Fortbestehen der spanischen Habsburger abhing, war viermal verheiratet. Maria von Portugal († 1545), seine erste Ehefrau, kam bei der Geburt eines schwächlichen Sohnes mit deformiertem Kopf, Don Carlos († 1568),

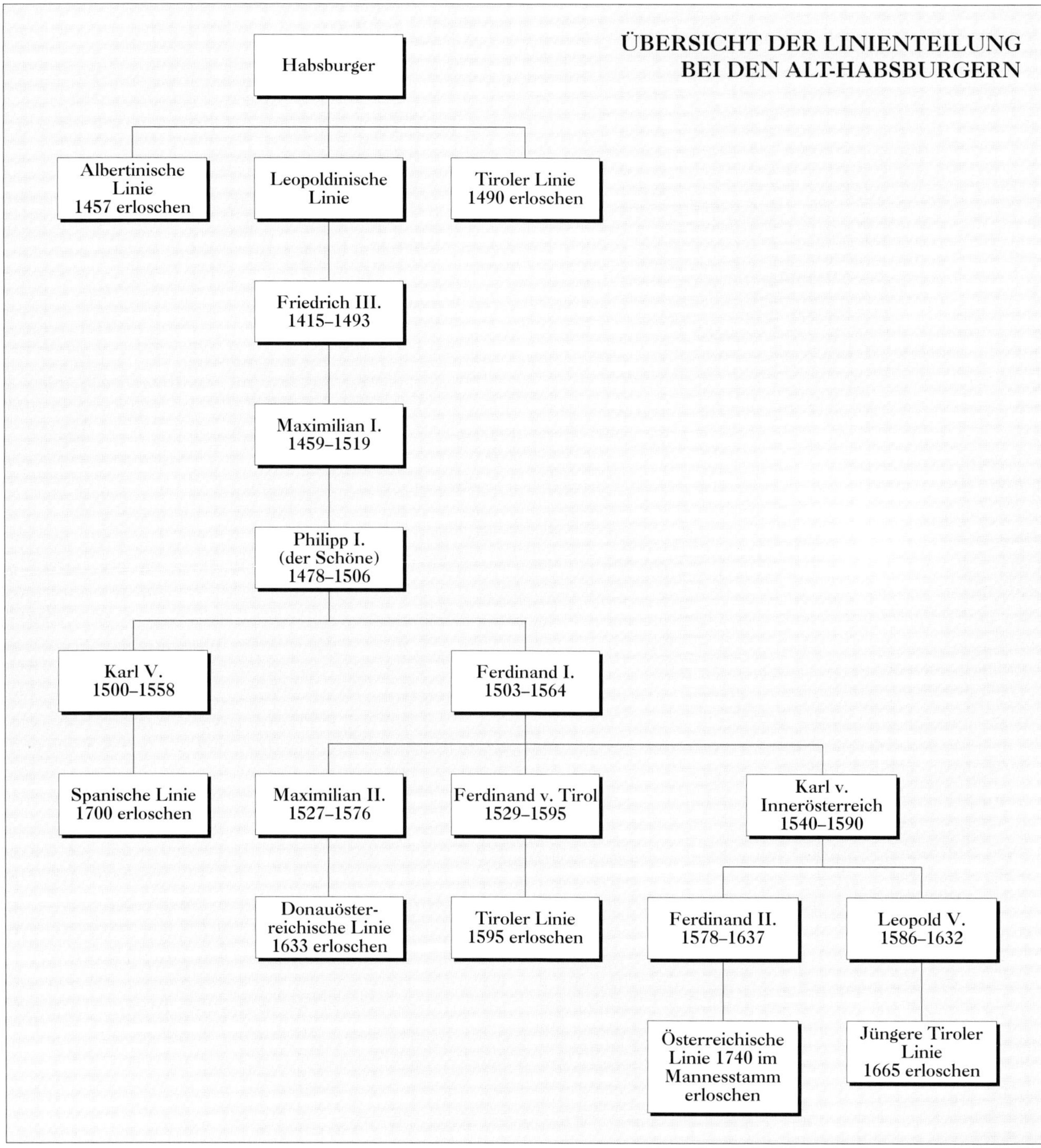

der den Namen seines Großvaters erhielt, ums Leben. Lange Jahre bildete dieses schwache und kranke Geschöpf die einzige Hoffnung auf die Fortsetzung des spanischen Zweiges des Hauses, denn aus der zweiten Ehe Philipps mit der wesentlich älteren Maria Tudor († 1558) gab es – trotz eines Gerüchtes über eine Schwangerschaft Marias 1554 – keine Nachkommen.

Zumindest was die Thronfolge anlangte, war die Situation in Spanien in der Mitte des 16. Jahrhunderts ernst, denn der Gesundheitszustand von Don Carlos und auch seine geistige Verfassung – davon wird später den Rede sein – besserten sich nicht. Dazu kamen noch Gerüchte über die angebliche Impotenz des jungen Mannes. Sein Leibarzt hatte dem wegen der Kastratenstimme des Infanten mißtrauischen österreichischen Gesandten Dietrichstein anvertraut, es sei Don Carlos bei seinem ersten Versuch des Beischlafes so übel ergangen, daß er sein Scheitern als Strafe Gottes anerkannt habe und es erst nach der Eheschließung wieder versuchen wolle. Auch die Gerüchte, daß er sich mit seinem Kammerherrn einschließe und wer weiß was treibe, verlangten nach einer Klärung, die 1567 bei einer „Mannbarkeitsprobe" gebracht wurde. Drei Ärzte waren dabei, als der Infant, nachdem der Hofapotheker ihm ein „Tränklein" verabreicht hatte, die Probe bestand. Die Ärzte bekamen für ihre Dienste je 1000 Dukaten, der Apotheker und ein Bader, der die ganze Sache arrangiert hatte, je 600 Dukaten, während das Mädchen 12.000 Dukaten und ein Wohnhaus für sich und seine Mutter erhielt. Alle diese Gerüchte und Schwierigkeiten mit dem Thronfolger Don Carlos waren zumindest mit ein Grund für die Übersiedlung der beiden jungen Erzherzöge Rudolf (als Kaiser Rudolf II.) und Ernst († 1595) an den spanischen Hof, da nur ein in Spanien erzogener Habsburger das Erbe Philipps II. hätte antreten können. Die beiden waren ja nicht nur die Söhne Maximilians II., sondern auch Neffen von Philipp († 1598). Nach dem Infanten Don Carlos waren sie die nächsten in der Thronfolge.

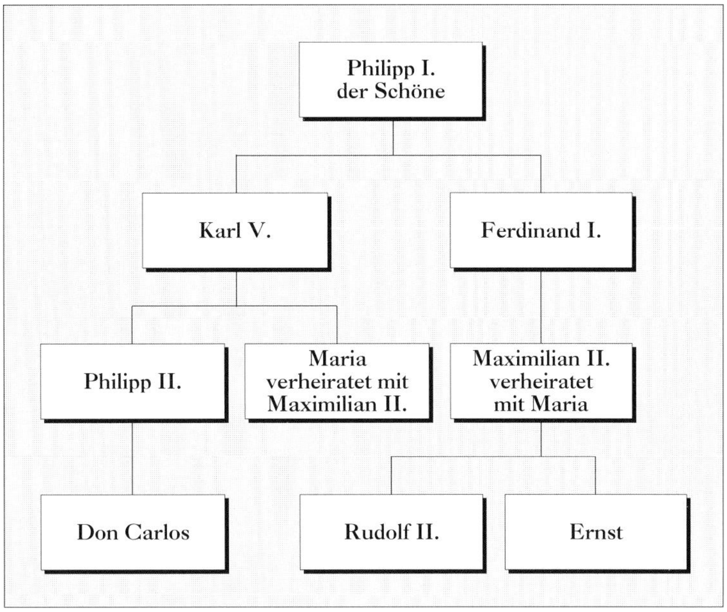

Doch Philipp war zu dieser Zeit bereits mit der weitaus jüngeren Elisabeth (Isabella) von Valois († 1568) in dritter Ehe verheiratet, so daß die Chance auf einen männlichen Erben noch bestand. Die Geburt eines Thronfolgers war so wichtig, daß die Mutter Elisabeths, Katharina von Medici († 1589), während deren Schwangerschaft sogar zwei eigene Hebammen an den spanischen Hof schickte. Elisabeth brachte aber 1566 zunächst eine Tochter, Isabella Klara Eugenia († 1633), zur Welt. Schon ein halbes Jahr nach der Geburt Isabellas war die Königin wieder schwanger, doch ihr Gesundheitszustand ließ zu wünschen übrig; sie litt unter Schwindel, Kopfschmerzen, Fieber und Nasenbluten. Man machte ihr Aderlässe, die zu Fehlgeburten führten. Zwar gebar sie noch eine Tochter, Katharina Michaela († 1597), die überlebte, aber Isabellas Zustand verschlechterte sich zusehends, einer Nierenentzündung folgte eine Lungenerkrankung, vermutlich Tuberkulose. Sie kam bei der Geburt einer weiteren Tochter ums Leben, die im fünften Monat als Frühgeburt lebend zur Welt kam und sogar getauft werden konnte, aber gleich danach starb. Fast zur gleichen Zeit starb der Thronfolger Don Carlos, und damit spitzte sich die Lage dramatisch zu.

Philipp II. ging noch eine vierte Ehe mit Erzherzogin Anna († 1580) aus der österreichischen Linie des Hauses ein, die ursprünglich – wie schon seine dritte Frau – für Don Carlos bestimmt war.

Zur Zeit der Hochzeit war Philipp II. 41 und sie erst 20 Jahre alt. Aus Liebe oder Pflicht, das mag aber dahingestellt sein, führte Philipp ein intensives Sexualleben; er ging dreimal am Tag zu seiner Frau, und sie wurde auch wiederholt schwanger. 1571 wurde ein Thronfolger mit dem Namen Ferdinand geboren, der aber nur sieben Jahre alt wurde. 1573 kam Carlos Lorenzo zur Welt, er starb allerdings knapp vor der Geburt des nächsten Kindes, des 1575 geborenen und 1582 verstorbenen Diego. Obwohl es also innerhalb kurzer Zeit drei männliche Nachkommen gab, war 1578 nur mehr einer am Leben, der vier Jahre später auch starb.

1578 wurde allerdings ein weiterer Sohn, der spätere König Philipp III., geboren, der letztlich auch die spanische Linie fortsetzte, obwohl man ihm zunächst kein langes Leben vorausgesagt hatte. Im Jünglingsalter kräftigte sich sein Zustand entgegen allen Erwartungen; abgesehen von schweren Verdauungsstörungen entwickelte sich seine Gesundheit recht zufriedenstellend.

Hatte es während der gesamten Regierungszeit Philipps II. große Sorgen um den Weiterbestand der Dynastie gegeben, so war das in der nächsten Generation nicht mehr nötig. Philipp III. († 1621) und seine – wieder aus der Linie der österreichischen Verwandten stammende – Frau Margarete († 1611) hatten mehrere überlebende Kinder. 1601 wurde Anna geboren, die später mit Ludwig XIII. († 1643) verheiratet wurde und aus Alexandre Dumas' Roman „Die drei Musketiere" allgemein bekannt ist. 1603 folgte eine Tochter Maria, die nur zwei Monate lebte,

1605 der Thronfolger Philipp (IV.), 1606 Maria, die mit Kaiser Ferdinand III. verheiratet wurde, 1607 noch ein Sohn namens Karl und 1609 ein dritter Sohn, Ferdinand. Jetzt konnte man großzügig sein; man hatte drei männliche Nachkommen, die das Kindesalter überlebt hatten, also wurde der jüngste – natürlich ohne die Weihen zu nehmen – in eine geistliche Versorgungsposition gebracht. Ferdinand († 1641), den man im allgemeinen als Kardinalinfant bezeichnet, wurde schon mit zehn Jahren Erzbischof von Toledo, Prior von Crato und Abt-Komtur von Alcobaça in Portugal. 1610 kam noch Margarete zur Welt, die mit sieben Jahren starb. Die Geburt des letzten Infanten, Alfonso, der ein Jahr später verstarb, kostete die erst 26jährige Margarete 1611 das Leben. Philipp III. blieb für die restlichen zehn Jahre seines Lebens unvermählt, was sicherlich auch damit zu erklären ist, daß er sich um seine Nachfolge keine Sorgen machen mußte.

Ganz im Gegenteil: als Philipp IV. die Herrschaft antrat, gab es zum ersten Mal in der spanischen Linie mit Infant Carlos († 1632) einen jüngeren Bruder des Königs, der allerdings keinerlei offizielle Funktionen ausübte. Wie zu erwarten war, resultierten daraus Probleme. Einerseits mußte man von seiten der Dynastie die „dynastische Reserve" zu bewahren versuchen, denn schließlich konnte dem König ja unverhofft etwas Schlimmes zustoßen, andererseits mußte man einen solchen Infanten von politischem Einfluß fernhalten, da er jederzeit zum Kristallisationspunkt einer oppositionellen Gruppe werden konnte. Gegnerschaften zwischen Aristokraten gab es jede Menge, die Intrigenwirtschaft an einem absolutistischen Hof ist unvorstellbar. Wenn es nun einer Gruppe von Granden gelungen wäre, den jüngeren Bruder des Königs für sich zu gewinnen, wäre die Gefahr eines Bürgerkrieges am Horizont aufgetaucht. Daher versuchte man, den Infanten zu verheiraten und als Statthalter nach Portugal abzuschieben, doch ehe diese Pläne in Angriff genommen werden konnten, starb Carlos 25jährig an Typhus. Auch der jüngste Bruder, Kardinalinfant Ferdinand († 1641) wurde von Madrid ferngehalten, er war bis zu seinem Tod mit 32 Jahren Statthalter in den Niederlanden.

Philipp IV. wurde schon mit elf Jahren mit der zehnjährigen Elisabeth (Isabella) von Frankreich († 1644) aus dem bourbonischen Königshaus verheiratet, erst sechs Jahre später konnte die Ehe vollzogen werden. Aus dieser Ehe hatte Philipp IV. einen Thronfolger, den Infanten Baltasar Carlos († 1646), an dem zunächst das ganze Geschick der spanischen Dynastie hing. Neben dem Thronfolger gebar Elisabeth sechs Töchter, von denen allerdings nur eine das Erwachsenenalter erreichte.

Als die Königin 1644 verschied, war der Thronfolger Baltasar Carlos noch am Leben, aber krank und schwächlich; bereits zwei Jahre später starb auch er. Philipp heiratete nun in zweiter Ehe seine eigene Nichte Maria Anna († 1696), die Tochter von Philipps Schwester mit Kaiser Ferdinand III., die zunächst für Baltasar Carlos vorgesehen war: Zu diesem Zeitpunkt war sie 15 Jahre alt und Philipp 44, er litt unter Arthritis und einer venerischen Krankheit. Dennoch hatte das Paar fünf Kinder: 1651 wurde Margarita, die spätere Frau Leopolds I., bekannt auch durch Velázquez' Kinderbild „Las Meniñas", geboren, ihr folgten 1655 Maria Ambrosia de la Concepción, die epileptisch war und nur 15 Tage lebte, dann 1657 Felipe Prosper, der immer kränkelte und schon 1661 starb, 1658 Fernando Tomás, der nur vier Monate alt wurde, und schließlich 1661 Karl (II., † 1700).

Das ständige Hin und Her am spanischen Hof, die Frage, ob es einen Thronfolger gab und nach dessen Gesundheitszustand – und damit seinen Überlebenschancen –, bewegte in der Regierungszeit Philipps IV. die Politik ganz Europas. Denn das riesige spanische Erbe mit all seinen Nebenländern in Europa und den großen Kolonialbesitzungen war für Frankreich und für die österreichischen Habsburger zugleich ein Ziel ihrer Begierden. Die Geburt des schwächlichen und kranken Karl (als spanischer König Karl II.), des letzten spanischen Habsburgers, schob dieses Problem noch einmal hinaus, obwohl es angeblich sogar Zweifel gab, ob es sich bei Karl wirklich um einen Mann handelte. Die Franzosen verlangten jedenfalls, ihn an „verbotenen Orten" zu besichtigen.

Während der spanische Zweig der Familie durch fast zwei Jahrhunderte in ständiger Angst lebte, keine männlichen Nachkommen zu haben, verlief die Entwicklung der österreichischen Linie des Hauses weniger problematisch. Allerdings gab es auch bei den österreichischen Habsburgern selten eine so große Zahl an männlichen Nachfolgern, daß man völlig beruhigt in die Zukunft hätte sehen können. Obwohl immer wieder auf Schädigungen durch Verwandtschaftsehen hingewiesen wird, fällt auf, daß bis zum letzten spanischen Habsburger die überlebende Söhne immer nur aus jenen Ehen hervorgingen, die die spanischen Könige mit Erzherzoginnen der österreichischen Linie geschlossen hatten.

Schon in der ersten Generation nach der Trennung in eine spanische und eine österreichische Linie war die Zahl der überlebenden Kinder in Österreich weit höher als in Spanien. Die Stammutter der österreichischen Habsburger, die jagiellonische Prinzessin Anna († 1547), war 1515 vor einem drohenden Zugriff Jan Zápolyas „geschützt" und *per procuratorem* mit einem Enkel Maximilians I. verheiratet worden. Als die Ehe

Die Geburt eines Thronfolgers war immer Grund zur Freude. Der Maler Michele Parrasio schuf eine komplizierte, auf die astrologische Konstellation bei der Geburt Don Fernandos 1571 Bezug nehmende Allegorie. Prado, Madrid

1520 durch Erzherzog Ferdinand (dem man übrigens vorwarf, keine vorehelichen Erfahrungen gesammelt zu haben) wirklich vollzogen wurde, entwickelte sich eine sehr gute Beziehung, aus der 15 Kinder hervorgingen, von denen nur ein Sohn und eine Tochter im Kindesalter starben. Neben zehn Töchtern überlebten auch drei Söhne des Paares: Maximilian (als Kaiser Maximilian II.), Ferdinand von Tirol († 1595) und Karl von Innerösterreich († 1590). Ferdinand I. verheiratete sich nach dem Tod Annas nicht wieder und teilte seine Herrschaftsgebiete unter seinen Söhnen auf. Von dieser Herrschaftsteilung und ihren Folgen wird in einem anderen Zusammenhang die Rede sein.

Damit bildeten sich drei österreichische Linien des Hauses, von denen sich allerdings zwei als sehr kurzlebig erwiesen. Maximilian II. hatte zwar, wie schon erwähnt, sechs Söhne, doch keiner von ihnen setzte die Linie fort. Ferdinand von Tirol war in erster Ehe nicht standesgemäß verheiratet, und in zweiter Ehe hatte er keinen männlichen Nachwuchs, so daß diese Linie mit seinem Tod erlosch. Schließlich überlebte – wie schon einmal im späten Mittelalter – nur die innerösterreichische Linie. Karl II. von Innerösterreich hatte mit seiner bayerischen Frau Maria 15 Kinder, von denen zwar zwei Söhne im Kindesalter starben, vier aber überlebten. Zwei wurden Hoch- und Deutschmeister, und zwei begründeten weitere Linien des Hauses Habsburg: Ferdinand (als Kaiser Ferdinand II.) die Hauptlinie und Leopold V. († 1632), der

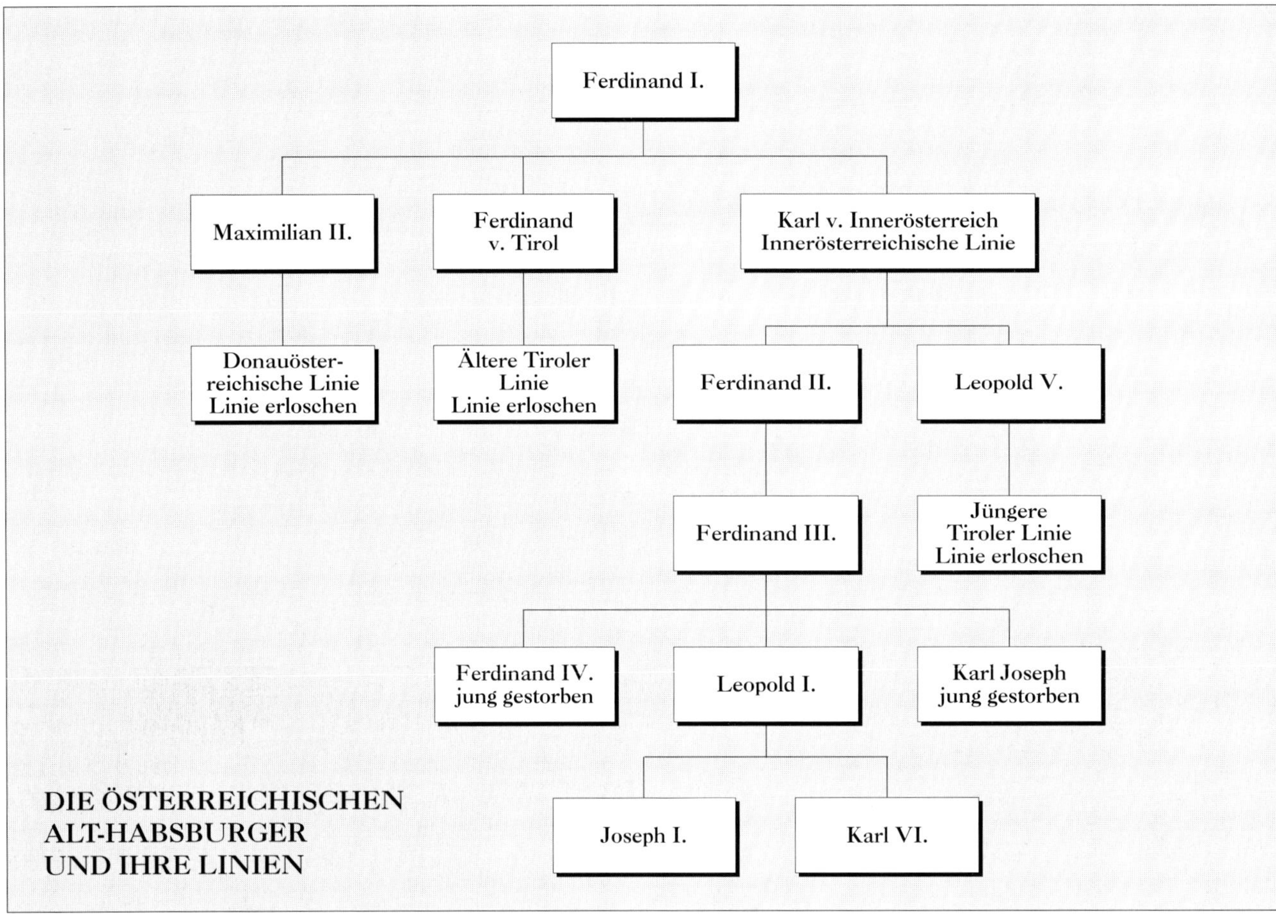

DIE ÖSTERREICHISCHEN ALT-HABSBURGER UND IHRE LINIEN

zunächst in den geistlichen Stand trat, sich dann aber säkularisieren ließ, die jüngere Tiroler Linie, die schon 1665 in der nächsten Generation erlosch.
Ferdinand II. hatte vier Söhne, von denen die beiden ersten – Karl bei der Geburt und Johann Karl mit 14 Jahren – starben. Der dritte Sohn, Ferdinand III., setzte aber die österreichische habsburgische Linie fort, der jüngere Bruder Leopold Wilhelm († 1662) wurde – gleichsam wieder als Reserve – im Schoße der Kirche versorgt, ohne allerdings die Weihen zu nehmen, und hätte damit, wäre es nötig geworden, jederzeit „reaktiviert" werden können.
Dazu kam es allerdings nicht, da auch Ferdinand III. aus seinen ersten beiden Ehen drei Söhne hatte (in der dritten Ehe mit Eleonore von Gonzaga († 1686) wurden noch zwei Töchter geboren). Der älteste Sohn und Thronfolger Ferdinand IV. († 1654) starb aber mit nur 21 Jahren – schon zum römischen König gekrönt –, noch vor dem Vater. So trat dessen Bruder Leopold (I.), der ursprünglich eine geistliche Laufbahn einschlagen sollte, an seine Stelle und wurde Kaiser. Sein jüngerer Halbbruder Karl Joseph († 1664) war Hoch- und Deutschmeister, wurde allerdings nur 15 Jahre alt.

Mit Leopold spitzte sich die Lage wieder zu – man muß im Hintergrund immer die spanische Situation vor Augen haben –, denn erst 20 Jahre nach seinem Regierungsantritt wurde der lange ersehnte Thronerbe Joseph (als Kaiser Joseph I.) aus Leopolds dritter Ehe mit Eleonore von der Pfalz († 1720) geboren und sieben Jahre später noch ein zweiter Sohn Karl (als Kaiser Karl VI.). Nach dem Aussterben der spanischen Habsburger 1700 mit dem Tod Karls II. von Spanien schienen sich nun also erneut zwei Linien des Erzhauses zu bilden; diesmal eine ältere österreichische, von Joseph (I.) ausgehend, und eine neue, jüngere spanische, die von Karl (VI.) begründet wurde. Auf dieses Thema werden wir in einem späteren Kapitel ausführlich zurückkommen. Aber nur eine dieser beiden Linien hatte Zukunft; Joseph hatte nämlich keine männlichen Erben – nicht zu-

Rechte Seite: Die Hoffnung auf Kinder wurde auch Thema religiöser Formen. Das Thesenblatt vom Egidius Schor und Bartholomäus Kilian zeigt Leopold I. und Claudia Felicitas vor dem Mariahilfbild kniend und Kindersegen erflehend. Alte Galerie des Steiermärkischen Landesmuseums Joanneum, Graz

VOTA VTRIVSQVE D. DEFENDENTIS PRO PROLE AVGVSTISSIMA AD VTRVQVE AVGVSTISSIMVM PARENTEM FELICEM LEOPOLDVM ET CLAVDIAM FELICEM.
bis feLIX erIt DoMVs aVstrIaCa.
Crescite Felices felicibus incrementis;
Claudia bis felix, bis Leopoldus erit.
Stringit Felices una corona Duos.
CLAVDIæ PAR- tVs aVstrIæ
optatIssI- MVs.
IN ALMA CATHOLICA ET CÆSAREA VNIVERSITATE ŒNIPONTANA
PRÆSIDE
Dionysio Schmuzio Soc. Iesu. Phil. Professore ordinario.
THESES PHILOSOPHICÆ DE CORPORE ANIMATO.
PROPVGNANTIBVS
Nob. D. Francisco Antonio Kofler de Rundenstain Oenipontano & Ornatiss. & Doctiss. D. Iacobo Siberer Swazenii supremæ Laureæ Philosophicæ Candidatis.

Der langersehnte Thronfolger, auf dessen Geburt diese Medaille geschlagen wurde, starb noch im selben Jahr. Damit zeichnete sich das Aussterben des habsburgischen Mannesstammes immer deutlicher ab. Kunsthistorisches Museum, Wien

letzt, weil er seine Frau mit einer Geschlechtskrankheit infiziert und dadurch unfruchtbar gemacht hatte. So lag die gesamte Last der Familienfortpflanzung auf dem letzten lebenden Habsburger Karl VI. Er ließ nichts unversucht, um Nachwuchs zu zeugen; Konsum von Wein und Likör, Wallfahrten nach Mariazell, Kuren in Karlsbad und erotische Szenen, mit denen das Schlafzimmer ausgemalt wurde, sollten männlichen Nachwuchs hervorbringen. Tatsächlich entsprangen der Ehe mit Elisabeth Christine von Braunschweig-Wolfenbüttel († 1750) vier Kinder; allerdings starb der so lang herbeigesehnte und für die Erbfolge des Hauses so wichtige Sohn, der 1716 geborene Leopold Johann, noch im selben Jahr. Auch eine der Töchter, Maria Amalia, wurde nur sechs Jahre alt – erwachsen wurden nur zwei Töchter: Maria Theresia und Maria Anna. Die Folgen sind bekannt: Karl insistierte während seiner gesamten Regierungszeit auf der Pragmatischen Sanktion, die die weibliche Erbfolge regelte. Schließlich übernahm Maria Theresia die Regierung, aber sie konnte sich weniger aufgrund der Pragmatischen Sanktion als dank des erfolgreich geführten Österreichischen Erbfolgekrieges durchsetzen. Mit dem Tod Karls VI. im Jahr 1740 war das Haus Habsburg im Mannesstamm ausgestorben, doch behielten die Nachkommen Franz Stephans von Lothringen (als Kaiser Franz I.) und Maria Theresias den Namen Habsburg bei und „hängten" den Namen Lothringen hintenan.

Der Rosenkranz Franz Stephans enthält acht herzförmige Anhänger, die Geburts- und Sterbedaten von Verwandten, aber auch Haare der kaiserlichen Kinder enthalten. Konvent der Elisabethinen, Klagenfurt

War es bei den Althabsburgern seit dem späten Mittelalter immer wieder zu Engpässen gekommen, zu Zeiten, in denen nur wenige männliche Habsburger gleichzeitig lebten und die Familie auszusterben drohte, so war das bei den Habsburg-Lothringern nie mehr der Fall. Maria Theresias – jedem Volksschüler bekannte – fruchtbare Ehe, der 16 Kinder entsprossen, war dabei gar nicht für die Zukunft ausschlaggebend, denn von ihren fünf Söhnen hatten nur zwei legitime männliche Nachkommen. Die Linie Josephs erlosch, Karl Josef starb mit 16 Jahren, und Maximilian Franz († 1801) trat als Kurfürst und Bischof von Köln in den geistlichen Stand. Einzig Ferdinand († 1806) begründete mit Maria Beatrix von Modena-Este († 1829) eine Nebenlinie des Hauses, die erst 1875 mit den Enkelkindern des Paares im Mannesstamm erlosch. Der Hauptlinie des Hauses wurde von Leopold (II.) fortgeführt.

Dessen dynastisch-genealogisch viel wichtigere Ehe kennen die meisten Schulkinder nicht; ja selbst Leopold II., der mit Maria Ludovica von Bourbon-Spanien († 1792) verheiratet war, ist in weiten Kreisen unbekannt. Aus ihrer Verbindung gingen 16 Kinder hervor, von denen nur zwei Söhne die Kindheit nicht überlebten. Maria Ludovica erlitt 1768 und 1773 auch noch zwei Fehlgeburten. Noch wichtiger als die Zahl der Kinder war aber die Zahl der Söhne, von denen immerhin zehn das Erwachsenenalter erreichten. Anton Viktor († 1835) wurde Hoch- und Deutschmeister, Rudolf († 1831) Kardinal, Ludwig († 1864) blieb unverheiratet – ein Luxus, den man sich jetzt leisten konnte –, und Leopold († 1795) starb schon mit 23 Jahren. Aber alle anderen begründeten Linien, so daß nach menschlichem Ermessen ab diesem Zeitpunkt kein genealogischer Engpaß mehr auftreten konnte. Die Hauptlinie des Hauses führte Kaiser Franz II./I. fort, daneben gab es die von Erzherzog Ferdinand III. († 1824) begründete Linie Habsburg-Toskana, die Linie Karl († 1847), die Linie Josef († 1847) oder palatinische Linie, weil ihre Angehörigen Palatine in Ungarn

Leopold als Großherzog der Toskana hatte mit seiner Frau Maria Ludovica 16 Kinder. Sechs davon sind auf dem Bild mit den Porträts der Ahnen und dem Ausblick auf Florenz zu sehen. Seit dieser Generation war der Bestand des Hauses Habsburg-Lothringen nie mehr gefährdet. Kunsthistorisches Museum, Ambras

waren, und die Linie Rainer († 1853). Erzherzog Johanns († 1859) Nachfahren werden, da sie auf eine morganatische Ehe zurückgehen, nicht als habsburgische Linie gezählt, seine Nachkommen bilden die heute noch blühende Familie der Grafen von Meran.

Seit dem späten 18. Jahrhundert ist die Zahl der Habsburg-Lothringer also sehr groß. Am Ende der Monarchie lebten 32 Erzherzöge und 54 Erzherzoginnen. Nach dem Jahr 1918 erweiterte sich der Kreis der Familie noch beträchtlich. Der letzte Gotha nennt 58 männliche und 79 weibliche Habsburger, neuere Angaben von Mitgliedern der Familie sprechen von 500 bis 700 Angehörigen des Hauses, wobei sich hier die Frage stellt, nach welchen Kriterien „Habsburger" oder „Habsburgerinnen" definiert werden. Die folgenden Überlegungen basieren auf den Zahlen des letzten Gotha. Von den Frauen sind 23 angeheiratete Familienmitglieder und 56 als Habsburgerinnen geboren. Der ehemals regierenden Hauptlinie des Hauses gehören 32 Männer und ebenso viele Frauen an, allein von den direkten Nachkommen des letzten Kaisers Karl leben 26 Männer. 16 männliche und 35 weibliche Angehörige zählt die Linie Toskana, die dritte Linie ist durch unstandesgemäße Heiraten (adelsrechtlich) erloschen, und die vierte Linie weist zehn männliche und zwölf weibliche Mitglieder auf.

Vergleicht man die habsburgische Familie mit den Trends der allgemeinen demographischen Entwicklung, so kann man durch alle Jahrhunderte Übereinstimmungen erkennen. Als Hauptursache des geringen allgemeinen Bevölkerungswachstums bis ins 18. Jahrhundert wird die große Säuglings- und Kindersterblichkeit genannt, die wir sogar im Hause Habsburg finden. Aber viele der in der demographischen

Oben: Das Bild der Familienvereinigung des österreichischen Kaiserhauses in der Zeit Franz' I. läßt klar erkennen, daß die Zahl der Kinder Leopolds II. zu einer gewaltigen personellen Ausweitung des Familienverbandes führte. Museen der Stadt Wien
Rechte Seite: Die Kindersterblichkeit bei den Habsburgern war vor dem 19. Jahrhundert hoch. Die aufgebahrte Erzherzogin Maria Josepha wurde nur neun Monate alt. Graphische Sammlung Albertina, Wien

DIE LÄNDERTEILUNGEN BEI DEN HABSBURG-LOTHRINGERN

- Leopold II.
  - Franz II./I.
    - Hauptlinie des Hauses
  - Ferdinand
    - Linie Toskana
  - Karl
    - Linie Karl
  - Joseph
    - Linie Palatin
  - Johann
    - Grafen von Meran
  - Rainer
    - Linie Rainer

Literatur genannten Rahmenbedingungen für die hohe Kindersterblichkeit treffen für die habsburgische Familie nicht zu: Unterernährung der Mütter, die deshalb ihre Kinder nicht genügend stillen konnten, mangelnde Hygiene und unzureichende medizinische Versorgung. Im Gegenteil, ihre Ernährung war ausreichend, und die Kinder wurden meist von Ammen gestillt. Gerade bei der Bestellung der Ammen war man überaus wählerisch: Als eine Amme für den letzten spanischen Habsburger Karl II. († 1700) gesucht wurde, legte man fest, daß sie zwischen 20 und 40 Jahre alt sein sollte, sie mußte schon zwei oder drei Kinder gehabt haben, gute Manieren und üppige Brüste besitzen, keusch leben und weder jüdisches noch maurisches Blut in sich haben! Die hygienischen Standards der kaiserlichen Familie lagen weit über dem Durchschnitt – wenn auch nicht mit heute vergleichbar –, und die medizinische Versorgung bei Hofe war sicherlich die beste im Lande.

Trotz dieser vergleichsweise guten Bedingungen ist die Zahl der im Kindesalter verstorbenen Habsburgerinnen und Habsburger hoch. Viele der gebärenden Frauen waren das Produkt allzunaher Verwandtschaftsehen, was einen negativen Einfluß auf deren Konstitution haben konnte – und damit auf die von ihnen geborenen Kinder. Das könnte immerhin als einer der Faktoren für die doch hohe Sterblichkeit angenommen werden.

Exakte Statistiken über die Kindersterblichkeit bei den Habsburgern können nicht erstellt werden, da Totgeburten häufig nicht registriert wurden. Dennoch sollen einige ausgewählte Beispiele diese Frage illustrieren. Elisabeth von Görz-Tirol († 1313) war mit Albrecht I. († 1308) verheiratet und brachte 21 Kinder (der unübertroffene Rekord in der Familie!) zur Welt, von denen allerdings zehn noch im Kindesalter starben. Ein eindrucksvolles Beispiel für die hohe Kindersterblichkeit bieten die Nachkommen Leopolds I. Nur sechs seiner 16 Kinder erreichten das Erwachsenenalter; Ferdinand Wenzel († 1668) starb mit vier Monaten an Katarrh und „Fraisen", der gefürchteten Fiebererkrankung der Kinder, Johann († 1670) am Tag der Geburt, Maria Anna († 1672) 14 Tage nach der Geburt, Anna Maria († 1674) ebenfalls an Katarrh und Fraisen, Maria Josepha († 1676) nach neun Monaten an einem Katarrh, Christine († 1679) am Tag der Geburt, Maria Margarete († 1691) neun Monate alt „an denen Fleckhen" (vielleicht Masern oder Scharlach), Leopold Joseph († 1684) mit zwei Jahre an einem „Durchlauf" (Ruhr), Maria Theresia († 1696) zwölfjährig an den Blattern – also den Pocken – und ebenso Maria Josepha († 1703) im 16. Lebensjahr. Dieses Beispiel ist besonders eindrucksvoll, doch könnte man auch für das 18. Jahrhundert ähnlich viele Fälle von frühverstorbenen Kindern nennen – recht eindringlich zeigen dies die vielen Kindersärge in der Kapuzinergruft.

Die schon genannten Fraisen und andere fiebrige Erkrankungen, aber auch Infektionskrankheiten wie Pocken und „rot und weißer Rissel Ausschlag", also Masern, ebenso Scharlach oder Dysenterie, Schwindsucht, Bauchfell- und Gehirnhautentzündung finden sich am häufigsten unter den Todesursachen der Kinder. In einigen wenigen Fällen führten auch Geburtsschäden den frühzeitigen Tod herbei; so hatte Erzherzogin Ludovika Elisabeth Franziska († 1791), die älteste Tochter von Franz II./I., die im ersten Lebensjahr starb, eine Kopfkrankheit, ihr Halbbruder Erzherzog Josef Franz († 1807), der nur acht Jahre alt wurde, einen Herzfehler und Maria Anna († 1840), die mit fünf Jahren verstorbene Schwester Kaiser Franz Josephs, einen Wasserkopf.

Auffallend ist, daß mehr Mädchen als Jungen im Kindesalter starben, ein Umstand, den man in der allgemeinen Demographie damit erklärt, daß man an Mädchen weniger interessiert war – was ja auch für die Dynastie zutreffen würde – und ihnen daher weniger Sorge angedeihen ließ. Bei der Masse der Bevölkerung hätte man damit – bewußt oder unbewußt – eine geschlechtsspezifische Selektion getroffen. Ob dies auch bei den Habsburgern der Fall war, muß wegen der für eine statistische Auswertung zu kleinen Probe, die auch Zufälligkeiten spiegelt, dahingestellt bleiben.

Der embryonale Habsburger – Schwangerschaft, Tot- und Fehlgeburt

Schwanger zu sein, war für viele Ehefrauen des Hauses Habsburg der Normalzustand. Schließlich war es ihr wichtigster Lebenszweck, möglichst viele Kinder – am besten Söhne – zu gebären. Manche dieser Kinder, die das Erwachsenenalter nicht erreichten, wurden in den üblichen verkürzten Stammbäumen einfach weggelassen. Das oben zitierte Beispiel der zehn früh verstorbenen Kinder Leopolds I. zeigte das ganz deutlich.

Wie schnell eine Schwangerschaft der anderen folgen konnte, sieht man etwa am Beispiel Marias von Bayern († 1608), der Gattin Karls II. von Innerösterreich, wobei hier nur die Geburten, keineswegs aber mögliche Fehlgeburten verzeichnet sind, die außerdem noch denkbar wären.

Maria wurde im August des Jahres 1571 mit Karl II. verheiratet. Sie brachte folgende Kinder zur Welt: Am 15. Juli 1572 Ferdinand, er starb mit einem Monat, am 16. August 1573 Anna, am 10. September 1574 Marie Christine, am 4. Januar 1576 Katharina, sie starb mit 19 Jahren, am 13. März 1577 Elisabeth, die nur neun Jahre alt wurde, am 9. Juli 1578 Ferdinand (als Kaiser Ferdinand II.), am 17. Juli 1579 Karl, der nur zehn Monate lebte, am 22. März 1581 Gregoria, die 16 Jahre alt wurde, am 25. September 1582 Eleonore, am 17. November 1583 Maximilian Ernst, am 25. Dezember 1584 Margarete, am 9. Oktober 1586 Leopold V., am 24. Dezember 1588 Konstanze, am 7. Oktober 1589 Maria Magdalena und schließlich am 7. August 1590 Karl, der wenige Wochen nach dem Tod seines gleichnamigen Vaters postum geboren wurde. Man kann also mit Fug und Recht behaupten, daß Maria einen Großteil ihres Ehelebens schwanger war, fast jährlich brachte sie ein Kind zur Welt.

Schwangerschaften waren natürlich mit Risiken verbunden, obwohl diese durch die soziale Position der Familie minimiert waren. So mußten die Habsburgerinnen niemals körperlich arbeiten, während viele Frauen – etwa Bäuerinnen – auch während ihrer Schwangerschaft schweren körperlichen Strapazen ausgesetzt waren. Es ist sogar nur ein Fall bekannt, bei dem eine Habsburgerin während einer Schwangerschaft starb, nämlich Anna von Polen († 1598), und sie hatte davor schon mehrere Kinder geboren.

Fehlgeburten wurden nur selten vermerkt und scheinen niemals in den offiziellen Quellen wie den Taufbüchern auf, da die Kinder ja tot zur Welt kamen und damit nicht getauft werden konnten. Sie sind daher nur gelegentlich aus Briefen oder Aufzeichnungen vertrauter Menschen zu erschließen. Man kann annehmen, daß manche der früh verstorbenen Kinder vielleicht nicht völlig ausgetragen worden waren. Nur in wenigen Fällen wissen wir Konkretes, etwa bei Isabella († 1763), der Frau Josephs II., die an den Blattern starb, nachdem sie zuvor ein Sechsmonatskind, die gleich darauf verstorbene Erzherzogin Christine, geboren hatte.

Die größten Gefahren bestanden natürlich bei der Geburt selbst. Viele Habsburgerinnen kamen im Kindbett ums Leben. Dramatisch ist die Überlieferung des Geburtsvorgangs bei Maria Anna († 1646), der ersten Frau Kaiser Ferdinands III., die, nachdem sie acht Stunden „ordentlich krank gelegen" war – vermutlich mit einer Schwangerschaftsvergiftung –, starb. Ihr Körper wurde aufgeschnitten und ein sechs

Monate altes Kind daraus lebend geborgen, das auf den Namen Maria getauft wurde, bald darauf aber starb; es wurde mit der Mutter gemeinsam begraben. Auch Ferdinands III. zweite Frau Maria Leopoldine († 1649) überlebte die Geburt ihres Sohnes Karl Joseph nicht. Ebenso erlagen zwei Frauen von Kaiser Franz II./I. – Elisabeth († 1790) und Maria Theresia († 1807) – den Folgen der Entbindung, und auch die Frau Großherzog Ferdinands III. von der Toskana, Marie Luise († 1802), starb bei einer unglücklichen Geburt; das Kind war bereits tot und wurde zusammen mit ihr begraben.

Viele der Frauen heirateten sehr jung, ihre Körper waren häufig den Strapazen einer Schwangerschaft noch nicht gewachsen. So etwa heiratete die erste Frau von Palatin Josef Anton, Alexandra Pawlowna († 1801), mit 16 und starb mit 17 bei der Geburt ihres ersten Kindes. Auch die große Zahl der Schwangerschaften schwächte den Körper der Frauen und führte oft zu einem frühen Tod. Die erste Frau von Leopold I., Margarita Teresa († 1673), wurde nur 22 Jahre alt, nachdem sie in sechs Ehejahren vier Kinder, von denen nur eine Tochter erwachsen wurde, zur Welt gebracht und zwei Fehlgeburten erlitten hatte, und Josephs II. Frau Isabella († 1763) starb nach drei Ehejahren – ebenfalls 22jährig – nach drei Fehlgeburten und zwei Geburten.

Über einige der Geburten Margarita Teresas wissen wir aus den Quellen mehr. Sie war 1670 schwanger, dann bekam sie „improvisamente die Fleck" und ist dabei „um das Kind kommen, so ein Sohn war von ziemlicher und zue der Zeit rechter Größ, allein sehr mager und elend, also dass er, nachdeme selben die Hebamm con nome de Juan getauft, alsbald in weniger als einer Viertelstund verschieden ist". 1672 wurde wieder eine Tochter geboren, „die Neugeborne ist zwar gestert [gestern] wohl etwas schwach worden, also dass uns ein wenig sorg gemacht hat, weilen sie auch die Brust nit hat nehmen wollen; heut aber hat sie sich ziemlich erholt, auch einen gueten Trunk gedutelt; gestern hat man sie getauft". Doch schon zwei Wochen später starb sie an einem krebs-

In einer bezaubernden Gouache-Malerei gewährt uns Erzherzogin Marie Christine Einblick in die Wöchnerinnenstube ihrer Schwägerin. Joseph II. im Schlafrock und mit Mütze sitzt am Bett seiner Frau, Erzherzogin Isabella. Kunsthistorisches Museum, Wien

artigen Abszeß am Unterleib. Leopold kommentierte diesen Todesfall lakonisch und für die Einstellung zu den Geschlechtern typisch: „Wär es ein Sohn gewest, wie man es verlangt, was wär dies vor ein Leid jezo, aber ein Madl kann man leichter verschmerzen." Als Margarita Teresa starb, wurde ein toter Sohn in ihr gefunden.

Rituale um Schwangerschaft und Geburt sind nicht nur bei den Habsburgern, sondern allgemein stark mit kultischen Vorstellungen verbunden; sie entfalten sich entweder im Rahmen des Katholizismus oder werden als „abergläubische" Reste abgetan. Die Habsburger der Frühen Neuzeit nahmen Elemente der spezifischen Frömmigkeit der Dynastie, der *pietas Austriaca*, auf: Gebete, Prozessionen und Opfergaben erflehten Thronerben, eine gute Schwangerschaft und glückliche Geburt.

Die Schwangerschaft einer Kaiserin wurde öffentlich verkündigt, etwa zu Ende des dritten Schwangerschaftsmonats wurde sie bei einem festlichen Kirchenbesuch in einem Tragsessel getragen – ein allgemein verständliches Symbol der Schwangerschaft. Die eigentliche Zeit der Schwangerschaft war mit magischen Gebräuchen ausgefüllt, vor allem bei Wallfahrten nach Mariazell und später unter Maria Theresia nach Maria Hietzing. Bei einem Besuch in der Loretokapelle in der Augustinerkirche bat man um männlichen Nachwuchs und hinterlegte dabei Votivgaben. Solche Votivgaben wurden allerdings auch beim frühen Tod eines Kindes – was ja sehr häufig passierte – dargebracht, nicht zuletzt in der Hoffnung, daß es dadurch das nächste Mal besser gehen würde. So hinterlegte Karl VI. eine Statue des jung verstorbenen Kronprinzen in massivem Gold in Mariazell.

Eine Schwangere mußte sich in der Zeit ihrer Schwangerschaft dreimal dem Aderlaß nach spanischem Brauch unterziehen, danach gab es jedesmal eine große Tafel mit Tanzunterhaltung und Theateraufführung; diese Tage galten als Galatage bei Hof. Man traf auch frühzeitig Vorbereitungen für die Erziehung des erwarteten Kindes; bereits vor der Geburt wurde eine Aja bestimmt, meist eine adelige Witwe nach einem Hofbediensteten. Häufig reisten die jeweiligen Mütter der Kaiserinnen mit großem Gefolge – bis zu 130 Personen – an, um ihren Töchtern beizustehen.

Beim Einsetzen der Wehen wurde in der Kammerkapelle das Altarsakrament ausgesetzt und zum Gebet gerufen. Im Zimmer der Gebärenden versammelten sich zahlreiche Frauen, die Ratschläge erteilten. Erst Gerard van Swieten, der Hofarzt Maria Theresias, beendete diesen Brauch und überwachte mit nur einer Hebamme die Geburt. Die Entbindung fand in der frühen Zeit im Kindstuhl – also sitzend – statt, erst

Oben: Maximilian I. wurde in der Burgkapelle in Wiener Neustadt getauft. Graphik aus dem „Weißkunig". ÖNB, Wien

Linke Seite: Nur selten ist die Schwangerschaft der Erzherzoginnen in einem Bild ersichtlich. Lorenzo Lippi stellt Erzherzogin Maria Leopoldina hochschwanger dar. Kunsthistorisches Museum, Wien

Unten: Die Taufkanne und Taufschüssel waren ursprünglich ein Hochzeitsgeschenk für Karl II. von Innerösterreich und Maria von Bayern, fanden aber jahrhundertelang bei den Taufen der habsburgischen Kinder Verwendung. Kunsthistorisches Museum, Wien

später kam es zu der heute noch üblichen Entbindung im Bett. Der Kaiser verkündete der Volksmenge die Geburt, zugleich sandte man nach Sankt Stephan, wo die große Glocke, die Pummerin, geläutet wurde. Kammerdiener bzw. Kammerherren wurden an befreundete Höfe geschickt, um die Geburt anzuzeigen. Sofort nach der Niederkunft wurde ein Tauftermin festgesetzt, da man dieses Sakrament – in Anbetracht der hohen Kindersterblichkeit – möglichst rasch vollziehen wollte. Die Taufe fand in der Regel noch am Tag der Geburt oder am darauffolgenden Tag statt, lebensschwache Kinder wurden von der Hebamme notgetauft.

Ähnlichkeit und Verschiedenheit – Gibt es einen habsburgischen Familientypus?

Wie in jeder Familie spielen Fragen der „Familienähnlichkeit" auch bei den Habsburgern eine Rolle. Während in der Regel die Frage, wem ein Kind „nachgerät" – ob es die Nase jener Großmutter oder dieses Großvaters habe –, nur innerhalb der Familie selbst von Bedeutung ist, nahm diese Frage bei den Habsburgern eine geradezu wissenschaftliche Dimension an. Vor allem in der Zeit des Nationalsozialismus, als man sich im Sinne der damals vorherrschenden Weltanschauung intensiv mit der Vererbungslehre befaßte, war die Familie Habsburg ein beliebtes Studienobjekt, da sie im Gegensatz zu allen bürgerlichen und den meisten adeligen Familien über einen sehr langen Zeitraum nicht nur genealogisch erfaßbar war, sondern man sogar über Bildmaterial verfügte, das eine Grundlage für erbbiologische Studien bot.

Habsburgerlippe und Adlernase – Die körperlichen Merkmale

Für die habsburgische Familie werden körperliche und geistige Eigenschaften immer wieder im Zusammenhang mit erbbiologischen Fragen diskutiert. Äußere Merkmale wie der Vorbiß (das heißt, der Unterkiefer ist länger als der Oberkiefer, so daß die Zähne nicht aufeinanderbeißen), die große Nase, aber auch so dubiose, schwer zu erfassende Phänomene wie „verschlafene Augen" wurden dabei ebenso diskutiert wie die angebliche Neigung der Familie zur Geisteskrankheit, die aus den vorhandenen schriftlichen Quellen über die einzelnen Familienmitglieder herausgelesen wurde.
Nach dem Zweiten Weltkrieg ist dieses Forschungsgebiet kaum mehr explizit betrieben worden, allzu

Alle Porträts des letzten spanischen Habsburgers Karl II. lassen dessen „Degeneration" erahnen. Prado, Madrid

sehr war die ideologiebelastete und wissenschaftlich bedenkliche Erb- und Rassenforschung durch ihren Mißbrauch im Dritten Reich diskreditiert. Dennoch ist manches von den seinerzeitigen Fragestellungen implizit in jüngere historische Darstellung eingegangen. Wie im ersten Band „Die Lebenswelt der Habsburger" gezeigt werden konnte, spuken rein biologistische Erklärungen kultureller Phänomene als vererbbare „Familieneigenschaften" teilweise auch in neuerer Literatur und natürlich in populären Erklärungsmustern herum.
Dieses Kapitel will nicht feststellen, inwieweit es vererbbare Familieneigenschaften der Habsburger gibt und woher sie kommen. In der Folge soll vielmehr analysiert werden, wie sich die Forschung mit dieser Vererbungsfrage beschäftigte – denn dies ermöglicht einen Blick in die Mentalität der Forscher des 19. und 20. Jahrhunderts (und weniger einen auf die Habsburger der weiter zurückliegenden Vergangenheit). Die moderne Humangenetik nimmt an, daß der Weg

Am deutlichsten war der Familientypus bei Leopold I. ausgeprägt, das Relief eines Hofkünstlers betont geradezu den Vorbiß. Kunsthistorisches Museum, Wien

vom Genotyp zum Phänotyp – also von den in den Erbanlagen festgelegten zu dem wirklich sich entwickelnden Typus eines Menschen – keine starre Auswirkung der Mendelschen Gesetze, sondern viel komplizierter strukturiert ist. Die Vererbung erfolgt also in den seltensten Fällen direkt, im Gegensatz zur früheren Dogmatik wird ein Einfluß der Umwelt in der neueren Forschung durchaus anerkannt. So steht etwa in einem neueren Handbuch von Rainer Knußmann zu lesen: „Vor allem am Zustandekommen der Variabilität innerhalb der Bevölkerung sind Umweltmomente bezüglich vieler Merkmale in erheblichem Maß beteiligt. [...] so entsteht der Organismus stets aufgrund eines Zusammenspiels von Erbe und Umwelt, und eine geeignete Umwelt ist gleichermaßen für die Entwicklung des Individuums unerläßlich wie ein geeignetes Erbgut."

Der habsburgische „Familientypus" wurde vor allem anhand der unteren Gesichtshälfte der Familienmitglieder konstatiert; Kriterien sind dabei die starken Lippen, der Vorbiß und das vorspringende Kinn – alles Merkmale, die in Porträts sichtbar werden. Erstaunlicherweise wurde aber hier ein Typus festgelegt und als „habsburgisch" definiert, der nur bei wenigen Habsburgern wirklich nachweisbar ist. Am deutlichsten findet man die Merkmale, die den angeblichen Habsburgertypus verkörpern, bei Karl V. und Leopold I., aber auch bei Maximilian I., Ferdinand I., Rudolf II. und Karl VI. Der spanische König Karl II. und einige Frauen der Familie liefern ebenfalls Beispiele für diesen sogenannten Familientypus.

Der sogenannte „Habsburger Kiefer" gehört medizinisch in den Formenkreis der Dysgnathien. Darunter versteht man – wir folgen der Definition des Mediziners und Spezialisten für Kieferchirurgie Erwin Reichenbach – „Folgezustände abwegiger Entwicklung der Kiefer, bestehend in Unstimmigkeiten der Zahnstellung, der Form der Zahnbögen oder des Zusammenbisses, der Lage des Gebisses im Schädel und damit schließlich auch der Funktion. Zu den Dysgnathien gehören u. a. die Anomalien des ‚progenen Formenkreises' [...] unter ihnen ist die sogenannte echte [...] vererbte Progenie die schwerste Form. Sie ist charakterisiert durch einen zu großen bzw. zu weit vorstehenden Unterkiefer mit in die Länge gestrecktem und zu breitem Zahnbogen, durch ein betontes knöchernes Kinn und einen vergrößerten und abgeflachten Unterkieferwinkel. Freilich ist oft auch der Oberkiefer im Sinne einer Unterentwicklung mitbeteiligt. Bei der echten Progenie scheinen auch die benachbarten Weichteile, wie Unterlippe, Weichteilkinn und Zunge, übermäßig entwickelt." Nach den Studien zweier Kieferorthopäden (Schulze und Wieser) an 14 Probanden und ihren 104 Angehörigen ist diese Krankheit „irregulär dominant" vererblich.

Inwieweit man von einem „Familientypus" sprechen kann, wenn nur einige wenige Mitglieder der Familie diesen aufweisen, sei dahingestellt; der Terminus hat sich jedenfalls in der Literatur eingebürgert. Die gründlichste Studie zu diesem Thema trägt den verräterischen Titel „Blut und Rasse des Hauses Habsburg-Lothringen" und erschien – noch verräterischer – 1940. Dennoch ist sie weit weniger ideologisch belastet, als man im Hinblick auf Titel und Erscheinungsjahr befürchten könnte. In vielen Punkten widerlegt und widerspricht der Autor des Buches, Julius Wolf, sogar den gängigen Meinungen der Vererbungslehre.

Woher kam dieses Merkmal, das wir der Einfachkeit halber „Habsburgerlippe" nennen wollen, wie das in der Literatur verkürzend geschieht? Eine Vielzahl von Theorien wurde dazu aufgestellt; die Althabsburger seit Rudolf I. wurden dafür ebenso verantwortlich

gemacht wie Cimburgis von Masowien († 1429), die Portugiesen, die Burgunder und die Spanier; auch die Möglichkeit einer spontanen Bildung bei Ernst dem Eisernen († 1424) wurde in die Diskussion gebracht.
Der Streit um das Aussehen der frühen Habsburger ist relativ müßig, denn es gibt keine bildlichen Quellen, mit denen man Thesen belegen oder widerlegen könnte. Systematische anthropologische Untersuchungen der Schädel der mittelalterlichen Habsburger, die Klarheit über Eigenschaften wie den Vorbiß geben könnten, stehen noch aus. Lediglich von Rudolf I. haben wir mit der Grabplatte ein Bildzeugnis, das man verwerten kann, von seinen Nachkommen bis in die Mitte des 14. Jahrhunderts sind aber keine zeitgenössischen Abbildungen überliefert. Natürlich gibt es spätere Bilder, die manche Forscher auch herangezogen haben, doch verfügen diese natürlich über keinen Aussagewert, da sie der Phantasie des jeweiligen Künstlers und nicht der Realität entsprungen sind.
Der erste Habsburger, bei dem wir eine bessere Quellenlage vorfinden, ist Rudolf IV. († 1365), dessen Porträt keineswegs auf den habsburgischen Familientypus hinweist, obwohl eine Schädeluntersuchung eine leichte Progenie – also einen Vorbiß – ergeben hat. Demnach hätte eine gewisse Veranlagung der Habsburger in dieser Richtung schon vor Cimburgis von Masowien bestanden – jener Frau, der man den habsburgischen Familientypus gern zugeschrieben hat.
Die Tochter des masowischen Fürsten stellt sicherlich eine besonders exotische Frau im Heiratsgefüge der Habsburger dar. Durch den genealogischen Zufall, daß gerade ihre Linie überlebte, wurde sie zur Stammmutter aller späteren Habsburger. Sie stellt nicht nur die Erbbiologen, sondern – wie wir noch ausführlich sehen werden – auch die Genealogen vor große Schwierigkeiten, da ihre – innerhalb weniger Generationen mongolischen – Vorfahren nicht leicht weiterzuverfolgen sind. Das Problem für die Ableitung des habsburgischen Familientyps von Cimburgis liegt darin, daß es von ihr kein zeitgenössisches Bild gibt, allerdings zeigen Porträts ihres Onkels Jagiello und ihres Vetters Kasimir IV. sehr ausgeprägte Unterlippen, aber keinen wirklichen Vorbiß. Man sieht schon

Links: Einer der Verwandten Cimburgis' von Masowien, dessen Bilder zum Beweis der Herkunft des habsburgischen Familientyps aus Polen herangezogen wurden. ÖNB, Wien
Rechts: Karl V. mit Vorbiß: Die Deformation des Kiefers und der offenstehende Mund Karls V. sind auf dem Bild von Bernhard Strigel deutlich zu erkennen. Kunsthistorisches Museum, Wien

an diesen indirekten Schlüssen aus den Bildern anderer Verwandter, auf welch schwankendem Boden sich die frühere erbbiologische Forschung bewegte.
Daher nimmt es nicht Wunder, daß unterschiedliche Forscher den Ursprung dieser habsburgischen Eigentümlichkeit auch anderswo suchten und dabei zu widersprüchlichen Ergebnissen kamen. So stellte man z. B. bei den Burgundern, die mit Maria († 1482), der Frau Maximilians I., in die Genealogie der Habsburger eintraten, ungewöhnlich volle Lippen fest. Brantôme erzählt, Königin Eleonore von Frankreich († 1558), die Schwester Karls V., habe die burgundische Herzogsgruft in Dijon öffnen lassen und beim Anblick der einbalsamierten Körper ihre Verwunderung über die Ähnlichkeit der Mundform zwischen den Habsburgern und den burgundischen Ahnen geäußert. Dennoch verkörperten sie keineswegs den „habsburgischen Familientypus“.
Am deutlichsten werden Merkmale, die mit dem Prädikat „habsburgischer Familientypus“ belegt wurden, im 16. und 17. Jahrhundert. Sowohl bei Maximilian I. als auch bei Karl V. und schließlich beim letzten spanischen Habsburger Karl II. berichten die Quellen über eine mangelhafte Aussprache – das heißt einen Sprachfehler –, der auf eine Mißbildung des Kiefers zurückzuführen sein könnte. Karl II. hatte überdies Schwierigkeiten beim Essen. Die zahlreichen erhaltenen Bilder der Herrscher zeigen tatsächlich Merkmale wie eine wulstige Unterlippe bei Maximilian I. oder einen deutlichen Vorbiß bei Karl V. Maximilian I. hatte bis zu seinem neunten Lebensjahr solche Schwierigkeiten mit dem Sprechen, daß sein Vater fürchtete, er werde „dumm oder stumm“ durchs Leben gehen.
Eine Geschichte über Karl V. macht diese Probleme der Deformation des Kiefers anekdotenhaft klar; ein spanischer Bauer soll ihm zugerufen haben: „Eure Majestät, schließen Sie Ihren Mund, die Fliegen dieses Landes sind sehr unverschämt.“ Bei Karl werden die Bilder noch durch viele Berichte von Gesandten und anderen Besuchern ergänzt. Sie erzählen auch von Krankheitszuständen wie Atembeschwerden, Wucherungen und Sprachhemmungen – Karl „stammelte, er stotterte“ –, die mit seiner Kieferbildung zusammenhingen. Ein Zeitgenosse vermerkte die schiefe Adlernase und den großen Unterkiefer, „der ihn daran hindert, die Zähne aufeinander zu beißen, und die Ursache dafür ist, daß man das Ende seiner Worte nicht gut versteht. Er hat nur wenige Vorderzähne, und diese sind kariös.“
Eher grotesk mutet die Meinung von vier Medizinern an, die behaupten, daß eine „Normalisierung“ des Aussehens des Kaisers durch einen operativen Eingriff – wie er heute möglich wäre – den Verlauf der Geschichte verändert hätte. Karls Persönlichkeitsentwicklung – so argumentieren vier amerikanische Kieferchirurgen (Grabb, Hodge, Dingman und Oneal) – wäre vollkommen anders verlaufen, wenn Karl kein so anmaßendes Kinn gehabt und sich in Gesellschaft ungezwungen hätte bewegen können. Man braucht diese monokausale Erklärung des komplizierten Geflechts der Geschichte – selbst wenn man bereit ist, den herrschenden Personen eine tragende Rolle zuzumessen – kaum zu kommentieren, sie spricht wohl für sich selbst.
Der Bruder Karls V. und Begründer der österreichischen Linie des Hauses, Ferdinand I., zeigt auf manchen Porträts – vor allem auf dem Jugendbildnis des Hans Maler von Schwaz – einen offenen Mund, der auf einen Vorbiß schließen läßt, seine Söhne weisen aber keinerlei Besonderheiten der Gesichtsbildung auf; so hat Maximilian II. etwa keinen Vorbiß, sondern nur leichte Backentaschen. Auch die Schädel der beiden, die von dem tschechischen Anthropologen Emanuel Vlček anläßlich der Graböffnung im Prager Veitsdom untersucht und in Fotografien in der Prager

Das Jugendbildnis Ferdinands I. von Hans Maler hebt den Vorbiß und den leicht offenstehenden Mund hervor. Kunsthistorisches Museum, Wien

Ausstellung „Rudolf II. und sein Hof" 1997 der Öffentlichkeit präsentiert wurden, weisen keinerlei Merkmale eines Vorbisses auf. Der Schädel Rudolfs II. zeigt hingegen einen völlig klassischen Fall von Progenie. Von den zwei Söhnen Philipps IV. war Baltasar gesund, Philipp Prosper dagegen kränklich und degeneriert. Auffallend ist, daß in der spanischen und in der österreichischen Linie die Töchter meist völlig „normal" aussahen, wenn man von Josephs Schwester Maria Elisabeth († 1741) absieht, deren Gesicht durch ein ausgeprägtes Kinn, Progenie und eine wulstige Unterlippe verunstaltet war. Man blieb aber nicht bei den physischen Defekten – in der Literatur wurde immer wieder eine Kombination der offensichtlichen körperlichen Mißbildungen mit seelisch-geistigen Defekten diskutiert.

Außer biologistischem und rassistischem Gedankengut prägen diese Diskussion auch nationalistische Ideologien. So hat der politisch am französischen Nationalismus orientierte belgische Forscher Oswald Rubbrecht in seinem Buch „L'origine du type familial de la maison de Habsbourg" (Der Ursprung des habsburgischen Familientypus) den Prognathismus ausschließlich bei den Spaniern und den Österreichern geortet und behauptet, daß weder Franzosen noch Burgunder ihn hätten; die große Unterlippe ordnet er ihrem Ursprung nach zu Spanien und Burgund, die lange Nase und die seitliche Abplattung des Schädels zu Burgund, Spanien und Österreich. Man merkt deutlich, daß die Franzosen überhaupt keine Rolle bei den negativ besetzten Erbmerkmalen spielen.

Am Schädel Rudolfs II. kann man deutlich ablesen, daß Rudolf einen Vorbiß hatte. Veitsdom, Prag

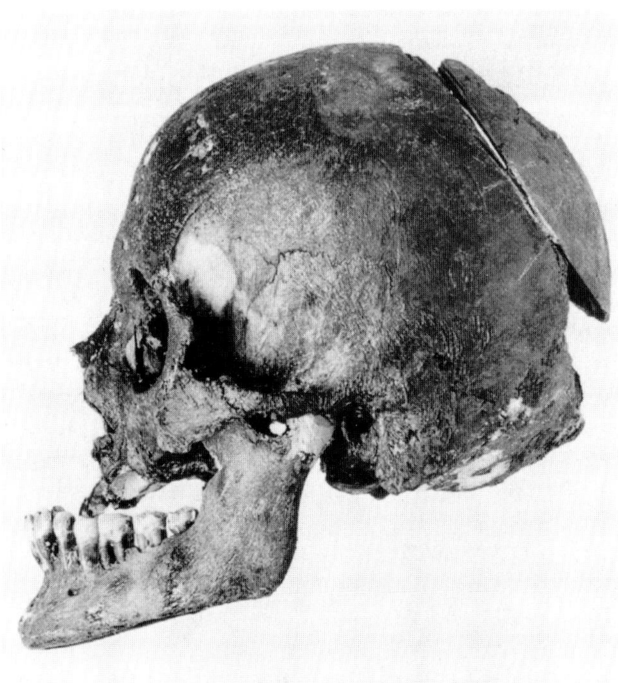

Über eines sind sich fast alle Autoren einig: daß die vielen Verwandtschaftsehen zwischen spanischen und österreichischen Habsburgern und den Wittelsbachern zu einem relativ stabilen Typus der Althabsburger führten. Eine Untersuchung der Wittelsbacher auf den habsburgischen Familientyp hin ergibt eine große Zahl von prognathischer Menschen (also mit dem charakteristischen Vorbiß) mit großen Lippen; keineswegs überraschend, wenn man bedenkt, daß mit einer einzigen Ausnahme alle Ehefrauen der Wittelsbacher habsburgische Vorfahren hatten. Der wittelsbachische Kurfürst von Köln Joseph Klemens († 1723) stellt geradezu ein Idealbild des sogenannten „habsburgischen Familientyps" dar. Man hat die Wittelsbacher sogar als eine „physiognomische Untergruppe" der Habsburger bezeichnet, bei der sich durch sechs Generationen der Typus verfolgen läßt. Weniger deutlich, aber durchaus feststellbar, ist die Vererbung des Typus im sächsischen Haus; auch hier ist wieder ein geistlicher Kurfürst – der aus dem sächsischen Hause stammende Klemens Wenzel von Trier († 1812) – der ausgeprägteste Vertreter. Ähnliches könnte man über die Mediceer in Florenz aussagen.

Mit Maria Theresia setzten sich die angeblich welfischen Merkmale ihrer Mutter durch. Dies rückt ihr Aussehen – so die Erbbiologen – in die Nähe der preußischen Herrscher, die ebenfalls welfische Ahnen hatten. Ähnlichkeiten zwischen Joseph II. und Friedrich II., die als „cäsarischer Typus" charakterisiert wurden, und zwischen Leopold II. und Heinrich von Preußen, die man als „bürgerlichen Typus" abstempelte, wurden behauptet.

Mit den Kindern Leopolds II. wurde – wie die erbbiologischen Untersuchungen konstruierten – ein neuer Typus dominant. Diesen „neu-habsburgischen" Typus schrieb man dem Durchbruch des pfalz-neuburgischen „Erbmaterials" zu, dessen genealogische Grundlage fünf Generationen zurücklag. Er wurde folgendermaßen beschrieben: „Ein langer Schädel, seitlich abgeplattet, steil ansteigende hohe Stirn, das Auge müde, verschleiert, gleichgültig, fast als ob es tränte. Die Nase gerade und lang, überlang, unten verdickt, ein Mund mit normaler Ober-, aber grotesk verdickter Unterlippe, das Kinn kurz und schmal, die Gesichtsform derart ein Dreieck mit der Stirn als Basis."

Doch die angebliche Entwicklung verlief nicht linear. So trat nochmals sehr spät und nicht bei den Habsburgern – viele Dynastien waren ja so eng mit den Habsburgern verwandt, daß man sie genealogisch kaum voneinander unterscheiden kann – der althabs-

Links: Durch die enge Verwandtschaft der Wittelsbacher mit den Habsburgern ist es kein Zufall, daß Joseph Klemens, der Kurfürst von Köln war, manche Ähnlichkeiten mit dem „habsburgischen Familientypus" aufwies. ÖNB, Wien
Rechts: Der aus dem sächsischen Haus stammende Klemens Wenzel, der Bischof und Kurfürst von Trier wurde, hatte das „typische Aussehen" eines Habsburgers. ÖNB, Wien

burgische Typus wieder auf, nämlich beim spanischen König Alfons XIII. († 1941), dem letzten Regenten, der den Titel Erzherzog als Relikt der *Casa de Austria* im spanischen Königstitel führte, sowie auch bei seinem Sohn Don Jaime.

Durch ihr unterschiedliches Heiratsverhalten nahmen die Nebenlinien des Hauses andere Entwicklungen, so entfremdete sich die ungarische Linie angeblich ganz dem Habsburgertypus durch die Einheirat protestantischer Frauen aus Häusern, mit denen die Hauptlinie keine Heiratsverbindungen hatte, während die Linie Toskana den habsburgischen Typus bewahrte.

Aus all diesen – letztlich im Erkenntniswert geringen – Spekulationen kommt man schließlich nur zu dem Ergebnis, daß es in dieser Hinsicht keine Einheitlichkeit der Habsburger gibt, sondern daß Tradition, Umwelt und das „Gesetz der Normalisierung" durch die Mischung verschiedener Erbmerkmale und die Ausmendelung zu keiner wirklichen physiognomischen Gemeinsamkeit der Familie führen. Diese ist nur dort stärker ausgeprägt, wo es sich um extreme Phänomene der Inzucht handelt, von denen noch die Rede sein wird.

Neben der Deformierung des Kiefers war eine weitere Eigenschaft in der Familie erblich: die Epilepsie, deren Vererbungsrisiko nach neueren Untersuchungen bei etwa vier bis acht Prozent liegt. Der Thronfolger Franz Ferdinand († 1914) stellte gegenüber seinem Leibarzt fest: „Wenn unsereiner jemanden gerne hat, findet sich immer im Stammbaum eine Kleinigkeit, die die Ehe verbietet, und so kommt es, daß bei uns immer Mann und Frau zwanzigmal miteinander verwandt sind. Das Resultat ist, daß von den Kindern die Hälfte Trottel oder Epileptiker sind."

Einige Fälle von Epilepsie sollen hier angeführt werden. Einer der frühesten eindeutigen Fälle ist jener der Erzherzogin Elisabeth († 1545), die mit dem polnischen König Sigismund August († 1572) verheiratet war. Angeblich waren es ihre epileptischen Anfälle, die beim König zu einer Abneigung führten, die bis zum Ekel reichte und damit letztlich erheblich zu den Erniedrigungen und Beleidigungen beitrugen, die diese Ehe kennzeichneten. Nicht eindeutig ist

Beim spanischen König Alfons XIII., dessen Mutter eine Habsburgerin war, kam der „habsburgische Familientypus" wieder deutlich zum Tragen. ÖNB, Wien

die Frage bei Karl V. zu beantworten; es ist immer wieder die Rede von „epileptischen" Anfällen, als er 18 Jahre alt war, ohne daß die Krankheit aber eindeutig nachgewiesen werden konnte. Mit Sicherheit hingegen waren einige der Kinder, die in Spanien geboren wurden, epileptisch, so etwa der Infant Philipp Prosper († 1661), der dazu noch unter Skrofulose litt – einer Erkrankung von Haut, Schleimhaut und Lymphknoten, die sich in Verdickung von Nase und Oberlippe und in Gesichtsausschlägen und Hornhautentzündungen äußert. Pikanterweise war die Skrofulose eine Krankheit, die dem alten Glauben nach durch das Handauflegen des Königs geheilt werden konnte. Die Merowinger reisten als *rois thaumaturges* im Lande umher und legten Skrofulose-Kranken die Hand auf, und noch im Jahre 1686 machte der französische König bei Tausenden Kranken das gleiche und sprach die Formel: „*Le roi te touche, Dieu te guerisse*" (Der König berührt Dich, Gott heilt Dich). Nicht nur in Frankreich, auch in anderen Ländern, z. B. in England, machten die Könige von der Krankenheilung mittels Berührung ausgiebigen Gebrauch. Offensichtlich funktionierte der Heilungsprozeß beim spanischen Infanten nicht. Der spätere Kaiser Ferdinand I. († 1875) „erschreckte sein junges Weib" – wie Luise von Toskana in ihren Memoiren mitteilt – sogar in der Hochzeitsnacht durch einen epileptischen Anfall. Und eine seiner Nichten, eine Schwester Franz Josephs, die kleine Anna, war durch diese Krankheit so geschwächt, daß sie mit fünf Jahren starb.

Ein bedeutendes Mitglied des Hauses – der als Held gefeierte Erzherzog Karl – war ebenfalls Epileptiker und soll auch während der Schlacht von Aspern 1809, die seinen Ruhm begründete, unter Anfällen gelitten haben. Ein besonders drastisches Beispiel für einen derartigen Anfall lieferte Maria Annunziata von Neapel-Sizilien († 1871), die von einer habsburgischen Mutter geboren und mit Erzherzog Karl Ludwig, dem jüngeren Bruder Franz Josephs, verheiratet wurde. Sie erlitt in aller Öffentlichkeit während eines Gottesdienstes am Tag nach der Hochzeit *per procuratorem* in Anwesenheit ihrer zukünftigen Familie einen schlimmen Anfall von Epilepsie. Dennoch stellte das keinen Grund dar, von der eigentlichen Hochzeit Abstand zu nehmen; aus dieser Ehe stammen drei Söhne: der Thronfolger Franz Ferdinand († 1914), Otto († 1906, der Vater des letzten Kaisers Karl) und Ferdinand Karl (später Ferdinand Burg, † 1915).

Verschont hingegen blieben die Habsburger von der in weiblicher Linie erblichen Bluterkrankheit (Hämophilie), die in anderen Dynastien – vor allem der englischen und russischen – verbreitet war. Da es keine wesentlichen Heiratsbeziehungen zu diesen Häusern gab, war auch die Gefahr der Übertragung der Bluterkrankheit ins Haus Habsburg gering.

Melancholie und Wahnsinn – Geisteskrankheiten im Hause Habsburg

Die zuverlässigste Methode, um mehr über körperliche Defekte und Krankheitsverläufe zu erfahren, wären anthropologische Untersuchungen an den Leichen bzw. Skeletten der Habsburger. In einer Reihe von Fällen, in denen solche Untersuchungen durchgeführt wurden – von den Babenbergern über Johann von Nepomuk bis zu Albrecht von Wallenstein –, gelangte man zu wichtigen und teilweise sehr überraschenden Erkenntnissen. Leider gibt es von den vielen erhaltenen Habsburgerskeletten kaum systematische Analysen. Vermutlich ist es in vielen Fällen eine falsch verstandene Pietät, die dem Historiker wertvolle Informationen vorenthält. So sind wir, was die körperlichen Gebrechen anlangt, ausschließlich auf die bildlichen und schriftlichen Quellen angewiesen. Schon bei den körperlichen Merkmalen ist es trotz teilweise vorhandenen bildlichen Materials sehr schwierig, zuverlässige Aussagen über Menschen der Vergangenheit zu machen. Noch schwieriger gestaltet sich aber eine Diagnose bei längst verstorbenen Patienten, wenn es sich um geistige Erkrankungen oder um Neurosen und Psychosen handelt; man kann den Habsburger, der seit langer Zeit tot ist, nicht mehr auf die Couch des Psychiaters legen. Allerdings wurden geistige Erkrankungen oft genauer geschildert als die körperlichen. Dadurch kann man in vielen Fällen – mit aller gebotenen Vorsicht – Diagnosen wagen, obwohl die Terminologie in den zeitgenössischen Quellen natürlich nicht mit modernen Maßstäben zu messen ist. Die häufigste Bezeichnung für die eigenartigen Zustände mancher Habsburger ist der Terminus „Malincholia“ oder „Melancholie“, der im Sinne der Temperamentenlehre zu verstehen ist.

Ein Fall, den besonders viele Historiker, Erbbiologen und Mediziner studiert haben, ist jener der spanischen Prinzessin Johanna († 1555), die „*la Loca*“ oder „die Wahnsinnige“ genannt wird. Für die eingehende Beschäftigung mit Johanna, einer Stammutter des Hauses Habsburg, sprach einerseits ihre ausgeprägte und durch viele Jahre andauernde befremdliche Krankheit, die Interesse hervorrief, und andererseits die Tatsache, daß man eine vererbliche geistige Erkrankung in der Familie auf sie zurückführte.

Das Verhalten der Infantin, deren „Wahnsinn“ in ihrem 22. Lebensjahr bei der Abreise ihres Ehemanns Philipp aus Spanien ausbrach, wird in den Quellen ausführlich geschildert. Den Beobachtern fiel ihre

Johanna der Wahnsinnigen schrieb man einen großen Teil der „Schuld“ an der erblichen Schizophrenie im Hause Habsburg zu. Diese historisierende Darstellung betont ihre Fixierung auf den Leichnam ihres Mannes Philipp des Schönen. ÖNB, Wien

völlige Regungslosigkeit auf; sie konnte tagelang bewegungslos vor sich hinstarren, schlief schlecht und verweigerte das Sprechen. Andererseits gab es – nicht unbegründet – wilde Anfälle von Eifersucht; manche Interpreten meinten sogar, bei Johanna seien alle Triebe außer dem sexuellen abgestorben. Daß Johannas Sexualtrieb stark war, läßt sich schon daraus schließen, daß man die Hochzeit mit Philipp angeblich ihrer Ungeduld wegen um vier Tage vorverlegen mußte. In einem solchen Eifersuchtsanfall entriß sie einer vermeintlichen Rivalin einen Brief; es kam zum Handgemenge, wobei Johanna ihr Gegenüber heftig an den Haaren zog, ihr die Zöpfe abschnitt und mit der Schere das Gesicht zerkratzte. Daraufhin wurde sie von ihrem Mann Philipp verprügelt. Häufig drohte er ihr mit dem Entzug des ehelichen Beilagers, was sie angeblich immer wieder zum Einlenken brachte. Grund zur Eifersucht hatte sie allemal. Allgemein bekannt wurde z. B. eine Affäre Philipps mit einer Frau aus hohem Adel in Brüssel, die laut allen Berichten von großer Schönheit war. Man vermutete, dies habe die psychischen Probleme Johannas ausgelöst. Manchmal wußte die Infantin offensichtlich nicht, was sie tat; eines Tages etwa verließ sie nackt das Schloß Médina del Campo. Auch andere auffällige Verhaltensweisen lassen sich feststellen, so wusch sie z. B. mehrmals täglich ihre Haare.

Ihre Krankheit verschlimmerte sich erheblich, als der von ihr so geliebte Philipp starb. Bei seinem Tod weinte sie zunächst nicht, sie blieb vielmehr stumm und unansprechbar. Nach dem Begräbnis in der Kirche der Kartause von Miraflores bei Burgos ordnete sie aber plötzlich an, den Sarg zu öffnen. Sie enthüllte den Leichnam ihres toten Mannes, warf sich auf ihn, küßte ihm die Füße und die Hände, gab ihm zärtliche Namen und ließ ihn schließlich in ihre Räume bringen, wo sie ihn mit besten Kleidern angetan auf ein Paradebett hinlegte. Keine Frau durfte sich ihm nähern. Johanna entwickelte – wie es einer der Interpreten nannte – eine Leidenschaft für den Tod und für den Toten und zog mit dessen Leichnam im Sarg durch Kastilien. Sie glaubte, der Tod Philipps sei vorübergehend, und wollte daher seinen Körper immer bei sich haben.

Ihr Vater Ferdinand brachte sie schließlich 1509 ins Kloster Santa Klara in Tordesillas, wo sie bis an ihr Lebensende im Jahre 1555 blieb. Die Lage der Kranken verschlimmerte sich dort zusehends; sie vernachlässigte sich, trug schmutzige Kleider, zog sich für die Nacht nicht um und weigerte sich, im Bett zu schlafen, sie warf Geschirr nach ihren Frauen und schlug zwei mit einem großen Stock. Da Johanna jede Berührung zurückwies, konnte sie nie gründlich gewaschen werden; eitrige Geschwüre bildeten sich auf ihrem Körper. Die Lage ihrer Tochter Katharina, die nach dem Tode Philipps geboren worden war und zunächst bei ihrer Mutter aufwuchs, war besonders trist, denn ihr einziges Vergnügen bestand darin, die Kirchgänger zu beobachten. Außer zwei alten Mägden hatte sie keine Gesellschaft. Schließlich nahm ihr Bruder, Kaiser Karl V., sie der Mutter weg. Als Johanna 1555 mit über 75 Jahren starb, hatte sie 46 davon in „Schutzhaft" in Tordesillas verbracht.

Verschiedenste Diagnosen wurden über das Verhalten Johannas gestellt, darunter Neurosen, Neurasthenie, Hysterie und „Liebe zum Tod". Andere Autoren sahen darin eine „Verblödungspsychose", die um sich griff und nur wenige lichte Augenblicke zuließ. Die wahrscheinlichste Diagnose, die auch in das Gesamtbild der späteren Generationen paßt, dürfte aber eine Anlage zur erblichen Schizophrenie gewesen sein, womit die Bewegungsstereotypen und das Reinigungsritual – beides angeblich eine charakteristische Verhaltensweise Schizophrener –zusammenhängen dürften. Die immer wieder berichtete Bewegungslosigkeit, die nicht auf eine Lähmung, sondern auf katatone (geisteskranke) Störungen zurückging, und ihre dazwischen aufflammende Aggressivität passen ebenfalls in dieses Krankheitsbild, das durch die besonderen Umstände der intensiven Beziehung zu Philipp zum Ausbruch kam. Schizophrenie hat den Erkenntnissen der Humangenetik nach ein hohes Vererblichkeitsrisiko, bei den Kindern zweier Schizophrener liegt es bei 50 Prozent, bei einem schizophrenen Partner bei etwa 14 Prozent der Nachkommen. Die vielen Verwandtschaftsehen ihrer Nachkommen haben das Risiko somit potenziert. Auch Johannas Großeltern mütterlicherseits, Johann II. von Kastilien († 1454) und Isabella von Portugal († 1496), wiesen schon ähnliche Störungen auf. Durch die zahlreichen Ehen zwischen dem portugiesischen Haus und den Habsburgern konnten sich diese Anlagen verstärken.

Von den Nachkommen Johannas zeigten von der Linie Karls V. zumindest Don Carlos, Karl II., aber auch die (halb habsburgischen) bourbonischen Könige von Spanien – Philipp V., Ferdinand VI. und Karl IV. – Anzeichen von geistigen Störungen, daneben gingen aber 20 geistig gesunde Nachkommen aus der Linie Karls hervor. Auch in der Linie Ferdinands finden sich mit Rudolf II., Kaiser Ferdinand I. und Franz Karl einige Personen mit krankhaften Zügen, daneben aber 40 gesunde.

Der erste von Johannas Nachkommen, bei dem die Veranlagung in vollen Zügen durchbrach, war ihr Urenkel, der Sohn Philipps II., Infant Don Carlos († 1568). Sein Bild in der Geschichtsschreibung und der Literatur ist bunt und vielgestaltig. Manchen war

Im Kloster Santa Klara in Tordesillas verbrachte Johanna die Wahnsinnige fast ein halbes Jahrhundert.
Foto: Vocelka/Heller

er eine Heldengestalt, in die man alles Positive hineinprojizierte, das man der verhaßten Politik Philipps II. entgegenhielt; ein Freiheitsheld, der sich gegen die Tyrannei der absoluten Monarchie und der katholischen Kirche auflehnte. Den Hintergrund solcher Interpretationen findet man sehr häufig im politischen Umfeld des Autors. Schiller wollte mit seinem Drama gegen die Mißstände seiner Zeit protestieren, und Verdi, der Schillers Stoff zu einer bedeutenden Oper gestaltete, verfolgte ähnliche Ziele. Der historische Don Carlos war aber vor allem ein kranker Mensch. Schon physisch wies er einige Gebrechen auf: Einem Bericht des kaiserlichen Gesandten Adam von Dietrichstein nach war er blaß, trug eine Schulter höher als die andere, der rechte Fuß war kürzer als der linke, er stotterte und hatte ein „buckerle". Dietrichstein berichtete auch, daß Don Carlos' Mund offen stünde, was mit dem „habsburgischen Familientypus" zu tun haben kann. Darüber hinaus litt er vermutlich aufgrund einer Malariainfektion an ständigen Fieberanfällen und mußte sich nach einem Sturz mit 17 Jahren einer Schädeltrepanation – also einer Aufbohrung der Schädeldecke – unterziehen, die ihm zwar das kurzzeitig verlorene Augenlicht wiedergab, aber zu anderen Schwierigkeiten führte. Die Verletzung hatte er sich zugezogen, als er zu einem Stelldichein mit der Tochter des Palast-Torwartes ging, dabei ausglitt und mit dem Kopf gegen eine geschlossene Tür schlug. Neben der medizinischen Behandlung – der Schädelöffnung – kamen auch „magische" Mittel bei der Heilung ins Spiel; die Gebeine des im Rufe der Heiligkeit stehenden Fray Diego wurden aus dem Franziskanerkloster gebracht und der Kopf des Infanten damit berührt.

Doch neben diesen körperlichen Gebrechen bildete auch das eigentümliche Verhalten des Infanten immer wieder ein Thema in der höfischen Berichterstattung. Dietrichstein berichtete, der Prinz sei gar nicht so „ungereimt"; er rühmte sein gutes Gedächtnis und seinen scharfen Geist. Schon von Jugend an galt er als wankelmütig, ihn überfielen schreckliche Zornausbrüche, und das Lernen interessierte den zurückgezogenen jungen Mann wenig. Seine Leidenschaft galt eher dem Essen und den Frauen, obwohl Gerüchte über seine Impotenz kursierten. In seinen Wutanfällen konnte er völlig unberechenbar sein; er schlug seine Diener, bedrohte andere Menschen und quälte seine Pferde zu Tode. Der kaiserliche Gesandte Dietrichstein schrieb: „Hat ainem seiner Khämmerer ohn Ursach aine Maultaschen geben." Wie vorsichtig man mit den Quellen – und noch viel mehr mit der darauf aufbauenden Literatur – umgehen muß, sieht man aber anhand eines Mißverständnisses. In der Literatur liest man von einem Mädchen, das von Don Carlos gezüchtigt wurde und dessen Vater später deswegen mit Geld entschädigt wurde. Erst spätere Recherchen bewiesen, daß sich die Geschichte ganz anders ereignet hatte. Dem Autor war eine Verwechslung der spanischen Wörter *pegados* (gepeitscht) und *pagados* (unterstützt) unterlaufen, wodurch ein anderer, entschieden harmloserer Sinn entsteht.

Die Auseinandersetzungen mit seinem Vater und die spätere Diskussion um dessen Verantwortung für den Tod seines Sohnes betreffen in erster Linie politische Fragen, auf die wir im Zusammenhang mit den Generationskonflikten im Hause Habsburg eingehen werden. Die Untersuchungen über den Tod von Don Carlos brachten auch manches über seine Krankheit zutage, so enthielt schon Max Büdingers klassische Arbeit „Don Carlos' Haft und Tod" aus dem Jahre 1891 ein Gutachten des Psychiaters Meynert, der Don Carlos „angeborenen Schwachsinn" zuschrieb. Damit ließe er sich sein auffälliges Benehmen, seine Arbeitsscheu, Durstgefühle, seine Abneigung gegen Alkohol und seine Tobsuchtsanfälle erklären. Viele dieser Symptome entsprechen aber auch dem klinischen Bild der ererbten Schizophrenie.

Am Tag vor seinem Ableben verzehrte der Infant eine voluminöse „Rebhühner-Pastete", die vermutlich seinen Tod herbeiführte. Sie war sehr stark gewürzt, und der Prinz trank dazu 300 Unzen Wasser, also mehr als zehn Liter. Die sich darauf einstellende Übelkeit führte schließlich am 24. Juli 1568 zum Tod. Kaiser Maximilian II. kritisierte die mangelnde Sorge des Hofes in einem Brief an seinen Schwager Herzog Albrecht V.: „aber in dem hatt man bei mier nicht recht gethan: derwail sie den Printzen in der custodi gehabt haben, das sie ime solliche exzessus gestatt habe, derwail sie es leicht hetten weren mögen."

Ein anderer, viel diskutierter Fall von Geisteskrankheit in der habsburgischen Familie ist deshalb besonders schwerwiegend, weil er einen regierenden Fürsten betrifft. Kaiser Rudolf II. wird in der älteren – und manchmal auch noch in der neueren – Literatur als „der Narr auf dem Kaiserthron", als verrückter, regierungsunfähiger Herrscher dargestellt. Neuere Forschungen zeigen aber, daß man damit lediglich einen Teil der Regierungszeit Rudolfs charakterisieren kann. Nimmt man an, daß Rudolf unter erblicher Schizophrenie litt, so wäre ein phasenhafter Verlauf dieser Krankheit charakteristisch. Damit ließe sich erklären, daß die ersten Regierungsjahre bis etwa 1593, dem Beginn des langen Türkenkrieges, recht unauffällig verliefen, danach dürfte ein erster Schub erfolgt sein. In der Zeit von 1593 bis 1606 wechselten Zeiten der Apathie und des Rückzugs mit solchen einer Überaktivität, die sich vorwiegend in der politischen Propaganda des Kaisers ausdrückte. Erst ab 1606 –

Einer der erblich schwer belasteten Habsburger war Ferdinand I., der Gütige, der epileptisch und regierungsunfähig war. ÖNB, Wien

und damit nur für die letzten sechs Jahre seines Lebens – kann man von einer wirklichen Regierungsunfähigkeit sprechen; das Gesetz des Handelns ging dabei auf seinen jüngeren Bruder Matthias über. Allerdings muß man auch bei dieser differenzierten Sicht bedenken, daß die Quellen, die über Rudolfs Regierungsunfähigkeit berichten, von Vertretern der Kurie und des Erzherzogs Matthias stammen, also von all jenen, die Interesse daran hatten, den Kaiser zu diffamieren.

Den Quellen zufolge litt Rudolf unter Angstzuständen und heftigen Zornausbrüchen, zeitweise war er für seine Umgebung und sich selbst sogar gefährlich. Am 15. Oktober 1600 verübte er einen nächtlichen Selbstmordversuch, wobei er sich zunächst mit einem Degen und – als ihm dieser entrissen wurde – mit zerschlagenem Glas töten wollte. Seine Angst vor Verzauberung oder Verwünschung steigerte sich zur Besessenheit, unter anderem machte er eine seiner Liebhaberinnen als „Tochter einer Hexe“ für seinen Zustand verantwortlich.

Besonders interessante Rückschlüsse auf Rudolf II. und seine geistige Erkrankung können wir aus dem Studium des Krankheitsverlaufes eines seiner unehelichen Söhne, Don Julio, gewinnen, dessen „Fall“ von der Quellenbasis her detailliert belegt, gut aufgearbeitet und auch von einem Psychiater interpretiert wurde. Don Julio war eines von ingesamt angeblich sechs Kindern – drei Söhnen und drei Töchtern – Rudolfs II. aus seiner langjähriger Beziehung mit Katharina da Strada. Es ranken sich mancherlei Legenden um diese Nachkommen, so berichtete etwa der Biedermeierschriftsteller Joseph Freiherr Hormayr in seinen „Anemonen“ davon, daß einer der Söhne Rudolfs vom Volk in Wien erschlagen wurde, einen anderen habe der Vater durch Öffnen der Adern im Bade töten lassen. Man muß sich allerdings in Erinnerung rufen, daß diese – wie auch viele ähnliche – Geschichten auf dem weitverbreiteten, aber keineswegs immer stichhaltigen, Hofklatsch beruhen.

Don Julio wurde 1585 geboren, doch sind keine Nachrichten über sein Leben vor seinem 21. Lebensjahr erhalten. Zu dieser Zeit beschwerte sich der Bürgermeister von Krumau in Böhmen über die Nachtschwärmereien des Kaisersohnes, den er als „jungen Wüstling“ bezeichnete. Wenig später, im Oktober 1607, nahm Don Julios Verhalten immer stärker psychotische Züge an. Der Schloßhauptmann von Krumau mußte Frau und Kinder „der Gefährlichkeit“ entziehen, so bunt trieb es der junge Mann. Wenige Monate später warf Don Julio seine Geliebte, die Tochter des Baders, zum Fenster hinaus, nachdem er sie durch Hiebe und Stiche schwer verwundet hatte. Ihren Vater ließ er verhaften, kurz darauf – am Faschingsmontag – verletzte er einen Diener mit dem Dolch am Arm und in der Seite. „Hierauf gab er der Baderstochter seinen Schlafpelz anzuziehen, gebot ihr, sich auf sein Lager zu legen, und hat sie dann mit vielen Hieb- und Stichwunden am ganzen Körper verstümmelt und umgebracht. Er hat ihr die Ohren abgeschnitten, ein Auge ausgeschlagen, die Zähne samt dem Zahnfleisch in den Mund gestoßen, die Hirnschale gespalten, so daß das Hirn heraustrat und ein Stück Degen im Kopfe stecken blieb, die Hände waren so gräßlich zerhauen, geradezu tranchiert, und überall lagen Stücke Fleisch umher. Drei Stunden dauerte das Gemetzel. Hierauf rief er seine Prager Wirtschafterin und einen Wärter, verband der Pragerin die Augen und durchbohrte die Tote noch einmal. Dann befahl er, die Leiche in einem Leintuch hinauszutragen. Früh kniete er an der Leiche nieder, bohrte die Finger in die Wunden und trug unendliche Reue zur Schau. Darauf ließ er den Leichnam in das Leintuch einnähen und in seiner Gegenwart in zwei Särge legen, vernageln und begraben.“

Am 10. März berichtete der Schloßhauptmann, daß Don Julio sich eingeschlossen halte, seine Kleider nicht anziehe und nicht auf seinem Bett schlafe. Er hätte sein Zinngeschirr teils auf dem Ofen zerschmolzen, teils zerschlagen und zum Fenster hinausgeworfen, Tisch- und Handtücher zerrissen. Daraufhin wurden die Fenster seiner Wohnung vergittert. Don Julio forderte viel Wein und größere Portionen Essen, oft auch zu ungewöhnlicher Stunde. Viele dieser Züge fanden sich auch bei Johanna und zum Teil in noch milderer Form bei Don Carlos. Doch in keinem dieser Fälle war die Aggression so deutlich und das Verhalten so abnormal.

Die zeitgenössischen Quellen berichten weiter: „Die Bettfüße hat er herausgeschraubt und zerbrochen; zwei Zinnschüsseln allein hat er sich behalten und bewahrt darin die harten unaufgezehrten Semmeln auf, die er um keinen Preis herausgeben will, sondern er streut sie auf dem Boden herum; ab und zu rüttelt er am eisernen Gitter; mitunter bohrt er in der Nase, bis Blut kommt, und betrachtet dann den blutigen Finger, hüpft vor Freude und pfeift und will kein Ende finden. Er wäscht sich kein Gesicht und kleidet sich nicht um und schläft in seinen Kleidern; er hält seinen Raum sehr unrein.

Ein gemaltes Passionsbild hat er mit der Bildfläche gegen die Wand gekehrt; wenn er ab und zu eines der vorhandenen Bücher in die Hand nimmt, so liest er nicht darin, sondern schaut sich höchstens kurze Zeit die Bilder an; gerät er bisweilen in Zorn, so sollen sich die Wärter einander ohrfeigen, ja er gibt seinen Wunsch zu erkennen, sie sollten einander gegenseitig niederstechen.

Don Julio zerreißt Leib- und Bettwäsche und hat die Federn in den Abort geschüttet, seine Armbänder auch dazu geworfen, auch seinen neuen damastenen Schlafpelz hat er zerrissen, Zobel- und Marderverbrämung abgetrennt und mit unter die Federn geworfen, auch das Hemd, so daß der Abort ganz voll ist und einen unausstehlichen Gestank verbreitet. Er geht nur mehr mit unbedeckter Scham; er erklärt, nicht früher Kleider anzulegen, bevor man ihn nicht aus dieser Haft entlasse. Wenn er schlafen will, hüllt er sich in die Matratze und den türkischen Teppich und schläft sehr gut, ab und zu lacht er im Wachzustande wie geistesabwesend, mitunter spricht er aber wieder ganz vernünftig und wundert sich, warum er so lange eingesperrt bleiben müsse. Er hat alle Glasscheiben zerbrochen, so daß das Heizen vor dem Gitter ganz wirkungslos ist, zumal er stets nackt geht."

Er war zu diesem Zeitpunkt vollkommen ungepflegt, hatte große ausgewachsene Nägel an den Händen, und der Bericht an den Kaiser konnte „nit verhalten, wie daß er in den itzigen neuen Zimmern [...] an dem heimblichen Gliedmaß sehr gefehrlich, sowohl an Schenkeln geschwollen ist". Schließlich begann er, „ekelhaften Unrat" von sich zu geben, woran er erstickt sein dürfte; er starb am 25. Juni 1609.

Don Julio dürfte an einer katatonen Form der Schizophrenie gelitten haben, die auch als *Dementia praecox* oder Jugendirresein bezeichnet wird. Die Störungen des Gemütslebens und die damit verbundene Abstumpfung zeigen sich besonders kraß in den Mißhandlungen seiner Geliebten und ihrer Ermordung, die als unmittelbare Folge der geistigen Erkrankung aufzufassen ist. Die Zorn- und Wutausbrüche ebenso wie der Verlust des Ekel- und Schamgefühls passen gut in das Krankheitsbild. Die eigentliche Todesursache dürfte ein Abszeß im Rachen gewesen sein, das den plötzlichen Tod hervorrief.

Da – soweit bekannt – keine Verwandten von Don Julio mütterlicherseits irgendwelche Störungen aufwiesen, kann man den Schluß wagen, daß seine erbliche Belastung von seiten des Vaters kam, dessen spanische Mutter Maria schon schizothyme Züge zeigte und dessen Urgroßmutter – von beiden Seiten der Familie – Johanna von Spanien war. Mit Don Julio schloß sich die Reihe der eindeutig psychisch Belasteten für fast 100 Jahre.

Von den Habsburgern des 17. Jahrhunderts sind keine Nachrichten über auffälliges Verhalten überliefert, einzig beim letzten spanischen Habsburger Karl II. († 1700) schlug die erbliche Belastung wieder durch. Der kränkliche und willensschwache Herrscher war auf das Zählen fixiert; er liebte es, die Tiere oder die Früchte im Schloßpark zu zählen, und auch bei der Jagd bestand sein größtes Vergnügen im Abzählen der erlegten Tiere. Seine sexuellen Probleme und seine Impotenz führte er auf eine Verhexung zurück, weswegen er verschiedene exorzistische Praktiken durchführen ließ.

Nach Karl II. scheint wieder für lange Zeit kein Mitglied der Familie geistig stark behindert gewesen zu sein, auch wenn es einige eher unterdurchschnittlich begabte Habsburger gab. Erst in der Generation der Kinder von Franz II./I. und danach mehrten sich die Fälle der geistig Minderbemittelten. Beide Söhne des – nicht gerade genialen – „guten alten Kaiser Franz" zeigten eine mindere Begabung. Kaiser Ferdinand I. war epileptisch, schwächlich und einfältig, sicher nicht regierungsfähig, verfügte aber über manche Talente und Interessen auf dem Gebiet der Musik, der Heraldik und der Botanik. Als einfacher Gärtner hätte er ein relativ unproblematisches Leben führen können, aber als Herrscher eines großen Reiches mußte er anderen – vor allem Metternich – die Macht überlassen. Viele Anekdoten werden über seine Einfalt erzählt. Eine der schönsten ist sicherlich die von der

Jagd auf einen Adler, den er – wohl mit Hilfe anderer Jäger – schließlich zur Strecke brachte. Als er den getöteten Vogel sah, soll er gesagt haben, es könne kein Adler sein, denn ein Adler habe ja zwei Köpfe. Auch wenn die Geschichte nicht wahr ist, so ist sie gut erfunden. Zwei besser verbürgte Geschichten ranken sich um die politische Geschichte seiner Zeit. Zum geflügelten Wort wurde seine naive Bemerkung, als er von der Revolution in Wien informiert wurde: „Ja derfen's denn des?" (Dürfen sie das denn?) Andererseits zeigt die zweite, oft zitierte Anekdote, daß seine Naivität auch eine tiefere Einsicht bergen konnte. Als er schon lange abgedankt hatte und sich fernab aller Politik befand, soll er einmal gefragt haben, was sich denn in Österreich seit seiner Abdankung so ereignet habe. Als man ihm erzählte, daß sein Neffe zwei Kriege verloren habe, antwortete er: „Na so gut hätt' ich es auch noch zusammengebracht." Auch sein Bruder Franz Karl († 1878), der Vater Franz Josephs, war ein eher einfältiger und bestenfalls durchschnittlicher Vertreter seiner Familie. Ob man ihn als schwachsinnig bezeichnen kann, sei dahingestellt.

Sicherlich spielten erbliche Belastungen bei der Prägung der Habsburger mit, aber eine ausschließliche – oder gar determinierende – Rolle wird man ihnen nicht zuschreiben können. Auch die „normalen" Mitglieder der Familie verfügten über eine ähnliche Genstruktur, wobei manche Anlagen bei den einen zum Ausbruch kamen, bei anderen hingegen nicht. Sozialisierung und individuelle Lebensgestaltung, Eindrücke und Begleitumstände des Lebens übten hier sicherlich einen ebenso großen Einfluß aus wie die Erbanlagen.

Ahnenschwund und Degeneration – Genealogisch-biologische Überlegungen

Die meisten der gängigen Bücher über die Habsburger – wie auch das vorliegende – enthalten einen Stammbaum des Hauses. Dieser ist im allgemeinen eine etwas verkürzte Nachkommentafel Rudolfs I.; verkürzt insofern, als fast niemals die schon als Kinder verstorbenen Habsburgerinnen und Habsburger aufgenommen werden und in den meisten Fällen auch die Töchter nur unvollständig enthalten sind. Außerdem fehlen – mit wenigen Ausnahmen – fast immer die illegitimen Abkömmlinge. Mit einem Wort, meist werden die Nachkommen auf den Mannesstamm reduziert.

Wollte man eine Aufstellung aller Nachkommen Rudolfs I. anlegen, müßte man ganze Bücher damit füllen, denn auch die Nachkommen der habsburgischen Herzoginnen, Erzherzoginnen und Infantinnen müßten darin aufscheinen. Vermutlich wäre am Ende einer solchen Liste fast der gesamte Adel Europas, ganz sicherlich aber beinahe alle ehemaligen oder noch immer regierenden Dynastien vertreten, da in den über 20 Generationen von Rudolf I. bis 1918 Heiratsverbindungen mit fast allen Familien bestanden.

Wie schnell sich solche Familienbäume entwickeln, zeigt eine viel kürzere Nachkommentafel als die des „Vaters der Habsburger", Rudolf I. Eine Studie aus dem Jahre 1948 über die Nachkommen Franz Josephs demonstriert, wie schnell diese Zahl unter Berücksichtigung der weiblichen Linien anwächst. Dabei kann die erstellte Nachkommentafel für die jüngsten Generationen keine Vollständigkeit beanspruchen. Von seinen vier Kindern hatte er 15 Enkel und 55 Urenkel. Heute – zwei Generationen später – muß die Zahl seiner Nachkommen schon mehrere Hundert betragen. Man kann daran ermessen, wieviele Nachfahren Rudolfs I., seit dem fast 20 Generationen Habsburger vergangen sind, heute leben.

Fast alle gängigen genealogischen Tafeln über die Habsburger beginnen heute mit Rudolf I. Seine Vorfahren werden nur selten in das Kalkül einbezogen, da der Familie damals nur lokale Bedeutung in der Schweiz und am Niederrhein zukam. In den frühen Genealogien der Habsburger war dies keineswegs der Fall, denn gerade unter Maximilian I., dessen genealogische Interessen besonders ausgeprägt waren, erschien die Frage nach der Abstammung der Familie von größter Bedeutung. Wir haben in „Die Lebenswelt der Habsburger" über diese teils echte, teils fiktive Genealogie des Hauses berichtet, die es sich zum Ziel setzte, das Erzhaus auf einen möglichst alten und edlen Stamm zurückzuführen. Ableitungen von den Franken, aber auch von den römischen Familien der Colonna und Pierleoni ermöglichten es den Habsburgern, sich zu Abkömmlingen der römischen Kaiser, Karls des Großen, der biblischen Könige, des Äneas und des sagenhaften Königs Artus zu stilisieren, um nur einige der abenteuerlichen Spekulationen zu nennen. Zum geistesgeschichtlichen Hintergrund dieser genealogischen Legendenbildung vergleiche man etwa die Arbeiten Alphons Lhotskys oder unsere Zusammenfassung dieser Theorien im Kapitel „Ahnen und Tugenden" des ersten Bandes. Der erste in den Quellen belegte Habsburger war Guntram der Reiche in der zweiten Hälfte des 10. Jahrhunderts, alle weiter zurückreichenden genealogischen Versuche sind bestenfalls gelehrte Spekulationen.

Schenkt man den Genealogen Glauben, so fehlt in allen Stammtafeln des Hauses eine legitime männliche Linie der Familie: die „englischen Habsburger". Ein Onkel König Rudolfs I. war Rudolf III. (gezählt als

Unten und rechte Seite: Die Medaille entspricht der Nachkommentafel in der genealogischen Forschung und illustriert mit Porträts die Zahl der Kinder Maria Theresias. Kunsthistorisches Museum, Wien

Habsburger, † 1307) aus der Laufenburger Linie. Diese Nebenlinie entstand durch eine Teilung des Besitzes unter den Söhnen Rudolfs II. (als Habsburger gezählt), Albrecht IV., und Rudolf III. in den Jahren 1232 bis 1239. Der Zweig Albrechts bildete die Hauptlinie des Hauses, die mit dem römischen König Rudolf I. in die europäische Politik eintrat und bis zum Jahre 1740 im Mannesstamm bestand. Die in der Schweiz lebende Laufenburger Linie starb hingegen im Jahre 1415 aus. Doch Rudolf III. hatte angeblich einen Enkel Gottfried, den es nach England verschlug und der dort unter dem Namen Fielding eine Familie begründete, die – wenn diese etwas im Dunkeln liegende Abstammungsgeschichte richtig ist – die einzige echte, heute noch im Mannesstamm erhaltene Habsburgerlinie wäre. Die Frage, ob der Begründer dieser englischen Adelsfamilie wirklich ein Habsburger der Laufenburger Linie war, kann nicht völlig eindeutig beantwortet werden. Angenommen, dies wäre der Fall, ließe sich ein seit dem Mittelalter getrennter Familienzweig der Habsburger – deren Chef den Titel eines Earl of Denbigh führte, während sich die nachgeborenen zweiten und dritten Söhne Viscount bzw. Baron Feilding (sic!) nannten – bis heute verfolgen. Ein Zweig der Familie in Irland führt den Titel Earl of Desmond bzw. Viscount Callan und Baron Feilding of Lecaghe. Alle diese Familien, die heute noch existieren, stammen angeblich von Gottfried ab und wären damit Habsburger im Mannesstamm. Sicherlich ist das nicht mehr als eine kuriose Spekulation, aber sie zeigt deutlich, daß die Genealogie einer Familie etwas historisch Gemachtes und keineswegs etwas rein Biologisches ist.

Neben den Nachfahrentafeln, die alle (männlichen) Nachkommen einer bestimmten Person – in unserem Fall Rudolfs I. – auflisten, kennt die Genealogie auch die Ahnentafel. Während die Nachfahrentafel immer unregelmäßig aufgebaut ist, da es pro Generation einmal mehr und einmal weniger Kinder gibt, ist die Ahnentafel immer regelmäßig konstruiert. Jeder Mensch hat zwei Eltern, vier Großeltern, acht Urgroßeltern usw. Die Zahl der Ahnen wächst also in jeder Generation auf das Doppelte an. Solche Ahnentafeln hatten lange Zeit auch eine sehr praktische Bedeutung, da der Nachweis von 16 adeligen Ahnen für viele Lebenssituationen notwendig war. Als adelig galt – bzw. gilt – eben nur eine Person, deren 16 Ururgroßeltern adelig waren. Für das Turnier, für die Heirat, aber auch für den Eintritt in ein Domkapitel oder einen Ritterorden wurden solche Ahnenproben verlangt und erstellt.

Bei allen genealogischen Tafeln ist natürlich eines stillschweigend vorausgesetzt, daß die Kinder eines Ehepaares wirklich die beiden Partner zu Eltern hatten. Damit ist vor allem die Rolle des Vaters in Zweifel zu ziehen, denn – wie der lateinische Rechtsgrundsatz trefflich aussagt – „*Mater certa est, pater semper incertus*“ (Die Mutter ist sicher, der Vater immer unsicher). Grundsätzlich würde schon ein einziger (unentdeckt gebliebener) Fehltritt die Ahnenreihe völlig ins Wanken bringen, denn damit würde zwar nicht unbedingt rechtlich, aber biologisch das ganze Gerüst nicht mehr stimmen. Wie viele solcher Schwachstellen es gegeben haben mag, wird man niemals erforschen können. Sicherlich waren die Rahmenbedingungen für außereheliche Sexualität der Frauen – und damit für die Möglichkeit einer illegitimen Nachkommenschaft – im aristokratischen und dynastischen Bereich äußerst gering, aber auszuschließen ist dieser Fall nie.

Zunächst ist offensichtlich, daß man bei der Feststellung der Ahnen in einer dynastischen Familie über viele Generationen zurückgelangt; etwas, was bei allen anderen Menschen, die nicht dem Hochadel angehören, einfach aufgrund der Quellenlage nicht möglich ist. Bei manchen Familien kann man einzelne Linien der Vorfahren zurückverfolgen, bei bürgerlichen oder bäuerlichen Familien aber selten weiter als bis ins 17. Jahrhundert. Was die Ahnentafeln der Herrscherfamilien unterscheidet, ist die Vollständigkeit, mit der alle Ahnen erfaßt werden können. Fleißige Genealogen – allen voran Otto Forst de Battaglia – haben solche über viele Generationen zurückreichenden Ahnentafeln von Habsburgen erstellt, die uns einen Einblick in die überaus vielfältige Herleitung der Familie geben. Die Reihe der 2048 Ahnen Franz Ferdinands († 1914) – sie lebten etwa in der Mitte des 16. Jahrhunderts – ist die letzte, die noch lückenlos erfaßt werden kann. Unter den 8192 Ahnen können noch immer sämtliche Ahnen bis auf 16 Lücken in den Vornamen und drei in den Familiennamen ermittelt werden. Schon die riesige Zahl der Ahnen, die jeder Mensch hat und die man sich oft gar nicht bewußt macht, zeigt, wie groß das geneti-

sche Spielmaterial ist, das für die biologischen Erklärungen einzelner Persönlichkeiten aus dem Hause Habsburg herangezogen wird.
Eine der vielleicht absurdesten Fragestellungen stand bei vielen der Arbeiten, die dem Biologismus und Deutschnationalismus verpflichtet sind, häufig im Vordergrund: die Frage nach der „nationalen“ Zusammensetzung der Ahnen des Erzhauses. Dabei verfällt man leicht in Trugschlüsse. Ebenso wie bei jeder bürgerlichen Abstammung benennt der Familienname auch bei einer Dynastie immer nur einen Urahnen, während alle anderen Ahnen keinen Niederschlag finden. Bei einer bürgerlichen Familie, die in einer fast mononationalen Gegend angesiedelt war, kann ein viele hundert Jahre zurückliegender Urahn einen fremden Namen eingebracht haben. Um ein Beispiel zu geben: Ein einziger italienischer Wanderhändler zehn Generationen zurück kann eine Familie im fast ausschließlich deutschsprachigen zentralen Oberösterreich dem Namen nach zu einer „italienischen Familie“ gemacht haben, obwohl von seinem „Blutanteil“ fast nichts mehr vorhanden ist. Noch abwegiger erscheint die Zuschreibung der Angehörigen von Dynastien zu Nationen, da die Herrscherfamilien über einen viel weiteren Heiratsumkreis als der gewöhnliche Bürger verfügten und immer ein Gemisch der verschiedenen europäischen Herrscherhäuser verkörperten.
In der Ahnentafel des Erzherzog Thronfolgers Franz Ferdinand findet man unter den 64 Ahnen – soweit man überhaupt von Nationalitäten reden kann – 42 Deutsche, je sechs Italiener und Spanier aus den Linien Bourbon und Farnese, fünf Franzosen der Familien Bourbon und Lothringen, zwei niederländische Oranier, eine Engländerin aus dem welfischen Haus Hannover und zwei Polen aus den Familien Leszczyński und Radziwill.
Noch vielfältiger wird die „Internationalität der Ahnenschar“, wenn man weiter zurückgeht. Von den 4096 Ahnen der 12. Generation finden sich z. B. – der Klassifikation Forst-Battaglies nach – außer 2676 Deutschen: 396 Franzosen, 249 Polen, 248 Italiener, 205 Spanier, 139 Dänen, 68 Portugiesen, 44 Niederländer, 26 Engländer, 15 Litauer, 6 Schweden, 6 Tschechen, 5 Russen, 5 Ruthenen, 4 Rumänen, 3 Ungarn und 1 Serbe. Alle großen europäischen Dynastien sind vertreten: Habsburger, Wittelsbacher, Wettiner, Welfen, Nassauer, Oldenburger, Hohenzollern, Askanier, Hessen-Brabanter, Württemberger und Zähringer, Savoyer, Medici, Farnese, Este, Gonzaga, Capetinger, Lothringer, Stuart, Piasten, später die Přemysliden, Jagiellonen, Mecklenburger, Pommern und die russischen Rurikiden. Den restlichen Anteil machen die Skandinavier, Engländer, Niederländer und die anderen Nationen aus.

Von den Ahnen der elften Generation in der Ahnentafel des letzten Kaiserpaares machen 20 Familien etwa dreiviertel aller Ahnen aus, davon sind erstaunlicherweise die Habsburger mit 101 der 760 Ahnen nur an zweiter Stelle, an der ersten liegen die 144 Wittelsbacher, dann folgen Bourbonen und Hessen mit 68 bzw. 67 Ahnen. Zwischen 12 und 36 Ahnen steuerten die Hohenzoller, Welfen, Wettiner, Savoyer, Oldenburger, Farnese, Hohenlohe, Württemberger, Lothringer, Nassau, Este, Oettingen, Solms, Gonzaga, Baden und Salm bei.
Geht man noch um einige Generationen weiter zurück, sind die byzantinischen Kaiserdynastien in ununterbrochener Stammreihe beteiligt: die Makedonier von Basilios I., die Dukas, die Comnenen, die Angelos, die Laskaris, die Paläologen und die Kantakuzinos. Außerdem finden sich natürlich die Könige von Aragonien, Kastilien, León und Portugal bis zum Aussterben dieser Häuser, die Könige von Navarra, ferner die Familien Foix und Albret, die Capetinger mit allen ihren Nebenlinien in Frankreich, Portugal, Burgund, Navarra und Sizilien und die verschiedenen englischen Königshäuser wie die Yorks, Lancasters, Tudors und Stuarts. Neben den dynastischen Familien findet man eine Reihe von Geschlechtern des deutschen Hochadels: Hohenlohe und Solms, Oettingen und Salm, Wild- und Rheingrafen, Reußen, Erbach und Stolberg. Die meisten dieser Ahnen galten – den Hausgesetzen der Habsburger nach – als ebenbürtige Heiratspartner.
Unter den frühen Heiratsverbindungen der Habsburger tauchen auch keineswegs ebenbürtige Graubündner Geschlechter auf, außerdem gehen einige der polnischen Ahnen auf ruthenische Bojarenfamilien wie die Czurylo und Lozinski zurück. Weiters ist eine Reihe von „Exoten“ durch Eheverbindungen in die habsburgische Ahnenreihe geraten. Besonders wichtig ist dabei Maria von Serbien, deren Nachkommen aus ihrer Ehe mit dem Markgrafen von Montferrat sich mit den europäischen Dynastien verbanden. Die Ahnenreihe dieser Tochter des kleinasiatischen Kaiserhauses zeigt uns in buntem Wechsel Armenier, Georgier, Mongolenfürsten und schließlich – in grauer Vorzeit – persische und indische Große, ja

sogar chinesische Kaisersprosse. Neben den serbischen Nemajiden findet man mehrere andere Südslawen, bosnische Herrscher des Kotromanidenhauses, Großfürsten von Dalmatien aus dem Hause Subich, Bulgaren und Albaner aus dem Fürstenhaus der Thopia, die durch Barbara von Cilli, die Gattin Kaiser Sigismunds, in die Ahnenreihe der Habsburger gelangten.
Altschottische Ahnen kamen durch Margarete Pole, altwalisische und altirische Fürsten durch die Vorfahren der Tudor ins Spiel. Die von den Habsburgern so lange beherrschten Magyaren hingegen scheinen nur sehr selten in der Ahnentafel auf, lediglich die Ahnen der Elisabeth Csomortany und einige Arpáden haben sich in die Ahnentafel verirrt.
Schon in der Reihe der 128 Ahnen Franz Ferdinands kann man die ersten nicht ebenbürtigen aufspüren: Angehörige der polnischen Familien Leszczyński, Opalinski und Potocki, auch eine Gräfin von Ahlefeldt, eine Gräfin von Bothmar und eine Freiin von Promnitz. Geht man noch eine Generation zurück, taucht die erste briefadelige Familie auf: die schlesischen Saurma aus einem Breslauer Patriziergeschlecht.
Unter den 1024 Ahnen ist kein einziger bürgerlicher Name vertreten, und auch die nicht hochadeligen machen lediglich eine verschwindende Minderheit aus. Doch an einzelnen Stellen des Stammbaumes kommen Familien vor, über deren Ahnenliste Bürgerliche in das Verwandtschaftsgeflecht europäischer Dynastien eindrangen.
In früheren Generationen kommen noch Angehörige der spanischen Geschlechter der Alba und Medina Sidonia, der Zápolya – der großen Gegenspieler Ferdinands I. nach 1526 – in Ungarn und die Sternberg und Rožmitál in Böhmen dazu.
Man muß noch zwei Generationen zurückgehen, um bürgerliche Familiennamen unter den Ahnen des Habsburgers zu entdecken: Angehörige der Familien Schertz und Helmann, Freund und Sauermann in Schlesien, der Zinckgräff in den Rheinlanden und der Patriziergeschlechter Grämblich und Bombast von Hohenheim – aus dem der berühmte Paracelsus stammte – sind in der Ahnenreihe der Habsburger vertreten.
Da es weitaus schwieriger ist, die Ahnen von Bürgerlichen aus den Quellen zu erschließen als die von Aristokraten, entstehen meistens bei ersteren die Lücken in der Ahnenreihe. Solch schwierige Fälle beginnen fast immer mit einer Liebesbeziehung zwischen einem Hocharistokraten und einer sozial niedriger stehenden Frau, deren Kinder in den Adelsstand erhoben werden und in verschiedene Familien einheiraten. Die Vorfahren dieser Frauen bereiten den Genealogen Probleme. So ein Fall sind zum Beispiel die Ahnen der Geliebten des französischen Königs Heinrich IV. († 1610), Gabrielle d'Estrée, unter denen sich auch ein ganz einfacher Barbier namens Babou findet, von dem fast alle Herrscherhäuser Europas abstammen. Ähnliche Schwierigkeiten machen die Urgroßeltern der Margarethe von der Leyen, der Geliebten eines pfälzischen Kurfürsten, oder die mütterlichen Großeltern der mit einem Pfalzgrafen von Tübingen verehelichten Sophie Beck aus Straßburg.
Auch Katharina die Große von Rußland war eine jener Frauen, die unebenbürtige Ahnen in den Stammbaum einbrachte, man stößt schon nach wenigen Generationen auf russische Leibeigene in ihrer Ahnenreihe. Dazu kamen noch die bürgerlich geborene Gattin des alten Dessauers, Leopold I. von Anhalt-Dessau († 1747), die badische Ahnfrau Geyer von Geyersberg mit ihren wenig vornehmen Ahnen und die Verwandtschaft mit französischen Kleinbürgern aus der Zeit der Napoleoniden.
Ein weiterer Fall ist etwa die Tochter eines armen Florentiners namens Laura „Eustocchia", die zur Geliebten des Cosimo Medici († 1574) wurde. Ihre legitimierte Tochter Virginia machte sie zu einer der Stammütter der Habsburger und vieler europäischer Herrscher. Ebenso wurde eine rumänische Fischersfrau zur Ahnin einer stolzen Herrscherreihe: Eine gewisse Maria war die Geliebte des Hospodars Stephan der Moldau, dem sie einen Sohn Peter Rares gebar, dessen Tochter Maria Jeremias Moghila, den Fürsten der Walachei, heiratete, von dessen Nachfahren wiederum sich die Habsburger und viele andere vornehme Geschlechter ableiten.
Interessant ist es einmal danach zu fragen, was passiert wäre, wenn die europäische Gesellschaft nicht nach dem Vaterrecht, sondern nach dem Mutterrecht organisiert gewesen wäre. Die „Mutterlinie" Maria Theresias (der Stammutter aller späteren Habsburger), d. h. ihre nur durch Frauen vermittelte Ahnenreihe, mündet bei der Tochter eines mongolischen Olovcerfürsten. Es ist überhaupt sehr kurios zu sehen, welche Personen man in der Ahnenreihe der Habsburger entdeckt – und bei vielen von uns vermuten kann, denn auch jeder „Normalsterbliche" hat, wenn man nur weit genug zurückgeht, historisch sehr bedeutende Persönlichkeiten als Ahnen.
Sucht man nach interessanten Vorfahren, so kann man jedenfalls für die Habsburger eine Verbindung mit den georgischen Bagratiden herstellen, die ihrerseits

Rechte Seite: Das alchimistische Medaillon mit den Vorfahren Leopolds I. stammt von Johann Wenzel Seyler von Rheinburg. Kunsthistorisches Museum, Wien

Auch der Prophet Mohammed und der gefürchtete mongolische Fürst Dschingis-Khan finden sich unter den Vorfahren der Habsburger. ÖNB, Wien

nachweisbar im Frauenstamm auf die altpersischen Sassaniden und Ursakiden zurückgehen und über mongolische Ehen mit altchinesischen Herrschergeschlechtern versippt waren. Auch kann man mit Hilfe der Genealogie beweisen, daß sämtliche heute lebenden europäischen Fürsten – und mit ihnen Tausende europäischer Hocharistokraten, freilich auch Bürger und Bauern – einwandfrei von Mohammed, dem Propheten, abstammen. Die Abstammung läuft über eine Reihe von arabischen Großen bis zu Abu Amr Abbâd al Mu'tadid (†1069), dessen Tochter Ximene Alfons VI. von Kastilien heiratete. Deren Tochter Therese war mit einem portugiesischen Prinzen verheiratet, dessen Nachkommenlinie schließlich bei den Katholischen Königen mündet, deren Tochter Johanna Philipp den Schönen († 1506) heiratete. So betrachtet, stammen alle Habsburger vom Propheten Mohammed ab – der in ihren Augen ein ganz verachtenswerter Mensch war. Natürlich sind das genealogische Spielereien, aber sie zeigen, wie absurd der Ahnenkult des Adels – und speziell der Habsburger – war, insbesonders was die Ansprüche an die „Ebenbürtigkeit" der einheiratenden Frauen anlangte.

Die Jagiellonen, die mit Anna von Böhmen und Ungarn eine der Stammütter der Habsburger stellten, waren über verschiedene Eheverbindungen mit den Rurikiden, und mit tatarischen Fürsten – sogar mit dem gefürchteten Dschingis-Khan – verwandt. Es

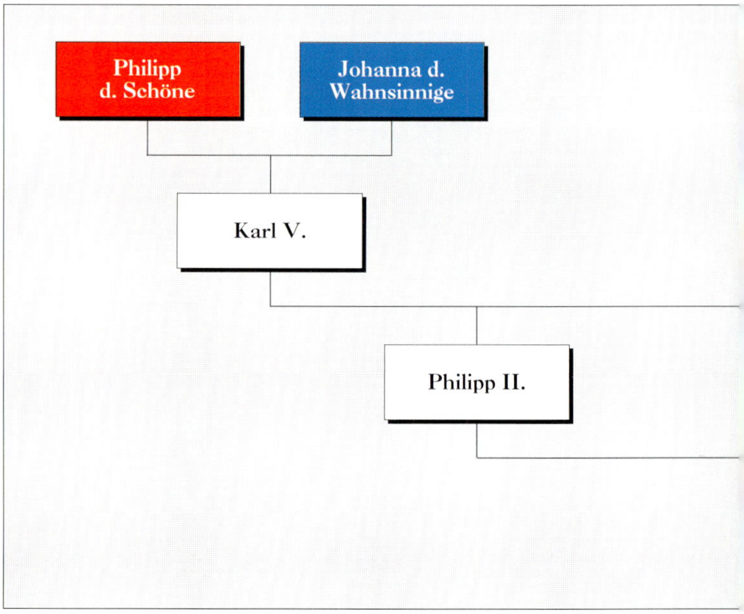

mag Erstaunen erregen, daß die Habsburger sogar von verschiedenen Päpsten – trotz aller zölibatärer Vorschriften – abstammten, nämlich von Innozenz VIII., Alexander VI. und Paul III. über ihre „natürlichen Kinder", hingegen von Felix V. (als Amadeus VIII. erster Herzog von Savoyen, † 1451) in seiner legitimen Deszendenz. Auch von anderen Ebenen der katholischen Hierarchie gibt es eine stattliche Anzahl geistlicher Herren als Ahnen der Habsburger; viele aus Ehen vor der Priesterweihe oder aus Ehen nach dem Rücktritt in den Laienstand. Ebenso lassen sich Heilige in der Ahnenreihe der Habsburger nachweisen, man erinnere sich an den ersten Band „Die Lebenswelt der Habsburger", wo wir gezeigt haben, wie enthusiastisch Maximilian I. die Heiligen der Sipp- und Magenschaft des Hauses sammeln ließ. Heilige wie z. B. der Patron der Armenier, Gregor der Erleuchtete, und natürlich der spätere österreichische Landesheilige Leopold III. aus dem Hause der Babenberger begegnen uns in diesen endlosen Listen der Vorfahren. Auch einen Revolutionär – gewissermaßen zum Ausgleich – kann man anbieten: Stephan Marcell, der Führer des Pariser Aufstandes von 1358, ist einer der Ahnen des Hauses Habsburg.

Ein Phänomen, das immer wieder Erstaunen hervorruft – und gerade bei den Habsburgern sofort mit dem negativen Wort „Inzucht" kommentiert wird – ist der Ahnenschwund. Jeder Mensch – nicht nur der Angehörige einer Dynastie – ist ein Produkt von Verwandtschaftsehen. In kleinen abgeschiedenen Bergdörfern ist das oft noch deutlich merkbar, jeder scheint mit jedem irgendwie verwandt zu sein, und besucht man den örtlichen Friedhof, so gibt es oft nur ganz wenige, ständig wiederholte Familiennamen. Eine Vorstellung vom Ahnenschwund kann man durch ein einfaches Rechenexempel bekommen. Nimmt man eine durchschnittliche Zahl von 33 Jahren als Generationenfolge an, so müßte am Ende der Monarchie jeder lebende Mensch zur Zeit Karls des Großen im Jahre 800 mehr als 34 Milliarden Ahnen gehabt haben, während die gesamte Bevölkerung Europas in dieser Zeit nicht mehr als 30 Millionen Menschen betrug. Daraus ergibt sich eindeutig, daß jeder Mensch einen erheblichen Ahnenschwund aufweisen muß.

Bei den Dynastien ist dieser Ahnenschwund aus zwei Gründen deutlicher sichtbar. Einerseits gibt es für sie – wie schon erwähnt – Ahnenlisten, die viele Generationen zurückgehen und damit dieses Phänomen belegen, und zweitens waren sie häufig durch Verwandtschaftsehen so eng mit anderen Familien verflochten, daß der Ahnenschwund schon in Generationen sichtbar wird, in denen er bei bürgerlichen oder bäuerlichen Familien nur selten auftaucht. Ein Beispiel wäre etwa Don Carlos († 1568); er hat 4 statt 8, 6 statt 16, 16 statt 64, 24 statt 128 Ahnen. Die Ahnenreihe für Franz Ferdinand († 1914) ist gut erforscht und kann als Beispiel für die verschiedenen genealogischen Phänomene herangezogen werden. Ihm fehlten in der elften Generation in der Reihe der 2048 Ahnen (der letzten, für welche noch alle Ahnen lückenlos nachzuweisen sind) 1707 Ahnen, also 83,4 Prozent. Das Phänomen des Ahnenschwundes steigert sich von Generation zu Generation. Für die 4096 Ahnen ist nur mehr ein Bestand von zirka 13 Prozent der theoretischen Ahnenzahl anzunehmen. Die stärksten Ahnenverluste finden sich bei den deutschen,

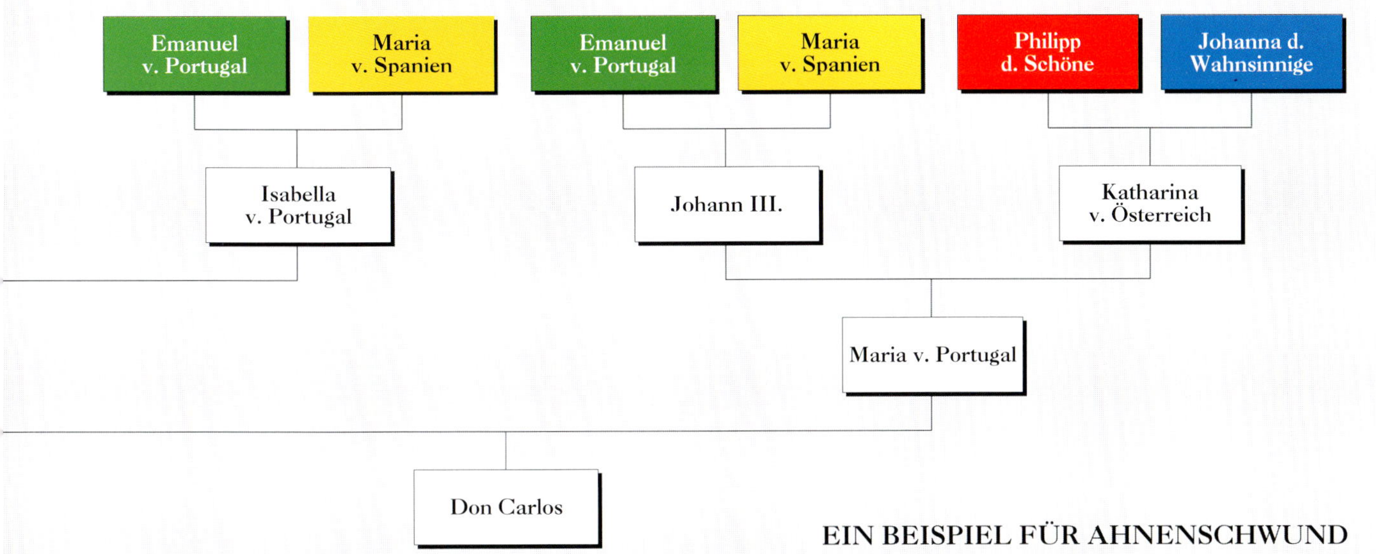

EIN BEISPIEL FÜR AHNENSCHWUND

dänischen, englischen, spanischen und portugiesischen Vorfahren. In der 14. Generation hätte Franz Ferdinand – wie jeder Mensch – eine theoretische Zahl von 16.384 Ahnen aufzuweisen, in Wirklichkeit sind es aber nur 1514, also 9,2 Prozent. Das heißt, eine große Zahl dieser rund 1500 Menschen kommt in seiner Ahnenreihe mehrfach vor – das ist eben das typische Zeichen der Verwandtschaftsehe und des dadurch bedingten Ahnenschwundes. Schon Ferdinand I., der kaum 400 Jahre vor dem Erzherzog Thronfolger lebte, kommt nicht weniger als 293 Mal, Friedrich III. 589 Mal als Ahne vor. Rudolf von Habsburg figuriert schon mehrere tausendmal als Vorfahre, die Ahnenzahlen für die frühen Staufer gehen in die Hunderttausende, für die Salier und Ottonen in die Millionen. Karl der Große soll nach Hager etwa hundert millionenmal als Vorfahre des Erzherzogs aufscheinen.

Die Genealogie – in ihrer gebräuchlichsten Form als Familienforschung oft belächelt und in ihrer ideologisch verbrämten Form des „Ariernachweises" mißbraucht und vielen in schrecklicher Erinnerung – kann uns dennoch einiges über die Mitglieder der Familie Habsburg erzählen. Einerseits kann sie deutlich und statistisch erfaßbar den Nachweis der Verwandtschaftsheiraten und der dadurch erfolgten Inzucht aufzeigen, andererseits wird aber gerade dadurch die große Zahl der verschiedenen Familien – und damit auch der verschiedenen Erbanlagen – so deutlich, daß man den früher ausschließlich genealogisch begründeten biologistischen Determinismus widerlegen kann.

SOZIALE PRÄGUNG UND ERZIEHUNG

Jede biologische Prägung im deterministischen Sinn liefert nur wenige Erklärungen in bezug auf die einzelnen Mitglieder einer Familie. Vorhandene genetische Anlagen, aus vielfältigen Wurzeln gespeist, werden durch Sozialisierung gestaltet und in bestimmte Bahnen gelenkt. Daher muß man sich in erster Linie mit Fragen der Erziehung auseinandersetzen, wenn man die Frage nach der Persönlichkeitsentwicklung der verschiedenen Habsburger stellt.

Generation um Generation – Die Rolle der Erziehung in einzelnen Epochen

Der erste Habsburger auf dem Thron des Reiches, Rudolf I., war selbst noch Analphabet, doch bereits die Generation danach erkannte die eminente Bedeutung der Bildung. Schon Albrecht I. legte großen Wert auf die Erziehung seiner Söhne; sie beherrschten etwa Latein so gut, daß man ihnen Werke in dieser Sprache widmete. Seine Tochter Agnes († 1364) gehörte sogar zu den ersten Frauen, von denen man weiß, daß sie eine Privatbibliothek besaßen. Auch andere Habsburger des späten Mittelalters wie der ausnehmend kluge Albrecht II. († 1358), aber auch Albrecht III. († 1395) zeigten sich für Bildung aufgeschlossen. Albrecht III. förderte die Universität Wien – von Rudolf IV. 1365 gegründet – und erwies sich als echter Bücherfreund. Zwar sprach Friedrich III. nur notdürftig Latein, er hatte aber weit gestreute Interessen; auf seiner Pilgerfahrt nach Jerusalem 1436 notierte er etwa die Alphabete der Türken, Araber, Syrer, Juden, Griechen und Chaldäer.
Die spätmittelalterlichen Habsburger erhielten eine sorgfältige Ausbildung nach typisch mittelalterlich-ritterlichem Ideal. Bis in die Zeit Friedrichs III. war ihre Erziehung am Latein der Kirche und deren Bildungsgut sowie an praktischen Dingen orientiert, erst in Friedrichs Regierungszeit setzte sich mit den *studia humanitatis* ein neuer Geist durch. Die Texte, die

Links: Die Initiale der Lehrbücher Maximilians I. zeigt ihn gemeinsam mit seinem Lehrer beim Studium. ÖNB, Wien
Rechts: Die Abbildung aus dem „Weißkunig" zeigt Maximilian zusammen mit einigen adeligen Knaben in der Schule. ÖNB, Wien

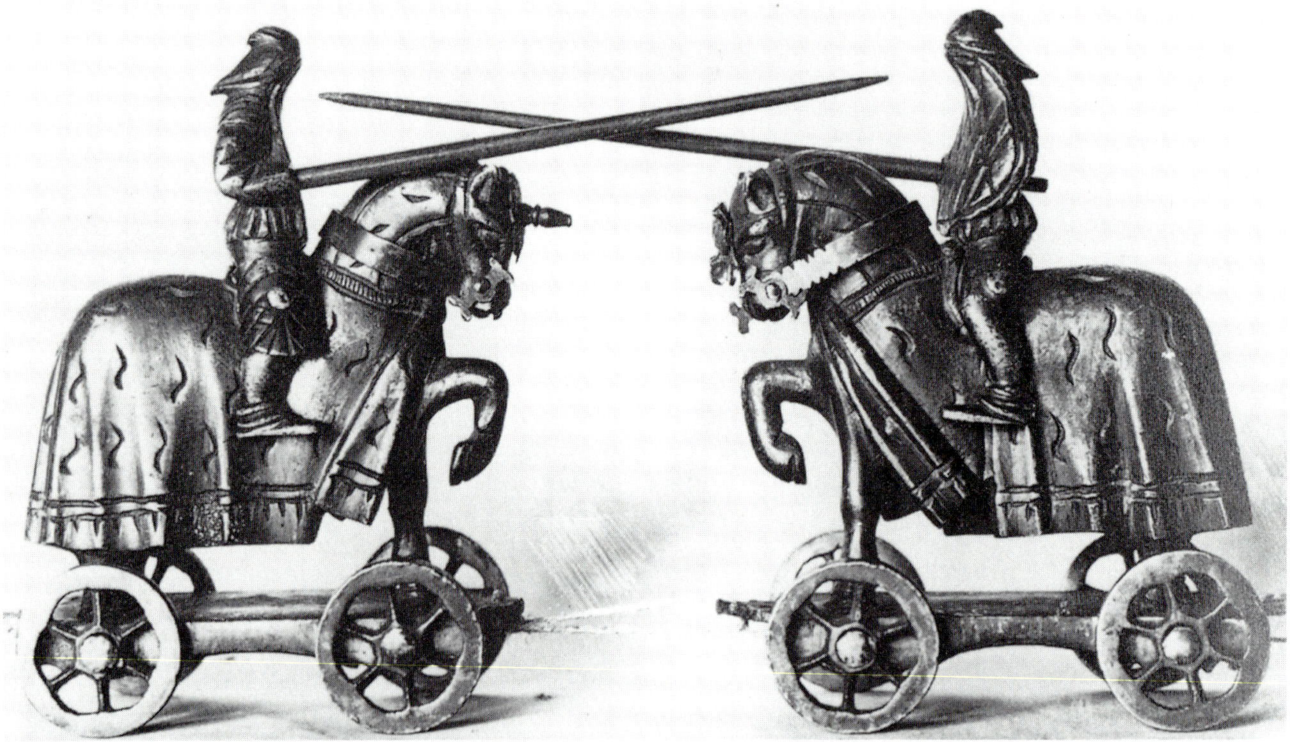

Schüler nun nach humanistischen Grundsätzen im Lateinunterricht lasen, vermittelten ihnen gleichzeitig auch Kenntnisse in Geschichte und Moralphilosophie, schlossen jedoch Naturphilosophie, Metaphysik, Mathematik, Theologie und Jurisprudenz weitgehend aus; sprachliche Gewandtheit, die Eloquenz, blieb das wichtigste Bildungsziel.
Seit dem Beginn der Neuzeit sind wir über die Ausbildung der Habsburger besser informiert. Allerdings betrifft unser Wissen fast ausschließlich die Männer, und darunter besonders die zukünftigen Herrscher. So sind etwa die von Maximilian I. benützten Lehrbücher erhalten und gestatten uns erste detaillierte Einblicke in die habsburgische Erziehung dieser Zeit. Neben der Frömmigkeit, die von Kindheit an gepflegt wurde, war die Sprachbeherrschung besonders wichtig. Außer der auf den Lateinunterricht ausgerichteten Erziehung in der Studierstube wurden z. B. dem jungen Maximilian auch praktische Fertigkeiten vermittelt – wovon ihm Waffenhandwerk und Jagd zur Leidenschaft wurden –, ab seinem 17. Lebensjahr wurde er von seinem Vater in die politischen Geschäfte eingeführt. Vielfältig waren seine Interessen und blieben es sein Leben lang: Alchemie, Astrologie, Zauberei, Mineralogie, Bergbau, Kriegshandwerk, Gesang und Saitenspiel, Jagen und Schießen faszinierten den Knaben ebenso wie den Erwachsenen.
Mit der Heirat Maximilians 1477 begann der französische Einfluß Burgunds auf die folgenden Generatio-

Oben: „Wie der junge Weißkunig mit dem Handbogen zu Roß und zu Fuß lernet schießen." ÖNB, Wien
Linke Seite oben: Turnierspielzeug Maximilians I. Archiv Verlag Styria
Linke Seite unten: Der junge Maximilian I. jagt die Hühner im Burghof. Kolorierte Federzeichnung aus der „Historia Friderici et Maximiliani" um 1515. HHStA, Wien

nen. Die Habsburger des frühen 16. Jahrhunderts sammelten französische Literatur in ihren Bibliotheken, Karl V. und seine Schwestern lasen französische Romane, Balladen und Epen und schrieben auch französische Gedichte. Mit der Erwerbung Spaniens änderte sich zwar der Bildungszugang, doch blieb das französische Element noch lange erhalten. In den Generationen nach Philipp dem Schönen nahm der spanische Einfluß auf die Bildung zu, jedoch stammte der Erzieher seines älteren Sohnes Karls V., Wilhelm von Croy, noch aus dem burgundischen Adel, erst spät wurden spanische Geistliche zugezogen. Karl V. wurde also französisch erzogen, er sprach zunächst kein Spanisch und lernte die Sprache erst im fortgeschrittenen Alter.

Links oben: Maria Theresia im Kindesalter mit einer Puppe. Konvent der Elisabethinen, Klagenfurt
Rechts oben: Eines der unzähligen Kinderporträts der habsburgischen Familie. Der Hofmaler Juan Pantoja de la Cruz stellt die Infantin Maria Anna im Alter von vier bis fünf Jahren in einem prunkvollen Kleid dar. In einer Hand hält sie ein Amulett aus roten Korallen, das die „Feige" zeigt, ein Abwehrzauber gegen den bösen Blick. Kunsthistorisches Museum, Wien
Links unten: Mehrere habsburgische Wiegen sind erhalten. In der abgebildeten verlebten Karl V. und Maria von Ungarn ihre ersten Lebensmonate. Musées Royaux d'Art et d'Histoire, Brüssel

Vergleicht man die Erziehung der Habsburger in Madrid und Wien im 16. und 17. Jahrhundert, so sind – trotz mancher Verschiedenheiten – doch Gemeinsamkeiten festzustellen, allerdings wohl weniger aus einem Zusammengehörigkeitsgefühl der *Casa de Austria* als wegen der Zeitumstände. Zum Beispiel war die Organisation der Erziehung mit einem *Ayo* oder – wie es im Deutschen geschrieben wurde – Ajo an der Spitze (der spanische Begriff stammt vom gotischen Wort hagja, das soviel wie „Bewacher" bedeutet), der sich um die körperliche und religiöse Erziehung kümmerte und ein *buen ejemplo cristiano* (ein gutes christliches Beispiel) zu geben hatte, ähnlich. Der Ajo sollte aus dem Prinzen einen fähigen Reiter, einen feurigen Jäger, einen eleganten jungen Herrn und einen perfekten Tänzer machen. Die Erziehung eines Prinzen verlief in der spanischen wie in der österreichischen Linie in drei Stadien: eine häusliche unter der Leitung der Mutter und einer Aja, eine schulische durch Lehrer unter der Leitung des Ajos und schließlich eine politische unter der Anleitung des Vaters. Auch die weiblichen Mitglieder des Hauses hatten ihre eigene Aja, die bekannteste ist sicherlich die Erzieherin und mütterliche Freundin Maria Theresias, Maria Karolina Gräfin Fuchs, die sogar als einzige Nicht-Habsburgerin in der Kapuzinergruft begraben liegt: Beweis genug dafür, wie sehr Maria Theresia ihre Aja schätzte.

Die ersten sechs bis acht Lebensjahre standen also unter der Leitung von Frauen, erste schulische Grundlagen wie Lesen und Schreiben wurden schon in dieser Phase vermittelt. Philipp II. wurde sogar von zwei Ajas, einer Spanierin und einer Portugiesin, aufgezogen, was seinen sprachlichen Fähigkeiten natürlich zugute kam. Für den Unterricht im Lesen und Schreiben war der Humanist Dr. Busto zuständig. Dieser Mann, der eine so untergeordnet scheinende Tätigkeit am zukünftigen spanischen König ausübte, war selbst intellektuell nicht unbedeutend; immerhin hatte er Erasmus' Erziehungstraktat, von dem noch die Rede sein wird, ins Spanische übersetzt. Mit dem neunten Lebensjahr bekam Philipp Don Juan de Zúñiga y Avellaneda als Ajo, einen großen Herrn und Staatsmann.

Der Biedermeiermaler Peter Fendi stellt die Erzherzöge Franz Joseph in Mädchenkleidung und Ferdinand Max beim Spiel auf dem Lande dar. Graphische Sammlung Albertina, Wien

Links: Die Figuren im bischöflichen Garten in Castelo Branco in Portugal zeigen klar die geringe Wertschätzung für die spanischen Herrscher Portugals von 1580–1640. Während die portugiesischen Könige als große Figuren ausgeführt sind, werden die Habsburger zwergenhaft klein dargestellt. Foto: Vocelka/Heller
Rechte Seite: Das Gemälde von Justus Thiel ist eine Allegorie auf die Erziehung Philipps III., der von Symbolen der Vergänglichkeit, Gerechtigkeit und Weisheit umgeben ist. Prado, Madrid

Unter seinen eigentlichen Lehrern finden sich hingegen wenige hervorragende Gestalten. Als der Versuch gescheitert war, den großen spanischen Pädagogen Juan Luis Vives zu gewinnen, stellten recht durchschnittliche Gelehrte wie Juan Martinez – der sich als Humanist Silíceo nannte – und vielleicht noch Cristóbal Calvete de la Estrella die intellektuellen Höhepunkte dieses Stabes dar. Die Erziehung Philipps II. verlief in spanischer Sprache, wenn auch Philosophie und Theologie in Latein gelehrt wurden. Ein Teil der Ausbildung wurde sogar an die Universität in Salamanca verlegt, wo Philipp den ihm reichlich unsympathischen Maximilian II. als Studienkollegen bekam.

Die politische Bildung, die etwa ab dem 14. Lebensjahr einsetzte, bestand aus einem theoretischen und einem praktischen Teil, die den zukünftigen König mit dem Kriegshandwerk, dem Wissen um politische Gruppierungen in Spanien und – im Rahmen einer großen „Bildungsreise" – mit den Ländern Italiens und des Reiches bekanntmachten. Die Einführung Philipps in die politische Situation Europas wurde durch Instruktionen seines Vaters Karl V. – 1543 durch die *Istrucciones de Palamós* und 1548 jene von Augsburg – ergänzt, die ihn zu bestimmten religiösen und politischen Verhaltensweisen hinführen sollten. Die Folgen dieser Ratschläge waren schrecklich: Zur Aufrechterhaltung des Glaubens wurden die Inquisition und andere Formen der Verfolgung eingesetzt, ein blutiger Krieg in den Niederlanden geführt und die gewaltsame Christianisierung der Neuen Welt fortgesetzt. Die Ausbeutung Amerikas und die Fremdherrschaft der Habsburger in Portugal galten als Triumphe der Dynastie, die unter dem Vorzeichen eines christlichen Antimachiavellismus eine rücksichtslose Machtpolitik betrieb – wie allerdings in dieser Zeit bei allen Dynastien üblich.
Daß die Erziehung in Richtung religiöser Machtpolitik auch scheitern konnte, zeigt der – seit Schiller zum Freiheitshelden stilisierte – schwache und schwierige Thronfolger Don Carlos († 1568). Seine Ausbildung stand – wie sein ganzes Leben – unter einem unglücklichen Stern. Im Gegensatz zu seinem Vater, der einsam aufwuchs, wuchs der sensible und die Einsamkeit suchende Don Carlos in einer Gruppe von psychisch stärkeren Verwandten heran. Er wurde zunächst mit dem Halbbruder seines Vaters, Don Juan d'Austria († 1578), und seinem – ebenso wie Don Juan aus einer unehelichen Beziehung stammenden – Vetter Alexander Farnese († 1592), später mit den Erzherzögen Rudolf (dem späteren Kaiser Rudolf II.) und Ernst († 1595) aufgezogen. Aufgrund seiner schwächlichen physischen und psychischen Konstitution wurde Don Carlos mit der Konkurrenzsituation nur schwer fertig, die erzwungene Gesellschaft konnte seine von ambivalenten Gefühlen getragene Einsamkeit nicht durchbrechen. Unter Don Carlos' Bruder Philipp III. und seinen Nachfolgern

nahm der Einfluß der Jesuiten auf die Ausbildung der Infanten zu.
Im Gegensatz zu der österreichischen Linie erhielten die offiziell anerkannten natürlichen Söhne der spanischen Könige eine sorgfältige höfische Erziehung, wie z. B. der später auch politisch sehr wichtige Don Juan José († 1679), der Sohn Philipps IV. mit seiner Geliebten *la Calderona*. Dieser wurde von Jesuiten erzogen, studierte neben den humanistischen Fächern auch Mathematik und Geographie und machte eine steile geistliche Karriere; er wurde schließlich Bischof von Toledo und Großinquisitor. Kein Wunder, daß Gerüchte aufkamen, er sei der eigentliche eheliche Königssohn und mit dem schwachen Thronfolger Baltasar Carlos († 1646), der jung starb, vertauscht worden.
Besonders der letzte spanische Habsburger, der degenerierte Karl II. († 1700), zeigt deutlich, daß die normativen Quellen der Erziehung, wie sie uns in Erziehungsplänen und Fürstenspiegeln vorliegen, vorsichtig an der Realität gemessen werden müssen. Karls Lehrmeister Francisco Ramos del Manzano und der Dominikaner Pedro Alvarez de Montenegro arbeiteten einen Studienplan aus, der neben einer intensiven religiösen Bildung auch Geographie, Astronomie, Geschichte, Militärwissenschaften, Latein, Französisch, Italienisch und Grundkenntnisse aller jener Sprachen, die im Herrschaftsgebiet gesprochen wurden, enthielt. Doch mit neun Jahren konnte der Prinz weder schreiben noch lesen. Sein geographisches Wissen beschränkte sich auf die Umgebung von Madrid und einiger anderer königlicher Paläste, er konnte mit seinen beiden Ehefrauen keine andere Sprache als Kastilisch sprechen. Außer der Kenntnis des Katechismus und einer lebenslangen Leidenschaft für Schokolade nahm er aus seiner Kindheit wenig mit.

Pedro Nuñez de Guzman war der Lehrer Ferdinands I. Er ist hier mit der Kette des Calatrava-Ordens dargestellt. Kunsthistorisches Museum, Wien

In manchem vergleichbar, wenn auch im Detail unterschiedlich, verlief die Erziehung in der österreichischen Linie des Hauses Habsburg. Im Gegensatz zu seinem Bruder Karl V. wuchs Ferdinand I. in Spanien auf; seine Bildung war höfisch-ritterlich, doch lernte er im Zuge seiner Ausbildung die im Humanismus üblichen lateinischen Autoren kennen. Sein Lehrer Pedro Nuñez de Guzman konnte Ferdinand auch für Wissenschaft und Kunst interessieren: dies sollte die kulturelle Situation des österreichischen Hofes im 16. Jahrhundert wesentlich begünstigen. Auch die Kinder Ferdinands wurden nach ähnlichen Grundsätzen von ausgezeichneten Humanisten zu Friedensfürsten mit kulturellen Neigungen herangebildet, die militärische Ausbildung wurde dabei geradezu vernachlässigt. Bei den österreichischen Habsburgern des 16. Jahrhunderts war eine umfassende lateinische Bildung bereits selbstverständlich.
Im Gegensatz zum spanischen Hof blieb im Wien des 16. Jahrhunderts der Einfluß des protestantischen Adels bei Hofe und der protestantischen Bürger in der Stadt nicht ohne mögliche Auswirkungen auf die jungen Erzherzöge. Daher kam es in der zweiten Hälfte des Jahrhunderts dazu, daß junge Erzherzöge nicht nur aus dynastischen, sondern auch aus religiösen Gründen zur Erziehung an den im Sinne des Katholizismus nicht für „ketzerisches" Gedankengut anfälligen spanischen Hof gesandt wurden. Unter dem Druck der spanischen Verwandtschaft traten die Söhne des mit dem Protestantismus sympathisierenden Maximilian II. – die Erzherzöge Rudolf und Ernst – in Begleitung Adams von Dietrichstein 1563 eine Reise nach Spanien an und wurden dort am Hofe Philipps II. erzogen. Die gute Quellenlage ermöglicht es uns, über den Bildungsgang dieser beiden Erzherzöge Genaueres zu erfahren. Neben der humanistischen Ausbildung durch Lektüre der lateinischen

Ferdinand I. wurde im Erzbischöflichen Palais in Alcalá de Henares in der Nähe von Madrid geboren. Foto: Vocelka/Heller

und griechischen Klassiker unter Anleitung ihres Lehrers Dr. Johann Tonner von Trubbach erwarben sie am Hof in Aranjuez Grundkenntnisse des höfischen Lebens wie Tanzen und Turnieren. Der wesentliche Zweck ihres Aufenthaltes blieb aber ihre religiöse Orientierung, die durch den täglichen Umgang mit katholischen Zeremonien und eine Einbettung in eine von der spezifisch spanischen Frömmigkeit geprägten Umwelt bestimmt wurde. Außerdem nahmen sie an außergewöhnlichen Ereignissen wie der Auferstehungsprozession und an Bittprozessionen teil, z. B. um die Genesung der Königin nach schwerer Krankheit zu erflehen. Auch bei der Übertragung der Reliquien des heiligen Eugen nach Toledo waren sie anwesend, 1568 sahen sie zum ersten Mal einem Autodafé zu.

Die Tageseinteilung der jungen Erzherzöge kann ziemlich genau rekonstruiert werden. Etwas vor 7 Uhr standen sie auf, studierten von 7 bis 9 Uhr, hörten dann die Messe und begaben sich darauf zu König

Philipp, bei dem sie ungefähr eine halbe Stunde verweilten. Um 10 Uhr aßen sie, dann hatten sie wohl freie Zeit. Von 1 bis 4 Uhr nachmittags lernten sie wieder, von 4 bis 5 Uhr war Tanz- oder Fechtstunde, zwischen 5 und 6 Uhr nahmen sie wieder eine Mahlzeit ein. Nach dem Nachtmahl begaben sich die Knaben zur Königin oder zur Prinzessin, doch schon um 8 Uhr gingen sie zu Bett: Es entfielen gute zehn Stunden auf den Schlaf. Die Lernstunden wurden mit großer Gewissenhaftigkeit eingehalten. Die Unterrichtsgegenstände umfaßten vor allem Latein in Rede und Schrift, Geschichte, Ethik, Politik und Geographie. Zur Lektüre kam die lateinische Übersetzung. Den Erzherzögen wurde täglich ein Thema aufgegeben, das sie deutsch zu behandeln und dann ins Lateinische zu übersetzen hatten. Briefe an den Vater und an die Brüder, die sich auf die Tagesereignisse bezogen, machten einen großen Teil ihrer schriftlichen Übungen aus. Außerdem boten die vielen Reisen, besonders eine lange Reise in den spanischen Süden, eine Fülle unvergeßlicher Eindrücke.

Die im 16. Jahrhundert stark humanistisch orientierte Erziehung zu Friedensprinzen veränderte sich deutlich in den letzten Jahrzehnten des Jahrhunderts bei den österreichischen Habsburgern. Am Hof in Graz – dessen Linie das Geschlecht weiterführte – setzte ein Umdenken ein, das nicht ohne den Einfluß Bayerns, vertreten durch Maria von Bayern, die Frau Karls von Innerösterreich († 1590), denkbar war, nämlich die Ausrichtung der Erziehung auf die Jesuiten. Karl und Maria gaben den jungen Erzherzog Ferdinand (später als Kaiser Ferdinand II.) schon im zarten Alter von sechs Jahren an die neue Jesuitenuniversität in Graz und einige Jahre später setzte er seine Ausbildung an der jesuitischen Universität in Ingolstadt fort. Damit begann eine lange Periode jesuitischen Einflusses auf die Erziehung der Habsburger, der bis ins 18. Jahrhundert anhielt. Jesuiten waren Beichtväter und Lehrer für Latein, Geographie, Geschichte, Mathematik, Dialektik und Rhetorik. Die adelig-ritterliche und militärische Ausbildung wurde immer geringer geschätzt, aber auch die naturwissenschaftlichen Interessen etwa Maximilians II. oder Rudolfs II., die sich mit Botanik, Astronomie und Alchemie beschäftigten, fanden dabei wenig Platz.

Bei der Auswahl der Lehrer war ein fester katholischer Glaube wichtiger als wissenschaftliches Ansehen. Die barocken Bibliotheken der Habsburger spiegeln ihre Vorliebe für Missionsberichte, religiöse Erbauungsschriften und Musik wider. Latein stand weiter im Mittelpunkt, wie schon früher wurde über die Lektüre lateinischer Texte vieles an Wissen über Rhetorik, Philosophie, Mythologie, Geschichte etc. vermittelt. Daneben wurde in dieser Zeit auch Unterricht in romanischen Sprachen, Mathematik und Rechtslehre erteilt, die Einführung in Staatsgeschäfte erfolgte allerdings weiterhin vorwiegend in der Praxis. Jesuiten, die schon an Ordensgymnasien unterrichtet hatten, betreuten die Erzherzöge vom siebenten oder achten bis etwa zum 16. Lebensjahr, danach wurden zusätzlich Fachlehrer für Geschichte, fremde Sprachen und Rechtslehre eingesetzt. Erst am Ende der Lehrjahre, also im 18. oder 19. Lebensjahr, erhielten die Prinzen der Barockzeit ein wenig naturwissenschaftlichen Unterricht. Damit war die Ausbildung der Erzherzöge noch nicht abgeschlossen, später erhielten sie Unterricht im römischen Recht und eine Ausbildung in Geometrie und Baukunst, vor allem der *architectura militaris*, der Befestigungslehre, die in der Kriegskunst der Zeit eine zentrale Rolle einnahm. Was die musische Bildung der Erzherzöge anlangt, wurde nur die Musik besonders betont, daneben pflegte man lediglich das Theaterspiel im Schuldrama und die Lektüre italienischer Poesie und der Werke Calderóns. Die Bevorzugung der Musik im Erziehungsprogramm macht klar, warum Wissenschaften und Literatur sich niemals jenes Mäzenatentums am österreichischen Hof erfreuen konnten wie die Musik und die darstellenden Künste.

Die Erziehung durch Jesuiten wurde – für Männer und in inhaltlich stark reduzierter Form für Frauen – bis in die Zeit Karls VI. fortgesetzt. Noch Maria Theresia wuchs nach diesem traditionellen Erziehungsmuster auf. Neben den elementaren Fächern Französisch, Italienisch, Tanz, Gesang, Musik und Reiten betrieb sie nur ein wenig Kirchen- und Weltgeschichte, ihre literarische Bildung eignete sie sich durch das Theater an. Als Frau wurde sie – obwohl sich ihre Rolle als Nachfolgerin deutlich abzeichnete – nicht in die Praxis der Regierungsgeschäfte eingeführt, was sie selbst bitter beklagte. In ihrem politischen Testament schrieb sie: „Als meinem Herrn Vattern niemals gefällig ware, mich zur Erledigung weder der auswärtigen noch inneren Geschäfte beizuziehen noch zu informieren."

Wesentliche Neuerungen, die natürlich mit den geistigen Veränderungen im Zeitalter der Aufklärung zusammenhingen, traten erst bei der Ausbildung der Kinder Maria Theresias ein. Bei ihnen wurde mit einer systematischen Erziehung schon früh begonnen, diese sollte die Gesamtpersönlichkeit erfassen, wobei besonders bei Joseph II. rationalistische Anschauungen dominierten; der Einfluß des Aufklärers van Swieten auf die Kindererziehung machte sich deutlich bemerkbar. Franz Stephan brachte aus dem französisch orientierten Lothringen nach Wien den 1699 erschienenen Erziehungsroman von François de Salignac de la Mothe, genannt Fénelon, „Les aventures de Telé-

Die militärische Schulung bildete immer einen Teil der Prinzenerziehung, daher wurden junge Habsburger – hier der spätere spanische König Philipp IV. – immer wieder in Rüstung dargestellt. Patrimonio Nacional, Madrid

maque", den dieser für den Sohn Ludwigs XIV. geschrieben hatte. Dieses Buch prägte die Erziehung seiner Kinder. In dieser Schrift bezieht Fénelon Stellung gegen übertriebene Gewalt und unnötigen Luxus; der Fürst solle durch Gesetze regieren und sich ihnen unterwerfen. Das waren jene Maximen der Aufklärung, die von Joseph II. und Leopold II. in ihre politische Praxis umgesetzt wurden.

Neben Latein und Französisch lernte Joseph auch Italienisch, Tschechisch und Ungarisch – seine Lieblingfächer waren Geographie und Geschichte –, aber auch Politik, Völkerrecht, rationalistisches Naturrecht und aufgeklärtes Strafrecht; Staats- und Lehensrecht standen ebenfalls auf seinem Stundenplan. Zum Ausgleich waren Reiten, Fechten, Tanzen und Theaterspielen vorgesehen. Dieses imposant klingende Pensum wurde allerdings vielfach von mittelmäßigen Lehrern unterrichtet, sie vermittelten häufig unsystematische Kenntnisse, die mehr in die Breite als in die Tiefe gingen und zu einer oberflächlichen Vielwisserei führten. Leopold erhielt eine ähnliche Erziehung, doch im Gegensatz zu den unbedeutenden Lehrern seines älteren Bruders hatte er bessere, z. B. als Rechtslehrer den berühmten Gelehrten Karl Anton Martini. Seine Lehrer für Mechanik und Physik verstanden es, den jungen Leopold für ihre Fächer zu begeistern und seine lebenslange Vorliebe für Naturwissenschaften zu wecken.

Der erste Teil der Erziehung der männlichen Habsburger im Zeitalter der Aufklärung umfaßte bis zum 14. Lebensjahr die Fächer Religion, Lesen und Schreiben, Latein, Fremdsprachen, Geschichte, Geographie, Feldmessung, Kriegsbaukunst, Mathematik, Musik, Tanz, Reiten und Fechten; ein daran anschließender zweiter Teil Metaphysik, Logik, Rhetorik, Mathematik, Experimentalphysik, Rechtsstudien und Geschichte. Eine wichtige Rolle spielten die Beherrschung des Waffenhandwerkes und die militärische Schulung. Die Militarisierung des Hofes machte sich auch in äußeren Symbolen bemerkbar: Franz Stephan führte für seine Söhne die Uniform statt des spanischen Mantelkleides ein.

Der Unterricht erstreckte sich über den ganzen Tag, es gab keine Ferien, wenn auch die Stunden oft wegen der Ausflüge des Hofes und der Repräsentationspflichten entfielen. Der Lernfortschritt wurde meist jeden Monat von einer Kommission überprüft. Der Stundenplan für Erzherzog Franz, den späteren Kaiser Franz II./I., begann täglich um 7 Uhr mit Gebet, Frühstück und geistlicher Lesung, es folgte ein Stunde Reiten oder Spazierengehen, dann Geschichte bis 10 Uhr und anschließend Messe und Bibelstunde. Ab 11 Uhr gab es abwechselnd einen Tag Französisch und einen Tag Mathematik. Nach der Mittagspause wurde zumeist Latein, ebenso Geographie, Musik, Zeichnen und Religion unterrichtet. Mit dem Segen um 6 Uhr, einem erneuten Spaziergang und Freizeit endete der Tag, um 10 Uhr ging man zu Bett.

Über die Erziehung im 19. Jahrhundert wissen wir schon sehr genau Bescheid, weil aus dieser Zeit bereits diverse Pläne, aber auch Schulhefte und andere Aufzeichnungen, die uns Einblicke in die alltägliche Praxis geben, erhalten sind. Problematisch war die Erziehung des Thronfolgers Ferdinand (später Kaiser Ferdinand der Gütige), der unter Epilepsie litt. Wegen seiner Behinderung begann der Unterricht, der unter der Leitung des friulanischen Adeligen Francesco Maria Carnera di Steffano stand, erst mit neun Jahren. Obwohl Ferdinand laut Erziehungsplan Latein, Italienisch, Französisch und Ungarisch lernte, also vier Sprachen in fünf Jahren, kann man darüber keine gesicherten Aussagen machen, wie gut er sie beherrschte. Auch das Erziehungsprogramm Demetrius von Görögs für Ferdinands Bruder Franz Karl († 1878) legte vor allem auf die Sprachen besonderen Wert. Der Erzherzog sollte „nicht nur im Deutschen, Lateinischen und Französischen, sondern auch im Italienischen, Ungarischen und Böhmischen eine hinlängliche Sprach- und Schreibfertigkeit" besitzen und sich „richtig bestimmt, rein und mit Anmuth" ausdrücken können. Franz Karls Lehrer erkannte, daß man die schwierigen Laute einer anderen Sprache als Kind erlernen muß, und stimmte seinen Unterricht darauf ab. Franz Karl lernte zuerst Italienisch und Französisch nur durch Übung, erst später trat die Grammatik dazu. Seine Erziehung gliederte sich in einen Elementarkurs zwischen dem sechsten und achten Lebensjahr, in dem Deutsch und Grundkenntnisse des Französischen und Italienischen vermittelt wurden, dann folgte ein „Grammatikalkurs" zwischen dem achten und elften Lebensjahr mit der Sprachlehre, darauf ein Humanitätskurs zwischen dem 11. und 14. Lebensjahr mit Latein und der *syntax ornata*, der feineren Ausdrucksweise, und Böhmisch. Der philosophische Kurs im Alter von 14 bis 17 Jahren schloß die formelle Bildung ab.

Bei der Erziehung Franz Josephs berücksichtigte man schon früh, daß er seinem regierungsunfähigen Onkel Ferdinand nachfolgen werde. Franz Josephs Mutter Sophie († 1872) nahm Einfluß auf die Schulung ihrer Kinder, zeigte persönliches Interesse und nahm oft am Unterricht des Sohnes teil. Zur Aja Franz Josephs wurde Luise Freiin von Sturmfeder aus Württemberg bestimmt, die – wie die Literatur betont – mit „deutscher Gründlichkeit", aber auch mit Vernunft und strenger Ordnungsliebe die frühe Erziehung des späteren Kaisers leitete. Seine Liebe für Armee und

Kriegsspiel zeichnete sich bald ab, wenn auch spätere Legenden diese Züge noch zu verstärken versuchten. Ab 1835, also im Alter von fünf Jahren, begann die eigentliche Ausbildung. Für Franz Joseph wurde – wie üblicherweise für alle Erzherzöge in diesem Alter – ein eigener Hofstaat, eine „Kammer", eingerichtet. Seine Brüder bekamen allerdings keine eigene Kammer; 1838 traten Ferdinand Max († 1867) und 1839 Karl Ludwig († 1896) mit eigenen Kammerherren in Franz Josephs Hofstaat ein. Zum Leiter der Erziehung von Franz Joseph wurde der konservative, streng katholische Heinrich Graf Bombelles, ein Vertrauter Metternichs, bestimmt. Im ersten Jahr umfaßte sein Unterricht wöchentlich eine Religions-, fünf Deutsch-, drei Schreib-, eine Geographie- und drei Französischstunden, dazu kamen Tanzen, Gymnastik und Exerzieren mit je zwei Stunden. Im nächsten Jahr kamen Ungarisch mit drei und Tschechisch (Böhmisch) mit zwei Stunden dazu, außerdem sechs Stunden Schwimmen, zwei Stunden Zeichnen und zweieinhalb Stunden für Aufgaben, also insgesamt 34½ Stunden für den Siebenjährigen. Gegen Ende der Ausbildung erhöhte sich die Wochenstundenzahl auf 50, schließlich sogar auf 58 Stunden. Damit stellt sich die Frage, ob der viele Stoff überhaupt verarbeitet werden konnte. Laut Berichten war Franz Joseph beim Unterricht nicht immer bei der Sache; statt sich Notizen zu machen, zeichnete er Soldaten in allen möglichen Variationen. Das Kind wurde jedenfalls überfordert, da ihm täglich lediglich eine halbe Stunde freie Zeit nach dem Essen blieb.

Das
Josephinische Erzherzogliche
A. B. C.
Oder
Namenbüchlein
In
Zweyerley Schriften,
Mit vielen angenehmen, zur
Unterweisung dienlichen Figuren
und Vorschriften,
Wodurch sowohl junge, als auch erwachsene
Leute auf eine vernünftige Weise in kurzer Zeit
das Buchstabiren und Lesen in zweyerley Schriften
ganz leicht lernen, und anbey zum Schreiben,
Rechnen, und Christlichen Sitten mit geringer
Mühe und Unkosten sonderbar geschickt
werden können.
Mit allergnädigster Freyheit.
Wien, gedruckt bey Johann Ignatz Heyinger,

Das Titelblatt eines ABC Büchleins, nach dem Joseph II. „Lesen lernte". Steiermärkisches Landesmuseum Joanneum, Kunstgewerbliche Sammlungen, Graz

Durch Semestralprüfungen am Ende jedes Halbjahres wurde das Wissen des Zöglings überprüft. Protokolle für Franz Joseph sind nicht erhalten, eine solche Prüfung des Kronprinzen Rudolf († 1889) sah folgendermaßen aus: „Nachdem Seine Majestät der Kaiser erschienen waren, begann um 8 Uhr die Prüfung aus der katholischen Glaubens- und Sittenlehre. Die Prüfung nahm der hochw. Herr Canonicus Dr. Mayer durch drei Viertelstunden vor, indem derselbe dem Kronprinzen Gelegenheit bot, sich über den Gesammtinhalt der kirchlichen Lehre, sowie speciell über die Beweise für die Existenz Gottes, die Unsterblichkeit der Seele, die Göttlichkeit des Christenthums und über den Umfang der christlichen Pflichten im staatlichen, kirchlichen und Berufsleben zu verbreiten. Die Zeitdauer von 8¾ bis 9½ Uhr nahm die Prüfung aus der deutschen Sprache durch Gymnasialprofessor Greistorfer in Anspruch, welche sich auf Inhaltsangaben, Erklärungen und Analysen ausgewählter Gedichte Schiller's, Goethe's, der Odyssee und hauptsächlich der Wallenstein-Trilogie von Schiller bezog und mit einer Übung in der improvisirten Rede schloß. Nach einer viertelstündigen Pause nahm der Professor der technischen Hochschule Dr. Ritter v. Hochstetter die Prüfung aus der Naturwissenschaft, und zwar machten Himmelskunde, Geologie und Anthropologie, insbesondere die physische Beschaffenheit der Körper unseres Sonnensystems, die geognostische Zusammensetzung der österreichisch-ungarischen Monarchie und endlich der innere Bau des Menschen die Gegenstände der Prüfung aus."

Von Kindesbeinen an stellten die militärischen Studien unter Franz Ritter von Hauslab, der den jungen Erzherzog Franz Joseph wie einen zukünftigen Stabsoffizier behandelte, einen wesentlichen Bestandteil der Ausbildung dar. Er lehrte ihn Situationszeichnen und Terrainlehre, Exerzieren, Fortifikation, Kriegsgeschichte und Strategie. Auch die juridischen Fächer und die Staatslehre waren im Programm vertreten, wobei einzelne Fächer von Spezialisten unterrichtet wurden. Metternichs Ziel bestand darin, den vorgesehenen Thronfolger zum Regenten und nicht zum Hofrat zu erziehen; inwieweit dieses Ziel erreicht wurde, sei dahingestellt. Im Rahmen der Ausbildung unternahm man jedes Jahr eine Reise: 1843 nach Ungarn, 1844 nach Italien, 1845 nach Italien und Kroatien, 1846 nach Böhmen und 1847 nach Dresden.

Während Franz Josephs Erziehung in der Tradition eines militärisch-konservativen Weltbildes verharrte, gab es bei der Erziehung seines Sohnes und Thronfolgers Rudolf einen erheblichen Bruch. Anfänglich gestaltete sich unter dem Einfluß Franz Josephs und

Oben: Kronprinz Rudolf besucht eine Vorlesung von Alfred Brehm 1878. ÖNB, Wien
Links: Der berühmte Biologe Alfred Brehm, einer der einflußreichsten Lehrer Kronprinz Rudolfs. ÖNB, Wien

seiner Mutter Sophie – aber auch entsprechend Erzherzog Albrechts Vorstellungen – die Erziehung des Thronfolgers Erzherzog Rudolf streng konservativ und militärisch. Sein erster Obersthofmeister und Erzieher, Generalmajor Leopold Graf Gondrecourt, sollte und wollte aus ihm vor allem einen strammen Soldaten machen. Er quälte das Kind, ließ es stundenlang bei jedem Wetter exerzieren, erschreckte es nachts durch Pistolenschüsse und Kaltwasserkuren und verlangte unsinnige Mutproben. Erst das energische Einschreiten seiner Mutter, der Kaiserin Elisabeth († 1898), brachte eine Änderung. Gondrecourt wurde durch Joseph Graf Latour vom Thurmburg ersetzt, von da an wurde der Thronfolger nach dem Lehrplan der Volksschule und dann des Gymnasiums unterrichtet, allerdings mit den zusätzlichen Fremdsprachen Latein, Französisch, Ungarisch und Tschechisch. Rudolfs engere Spielumgebung bildeten zwölf Knaben aus dem Hochadel sowie die annähernd gleichaltrigen Erzherzöge Johann Salvator, Franz Ferdinand, Otto und Friedrich. Die Lehrer stammten oft aus ärmlichen Verhältnissen – anders als in der Ver-

gangenheit –, und seine nunmehr nach liberalen Grundsätzen ausgerichtete Erziehung stellte eine Besonderheit dar. Durch seine ausgedehnten Reisen – in Begleitung des berühmten Zoologen Alfred Brehm – erwarb sich der Kronprinz einen weiten und an der Wissenschaft orientierten Horizont, der große Veränderungen im Staatswesen erwarten ließ.
Die Erziehung der weiteren Vertreter der Familie, die vor dem Ende der Monarchie ausgebildet wurden, verlief formal ähnlich, wenn auch mit einer stark konservativen Note, die keineswegs mit der liberalen Erziehung Rudolfs zu vergleichen war.
Auch nach dem Zusammenbruch der Monarchie stand die Ausbildung der Habsburger weiter im Zeichen einer Vorbereitung für ein Herrscheramt, so wurde das Erziehungsprogramm für (Erzherzog) Otto von ungarischen und österreichischen Spezialisten zusammengestellt. Die Sprachen, die er lernte, spiegeln die Restaurationshoffnungen der Familie; er lernte Deutsch, Ungarisch und Kroatisch – nicht aber Tschechisch, weil man sich einig war, daß dort die geringsten Chancen auf eine Restauration der Dynastie bestanden. Die Hauptlehrer in der Gymnasialzeit, in der er privat unterrichtet wurde, waren der Ajo Graf Degenfeld, die Professoren Banhegy, Labenbacher, Solymos, Vlassics, Blasovich, Weber, Angyal und Niederacher, Fräulein Biehl, Fräulein Paul, Mademoiselle de Sépibus, Comtesse de Damas und Miss Street; die Damen waren für moderne Sprachen und Literatur zuständig. Man sieht schon aus diesem umfangreichen Lehrerteam, wie sehr die Erziehung im Exil der vor 1918 ähnelte, aber auch, welche Mittel der „verarmten" Familie doch zur Verfügung stehen mußten, um einen derartigen Stab an Lehrerinnen und Lehrern zu halten. Die universitäre Ausbildung des „Thronfolgers" und seiner Geschwister erfolgte an der Universität Löwen.

Der christliche Prinz – Erziehungsgrundsätze und Erziehungsschriften

Für alle Habsburger gilt, daß die ersten Jahre, also die eigentliche Kindheit, unter der Aufsicht der Frauen standen. Schon vor der Geburt wurde eine Aja bestimmt, die die ersten Lebensjahre zu überwachen hatte und der ein wesentlicher Einfluß auf die Kinder zukam. Sie lenkte die religiöse Erziehung, aber auch die Gewohnheiten der späteren Erwachsenen wurden durch sie mitgeprägt. Seit der Barockzeit waren Beichte und Kommunion mindestens einmal monatlich für die Kinder vorgeschrieben, sie mußten u. a. zweimal täglich morgens und abends kniend beten und sich streng an die Fastengebote halten. Daran änderte sich in der Zeit der Aufklärung nur wenig, wenn auch an die Stelle der jesuitischen Missions- die jansenistische Erbauungsliteratur trat.
Söhne und Töchter hatten zunächst eine gemeinsame Aja, dazu Kammerdiener, Kammerheizer und Kammertürhüter, jedes Kind hatte überdies eine eigene Kammerfrau und Kammerdienerinnen. Auch die Rolle der Aja wandelte sich mit den Vorstellungen der jeweiligen Epoche, so wurden etwa in der Zeit der Aufklärung die Aja angehalten, die Kinder reinlich zu halten, nicht zu fest zu wickeln, nicht zu überfüttern, keine Kindersprache mit ihnen zu sprechen und keine Grimassen zu schneiden. Das Erziehungsprogramm der frühen Phase umfaßte neben den religiösen Übungen vor allem erste repräsentative Aufgaben.
Etwa ab dem siebenten Lebenjahr wurden die jungen Erzherzöge in einer Männerwelt erzogen. Sobald sie dem Kindesalter entwuchsen, wurde ein Ajo bestimmt – in der Regel eine undankbare Aufgabe für den Betreffenden: Er mußte einen eigenen Hofstaat errichten, dessen Obersthofmeister er war. Zu diesem Hofstaat gehörten Lehrer, Kammerherren, Kammerdiener, Kammerheizer, Kammertürhüter, Kammertrabanten, Friseur und Garderobier. Zu diesem Zeitpunkt setzte der eigentliche Unterricht ein, doch schon davor mußten die Kinder lesen und schreiben können.
Für viele – vor allem männliche – Mitglieder der Familie sind schriftliche Erziehungsprogramme erhalten geblieben. Ein Großteil von ihnen orientierte sich an Fürstenspiegeln, die allgemeine Regeln für das Verhalten von Fürsten festlegten, indem sie entweder ein Beispiel aus der Vergangenheit heranzogen, oder aber grundsätzlich die Aufgaben eines Fürsten schilderten. Vielfach dienten solche Fürstenspiegel als Grundlage für die Erziehung von Prinzen, darunter natürlich auch der Habsburger. Die Erziehungskonzepte waren zu allen Zeiten klar umrissen: Den Söhnen sollten die Eigenschaften eines Regenten beigebracht werden. Habsburger, die in die geistliche Laufbahn eintraten, besaßen wie die meisten adeligen Pfründeninhaber kaum theologisches Wissen.
Die Heranbildung zum Herrscher erfolgte zunächst durch religiöse Übungen und durch die Betonung der Pflichten gegenüber Eltern, Geschwistern und Familie. Später – im Geiste der Aufklärung – traten Ideen wie physische Ertüchtigung, Gesundheit und Charakterbildung hinzu. Die Ausbildung der Töchter war weniger gediegen und umfassend, bei ihnen war alles auf den zukünftigen Gatten abgestimmt. Sie erlernten – oft geheim, wenn die Heiratspläne noch nicht öffentlich waren – dessen Sprache und wurden über Land und Leute ihres künftigen Herrschaftsgebietes

instruiert. Sowohl bei den Männern als auch bei den Frauen endete die Periode des planmäßigen Lernens erst mit der Heirat, die allerdings oft sehr früh erfolgte.

Jede Epoche der habsburgischen Herrschaft brachte spezifische Programme der Prinzenerziehung hervor. Um 1300 verfaßte der bedeutende Gelehrte Engelbert von Admont einen Erziehungstraktat für die Söhne Albrechts I. († 1308), das „Speculum virtutum", das sich auf Aristoteles, Cicero und Seneca stützte und die Herrschertugenden Gerechtigkeit, Stärke, Glauben und Freigiebigkeit betont. Dieses Buch beeinflußte vermutlich das ganze Spätmittelalter.

Mit der Abhandlung über die Erziehung eines Fürsten, die Enea Silvio Piccolomini 1443 für Sigmund von Tirol († 1496) schrieb, wurden erstmals humanistische Grundsätze als erzieherische Elemente gefordert. Piccolomini empfahl die klassische römische Literatur, riet aber von den Scholastikern ab. Er gab sogar eine Art Leseliste nützlicher Werke an. In einem weiteren Traktat „De liberorum educatione", dem Fürstenspiegel für Ladislaus Postumus, vertrat Piccolomini ähnliche Forderungen nach literarischer Gelehrsamkeit und philosophischer Bildung, denn „*illiteratum regem nihil aliud esse nisi coronatum asinum*" (ein ungebildeter König ist nichts als ein gekrönter Esel). Die Ausbildung der *virtus*, der Herrschertugend nach dem Vorbild der Antike, blieb das Ziel; *scientia* und *ratio* (Wissenschaft und Verstand) der Weg, dieses Ziel zu erreichen. Zwar bezeugt dieses humanistische Programm eine christliche Orientierung, aber die Bibel scheint durch gutes antikes Schrifttum ersetzbar: Tugendbeispiele müssen nicht mehr Heilige sein, antike Helden sind nun auch möglich. Neben der literarisch-humanistischen Bildung war auch die Ertüchtigung des Körpers durch Leibes- und militärische Übungen vorgesehen. Ladislaus Postumus wurde etwa von seinem Lehrer Johannes von Hinderbach durch Ball- und Kreiselspiele, Reiten, Laufen, Springen, Bogen,- Armbrust- und Wurfspeerschießen, Jagen und Schwimmen trainiert.

Das theoretische Ziel der Erziehung – die praktischen Auswirkungen sind schwer zu beurteilen – war ein brauchbares, weltliches Wissen, wie es die säkularen Tendenzen im Zeitalter von Renaissance und Humanismus bedingten. Die Diesseitigkeit des Wissens wurde durch eine praktische Einführung in die Geschäfte der Landesverwaltung noch verstärkt.

Zwei Generationen später entstand ein humanistischer Text gezielt für die Erziehung der Habsburger: die etwas wirklichkeitsfremde Schrift von Erasmus von Rotterdam, die dem Traktat des Piccolomini verwandt ist. Dieses Büchlein, die „Institutio Principis Christiani" (Die Erziehung eines christlichen Fürsten), war den Enkeln Maximilians zugedacht und Karl V. gewidmet, auf dessen Ausbildung es allerdings noch keinen Einfluß ausübte. Erasmus forderte Erkennen und Einsicht – und nicht bloß Wissen –, die Ausbildung einer politischen Gesinnung wurde zum wesentlichen Inhalt einer Erziehung, deren Ziel die Ausbildung von Friedensfürsten war. Diese Ideen herrschten bis ans Ende des 16. Jahrhunderts vor und wurden mit der Gegenreformation von streng katholischen Erziehungsprogrammen abgelöst.

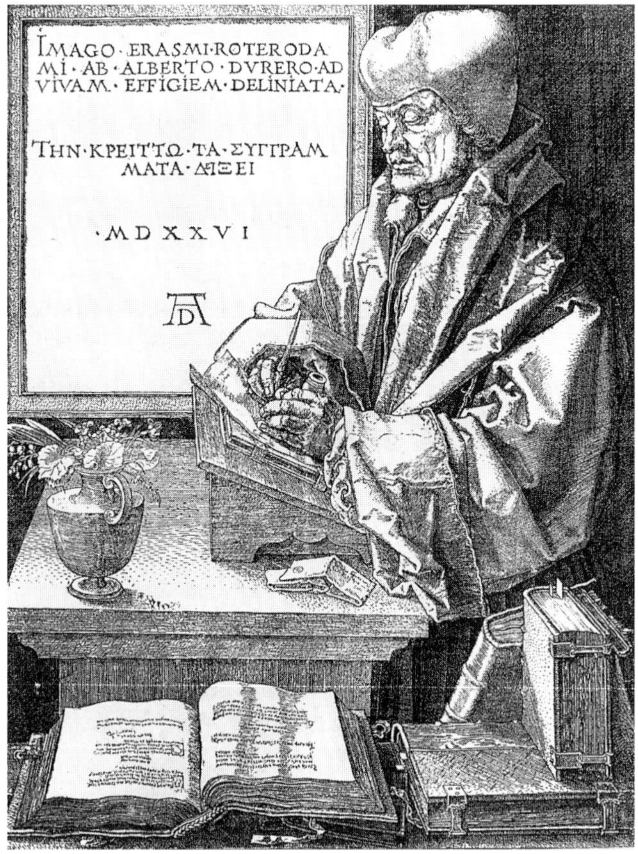

Erasmus von Rotterdam. Kupferstich nach Albrecht Dürer. ÖNB, Wien

Einige Schriften der Renaissance entstanden zwar nicht im unmittelbaren Umkreis der Habsburger, dennoch beeinflußten Ideen aus diesen – in sich sehr unterschiedlichen – Erziehungsmodellen die habsburgische Erziehung wesentlich. Ohne den „Principe" des Machiavelli ist das Erziehungsprogramm eines absolutistischen Herrschers ebensowenig verständlich, wie man die vielseitigen künstlerischen Interessen der Fürsten des 16. Jahrhunderts ohne den Einfluß des „Cortegiano" (Der Höfling) von Baldassare Castiglione begreifen kann, der einen vielseitig gebildeten, dichtenden, malenden, musizierenden und turnierenden Fürsten und Mäzenaten als Ideal vor Augen hatte.

Neben den Fürstenspiegeln sind auch politische Testamente als normative Texte für die Erziehung der Prinzen zu verstehen, so die Testamente und politischen Instruktionen Karls V., das Testament Karls von Innerösterreich 1584, der kleine Regentenspiegel Herzog Wilhelms von Bayern für seinen habsburgischen Neffen Ferdinand (später Kaiser Ferdinand II.), die geheime Instruktion Philipps II. von 1598 und das Testament Ferdinands II. 1621.

Besonders oft griff man auf die Testamente Karls V. – insgesamt gab es fünf davon – zurück. Nur zwei sind heute erhalten, das von 1522 in Wien und das von 1554 in Brüssel, leider sind die von 1529 aus Toledo, von 1535 aus Madrid und von 1550 aus Brüssel nicht einmal in Abschrift erhalten. Noch bedeutender als die Testamente, die in der Tradition der kastilischen und der burgundischen Königstestamente stehen, sind allerdings die „Unterweisung und Instruktion" von 1548, die Karl am Reichstag zu Augsburg verfaßte, daneben aber auch der Text der Instruktion von 1539 für den zwölfjährigen Philipp und ein Schreiben von 1543 aus Palamós. Sie alle wurden später in Verbindung mit Giovanni Boteros „Della Ragione di Stato" (1589, spanisch 1593) rezipiert, das der Lehre Machiavellis entgegengesetzt war.

Bei den spanischen Habsburgern nahmen mehrere andere Fürstenspiegel, die zum Teil auch im deutschen Sprachraum bekannt wurden, Einfluß auf die Erziehung. Der Franziskaner Fray Antonio de Guevara, Hofprediger Karls V., schrieb 1529 mit seinem in Romanform abgefaßten „Reloj de príncipes o libro aureo de Marco Aurelio" (Prinzenuhr oder Goldenes Buch des Marc Aurel) einen solchen grundlegenden Fürstenspiegel, den er 1539 durch ein weiteres Werk „Menosprecio del corte y alabanza de la aldea" (Verachtung des Hofes und Lob des Dorfes) mit einer traditionellen Hofkritik ergänzte. Im 16. Jahrhundert schrieben viele – über 50 – Spanier Erziehungstraktate, deren Ausrichtung auf das Idealbild eines katholischen Fürsten zum Teil schon im Titel erkennbar ist. Die Geistlichen Rivadeneira („Religión y virtudes de un príncipe cristiano"), Márquez („El gobernador cristiano"), Juan de Santamaría („República y política cristiana") und Mariana („Del rey y de la institución real") betonten alle die Notwendigkeit einer guten Erziehung des Fürsten im physischen, intellektuellen und moralischen Bereich zum Wohl seines Volkes. Am interessantesten erscheint Saavedra Fajardo mit seinem Buch „Idea de un príncipe político-cristiano, represendado en cien empresas" (Die Idee eines politisch-christlichen Fürsten, dargestellt in hundert Ausführungen). Sein recht fortschrittliches – obwohl nicht in sich geschlossenes – Erziehungskonzept betont den Einfluß der väterlichen Erziehung und die Notwendigkeit, frühzeitig mit der Ausbildung zu beginnen. Es arbeitet mit didaktisch modern anmutenden Mitteln, wie etwa der Ausgestaltung des Zimmers eines Prinzen mit Landkarten, damit er sie stets vor Augen habe.

Grundlegend für das Selbstverständnis absolutistischer Herrscher wurde das von Justus Lipsius im Geiste des Neo-Stoizismus verfaßte und 1589 erschienene Werk „Politicorum sive civilis doctrinae libri sex" (Sechs Bücher Staatswissenschaft). Dieses Werk wurde zwar nie als Grundlage der Erziehung von Habsburgern verwendet, übte aber dennoch einen indirekten Einfluß aus, der über die Rezeption dieser Ideenwelt in den Erziehungsprogrammen nachvollziehbar ist. Als wichtigster österreichischer Fürstenspiegel des 17. Jahrhunderts gilt der „Princeps in Compendio", eine mehrfach auch in deutscher Übersetzung gedruckte Abhandlung von 21 kurzen Kapiteln über die richtige Gestaltung fürstlicher Herrschaft und die christlich-ethischen Grundlagen des Herrscheramtes. Der Verfasser ist unbekannt; weder Ferdinand II. oder sein Sohn Ferdinand III. noch Erzherzog Leopold Wilhelm – die als Verfasser vermutet wurden – können die Autoren dieses Textes sein. Der unbekannte Schreiber war ein theologisch und humanistisch gebildeter Jurist, der mit den traditionellen Inhalten von Fürstenspiegeln vertraut war. Die Schrift bezeichnet die Förderung von Gottes Ehren, aber auch des Wohls der Untertanen als wichtigste Aufgaben des Herrschers.

In der Zeit der Glaubensspaltung betrachteten die Habsburger die Wiederherstellung und Erhaltung der katholischen Religion als zentrale Pflicht. Auch Ferdinands Testament von 1621 betont, sein Nachfolger solle das „von Gott verlihene Land regieren in aller Gottesfurcht, guter justiz, rechter manns zucht und einhelliger religion". Die wichtigste Herrschertugend des jesuitischen Fürstenideals war also die *pietas*, die Frömmigkeit, die durch religiöse Gebräuche, aber auch durch Almosen und Treue zur Kirche und zu den „Geweihten des Herrn" ihren Ausdruck finden sollte. Der Tugendkatalog des „Princeps in Compendio" umfaßt die seit dem Mittelalter tradierten Eigenschaften wie Güte und Milde, Geduld und Sanftmut, Mäßigung, Stärke und Treue, wobei die Stärke nicht aktiv, sondern passiv als tapferes Ertragen von Schicksalsschlägen definiert wird. Die zentralen Tugenden der *clementia*, der Güte, und der *iustitia*, der Gerechtigkeit, sind – wie schon im Band „Die Lebenswelt der Habsburger" gezeigt werden konnte – in ihrer scheinbaren Unvereinbarkeit problematisch. Im Fürstenspiegel wird dem Fürsten ans Herz gelegt, die Gerechtigkeit zu betonen und ohne Ansehen der Person zu urteilen. Vor allzu großer *clementia* wird gewarnt, sie „rufe nur größere Missetaten hervor und verleite die Untertanen im Vertrauen auf die Gnade des Herrschers dazu, um so leichter Unrecht zu tun. Schließlich werde das Gute unterdrückt, wenn das Böse straflos bleibe".

Das gelehrte Werk, das insgesamt 75 Zitate aus Werken der klassischen Antike, der Spätantike und des Mittelalters, aus der Bibel, dem „Corpus Iuris Civilis" und aus Sammlungen von Sprichwörtern enthält, vermittelte jenes Gefühl von Auserwähltheit, das die barocken Habsburger besonders charakterisierte. Andere Schriften dieser Zeit, wie ein Büchlein des Jesuiten-Paters Wilhelm Lamormaini, des Beichtvaters von Ferdinand II., das nur ein blasser Tugendkatalog ist, oder das Gutachten des Fürsten Gundakar von Liechtenstein „Wegen Education eines jungen Fürsten und wegen Bestellung des geheimen Rates" übten ebenfalls einen gewissen Einfluß auf die Erziehung in der Barockzeit aus.

Ganz ähnliche religiöse Grundanschauungen finden wir bei den spanischen Habsburgern. In einer Instruktion an Ramos del Manzano, den Lehrer Karls II. von Spanien, heißt es: „*El primer fundamento de todo que tema á Dios y sea gran observador del culto divino y de la Iglesia católica y que sea muy devoto del Santísimo Sacramento, por particular devoción de Nuestra Casa.*" (Das Fundament von allem ist, daß er Gott fürchtet und ein großer Beobachter des göttlichen Kultes und der katholischen Kirche sei und daß er dem Allerheiligsten Sakrament sehr ergeben ist, wegen der besonderen Ergebenheit unseres Hauses).

Das jesuitische Erziehungsideal wurde im 18. Jahrhundert durch ein neues – am Gedankengut der Aufklärung orientiertes – verdrängt, wenn auch weiterhin religiöse und daraus erwachsende ethische Vorstellungen dominierten. So schrieb Maria Theresia in ihrem politischen Testament: „mithin ich mich zuversichtlich auf meine Nachfolger verlasse, daß selbe continuieren werden in denen principiis der Tugend, Gottesforcht, Gerechtigkeit und väterlicher Liebe, Milde und Sorgfalt zu ihren Ländern und Untertanen zu beharren, so man ihnen in ihrer Jugend einzuprägen gesucht."

Aber bald brachen sich neue Ideen Bahn – die politischen Grundsätze der Aufklärung, die den Herrscher als Diener des Staates sahen. Leopold II. formulierte das klar in den Erziehungsgrundsätzen für den Ajo seiner Söhne: „Man muß ihnen die einzige Leidenschaft einflößen, die sie haben müssen, nämlich die Humanität, des Mitleidens und des Verlangens, ihr Volk glücklich zu machen. Man muß ihr Gefühl zugunsten der Armen wecken, man darf niemals die Klasse der Reichen derjenigen der Armen vorziehen und muß ihnen beibringen, daß es das größte Mißgeschick für einen Fürsten ist, nicht alles mit eigenen Augen zu sehen und nicht den Zustand des Landes zu kennen, daß es ihre höchste Pflicht ist, zu hören und zu trösten." Außer der Entwicklung ihrer menschlichen Qualitäten mußten die Erzherzöge – und in gewissem Ausmaß auch die Erzherzoginnen – ab der Mitte des 18. Jahrhunderts auch wissenschaftliche Fähigkeiten erwerben: Naturwissenschaften, Statistik, Ökonomie und militärische Ausbildung wurden zum wesentlichen Bestandteil ihrer Bildung, die damit einem allgemeinen Trend der Pädagogik entsprach.

Von dieser Zeit an korrespondierte die Erziehung der Habsburger im großen und ganzen mit der von Adeligen – und in späterer Zeit der Bürgerlichen. Im 19. Jahrhundert war dieser Prozeß abgeschlossen: Die Ausbildungsprogramme der Dynastie deckten sich nun in den Grundzügen mit dem Stoff der Gymnasien, nur die aktive Beherrschung einer Vielzahl von Sprachen unterschied die habsburgische Erziehung noch von der allgemeinen. Legenden, wie etwa daß alle Habsburger auch ein Handwerk erlernten, lassen sich aufgrund der vorliegenden Studien zur Erziehung nicht bestätigen. Zwar betrieben die Habsburger schon relativ früh handwerkliche Tätigkeiten wie Drechseln, Tischlern oder Buchdruckerei als Ausgleich – von Herzog Albrecht IV. († 1404), Kaiser Maximilian I. und Ferdinand von Tirol († 1595) etwa ist überliefert, daß sie sich Drechslerwerkstätten einrichteten, von Kaiser Ferdinand I. († 1875) taucht sogar in der Literatur immer wieder die Behauptung auf, daß er ein gelernter Gärtner gewesen sei –, aber eine systematische Handwerksausbildung läßt sich nicht nachweisen. Durch den Einzelunterricht wurde den Erzherzögen sicherlich stets ein etwas höheres Bildungsniveau vermittelt als adeligen oder bürgerlichen Kindern. Wie alle Jugendlichen konnten sie diese Chancen entsprechend ihren unterschiedlichen Begabungen nützen oder auch ungenutzt verstreichen lassen.

Gelehrte und Jesuiten – Die Lehrer des Erzhauses

Selbstverständlich konnten sich die Habsburger die besten Lehrer, die zur Verfügung standen, leisten, allerdings geschah dies aus verschiedenen Gründen nur in den seltensten Fällen. Man könnte sogar die Behauptung aufstellen, daß die konservative Haltung der Dynastie seit der Gegenreformation eine Erziehung förderte, die zwar zeitgemäß, aber keineswegs progressiv war. Die fortschrittlichsten Pädagogen und Gelehrten waren häufig keine guten Katholiken, so

Die von Philipp von Rottenberg verfaßten und von Charles Joseph Roettiers gemalten Lehrtafeln für Erzherzog Ferdinand aus dem Jahre 1769 sind nicht nur ein didaktisch fortschrittliches Hilfsmittel, sondern auch ein außergewöhnliches Kunstwerk. Die abgebildete Tafel illustriert die militärische Ausbildung. ÖNB, Wien

daß man meinte, ihre Dienste nicht in Anspruch nehmen zu können. So wäre etwa der größte Pädagoge seiner Zeit, Jan Amos Komensky († 1670), genannt Comenius, als Angehöriger der „ketzerischen" böhmischen Brüdergemeinde nicht nur als Lehrer der Dynastie untragbar gewesen, er wurde sogar aus den habsburgischen Ländern vertrieben. Erst eineinhalb Jahrhunderte später wandte der Erzieher Josephs II., Pater Weger, die spielerische Methode von Comenius bei der Erziehung seines Zöglings an. Der Kampf gegen allzu progressive Lehrer setzte sich bis ins 19. Jahrhundert fort, als mehrere bedeutende Kandidaten, die für die Erziehung Franz Josephs vorgesehen waren, aus religiösen und weltanschaulichen Gründen nicht eingesetzt werden konnten.

Viele der Lehrer der Habsburger waren also nur mittelmäßige Gestalten, über die man wenig weiß und die nur durch ihre Erziehungstätigkeit bei einem Erzherzog dem Schicksal des völligen Vergessens entgingen. Doch gab es daneben auch einige große Persönlichkeiten, die Einfluß auf die Bildung der Dynastie ausübten. Zwei dieser Gestalten wurden schon genannt: Piccolomini und Erasmus.

Der Humanist Enea Silvio Piccolomini, der 1442 von Friedrich III. zum *poeta laureatus* gekrönt wurde, wirkte als *secretarius imperialis* in Wien und bestimmte das geistige Klima des Hofes wesentlich mit. Um als modern zu gelten, bedurfte zwar der Hof eines humanistischen Dekors, doch die eigentlichen Erzieher des jungen Erzherzogs entstammten keineswegs der ersten Garnitur. Maximilians erster Lehrer, Jakob von Fladnitz, brachte ihm lediglich das Lesen lateinischer und deutscher Gebete aus einer illustrierten Handschrift bei, Peter Engelbrecht aus Passail prügelte ihm die Grammatik des Donatus ein, und erst Thomas Prelokar aus Cilli unterstützte die humanistische Bildung seines Schülers durch die Lektüre des klassischen Kanons der Werke von Ovid, Terenz, Vergil, Sallust, Apuleius und Livius. Viel später schreibt Maximilian: „Wenn heute mein Lehrer Petrus [Engelbrecht] lebte, dann würde ich bewirken, daß es ihn reute, mein Lehrer gewesen zu sein."

Eine weitere interessante Lehrerpersönlichkeit im späten 15. Jahrhundert stellte sicherlich Olivier de la Marche dar, der die Erziehung Philipps des Schönen († 1506) leitete, auch wenn sich seine Methoden, die schreckliche Prügel miteinschlossen, eher bedenklich anhören. Erasmus von Rotterdam griff mit seiner „Institutio" allerdings nur theoretisch in die Erziehungsgeschichte der Habsburger ein. Als er gefragt wurde, ob er den jungen Ferdinand I. unterrichten wolle, lehnte er den Eintritt in den Fürstendienst ab, empfahl aber mit dem weitgereisten Juan Luis Vives einen seiner Schüler, der dann auch Ferdinands Unterricht tatsächlich übernahm. 1518 widmete Erasmus die Neuauflage der „Institutio", deren erste Auflage Karl V. zugedacht war, dessen Bruder Ferdinand I.

Im 16. Jahrhundert war eine weitere Reihe von Humanisten als Lehrer tätig, die teils – wie Georg Tannstetter, Ursinus Velius und Johannes Faber – der ersten Garnitur, teils – wie der Lehrer Erzherzog Karls von Innerösterreich, Propst Johann Hasenburger von Milleschau, ein Schüler des Cochläus – der zweiten angehörten. Einer der wichtigsten Humanisten des Hofes, der Gelehrte und Diplomat Augier Ghiselain de Busbecq, unterrichtete Erzherzog Albrecht (VII., † 1621), der später in den Niederlanden die von seinem Lehrer geweckten Interessen für Kunst, Wissenschaft, Mathematik und Geometrie weiter pflegen und ausbauen konnte.

Aus der großen Zahl der jesuitischen Erzieher des 17. und beginnenden 18. Jahrhunderts sind keine großen Gestalten zu nennen, sie alle waren sehr durchschnittliche Gelehrte, die lediglich aufgrund ihrer religiösen Festigkeit ausgesucht wurden. Manche, wie Heinrich Philippi und Elias Schuller, der auch Streitschriften gegen Lutheraner verfaßte, waren über 30 Jahre als Lehrer der jungen Habsburger im Dienst. Der einzige Habsburgersprößling dieser Zeit, der nicht von Jesuiten erzogen wurde, war der spätere Kaiser Joseph I. Sein *instructor in historicis et publicis* – also sein Lehrer in Geschichte und öffentlichem Recht – war Hans Jakob Wagner von Wagenfels, Verfasser eines vielgelesenen Buches mit dem Titel „Ehrenruff Teutschlands", der ein starkes Bewußtsein für das Reich und eine Art Protonationalismus in Joseph weckte. Josephs Lehrer in Architektur war sogar niemand geringerer als Johann Bernhard Fischer von Erlach. Die Erziehungsgeschichte dieses von der Frühaufklärung beeinflußten, leider nur kurz regierenden Herrschers bildet aber eine Ausnahme, ansonsten blieb bis in die Zeit Franz Josephs die katholische Gesinnung bei der Auswahl der Lehrer im allgemeinen wichtiger als die fachliche Qualifikation.

In der Blütezeit des aufgeklärten Absolutismus gab es eine Reihe von hervorragenden Fachleuten unter den Erziehern. Zwar beschäftigte Maria Theresia in der Erziehung ihrer Kinder noch vereinzelt Jesuiten wie Joseph Franz, den Naturrechtsprofessor, für Joseph II., doch war die Mehrzahl der Lehrer und Erzieher entweder Juristen oder Staatsmänner wie der ehemalige geheime Staatskanzler Johann Christoph Bartenstein oder der Jurist Christian August Beck. Ähnliches galt auch für die nächsten Generationen der Habsburger.

In Anbetracht der Geistesschwäche Ferdinands und seiner Kinderlosigkeit war die Erziehung des jungen Erzherzogs Franz Joseph besonders bedeutsam, da

Zwei Enkelkinder Erzherzog Friedrichs spielen in der Zeit des Ersten Weltkrieges vor dem Hintergrund der Hofburg „Krieg". Sie tragen dabei die Kleidung verfeindeter Völker. Familienalbum

man fast mit Sicherheit annehmen konnte, daß er den Thron besteigen würde. Der eigentliche Erzieher Franz Josephs war Graf Johann Baptist Coronini-Cronberg, ein Militär mit starren Ansichten, der vorwiegend auf Äußerlichkeiten und Förmlichkeiten achtete. Wie sehr dieser Mann sogar noch in neuerer Zeit von seiten der Konservativen gelobt wird, zeigt ein Zitat aus einer 1948 verfaßten Dissertation über die Erziehung Franz Josephs. „Coronini hatte den größten Einfluß auf die weitere Entwicklung Franz Josephs ausgeübt. Er hatte ihn zum Offizier erzogen. Zum Offizier, wie ihn die österreichische Armee als Idealbild betrachtete. Ritterlich, vornehm, von persönlicher Tapferkeit beseelt und bei aller Aufgeschlossenheit doch konservativ. So war er selbst gewesen und so wurde auch sein Zögling, und es waren nicht die schlechtesten Eigenschaften, die er ihm auf seinen Lebensweg mitgab." Auch Franz Josephs Brüder – Erzherzog Ferdinand Max († 1867), der den polnischen Grafen Timoteus Ledochowski und später den relativ liberalen Franz von Gorizutti als Erzieher hatte, und Erzherzog Karl Ludwig († 1896), dessen Erzieher Graf Karl Morzin war – wurden von Militärs ausgebildet. Völliges Unverständnis für eine alters- oder kindgemäße Erziehung zeigte etwa ein Lehrer Franz Josephs, der Mathematiker und Physiker Dr. Johann Hoffer, der im Deutschunterricht mit dem 13jährigen Goethes „Iphigenie" und Klopstocks „Messias" durchackerte und ihn mit metrischen Formen quälte. Der Lehrer für Geschichte Dr. Joseph Fick, der schon im Hause Metternich unterrichtet hatte und Stammbäume besonders liebte, zeichnete sich durch strengste katholische Gesinnung aus. Ferdinand Max berichtet: „Wir hören eine saubere Geschichte bei Fick. Franzi [Franz Joseph] hat eben zuvor von Fick gesagt: Wenn man den Fick fragt, wer Alexander VI. gewesen ist, so antwortet er: Eine sittenreine Jungfrau. Wenn man ihn fragt, wer war Caesar Borgia, so antwortet er: Hat gar nicht existiert." Nicht nur erstickte er seine Zöglinge geradezu mit Stoff, er dürfte zudem unter psychopathischen Anwandlungen gelitten haben. Nach dem Ende seiner Tätigkeit wurde er zeitweilig wegen „Dämonomanie" ins „Irrenhaus" gesperrt.

Der wichtigste Lehrer Franz Josephs war vermutlich der spätere Erzbischof von Wien und Kardinal Joseph

Othmar Rauscher, der im Rahmen des Religionsunterrichtes Philosophie lehrte. Sein Einfluß auf Franz Joseph war stark und hatte mit dem Konkordatsabschluß 1855, der nicht zuletzt auf ihn zurückging, auch politische Auswirkungen für die Habsburgermonarchie. Er wurde auch als Lehrer für kanonisches Recht vorgeschlagen, doch der josephinisch eingestellte Staatsrat Pilgram lehnte ihn als zu konservativ ab. Dennoch durfte er teilweise den Geschichtsunterricht für Franz Josephs jüngeren Bruder Ferdinand Max leiten, an dem Franz Joseph gelegentlich teilnahm.

Ein Großteil der Lehrer des 19. Jahrhunderts gehörte der traditionellen Schicht der Erzieher im Kaiserhaus an: Kleriker und Beamte fanden sich weiterhin neben Soldaten, deren Einfluß zunahm. Erst mit der Erziehung des Thronfolgers Rudolf fand – aufgrund der Proteste Elisabeths – ein Wandel in Richtung einer bürgerlichen Erziehung statt.

Rudolfs – politisch aufklärerische bis liberale – Lehrer prägten den jungen Mann nachhaltig. Der Geschichtslehrer Josef Zhisman begeisterte ihn für liberale Ideen und lehrte auch „Zeitgeschichte" – damals die Revolutionen von 1789 und 1848 –, ähnliche Tendenzen zeigte auch sein Lehrer in ungarischer Geschichte, der Kleriker (und Freimaurer) Hyazinth Ronay. Der Lehrer für böhmische Geschichte, Anton Gindely, war ebenfalls ein toleranter Mann, der für den nationalen Ausgleich zwischen Deutschen und Tschechen plädierte. Mit zunehmendem Alter wurden beim Unterricht des Kronprinzen Universitätsprofessoren hinzugezogen, darunter der große Nationalökonom Carl Menger und der damals berühmte protestantische Geologe und Anhänger Darwins Ferdinand Hochstetter, der den Kontakt zu dem Zoologen Alfred Brehm und zu bekannten Entdeckungsreisenden wie etwa Julius von Payer und Carl Weyprecht vermittelte.

Mit dem Wandel in Rudolfs Erziehung begann der starre Kanon der Prinzenerziehung aufzubrechen. Karl, der letzte Kaiser, wurde nur mehr teilweise von Hauslehrern unterrichtet, auch wenn sie wieder streng katholisch waren. Die naturwissenschaftlichen Fächer hörte er schon im Wiener Schottengymnasium.

Viele Sprachen – Sprachunterricht und Sprachbeherrschung im Hause Habsburg

Eine ganz wesentliche Rolle in allen Erziehungsprogrammen der Habsburger spielte der Sprachunterricht, wobei in verschiedenen Zeiten – entsprechend der jeweiligen politischen Situation – unterschiedliche Sprachen dominierten. Auch in dieser Hinsicht stellte das Erzhaus keine Besonderheit dar, waren doch viele Adelige der Zeit mehrsprachig. Am genauesten – das liegt wieder an der Quellenlage – sind wir über die Sprachkenntnisse der Herrscher informiert.

Die Frage nach der Muttersprache muß für die Habsburger äußerst differenziert beantwortet werden, da nicht bei allen Familienmitgliedern klar ist, welche Sprache sie selbst als ihre Muttersprache betrachtet hätten. Für die meisten Habsburger der österreichischen Linie war es sicherlich Deutsch, obwohl – oder gerade weil – sie diese Sprache im Unterricht kaum lernten. Erst bei den Kindern Leopolds II., die allerdings in einer italienischen Umgebung aufwuchsen, wurde Wert auf eine Spracherziehung in der Muttersprache gelegt. Noch am Hofe Maria Theresias sprach man ein so unverfälschtes Wienerisch, daß der Sprachreformer Gottsched darüber ganz entsetzt war. Die österreichischen Habsburger hatten sich seit langem mit der deutschen Sprache identifiziert. Als im 16. Jahrhundert die Kinder Maximilians II. in Spanien erzogen wurden, mahnte er sie immer wieder, sie sollten ihre deutschen Sitten und ihre deutsche Sprache nicht vernachlässigen. Vor ihrer Rückkehr in die Heimat erhielten sie verstärkt intensiven Deutschunterricht und wurden gleichzeitig allmählich in die politischen Verhältnisse des Reiches eingeführt. Aber selbst Maria Theresia, die ihre gesamte Korrespondenz mit den zahlreichen Mitgliedern ihrer großen Familie in Französisch führte, mahnte ihren Sohn Erzherzog Ferdinand († 1806): „Ihr müßt ein Erzherzog bleiben, ein deutscher Prinz, in der Frömmigkeit, den Sitten und der Güte." Ähnliches betonte sie in einer Instruktion für die Aja ihrer Enkelkinder in Italien: „Die Kinder meines Sohnes sind deutsche Prinzen, es ist daher unerläßlich, daß sie die Muttersprache des Oberhauptes der Familie lernen." Auch im 19. Jahrhundert, als der Nationalismus des Vielvölkerreiches diesem Problem eine neue, dramatische Brisanz verlieh, blieb Deutsch die Hauptsprache der Habsburger. Das oft zitierte Wort Franz Josephs, er sei ein deutscher Fürst, bestätigt die nationale Identifikation einer internationalen Dynastie.

Vom Mittelalter bis zum 19. Jahrhundert blieb Latein offiziell die wichtigste zweite Sprache, die alle – zumindest alle männlichen – Habsburger lernten. Seit der Renaissance wurde eine gründliche Ausbildung in Latein – wie sie schon Piccolomini gefordert hatte – besonders betont. Dieses Latein war nun – dem Idealbild nach – nicht mehr das Küchen-, Geschäfts- oder Reiterlatein der mittelalterlichen Herrscher, eine recht regellose Kommunikationssprache, sondern orientierte sich vielmehr an den Texten der antiken Klassiker. Dies führte aber dazu, daß man – ähnlich den heutigen Schülern – die Sprache eher passiv als aktiv beherrschte. Erzherzog Ernst († 1595) gestand, daß er „*latinum adhuc non libenter loquimur*" (daß er Latein nicht gerne spreche).

War Latein bis ins 18. Jahrhundert die Verwaltungssprache Ungarns gewesen, um erst dann vom Ungarischen abgelöst zu werden, so entwickelte es sich im 19. Jahrhundert zu einem Bestandteil eines traditionellen, humanistisch orientierten Bildungsgutes. Zu dieser Zeit sprachen nur mehr wenige Menschen aktiv Latein, es wurde zunehmend zu einer Lesesprache, deren Bedeutung im formalen Grammatikunterricht und als Basis für die romanischen Sprachen gesehen wurde.

Abgesehen von der Muttersprache und der Beherrschung des „internationalen" Latein führte der Erwerb von Territorien zwar nicht zwangsläufig, aber doch meist dazu, daß die Habsburger die in der Landesverwaltung übliche Sprache erlernten. Die erste Sprache, die so in das Erziehungsprogramm der Familie eintrat, war Französisch, das mit der Erwerbung Burgunds für die Habsburger eine dominierende Rolle einnahm. Seit Maximilian I., der die Sprache erst von seiner Frau Maria von Burgund lernte, beherrschten fast alle Habsburger diese Sprache. Für Maximilians Kinder und Enkelkinder, die nur wenig deutsch konnten, wurde Französisch sogar zur Muttersprache. Später wandelte sich die Funktion dieser Sprache; das burgundische Erbe wurde von Spanien regiert, und damit war für die österreichischen Habsburger Französisch nicht mehr eine Landessprache, es wurde vielmehr als *lingua franca* – als Umgangs-, Verkehrs- und Bildungssprache – gelernt. Besonders ab dem 17. Jahrhundert, als der Hof in Versailles kulturell und politisch in Europa dominierte und Französisch sich immer mehr als ausschließliche Sprache der Diplomatie etablierte, wurde es zur Umgangssprache der Eliten Europas. Zwar ist es zweifelhaft, ob Ferdinand II. und Leopold I. diese Sprache aktiv beherrschten, doch dürfte Leopold – wie einige Aussagen von Zeitgenossen bestätigen – Französisch zumindest verstanden haben. Bei der weiteren Pflege dieser Sprache ist weder der Einfluß Prinz Eugens, des wichtigsten Ratgebers der Habsburger, noch der Franz Stephans – beide stammten aus Frankreich – wegzudenken. Der Wiener Hof unter Maria Theresia schrieb fast ausschließlich und sprach auch häufig französisch. Dennoch beherrschten sowohl sie als auch ihr Mann Franz Stephan die Sprache keineswegs perfekt, viele der Sätze Maria Theresias sind unidiomatisch und voller Germanismen. Auch Franz Stephan, der am Wiener Hof aufwuchs, schrieb seine Muttersprache mit deutscher Orthographie.

Mit der Erwerbung Spaniens am Beginn des 16. Jahrhunderts trat nun das Spanische, das schon Maximilian I. gelernt hatte, ins Zentrum des Unterrichtes. Die spanischen Habsburger erlernten – außer ein wenig Latein – kaum eine andere Sprache. Dagegen sprachen alle österreichischen Habsburger vom 16. bis in die Mitte des 18. Jahrhunderts – neben vielen anderen Sprachen – auch recht gut spanisch. Einige von ihnen waren ja mit Spanierinnen verheiratet, andere, wie Rudolf II. und seine Brüder Ernst († 1595), Albrecht († 1621) und Wenzel († 1578), wurden in Spanien erzogen. Maria Theresia war die letzte, die noch Spanisch lernte. Mit dem Verlust des spanischen Erbes und der familiären Bindung an die spanische Dynastie nach dem Erlöschen der spanischen Habsburger wurde die Sprache nicht mehr gepflegt.

Während Französisch seine Blüte am Hof erst zu einer Zeit erlebte, als man keine französischsprachigen Territorien mehr besaß, war Italienisch schon zu einer Zeit verbreitet, als man noch keine großen italienischen Besitzungen sein Eigen nannte. Von Ferdinand I. an, also zu einer Zeit, als die Habsburger noch keine ausgedehnten Gebiete in Italien besaßen, lernten sie diese Sprache. Italienisch war in der Frühen Neuzeit eine weitere wichtige *lingua franca*, eine Kommunikations- und Bildungssprache, die man als Adeliger auf der Kavalierstour nach Italien erwarb – oft durch eine *grammatica viva*, also eine italienische Geliebte. Die starke Pflege des Italienischen hatte aber auch dynastische Gründe, da insbesondere im 17. Jahrhundert viele Habsburger mit italienischen Prinzessinnen verheiratet waren. Ferdinand III. beherrschte diese Sprache ebenso wie sein Bruder Leopold Wilhelm so glänzend, daß er in ihr dichtete; der Kaiser gründete sogar eine italienische Akademie in Wien. Mit den Erwerbungen italienischer Territorien im 18. Jahrhundert wurde aus der Bildungssprache eine Landessprache, die einige Habsburger – vor allem die italienischen Sekundogenituren – als eine Art Muttersprache empfanden. Leopold II., der als Pietro Leopoldo ein Vierteljahrhundert lang in der Toskana regierte, führte sogar seine privaten Aufzeichnungen in dieser Sprache, die er kurioserweise in einer englischen Kurzschrift festhielt.

Am Beginn der Neuzeit traten die Sprachen der von den Habsburgern seit 1526 beherrschten Länder Böhmen und Ungarn ebenfalls in den Erziehungsprogrammen auf. Schon Piccolomini hatte für Ladislaus, den voraussichtlichen Erben dieser Länder, die Beherrschung der Landessprachen Böhmisch und Ungarisch gefordert. Er meinte, Fremdsprachen sollten vor allem durch das Sprechen mit Menschen ihrer Umgebung spielerisch erlernt werden. Maximilian selbst schildert in seinem autobiographischen Werk „Weißkunig" diese Methode in der dritten Person: „Im anfang, als das kind anhub zu reden, da ließ der alt weiß kunig in seinem kunigreich vil edler knaben bestellen, von art und natur die allergeschickisten, und thet dieselben edelknaben zu seinem jungen sun, in die sprach zu lernen und mit im kurzweil nach der kinder gewondheit zu treiben." Eine grammatikalische Erlernung des Ungarischen und Tschechischen mußte schon daran scheitern, daß es vor dem 19. Jahrhundert keine geeigneten Lehrbehelfe gab. Erst im Zeitalter der Romantik wurden Grammatiken und Wörterbücher für diese Sprachen verfaßt. Tschechisch beherrschten von den regierenden Habsburgern Maximilian II., Ferdinand III., Joseph I., Joseph II., Leopold II., Franz Joseph, Kronprinz Rudolf, Karl und vielleicht auch Rudolf II., Ungarisch hingegen nur Maximilian II., Joseph I., Karl VI., Ferdinand I., Franz Joseph, Kronprinz Rudolf und Karl.

Einige wenige Habsburger konnten aber auch noch „exotische Sprachen", das heißt solche, die in ihrer Familie nicht so verbreitet waren wie Latein, Französisch, Spanisch oder Italienisch, und die nur wenige andere Adelige oder Regenten ihrer Zeit beherrschten. So lernten Maximilian I. und sein Enkel Ferdinand I. Englisch – Maximilian seiner eigenen Aussage nach nicht zuletzt von englischen Bogenschützen. Erst eine Tochter Maria Theresias lernte wieder Englisch, vielleicht im Zusammenhang mit Heiratsplänen. Es dauerte dann mehr als 100 Jahre, bis diese Sprache ihren Siegeszug antrat; nur die letzten Generationen der Habsburger erlernten selbstverständlich das Englische. Karl VI. sprach neben dem kastilischen Spanisch auch Katalanisch, da er ja lange Zeit in Barcelona verbrachte. Maximilian I. lernte „Windisch" – also Slowenisch –, und bei Franz Joseph finden wir auch ein Jahr lang Unterricht in Polnisch, das auch Kronprinz Rudolf lernte, und sogar in Altgriechisch.

Die Frage, die sich logischerweise stellt, ist kaum zu beantworten: Wie gut beherrschten die verschiedenen Habsburger all diese Sprachen tatsächlich? Der Sprachunterricht erfolgte häufig in der Praxis, man begann sehr jung und erlernte die Sprachen daher spielerisch, *tous en jouant* wie es in einem Erziehungsprogramm heißt. Franz Joseph etwa hatte ein Kindermädchen aus Böhmen, der Lakai und die Amme stammten aus Ungarn, mit sechs Jahren lernte er schon Französisch und Tschechisch, mit sieben Ungarisch, mit neun Latein und von 11 bis 13 Italienisch. Einzelne Lehrer waren *native speakers*, so war Franz Josephs Geographielehrer Franzose, der spätere Monarch erlernte diese Sprache wohl nicht zuletzt deshalb recht gut. Die Qualität seiner Sprachlehrer war tatsächlich sehr hoch; Johann Baptist Bolza, der Italienisch lehrte, verfaßte eine Grammatik dieser Sprache ebenso wie Johann Kiss für das Ungarische. Dieser Lehrer, der Franz Joseph auch im Fach Latein unterrichtete, verpackte soviel ungarische Geschichte und Geographie in den Sprachunterricht, daß er damit eine Art ungarischen Patriotismus zu wecken verstand. Man lernte aber auch durch die Lektüre kleiner Texte, die dann in eine andere Sprache übersetzt wurden. Lesestellen aus der Bibel – vor allem die Sprüche Salomons –, aus Aesops und Jean de La Fontaines Fabeln und aus den Werken Blaise Pascals waren im späten 18. Jahrhundert bevorzugte Texte.

Zu welchem Grad an Sprachbeherrschung dies alles führte, sei dahingestellt. Vermutlich wird es in vielen Fällen nur zum Verstehen gereicht haben, keineswegs aber zu einer aktiven Beherrschung der Sprache, wenn man von Französisch, Italienisch und Spanisch absieht. Ob eine Erweiterung des kulturellen Horizontes – häufig mit der Erlernung einer Sprache verbunden – stattfand, ist eher zweifelhaft; das Überangebot an Lernstoff verhinderte vermutlich auch hier ein wirkliches Eindringen in die Materie.

Der Sprachunterricht wurde ebenso wie die gesamte Bildung der Habsburger nicht nur dem jeweiligen Zeitgeist, sondern auch den spezifischen Bedürfnissen der Familie angepaßt. Fähigkeiten, die die Regierungstätigkeit unterstützten, waren gefragt; Sprachen, die im Lande gesprochen wurden oder deren vielseitige Verwendbarkeit in der Elite Europas anerkannt waren, wurden gelehrt. Die Grundlage des Herrschens benötigte aber kein spezifisches Wissen, keine Bildung im Sinne des mittelalterlichen Geistlichen, des humanistischen Gelehrten, des aufklärerischen Philosophen oder des modernen Wissenschaftlers, sondern eine ethische und an Traditionen orientierte Geisteshaltung. Diese konnte durch die Erziehung nur teilweise vermittelt werden, sie bildete sich in dem Beziehungsgeflecht von Lektüre und persönlichem Gespräch mit Verwandten und Lehrern, mit Geistlichen, Künstlern und Historiographen ebenso heraus wie aus dem Umfeld der Sammlungen und Paläste, der Lebensgewohnheiten und höfischen Normen, die einen Habsburger prägten.

ALLTAG UND LEBENSGESTALTUNG

Das überaus vielfältige Genmaterial eines Menschen ist keineswegs determinierend. Neben der Erziehung – die eine zentrale Rolle spielt und natürlich im Hause Habsburg mit besonderer Sorgfalt vollzogen wurde – waren ebenso andere Elemente des Lebens sowohl für die körperliche als auch für die geistige Entwicklung der Habsburgerinnen und Habsburger wichtig. Wenig davon ist in der Forschung thematisiert worden; so finden wir Informationen über den Lebensstil der Familie – etwa über Eßgewohnheiten, Alkoholkonsum, Körperpflege und vieles andere – meist verstreut und anekdotisch in Arbeiten, die sich mit ganz anderen Themenstellungen beschäftigen. Daher kann auch das hier gebotene Bild von Alltag und Lebensgestaltung keineswegs vollständig sein, es bleibt vielmehr zwangsläufig bruchstückhaft. Dennoch soll hier erstmals versucht werden, einzelne Themen epochenübergreifend zu betrachten.

Zwang und Überfluß – Das tägliche Leben der Habsburger

Eine der neuen Strömungen historischer Methoden und Erkenntnisinteressen der letzten Jahrzehnte wird häufig als „Alltagsgeschichte" bezeichnet. Die Alltagsgeschichte fragt – wie der Name sagt – nach dem alltäglichen Leben, nach den Gewohnheiten der Menschen bezüglich ihres Zeitbudgets, ihrer Ernährung, nach dem Wohnen und den hygienischen Standards, nach ihrer Arbeitswelt und ihrem Sexualleben. Manche dieser Themen, wie etwa die Residenzen, haben wir in dem Band „Die Lebenswelt der Habsburger" angesprochen, andere werden in verschiedenen Kapiteln dieses Buches behandelt.
Die trivialsten menschlichen Bedürfnisse, die in diesem Kapitel dargestellt werden sollen, sind am schwierigsten zu erfassen. Oft beklagen sich die Historikerinnen und Historiker der Alltagsgeschichte über den Mangel an Quellen, vor allem für die unteren Schichten. Doch auch für die habsburgische Familie, die bis 1918 die absolute Spitze der Gesellschaft darstellte, ist die Forschungssituation, die ja immer auch die Quellenlage spiegelt, nicht gut. Weniges wissen wir letztlich über die Tagesgestaltung, die Eß-, Trink- oder Badegewohnheiten der Familie, da wir nur verstreute Anmerkungen finden, die kein wirklich verbindliches Bild von diesen Lebensbereichen in den verschiedenen Epochen ermöglichen. Dennoch soll hier versucht werden, das vorhandene, unsystematische Wissen zusammenzufassen.
Moderne statistische Untersuchungen haben das Zeitbudget der Menschen der Gegenwart zu erfassen versucht; sie liefern Tabellen, wieviel Zeit der Durchschnittsmensch für Schlafen, Arbeit, Freizeit, Körperpflege und andere Tätigkeiten des Lebens aufbringt. Für die Menschen der Vergangenheit gibt es natürlich keine solche Untersuchungen, und auch die Quellenlage ist sehr dürftig. Sicherlich ist die Zeiteinteilung je nach Epoche, aber auch von Mensch zu Mensch verschieden. Wenn man bedenkt, wieviel Zeit Maximilian I. auf Reisen verbrachte, so unterschied sich sein Zeitbudget wesentlich von dem der „seßhaften" Monarchen der späteren Zeit. Auch der Verwaltung, ihre wichtigste Tätigkeit, widmeten die Monarchen unterschiedlich viel Zeit: Während Herrscher wie Philipp II. von Spanien oder Kaiser Franz Joseph Bürokraten reinsten Wassers waren, die sehr viele Akten selbst erledigten, verließen sich andere mehr auf ihre Mitarbeiterstäbe und bearbeiteten weniges selbst. Gespräche, Audienzen und Sitzungen des Rates forderten sicherlich einen großen Anteil am Alltagsleben der Monarchen zu allen Zeiten, daneben bildeten repräsentative Aufgaben, Frömmigkeitsübungen und Festlichkeiten ebenfalls einen wichtigen Bestandteil ihrer Lebensführung. Der Unterschied zwischen den regierenden und den nicht regierenden Habsburgern kann – mit aller Vorsicht – aufgezeigt werden. Ein gutes Beispiel sind Kaiser Franz Joseph und sein Vater Franz Karl. Franz Joseph stand um 5 Uhr früh auf – im Alter sogar um 4 Uhr – und begann, die Aktenberge durchzuarbeiten, was ihm den Spitznamen „Hofrat Prohaska" einbrachte. Die einzige Abwechslung, die er sich gönnte, waren Spaziergänge. Abends um 5 Uhr nahm er an der Hoftafel ein Diner mit sechs Gängen ein, schon um 21 Uhr ging er schlafen, wobei ein eisernes Feldbett seinen bescheidenen Ansprüchen genügte. Sein Vater Franz Karl († 1878) hingegen stand erst um 7 Uhr morgens auf, verrichtete im Bett die Morgenandacht und ließ sich ankleiden. Beim Frühstück gab er Anweisungen, was im Laufe des Tages zu geschehen hatte. Um 9 Uhr nahm er am Gottesdienst in der Hofburgkapelle teil, dann verbrachte er den Rest des Vor-

Weihnachtsfest in der Teschener Linie der Habsburger. Um 1902. Die Erzherzoginnen Gabriele und Stephanie, Töchter des Erzherzogs Friedrich, inmitten der Geschenke. Familienalbum

mittages mit dem Durchblättern der *Wiener Zeitung*, der *Presse*, des *Fremdenblattes* und des *Oesterreichischen Volksfreundes*, gelegentlich auch mit anderer Lektüre. Nach dem Mittagessen fuhr er um 1 Uhr mit der Karosse in den Prater, wo er ein Stück zu Fuß marschierte, erst gegen 4 Uhr war er wieder zu Hause, widmete ein Stündchen der Lektüre und tafelte dann um 5 Uhr, wobei meist drei bis vier Personen zur Tafel geladen waren. Täglich besuchte er das Theater. Diese Routine wurde lediglich in der Faschingszeit durch einen Redoutenbesuch und in der Fastenzeit durch den Besuch der Nachmittagspredigt in der Universitätskirche durchbrochen. Interessant ist es auch, Franz Josephs Tagesablauf mit dem seines Nachfolgers Kaiser Karl zu vergleichen. Karl stand drei Stunden später auf, nahm ein ausgiebiges Frühstück mit kleinen Fleischspeisen – bzw. freitags Eierspeise oder Fisch – ein und beschäftigte sich von 9 bis 13 Uhr mit Empfängen, Konferenzen und dazwischen mit seiner Familie. Mittags trank er ein Glas Sherry, aß eine Suppe und eine Fleischspeise mit Gemüse sowie eine „bürgerliche Mehlspeise", trank dazu Bier und zur Mehlspeise Wein, dann folgten schwarzer Kaffee und eine *Regalia media* Zigarre oder eine Zigarette. Bis 15 Uhr widmete er sich der Familie, dann folgten wieder Empfänge und Konferenzen. Um 20 Uhr nahm man das Abendessen ein, das dem Mittagessen glich, allerdings gab es statt der Mehlspeise Obst oder Käse, Karl trank zum Abendessen Schilcherwein. Von 21 Uhr bis gegen Mitternacht empfing er wichtige Verwaltungsbeamte, wie den Kabinettsdirektor oder den Chef der Militärkanzlei. Auffallend ist, daß im Gegensatz zu Franz Joseph die Schreibtischarbeit – das Erledigen von Akten – völlig fehlte. Ganz anders sah das Zeitbudget der Frauen aus, man kann deutlich eine Geschlechterdifferenz feststellen.

Frömmigkeit und Repräsentation bildeten gleichermaßen einen Bestandteil weiblicher wie männlicher Lebensführung, sonst hatten die Frauen aber kaum Aufgaben. Man mußte sich weder um die Haushaltsführung – wie das in anderen Schichten der Bevölkerung der Fall war –, noch um die Kindererziehung wirklich intensiv kümmern, so daß viele Mußestunden ausgefüllt werden mußten. Die meisten Frauen versuchten, mit handwerklichen Tätigkeiten – vor allem Sticken –, aber auch mit Lesen oder Vorlesen lassen und mit Wohltätigkeitsaktivitäten diese Leere zu bekämpfen.

Den männlichen, nicht regierenden Habsburgern des langen 19. Jahrhunderts (d. h. die Zeit von 1800 bis 1918) stand ebenfalls ein großes Ausmaß an Freizeit zur Verfügung, da sie häufig außer repräsentativen Aufgaben und – eher formalen – Funktionen in der Armee wenig zu tun hatten. Viele vertrieben sich ihre Zeit mit dem in den Elitenkreisen üblichen Müßiggang: Beschäftigungen wie Reiten und Jagen standen dabei sicherlich an erster Stelle. Manche Habsburger demonstrierten aber auch reges geistiges Interesse; sie sammelten und beschäftigten sich intensiv mit wissenschaftlichen Fragen – wir werden einschlägigen Beispielen noch in anderem Zusammenhang begegnen.

Sehr ambivalent war das Verhältnis zwischen Fest und Alltag für die Habsburger. Ganz allgemein war der Unterschied zwischen festlichen und üblichen Zeiten stärker ausgeprägt als heute. Vor allem in der Barockzeit gab es jedoch bei der Dynastie immer mehr Feste, die den Alltag durchdrangen und ihn geradezu zu verschlingen drohten.

Die unterschiedliche Lebensführung kann man z. B. auf dem Gebiet der Ernährung gut aufzeigen. Im Gegensatz zu der Bevölkerungsmehrheit waren die Nahrungsmittelmenge und -qualität für die habsburgische Familie – sieht man von wenigen Ausnahmesituationen ab – niemals beschränkt. So fehlte es etwa nie an Fleisch, besonders nicht an Wild, das mit der intensiven Jagd als Freizeitbeschäftigung anfiel. Für die Gesundheit hatte das natürlich auch seine Nachteile, denn der übermäßige Genuß von rotem Fleisch – verbunden mit entsprechenden Quantitäten an Wein –

Ein Beispiel für Erzherzog Franz Karls beschauliche Lebensweise aus seinen letzten Lebenstagen. Archiv Verlag Styria

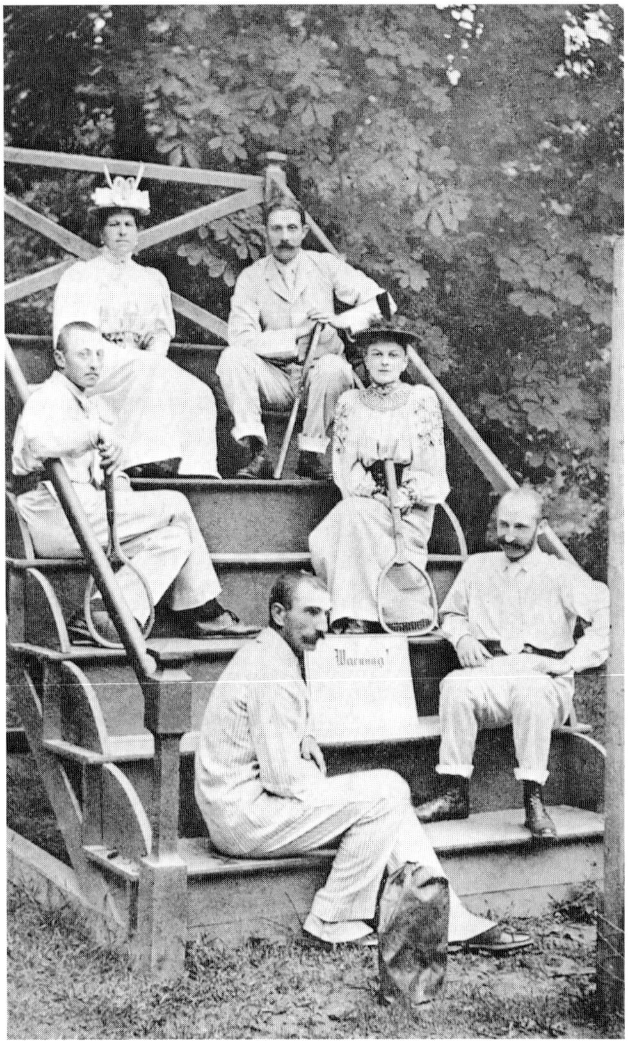

Sport war im späten 19. Jahrhundert eine wichtige Freizeitgestaltung für die Habsburger. Das Foto zeigt die Pause einer Tennispartie, die beiden Damen sind Erzherzogin Isabella und Sophie Chotek, zwischen ihnen sitzt Franz Ferdinand. Familienalbum

hatte fast zwangsläufig Gicht zur Folge, die ja als eine Oberschichtenkrankheit *par excellence* im Mittelalter und in der Frühen Neuzeit bezeichnet werden kann. Auch mancher extravagante Wunsch – wie etwa der von Bianca Maria Sforza († 1510), die sich darauf kaprizierte, in einer besonders armen Gegend Burgunds ein Gericht aus Gänsezungen zu essen – ist überliefert.

Mangel an Nahrung gab es für die Habsburger nur selten, und wenn, dann durch äußere Einwirkungen, also zum Beispiel während einer Belagerung. Michael Beheim, der die Belagerung Friedrichs III. mit seiner Familie in der Wiener Burg 1462 in holprigen Reimen beschrieb, überliefert eine nette Geschichte über den kleinen Maximilian (später Kaiser Maximilian I.):

„Der kaiser und dy kayserein
musten selber in mangel sein.
man trug nit vil wiltpret, noch visch
oder weiss brat zu irem tisch,
nur swarcz brot auss gedoret,
gedigen flaisch verschmorret.

Auch mocht der iung fürst an dem ort
nit haben was im zu gehort,
er het gerst und arwaiss [Erbsen], dy zwai,
und ass nit gern der kainer lai
nur flaisch wolt er da hane,
das mocht im nit wol gane.

Ains dages bracht man im arwaiss,
und e das er ir je enpaiss,
sprach er ´er het ir ain genug,
daz man sy wider dannen trug,
dy speiss wer im nit eben,
man solcz den feinden geben.“

Viele Habsburger waren sehr starke Esser; dabei waren sie manchmal auf bestimmte Speisen so fixiert, daß sie durch Übergenuß geradezu gesundheitliche Schäden davontrugen. So aßen Friedrich III. und Maximilian II. große Mengen an Melonen, obwohl ihr Genuß ihnen stets Verdauungsbeschwerden verursachte. Maximilian II. hatte überhaupt eine ausgeprägte Vorliebe für Obst, das er in solchen Mengen verzehrte, daß es ihm schadete.

Durch die reichhaltige Quellenlage sind wir über die Eßgewohnheiten Kaiser Karls V. besonders gut informiert. Karl V. nahm gewöhnlich beim Erwachen „eine Schale Kapaunenbrühe mit Milch, Zucker und Gewürzen“ zu sich, dann schlief er wieder ein. Mittags aß er „eine große Vielfalt an Speisen“, er machte „Imbiß wenige Augenblicke nach Vesper“, und erst um 1 Uhr nachts nahm er sein Nachtmahl ein, wobei er verschiedene Dinge, „die seinen Gemütszustand kräftigen sollten“, verspeiste. Auch er liebte es, große Mengen von Früchten zu essen, hingegen trank er nur selten während eines Mahles, dann aber immer viel auf einmal. Während seine Frau Isabella († 1539), wie der Leibarzt Villalobos anmerkt, zuwenig und immer das Gleiche aß, probierte Karl V. immer wieder neue Gerichte aus. Der Engländer Roger Asham beschreibt eine seiner Mahlzeiten: der Kaiser aß Suppenfleisch, Hammelbraten, Hasenbraten, gebratenen Kapaun – und von allem nahm Karl reichlich. „Und fünfmal“, berichtet Asham, „steckte er seinen Kopf ins Glas, und jedesmal trank er gewiß nicht weniger als einen Liter Rheinwein.“ Seine Eßgewohnheiten behielt er auch in seinen späten Jahren als Kranker bei; trotz seines Gesundheitszustandes aß er weiterhin zuviel, vor allem Heringe, gesalzenen Fisch und viel zuviel Knoblauch. Seine Mahlzeiten nahmen gewöhnlich mit Kirschen oder Erdbeeren mit Sahne oder Zucker ihren Anfang, danach wünschte er als Vorspeise eine stark gewürzte Pastete, und als Hauptgericht bevorzugte er Schinken oder Speckscheiben. Karl hatte für Pökelfleisch – eine Spezialität der Estremadura, der Provinz, in der das Kloster Yuste liegt – eine besondere Vorliebe. Eine seiner Lieblingsnachspeisen war *Papín*, eine Art süßer Bechamelsauce. Statt dieser unausgewogenen Nahrung empfahl ihm sein Leibarzt Mathys Chinin und Sassaparilla, eine portugiesische Heilpflanze, stieß aber auf taube Ohren. Karl galt als besonders wählerisch, was die Herkunftsorte der Zutaten der Hofküche anlangte. Aale mußten aus Valladolid, Kalbfleisch aus Zaragoza, Wildbret aus Ciudad Real, Rebhühner aus Gama, Sardellen aus Cádiz, Austern aus Sevilla, See-

Der Palast in Jarandilla de la Vera liegt nahe am Kloster Yuste und war der letzte Aufenthaltsort Karls V. vor seinem Rückzug ins Klosterleben. Foto: Vocelka/Heller

zunge aus Portugal, Oliven aus der Estremadura, Marzipan aus Toledo, Bier und Würste aus Flandern und Schinken aus Montánchez sein. Karl trank sehr gerne Wein; vielleicht beeinflußte der berühmte Weinkeller des Pedro Azedo de la Berruenza in Jarandilla – ganz in der Nähe des Klosters Yuste – die Wahl dieses Ortes.

Philipps Kost wird ganz ähnlich der seines Vaters beschrieben, wenn er auch weniger zu sich nahm. Nach Aussage des venezianischen Gesandten aß er allerdings niemals Fisch. Hingegen wird Don Carlos († 1568), wie alle Kinder Philipps I., als starker Esser beschrieben. Ähnliches gilt für Maximilian II., dessen Ernährung aus Speisen von großem Nährwert bestand; außer am Karfreitag aß er täglich Fleisch.

Während manche der frühneuzeitlichen Habsburger dem Wein durchaus nicht abgeneigt waren – Rudolf II. war sicher Alkoholiker – waren andere, wie Philipp III., abstinent und tranken nur Wasser. Philipp hegte geradezu eine Aversion gegen Wein, nicht einmal den Geruch vertrug er. Ähnliche Abneigungen hatte auch Don Carlos.

Besonders genau sind wir über Essen und Trinken, ebenso über Arzneien und frühe sanitäre Einrichtungen am Hof Ferdinands von Tirol († 1595) und seiner Frau Philippine Welser informiert. Philippine Welsers Kochkunst war weithin berühmt: sie schrieb nicht nur ein Koch- und Arzneibuch, sondern legte auch einen Kräutergarten und eine Apotheke an. Ob und wieviel Einfluß das Kochbuch Philippines auf die Hofküche,

die die tägliche „ordinari tafl“ mit etwa 95 Personen versorgte, tatsächlich ausübte, ist nicht dokumentiert. Auffallend ist, daß das Kochbuch vorwiegend Fastenspeisen und nur wenige Fleischspeisen enthält. In Schloß Ambras gab es auch ein Trinkbuch, das erstaunliche Leistungen auf dem Gebiet des Alkoholkonsums verzeichnet. Die für die damalige Zeit sehr fortschrittlichen Badeanlagen mit fließendem Wasser auf Schloß Ambras geben von einem hohen Reinlichkeitsstandard Kunde, der aber keineswegs zu einer Familientradition wurde. Ganz im Gegenteil, in der Barockzeit – in der das Waschen nicht zu den Lieblingsbeschäftigungen der Menschen zählte – legte man auf Körperpflege immer weniger Wert. Noch Kaiser Franz Joseph verfügte in der Hofburg lange Jahre über keinerlei Komfort; vor allem über kein Badezimmer und keine Toilette. Eine transportable Gummibadewanne und der traditionelle Nachttopf mußten lange Zeit genügen. Sein Leibkammerdiener Ketterl berichtet, daß selbst der Leibstuhl zunächst drei Zimmer vom Schlafgemach entfernt stand und daß er einige Zeit brauchte, um Abhilfe zu schaffen. „Zuerst kam das intime Möbel zwischen die Schlafzimmerdoppeltür, später wurde ein Klosett mit Wasserspülung eingebaut.“ Auch in der kaiserlichen Villa in Ischl gab es zunächst keine Toilette, sondern nur einen Leibstuhl im Vorraum. Wenn Franz Joseph badete, wurde „schon abends vorher [...] der Badeteppich im Schlafzimmer aufgebreitet [...] und nun trat das ‚Tub‘ und der ‚Badewaschler‘ in Aktion.“ Mit diesem – einem Alkoholiker – hatte der Kaiser seine liebe Not. Die Sparsamkeit, die sich in dem Verkauf abgetragener Kleider des Kaisers – der andererseits Trinkgelder nur in Goldstücken gab – äußerte, mag neben der Konservativität des Monarchen ein Motiv für die Rückständigkeit des hygienischen Standards sein.

Im Gegensatz zu seinen Ahnen war Franz Joseph ein schwacher und phantasieloser Esser. Ketterl berichtet: „Nach dem Diner nahm der Kaiser gewöhnlich bis zum nächsten Tage nichts mehr zu sich. Nur in

Links: Das kaiserliche Bankett anläßlich der Vliesordensverleihung an Rudolf II. 1585 gibt einen guten Eindruck von den steifen Zeremonien und der gewaltigen Repräsentation solcher Festessen. ÖNB, Wien

Unten: Ein für die damalige Zeit sehr modernes Bad ließ Ferdinand von Tirol für Philippine Welser in Schloß Ambras einbauen. Kunsthistorisches Museum, Ambras

Oben: Die Zeichnung von Theodor Zasche zeigt Franz Joseph und seine Familie beim Diner in Ischl. ÖNB, Wien
Rechte Seite oben: Das Foto gibt einen Eindruck von der Weiträumigkeit der Küchen des Hofes. Silberkammer, Wien
Rechte Seite unten: Formloser Imbiß im Freien während einer Jagdveranstaltung 1898. Rechts am Tisch Erzherzog Friedrich, die stehende Frau ist Sophie Chotek, die spätere Ehefrau Franz Ferdinands. Familienalbum

Ischl, wo das Diner bereits um 3 Uhr serviert wurde, nahm der Kaiser abends noch einen Suppenteller saure Milch mit Schwarzbrot und Butter." Die ewig gleichen Speisen – Würstel, Gulasch, der legendäre Tafelspitz, Naturschnitzel und gelegentlich ein Glas Bier – kamen täglich auf die Tafel. Er nahm kleine Mahlzeiten zu sich und aß – sehr zum Leidwesen der anderen Teilnehmer der Hoftafel – sehr rasch und trank wenig. Da die Tafel aufgehoben wurde, sobald der Kaiser fertig gegessen hatte, und er zudem als erster bedient wurde, kam es häufig dazu, daß die jüngeren Mitglieder der Hauses kaum einmal kosten konnten. Bald bürgerte es sich ein, daß die Erzherzöge danach ins Sacher gingen, wo sie sich richtig anessen konnten.

In seiner Jugend war Franz Joseph ein starker Raucher, später schränkte er sich aus gesundheitlichen Gründen auf leichte Zigarren am Abend ein. Sein gleichförmiges Leben mit dem maßvollen Essen, den täglichen Spaziergängen, regelmäßigem Schlaf und der Ruhe und Distanz gegenüber allen Dingen ohne hektischen Termindruck boten beste Voraussetzungen für ein hohes Alter – immerhin überschritt er die statistische Lebenserwartung bei weitem.

Besonders eigentümlich ist der oft beschriebene Lebensstil und Schönheitskult Elisabeths († 1898). Ihre Diät entsprach heutigen Extremmaßstäben und läßt vermuten, daß sie eine Pubertätsmagersüchtige war. Die häufige Beschränkung auf Saft von roh ausgepreßtem Fleisch (wozu mehrere Kilo benötigt wurden), Milch, Obst – vor allem Orangen – und Veilcheneis führte zu dauerhaften Schäden durch Hungerödeme. Turnen – ihr Turnsaal hatte eine Sprossenwand, Ringe, Matten und Sprungseile –, Gewaltmärsche, Schwimmen, Fechten und Massagen erinnern an moderne Modediktate. Dieser Körperkult macht

verständlich, daß die Zeichen und Folgen ihrer Schwangerschaften Elisabeth zur Verzweiflung trieben. Auch verschiedene Schönheitsmittel sind überliefert. So ließ sie sich fein gehacktes rohes Kalbfleisch oder zerdrückte Erdbeeren zur Erhaltung des Teints auf das Gesicht legen, machte warme Olivenölbäder und legte feuchte Tücher um die Hüften. Allein das Waschen ihrer langen Haare mit Eiern und Franzbranntwein war eine Tagesbeschäftigung, die mindestens einmal im Monat geschah. Luise von Toskana schildert das Ritual um die Haarpflege Elisabeths detailliert in ihren Memoiren: „Eine Kammerfrau war besonders dazu angestellt, ihr Haar zu pflegen und zu kämmen. Die tägliche Frisur wurde in eigentümlicher Art ausgeführt. Auf dem Fußboden des Toilettezimmers wurde ein großes, weißes Leinentuch ausgebreitet, und die Kaiserin setzte sich in der Mitte dieses weißen, improvisierten Teppichs auf einen niederen Stuhl. Die Kammerfrau, ganz in Weiß gekleidet, begann ihre schwierige Arbeit, die sonderbar endete. Nachdem das Haar der kaiserlichen Frau lange gebürstet und gekämmt und in breite, hohe Zöpfe geflochten war, wurde der schmale Kopf der Kaiserin wie mit einer Krone dieser Zöpfe umgeben, worauf die Kammerfrau auf dem weißen Tuche wie auf dem Frisiermantel jedes einzelne Haar zusammensuchte und Kamm und Bürste genau betrachtet wurden, um keines zu vergessen. Die genaue Anzahl der ausgekämmten oder ausgefallenen Haare wurde dann von der Kammerfrau der Kaiserin mitgeteilt, und dieselbe war sehr unzufrieden, wenn es ihr schien, es seien zu viele beim Frisieren ausgekämmt worden, worauf die Kammerfrau eine unangenehme Viertelstunde erleben mußte."

Trotz aller Hungerkuren konnte Elisabeth ihre „märchenhafte" Taille nur mit Hilfe eines Korsetts erreichen, in das sie sich einschnüren ließ. Dies bedeutete nicht nur eine stundenlange schwere Arbeit für ihre Kammerdienerin, es rief langfristig schwere gesundheitliche Schädigungen hervor. Besonders litt Elisabeth unter ihren schlechten Zähnen, die ihrer Schönheit Abbruch taten, so daß sie sich in ihren späteren Lebensjahren jede Fotografie verbot und häufig ihren Fächer vor das Gesicht hielt.

Zwischen Strapaz und Vergnügen – Das Reiseverhalten der Habsburger

Ist man heute geneigt, Reisen als einen Teil der Bildung zu sehen, so kann man das bei den Habsburgern des Mittelalters und der Frühen Neuzeit noch nicht konstatieren, wenn sich auch einzelne Aspekte finden lassen, die mit dem Schlagwort „Bildungsreise" belegt werden könnten. Eher muß man die negativen Auswirkungen der Reisen auf die Gesundheit der Mitglieder des Hauses und ihren allgemeinen körperlichen Zustand bedenken.

Die mittelalterlichen Herrscher führten ein unstetes Wanderleben. Das Reich verfügte über keine Residenzstadt, sondern eine Reihe von Pfalzen und Klöstern, die dem Herrscher und seinem Hofstaat als zeitweilige Aufenthaltsorte dienten und nach einiger Zeit wieder verlassen wurden. Dieses sogenannte Reisekönigtum hing einerseits mit materiellen Zwängen zusammen – der Hofstaat fraß gewissermaßen eine solche zeitweilige Residenz und ihre Umgebung leer und mußte dann weiterziehen –, andererseits waren auch verwaltungstechnische Argumente maßgebend. Die dezentrale Organisation des Reiches machte es notwendig, in unterschiedlichen Provinzen des riesigen Länderkomplexes Recht zu sprechen und gelegentlich präsent zu sein, schon um mit den lokalen Großen Kontakt zu halten und sie gegebenenfalls in ihre Schranken zu weisen.

Zwar fanden die Habsburger des späten Mittelalters mit Wien eine bestehende Residenz in ihren 1282 erworbenen Territorien vor und wurden damit „seßhafter", doch blieb eine politisch motivierte ständige Reisetätigkeit auch danach noch die Regel. Vom Elsaß über die Schweizer Besitzungen bis an die östliche Grenze des heutigen Österreich – häufig auch nach Italien und Böhmen – erstreckte sich der Radius dieser Reisen. Stellt man sich die Reisebedingungen dieser Tage vor, so kann man sich ein Bild von den ungeheuerlichen Strapazen machen, denen diese Menschen ausgesetzt waren.

Männliche Habsburger gingen öfter auf Reisen als weibliche, die häufig nur eine einzige große Reise in ihrem Leben unternahmen: von dem Hof, von dem sie stammten, an den Hof, an den sie verheiratet wurden. Diese Reise war in der Regel allerdings prächtigst ausgestaltet und erfolgte mit großem Pomp. Nur einige Details sollen den Aufwand illustrieren. Als Margarita Teresa († 1673) anläßlich ihrer Hochzeit mit Leopold I. nach Wien reiste, befanden sich in ihrem Gefolge 360 Personen. Neben dem Brautschatz führte sie nicht weniger als 1500 Paar Handschuhe von ambraduftendem Leder mit sich, außerdem zweieinhalb Zentner Mundpastillen und 378 Zentner Schokolade. In Finale, wo sie von Barcelona kommend mit dem Schiff eintraf, wurde ein steinerner Triumphbogen errichtet, der heute noch steht.

Natürlich reisten Habsburgerinnen gelegentlich auch aus anderen Gründen, etwa zu politischen Großereignissen in der Begleitung ihres Mannes oder Sohnes, oder aber zu Wallfahrten. Sicherlich eine singuläre Ausnahme – die einzige Vorwegnahme eines moder-

In einer Kapelle des Klosters Königsfelden in der Schweiz wurden viele der gefallenen Zopfordensritter in einem Fresko verewigt.
Foto: Vocelka/Heller

nen Frauentyps in der Dynastie – war Kaiserin Elisabeth, die mit nur wenigen Begleitpersonen weite und ruhelose Reisen durch Europa unternahm. Schon ihre Zeitgenossen erkannten deutlich das Ungewöhnliche dieser Handlungsweise.

Machte man sich auf eine große Reise, so stand diese häufig in einem religiösen Kontext. Mehrere Habsburger des späten Mittelalters unternahmen die mühsame – und auch gefährliche – Pilgerreise ins Heilige Land, so schon der Vater Rudolfs I., Graf Albrecht, der 1239 in Syrien starb, und Albrecht IV. († 1404), der 1398 eine solche Pilgerfahrt antrat und den Ritterschlag am Heiligen Grab empfing. Wenige Jahrzehnte später reisten auch Ernst der Eiserne im Jahr 1412 und sein Sohn, der spätere Kaiser Friedrich III., im Jahr 1436 ins Heilige Land.

Leider wissen wir über diese Reisen nicht in allen Details Bescheid; keiner der Habsburger dieser Zeit hinterließ ein Reisetagebuch, das uns über Beschwerlichkeiten und Gefahren, religiöse Erlebnisse und – wenn auch nur in rudimentärer Form mögliche – Eindrücke von Landschaften und Menschen berichten würde. Man muß sich ja grundsätzlich von der Vorstellung lösen, daß man vor der „Entdeckung der Landschaft" in der Romantik ein unserem Empfinden vergleichbares Erlebnis der Schönheit oder Besonderheit von Landschaften voraussetzen kann. Neuere Forschungen zeigen deutlich, daß Landschaftsempfinden nicht natürlich gegeben, sondern immer ein kulturelles Konstrukt ist.

Eine besondere Form von Reisen – der sich die spätmittelalterlichen Habsburger eher aussetzten als spätere Generationen – waren Kriegszüge, wobei hier nur zwei Beispiele genannt werden sollen. Herzog Leopold III. († 1386) bekämpfte Zeit seines Lebens die Schweizer Eidgenossen. Verbündet mit anderen Mächten, auch dem später für die Habsburger so wichtigen Burgund, wollte er die Eidgenossen in einem großen Kriegszug in die Knie zwingen, doch besiegte das bäuerliche Heer der Urkantone Uri, Schwyz und Unterwalden das Ritterheer unter Leopolds Führung in der Schlacht bei Sempach. Der Herzog fiel, ebenso wie viele seiner Ritter – darunter viele Angehörige des von ihm gestifteten Zopfordens –, in dieser Schlacht. Die gefallenen Ritter und der Herzog wurden in dem nahe gelegenen Kloster Königsfelden – einer habsburgischen Gründung – begraben, wo heute noch Gemälde und Fresken an das Ende der kriegerischen Reise des erst 35jährigen Leopold und seiner Ritter erinnern.

Rudolf IV. war am Ende seines Lebens ebenfalls in einer kriegerischen Mission unterwegs. Nach der Erwerbung Tirols, die ihn dazu gezwungen hatte, mitten im Winter eilig in dieses Land zu reisen, versuchte er den Besitzstand der Familie in Oberitalien abzurunden und vor allem Friaul zu gewinnen, was die Habsburger dem alten, schon von den Babenbergern gehegten Wunsch nach einem Zugang zur Adria näher gebracht hätte. Im Rahmen dieser Italienpolitik unternahm er eine Reise nach Mailand, wo er Heiratsbeziehungen für seinen Bruder anknüpfen wollte. Dort starb Rudolf IV. mit 26 Jahren.

Viele der Itinerare – also Wegverzeichnisse – der frühen Habsburger kann man nur über eine Zusammenstellung der Erwähnungen in erzählenden Quellen und der Ausstellungsorte der Urkunden mühsam rekonstruieren, die darüber Aufschluß geben, wo sich ein Herrscher an einem bestimmten Tag aufhielt. Noch am Übergang vom Mittelalter zur Neuzeit verkörperten die Herrscher den Typus eines „Reisekönigtums". Ein gutes Beispiel dafür bietet Kaiser Maximilian I., der zwar mehrere bevorzugte Residenzen – wie Innsbruck oder Wiener Neustadt – hatte, aber den größten Teil seines Lebens unterwegs verbrachte. Die Reiserouten Maximilians sind gut erforscht, da es für ihn sehr gute Quellenmaterialien gibt. Anhand von Maximilians Itinerar kann man sein ruheloses Leben nachvollziehen: Um nur ein Jahr als Beispiel heranzuziehen, befand er sich Anfang 1504 in Augsburg, dann in Donauwörth und Dillingen, in München, darauf in Schwaz und Rattenberg, später in Kufstein, dann wieder in Bayern – in Traunstein und Rosenheim –, um schließlich im Winter wieder nach Rattenberg, Hall, Innsbruck, weiter nach Salzburg und schließlich wieder nach Schwaz zu reisen.

Aufgrund der Quellenlage sind wir noch genauer über die Jahre von 1508 bis 1519 informiert, wo wir für fast jeden Tag den Aufenthaltsort für Maximilian kennen. Man kann etwas verallgemeinernd sagen, daß er selten länger als ein bis zwei Tage an einem Ort war, wenn auch gelegentlich Reiseunterbrechungen von ein bis zwei Wochen an einem bestimmten Platz vorkamen.

Einige beliebig herausgegriffene Beispiele (mit den heutigen Ortsnamen) sollen das unstete Wanderleben des Kaisers illustrieren.

Im Jahre 1509 war er vom 1. bis zum 3. Juni in Innsbruck, reiste am 4. nach Matrei an der Brennerstraße, blieb dann drei Tage in Sterzing (Südtirol), einen Tag in Brixen, war am 10. Juni in Bozen, dann einen Tag in Neumarkt, fünf Tage in Trient, darauf zwei in Arco am Gardasee, einen Tag in Rovereto und verbrachte schließlich die letzten Tage des Monats vom 21. bis 30. Juni 1509 wieder in Trient, um dann im nächsten Monat weiter in Richtung Bassano di Grappa – also ins Friulanische – zu ziehen.

Im März des Jahres 1511 finden wir Maximilian in den vorderösterreichischen Besitzungen der Familie; er verbrachte die ersten drei Tage des Monats in Freiburg im Breisgau und dem kleinen Ort Krotzingen südwestlich davon, daraufhin einen Tag in Dachswangen, drei Tage in Breisach, Burkheim und Kenzingen, vier in Schlettstadt, zwei in Colmar im Elsaß, zwei in Ensisheim, dann zwei Tage im Heiligen-Kreuz-Kloster, einen Tag in Rufach, einen wieder in Colmar, zwei in Schlettstadt und den letzten Tag des Monats schließlich in Oberehnheim auf dem Weg von Schlettstadt nach Straßburg.

Im Juli 1514 weilte er jeweils einen Tag in Graz, Frohnleiten, Bruck an der Mur, Leoben und Vordernberg, dann drei Tage am inneren Berg von Eisenerz, in den nächsten Tagen in Kalwang, Gaishorn und Trieben, Rottenmann, auf dem Tauern, darauf wieder in Rottenmann, am 14. Juli in (Bad) Mitterndorf und (Bad) Aussee, dann ging es nach (Bad) Ischl und schließlich für die zweite Hälfte des Monats – ein ungewöhnlich langer Aufenthalt – nach Gmunden. Im Dezember 1515 verbrachte er drei Tage in Kaufbeuren, dann in Ebenhofen, blieb einige Tage in Füssen, reiste am 10. weiter über die Ehrenberger Klause und traf am 12. Dezember in Lermoos und Nassereith ein, war für zwei Tage in Imst, reiste anschließend weiter nach Landeck und Grins, nach St. Christoph am Arlberg, erreichte am 18. Dezember Bludenz, machte zwei Tage in Feldkirch Station, reiste weiter nach Bregenz und Lindau am Bodensee, Langenargen und Tettnang, verbrachte die Weihnachtstage in Ravensburg und begab sich dann über Waldsee, Essendorf und Biberach nach Ringingen und Weissenhorn, um weiter nach Augsburg zu ziehen.

Schon diese wenigen Beispiele zeigen deutlich, daß der Hof fast ständig in Bewegung war; man schlug selten einmal länger Quartier auf, und manchmal wirken die Reiserouten wirr und unkoordiniert. Man zog in einen Ort, dann weiter und kurz darauf wieder zurück, ohne daß diese Entscheidungen begründbar erscheinen. Erstaunlicherweise blieb das Nomadenleben nicht auf die schöne Jahreszeit beschränkt, auch in den Wintermonaten legte man weite Strecken zurück und mußte dabei häufig genug auch hohe Pässe überwinden. Kriegerische Verwicklungen führten manchmal zu längerem Verweilen in einer Gegend – so ist ein mit einem halben Monat schon ungewöhnlich langer Aufenthalt Maximilians I. im Jahre 1513 mit dem Kommentar „im veldt und hör [Heer] vor Terwona" (Therouane im Departement Calais) versehen. Deutlich überwiegt im Itinerar Maximilians – neben Burgund – der süd- und westdeutsche Raum, daneben die Vorlande, Tirol und Oberitalien. Weit weniger häufig befand er sich in Oberösterreich und nur ganz gelegentlich in Niederösterreich und den steirischen Gebieten. Andere Besitzungen der Habsburger in dieser Zeit – etwa Kärnten, Krain, Inneristrien oder Triest – kommen bei den Reisen Maximilians nicht vor. Überraschend erscheint vielleicht auch, daß Maximilian Wien, das man ja gemeinhin als das Zentrum der habsburgischen Herrschaft zu sehen gewohnt ist, in den zehn Jahren zwischen 1508 und 1518 nur dreimal besuchte. Das erste Mal unterbrach er hier vom 6. bis zum 10. Mai 1514 eine Reise von Krems nach Wiener Neustadt, das zweite Mal hielt er sich im Juni 1515 in der Gegend auf, wobei er aber auch in der Umgebung Aufenthalt nahm – z. B. in Laxenburg, Trautmannsdorf und Wiener Neustadt –, und schließlich noch einmal 1517, als er sich zwischen September und November in der Nähe Wiens befand. Offensichtlich war er in Baden zur Kur, er verbrachte dabei weniger als 14 Tage in Wien selbst.

Anläßlich eines Aufenthaltes Kaiser Maximilians I. 1507 wurde im Haus des Salinenverwesers Hans Herzheimer in (Bad) Aussee ein Gedenkstein angebracht. Foto: Vocelka/Heller

Am Beginn der Neuzeit änderte sich zwar nicht das Reiseverhalten, sehr wohl aber die Reiseziele. Die Reisen Karls V. – über die er selbst bei seiner Abdankung vor seiner letzten Reise nach Yuste den Anwesenden Rechenschaft ablegte – spiegeln die imperiale Politik seiner Zeit: Er war neunmal im Reich, sechsmal in Spanien, viermal in Frankreich, zweimal in Afrika und ebensooft in England. Nicht ganz so weitgestreckt waren die Reiserouten seines Bruders Ferdinand, des Begründers der österreichischen Linie des Hauses. Obwohl er in Spanien erzogen wurde und in die Niederlande und ins Reich reiste, verbrachte er einen großen Teil seines Lebens weitaus ortsstabiler als sein Großvater Maximilian oder sein Bruder Karl. Er verfügte über zwei Residenzen und pendelte zwischen Wien und Prag, wo er jeweils längere Zeit verbrachte. Dieses Muster finden wir auch bei seinem Sohn Maximilian II. und am Beginn der Regierung Rudolfs II., der erst 1583 in Prag seßhaft wurde.

Eine Reihe von politischen Aktivitäten – z. B. die Wahl und Krönung im Reich oder die Anwesenheit bei Reichstagen – boten jedoch immer wieder Anlässe für ausgedehnte Reisen, ebenso wie die engen Beziehungen mit Spanien; fast alle österreichischen Habsburger des 16. Jahrhunderts waren in Spanien und Italien. Eine viel geringere Rolle spielten die Kriegszüge, an denen die Herrscher – sieht man von den wenigen Feldherren unter den Habsburgern in der Frühen Neuzeit wie z. B. Erzherzog Leopold Wilhelm († 1622) oder dem spanischen Kardinalinfanten Ferdinand († 1641) ab – kaum mehr teilnahmen.

Man muß sich aber vor Augen führen, wie mühsam, kostspielig und auch gefährlich die weiten Reisen – etwa nach Spanien – waren. Als Erzherzog Maximilian 1548 nach Spanien geschickt wurde, um in Abwesenheit Kaiser Karls V. die Verwaltung des Landes zu übernehmen, begleitete ihn sein gesamter Hofstaat, auf dessen Unterhalt 22.500 Gulden vorgestreckt wurden. Die Reiseroute führte von Augsburg nach München, über Wolfratshausen, Benediktbeuern, Mittenwald und Seefeld nach Innsbruck. Weiter ging es über Brixen, Bozen, Rovereto, Ala und Bussolengo nach Mantua, Cremona, Valenza, Allessandria, dann über Gavi und Borghetto nach Genua. Dort schiffte man sich nach Barcelona ein. Die Weiterreise erfolgte über Igualda zu dem berühmten Wallfahrtsort Monserrat, dann über Cervera, Lerida und Zaragoza nach Valladolid, wo Maximilians Hochzeit mit der Infantin Maria gefeiert wurde. Solche Reisen nach Spanien, wie sie viele Erzherzoginnen und Infantinnen als Brautreise und viele Habsburger unternahmen – darunter die Erzherzöge Karl von Innerösterreich, Rudolf (der spätere Kaiser), Ernst, Albrecht und Wenzel im 16. Jahrhundert –, dauerten etwa zwei Monate. Ähnliches wäre über die zahlreichen Reisen in die Niederlande zu berichten. Viele der österreichischen Habsburger, wie die Erzherzöge Ernst, Matthias oder Leopold Wilhelm, waren auch Statthalter der Niederlande.

Während es beim Adel der Frühen Neuzeit üblich war, die Söhne auf eine Kavalierstour nach Italien zu entsenden, wo sie sich mit den Universitäten, die sich auf das römische Recht spezialisiert hatten, vertraut

machten, finden wir bei den Habsburgern kaum eine Spur dieser Übung. Einzig Erzherzog Ferdinand (der spätere Kaiser Ferdinand II.) begab sich als junger Mann vor seinem Regierungsantritt auf eine Italienreise, die ihn nach Venedig und Florenz, nach Rom und in den berühmten Marienwallfahrtsort Loreto führte – mit all den geistesgeschichtlichen Folgen, von denen im ersten Band die Rede war.
Die häufigen Reisen des 16. Jahrhunderts – im 17. und 18. Jahrhundert wurden die Habsburger seßhafter – unterschieden sich wesentlich von denen des späten Mittelalters oder etwa denen Maximilians I. Denn wenn sich ein Herrscher der Frühen Neuzeit nach Frankfurt zur Krönung oder zu einem Reichstag nach Augsburg oder Regensburg begab, reiste er nicht mehr in Begleitung des gesamten Hofstaates und nicht mit seinem ganzen Hab und Gut. Das wäre schon deshalb geradezu unmöglich gewesen, weil sich die Zahl der Personen im Hofstaat seit dem späten Mittelalter erheblich vermehrt hatte. Am Ende der Barockepoche unter Karl VI. hätte man schon mit über 2000 Menschen reisen müssen, was unüber-

Nach dem Tod Maximilians II. reiste seine Witwe Maria zurück in ihre spanische Heimat. Patrimonio Nacional, Madrid

windliche technische und logistische Probleme mit sich gebracht hätte. Dennoch ist es immer wieder erstaunlich, was – und wen – man alles auf solche Reisen des Herrschers mitnahm: Tapisserien und Geschirr, Lebensmittel und Möbel ebenso wie einen kleinen Hofstaat samt Musikkapelle, da man ja repräsentieren mußte.

Im Vergleich zu den häufigen und ausgedehnten Reisen der österreichischen Habsburger waren die spanischen Mitglieder der Familie nach Philipp II. weitestgehend seßhaft, sieht man von den Reisen zwischen den verschiedenen Residenzen in Madrid, dem Pardo, Aranjuez und dem Escorial ab. War Philipp II. am Beginn seines Lebens noch weit gereist – 1546 über Italien und das Reich in die Niederlande, dann nach England, wo er Maria Tudor heiratete, und

Eigentlicher Entwurff der Röm. Königlichen Equipage, wie solche ihren March ordentlich angetretten.

Nachdem auff allergnädigste Ordre Ihrer Königl. Majestät der 17. Junii 1702. zum Auffbruch Dero gesambten Bagage bestimmet; Als hat selbige nach nochmaliger Besichtigung der gesambten Kayserl. und Königlichen Herrschafften ihren March bey der Kayserl. Favorita vorbey / zum Burg-Thor herein / über den Kohl-Marck / Graben / und Woll-Zeil / bey dem Stuben-Thor hinauß / unter Zuschauung einer sehr grossen Menge Volcks / ferner / wie in der March-Route zu sehen fortgesetzet.

Erstlichen der Königliche Quartier-Meister zu Pferd.
2. Vier Hatschieren-Trompeter und ein Paucker.
3. Zwey Rott Königliche Hatschieren sampt ihrem Stantart.
4. 6. Königl. Trompet. und ihr Paucker
5. Königliche Edel-Knaben in grauen mit Silber verbortirten Kleidern / samt ihren Hoffmeister.
6. Acht und zwanzig Königliche Reit-Knecht / ein jeder mit einem Hand-Pferd.
7. Vier und zwanzig Königl. Reit-Knecht / jeder mit 2. Handpferden.
8. 50 schwer-beladne Maul-Thier.
9. Vier mit 6. bespannten Pferden Kammer-Wagen.
10. Ein Königl. Leib-Wagen.
11. Eine Königl. Leib-Chaise.
12 Ein Königlicher Leib-Wagen / auf jeder Seiten ein Dragoner mit blossem Säbel.
13. Mehr 2. Königl. Leib-Chaisen.
14. Zwey Königliche Senfften / mit Maul-Thieren bespannet.
15. 2. Tragstangen mit Maulthieren.
16. 1 Königl. Beicht-Vatter Wagen.
17. Ein Leib-Medicus Wagen.
18. Cammer-Zahl-Meister Wagen.
Pfennig-Meister-Wagen.
Balbiren Wagen.
Hoff-Capellan Wagen.
Hoff-Apothecker Wagen.
Hoff-Fourier.
Thür Hütter.
Contralor.
Ein Leib-Wäscherin.
Mund-Wäscherin.
Oberst Cammer-Wagen.
Leib-Quardi Haubtmañs Wagen.
Oberst-Kuchel-Meister.
Kammer-Fourier.
Quardaroba.
Capell-Diener.
Zelt-Schneider.
Ein Tapecier.
Taffel-Decker.
Edel-Knaben.
Edel-Knaben.
Zwey Köch-Wägen.
Ein Kuchel-Zelt-Wagen.
Post-Ambt- und Courier-Wagen.
Taffel-Wäscherin Wagen.
Zwey Caleschen.
Ein Edel-Knaben Bedienter Wag.
dito Leib Balbierer.
Cammer-Diener-Bagage.
Summelier.
Silber-Kammer.
Ein Zelt-Schneider.
Futter-Ambt Bagage.
Zier-Garten.
Keller-Parthey.
Mund-Becker.
Ein Königl. Köch-Wagen.
Bacherey-Wagen.
Koch-Parthey Wagen.
Zuschrater.
Riemer.
Satler und Schmid.
19. Folgen Rüst-Wagen mit Zelten / mit 6. Rossen bespannet.
Wagen mit Galleri-Zelt.
dito 2. Wag. Anti-Camera-Zelten.
Retirada.
Ein Schlaff-Zelt.
Hoff-Taffel Zelt.
Ein Cabinet. (und Zelt.
Ein Wagē mit der Wand / Schirm
Ein Oberst Stallmeister-Bagage
Obrist-Silber-Cam̃erer Bagage
Truchseß-Bagage.
Beicht-Vätter und Leib-Medicus.
Ein Edel-Knaben.
Kammer-Zahl-Meister.
Pfennig-Meister.
Kammer-Diener Parockemacher und Balbirer Bagage.
Kammer-Fourier.
Hoff-Apothecker Bagage.
Futter-Ambt.
Sattel-Knecht / und Wagenmeist.
Bichsenspanner.
Stieffel-Wischer / Leib-Lagey und Lauffer.
Contralor Zelt Wägen.
Ein Quardaroba-Zelt Wagen.
Sommelier-Zelt.
Vier Kuchel-Zelt.
Ein Wagen mit der Wand / umb die Kuchel-Zelt.
Ein Silber-Diener Zelt-Wagen.
dito Hoff-Zuschroter Zelt.
Ein dito Wäscherin Zelt.
Ein dito Parockenmacher / und Balbierer.
Ein dito Schmiedt.
Zwey Geflügel-Wagen.
Kammer-Heitzer Zelt-Wagen.
Taffel-Decker Zelt-Wagen.
3. Mund-Kuchel Bagage-Wagen.
Zwey grosse Kuchel-Bagage-Wagē.
Ein Wagen mit der Feld-Taffel zum Speisen.
Zwey Wagen Zier-Garten-Bagage.
Ein Taffel-Decker-Bagage.
Cammer-Fourier Bagage.
20. Sechs Keller-Wägen mit Wein beladen.
21. Ein und zwanzig mit 6. Ochsen bespannte Rüst-Wägen.
Viel außländische Land-Gutscher mit unterschiedlicher Bagage beladen.
Letzlich eine Compagnie Dragoner.

March-Route,

Wie Ihrer Königl. Majestät Bagage von hier ins Reich gehen sollen.

Von Wienn auff Stockerau.
Hollabrunn.
Znaimb.
Rast-Tag.
Budiscowitz.
Pertnitz
Iglau.
Rast-Tag.
Teutschbrodt.
Zschaßlau.
Kollin.
Rast-Tag.
Pottschernitz.
Gratzstein.
Königshoffen.
Ziebracken.
Rast-Tag.
Rocketschan.
Pilsen.
Calladra.
Plan.
Eger.
Rast-Tag.
Wundsigel.
Barreith.
Liechtendorff.
Waschafeld.
Weixenfeld.
Goßmanstein.
Tripach.
Hollenberg.
Grefenberg.
Epenheit.
Heroldsberg.
Nürenberg.
Rast-Tag.
Altberg.
Niedenhausen.
Ruchland.
Wündspach.
Rotenburg an der Tauber.
Rast-Tag.
Blauenfelden.
Bechlingen oder Langengeber.
Geißlingen auff der Steig.
Bitzfeld.
Heylbrunn.
Rast-Tag.
Sintzheimb.
Heidelberg.

Zu finden bey Stephan Tietl / Universitätischen Kupffer-Druckern.

Linke Seite: Das Flugblatt mit der Darstellung der Wagenkolonne Kaiser Leopolds bei einer Reise ins Reich 1703 führt auch genau an, welche Hofstäbe mitreisten und welche Reiseroute man nahm. Graphische Sammlung Albertina, Wien
Rechts: Karl VI. ließ die Semmeringstraße ausbauen und erinnerte mit dem Denkmal auf dem Semmeringpaß an diese Großtat der Verkehrsgeschichte. Foto: Vocelka/Heller

schließlich wieder zurück nach Spanien –, so entfernte er sich in seinen späteren Jahren kaum von Madrid. Sein Sohn Don Carlos († 1568), der im Konflikt mit seinem Vater lebte, legte ein Buch mit dem ironischen Titel „Die großen Reisen des Königs Philipp" an, in dem er lediglich vermerkte: von Madrid zum Pardo, vom Pardo zum Escorial, vom Escorial nach Aranjuez, von Aranjuez nach Toledo, von Toledo nach Valladolid, etc.

Seit der endgültigen Verlegung der Residenz nach Wien unter Ferdinand II. wurden auch die österreichischen Habsburger immer seßhafter. Ihr Reiseverhalten beugte sich nur mehr politischen Notwendigkeiten wie Krönungen, Erbhuldigungen oder Wallfahrten, während die Verwaltung von der Hauptstadt aus erfolgte. Das steht in einem krassen Gegensatz zu den mittelalterlichen Habsburgern, die gewissermaßen das Reich auf einer ihr Leben lang andauernden Reise verwalteten. Dennoch unternahmen die barocken österreichischen Habsburger – im Vergleich zu den spanischen – relativ häufig Reisen. Diese sind gut untersucht, waren minutiös geplant und forderten umfangreiche Vorbereitungen der verschiedenen Hofämter – der Stäbe des Obersthofmeisters, Obersthofmarschalls, Oberstkämmerers und Oberststallmeisters – lange vor der Abreise. Die Planung gestaltete sich oftmals sehr schwierig, weil man einerseits ein genaues Zeremoniell, je nach Art der Reise, einhalten mußte, und andererseits oft genug die entsprechenden finanziellen Mittel fehlten. Welche Kosten allein durch den Transport entstanden, zeigt die Überlegung bei der Reise Leopolds I. nach Augsburg, ob man die Fuhrleute und Landkutscher, die man gemietet hatte, während des Aufenthaltes in Augsburg behalten oder sie zurückschicken und nach einiger Zeit wieder kommen lassen sollte. Die zweite Möglichkeit erwies sich als noch um 13.600 fl. billiger, doch kostete auch dieser Transport 14.000 fl., also ungefähr 42.000 Taglöhne eines Handwerksmeisters.

Trotz der Reduktion des Hofstaates bei Reisen wurde der Kaiser immer noch von einer großen Personenzahl begleitet, die man unterwegs in Quartieren unterbringen und verköstigen mußte. Als Leopold I. im Jahre 1658 zur Wahl und Krönung nach Frankfurt zog, wurde er von 430, im Jahre 1681 auf der Fahrt zum ungarischen Landtag sogar von mehr als 660 Personen begleitet. Neben den politischen Reisen, die auch eine entsprechende Prachtentfaltung und Repräsentation notwendig machten, gab es gerade unter Leopold auch Reisen, die mit der *pietas* – der Frömmigkeit – des Monarchen zu tun hatten; vor allem die immer wiederkehrenden Wallfahrten nach Mariazell, die zunehmend den Charakter von Staatsreisen annahmen.

Bei jeder Reise kam es zunächst auf der festgelegten Reiseroute zu einer Ausbesserung der Straßen, die oft in schlechtem Zustand waren. Öffentliche Straßen im heutigen Sinn gab es kaum; der Staat betreute nur die Heerstraßen und die für Fürstenreisen instand gehaltenen Straßenzüge. Erst unter Karl VI. wurde das österreichische Reichsstraßensystem planmäßig gepflegt, und es wurden zum Teil neue Straßen angelegt. Auf seinen vielen Reisen hatte Karl VI. die Wegverhältnisse gründlichst kennengelernt; daher führte er – allerdings auch im Zusammenhang mit den Ideen des Merkantilismus, die auf eine Verbesserung der Infrastruktur abzielten – einschneidende Veränderungen durch, vor allem den Ausbau vieler Wege und Poststraßen.

Die Straßen der Frühen Neuzeit waren mit Ruten

und Kot oder Lehm gepflastert, was bei Regenfällen verheerende Folgen hatte; erst die mit Holz ausgelegten Straßen des 18. Jahrhunderts brachten einen gewaltigen Fortschritt. In wirklich gutem Zustand befanden sich immer nur jene Straßen, auf denen der Kaiser öfters unterwegs war, besonders die Verbindungen zu seinen verschiedenen Sommer- und Jagdschlössern, z. B. am Neugebäude vorbei nach Kaiser-Ebersdorf und Schwechat, über Schönbrunn nach Perchtoldsdorf und vor allem nach Laxenburg.

Kaum ein barocker Herrscher ritt noch selbst auf seinen Reisen, obwohl man darüber streiten kann, ob es anstrengender war zu reiten oder sich in den Kutschen auf unebenen Wegen gräßlich durchschütteln zu lassen. Waren die Kutschen noch leicht beweglich, so erwies sich der Troß mit dem Gepäck als Problem. Als Leopold I. 1660 zur Erbhuldigung nach Innerösterreich über den Semmering reiste, sollen 3000 Ochsen notwendig gewesen sein, um die schweren Hofwagen des Trosses über das Gebirge zu schleppen, aber auch die vergleichsweise harmlose Steigung des Annaberges auf der Pilgerreise nach Mariazell war nach Regenwetter äußerst schwer zu bewältigen. Selbst die wichtige Semmeringstraße wurde erst unter Karl VI. im Jahre 1728 ausgebaut und in eine einigermaßen befahrbare Straße verwandelt. Häufig waren Routen, die uns heute als befestigte Straßen vertraut sind, in dieser Zeit nichts anderes als Saumwege. Solange schönes Wetter herrschte – und auch in den davorliegenden Wochen geherrscht hatte –, war alles noch relativ unproblematisch, doch bei Regen hatte man mit den sich rapide verschlechternden Wegverhältnissen arg zu kämpfen. Was das konkret heißt, zeigt ein Beispiel der sogenannten „Pestreise" Leopolds 1679 bis 1681. Reisen, um einer Seuche zu entkommen, waren zu allen Zeiten häufig und beeinflußten das Itinerar mancher Herrscher erheblich. Als Leopold auf oft benützten böhmischen Routen vor der Pest flüchtete, brauchte er einmal für eine Entfernung von nur zwei Meilen (etwa 15,2 km) viereinhalb Stunden. Solche Verzögerungen wirkten sich verheerend auf die Reisedauer aus und vernichteten alle noch so glänzenden Planungen der Hofstäbe. So brauchte man für die Fahrt nach Frankfurt 1658 wegen des strengen Winters anstatt der vorgesehenen 18 Tage 48. Die Reise Leopolds, die 1679 von Wien über Mariazell nach Prag auf der Flucht vor der Pest führte, dauerte sogar um 40 Tage länger als vorgesehen. Ebenso konnten andere Zwischenfälle, wie etwa plötzlich auftretende Krankheiten, zu großen Änderungen im Reiseablauf führen. Als sich Leopold 1665 zur Erbhuldigung in Tirol begab, wollte er am 11. September in Salzburg einziehen, mußte aber wegen starker Zahnschmerzen bis zum 21. September in „Straßwald" (Straßwalchen) bleiben.

Die prunkvolle Hochzeitskutsche der portugiesischen Prinzessin Eleonore, die mit Kaiser Friedrich III. verheiratet war, hat sich erhalten. G. Wolf

Auch wenn die barocken Habsburger es im Gegensatz zu den Bedienten relativ bequem hatten und nicht bei all den Schwierigkeiten selber Hand anlegen mußten, machten die zahlreichen Strapazen es sehr verständlich, daß die Reiselust von vornherein nicht groß war und besonders im Alter stark abnahm. So unternahm Kaiser Leopold I. nach 1693 – er war damals schon 53 Jahre alt – kaum mehr größere Reisen.

Die Karosse der Kaiser der Barockzeit wurde von sechs Pferden gezogen. „In der Kutsche saß oben der Kaiser allein in einem Lehnstuhl und ihm gegenüber, zu unterst, die Kaiserin in desgleichen. Die kaiserlichen Kutschen hatten hierinnen auch etwas besonderes, daß die Zugstränge aus Leder waren, da hingegen alle Kutschen, worin in der kaiserlichen Suite die Hofdamen fuhren, nur mit Stricken vorlieb nehmen mußten." Die eigentlichen Reisekutschen waren nach praktischen und nicht nach ästhetischen Gesichtspunkten gebaut, meist wohl auch über und über mit Schlamm bespritzt. Daher führte man Galawagen mit, die man bei den feierlichen Einzügen in die Städte oder bei anderen festlichen Anlässen verwendete. Sie waren auf der Reise mit einfachen, eisenbereiften Rädern ausgestattet, erst für den Einzug wurden die Reiseräder gegen schönere ausgetauscht. Selbstverständlich trachtete man danach, nur bei Tag

Oben: Die Reisen der Habsburger erfolgten vorwiegend in Kutschen, als Beispiel der Leibreisewagen Franz' II./I. aus der Wiener Wagenburg. Kunsthistorisches Museum, Wien
Unten: Der Galawagen, der um 1740 entstanden ist, wurde vor allem bei feierlichen Einzügen verwendet. Kunsthistorisches Museum, Wien

zu reisen, was die Wahl der Reiseroute natürlich beeinflußte. Falls man dennoch durch widrige Umstände in die Dunkelheit kam, mußten Feuer am Straßenrand entzündet werden. Die kaiserlichen Kutschen erreichten eine Durchschnittsleistung von 10 bis 15 km in der Stunde. Zur Schonung der kaiserlichen Pferde – und wohl auch der Insassen der Kutschen – mußte man aber längere Rastpausen einschalten. So konnten an einem Reisetag meist nicht mehr als 45 km zurückgelegt werden.

Nicht nur der Transport des Kaisers und seines Hofstaates, auch ihre Verpflegung und Unterbringung waren mit großen Mühen verbunden. Die Furiere hatten für die Beschaffung der Quartiere zu sorgen und festzustellen, wo Kaiser und Hofstaat ihre Mahlzeiten einnehmen konnten: in Schlössern, Klöstern oder Gasthäusern. In jenen Fällen, in denen die kaiserliche Küche selbst die Mahlzeiten zubereitete, mußten die benötigten Küchen-, Zehrgaden- und Zuschrotwagen vorausfahren, damit das Essen fertig war, wenn die Reisegesellschaft eintraf. Abgesehen von den großen repräsentativen Reisen aus politischen Anlässen wie Krönungen und Reichstagen, bei denen der Kaiser – um seine Stellung zu demonstrieren – mit großem Gefolge auftrat, waren die kleineren „privaten" Reisen ebenso kostenintensiv; so suchte der Obersthofmarschall 1670 anläßlich einer Wallfahrtsreise nach Mariazell um eine Summe von wenigstens 4000 fl. für die Kosten dieses Ausfluges an. Auf den großen Reisen reduzierten sich die Auslagen allerdings dadurch, daß der Kaiser und sein Hofstaat hinsichtlich Unterkunft und Verköstigung zum großen Teil in Schlössern und Klöstern freigehalten wurden.

Die besonders gut belegten Reisen Leopolds I. und Karls VI., die schon oben als Beispiele dienten, geben ein Bild der Vielfalt der Anlässe der Hofreisen. In seiner 47jährigen Regierungszeit unternahm Leopold 39 Hofreisen, wobei in dieser Zahl auch die „inoffiziellen" Reisen mit kleinem Hofstaat miteinbezogen sind. Zwölf offizielle Reisen fanden statt: Wahl- und Krönungsreisen, Erbhuldigungsreisen, Reisen zum Reichstag und zu den ungarischen Landtagen, Heerschauen und zwei Hochzeitsreisen des Kaisers. Dazwischen gab es 25 „inoffizielle" Reisen, darunter die Flucht vor der Pest in den Jahren 1679 bis 1681 und vor den Türken im Jahre 1683, acht Wallfahrten nach Mariazell und 14 Aufenthalte in Wiener Neustadt. Einige Reisen sind nicht eindeutig einer einzigen Kategorie zuzuordnen, denn am Anfang der „Pestreise" pilgerte man auch nach Mariazell, und bei den Reisen ins Reich stand immer ein Besuch im bayrischen Wallfahrtsort Altötting auf dem Programm. Nicht mitgezählt wurden dabei die zahlreichen Jagdreisen, die mit dem jahreszeitlichen Wechsel der Residenz und der Verlagerung des Hofes, z. B. nach Laxenburg, zusammenhingen.

Die unfreiwillige Reise des Kaisers im Jahr 1683, als er seine Residenzstadt bei der Annäherung der Türken verlassen mußte, war trotz der plötzlichen Entscheidung wohlorganisiert. Leopold reiste mit einem „restringierten Hofstatt", aber noch immer mit 69 Kaleschen, 32 schweren Wagen und 391 Pferden; der „jungen Herrschaft" standen 33 Kaleschen, 22 schwere Wagen und 203 Pferde zur Verfügung. Der mitreisende Stab umfaßte 455 Personen und 565 Pferde, davon allein 150 Mann berittener Leibgarde. Diese geradezu unübersehbare Menge an Personal bestand aus Hofpredigern, Hofkaplänen, Beichtvätern, Leib- und Hofmedici, Schreibern, Furieren, Briefträgern, Edelknaben, Büchsenspannern, Jägern, Falknern, Hundebuben, Trompetern, Paukern, Musici, Barbieren, Kammerheizern, Kammertürhütern, Trabanten, Zwergen, Garderobern, Zöhrgarden, „Mundbächen" (Bäckern), Tafelgehilfen, Tafeldeckern, Ordinär- und Extrakucheljungen und Rösseltreibern – also aus allen jenen, die man bei einer überstürzten Flucht so braucht.

Die Fluchtroute führte aus der Burg und durch das Rotenturmtor über die Donaubrücke nach Korneuburg. Am nächsten Tag konnte das Frühstück schon in Neustift im Felde, das Nachtmahl in Krems eingenommen werden, dann ging es weiter über Aggsbach und Melk nach Amstetten, Strengberg und Enns und schließlich nach Linz. Für die Weiterreise benutzte man den Wasserweg und gelangte auf der Donau über Aschach, Niederranna und Engelhartszell schließlich nach Passau, wo der Hof verblieb, solange die türkischen Heere bedrohlich erschienen. Schon im August

Oben: Das Gemälde zeigt eine Ausfahrt Kaiser Franz Josephs mit seiner Frau Elisabeth im Landauer. Graphische Sammlung Albertina, Wien
Linke Seite: Da man sich auf Reisen selbst verpflegen mußte, bildete ein Reiseservice einen wesentlichen Bestandteil der Ausrüstung. Das Service der Kaiserin Marie Louise war besonders prachtvoll ausgestattet. Schatzkammer der Residenz, München

1683 – die Planung für die Entsatzschlacht war im vollen Gange – wurde der Hofstaat zum größeren Teil nach Linz verlegt, und im September bereiteten die Furiere in den Donaustädten von Linz abwärts alles Nötige für die Heimreise des Kaisers nach Wien vor. Die Einquartierung und der Proviant für Johann III. Sobieski, den König von Polen, seinen Hofstaat und für die anreisenden Fürsten mußte ebenfalls bereitgestellt werden. Das Kaiserpaar selbst brach unter Zurücklassung der „jungen Herrschaft" am 25. August von Passau auf. Knapp zwei Wochen danach war die Entscheidungsschlacht auf dem Kahlenberg geschlagen. Die letzte Etappe von Dürnstein nach Wien legte man auf der Donau zurück, man verbrachte die Nacht noch auf dem Schiff, und erst am nächsten Mittag erfolgte am Wiener Donauufer die festliche Landung des Reichsoberhauptes „unter dreimaliger Lösung des Geschützes".

Im Gegensatz zu seinem Vater unternahm Karl VI. 1704 eine „große Reise" nach Spanien – dabei dachte er sicher nicht an eine Rückkehr, weil er ja hoffte, in Spanien als König akzeptiert zu werden. Nach vielen Jahrzehnten setzte damit wieder ein österreichischer Habsburger Fuß auf die Iberische Halbinsel. Doch als Karl VI. nach dem frühen Tod seines älteren Bruders Joseph I. die Herrschaft in der Habsburgermonarchie und im Reich 1711 übernahm, glich sein Reiseverhalten wieder dem seiner Vorgänger; er machte keine großen Fernreisen mehr, sondern beschränkte sich auf den Süden und Westen Deutschlands und Böhmen. Neben den staatspolitisch motivierten Reisen zur Krönung im Reich und zur Erbhuldigung in seinen Ländern wäre vor allem eine Fahrt im Jahr 1732 über Prag nach Karlsbad zur Kur – also zu einem bisher ungewöhnlichen Anlaß – hervorzuheben, an die sich eine Reise durch Oberösterreich anschloß. Bei der Planung wurde die Frage diskutiert, ob der Kaiser mit der Post reisen, oder ob man, „solche Rays mit aigenen Zügen, also nicht auf der Post" durchführen sollte. Die Reise erforderte 109 Wagen mit 642 Zug- und 69 Reitpferden – an der Krönungsfahrt hatten 321 leichtere und 125 schwere Wagen mit 1788 Pferden teilgenommen – und führte von Wien über Hollabrunn, Pulkau, Neuhaus und Tábor nach Prag, wo das Kaiserpaar vom 30. Mai bis einschließlich 1. Juni Aufenthalt nahm. Der mitreisende Hofstaat zählte 203 Personen, mit Postillionen usw. waren es sogar insgesamt 530.

Am 2. Juni begab sich die Kaiserin von Prag nach Karlsbad, dort traf sie mit 63 Wagen, 324 Zug-, 55 Reitpferden und 193 Mann Personal (mit den Postillionen usw. sogar 316) am 4. Juni ein. Der Kaiser hingegen blieb noch in der böhmischen Hauptstadt, wo er – wie wäre es anders möglich – noch einige Zeit der Jagd huldigte. Erst am Samstag, dem 14. Juni 1732, reiste er mit 57 Wagen, 250 Zug- und 57 Reitpferden und 179 Bediensteten (mit den Postillionen usw. 245) gegen Abend nach Karlsbad und blieb bis zum 18. Juli. Nach dem Ende der Kur kehrte das Herrscherpaar zunächst nach Prag zurück, wo es zahlreichen Einladungen in der Umgebung nachkam. Am 20. August verließ der Hof Prag; über Votice, Tábor, Vesely nad Labem, Budweis, Kaplice und Freistadt gelangte man am 23. nach Linz, wo sich der Magistrat mit dem Bürgermeister Johann Adam Pruner zum Empfang bereithielt. Die nächste Zeit stand ganz im Zeichen der Jagd: Hirschjagen, „gambs-Jagen" in Gmunden, am Traunstein und in Ischl standen ebenso auf dem Reiseprogramm wie ein Ausflug nach Lambach zum Fischstechen. Am Sonntag, dem 5. Oktober, trat man auf 95 Schiffen und Plätten, die mit 96 Meistern und 628 Knechten bemannt waren, die Rückfahrt auf der Donau an. Die gesamte Reise – die nicht politisch motiviert war – hatte 139 Tage gedauert und kostete die stolze Summe von 1,066.864 fl. 34 kr., wovon 441.474 fl. 28 kr. auf „gewöhnliche" und 625.390 fl. 6 kr. auf „außerordentliche" Ausgaben entfielen.

Die Reisen Maria Theresias wurden in ganz ähnlicher Weise durchgeführt wie die ihres Vaters oder ihrer anderen barocken Vorgänger, nur wenige Reisen führten

Nach der Krönung in Frankfurt zogen Kaiser Franz und sein Sohn König Joseph 1764 in Donauwörth ein. Der Kupferstich von Martin Will gibt ein gutes Bild des riesigen Aufwandes. ÖNB, Wien

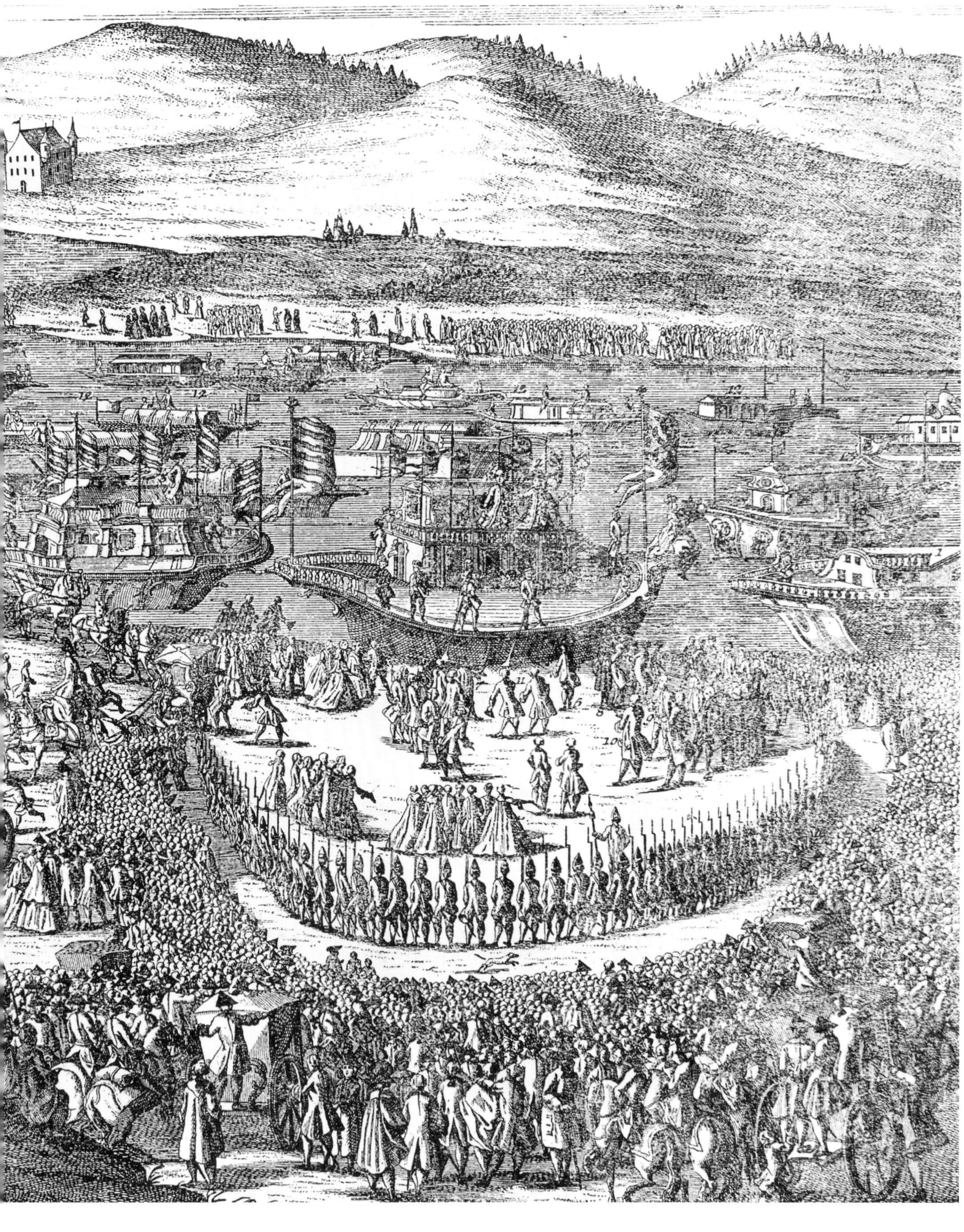

Franz Ferdinand unternahm 1892/93 eine Weltreise.
Das Foto zeigt ihn bei einem improvisierten „Lunch" im Dschungel. ÖNB, Wien

über ihr eigenes Territorium hinaus, allen voran jene 1738/39 in die Toskana, als ihr Mann die Herrschaft antrat, und die Reise zur Krönung nach Frankfurt. Auf ganz andere Weise reiste dagegen ihr Sohn Joseph II. Schon sein Vater Franz Stephan von Lothringen hatte in den Jahren 1731/32 eine große Fahrt durch Europa unternommen, die als eine Art von Bildungsreise gelten kann. Solche im Sinne der Aufklärung modifizierte Formen der alten „adeligen Kavalierstour" waren bei den Habsburgern nicht üblich. Damit entfernte sich Franz Stephan von der Tradition der rein politisch oder religiös motivierten Reisen, und sein Sohn Joseph II. folgte ihm darin nicht nur, er gab dem Reiseverhalten des Herrschers eine neue, noch stärker an der Aufklärung orientierte Bedeutung.

Die meisten Reisen unternahm Joseph II. inkognito unter dem Pseudonym Graf von Falkenstein, schon um sich die mühsamen zeremoniellen Empfänge in jeder Stadt mit den Reden der Funktionäre zu ersparen. Seine Reisen hatten andere Beweggründe, die nicht zuletzt mit der gewandelten Geisteshaltung der aufgeklärten Herrscher zusammenhingen. Nicht mehr die Repräsentation stand im Zentrum, sondern das Kennenlernen des Landes, seiner Nöte und Sorgen ebenso wie seiner Schätze und Möglichkeiten. Reformen sollten Probleme lösen und die wirtschaftlichen Möglichkeiten nutzen, Vorbilder aus anderen Ländern nachgeahmt werden. Kein Allgemeines Krankenhaus ohne seine Reise nach Paris und das Kennenlernen des dortigen Hôtel de Dieu – um es auf eine kurze, schlagwortartige Formel zu bringen. Bekannt ist etwa Josephs Besuch beim Abbé l'Epée, dem Begründer des Pariser Taubstummenunterrichts, „welcher die Stummen und Törrischen instruirt. Dieses ist eine außerordentliche Kunst, so dieser Mann besitzet, und die Miehe, die er sich giebt. Er hat die ganze Grammaire von Zeichen gemacht, und schreiben diese stummen Personen, was man ihnen vorleget", schrieb Joseph begeistert. Noch im gleichen Jahr beauftragte er den Wiener Erzbischof, er möge einen Kleriker auswählen, der nach Paris zum Studium geschickt werden sollte. Johann Stork unterzog sich der Aufgabe, kehrte 1779 nach Wien zurück, und bereits im selben Jahr wurde das Wiener Taubstummeninstitut im Bürgerspital gegründet.

Die größte offizielle Reise Josephs II. führte 1764 nach Frankfurt zur Krönung, viel wichtiger waren aber seine anderen Reisen: 1766 nach Ungarn bis an die Grenze zum Osmanischen Reich, 1769 nach Italien und Schlesien, 1770 abermals nach Ungarn, Mähren und Böhmen, 1773 nach Siebenbürgen, Galizien und Krakau, 1777 nach Frankreich, 1780 nach Rußland, 1781 in die Niederlande, 1782 erneut nach Italien, 1787 auf die Krim und schließlich 1788 an den ungarischen Kriegsschauplatz. Allein in das Banat reiste er fünfmal – 1768, 1770, 1773, 1783 und 1788 – und machte in seinen Reisejournalen Notizen über die religiösen Verhältnisse, die Landesverfassung und über wirtschaftliche und militärische Angelegenheiten.

Diesen Typus der Bildungsreise in der Tradition der Aufklärung finden wir auch in der nächsten Generation der Habsburger, wenn auch nicht gerade bei Franz II./I., dafür aber bei vielen seiner Brüder wie den Erzherzögen Ludwig und Johann, Anton Viktor und Rainer. Johann und Ludwig bereisten nach dem Ende der Napoleonischen Kriege Frankreich und England und lernten dort die frühe Industrialisierung mit ihrem enormen technischen Fortschritt – vermutlich aber nicht das Elend des Proletariats – kennen. Die beiden Erzherzöge reisten über Dover nach England, wo sie vom späteren König Georg IV. empfangen wurden. Sie verbrachten einige Zeit in London im St. Albans Hotel in der Oxford Street, begaben sich anschließend nach Schottland und besuchten Glasgow und Edinburgh, wo die Universitäten und die Stadt sie entsprechend empfingen und bewirteten. Nach ihrer Rückkehr nach London machten sie Ausflüge nach Oxford, Bath, Plymouth, Birmingham und Bristol. Rund 20 Jahre später, im Jahre 1837, bereiste Erzherzog Johann das südliche Rußland und besuchte auch Istanbul, wo er vom Sultan Mahmud II. († 1839) empfangen wurde. Demgegenüber nehmen sich die Reisen der Erzherzöge Anton Viktor und Rainer bescheiden aus. Sie beschränkten sich auf die von den Habsburgern beherrschten Gebiete und folgten damit dem Vorbild Josephs II., der sich aus eigener Anschauung über die Habsburgermonarchie informieren wollte.

Die Reisen von Franz II./I. führten den Kaiser nicht nur in kleineren oder größeren Touren durch die Monarchie, sondern aus politischen Gründen auch zum Kongreß von Aachen 1818, nach Troppau 1820, Laibach 1821 und Verona 1822/23. Im Schnitt verließ er – rechnet man die vielen Jagd- und Kuraufenthalte in Baden ein – zwischen 150 und 200 Tage im Jahr die Residenzstadt Wien. Selbst der kranke und geistig zurückgebliebene Ferdinand, der spätere Kaiser, unternahm im Jahr 1815 eine Reise durch die Monarchie. Aber auch ältere Traditionen wurden aufrecht erhalten, so reiste etwa Franz Karl († 1878) mit seiner Familie mindestens einmal im Jahr als Wallfahrer nach Mariazell.

Die Habsburger des langen 19. Jahrhunderts waren überaus reisefreudig, wozu natürlich auch die zunehmend besseren Verkehrsverhältnisse beitrugen. Außerdem erleichterte die Familienstruktur mit mehreren möglichen erbberechtigten Thronfolgern große Reisen im Vergleich zur Frühen Neuzeit, denn Reisen waren mit Abwesenheit vom Hof und mit einer gewissen Gefahr verbunden. In jenen Zeiten, in denen der Herrscher und ein Sohn oft die einzigen männlichen Vertreter der Familie waren, beschränkten solche Überlegungen die Reisetätigkeit. Dazu kam noch ein anderer Gesichtspunkt, der in der allgemeinen Mentalitätsentwicklung der Zeit lag. Reisen war für den mittelalterlichen Menschen häufig eine lästige Notwendigkeit gewesen; man reiste aus familiären oder geschäftlichen – bei den Habsburgern heißt das politischen – Gründen, oder man begab sich aus religiösen Überlegungen auf eine Pilgerreise oder eine kürzere Wallfahrt. Reisen als Vergnügen lag hin-

Anläßlich seiner Reise zur Eröffnung des Suezkanals bestieg Kaiser Franz Joseph 1869 die Cheopspyramide. ÖNB, Wien

gegen außerhalb des Denkhorizontes dieser Zeit. Dazu bedurfte es einer neuen Einstellung zur Landschaft und zu Land und Leuten, wie in der Aufklärung – und noch stärker in der Romantik. Reisen, um Landschaften zu sehen und fremde Menschen und ihre Gewohnheiten zu studieren, entwickelten sich erst im 19. Jahrhundert zu einer Beschäftigung der Eliten. Bürger und Adelige begannen freiwillig zu reisen, sie erfreuten sich an den von früheren Generationen nur mit Angst und Schrecken betrachteten Gebirgslandschaften der Alpen und suchten in der exotischen Ferne Neues zu entdecken und zu erleben. Auch einige Habsburger verkörperten deutlich den Trend der Zeit. Die Begeisterung für die naturbelassenen Landschaften der Heimat – insbesondere die Alpen, wie wir es beim Erzherzog Johann († 1859) erleben – war ein Aspekt des neuen Reiseverhaltens; die Weltreisen in fremde, unbekannte Länder – wie sie etwa der Erzherzog Thronfolger Franz Ferdinand unternahm – ein anderer. Zehn Monate dauerte die Reise des Erzherzog-Thronfolgers, die ihn zunächst nach Vorderasien, dann über Indien nach Australien, Neuguinea, China und Japan führte. Von dort reiste er weiter in die Vereinigten Staaten und besuchte dort den Yellowstone Nationalpark, Salt Lake City, die Niagarafälle und New York. Auf dieser Bildungsreise sammelte er naturwissenschaftliche Objekte – von ihm gejagtes Wild wurde präpariert, er legte aber auch ein Herbarium an – und erwarb völkerkundliche Gegenstände; all das wurde in Wien in einer großen Schau präsentiert.

Manche Habsburger nahmen ihre Reisen im Rahmen ihrer militärischen Funktionen wahr; als Beispiel kann hier Erzherzog Friedrich Ferdinand Leopold († 1847) dienen, der zunächst an Bord der Fregatte *Guerriera* Livorno, Genua, Toulon, Gibraltar und Algier und dann als Kommandant der Fregatte *Carolina* Venedig, Korfu und Griechenland besuchte, um später weiter nach Kleinasien und Konstantinopel zu reisen, wo ihn der Sultan empfing. Dieser war gerade im Konflikt mit dem Pascha von Ägypten, Mehmed Ali, der seine Herrschaft von Ägypten aus auf Syrien und Adana ausgedehnt hatte. 1839 kam es zum offenen Krieg mit der Pforte, wobei allerdings die osmanische Flotte zu Mehmed Ali überlief. In der Londoner Konvention 1840 verpflichteten sich die Westmächte zur Unterstützung des Sultans, und die Habsburgermonarchie griff zur See an der Seite Englands ein. Die Schiffe lagen zunächst vor Beirut, dann griffen sie Ende September Saida – das alte Sidon – in Syrien an. Der Kampf wurde durch Erzherzog Friedrich, der mit seinen Matrosen gelandet war und im Infanterieangriff siegte, beendet. Er erhielt dafür das Ritterkreuz des Maria-Theresien-Ordens und Auszeichnungen von 15 Staaten, darunter England, Rußland und Preußen. Friedrich erkannte auch die Möglichkeit einer Wasserstraße zwischen dem Mittelmeer und dem Roten Meer und regte dazu eine Diskussion in der Habsburgermonarchie an. Metternich trat mit dem Ingenieur Alois Negrelli in Kontakt, doch wurde das von ihm entworfene Suezkanalprojekt schließlich von Ferdinand Lesseps verwirklicht.

Für andere Habsburger bot das Reisen eine Alternative zu seinem sonstigen beschäftigungslosen Dasein. Dies galt insbesondere für Erzherzog Johann Nepomuk Salvator (1890 verschollen, 21. Juli 1890 als Todestag, 1911 für tot erklärt), der nach seiner Entlassung aus der Armee 1887 zunächst seine Zeit mit Reisen verbrachte, bis er schließlich unter dem Namen Johann Orth ein bürgerliches Leben begann, das auf einer Reise vor Südamerika tragisch endete. Auch andere Erzherzöge begaben sich auf große Reisen – häufig Jagdreisen, um exotisches Wild zu erlegen, – wie z. B. Erzherzog Johann Ferdinand Salvator († 1942), der 1903 unter dem Pseudonym Graf Buriano eine große Jagdreise nach Ägypten unternahm. Auch Reisen, die teilweise in Vertretung des Kaisers stattfanden und – wenn ihr Ziel im Orient lag – oft mit Pilgerreisen kombiniert wurden, boten eine Möglichkeit zur Abwechslung. Franz Joseph selbst reiste auf der *Tegetthoff* ins Heilige Land, wo er das „Österreichische Hospiz" gründete, und nach Ägypten, wo er die Cheopspyramide bestieg, und nahm damit mit-

Oben und folgende Doppelseite: Vieles von dem, was Erzherzog Ludwig Salvator auf seiner Australienreise besichtigte, ist heute noch zu sehen. Die folgenden Bilder illustrieren diesen ersten Aufenthalt eines Habsburgers „Down Under“. Oben links: Burke-Denkmal in Melbourne. Oben rechts: Impression aus dem Botanischen Garten in Melbourne. Seite 100 oben: Weltausstellungsgebäude in Melbourne. Seite 100 unten: Universität in Sydney. Seite 101 oben: Postamt in Albany. Seite 101 unten: Katholische Kirche in Albany. Fotos: Vocelka/Heller Linke Seite: Erzherzog Ferdinand Maximilian auf seiner Reise im brasilianischen Urwald. Er war der erste männliche Habsburger auf dem amerikanischen Kontinent. ÖNB, Wien

telalterliche Reiseziele der Habsburger wieder auf. Seinen Spuren folgten 1884 Kronprinz Rudolf und 1894 Erzherzog Otto († 1906), der eine abenteuerliche Sinai-Expedition durchführte. Auch Erzherzog Hubert († 1971) unternahm gemeinsam mit dem großen Orientalisten und Geographen Alois Musil 1917 eine Orientreise zu den Pilgerstätten des Heiligen Landes, die sein Sohn Michael Salvator (* 1949) wiederholte. Dr. Otto Habsburg-Lothringen (* 1912) begab sich im Jahr 1955 ebenso auf eine solche Reise in der Tradition seiner Ahnen.

Zwei der jüngeren Brüder Franz Josephs gingen zumindest zeitweise auf Reisen, um dem Konflikt mit ihrem kaiserlichen Bruder zu entgehen. Erzherzog Maximilian (der spätere Kaiser von Mexiko, † 1867) unternahm zunächst weite Schiffsfahrten im Mittelmeerraum, über die er Reiseberichte veröffentlichte, und auch eine Reise nach Amerika. 1860 erreichte er die neue Welt und besuchte Brasilien, wo Jahrzehnte davor schon Erzherzogin Leopoldine gelandet war, die 1817 mit Pedro I. von Brasilien verheiratet wurde. Es ist eine tragische Ironie des Schicksals, daß er nicht nur als erster männlicher Habsburger nach Amerika reiste, sondern auch als erster dort starb – erschossen von einem Exekutionskommando seines politischen Gegners Benito Juarez. Ein anderer Bruder des Kaisers, Erzherzog Karl Ludwig († 1896), dem sowohl politisches als auch militärisches Talent und In-

teresse fehlten, unternahm ebenfalls viele Reisen, allerdings meist im Auftrag des Kaisers. Er verstarb an den Folgen einer Infektion, die er sich bei einer Reise in den vorderen Orient durch Jordanwasser zugezogen hatte. Die Erkrankung konnte in Wien nicht mehr geheilt werden.

Nicht nur Franz Josephs Geschwister und seine Frau Elisabeth trieb es weg von Wien, um der Enge und Strenge des Wiener Hofes zu entkommen, sondern auch seinen Sohn Rudolf. Wie sein Onkel Maximilian reiste er viel, und auch er veröffentlichte seine Reiseberichte. Mit anderen Mitgliedern des Hauses – wir werden gleich noch ein sehr gutes Beispiel sehen – verband ihn ein ausgeprägtes Interesse an naturwissenschaftlichen Fragen, und er publizierte eine Reihe von wissenschaftlichen Abhandlungen, vor allem zur Ornithologie. Da er ein leidenschaftlicher Jäger war, trugen seine Reisen auch immer den Charakter von großen Jagdausflügen.

Sicherlich eine besondere Stellung unter den reisenden Habsburgern des 19. Jahrhunderts nahm Erzherzog Ludwig Salvator († 1915) ein, der schon seit seinem 23. Lebensjahr ausschließlich seiner Leidenschaft für die Seefahrt und seinen wissenschaftlichen Interessen frönte. Er unternahm mit seiner Jacht große Reisen im gesamten Mittelmeer, über die er auch eine Reihe von gedruckten Reiseberichten – insgesamt fast 50 Bücher – verfaßte. Diese Bücher sind von seinem Interesse an der Natur und den

Menschen geprägt, sie beschreiben Fauna und Flora ebenso wie manche Elemente der Folklore. Vielbändige Abhandlungen des Erzherzogs befassen sich mit den Inselgruppen der Liparischen Inseln und den Balearen, vor allem mit Mallorca, einem der wenigen Ruhepunkte seines sonst ruhelosen Lebens. Die breite Streuung seiner Interessen ist beeindruckend: Letztlich beschäftigte er sich auch wissenschaftlich mit allen Kontinenten und bereiste sie alle selbst. Er war auch der erste Habsburger in Australien.

Exemplarisch soll auf diese ungewöhnliche Reise ein wenig ausführlicher eingegangen werden. Der Erzherzog landete am 1. Februar 1880 erstmals auf dem fünften Kontinent, und zwar in Albany im Südwesten des Landes. Vieles von dem, was er in seiner eingehenden Schilderung der Stadt erwähnt, kann man heute noch sehen.

Er schrieb: „Dem Molo gegenüber befindet sich die Post und das Telegraphenamt, wohin wir uns sofort begaben. Es ist ein weitläufiges Gebäude mit Hallen an den Seiten, wo wir die Briefe aufgaben. Der Beamte bemerkte uns, er habe keine Zeit, werde es aber später besorgen, weshalb wir die Briefe dort ließen und sagten, daß wir die Recepisse später abholen würden." Dieses Gebäude steht heute noch und wird als Hotel geführt. Wie immer auf seinen Reisen, begab sich Ludwig Salvator zur katholischen Kirche, „ein ziemlich großes, hübsches gothisches Gebäude mit vortretender Seitencapelle rechts und vorsprin-

gendem Portal. Fast derselben gegenüber erhebt sich auf der sandigen Straße ein isolirter Granitkegel, den die Leute nach seiner Form den Zuckerhutfelsen nennen."

Von Albany führte die Reise auf dem Schiff weiter nach Melbourne, wo er ebenfalls eine Reihe heute noch erhaltener Gebäude und „Sehenswürdigkeiten" besichtigte: St. Patricks Cathedral („ein wirklich monumentaler gothischer Bau aus dem schwarzen Basaltstein mit hölzerner Eindachung"), Victoria Market, das noch nicht vollendete Parlamentsgebäude, den botanischen Garten, Robert Burkes Monument, the Royal Arcade, die Universität und das Naturhistorische Museum. Wie auch in seinen sonstigen Reisebeschreibungen schilderte er intensiv Pflanzen und Tiere, besonders das Naturhistorische Museum nahm ihn in Beschlag. Im Vergleich dazu widmete er der Weltausstellung, die den eigentlichen Anlaß seiner Reise bildete, relativ wenig Platz, wenn er auch begeistert von der Ausstellungshalle und den einzelnen Ausstellungsteilen schrieb.

Die dritte große Station der Reise war schließlich Sydney, das ihm „mehr anheimelnd" als Melbourne vorkam. Dort begab er sich wieder zu St. Patricks Cathedral, besuchte aber auch die Sternwarte und die Universität.

Außer auf das australische Festland kam der Erzherzog auch nach Tasmanien, über das er ein eigenes, reich illustriertes Buch veröffentlichte. Die Reise endete noch außergewöhnlicher als sie begann, denn Ludwig Salvator entschloß sich, als er keinen Platz auf einem Schiff zurück nach Europa bekam, die Heimreise via Amerika anzutreten. Damit war er der erste Habsburger, der die Welt umrundete, und entsprechend heißt sein 1881 erschienener Reisebericht: „Um die Welt, ohne zu wollen". Andere Mitglieder des Erzhauses reisten ebenso auf eine recht ungewöhnliche Art: die Erzherzöge Leopold Salvator († 1931) und Johann Ferdinand Salvator († 1942) widmeten sich dem Ballonfahren.

Viel traditionelleren Routen folgten die Reisen des Herrschers, wenn auch Kaiser Franz Joseph in viele Teile der Monarchie schon mit dem modernen Transportmittel seiner Zeit, der Eisenbahn, reiste. Sein Kammerdiener Ketterl berichtet: „Für die kaiserlichen Reisen standen fünf Hofzüge zur Verfügung. Zunächst der ‚alte österreichische Hofzug', der bis zum Februar 1898 nach Gödöllö und Budapest Dienst machte; dann der ‚neue österreichische Hofzug', den die österreichische Eisenbahnverwaltung dem Monarchen 1892 beistellte und welchen der Kaiser stets benützte, wenn er mit großem Gefolge fuhr, ferner der ‚Hofjagdzug' der Südbahngesellschaft, der aber in den letzten Jahren nicht mehr in Aktion trat. Außerdem der ‚alte ungarische Hofzug' und der ‚neue ungarische Hofzug', beide Eigentum der königlich ungarischen Staatsbahn, für Reisen von und nach Ungarn und innerhalb der Länder der heiligen Stephanskrone."

Von Italien bis in die Bukowina, von Ungarn – wo er öfter die Gräber von 1848 gefallenen Befehlshabern der kaiserlichen Armee aufsuchte, was die Ungarn als Provokation empfanden – bis nach Ischl, das er ja jeden Sommer besuchte, reichte Franz Josephs Aktionsradius. Auch einige Auslandsreisen – etwa nach München, Warschau und 1869 zur Eröffnung des Suezkanals – standen auf seinem politischen Programm. Eine der offiziellen Reisen sei hier herausgegriffen, um einen Eindruck des Ablaufes zu liefern. Vom 1. April bis 15. Mai 1875 unternahm Kaiser Franz Joseph eine Reise in den Süden, über die eine gedruckte Beschreibung Aufschluß gibt. Dabei werden alle Details mit den immer gleichen, formalen und langweiligen Reden wiedergegeben, die jede Politikerreise charakterisieren. Die Reise führte über Triest, Görz, Venedig, Pula, Zadar, Šibenik, Knin, Split und Dubrovnik bis nach Kotor (Cattaro) in den Süden Dalmatiens. Ein Zitat mag den apologetischen Charakter solcher Reisen – gerade angesichts der gespannten nationalen Situation und der Forderungen der Irredentabewegung bezüglich Triests – beleuchten:

„Die Reise Sr. Majestät des Kaisers nach Triest wurde dann unter dem Ausdrucke des lebhaftesten Patriotismus fortgesetzt. Die Kundgebungen der Freude begleiten allenthalben den kaiserlichen Zug. […] Alles war festlich und freudig bewegt; lebhaft und herzlich kam die Liebe aller Schichten der Bevölkerung für den Monarchen zum Ausdruck. Von allen Seiten wünschte man die aufrichtigste Huldigung den hochherzigen Absichten des Monarchen darzubringen."

Die Reisen des letzten regierenden Habsburgers Karl I. waren durch die politischen Umstände sehr mannigfaltig und können in drei Phasen eingeteilt werden. 65 Reisen unternahm Karl vor Kriegsbeginn; sie führten durch einen Großteil der Monarchie und stehen in der Tradition jener Herrscher, die ihre Länder kennenlernen wollten. Von 1914 an führte Karl hauptsächlich Frontreisen und Reisen zu den Verbündeten durch. 1917 gab man bekannt, daß der Kaiser seit Kriegsbeginn 450 Tage und Nächte im Hofzug verbracht und dabei 119.189 km zurückgelegt habe. Unter einem ganz anderen Stern standen die Reisen nach 1918, sie führten ihn ins Exil.

Rechte Seite: Das Bild zeigt, wie feudal man selbst im Zug reiste. Franz Joseph und seine Suite speisen im Hofwaggon. ÖNB, Wien

Karl beim Frühstück im Auto während einer seiner Frontreisen im Januar 1916. ÖNB, Wien

Eine völlig neue Seite im Reiseverhalten der Familie wurde – häufig unfreiwillig – nach 1918 aufgeschlagen, als viele der Habsburger, nicht nur Karl, gezwungen wurden, das Gebiet der ehemaligen Monarchie zu verlassen. Manche von ihnen haben im Laufe ihres Lebens in mehreren Ländern gelebt. Natürlich hat die Mobilität unseres Jahrhunderts vor der Familie Habsburg-Lothringen nicht haltgemacht; viele der in der Politik oder Wirtschaft tätigen Mitglieder der Familie bewegen sich so selbstverständlich auf den Flugplätzen dieser Welt wie ihre bürgerlichen Kollegen.

LIEBE, EHE, SEXUALITÄT

Obwohl die Kombination der Begriffe, die als Überschrift dienen, naheliegt, ist ihre Zusammengehörigkeit – historisch gesehen – keineswegs selbstverständlich. Die Kanalisierung der Sexualität in der christlichen Ehe setzte sich erst im Laufe des Mittelalters durch, und die „Liebe" ist ebenfalls kein naturgegebener Zustand, sondern eine „Erfindung" des 12. Jahrhunderts. Das lateinische Wort *amor* bedeutete im frühen Mittelalter nichts Emotionales, sondern lediglich sinnliches Begehren. Erst an den Höfen, an denen die Troubadourlyrik gepflegt wurde, und in den Klöstern, deren Mystiker und Mystikerinnen sich liebevoll in Christus und Maria versenkten, wurde der neue Gefühlszustand geprägt. Vor allem im adelig-herrscherlichen Bereich basierte die Ehe selten auf dem Gefühl der Liebe, sie war vielmehr dem politischen, wirtschaftlichen und sozialen Kalkül untergeordnet.

Ehen wurden aufgrund der politischen Gegebenheiten geschlossen; die Habsburgerinnen und Habsburger glichen – wie die Mitglieder aller anderen Dynastien – Figuren im großen politischen Schachspiel Europas und konnten je nach Nützlichkeit für die Familienpolitik verschoben werden. Heiratspläne existierten für viele bereits von Geburt an, änderten sich oftmals, kamen durch diplomatische Verschiebungen zu Fall, mußten anderen Planungen weichen oder endeten mitunter durch den frühen Tod eines der projektierten Partner. Manche dieser Projekte waren allzu phantastisch! So plante der russische Zar Boris Godunov die Verheiratung seiner einzigen Tochter Xenia mit einem Sproß des habsburgischen Hauses, als Kandidat war Erzherzog Maximilian Ernst († 1616) aus der steirischen Linie ausersehen. Neben den religiösen Bedenken gegen alle „Schismatiker" – aus der Sicht von Maximilians Mutter, der streng katholischen Erzherzogin Maria – war selbst den Zeitgenossen klar, daß die Verleihung des versprochenen Herzogtums „Sibiria" nicht so leicht zu realisieren sein würde. Die Heirat kam ebensowenig zustande wie der spätere Plan Zar Peters des Großen, seine Schwester Sophie mit einem Habsburger zu verehelichen.

Daß Frauen sich ihre Lebenspartner nicht selbst aussuchen konnten ist allgemein bekannt, aber auch für männliche Habsburger waren „Liebesheiraten" nur selten möglich, etwa wenn es zwei oder mehrere politisch gleichwertige Kandidatinnen gab, von denen einer der Vorzug gegeben werden konnte. Manchmal entwickelte sich dennoch aus der geplanten und von den Eltern bzw. der Familie arrangierten Eheschließung ein tiefes Gefühlsverhältnis, das mit dem Begriff „Liebe" bezeichnet werden kann – jedoch eher als Ausnahme denn als Regel. Ein gutes Beispiel ist die kurze erste Ehe Maximilians I. mit Maria von Burgund, die zwar politischem Kalkül folgte, aber eine emotionale Ebene erreichte, wie sie sonst nur aus Zuneigung geschlossene Ehen genießen. Wie sich diese Ehe bei einer längeren Dauer entwickelt hätte, ist eine der Fragen, die man als Historiker nicht beantworten kann, doch drängt sich ein Vergleich auf: Franz Joseph und Elisabeth. Nach einem gefühlsintensiven Beginn zeigten sich die Gegensätze der beiden bald allzu deutlich und führten letztlich zu einer sehr unerfüllten Beziehung – ein Schicksal, welches das Kaiserpaar mit vielen seiner Untertanen teilte.

Löst man solche Probleme in unserer heutigen Gesellschaft durch Scheidung, so war dies für die katholischen Habsburger natürlich ausgeschlossen. Höchstens eine Trennung war möglich, machte aber selbstverständlich eine Wiederverheiratung zunichte. Außereheliche Verhältnisse der habsburgischen Männer waren daher an der Tagesordnung und wurden – und werden – als Folge der Unauflöslichkeit der Ehe entschuldigt. Die Tatsache, daß Frauen dieser Möglichkeit weitgehend beraubt waren – schon wegen der Gefahr einer Schwangerschaft und illegitimer Kinder – wird meist diskret verschwiegen.

„... Tu felix Austria nube" – Erfolge und Mißerfolge habsburgischer Heiratspolitik

Bei den Habsburgern als der führenden Dynastie in Zentraleuropa seit dem späten Mittelalter spielte die Heiratspolitik eine geradezu sprichwörtliche Rolle. Tatsächlich verdankt die Familie ihren großen Aufstieg einer Serie politisch motivierter Heiratsverbindungen, die – zusammen mit anderen Faktoren – den Herrschaftsbereich des Erzhauses ständig erweiterten. In aufeinanderfolgenden Generationen wurden durch solche Bündnisse Burgund, Spanien, Böhmen und – wenigstens theoretisch – Ungarn erworben. Der oft zitierte Spruch „*Bella gerant alii, tu felix Austria nube, nam que Mars aliis, dat tibi regna Venus*" (Andere

AENEAS FEDERICO·III·IMP·LEONORAM SPONSAM
EXHIBET ET PVELLAE LAVDIS AC REGVM
LVSITANORVM COMPLECTITVR

mögen Kriege führen, Du glückliches Österreich heirate. Denn was anderen der Gott Mars gibt, gibt Dir die Herrschaft der Venus) wurde geradezu zum Motto der Politik des Erzhauses.

Die Heiratspolitik der Habsburger war zu allen Zeiten eng mit den allgemeinen Zielen des Hauses verflochten, wenn sie auch nicht immer so erfolgreich war wie in den drei aufeinanderfolgenden Ehen am Beginn der Neuzeit: die Maximilians I. mit Maria von Burgund, die Philipps des Schönen mit Johanna von Spanien und schließlich die Ferdinands I. mit Anna von Böhmen und Ungarn. Zwei dieser Ehen waren Doppelhochzeiten, d. h. jene Form von Heiratsverbindungen mit gegenseitigen Erbverträgen, die seit dem Beginn der habsburgischen Herrschaft in den österreichischen Ländern einige Male zustandekamen. Die Verträge legten stets ein gegenseitiges Erbrecht beim Erlöschen des Mannesstammes einer Familie fest, somit hätte es in jedem Falle anders kommen und die jeweils andere Dynastie hätte die Habsburger beerben können.

Die erste dieser Ehen – die Maximilians I. mit der reichsten Erbin Europas, Maria von Burgund – brachte nicht nur ein sehr reiches und kulturell blühendes Land in den Besitz der Familie, sie positionierte die Habsburger auch in den Westen Europas, gerade in einer Zeit, als sich durch das „Zeitalter der Entdeckungen" das Schwergewicht ökonomisch und politisch dorthin zu verlagern begann. Doch zog diese Verbindung große politische Schwierigkeiten nach sich. Während die burgundischen Stände den Sohn der früh verstorbenen Maria, Erzherzog Philipp den Schönen, als Erben anerkannten, mußte die Zustimmung Frankreichs, das ebenfalls Ansprüche an diesen Herrschaftsbereich stellte, mit Waffengewalt erkämpft werden. Dies führte zu einem habsburgisch-französischen Gegensatz, der die politische und militärische Geschichte der Neuzeit beherrschen sollte.

Die zweite Heirat dieser Zeit war in bezug auf die Erbchancen eine viel unsicherere Angelegenheit. Hatte Maximilian mit der Erwerbung Burgunds aufgrund seiner Ehe rechnen können, da es keine konkurrierenden Zweige des burgundischen Hauses (das mit Karl dem Kühnen im Mannesstamm erloschen war) mehr gab, verhielt es sich bei der Eheschließung zwischen Philipp dem Schönen und Johanna von Kastilien und Aragón etwas anders. Gleichzeitig mit der Ehe des Erzherzogs wurde nämlich auch eine zwischen Johannas Bruder, Juan, und Philipps Schwester, Margarete, geschlossen. Bei diesen Ehen ging es letztlich um mehr als nur ein europäisches Land. Im selben Brief, in dem der Zeitgenosse Petrus Martyr die zahlreichen Lieder über die Doppelhochzeit erwähnt, berichtet er über die Wunder der neu ent-

Oben: Hochzeitszeremonie bei der Eheschließung zwischen Philipp III. und Erzherzogin Margarethe 1599 in Valencia. Stich von Caillot. Biblioteca Nacional, Madrid

Linke Seite: Das Wandbild in der Kathedrale von Siena zeigt die erste Begegnung Friedrichs III. mit Eleonore in Siena. Die Säule im Bild ist heute noch erhalten. Foto: Vocelka/Heller

Unten: Gedenksäule, die an die erste Begegnung Friedrichs III. mit Eleonore in Siena erinnert. Foto: Vocelka/Heller

Oben: Detail aus dem Grabmal Marias von Burgund in der Liebfrauenkirche in Brügge. Archiv Verlag Styria
Unten: Eheschließung zwischen Maria von Burgund und Maximilian I. Historisierender Stich. Sammlung Mayr

deckten Welt. Hermann Wiesflecker, der Biograph Maximilians I., formulierte es treffend: „Ein Hauch von Weite und Größe umweht die Entstehungsgeschichte der habsburgisch-spanischen Verbindung."
Keineswegs eine prophetische Vision des zukünftigen habsburgischen Weltreiches, in dem die Sonne nicht untergehen sollte, sondern die triste Finanzlage lieferte den Grund für diesen Ehevertrag. Maximilian I. ließ sich auf die ihm wenig zusagende Doppelhochzeit ein, weil die Mitgiftfrage günstig geregelt werden konnte. „Wollte man die Sache auf ein Bonmot zuspitzen", meint Wiesflecker pointiert, „könnte man sagen, die Geldnot habe Maximilian zur spanischen Doppelheirat und die Habsburger zur Weltmacht emporgeführt."
Die habsburgische Braut Erzherzogin Margarete war ursprünglich – als sie erst drei Jahre alt war – als Frau des französischen Dauphins ausersehen und wurde am französischen Hof erzogen, doch heiratete der Dauphin aus Gründen der Staatsräson Anna von der Bretagne – mit der sich auch Maximilian I. versucht hatte zu verloben. So kehrte Margarete 1493 an den niederländischen Hof der Habsburger zurück und wurde wenige Jahre später mit Juan von Kastilien und Aragón verheiratet, der allerdings schon sechs Monate später starb. Man vermutete, daß der schwächliche Infant den vergnüglichen Strapazen des jungen Ehelebens erlegen war. Dieser Tod brachte Philipp schließlich in eine Position, die zum Erwerb Spaniens durch die Habsburger führte. Der Tod Juans hatte noch ein spätes Nachspiel; als Juans Enkel Philipp II. und Maria von Portugal heirateten, kam in der Hochzeitsnacht um drei Uhr früh Philipps Erzieher Juan de Zúñiga in das Zimmer der Brautleute und veranlaßte sie, den Rest der Nacht getrennt zu verbringen. Im Hintergrund stand die Angst vor dem Verlust des Thronfolgers nach dem Vorbild Juans, der die eheliche Liebe mit allzu übertriebener Emsigkeit betrieben hatte. Daher entschied man sich, wie ein spanischer Historiker es ausdrückte, für eine *Hochzeit light*.
Auch die dritte dieser Ehen – die Doppelhochzeit von 1515 zwischen Ferdinand I. und Anna Jagiello († 1547) einerseits und Erzherzogin Maria († 1558) und Ludwig Jagiello von Böhmen und Ungarn († 1526) andererseits – bot keineswegs eine sicherere Chance auf Gebietserwerb. Bereits zweimal hatte es Versuche gegeben, Böhmen durch Heiratspolitik zu erwerben. Schon die Auseinandersetzungen mit Přemysl Ottokar († 1278), die den Beginn der habsburgischen Herrschaft in Österreich markierten, wurden durch eine habsburgisch-přemyslidische Doppelhochzeit beigelegt. Als die Přemysliden 1305 ausstarben, kam es aufgrund der politischen Umstände jedoch zu keiner Erwerbung Böhmens durch die Habs-

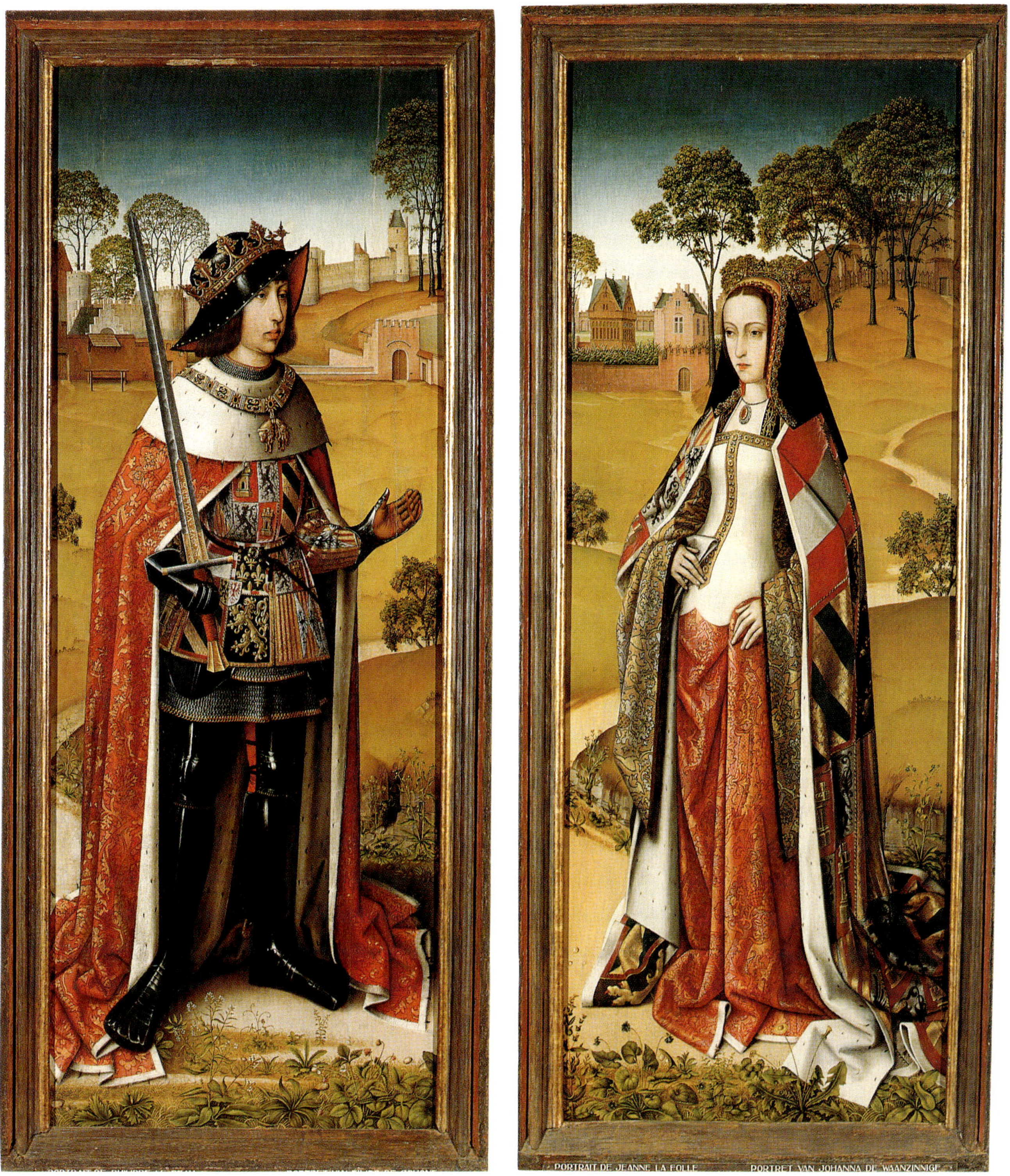

Die Bilder zeigen Philipp den Schönen und Johanna jeweils im Wappenrock.
Musées royaux des Beaux-Arts de Belgique, Brüssel

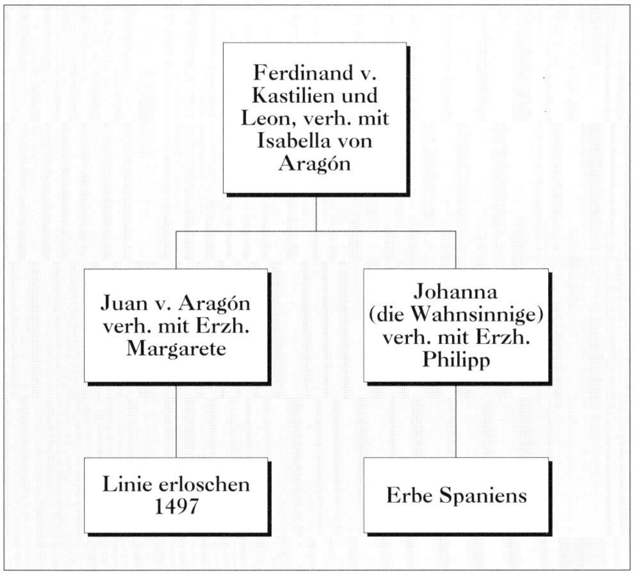

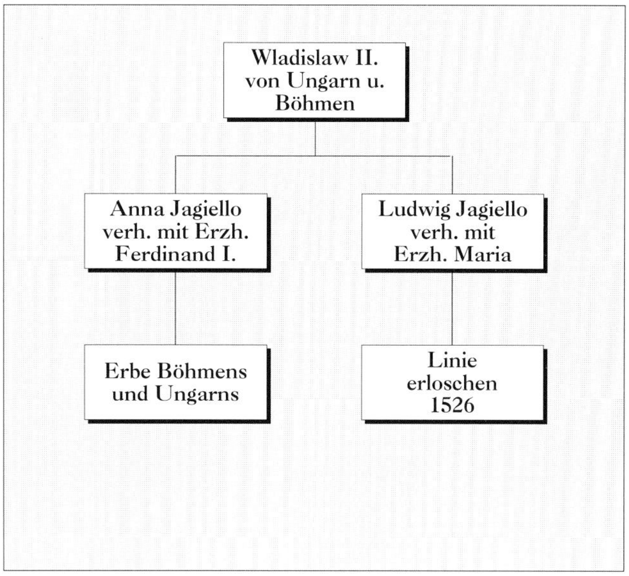

burger. Auch ein zweiter Versuch, Böhmen zu erwerben, war nicht langfristig von Erfolg gekrönt. Nach dem Aussterben der Luxemburger, die sich für mehr als ein Jahrhundert als Nachfolger der Přemysliden hatten etablieren können, gelang es dem Habsburger Albrecht II. (der die Tochter des Luxemburger Kaisers Sigismund geheiratet hatte) für kurze Zeit, die böhmischen und ungarischen Länder zu erwerben. Doch bereits in der nächsten Generation gingen sie wieder verloren. Auf ein kurzes Zwischenspiel „nationaler" Herrscher in Böhmen und Ungarn folgten die ursprünglich polnischen Jagiellonen und erwarben die Kronen Böhmens und Ungarns.

Die Habsburger setzten nun bei dieser neuen böhmischen Dynastie wieder auf die Karte der Heiratspolitik, und mit der Wiener Doppelhochzeit von 1515 wurde eine in ihren Folgen weitreichende Eheverbindung geschlossen. Der Tod des jungen Ludwig 1526 in der Schlacht bei Mohács hatte große Konsequenzen für Mitteleuropa. Den Habsburgern gelang nun endgültig – gewissermaßen im dritten Anlauf – die Erwerbung Böhmens und (dem Anspruch nach) Ungarns. Während die Herrschaftsübernahme in Böhmen relativ unproblematisch verlief, kam es in Ungarn zu einer Doppelwahl, bei der außer Ferdinand auch Jan Zápolya gewählt wurde. In die entstehenden

Linke Seite: Der Wandteppich von Peter von Aalst stellt den Fackeltanz bei der Hochzeit Philipps des Schönen mit Johanna von Kastilien 1496 dar. Weiters sind Erzherzogin Margarete und der spanische Infant Juan sowie Artur von Frankreich, der älteste Sohn König Heinrichs VII., mit Katharina von Aragón, die später seinen Bruder Heinrich VIII. heiratete, zu erkennen. Historisches Archiv Krupp, Essen

Wirren mischten sich die Osmanen ein, und dies führte zu einer mehr als eineinhalb Jahrhunderte dauernden Dreiteilung Ungarns, bei der die Habsburger nur einen schmalen Streifen im Westen beherrschen konnten. Die Auseinandersetzungen mit den Osmanen, die die Geschichte Mitteleuropas durch zwei Jahrhunderte beherrschten, waren die Folge. Trotz all dieser Schwierigkeiten stellte aber die dritte der aufeinanderfolgenden Hochzeiten nach der Festsetzung in Westeuropa (Burgund, Spanien) die Weichen für die langfristige Herrschaft der Habsburger im Donauraum, wenn auch die Erwerbung des gesamten ungarischen Territoriums erst fast 200 Jahre später tatsächlich erfolgte. Diese Heiraten Maximilians, Philipps des Schönen und Ferdinands I. begründeten also den Mythos der Habsburger, die Länder nicht zu erobern, sondern zu erheiraten.

Doch bildete die sprichwörtlich erfolgreiche Heiratspolitik der Habsburger nur in einer ganz spezifischen Epoche um 1500 die Grundlagen für die territoriale Expansion des Hauses. Der immer wieder zitierten Erwerbung Burgunds, Spaniens, Böhmens und Ungarns in den Eheschließungen um 1500 stehen weitaus zahlreichere vergebliche Bemühungen um die Erweiterung des Machtbereiches gegenüber. So war z. B. Polen ein vorrangiges Ziel der habsburgischen Heiratspolitik im 16. Jahrhundert – trotz aller Versuche gelang die Erwerbung des Landes aber nicht. Eine Erwerbung Polens hätte den Habsburgern eine Umklammerung des osmanischen Teils von Ungarn bzw. des feindlichen Siebenbürgen ermöglicht, außerdem spielte Polen auch eine wichtige Rolle in der gesamteuropäischen Politik; sowohl die Habsburger als auch Frankreich suchten es jeweils in ihren Einflußbereich zu ziehen. Im Gegensatz zu den Erwer-

bungsversuchen in Böhmen und Ungarn gelang es niemals, Polen völlig unter habsburgische Kontrolle zu bringen, wenn auch der französische Einfluß auf längere Zeit zurückgedrängt werden konnte. Der politische Vorteil für die habsburgische Dynastie wurde allerdings mit viel menschlichem Leid erkauft. Doch bildeten Gebietserweiterungen nicht das einzige Ziel der Habsburger, seit der Reformation spielte gelegentlich eine „gegenreformatorische" Heiratspolitik eine Rolle; z. B. gab es Versuche, durch dynastische Verbindungen England wieder zu katholisieren. Philipp II. von Spanien war nach seiner ersten kurzen Ehe mit Maria von Portugal fast neun Jahre lang Witwer gewesen, als er 1554 Maria Tudor von England ehelichte; in den Augen vieler Zeitgenossen (auch der spanischen Höflinge) war sie eine 38 Jahre alte, häßliche Spottfigur. Doch die politischen Verhältnisse erzwangen die Eheschließung: Ein Bündnis gegen Frankreich, die erhoffte Rekatholisierung Englands und die Vereinigung dieses Landes mit Spanien standen auf dem Spiel. Maria Tudor war politisch und sexuell unerfahren und nicht sehr gesund; sie war also – wie ein englischer Historiker es prägnant formulierte – „*an unpromising gamble from a dynastic point of view*".
Der Heiratsvertrag sah vor, daß ein Sohn aus dieser Ehe England und die Niederlande erben sollte, während Spanien, Italien und die überseeischen Besitzungen an Don Carlos, Philipps Sohn aus erster Ehe, oder dessen Erben fallen sollten. Dasselbe sollte für eine etwaige Tochter Philipps und Marias gelten. Sollte die ältere spanische Linie mit Don Carlos oder seinen Nachkommen erlöschen, würde das gesamte Erbe an die zu erwartenden Kinder der englischen Ehe fallen.
Angeblich bemühte sich Philipp II. ernsthaft um Maria. Ein Zeitgenosse bescheinigte ihm: „*Entretiene muy bien a la Reina y save muy bien pasar lo que no es bueno en ella para la sensualidad de la carne, y ténela tan contenta que cierto estando el otro día ellos dos a solas, casi le decía ella amores, y él respondía por los consonantes*" (Er unterhält die Königin sehr gut und versteht es sehr gut, das zu vermeiden, was bei ihr für die Sinneslust [Sinnlichkeit des Fleisches] nicht gut ist, und er befriedigt sie so gut, daß sie ihm beinahe ihre Liebe erklärt hätte, als sie unlängst allein beisammen waren, und er antwortete ihr in ähnlichen Tönen).
Die spanischen Granden, die Philipp nach England begleitet hatten, waren zunächst nicht sehr glücklich in dem ihnen ungewohnten England, doch die Stimmung besserte sich schlagartig, als im Oktober 1554 das Gerücht aufkam, Maria sei schwanger. Diese Hoffnung – so berichteten einige vertrauenswürdige Zeitzeugen – übte einen beruhigenden Effekt auf die unzufriedenen Spanier aus, die nun zugeben mußten, daß ihr Opfer und das Philipps, sollte die Königin einen Sohn bekommen, sich gelohnt hätten. Doch schon bald begannen sich Zweifel zu regen, und im März des folgenden Jahres streuten die Protestanten in London das Gerücht aus, man plane eine Verschwörung zur Unterschiebung eines fremden Kin-

Historisierende Darstellung der berühmten Doppelhochzeit von 1515. ÖNB, Wien

Der Habsburger Rudolf III. wurde 1306 als König von Böhmen anerkannt, starb aber schon nach einem Jahr. Seine Funeralinsignien befinden sich im Prager Veitsdom. Správa Pražskeho, Prag

des. „*The Queen's Grace is not with child, and another lady shall be with child, and that lady's child, when she is brought in bed, shall be named the Queen's child...*"
Als es Juni wurde und die Argumentation der Ärzte, sie hätten den Beginn der Schwangerschaft falsch kalkuliert, immer lahmer erschien, verstärkten sich die Gerüchte, die Königin sei verhext, krank oder gar tot. Doch im Juli war klar, daß es sich um eine Scheinschwangerschaft gehandelt hatte; monatelang war Maria das Opfer ihres starken Wunsches nach einem Kind geworden. Stillschweigend und ohne offizielle Erklärung wurde dieser Tatsache Rechnung getragen. Die Maßnahmen, die dem Schutz der Schwangeren gedient hatten, wurden eingestellt, und Maria nahm ihre gewohnten Tätigkeiten wieder auf. Auch für Philipp – der England inzwischen verlassen hatte – war damit eine Hoffnung zunichte geworden, doch er amüsierte sich inzwischen gut auf Maskenbällen und schien in eine junge Adelige besonders verliebt zu sein. Nicht nur seine Frau, sondern auch sein Vater Karl V. forderten ihn zur Rückkehr auf, da durchaus noch die Chance zu bestehen schien, einen Erben zu zeugen, doch eine Rückkehr zu den ehelichen – und sonstigen – Pflichten schien ihn nicht zu reizen. Zwar konnte Philipp noch die Kriegserklärung Englands an Frankreich, die im Heiratsvertrag festgelegt war, durchsetzen und sich damit im Triumph sonnen, daß die Engländer – als seine Untertanen – sich ihm gefügt hätten, aber auch dieses konnte nicht darüber hinwegtäuschen, daß er als König von England weder die Macht noch den Respekt seiner Untertanen erworben hatte. Als Maria, die sich durch Protestantenverfolgung den Beinamen „Bloody Mary" erworben hatte, 1558 starb, kehrte Philipp nach Spanien zurück und verließ es nicht mehr.
Da das Ziel – die Rekatholisierung Englands – nicht erfüllt war, gab es weiterhin englische Heiratspläne. Einer davon sah eine Hochzeit Philipps mit Marias Halbschwester Elisabeth I. vor, deren Liebesleben den Stoff vieler Legenden bildet – bis zu der Behauptung, die *Virgin Queen* habe keine Vagina besessen. Bereits zwei Monate nachdem er Witwer geworden war, trat ein Brautwerber des Witwers bei Elisabeth auf, doch der Papst verweigerte den für die Hochzeit mit der Schwester seiner verstorbenen Frau notwendigen Dispens.
Nach dem Scheitern dieses Planes warben andere Habsburger um Elisabeth, weil man sich von einer Ehe mit ihr eine Wiederherstellung des Katholizismus in England versprach. Als nächster Kandidat war Ferdinand von Tirol († 1595) vorgesehen; dieser war allerdings bereits seit einem Jahr mit Philippine Welser verheiratet, was er erst 1559 seinem Vater mitteilte. An seine Stelle trat daraufhin Karl von Innerösterreich († 1590), ein Unterhändler wurde 1559 zu entsprechenden Gesprächen nach London gesandt. Elisabeth schlug vor, der junge Erzherzog solle unter anderem Namen nach England kommen, damit sie ihn kennenlernen könne. Die wichtigste Frage in dieser Zeit konfessioneller Gespaltenheit bildete die unterschiedliche Religion des Paares. Von seiten Elisabeths wurden unerfüllbare Bedingungen für Karl gestellt; ihm sollten weder öffentliche noch private Gottesdienste gestattet werden, weil sie gegen engli-

sche Gesetze verstießen, auch sollte er für seinen Unterhalt in England aus eigenen Mitteln aufkommen. Damit rückten alle Hoffnungen der Habsburger, England durch eine Heirat zu katholisieren, in weite Ferne.
Als die Verhandlungen aufgrund der blutigen Katholikenverfolgungen in England abgebrochen wurden, nützte Kardinal Karl von Lothringen, das Haupt der französischen Guisen, die Gelegenheit, eine Verehelichung Karls von Innerösterreich mit seiner Nichte Maria Stuart ins Spiel zu bringen. Auch sie verkörperte einen der denkbaren Erbansprüche auf England; sie war noch dazu katholisch, und so verwundert es nicht, daß man sie in die Planungen der Habsburger einbezog. Sowohl Don Carlos als auch Karl von Innerösterreich waren aussichtsreiche Kandidaten, doch hier blieb es lediglich bei Spekulationen und Verhandlungen. Maria Stuarts weiteres tragisches Schicksal war nicht mit dem des Erzhauses verbunden.
Noch ein letztes Mal glaubte man im 17. Jahrhundert, auf England konfessionellen Einfluß gewinnen zu können, und natürlich wieder mittels Heiratspolitik. Nach dem Tod seiner Frau im Jahr 1671 dachte Herzog Jakob von York, der Bruder und Thronfolger des englischen Königs Karl II., einerseits an eine Wiederverehelichung, andererseits liebäugelte er mit dem Gedanken, offiziell zum Katholizismus überzutreten. Seine geplante – und später vollzogene – Konversion sollte durch eine entsprechende Hochzeit unterstützt werden, dabei brachte man die 18jährige Claudia Felicitas, die Tochter des Landesfürsten von Tirol, Erzherzog Ferdinand Karl († 1662), ins Spiel. Dies war aber nur einer der zahlreichen Pläne in einem verwirrenden Gerüchtekarussel rund um die Erzherzogin: Spanien schlug zuerst eine Ehe mit Karl Emanuel II. von Savoyen, dann mit Alfons von Braganza und schließlich mit Don Juan José, dem natürlichen Sohn Philipps IV., vor; auch Dom Pedro von Portugal und der sieben Jahre jüngere Karl von Spanien waren im Gespräch.
Theologen wurden bezüglich der geplanten englischen Heirat befragt, ob eine Ehe mit einem Nicht-Katholiken möglich sei, und diese sprachen sich einstimmig dafür aus. Man verfolgte vor allem handfeste politische Ziele und versuchte, den Übergang der englischen Königsfamilie ins Lager der Franzosenfeinde vorzubereiten.
Bei der Aussteuer forderte Jakob eine Mitgift von 500.000 Gulden. Man wurde sich schließlich einig, und der Heiratskontrakt war bereits unterzeichnet, als der französische König Ludwig XIV. protestierte. Er schlug zwei Fürstinnen aus Modena als Ehekandidatinnen vor und übernahm die Bürgschaft für deren Mitgift. Jakobs Bruder, der englische König Karl II., erklärte sich nun angesichts des französischen Angebotes nicht mehr mit dem Heiratsvertrag mit den Habsburgern einverstanden. Damit kam es zum Abbruch der Verhandlungen.
Mittlerweile war am 12. März 1673 Leopolds erste Frau Margarita Teresa gestorben, und der Kaiser beschloß nun, selbst Claudia Felicitas zu heiraten. So wurde das Spekulationsobjekt einer englischen Hochzeit innerhalb des kaiserlichen Hauses verheiratet, Jakob heiratete die erst 15jährige Marie Beatrice von Modena.

Die Ehe als Politikum – Heiratsnetzwerke und Verwandtschaftsehen

Blickt man auf das Konnubium der Habsburger, also auf jene Familien, mit denen sie in verwandtschaftliche Beziehungen traten, so kann man jeweils einige epochentypische Heiratsnetzwerke ausmachen. Der Historiker Walter Höflechner versuchte darüber hinaus, unterschiedliche Beweggründe für Heiraten herauszuarbeiten und kam zu folgender Einteilung:

1. Heiraten im Interesse der Tagespolitik,
2. Dynastische Heiraten, die auf die Erwerbung von Gebieten oder Rechtsansprüchen abzielten,
3. Heiraten im Rahmen der internationalen Reichsaußenpolitik,
4. Nachbarschaftsheiraten zur Absicherung der Grenzen und
5. Hilfsheiraten als flankierende Maßnahmen zu politischen Aktionen, z. B. Geldheiraten.

In unterschiedlichen Epochen der habsburgischen Geschichte sah der jeweilige Heiratsumkreis der Familie völlig verschieden aus, da die Heiratsnetzwerke einer Dynastie immer mit der sich verändernden politischen Situation zusammenhängen. Daher soll zunächst der Wandel dieses Umfeldes vom Mittelalter bis ins 19. Jahrhundert charakterisiert werden.
Die Habsburger vor Rudolf I. fanden ihr eheliches Betätigungsfeld in erster Linie im schweizerisch-süddeutschen Raum; sie waren mit einigen bedeutenden Grafenfamilien dieses Gebietes verschwägert, so mit den Grafen von Pfullendorf, Lenzburg, Leinigen und den Burggrafen von Nürnberg. Mit Rudolfs Aufstieg zur Herrschaft im Reich veränderte sich der Heiratsumkreis der Familie dramatisch. Die Töchter Rudolfs wurden mit fast allen Dynastien der weltlichen Kurfürsten vermählt: Hedwig nach Brandenburg, Agnes nach Sachsen und Guta nach Böhmen, dazu kamen noch die zwei Hochzeiten von Mathilde und

Katharina mit dem mächtigen Bayern und die der Prinzessin Klementia nach Ungarn. Auch andere große Namen des Reiches, wie die Familien Pfirt, Zollern und Oettingen, finden sich in den darauffolgenden Generationen. Im Spätmittelalter ortet man eine beginnende „Internationalisierung" des Heiratsnetzwerkes, das den Rahmen des Reiches sprengte und sich nach Süden und Westen ausdehnte. Neben den im Reich herrschenden Familien gab es nun Heiraten mit spanischen bzw. aragónesischen (Friedrich I.), savoyischen (Leopold I.), lothringischen (Elisabeth), schottischen (Sigismund) und italienischen (Leopold III. mit einer Visconti und Wilhelm mit Johanna von Durazzo) Partnerinnen und Partnern. Eine besondere Rolle spielten die Verbindungen mit Mitgliedern des Hauses Luxemburg: Fast ein Viertel der weiblichen und sogar ein Drittel der männlichen Mitglieder der Dynastie ehelichten Partner aus dem Hause Luxemburg.

Von den 24 spätmittelalterlichen männlichen Habsburgern, die ein ehetaugliches Alter erreichten, blieben nur drei ledig, und diese wohl auch nur, weil sie früh ums Leben kamen: Johann Parricida, der nach dem Mord an seinem Onkel geächtet wurde, und die jeweils mit 18 Jahren verstorbenen Herzöge Hartmann und Ladislaus Postumus. Von den 29 Frauen des Geschlechts gingen zwei ins Kloster und eine blieb unverheiratet, sie starb allerdings schon mit 19 Jahren.

Wohl infolge der Erlangung und Bewahrung der Kaiserwürde durch viele Generationen erweiterte sich das Heiratsgeflecht ab Friedrich III. weiter in Richtung Westeuropa, wodurch die Familien des Reiches immer mehr zurücktraten. Einen wesentlichen Einschnitt bildete sicherlich die Reformation und in ihrer Folge die Konfessionalisierung Europas – und natürlich auch die des Reiches. Es war nur mehr möglich (mit wenigen Ausnahmen), entweder innerhalb des katholischen oder innerhalb des protestantisch-reformierten Umkreises zu heiraten. Dadurch entfielen die protestantischen Reichsfürsten, England und die skandinavischen Länder für habsburgische Heiratsprojekte.

Betrachtet man die politischen Verhältnisse der Frühen Neuzeit, so entpuppt sich der dynastische Ehebund als ein ebenso wesentliches Element der politischen Kultur (oder Unkultur) wie die diplomatischen Verhandlungen oder die Kriege und Friedensschlüsse. Menschen wurden für diese Hochzeiten wie Figuren auf einem Spielbrett bewegt, und man vergißt allzu gerne, daß es sich dabei nicht um anonyme Institutionen, sondern um Verbindungen und Beziehungen zwischen lebendigen Menschen handelte. Mit dem 19. Jahrhundert war die politische Bedeutung der Ehen weitgehend verschwunden, daher kann man in dieser Zeit keine klare Dominanz bestimmter Heiratskonstellationen ausmachen.

In jener Zeit der Geschichte des Hauses Habsburg, in der die dynastische Heiratspolitik die größte Rolle spielte, kam es zu einer sehr ungleichen Verteilung der Eheschließungen auf die verschiedenen in Frage kommenden Dynastien Europas. Die rund 100 von Habsburgerinnen und Habsburgern geschlossenen Ehebeziehungen zwischen 1500 und dem Ende des alten Reiches 1806 erstreckten sich quer durch Europa, sie reichten von Portugal bis nach Rußland. Allerdings wurden mit einigen wenigen Familien weitaus mehr Heiratsverträge abgeschlossen als mit anderen. In der Folge soll nun auf einige Familien näher eingegangen werden, mit denen die Habsburger besonders häufig eheliche Beziehungen unterhielten.

Bis zum Erlöschen der spanischen Linie im Jahre 1700 waren die österreichisch-spanischen Heiraten – also Verwandtenehen im ganz engen Wortsinn – besonders häufig; drei der fünf spanischen Könige dieser Zeit – Philipp II. bis IV. – schlossen mit Habsburgerinnen den Bund fürs Leben. Auch drei österreichische Habsburger – Maximilian II., Ferdinand III. und Leopold I. – führten spanische Infantinnen heim. Dazu kam noch der lange bestehende Plan, Rudolf II., der letztlich unvermählt blieb, mit der spanischen Infantin Isabella Klara Eugenia zu verheiraten.

Bezeichnend für die engen, geradezu inzestuösen Beziehungen der habsburgischen Dynastie ist, daß es bei den Althabsburgern neben den Verbindungen zwischen dem spanischen und dem österreichischen Zweig des Hauses auch drei Ehen innerhalb der österreichischen Linie der Familie gab, drei Erzherzoginnen der Tiroler Linie wurden Männern aus der Hauptlinie des Hauses angetraut: Zunächst Erzherzogin Anna († 1618), die Tochter aus der zweiten (legitimen) Ehe Ferdinands von Tirol, mit Kaiser Matthias, dann Erzherzogin Maria Leopoldine († 1649) mit Ferdinand III., und schließlich heiratete Leopold I. Claudia Felicitas († 1676). Die Begründung für diese ständigen Hochzeiten innerhalb der Familie – die schließlich zumindest bei Karl II. von Spanien ihren Preis forderten – sahen die Betroffenen darin, die beiden Linien enger aneinander zu binden und die gegenseitigen Erbansprüche zu festigen und zu bestätigen.

Fast ähnlich intensiv wie die spanischen waren die Heiratsbeziehungen zwischen Portugal und den Habsburgern. Von der Mitte des 15. bis zur Mitte des 16. Jahrhunderts gab es nicht weniger als sechs eheliche Bindungen zwischen den beiden Häusern, was schließlich zu einem Übergang Portugals an Spanien

Links: Grabmal der Infantin Katharina († 1578), die mit Johann III. von Portugal verheiratet war, im Hieronymitenkloster in Belem in Lissabon. Foto: Vocelka/Heller

Rechte Seite: Austausch der Bräute. Übergabe der Infantin Anna an Ludwig XIII. und der Bourbonin Elisabeth an Philipp III. Patrimonio Nacional, Madrid

führte; von 1580 bis 1640 wurde das Land von den ungeliebten Habsburgern beherrscht.

Anders war das bei den vielen Heiraten zwischen den Häusern Habsburg und Valois bzw. Bourbon, die keine unmittelbare territorialen Folgen hatten. Erst das Aussterben der spanischen Habsburger und der Spanische Erbfolgekrieg sollten eine Erwerbung Spaniens durch die Bourbonen ermöglichen. Die erste Verbindung mit dem französischen Königshaus erfolgte schon früh – Rudolf III. († 1307) vermählte sich in erster Ehe mit Blanca von Frankreich –, daneben gab es viele, letztlich nicht verwirklichte Heiratspläne.

Oftmals entstanden Heiratsverbindungen im Zusammenhang mit Friedensschlüssen, sie dienten dem Ausgleich politischer Konflikte auf einer persönlichen Ebene. So wurde z. B. der Friede von Madrid zwischen Karl V. und Franz I. im Jahre 1526 – nach der vernichtenden Niederlage der Franzosen bei Pavia und der Gefangennahme des Königs – durch einen Ehevertrag zwischen dem besiegten französischen König und Eleonore († 1558), der verwitweten Schwester Karls V., ergänzt. Der Heirat Philipps II. mit der Tochter des französischen Königs Heinrich II. im Jahre 1559 folgte der Friedensvertrag von

Cateau-Cambrésis im gleichen Jahr, und auch die Hochzeit Karls IX., eines Nachfolgers Heinrichs II., mit einer Tochter Kaiser Maximilians II. im Jahre 1570 hatte einen politischen Hintergrund.

Doch für Staat und Macht blieben diese Eheschließungen ohne Bedeutung. Erst die Ehebündnisse Ludwigs XIII. und Ludwigs XIV. mit spanischen Infantinnen lieferten gewichtige rechtliche Argumente bei der späteren Erwerbung Spaniens durch die Franzosen.

Die erste dieser Vermählungen kam im Rahmen einer französisch-spanischen Doppelhochzeit im Jahre 1612 zustande. Die Heiratsverträge vereinbarten die Trauung des elfjährigen französischen Königs Ludwig XIII. mit der gleichaltrigen spanischen Infantin Anna und die Heirat des vierjährigen spanischen Thronfolgers Philipp mit Elisabeth, der zehnjährigen Schwester Ludwigs XIII. Der „Austausch" der beiden Bräute 1615 ist in einem sehr schönen Gemälde im Real Monasterio de la Encarnación in Madrid zu sehen.

Die spanische Infantin – und nunmehrige französische Königin – Anna, die politisch interessierter war als manche ihrer Standesgenossinnen, verfolgte schon frühzeitig das Vorhaben, die Hand ihrer Nichte, der spanischen Infantin Maria Teresa († 1683), für ihren Sohn Ludwig (XIV.) zu gewinnen. Dahinter standen Erbabsichten, denn nach dem Tod des einzigen männlichen Erben, des Infanten Baltasar Carlos, war Maria Teresas Wert als „Erbtochter" Spaniens erheblich gestiegen. Aber nicht nur Frankreich erkannte die Gunst der Stunde, auch die österreichische Linie des Hauses bemühte sich um eine Verbindung des österreichischen „Thronfolgers" Ferdinand IV. mit der Infantin. Doch Ferdinand starb bereits 1654 im Alter von 21 Jahren. Danach bot man Ferdinands Bruder Leopold – dem späteren Kaiser Leopold I. – die Hand der Infantin an. Leopold schrieb in dieser Angelegenheit 1657 an Lamberg: „dass diese Vermählung für unser gesammtes Haus, als dessen Conservation in unione beider Linien fürnahmlich bestehet, erspriesslich sein und dadurch vielen schweren Inconvenienzen begegnet werden möchte." Leopold war sogar entschlossen, die Reise nach Spanien anzutreten und die Kaiserkrone einem anderen Sproß der Habsburger zu überlassen, um damit das spanische Erbe innerhalb der habsburgischen Familie zu halten. Doch kam es nicht dazu. Als Folge des Pyrenäenfriedens von 1659 heiratete die spanische Infantin Maria Teresa den französischen König Ludwig XIV. Der österreichische Habsburger Leopold mußte sich mit ihrer jüngeren Schwester Margarita Teresa († 1673) begnügen, die bald darauf starb, aber eine Tochter hinterließ, die Ansprüche auf die spanische Krone erbte.

Damit setzten die habsburgisch-bourbonischen Hochzeiten auf mehr als 100 Jahre aus, denn einerseits waren die Beziehungen der beiden Staaten und Dynastien durch die Auseinandersetzungen um das spanische Erbe belastet, und andererseits standen keine habsburgischen Ehekandidaten bzw. -kandidatinnen zur Verfügung. Das Heiratsnetzwerk mit Frankreich wurde erst wieder in der ersten Generation der Habsburg-Lothringer geknüpft. In dieser Zeit führte das *„renversement des alliances"*, also die Umkehr der Bündnisse nach dem Österreichischen Erbfolgekrieg, zu einer Annäherung der Habsburger an ihre Erzfeinde, die Bourbonen. Dieser neue – wenn auch, wie sich zeigen sollte, nicht sehr stabile – politische Zustand wurde wiederum durch eine Reihe von Eheschließungen abgesichert. Die Ehen der Kinder Maria Theresias mit den französischen Bourbonen (Marie Antoinette) und den Zweigen Bourbon-Spanien (Leopold II.), Bourbon-Neapel (Maria Karoline) und Bourbon-Parma (Joseph II. und Maria Amalia) waren Ausdruck der neuen Allianz.

Obwohl die Hochzeiten mit Mitgliedern des französischen Königshauses politisch wichtig waren, wurden sie rein zahlenmäßig von den Wittelsbachern in Bayern bei weitem übertroffen. Bis zum Zweiten Weltkrieg gab es nicht weniger als 32 ehelichen Verbindungen mit dem bayrischen Königshaus, von denen zehn bereits im späten Mittelalter geschlossen wurden. Besonders dicht war das Netz der Verbindungen im 16. Jahrhundert, als die beiden Dynastien als Träger der Gegenreformation auch religionspolitisch eng zusammenarbeiteten. Anna († 1590), eine Tochter Ferdinands I., heiratete 1546 Albrecht V. von Bayern, und ein Vierteljahrhundert später deren Tochter Maria († 1608) Karl II. von Innerösterreich. Deren Sohn Ferdinand (II.) ehelichte wiederum Maria Anna von Bayern († 1616), während eine nach der Mutter benannte Tochter dieses Paares, Maria Anna († 1665), mit Maximilian I. von Bayern vermählt wurde. Ohne Stammbaum ist das ständige Hin- und Herheiraten zwischen den beiden Dynastien kaum nachvollziehbar, ja, man könnte mit Fug und Recht behaupten, daß die Wittelsbacher und die Habsburger genealogisch in dieser Zeit eine einzige Familie mit unterschiedlichen Zweigen bildeten. Die nahe Verwandtschaft führte aber keineswegs zwangsläufig zu einer politischen Einigkeit; besonders ab dem späten 17. Jahrhundert waren die beiden Familien oft politisch verfeindet, und die Bayern arbeiteten intensiv mit Frankreich zusammen. Dennoch ging die Heiratspolitik auch in dieser konfliktreichen Zeit munter weiter.

Beim Aussterben der Althabsburger mit dem Tod Karls VI. 1740 machten die Wittelsbacher sogar Erbansprüche auf die habsburgischen Länder geltend und beriefen sich auf das Testament Ferdinands I. von 1543 und den Ehevertrag von 1546 zwischen Anna und Albrecht von Bayern. Daraus zitierten sie, etwas verfälscht, daß nach dem Aussterben der männlichen habsburgischen Linie ihr Haus das Erbe antreten sollte, doch war in diesem Vertrag nur von einem Aussterben in männlicher und weiblicher Linie die Rede. Die Heirat Karl Albrechts von Bayern – der als Karl VII. die lange Reihe der habsburgischen Kaiser im Reich unterbrach – mit Maria Amalia Josepha († 1756), einer Tochter Josephs I., begründete in den Augen der Wittelsbacher einen weiteren möglichen Erbanspruch. Dem konnte man entgegenhalten, daß die Erzherzogin – wie jede weibliche Angehörige des Hauses, die einen fremden Monarchen ehelichte – eine Verzichtserklärung, von den Zeitgenossen „Renuntiationsinstrument" genannt, unterschrieben hatte, in der sie auf alle Erbrechte verzichtet hatte. Aber eine politische Krise, wie sie das Jahr 1740 darstellte, bot eine gute Gelegenheit, die Renuntiation zu widerrufen und damit – entgegen den Bestimmungen der Pragmatischen Sanktion – die Ansprüche der älteren Linie des Hauses Habsburg (der Linie Josephs I. gegenüber der Karls VI.) geltend zu machen. Dieser Versuch Bayerns, Erbrechte auf die Habsburgermonarchie durchzusetzen, scheiterte – ebenso wie der vergleichbare Sachsens – im Österreichischen Erbfolgekrieg.

Auch die Habsburg-Lothringer pflegten intensive Verbindungen mit den Wittelsbachern in fast jeder Generation. Joseph II. war in zweiter, unglücklicher Ehe mit Maria Josefa († 1767) verheiratet, Franz II./I. mit Karoline Auguste († 1873), Franz Karl mit Sophie († 1872) und schließlich Franz Joseph mit der aus einer nicht regierenden Linie der Wittelsbacher stammenden Elisabeth († 1898). Daneben spielten auch viele nicht regierende Habsburger in dem engen Heiratsgeflecht mit, so die Erzherzöge Albrecht († 1895), Franz von Österreich-Modena († 1875) und Joseph († 1962). Umgekehrt heirateten auch vier Erzherzoginnen Partner aus dem Hause Wittelsbach. Auch nach dem Jahr 1918 rissen diese Ehebeziehungen nicht ab.

Ein weiteres Feld für viele Ehen des Erzhauses boten die italienischen Dynastien, allen voran die Gonzaga in Mantua, die Medici in Florenz, die Este in Ferrara und Modena, die Savoyer und die Sforza in Mailand

Allegorie auf die Ehe Ludwigs XIII. mit der Infantin Anna. Stich von Louis Gaultier. Biblioteca Nacional, Madrid

und später die bourbonischen Nebenlinien in Neapel und Parma. Dieses Heiratsnetzwerk ging auf das späte Mittelalter zurück, denn schon früh war Italien sowohl strategisch als auch politisch von großer Bedeutung für die Habsburger. Einerseits suchten sie – Tendenzen der babenbergischen Politik aufnehmend – eine territoriale Erweiterung in Richtung auf die Adria hin, und andererseits wurden viele Konflikte der europäischen Politik in Italien ausgetragen, da die Interessen der Großmächte dort aufeinander trafen. Für die habsburgischen Herzöge war ein Bündnis mit italienischen Staaten ebenso wichtig wie für diese, da mit Venedig, dessen *terra ferma* sich im Spätmittelalter immer weiter ausbreitete, ein gemeinsamer mächtiger Gegner bestand.

1354 kam es sogar zu einer habsburgisch-italienischen Doppelhochzeit. Filippino Gonzaga heiratete Verena von Habsburg, und Elisabetta Gonzaga nahm den Grafen Rudolf von Habsburg-Laufenberg zum Mann. Die Visconti versuchten ihre – mit fürstlicher Mitgift ausgestatteten – Töchter ebenfalls an Habsburger und Bayern zu vermählen. So kam 1365 ein Heiratsvertrag zwischen Herzog Leopold III. († 1386) und Viridis Visconti († 1414) zustande, obwohl Papst Gregor XI., der die Visconti haßte, die österreichischen Herzöge vor dem „Unstandesgemäßen und Beschämenden" einer Beziehung zu der Tyrannenfamilie gewarnt hatte. Trotz der Mahnung trug sich Leopolds Bruder Albrecht III. († 1395) ebenfalls mit der Absicht, nach dem Tod seiner ersten Frau eine Tochter Galeazzo Viscontis zu ehelichen. 1374 war die Planung schon so weit gediehen, daß die Widerlage (also die Versorgungssumme für eine eventuelle Witwenschaft) festgelegt wurde. Eingeschüchtert durch päpstliche Drohungen verzichtete Albrecht letztlich auf die Eheschließung mit der *iuvenis et formosa* Mailänderin und warb statt ihrer um die Tochter des Burggrafen von Nürnberg, Beatrix von Zollern († 1414).

Im 16. und 17. Jahrhundert stieg die Zahl der Eheschließungen mit italienischen Fürstenhäusern, wobei in der Mehrzahl Erzherzoginnen nach Italien verheiratet wurden. Die engsten Beziehungen bestanden zu Mantua, das sich politisch eng an die Habsburger anlehnte. Drei Erzherzoginnen übersiedelten an den kulturell blühenden Hof der Gonzaga, und drei Gonzagaprinzessinnen heirateten umgekehrt Habsburger; Anna Katharina ehelichte Ferdinand von Tirol in seiner zweiten (einzigen standesgemäßen) Ehe, und zwei Prinzessinnen namens Eleonore schlossen mit Ferdinand II. und Ferdinand III. den Bund fürs Leben. Ins Haus Savoyen heirateten lediglich drei Erzherzoginnen ein, während die Beziehungen zur Toskana wieder auf Gegenseitigkeit beruhten; je zwei Erzherzöge und Erzherzoginnen vermählten sich mit Mediceern; Erzherzog Leopold von Tirol († 1632) ehelichte Claudia Medici und Ferdinand Karl († 1662) Prinzessin Anna, Erzherzogin Johanna († 1578) heiratete Franz Medici und Erzherzogin Maria Magdalena († 1631) Großherzog Cosimo II.

Nachdem die Ehen zwischen den spanischen und den österreichischen Habsburgern und die Verbindungen mit Frankreich, Bayern und Italien das 16. und 17. Jahrhundert beherrscht hatten, trat in den beiden letzten Generationen der Althabsburger ein Wandel ein. Leopolds Franzosenhaß – man erinnere sich, daß er nicht einmal französisch sprechen wollte – schloß jede weitere bourbonische Familienverbindung für sich und seinen Sohn Joseph I. aus.

Eine besondere Rolle in dieser Zeit spielte das Haus Pfalz-Neuburg, das in den Jahren 1676 bis 1690 nicht weniger als dreimal ins Erzhaus eingeheiratet hatte: Leopold I., Maria Anna († 1689) und Karl II. von Spanien († 1700) waren mit Angehörigen des Hauses Pfalz vermählt. Kurfürst Philipp Wilhelm von Pfalz-Neuburg wurde sogar der „Schwiegervater Europas" genannt. Daher war es nicht verwunderlich, daß Leopold, der in dritter Ehe eine Angehörige dieses Hauses geehelicht hatte, an eine weitere Verbindung mit dem pfälzischen Haus dachte, als sein Sohn Joseph in ein heiratsfähiges

Alter kam. Unter den zahlreichen möglichen Kandidatinnen schien zunächst eine Eheschließung mit Leopoldine Eleonore von der Pfalz, der jüngeren Schwester der Kaiserin, am wahrscheinlichsten, doch gab es auch weitere Spekulationsobjekte, etwa Maria Adelheid, die Tochter von Victor Amadeus von Savoyen, oder Hedwig von Dänemark, die sich allerdings weigerte, zum Katholizismus überzutreten. Joseph – sichtlich beeinflußt von seinem Lehrer Wagner von Wagenfels, der auf das Reich und eine Frühform von deutschem Nationalismus ausgerichtet war – war selbst aber fest entschlossen, nur eine „deutsche Fürstin" zu heiraten. So kam letztlich der Vorschlag Kurhannovers zum Zug, der eine Verbindung mit Wilhelmine Amalie († 1742), der Tochter des verstorbenen katholischen Herzogs Johann Friedrich von Braunschweig, anregte. Obwohl die Braut fünf Jahre älter war als Joseph I., bekam dieser Plan vermutlich nicht zuletzt deshalb den Zuschlag, weil Fürst Karl Theodor von Salm, Ajo des Thronfolgers, ein Onkel der Braut war. Ein ausdrucksstarkes Bild von Douvens steigerte das leidenschaftliche Interesse Josephs – ohnehin von Sexualität fasziniert – an dieser Ehe.

Das Liebesleben des jungen Erzherzogs, den Zeitgenossen als „ein Muster an Schönheit" beschrieben, hatte schon mit 15 Jahren begonnen. Der Tatsache, daß sich unter Wilhelmine Amalies Vorfahren auch Lucrezia Borgia befand, maß er einen gewissen positiven prognostischen Wert zu – und wirklich –, nach der Hochzeitsnacht mußte sogar die Messe verschoben werden, weil die beiden jungen Leute so gar nicht daran dachten, das Bett zu verlassen. Letztlich aber hatte Amalie Wilhelmine, wie sie nun am Wiener Hof genannt wurde, ein allzu schwermütiges Wesen, um Joseph langfristig zu fesseln. Schon mit seinem Regierungsantritt begann ihr Einfluß auf ihn zu verblassen und trat mit dem Sturz ihres Onkels, des Fürsten Salm, ganz zurück. Nach Josephs frühem Tod verbrachte die Kaiserin eine lange Witwenzeit am Wiener Hof. Auch Josephs jüngerer Bruder Karl VI., der letzte männliche Habsburger, war mit einer deutschen Fürstin verheiratet. Diese Tendenz änderte sich allerdings in der übernächsten Generation, denn die Kinder Maria Theresias wurden vorwiegend mit Bourbonen vermählt.

Ist bis dahin noch ein einigermaßen klares Muster eines Heiratsumkreises erkennbar, so wurde die Situation nach der großen Aufsplitterung der Dynastie in zahlreiche Linien mit den vielen Söhnen Leopolds II. wesentlich unüberschaubarer. Selbst in der Hauptlinie des Hauses finden wir kein einheitliches Heiratsverhalten. Zwar gab es immer wieder Verbindungen mit den traditionellen Geschlechtern, also den Wittelsbachern, den Bourbonen und italienischen Familien, daneben fanden sich aber auch viele neue Namen, wie die Ehen mit Mitgliedern der Dynastien von Anhalt, Württemberg, Salerno, Brasilien und Belgien deutlich erkennen lassen. Noch unklarer ist das Bild bei den Nebenlinien; so kamen etwa in der Linie Toskana neben vielen Familien aus dem bisherigen Heiratsumkreis auch einige mediatisierte Geschlechter wie die Salm-Salm, Stolberg-Stolberg und Waldburg-Zeil vor. Gerade in dieser Linie war die Zahl der „Aussteiger", die Mesalliancen eingingen, besonders groß.

Interessant ist das Heiratsverhalten der Habsburger nach dem Ende der Monarchie, denn die veränderten Verhältnisse übten wenig Einfluß auf das Netzwerk der Ehebeziehungen aus. Abgesehen von einer – allerdings bereits im 19. Jahrhundert steigenden – Anzahl an Mesalliancen, die oft zum Ausschluß aus dem Hause durch den Chef der Dynastie führten, unterschied sich der Heiratsumkreis der meisten Habsburgerinnen und Habsburger nach 1918 nur wenig von dem unmittelbar vor dem Ende der Monarchie.

„... zur linken Hand" – Mesalliancen im Hause Habsburg

Das einzige Modell eines Heiratsverhaltens, das von den Eliten akzeptiert wurde (und zum Teil bis heute noch wird), war die Ehe im eigenen Stand und – ab der Frühen Neuzeit – innerhalb der eigenen Konfession. Zu wirklichen Schwierigkeiten kam es fast immer nur dann, wenn der soziale Unterschied der beiden Partner zu groß schien, doch auch Heiraten mit nicht-katholischen Partnerinnen oder Partnern wurden – wenn sie nicht wie oben geschildert politisch wichtig waren – als eine Art von „Mesalliance" betrachtet.

Einer der raren Fälle einer tatsächlich realisierten Ehe einer Erzherzogin mit einem protestantischen Fürsten steht am Beginn der Reformation, wobei der Zeitpunkt der Eheschließung bezeichnenderweise noch vor dem Jahr 1517 – dem Thesenanschlag Luthers – lag. Isabella († 1526), die Schwester Karls V. und Ferdinands I., wurde mit Christian II. von Dänemark verheiratet. Der unglückliche Verlauf der Ehe ging allerdings nicht auf konfessionelle Differenzen zurück, denn auch Isabella hatte sehr zum Entsetzen ihrer Familie protestantische Neigungen. Die Probleme des Paares waren anderer Art, denn Christian brachte aus den Niederlanden seine Geliebte Düveken mit in die Ehe ein, ließ für sie sogar auf der Insel Amak nahe Kopenhagen eine niederländische Kolonie anlegen und wurde wegen seiner grausamen Unterdrückung des Adels schließlich aus seinem Land vertrieben. Im 16. Jahrhundert teilten sogar noch einige andere Habsburger Isabellas Neigungen zum Protestantismus, so zeigte etwa Maria († 1558), die Witwe Ludwigs II. von Ungarn († 1526), Sympathien für die Reformation. Sie hielt etwa die Fasten nicht, was immer ein Zeichen reformatorischer Gesinnung war, doch nahm sie durch den starken Einfluß ihres Bruders Karls V. keine weitere religiöse Entwicklung in Richtung Protestantismus. Schon greifbarer waren die Neigungen zum Luthertum – bis hin zu Konversionswünschen – bei Kaiser Maximilian II., und auch von seinem Sohn Rudolf II. ist manche deutlich antikatholische Bemerkung überliefert.

Erst am Beginn des 18. Jahrhunderts kam es zur Einheirat einer „Protestantin" in das Erzhaus. Nachdem sich die zuerst ausersehene Karoline von Ansbach nicht zu einem Glaubenswechsel bewegen hatte lassen, wurde Elisabeth Christine von Braunschweig-Wolfenbüttel († 1750) für den späteren Kaiser Karl VI. auserkoren, doch war ihre Konversion zum Katholizismus die Vorbedingung zur Ehe. Karl schickte ihr seinen Beichtvater zur Vorbereitung auf die neue Konfession, die sie später mit Konsequenz ausleben sollte, wenn sie auch jansenistischen Bestrebungen nicht abgeneigt war, die in die Nähe ihrer ursprünglichen konfessionellen Sozialisierung führten. Erst ein Jahrhundert später kam Ähnliches wieder vor. Joseph II. veranlaßte die Übersiedlung der erst 14jährigen Protestantin Elisabeth Wilhelmine von Württemberg († 1790) von Mömppelgard nach Wien, wo sie bei den Salesianerinnen als zukünftige Frau von Kaiser Franz II./I. erzogen wurde. Elisabeth Wilhelmine kam allerdings schon zwei Jahre nach der Eheschließung bei einer Frühgeburt, die wohl durch den Anblick des todkranken Joseph II. ausgelöst wurde, ums Leben.

Die erste Frau eines Habsburgers, die Protestantin bleiben konnte – vermutlich nicht zuletzt, weil ihr Mann nicht regierte –, war die Gemahlin des Erzherzogs Karl († 1847), Henriette von Nassau-Weilburg († 1829). Sie hatte einen eigenen Hofkaplan und ging in die Dorotheergasse zum Kirchenbesuch. Als sie starb, wurde sie – als einzige Protestantin – in der Kapuzinergruft begraben. Wenig später heiratete Palatin Josef Anton († 1847) nicht nur in erster Ehe die orthodoxe Tochter des russischen Zaren Paul I., Alexandra Pawlowna († 1801), sondern in zweiter Ehe die der reformierten Konfession angehörige Hermine von Anhalt-Bernburg-Schaumburg († 1817) und schließlich die altlutherische Maria Dorothea von Württemberg († 1855). Der konventionell katholische Palatin wurde von der täglichen gemeinsamen Bibellektüre mit seiner dritten Frau so stark beeinflußt, daß er sich weitgehend ihren religiösen Auffassungen anschloß. Vielleicht war dies der Anlaß für die Bestimmung des Hausgesetzes von 1839, die Vermählungen mit Protestanten verbot. Dorothea spielte daneben eine wichtige Rolle für die Entwicklung des Protestantismus in Ungarn: Sie förderte die evangelische Missionsarbeit im Karpatenbecken, die Sammlung von Quellen zur Geschichte des ungarischen Protestantismus und unterstützte wirksam den Kampf der Lutheraner um die freie Religionsausübung.

Waren die konfessionellen Schwierigkeiten letztlich lösbar, soweit es sich um sozial „standesgemäße" Partner handelte, so wurden alle Ehebeziehungen mit sozial nicht Gleichgestellten als „Mesalliancen" oder Mißheiraten bezeichnet. Soweit diese ohne Zustimmung des Kaisers erfolgten, galten sie nach deutschem Adelsrecht als ungültig. Falls das Familienoberhaupt (in diesem Fall der Kaiser) der Ehe zustimmte, blieb diese selbstverständlich eine Mesalliance, doch konnte sie zur „morganatischen" Ehe, oder „Ehe zur linken Hand" erklärt werden. Auch in diesem Falle blieb der niedere Partner (wie die Kinder) vom Standesrecht des hohen Adels ausgeschlossen und wurden nicht zu Habsburgern. Doch der Partner hatte ein Anrecht auf einen Rang und Titel und auf eine Morgengabe (daher der Name „morganatische Ehe" = *matrimonium ad morganaticum*).

Im Sinne des katholischen Eherechtes waren unstandesgemäße Beziehungen natürlich rechtlich gültig, da das kirchliche Recht keine Ehehindernisse kennt, die mit dem Stand der Personen zu tun haben, doch das Adelsrecht blieb bis 1919 gültig und wurde von den Habsburgern auch lange danach noch akzeptiert. Es ist geradezu eine Ironie, daß man für viele der standesgemäßen Heiraten der Habsburger Dispensen wegen der zu nahen Verwandtschaft brauchte – und erhielt –, während die Mesalliancen von der Familie schärfstens sanktioniert wurden.

Eine solche Eheschließung hatte nicht nur auf die Kinder, sondern auch auf das Paar selbst Auswirkungen. Im Zeremoniell ging es so weit, daß unebenbürtige Frauen nicht hoffähig waren und daher nicht in der Kapuzinergruft begraben werden durften. Grabstätten wie die der Grafen von Meran in Schenna (Erzherzog Johann) und des Thronfolgerpaares in Artstetten (Franz Ferdinand) sprechen eine beredte Sprache. Erzherzog Johann († 1859), obwohl unebenbürtig verheiratet, hätte natürlich in der Kapuzinergruft seine letzte Ruhestätte finden können, nur seiner Frau war der Eintritt dorthin verwehrt, dasselbe galt für die morganatische Ehe zwischen dem Thronfolger Erzherzog Franz Ferdinand († 1914) und Sophie Chotek, der späteren Herzogin von Hohenberg.

Die schwerwiegendsten Rechtsfolgen aus einer nicht

standesgemäßen Ehe entstanden allerdings für die Kinder aus dieser Verbindung, die gemäß altem adeligen Recht der „ärgeren Hand“ folgten. Zwar waren sie nicht illegitim, da sie nach dem kanonischen Recht ehelich geboren wurden, doch gab es zahlreiche Auswirkungen: Sie wurden jedenfalls nicht als Habsburger betrachtet, obwohl ihr Vater ein Habsburger war. So waren die Nachkommen der eben erwähnten Paare lediglich Grafen und Gräfinnen von Meran (die Linie des Erzherzogs Johann) bzw. Herzöge und Herzoginnen von Hohenberg (die Linie des Thronfolgers Franz Ferdinand).

Auffallend ist, daß nicht alle Beziehungen mit nicht standesgemäßen Partnern in gleicher Weise behandelt wurden. Es lag im Ermessen des Kaisers, ob ein Paar „Gnade“ fand, was sich meist in einer Nobilitierung der Frau ausdrückte und die Anerkennung einer morganatischer Ehe bedeutete, oder ob ein Erzherzog wegen einer unebenbürtigen Ehe – also einer Mesalliance – aus dem Hause ausgeschlossen wurde. Dieser Ausschluß bedeutete einen beträchtlichen Verlust an Privilegien und Vermögen.

Die Unterscheidung zwischen nicht standesgemäßen Heiraten, die schließlich von der Familie doch akzeptiert wurden, und solchen, die die Mitglieder des Hauses zum Austritt zwangen, erfolgte nicht nur aufgrund der sozialen Stellung des Partners. Obwohl Erzherzog Johann eine Bürgerliche – die Tochter eines Postmeisters – heiratete, wurde seine Linie in den Grafenstand erhoben, während Erzherzog Ferdinand Karl († 1915), der die ebenfalls bürgerliche Tochter eines Universitätsprofessors heiratete, aus der Familie ausgeschlossen wurde.

Das Familienstatut der Habsburger vom 3. Februar 1839 bestimmt zunächst folgendes: „Dem Kaiser und Familien-Oberhaupte steht nicht bloß die Souveränität und Gerichtsbarkeit über sämmtliche Familienmitglieder, sondern auch noch das Recht einer besonderen Aufsicht zu, das sich insbesondere auf Vormundschaften, Kuratelen und Verehelichungen, überhaupt auf alle Handlungen und Verhältnisse der Allerhöchsten Familienglieder erstreckt, welche auf Ehre, Würde, Ruhe, Ordnung und Wohlfahrt des Durchlauchtigsten Erzhauses einen Einfluß haben können.“

Im Abschnitt III des Statuts wurde bezüglich der Ehen festgelegt:

„§ 15. Kein Prinz und keine Prinzessin Unseres Kaiserhauses darf eine eheliche Verbindung ohne Einwilligung des jeweiligen Familienoberhauptes eingehen.

§ 17. Ein ohne diese Bestätigung abgeschlossener Ehevertrag ist als null und nichtig anzusehen und begründet für die angetraute Person und deren Kinder weder Ansprüche auf Erbfolge, Apanage, Wittum, Aussteuer oder auf Stand, Titel und Wappen der Mitglieder Unseres Hauses, noch auf andere rechtliche Folgen einer ehelichen Verbindung.

§ 19. Ehen zur linken Hand oder sogenannte morganatische Ehen können in Unserem Kaiserhause gleichfalls nur mit Bewilligung des jedesmaligen Familienoberhauptes giltig geschlossen werden.“

Anläßlich der Vermählung Franz Ferdinands erließ Kaiser Franz Joseph einen Anhang zum Familienstatut, der den Personenkreis, mit dem Habsburger eine standesgemäße Ehe schließen konnten, taxativ aufzählte. In dieser Liste finden sich Mitglieder regierender Häuser und Angehörige des Fürstenstandes. Das Verzeichnis der mediatisierten Fürsten innerhalb der Monarchie enthielt die Namen von 15 Geschlechtern, darunter die Familien Auersperg, Esterházy, Khevenhüller, Lobkowitz, Metternich, Schönburg-Waldenburg und Schönburg-Hartenstein, Starhemberg, Trautmansdorff, Windisch-Graetz. Weiters wurden 33 mediatisierte Fürsten, die außerhalb der Monarchie ihren Sitz hatten, aufgezählt, darunter die Croy, die Fugger, Fürstenberg, Thurn und Taxis und die verschiedenen Linien der Hohenlohe, Loewenstein, Oettingen, Salm, Sayn, Solms und Waldburg.

Die Frage der Ebenbürtigkeit bedeutete nicht nur eine gesellschaftliche Abgrenzung gegenüber dem landständischen Adel, mit dem man schon aus politischen Gründen keine Ehen eingehen konnte, da man sich ihm gegenüber stets als überlegen gebärden und den sozialen Abstand auch genealogisch zu wahren imstande sein mußte. Dazu kam noch ein anderes Motiv, das schon im späten Mittelalter sichtbar wurde: Die Bewahrung des Vorrechtes des Familienoberhauptes, Ehen zu erlauben oder zu verbieten, weil mit dem betreffenden Familienangehörigen andere Pläne für eine politische Hochzeit vorlagen. Schon Rudolf IV. bestimmte im Hausvertrag mit seinen Brüdern: „Ouch sol unser dhainr sich selber, ob ez furbazzer ze schulden kam, noch seine kint die im got geben mag, verheiraten nich beraten danne mit unser aller gemainem wizzen und rate willen und gunste an allez gever.“ (Auch soll keiner von uns sich oder seine Kinder ohne das gemeinsame Wissen und Willen aller anderen verheiraten).

Zur ersten unstandesgemäßen Ehe im Hause Habsburg – von der wir wissen – kam es, als Katharina († 1349), die Tochter Herzog Leopolds I. († 1326), offensichtlich in einer Art von Liebesheirat den Adeligen Konrad von Hardegg ohne Zustimmung der Familie heiratete. Es handelte sich allerdings um ihre zweite Ehe – da war man grundsätzlich etwas toleranter und ist es in aristokratischen Kreisen heute noch. Zu der Unebenbürtigkeit der Eheschließung kam erschwerend hinzu, daß hier eine Frau eigenmächtig handelte, worüber das Familienoberhaupt schrecklich erbost war.

Der erste Fall einer morganatischen Ehe eines regierenden Erzherzogs ereignete sich schon im 16. Jahrhundert, als der Landesfürst von Tirol, Erzherzog Ferdinand († 1595), die bürgerliche Philippine Welser zur Frau nahm. Das spätere Paar war sich zwar zuvor am Reichstag in Augsburg schon einmal begegnet, doch lernte der junge Erzherzog seine zukünftige Frau erst im Herbst des Jahres 1556 wirklich kennen, als er vom ungarischen Feldzug nach Böhmen zurückkehrte. Auf der Rückreise verbrachte er einige Zeit im Schloß Breschnitz, wo er die Nichte des Besitzers, die Augsburger Patrizierstochter Philippine Welser, traf. Nur ein halbes Jahr später, im Januar 1557, vermählte sich Ferdinand mit Philippine; sie stand bereits im 30. Lebensjahr, während er selbst erst 28 Jahre zählte. Am 15. Juli 1558 gebar sie einen Sohn, Andreas, und am 22. November 1560 wurde ihr zweiter Sohn, Karl, geboren. Die Ehe zwischen Ferdinand und Philippine Welser mußte allerdings längere Zeit geheimgehalten werden, 1559 wurde sie dem Kaiser, aber erst 1576, nach dem Tod Maximilians, der Öffentlichkeiten bekanntgegeben. Nach der Länderteilung von 1564 wurde Tirol zum ständigen Aufenthaltsort Erzherzog Ferdinands. Schon am Beginn der Regentschaft in Tirol schenkte er seiner Frau Philippine das Schloß Ambras, wo das Paar jeden Sommer verbrachte.

Die beiden Söhne dieser Ehe waren nicht erbberechtigt – und natürlich keine Habsburger –, sie hatten aber einen Status, der dem des Sprosses einer fürstlichen Familie recht nahe kam. Nur einige wenige uneheliche Kinder aus der spanischen Linie erreichten – wie wir noch sehen werden – Ähnliches. Im Jahre 1578 gewährte ihnen der neue Kaiser Rudolf II. im

Unten: Die Porträts von Erzherzog Ferdinand und seiner Frau Philippine Welser stammen aus dem Gebetbuch ihres Sohnes Kardinal Andreas von Österreich. ÖNB, Wien

Seite 124: Andreas, der aus der morganatischen Ehe Ferdinands von Tirol stammte, wurde im geistlichen Stand versorgt und brachte es bis zum Kardinal. Sammlung Vocelka

Seite 125: Karl von Burgau, ein Sohn aus der morganatischen Ehe des Erzherzogs Ferdinand von Tirol mit Philippine Welser, wurde fast wie ein standesgemäßer Sohn versorgt. Sammlung Vocelka

Namen des ganzen habsburgischen Hauses die fürstliche Würde und einen entsprechenden sozialen Stand. Sie bekamen zunächst einige Herrschaften aus dem vorderösterreichischen Besitz der Habsburger übertragen: die Markgrafschaft Burgau, die Landgrafschaft Nellenburg und die Grafschaft Hohenberg nebst den Herrschaften Feldkirch, Bregenz und Hohenegg.

Mit den dadurch gesicherten Einkünften und Titel ließ Ferdinand es aber nicht bewenden; seinem älteren Sohne Andreas († 1600) hatte er bereits im Jahre 1576 den Kardinalshut mit der Titularkirche Santa Maria Nuova verschafft – Andreas nahm immerhin an drei verschiedenen Papstwahlen teil. 1580 wurde er Koadjutor im Bistum Brixen und 1589 Bischof von Konstanz, wo er schon seit langer Zeit das Domherrnamt innehatte. Außerdem besaß er die zwei Fürstabteien Murbach und Lüders, die ihm ebenfalls größere Summen einbrachten. Sein Vater ernannte ihn 1579 weiters zum Gubernator aller ober- und vorderösterreichischen Länder und fügte noch die Landvogtei im Elsaß hinzu. Andreas war auch kurze Zeit Statthalter in den spanischen Niederlanden. Seine hohen Einkünfte ermöglichten ihm einen großartigen Lebensstil; er ließ in Meersburg, Ensisheim und Brixen prachtvolle Residenzen errichten.

1600 zog er zum Heiligen Jahr als Pilger nach Rom, wo er schwer erkrankte und starb, nachdem ihm Papst Klemens VIII. selbst die Sakramente gespendet hatte. Er ist in der deutschen Nationalkirche in Rom Santa Maria dell'Anima begraben, sein prachtvolles Grabmal wurde von seinem Bruder Karl finanziert. Andreas hinterließ trotz seines geistlichen Standes natürliche Kinder; eine unbenannte Tochter und einen Sohn, Hans Georg von Albizzi.

Anders als bei Andreas lag das Schwergewicht bei der Ausbildung seines jüngeren Bruders Karl von Burgau († 1618) auf den ritterlichen Übungen. Er entwickelte sich zu einem hervorragenden Reiter, und man dachte an eine militärische Karriere, vielleicht in spanischen Diensten. Einer Versorgung im geistlichen Bereich – man spekulierte mit dem Deutschen Orden – verweigerte sich der junge Mann, der nicht bereit war, zölibatär zu leben. Karl von Burgau war im Rahmen seiner militärischen Karriere am langen Türkenkrieg beteiligt, er hatte die Position und den Titel eines Feldmarschalls und führte in dieser Eigenschaft ein Regiment nach Oberungarn, wo er auch ins Kampfgeschehen verwickelt war. Die Zeit, die er nicht den Kriegsgeschäften widmete, verbrachte er hauptsächlich in Ambras. Dort beschäftigte er sich mit der Sammlung seines Vaters – der reichhaltigen Rüstkammer, Kunstkammer und der Bibliothek.

In seinem Lebensstil war Karl von Burgau durchaus den Habsburgern ebenbürtig; er war ein eifriger Jäger und hatte ein ausgeprägtes Repräsentationsbedürfnis. Seine neue Residenz in Günzburg ließ er durch den italienischen Baumeister Alberto Lucchese ausgestalten; das Schloß wurde nicht nur umgebaut, es kamen eine Reitschule und eine Rennbahn, ein Hofgarten und die Hofkirche dazu.

Auch im Heiratsverhalten gab es zwischen Ferdinands Sohn aus seiner morganatischen Ehe und ehelichen Kindern des Hauses wenig Unterschied. Es gab sogar Spekulationen über eine mögliche Vermählung Karls von Burgau mit der Infantin Isabella Klara Eugenia, die zunächst mit Kaiser Rudolf II. verlobt war. Letztlich heiratete er Sibylla, die jüngste Tochter Herzog Wilhelms IV. von Jülich-Cleve-Berg, auch sie entstammte einem sehr angesehenen Fürstenhaus. Am 31. Oktober 1618 starb Markgraf Karl in Überlingen. Aus seiner Ehe mit Sibylla von Jülich hinterließ er keine ehelichen Kinder, so daß zugleich mit Tirol und Vorderösterreich die Markgrafschaft Burgau auf Leopold († 1632), den jüngeren Sohn seines Onkels Erzherzog Karl von Steiermark, bisher Bischof von Passau und Straßburg, überging. Karl von Burgau zeugte aber zwei natürliche Söhne, Karl von Hohenberg, Rat und Pfleger der Herrschaft Erbach, und Ferdinand von Hohenberg, Rat und Hauptmann der Grafschaft Hohenberg. Diesen beiden Söhnen aus seiner Beziehung mit Elisa Ferrari (die ihm auch noch eine Tochter Anna Elisabeth schenkte) vermachte er die schon von seinem Vater ererbten Eigenbesitzungen Bubesheim und Holzheim.

Gab es im späten 16. Jahrhundert noch zahlreiche männliche Habsburger, so kam es am Beginn des 17. Jahrhunderts wieder dazu, daß die Familie Habsburg auf einige wenige männliche Sprosse beschränkt war, die alle Herrschaft ausübten. Mesalliancen hätten zum Ende eines dynastischen Zweiges geführt und wurden daher sorgsam vermieden. Erst mit der großen Ausweitung der Familie im späten 18. Jahrhundert waren plötzlich wieder Rahmenbedingungen für ein vielschichtigeres Heiratsverhalten gegeben, und eine der bekanntesten Liebesgeschichten hatte einen der Söhne Leopolds II. zum Protagonisten. Wie kaum eine andere Ehebeziehung im Erzhaus hat die Liebe des populären Erzherzogs Johann († 1859) zu der Ausseer Postmeisterstochter Anna Plochl zur Legendenbildung geführt und in der Literatur, der bildenden Kunst und im Film ihren Niederschlag gefunden. Was in der Legende romantisch verklärt erscheint, war aber sicherlich für das betroffene Paar nicht immer nur eine schöne Romanze, da die Spielregeln der höfischen Gesellschaft von den beiden ernsthaft verletzt wurden und man sie das auch spüren ließ.

Oben: Der Ladnerwirt am Grundlsee im steirischen Salzkammergut.
Hier begegnete Erzherzog Johann seiner späteren Frau Anna Plochl zum ersten Mal. Foto: Vocelka/Heller
Unten: Die erste Begegnung Erzherzog Johanns mit Anna Plochl (in Männerkleidern). ÖNB, Wien

Links: Anna Plochl, später Gräfin von Meran. ÖNB, Wien
Rechts: Erzherzog Johann mit seiner Frau Anna und ihrem Sohn Franz, dem Begründer der Linie der Grafen von Meran. ÖNB, Wien

Vermutlich sah Erzherzog Johann die damals erst 14jährige beim Tanz am Grundlsee zum ersten Mal. Als er sie wenige Jahre später erneut traf, war er von ihr fasziniert. Eine Schilderung aus der älteren Literatur über die erste Begegnung der beiden Liebenden läßt vieles von den Emotionen und geheimen Wünschen ahnen, die hineinprojiziert wurden. „Am 19. Juli 1819 gaben die Bürger von Aussee in dem herrlichen Gebirgswinkel zwischen dem Grundel- und dem Toplitz-See dem Erzherzog ein ländliches Fest, bei dem blühende Jungfrauen aus Beamten- und Bürgerfamilien vor dem erlauchten Gaste sich in dem in anmuthigen Verschlingungen bewegenden Steirertanze zeigten. Eine dieser Jungfrauen mit jenen klaren braunen Augen, wie sie den schmucken Bewohnerinnen dieser Thäler eigen sind, war Anna, die liebliche, kaum erst in die früheste Jugendblüthe getretene Tochter des kaiserlichen Postmeisters zu Aussee, Jakob Plochl, sie, die von der Vorsehung ohne Rücksicht auf Rang und Geburt auserkoren war, den edlen Kaisersohn als treue Gefährtin durch das Leben zu geleiten. Hier sah er sie zum ersten Male, und noch heute bezeichnet eine vom Volke hoch in Ehren gehaltene Linde, welche der feinfühlende Prinz später pflanzen liess, die erinnerungsreiche Stelle, wo diese erste beglückende Begegnung stattfand."

An dieser Stelle setzten die Ausseer später einen Erinnerungsstein, der das Datum 19. Juli 1819 trägt – in Wirklichkeit fand die Begegnung allerdings erst am 22. August statt.

Aus dieser ersten „beglückenden Begegnung" hätte dem Verhaltenskodex der Zeit entsprechend vielleicht eine Liebesgeschichte, ein „Verhältnis", werden können, wie es in vielen anderen Fällen geschah. Es wäre wohl zu sanfter Kritik von seiten des Hauses gekommen, man hätte aber jeden Skandal vermieden, alles vertuscht und letztlich verschwiegen. Die Sache wurde erst problematisch, als Erzherzog Johann die Sache nicht als billiges Abenteuer auffaßte, sondern das junge Mädchen zur Frau haben wollte. Am 9. August 1822 sagte er – berichtet zumindest eine gut etablierte Legende – zu Anna Plochl: „Nani, ich lasse nicht von Ihnen." Am 3. September 1823 wurde das Paar am Brandhof, den Erzherzog Johann 1818 gekauft hatte, nach einem langen Ringen um eine kaiserliche Heiratserlaubnis still und prunklos getraut. Allerdings sollte die Ehe geheim gehalten werden.

Als Anna Plochl 1839 einen Sohn zur Welt brachte,

wurde sie zur Gräfin von Meran erhoben. Dieser einzige Sohn des Paares, Franz Ludwig Freiherr von Brandhofen, später Graf von Meran, wurde Gründungsvater einer bis heute bestehenden Großfamilie, die eigentlich eine Seitenlinie des Hauses Habsburg darstellt. Nach mittelalterlichem Recht folgt sie allerdings der „ärgeren Hand“ und heißt daher Meran. 1982 betrug die Zahl der Nachkommen 536 lebende und 57 schon verstorbene Personen. Nur etwa ein Fünftel tragen allerdings den Namen Meran, andere Familienzweige über weibliche Linien sind die österreichischen Adelsfamilien Goëss und Mayr-Melnhof; auch viele andere Angehörige des Adels, z. B. die Familie Harnoncourt, finden sich unter den Nachkommen. Etwa 70 Prozent der Eheschließungen der Familie des Erzherzogs Johann bis in die jüngste Zeit erfolgten mit (ehemals) adeligen Partnern.

Die Art, wie der Kaiser mit der Mesalliance des Erzherzogs Johann umging, stellte eher eine Ausnahme dar, denn ein Großteil der Eheschließungen der Habsburger mit nicht ebenbürtigen Frauen im 19. Jahrhundert wurden nicht legitimiert; die betreffenden Erzherzöge wurden aus dem Hause ausgeschlossen. Die Schicksale dieser Personen werden später in einem anderen Zusammenhang behandelt.

Die letzte große Mesalliance in der Monarchie, die zur Gründung einer eigenen Linie des Hauses führte, war besonders sensibel, da sie von Thronfolger Franz Ferdinand († 1914) eingegangen wurde. Franz Ferdinand lernte die Gräfin Sophie Chotek, die einem alten böhmischen Herrenstandsgeschlecht entstammte, im Hause seines Vetters Erzherzog Friedrich († 1936) näher kennen. Zwar war Sophie Chotek hochadeliger Herkunft, sie stammte aber weder aus einem regierenden noch aus einem reichsständischen Haus und galt daher dem strengen Hausgesetz der Habsburger nach als nicht ebenbürtig. Diese Auffassung wurde allerdings nicht von allen politischen Gruppen geteilt. Die Unabhängigkeitspartei in Ungarn erklärte mit Nachdruck, daß man im ungarischen Recht den Begriff der Unebenbürtigkeit nicht kenne, und die Tschechen beharrten auf einem ähnlichen Standpunkt.

Kaiser Franz Joseph wehrte sich energisch gegen die

Links: Gedenkstein an die erste Begegnung des „romantischen Liebespaares“ am Kammersee. Foto: Vocelka/Heller
Rechts: Grabstein der Eltern der Anna Plochl in der Pfarrkirche in Bad Aussee. Foto: Vocelka/Heller

Linke Seite: Mausoleum für Erzherzog Johann, Anna Plochl und die Familie Meran in Schenna (oberhalb von Meran in Südtirol). Foto: Vocelka/Heller
Rechts oben: Das Wappen enthält Bestandteile der habsburgischen Heraldik. Foto: Vocelka/Heller
Rechts unten: Gruft in Schenna. Archiv Verlag Styria

Eheschließung und erteilte seine Einwilligung erst im Jahre 1900, als Franz Ferdinand feierlich auf die Thronfolgerechte für seine Kinder aus der morganatischen Ehe verzichtete. 1909 wurde Sophie Chotek zur Herzogin von Hohenberg erhoben. Interessanterweise tauchte dieser Name, der an die erste Frau Rudolfs I., Gertrud von Hohenberg, erinnert, auch im Zusammenhang mit den natürlichen Kindern Karls von Burgau auf. Die Herzogin wurde manchmal – offensichtlich in einem Vorgriff auf Geplantes – auch „Kaiser- und Königsgemahlin" genannt.
Aus der offensichtlich sehr glücklichen Beziehung stammten drei Kinder; eine Tochter, Sophie, und zwei Söhne, Max von Hohenberg († 1962) und sein jüngerer Bruder Ernst († 1954). Herzog Max von Hohenberg spielte, wie wir noch sehen werden, in der Zwischenkriegszeit für die monarchistische Bewegung Österreichs eine besondere Rolle. Die „Residenz" dieser unebenbürtigen Nebenlinie des Hauses Habsburg war und ist Artstetten, wo das 1914 in Sarajewo ermordete Thronfolgerpaar auch begraben liegt. Es gab aber noch zu Lebzeiten Franz Josephs weitere nicht standesgemäße Ehen, die keineswegs zu solchen Aufregungen führten. Zwei davon seien hier erwähnt: Erzherzog Heinrich Ferdinand Salvator († 1969) aus der toskanischen Linie des Hauses heiratete in nicht ebenbürtiger Ehe Karoline Ludescher, mit der er zumeist in München lebte. Obwohl seine Ehe vom Kaiser nicht legitimiert war, schloß man ihn nicht aus dem Hause aus. Auch Erzherzogin Eleonora († 1974) heiratete 1913 nicht standesgemäß, und zwar den Linienschiffsleutnant (d. h. einen Leutnant auf einem Schlachtschiff) Alfons von Kloss. Das war die erste Hochzeit einer Erzherzogin mit einem Mann, der nur der „zweiten Gesellschaft" angehörte.
Nach dem Ende der Monarchie spielten Fragen der Ebenbürtigkeit staatsrechtlich keine Rolle mehr, doch innerhalb der Familie – die ja ihre Herrschaftsrechte formal erst spät aufgab – blieben die alten strengen Regeln der Ebenbürtigkeit noch immer gültig. Neben den unstandesgemäßen Ehen gab es nun eine Reihe von Ehescheidungen, die vermutlich noch schwieriger zu verkraften waren für eine Familie, die so sehr auf Katholizismus ausgerichtet war. Zwar betrafen die meisten Scheidungen ohnehin nicht standesgemäße Ehen, aber auch Erzherzog Anton

(† 1987), der standesgemäß mit Ileana von Rumänien verheiratet war, ließ sich im Jahre 1954 scheiden. Mehrere Erzherzöge, die nach 1918 unstandesgemäße Beziehungen eingingen, mußten auf den Namen Habsburg-Lothringen verzichten, wie etwa Klemens Salvator († 1974), verheiratet mit Gräfin Elisabeth Rességuier de Miremont, der den Familiennamen Altenburg annahm, oder Leo Karl († 1939), dessen Nachkommen aus der Verbindung mit Maria Klothilde von Thuillières, Gräfin von Monjoye und de la Roche, den Titel Grafen von Habsburg annahmen. Sicherlich wurde ein Fall wie der des Erzherzogs Franz Salvator († 1939), der in erster Ehe standesgemäß mit Marie Valerie, der Tochter Kaiser Franz Josephs, vermählt war und der erst in zweiter Ehe unter seinem Stand Melanie Baronin Risenfels ehelichte, weniger kritisch kommentiert. Besonders schockierend für die Familie war das Heiratsverhalten Erzherzog Albrechts († 1955), der den Inkognitonamen Graf Friedek annahm und nacheinander drei nicht ebenbürtige Ehen einging.

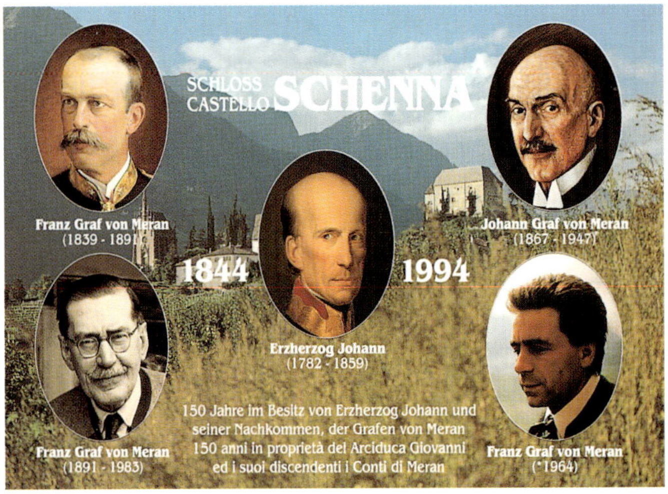

Die Nachkommen Erzherzog Johanns, die Grafen von Meran. Ansichtskarte aus Schenna. Archiv Verlag Styria

Karl Pius Salvator († 1953) und Leopold († 1958) schlossen ebenfalls unstandesgemäße Ehen. Am Beispiel Leopolds, der in den Vereinigten Staaten lebte und starb, kann man ersehen, daß das Heiratsverhalten nicht unbedingt Folgen für die Zugehörigkeit zur Familie haben mußte und daß nicht alle Fälle eine gleiche Behandlung erfuhren: Er liegt in der Kapuzinergruft begraben.

Das Problem des formellen Ausschlusses aus der Familie stellte sich bei den Frauen natürlich niemals, da sie im Sinne des alten Rechtes – und bis vor kurzem auch des gültigen Rechtes etwa in der Republik Österreich – bei der Hochzeit in die Familie des Mannes überwechselten, was sich in der zwingenden Annahme seines Familiennamens ausdrückte.

Kurz vor und nach dem Ende der Monarchie heiratete eine Reihe von Erzherzoginnen nicht standesgemäß. Einige wählten ihre Partner innerhalb des hohen Adels, allerdings aus Familien, die nicht den Mediatisierten angehörten, andere im sozialen Umfeld des niederen Adels oder sogar des Bürgertums; es finden sich unter ihnen ein italienischer und ein argentinischer Botschafter, Sieneser Patrizier und hochrangige Beamte.

Selbst nach dem Ende der Monarchie bildete – und bildet – die standesgemäße Ehe noch immer eine Voraussetzung für die Akzeptanz innerhalb der Familie. Dennoch zeigte man sich in einem Fall weitaus toleranter, der – systemimmanent gedacht – besonders relevant ist.

Der „Kronprinz“ Karl (* 1961), der älteste Sohn Otto Habsburg-Lothringens (* 1912), heiratete 1993 die keineswegs den Bestimmungen des Hausgesetzes nach ebenbürtige, dafür aber sehr reiche Francesca Thyssen, die als „wilde Baronesse“ bekannt war, eine getaufte Anglikanerin mit starken Neigungen zum Buddhismus.

Damit wären eigentlich alle Voraussetzungen erfüllt, (Erzherzog) Karl seine Zugehörigkeit zum Hause abzuerkennen, aber offensichtlich gelten hier andere Regeln.

Die auf den Caymaninseln residierende „Thyssen-Bornemisza Group“ betreibt Stahlhandel, Öl-Trading und ist im internationalen Finanzgeschäft tätig. Das Vermögen wird auf 26 Milliarden Schilling geschätzt, dazu besitzt Francescas Vater Hans Heinrich (Baron) Thyssen-Bornemisza die kostbarste private Gemäldesammlung der Welt im Wert von mehr als 10 Milliarden Schilling (sie ist um eine jährliche Gebühr von 55 Millionen Schilling an die Stadt Madrid verliehen), acht Häuser und eine Karibikinsel. Gerüchte sprechen von einer Mitgift von 120 Millionen Schilling für Francesca.

Einer Zeitungsmeldung nach machte Karl seiner zukünftigen Frau den Heiratsantrag in der Kapuzinergruft, als er ihr erklärte: „Hier wirst auch du einmal liegen.“ Die Hochzeit Karls und Francescas wurde im ganz großen Stil gefeiert; der Polterabend fand in der Kartause Gaming statt, und Kardinal Hans Hermann Groer zelebrierte die Brautmesse in Mariazell vor 800 geladenen Gästen, darunter viele Vertreter des europäischen Adels, allerdings nur wenige Habsburger. Die Braut trug einen Schleier, den schon Karls Großmutter Zita bei ihrer Hochzeit getragen hatte, die Meßkleider stammten von Maria Theresia und Karl VI.

Liebschaften und „natürliche Kinder" – Ehebruch und Bastarde im Hause Habsburg

Es ist erstaunlich, wie wenig man über die Liebschaften der Habsburger und die daraus entstandenen unehelichen Kinder weiß. Vor zwei Jahren erst diskutierte eine Gruppe amerikanischer Habsburgspezialisten, die in einer Internet-Gruppe vereinigt sind, ernsthaft die Frage, wieso es bei den österreichischen Habsburgern keine „Bastarde" gebe, während zahlreiche beim spanischen Zweig der Familie nachweisbar sind. Eines ist sicherlich richtig: Nur in verstreuten Angaben der Spezialliteratur finden sich Informationen über uneheliche Kinder der Habsburger, wenn man von den wenigen bekannten Fällen, wie z. B. Don Juan d'Austria, absieht. Sicherlich sind diese Fragen für das 19. Jahrhundert besser aufgearbeitet als für die frühere Zeit, weil auch das Interesse an den Habsburgern dieser Epoche größer ist als an denen der Frühen Neuzeit. Die Auflistung vieler solcher unehelicher Kinder und ihrer Schicksale füllt damit eine Lücke im Informationsstand über die Habsburger und scheint uns daher in ihrer Ausführlichkeit gerechtfertigt.

Seit dem Mittelalter waren die Habsburger als Herrscher von Gottes Gnaden Vorbild ihrer Untertanen, als gegenreformatorische Monarchen der Frühen Neuzeit schrieben sie die für Katholiken geltenden Grundsätze der Sexualmoral vor. In einem Patent der Zeit heißt es: „Wan auch vil Leichtfertig personen/ ausserhalb von Gott aufgesetzter Ehe/ beyeinander wohnen/ oder sunst der vnehrn phlegen/ auch der offentlich Ehebruch vngestrafft gestattet/ dardurch der Allmechtig/ Nachdem es wider sein Göttlich gepott ist/ hoch belaidigt wirdet/ vnd zuuil Ergernus vrsach gibt/ Demnach wöllen wir, daß unsere [also die habsburgischen] Obrigkeiten das nicht dulden."

Für sich persönlich nahmen es aber viele Mitglieder der Dynastie keineswegs sehr genau mit den Grundsätzen der christlichen Moral, die jeden vor- und außerehelichen Geschlechtsverkehr als schwer sündhaft und im Sinne des weltlichen Rechtes, das die Habsburger als Herrscher verordneten, als strafbar betrachtete. Alle in diesem Buch erzählten „Skandalgeschichten", alle impliziten negativen Urteile unterliegen keiner moralischen Wertung der Autoren. Nur sollen Widersprüche zwischen dem Verhalten einiger Mitglieder des Erzhauses und den von den Habsburgern offiziell vertretenen Moralbegriffen aufgezeigt werden. Menschen, die sich zu einer offenen Moral bekennen, wird man „Abweichungen" von den gesellschaftlichen und sexuellen Normen nicht vorwerfen. Aber der Gegensatz zwischen den von einer Familie so vehement vertretenen religiösen und rechtlichen Normen und ihrem scheinheiligen eigenen Verhalten soll demonstriert werden. Dieser „Vorwurf" trifft selbstverständlich nicht auf alle, ja nicht einmal auf die Mehrheit der Habsburgerinnen und Habsburger zu, da viele von ihnen sehr wohl ihr Leben nach den Grundsätzen der christlichen Moral gestalteten.

Einer Darstellung der habsburgischen Liebesgeschichten stehen gleich mehrere Hindernisse im Weg. Das größte liegt in der Sache selbst. Da es nicht gerade den Normen der Gesellschaft entsprach, eine Geliebte zu halten – den männlichen Geliebten gab es mit ganz wenigen und späten Ausnahmen überhaupt nicht –, waren Diskretion und Geheimhaltung für jede solche Beziehung wesentlich. Aus diesem Grund existieren nur wenige schriftliche Zeugnisse, und so muß man mit einer hohen Dunkelziffer rechnen (um einen Ausdruck der modernen Zeit zu verwenden). Natürlich lag es im Interesse der Familie, solche „Entgleisungen" zu vertuschen. Man kann sich sogar des Verdachtes nicht erwehren, daß gerade im prüden 19. Jahrhundert viele Dokumente aus den Archiven ausgesondert und vernichtet wurden.

Auffallend ist der große Unterschied in der historiographischen Tradition – die mit der Quellenlage eng zusammenhängt – zwischen Spanien und Österreich. Während man relativ viel Literatur zu den Liebschaften und illegitimen Kindern der spanischen Könige findet, ist dieses Thema für den österreichischen Zweig der Familie vergleichsweise wenig aufgearbeitet. Zwei Hypothesen lassen sich aufstellen: Entweder waren die österreichischen Habsburger viel moralischer als ihre spanischen Vettern, oder die Historiographie hat diese Unterschiede erst gemacht. Für die zweite Möglichkeit würde sprechen, daß die Herrschaft der Habsburger in Spanien 1700 endete und damit in der Geschichtsschreibung des 19. – und der darauf basierenden des 20. – Jahrhunderts keine (falschen) Loyalitäten gegenüber den Habsburgern bestanden. In den Ländern der Donaumonarchie hingegen führte das – schon in so vielen anderen Zusammenhängen festgestellte – habsburgtreue Geschichtsbild nicht nur bis 1918, sondern weit darüber hinaus zu einer weniger kritischen Haltung auch in dieser Frage.

Doch wenn man all die zahlreichen Informationen zusammenfügt, die sich verstreut in der Literatur finden, ergibt sich ein Bild, das von dem in Spanien nicht allzu divergierend ist. Einen wesentlichen Unterschied kann man lediglich im Umgang mit natürlichen Kindern, insbesondere Söhnen, in den beiden politischen Kulturen sehen, da diese in Spanien – wie die noch zu besprechenden Beispiele der beiden Don Juans zeigen werden – durchaus legitimiert wurden und politische Funktionen ausüben konnten.

Bei der Erforschung der „Illegitimität" – ein eingebürgerter Ausdruck für vor- und außereheliche sexuelle Kontakte – in der Vergangenheit gibt es keine andere Methode, als die Zahl der unehelichen Geburten oder der Geburten vor der Vollendung des neunten Monats nach der Eheschließung zu untersuchen und statistisch auszuwerten. In ähnlicher Weise ist der Nachweis von unehelichen Kindern meist der einzige klare Beweis für intime Beziehungen der Habsburger außerhalb des ehelichen Bettes. Diese als Bastarde oder als „natürliche" Kinder Bezeichneten – so als wären die ehelich geborenen unnatürlich – gab es in beiden Linien des Hauses. Einige davon sind aufgrund ihrer persönlichen Schicksale und der sich daraus ergebenden Quellenlage als historische Persönlichkeiten faßbar, andere wiederum sind nur aufgrund von Gerüchten und Andeutungen zu vermuten. Man mag an den Zahlen im einzelnen Zweifel hegen, mit Sicherheit hatten aber einige Habsburger zahlreiche Beziehungen – und damit auch viele uneheliche Kinder. Erzherzog Sigmund von Tirol († 1496) allein sagt man über 50 Kinder nach, dem spanischen König Philipp IV. († 1665), genannt *Rey galante*, mindestens 23, nach anderen Quellen bis zu 32.

Um eine einigermaßen vollständige Geschichte der außerehelichen Liebesbeziehungen der Habsburger zu schreiben, müßte man viele Jahre in Archiven verbringen und kleinsten Informationen nachgehen, ohne daß man die Spuren immer bis zum Ende verfolgen könnte. Ein gutes Beispiel für eine recht systematische Bearbeitung eines Teilbereiches ist die aufwendige Arbeit des fleißigen Genealogen Rudolf Granichstaedten-Czerva über die illegitimen Kinder der Tiroler Landesfürsten, die das Ergebnis jahrelanger Archivrecherchen darstellt. Die meisten anderen bisherigen Arbeiten sind keineswegs so systematisch, sie beruhen – sofern sie nicht bekannte Gestalten betreffen – weitgehend auf Zufallsfunden.

Aufgrund vieler aus zahlreichen Publikationen zusammengetragenen Informationen ergibt sich dennoch ein gutes, wenn auch keineswegs vollständiges Bild des außerehelichen Sexuallebens der Habsburger und ihres Umganges mit den Früchten dieser Beziehungen. Den Rechtsvorstellungen der Zeit entsprechend folgten die außerhalb des ehelichen Bettes gezeugten Kinder der „ärgeren Hand", daß heißt, dem Geburtsstand nach konnten sie nicht mehr als den Status des niedriger gestellten Partners – in unseren Fällen ausschließlich der Mütter – beanspruchen. Häufig wurden diese Kinder dennoch – wie wir sehen werden – als etwas Besonderes behandelt, so wurden sie z. B. später geadelt oder in den Dienst der Kirche aufgenommen. Viele von ihnen führten die Namen „von Österreich" oder „de Austria", was die Abstammung von der Dynastie dokumentiert.

Beginnen wir mit einem der frühen Habsburger, Friedrich I. († 1330), für den die Quellenlage zeitbedingt schwierig ist. An diesem Beispiel kann man zeigen, wie sehr dieses Thema noch im 19. Jahrhunder tabuisiert war – und in manchem vielleicht noch immer ist. Im Jahr 1851 sollte eine wissenschaftliche Untersuchung von Maximilian Fischer über die unehelichen Kinder dieses Habsburgers veröffentlicht werden. Der Aufsatz wurde von der Schriftleitung des Stiftsarchivs Klosterneuburg zurückgefordert und durfte aus Pietät gegen das österreichische Kaiserhaus nicht gedruckt werden. Die Druckfahnen sind allerdings vorhanden, und die meisten Informationen, die hier wiedergegeben werden, stammen daraus. Dieser Fall zeigt, wie stark die Zensur noch viele Jahrhunderte nach einem Geschehnis wirkte, und läßt vermuten, wie viele Historiker sich schon im vorauseilenden Gehorsam auf solche Themen gar nicht einließen.

Friedrich I. der Schöne, einer der Söhne Albrechts I., vermählte sich zu Basel 1314 mit Elisabeth, einer Tochter König Jakobs II. von Aragón. Dieser Ehe entstammten drei Kinder: ein gleichnamiger Sohn Friedrich, der allerdings schon als Kind starb, und zwei Töchter, Elisabeth und Anna. Elisabeth wurde mit König Johann von Böhmen verlobt, kam aber noch vor der Vermählung ums Leben, und Anna heiratete Herzog Heinrich von Bayern, nach dessen Tod sie Nonne im Klarissinnenkloster in Wien wurde, wo sie 1343 als Äbtissin starb.

In den Urkunden sind allerdings mindestens drei, ja vielleicht sogar fünf oder noch mehrere Kinder Friedrichs nachweisbar, die aber nicht von seiner Frau Elisabeth stammen, sondern aus einem oder mehreren illegitimen Verhältnissen hervorgingen. Offensichtlich hatte er seine außerehelichen Kinder – oder zumindest einige von ihnen – öffentlich anerkannt. Interessanterweise existieren keine Angaben über die Mutter – oder Mütter – dieser Kinder. Das widerspricht der Alltagserfahrung ebenso wie dem alten Rechtsgrundsatz „*mater certa est, pater semper incertus*" (Die Mutter ist sicher, der Vater immer unsicher).

Die drei nachweisbaren unehelichen Kinder Friedrichs, über die wir spätere Nachrichten haben, erblickten in den Jahren zwischen 1308 und 1312 das Licht der Welt, es waren zwei Knaben und ein Mädchen. Das weitere Schicksal der Kinder ist nicht in allen Details erforscht; man wird aber wohl annehmen müssen, daß Friedrich sie schon im zarten Alter der Kirche zur Erziehung übergeben hatte. Die Tochter verbrachte ihr Leben als Nonne Euphemia im

Tullner Kloster. Die zwei Söhne, die vermutlich Friedrich und Leopold hießen, erwähnte er in seinem Testament von 1327 und ordnete an, „daz seu mit gots gaben erleichen berat", also mit kirchlichen Pfründen ausgestattet werden sollten. Verwirrend ist, daß es zwei unterschiedliche Kinder mit Namen Friedrich in den Quellen gibt. Im Jahr 1331 dispensierte Papst Johannes XXII. einen Friedrich, den außerehelichen Sohn des verstorbenen Herzogs Friedrich von Österreich, zur Erlangung aller Weihen und kirchlichen Benefizien, und auch ein anderer Friedrich studierte bald nach der Priesterweihe an der Universität Bologna und wurde dort 1333/34 Prokurator der deutschen Nation. In den Universitätsmatrikeln von Bologna kommt sein Name nicht weniger als siebenmal vor, zweimal wird er dabei sogar als *Dux* bezeichnet. Von einem weiteren möglichen Sohn, der sich „*Leopoldus ducis Austriae filius*" (Sohn des österreichischen Herzogs) nannte, stammt das Werk „Compilatio de astrorum scientia" (Zusammenfassung der Sternenwissenschaft), das 1590 in Augsburg im Druck erschien. Außerdem könnte ein in den Quellen genannter Otto einer der Söhne Friedrichs I. oder aber auch der uneheliche Sohn eines anderen Habsburgers dieser Zeit sein. Die weiteren Schicksale der Söhne des Herzogs, deren exakte Zahl man nicht mit Sicherheit feststellen kann, verlieren sich im Dunkel der Geschichte.

Ein weiterer gut untersuchter Fall ist Herzog Sigmund von Tirol († 1496), der zwar in seinen beiden Ehen mit Eleonore von Schottland und Katharina von Sachsen kinderlos blieb, dem die Zeitgenossen aber 50 oder mehr außereheliche Kinder nachsagten – er war also im wahrsten Wortsinne ein Landesvater. 40 seiner unehelichen Nachkommen nahmen die Unterstützung der landesfürstlichen Kammer in Anspruch, und ebensoviele sollen seinem Sarg gefolgt sein. Der Genealoge Granichstaedten-Czerva wies in den Quellen 52 zwischen 1450 und 1490 unehelich geborene Kinder der Herzogs nach, 26 waren Söhne. 1488 wurden aber nur neun davon „des gnädigen Herrn Söhne" genannt und mit einem täglichen „Amts-Essen" in der Burg verpflegt. Jeder dieser Söhne sollte ein Pferd, einen Harnisch und eine Zehrung sowie einen Jahressold von 300 Gulden erhalten. Die Töchter verheiratete der Herzog einerseits an seine Diener und Räte und andererseits vielfach an Angehörige des Schweizer Adels. Jede von ihnen bekam ein Heiratsgut von 1000 Gulden. Als Vorname der Kinder wurde häufig der des Vaters gewählt – fünf seiner Söhne hießen Sigmund – als Familienname trugen sie oftmals die Namen ausgestorbener Tiroler Adelsgeschlechter oder Anspielungen an den Stand des Vaters. Namen wie Jenewein Fernsteiner, Rudolf von Asch, Sigmund von Preifenschalk, Klemens von Greifenstein, Sigmund von Rottenburg, Sigmund von Vellenberg, Hans von Herzog, Friedrich Herzog, Anna Schweizer, Anna Spieß und Klara von Füssen sind nur einige Beispiele für die Abkömmlinge des Herzogs, den viele seiner Türhüter, Pfleger und Amtmänner „Schwiegervater" nennen konnten.

Auch über die Zahl der unehelichen Kinder Maximilians I. gibt es widersprüchliche Angaben. In einem Brief an seinen Bruder Karl V. spricht Ferdinand I. von *plusieurs enffans* (mehreren Kindern) ihres Großvaters und erwähnt summarisch neben dem legitimierten Georg noch *trois filz et trois filles* (drei Söhne und drei Töchter), während Granichstaedten-Czerva sogar zehn illegitime Kinder des Kaisers feststellte. Viele der Kinder – nach manchen Darstellungen waren es angeblich sogar 70! – wurden nach Maximilians Tod bei Ferdinand I. vorstellig und suchten um Unterstützung an. Wie viele illegitime Kinder Maximilian I. wirklich hatte, ist nicht mit Sicherheit feststellbar.

Über die Schicksale seiner zwei legitimierten Söhne Georg († 1557) und Cornelius (* 1507, Todesdatum unbekannt), die von derselben Mutter stammten, ist man relativ genau informiert, obwohl die Mutter nicht eindeutig zu erfassen ist: Es wird sowohl von einer ledigen Salzburgerin als auch von einer Adeligen aus dem Hause Brimeu de Meghen gesprochen. Über die Mütter eines dritten Sohnes, Leopold († 1557), und eines vierten, Maximilian, gibt es nicht einmal fundierte Spekulationen.

Georg († 1557), der älteste der legitimierten Söhne, verbrachte seine Jugend unter der Obhut seiner Halbschwester Margarete in den Niederlanden, ging 1522 mit Karl V. nach Spanien und studierte in Alcalá de Hernares Jus. Sein Lebensweg vollzog sich teilweise im Rahmen einer geistlichen Karriere und teilweise im Dienste der Familie. Er wurde vorübergehend Administrator von Brixen, Pläne, ihn zum (Erz)-Bischof in Burgos, Toledo oder Salzburg zu machen, scheiterten. Papst Klemens wollte ihn sogar mit einer seiner Verwandten verheiraten und mit Mailand belehnen. Trotz seiner geistlichen Würde war er nach der Krönung Karls V., an der er teilnahm, 1530 in Bologna hauptsächlich im diplomatischen Dienst der Königin Maria († 1558), Statthalterin der Niederlande, tätig, bis ihn eine schwere Krankheit ereilte. Sein weiteres Leben verlief wieder im Dienste der Kirche, zuletzt brachte er es bis zum Bischof von Lüttich. Auch Georg hatte einen natürlichen Sohn, der ebenfalls in den geistlichen Stand eintrat und Kanzler der Universität in Löwen wurde. Weit weniger ist über Georgs jüngeren Bruder Cornelius (* 1507) bekannt, der in Padua studierte und sich weigerte, in

Linke Seite oben und unten: Das Colegio Mayor de San Ildefonso in Alcalá de Henares. Hier studierte der illegitime Sohn Maximilians I., Georg von Österreich. Fassade und Renaissance-Innenhof. Fotos: Vocelka/Heller
Rechts: Grabplatte des illegitimen Sohnes Maximilians I., Leopold von Österreich, der als Bischof von Córdoba starb und in der wunderbaren Kathedrale-Moschee von Córdoba begraben liegt. Foto: Vocelka/Heller

den geistlichen Stand einzutreten. Verschiedene Möglichkeiten, im Zusammenhang mit der Italienpolitik der Habsburger zu einem Territorium zu kommen, scheiterten, und schließlich verliert sich die Spur des knapp Zwanzigjährigen um 1527.
Der dritte Sohn Leopold († 1557) tauchte vergleichsweise spät – lange nach dem Tod seines Vaters – erstmals in den Quellen auf, er dürfte ebenfalls in Italien studiert und in den Niederlanden die Priesterweihe erhalten haben. Er wurde Geistlicher in Tournai und 1541 schließlich Bischof von Córdoba. Auch er hinterließ einen natürlichen Sohn, der den Namen des Großvaters, Maximilian, führte. In der Literatur findet sich noch ein Maximilian von Österreich; er war 1596 bis 1602 Bischof von Cádiz, 1601 bis 1603 Bischof von Segovia und 1603 bis 1614 Erzbischof von Compostela. Es gab auch einige namentlich bekannte Töchter wie Anna, Dorothea, Barbara, Elisabeth und zwei mit dem Namen Margarethe, die offensichtlich alle mit Adeligen verheiratet wurden. Eine der Töchter, Barbara, wurde durch die Ehe ihrer Mutter mit dem Landeshauptmann von Niederösterreich, Georg von Rottal, legitimiert und heiratete später Sigmund von Dietrichstein. Sowohl Rottal als auch Dietrichstein spielten eine zentrale Rolle in der Politik Maximilians I. Man sieht daran, daß einerseits wichtige Ratgeber mit illegitimen Kindern verheiratet wurden, und andererseits, daß die dadurch begründete Verwandtschaft mit dem Kaiser von Vorteil für die Adeligen sein konnte.
Sind die Lebenswege der Söhne Maximilians I. nur punktuell rekonstruierbar, so treten zwei der Kinder Karls V. in das helle Licht der Geschichte. 1521 soll Karl V. in Oudenaarde die Tochter eines Teppichwirkers kennengelernt haben, eine „niedere Magd", Johanna van der Gheinst – oder auch Jeanne van den Gheynst –, mit der er eine Beziehung begann, aus der eine Tochter hervorging: Margarete von Österreich († 1586), später Margarete von Parma, die Mutter Alexander Farneses. Margarete wurde von einer Brüsseler Familie erzogen und heiratete zunächst Alessandro Medici und nach dessen gewaltsamem Tod Ottavio Farnese – einen Enkel des Papstes Paul III. (Alessandro Farnese, † 1549). Das Heiratsverhalten dieser illegitimen Tochter ist also kaum von dem legitimer Töchter der Habsburger zu unterscheiden, offensichtlich stellte die uneheliche Geburt Margaretes aufgrund der politischen Stärke Karls V. kein Hindernis für eine Verbindung mit regierenden Dynastien dar. Ihr Schicksal war mit den Parteienkämpfen in Italien und der internationalen Politik eng verflochten. Die eigentliche historische Rolle spielte sie aber als Statthalterin der Niederlande für ihren Halbbruder Philipp II., wobei sie der sich verstärkenden politischen und konfessionellen Krise zunächst nicht entgegensteuern konnte. Schließlich, als sie gerade dabei war, die komplizierte Situation wieder in den Griff zu bekommen, wurde sie durch Herzog Alba abgelöst.

Margarete von Parma, eine illegitime Tochter Kaiser Karls V. ÖNB, Wien

Daraufhin zog sie sich nach Italien zurück, wo sie in L'Aquila in den Abruzzen lebte. Eine zweite Berufung als Statthalterin der Niederlande nach dem Scheitern ihres anderen Halbbruders Don Juan d'Austria lehnte Margarete ab; nach dessen Tod kehrte sie aber doch gemeinsam mit ihrem Sohn Alexander Farnese in die Niederlande zurück, wo sie versuchte, mit diesem die Macht zu teilen. Als dies nicht funktionierte, zog sich Margarete 1583 mit der Erlaubnis Philipps II. nach Ortona in Italien zurück, wo sie 1586 verstarb.

Eine vielleicht noch bedeutendere Rolle in der Geschichte spielte der natürliche Sohn Karls, Don Juan d'Austria († 1578). Kurz nach seiner Geburt wurde Don Juan der Frau eines intimen Freundes Karls V. übergeben. Er wuchs unter dem Namen Jerónimo Leganés auf, seine Erziehung erfolgte zuerst zu Hause, dann in einem Kloster. Zwar wird als seine Mutter oft die Tochter eines Regensburger Bürgers, Barbara Blomberg, angenommen, die der verwitwete Karl V. auf dem Reichstag zu Regensburg 1546 kennenlernte, dennoch besteht darüber keinerlei Sicherheit. Schon die Meinungen der Zeitgenossen gingen auseinander, und die Gerüchtebörse blühte. Der Venezianer Paolo Tiepolo bezeichnete die Mutter als „von ziemlich niederer Herkunft", während Brantôme sie eine „große Dame und Gräfin von Flandern" nannte. Der aus Wien stammende Jesuit Famian Strada wußte zu erzählen, daß Philipp II. von Spanien seiner Lieblingstochter, Infantin Isabella Klara Eugenia, der er verschiedene Geheimnisse mitzuteilen gewohnt war, anvertraute, die vermeintliche bürgerliche Mutter sei nur vorgeschoben worden, um den Ruf der wirklichen Mutter zu schonen. Schriftsteller wie Amelot de la Houssaie, Brusle de Montplainchamp und Alexis Dumesnil sprachen das Angedeutete dann offen aus, nämlich daß Don Juan die Frucht eines blutschänderischen Verhältnisses des Kaisers mit seiner Tochter Margarete oder seiner Schwester Maria gewesen sei. Dabei muß man allerdings deren nicht gerade objektive Haltung gegenüber Spanien berücksichtigen – sie gehörten zu den Verbreitern der *Leyenda negra* (Schwarze Legende), also den anti-spanischen, anti-katholischen und antihabsburgischen Schriften. In eine ähnliche Richtung führt auch die in der modernen historischen Literatur immer wieder auftauchende Behauptung, Don Carlos († 1568) habe zu seinem Großvater Karl V. „Vater" und zu seinem Vater Philipp II. „Bruder" gesagt.

Wie immer die Frage nach der Mutter zu beantworten sein mag, schon 1561 erkannte Philipp II. seinen Halbbruder Don Juan offiziell an. Er wurde bei Hofe gemeinsam mit dem damaligen Thronfolger Don Carlos erzogen. In die Tragödie der letzten Tage des Prinzen, von der an anderer Stelle ausführlich die Rede war, war er intensiv verwickelt. Ursprünglich zum geistlichen Beruf bestimmt – Philipp II. versuchte für seinen Halbbruder eine Kardinalswürde durchzusetzen –, trieb es den jungen Don Juan zu militärischen Abenteuern. Das zölibatäre Leben scheint nichts für ihn gewesen zu sein, wir werden noch von seinen natürlichen Kindern hören. 1568 beteiligte sich Don Juan, wenn auch nicht sehr erfolgreich, an der Niederwerfung des Moriskenaufstandes – eines Versuches der arabischen Restbevölkerung, sich gegen die Macht des Königs und der Inquisition aufzulehnen –, doch seine große Stunde schlug 1571, als er den Oberbefehl über die Flotte der Heiligen Liga führte, die in der Galeerenschlacht bei Lepanto 1571 die osmanische Flotte vernichtend schlug. Nachdem es ihm 1573 noch gelungen war, Tunis zu erobern, das er vergeblich vom Papst als Königtum begehrte, beendete er seine Karriere als Statthalter der Niederlande auf dem Höhepunkt der politischen Spannungen zwischen den protestantischen Ständen und der katholischen königlichen Verwaltung. Obwohl er ein Alter von 31 Jahren erreichte, blieb Don Juan d'Austria unvermählt. Allerdings hatte er zwei natürliche Töchter; eine mit Anna de Mendoza namens Ana de Austria, die Äbtissin des Benediktinerinnenklosters zu Burgau wurde, wo sie 1600 starb, und eine zweite namens Johanna de Austria aus seiner Beziehung mit Diana Phalanga. Diese wuchs zunächst im Klarissinnenkloster in Neapel auf und wurde, als sie ein heiratsfähiges Alter erreichte, mit einem hochrangigen Adeligen vermählt, sie soll 1630 gestorben sein. Die Tatsache, daß Don Juan d'Austria im Escorial im Pantéon de los Infantes begraben liegt und auch Ritter des Ordens vom Goldenen Vlies war, spricht für die weitgehende Anerkennung seiner Ebenbürtigkeit mit den anderen Sprößlingen der spanischen Linie. Neben den vermutlichen Müttern seiner beiden bekannten natürlichen Kinder pflegte Karl V. noch viele andere Beziehungen; der Name Ursulina delle Rigna aus Perugia, mit der er auch eine Tochter Thaddea gehabt haben soll, und auch eine Doña Juana werden verschiedentlich genannt.

Karls V. Umgang mit sexuellen Beziehungen – und vor allem mit den daraus entstehenden Kindern – setzte sich eher in der spanischen als in der österreichischen Linie fort. Während in Spanien Philipp II. und auch Philipp IV. ein recht reiches Liebesleben führten, scheint von der österreichischen Linie des Hauses einzig der unverheiratet gebliebene Rudolf II. ein ausgiebiges außereheliches Sexualleben gepflegt zu haben.

Vom spanischen König Philipp II. gab es im Alter von 16 Jahren Gerüchte über ein Verhältnis mit der Kammerzofe Isabel de Osorio, der Tochter eines Marquis, schon vor seiner Eheschließung mit Maria Manuela von Portugal († 1545). Manche Historiographen vermuten sogar, daß Philipp sie zu diesem Zeitpunkt sogar geheiratet hatte und somit ein Bigamist war. Sein Vater Karl V. zeigte sich besorgt und wollte das Recht Philipps auf den Sexualverkehr mit seiner Ehefrau beschränkt wissen. Scheinheilig – und vergeblich – warnte er seinen Sohn vor einem sündhaften Leben. Die Parallelen zum Sexualleben seines Vaters bleiben nicht auf die vorehelichen Erfahrungen beschränkt; im Falle Philipps II. gab es – wie bei seinem Vater – Anspielungen auf Inzest mit seiner Schwester und seiner Tochter.

Grundsätzlich muß man natürlich bei allen Behauptungen, die das Intimleben eines Menschen betreffen, zunächst die Frage nach dem Wahrheitsgehalt stellen. Bei vielen Mutmaßungen, die in zeitgenössischen Quellen enthalten sind, sind Zweifel angebracht. Neben Mißverständnissen und Bösartigkeit mancher Höflinge spielte sicherlich auch der Einfluß der schon erwähnten *Leyenda negra* eine gewisse Rolle. Wenn man einen Herrscher verteufeln wollte, dann waren Anschuldigungen, die schwer zu widerlegen waren – wie etwa Inszest –, bestens geeignet.

Zweifellos vergnügte sich Philipp II. sexuell nicht nur

In Cuacos de Yuste, einem kleinen Ort ganz in der Nähe des Klosters Yuste, in das sich Karl V. zurückzog, wuchs sein illegitimer Sohn Don Juan d'Austria auf. Foto: Vocelka/Heller

mit seinen vier Ehefrauen; so hatte er in England, als er mit der unattraktiven Maria verheiratet war, mit der Tochter eines Bäckers eine Beziehung, die so allgemein bekannt war, daß man im Volk einen entsprechenden Vers dichtete: „*The baker's daughter in her russet gown, better than Queen Mary without her Crown.*" Auch in seinen späteren Ehen scheint es Philipp mit der ehelichen Treue nicht sehr genau genommen zu haben, vor allem der Rückzug aufs Land in die „Einsamkeit" war oft ein Vorwand für sexuelle Abenteuer. Besonders in der Frühzeit der Ehe mit Elisabeth von Valois, die noch keine Zeichen der Pubertät zeigte, so daß Philipp keine intimen Beziehungen mit ihr aufnehmen konnte, scheint es andere Geliebte gegeben zu haben; vor allem Eufrosina de Guzmán wurde von vielen Zeitgenossen erwähnt. Konkrete Zeugnisse für solche Beziehungen liegen jedoch nicht vor, da der König sehr diskret vorgegangen sein dürfte. Ein Zeitgenosse kommentierte das in dem Satz: „*acaso Felipe (II) pudo no ser un hombre virtuose pero sí fue asombrosamente discreto*" (vielleicht konnte Philipp kein tu-

Oben: Grabmal des Don Juan d'Austria in der Prinzengruft des Escorial. Wie die ehelichen Kinder Karls V. wurde er hier begraben. Foto: Vocelka/Heller

Rechte Seite: Den Sieg in der Seeschlacht von Lepanto 1571 gegen die Osmanen schrieb man indirekt dem Einwirken Mariens zu. Das Gemälde von Tizian allegorisiert diese Schlacht. Prado, Madrid

Unten: Der Sieg bei Lepanto durch Don Juan d'Austria hat ein langes Nachleben. Noch heute werden viele Straßen in Spanien nach diesem Sieg gegen die Osmanen im Jahre 1571 benannt. Foto: Vocelka/Heller

gendhafter Mann sein, doch war er jedenfalls erstaunlich diskret). Neben Isabel de Osorio wird auch Catalina Lénez, die Tochter eines Sekretärs, genannt – vielleicht auch dieses nur eine Auswirkung der Schwarzen Legende. Mit Sicherheit hatte Philipp II. aber mindestens eine illegitime Tochter, Mariana de Austria, die ihr Leben im Kloster Descalzas Reales in Madrid verbrachte.

Während über das außereheliche Leben Philipps III. († 1621) wenig bekannt ist, scheint das Sexualleben Philipps IV. († 1665) „*una gran comedia de enredos*" (eine große Komödie der Verwirrungen) gewesen zu sein. Seine Abenteuer erinnern an die Registerarie des Leporello aus dem „Don Giovanni"; er hatte Verhältnisse mit Frauen aller Klassen und Stände: Kammerzofen, Schauspielerinnen, Huren, Jungfrauen, Ehefrauen und Witwen finden sich in seiner „Liste". Als verbürgte Liebhaberinnen des *Rey galante* entdeckt man u. a. zwei Schauspielerinnen, zwei Hofdamen der Königin, die Tochter eines Grafen, die Nichte eines Marquis, eine Marquesa und eine Duquesa. Es ist kein Wunder, daß der Don-Juan-Mythos im Spanien dieser Zeit einen starken literarischen Niederschlag fand.

Die erste nachweisbare Geliebte Philipps IV. war eine berühmte Schönheit, die Tochter des spanischen Granden Conde de Chirel, der – um kein Hindernis für diese Liebesbeziehung darzustellen – vom Hof entfernt wurde. Das Verhältnis begann im Jahre 1625, als der König erst 20 Jahre alt war. Der daraus entstandene königliche Bastard, der auf den Namen Don Fernando Francisco de Austria getauft wurde, wurde nur acht Jahre alt, sein Körper soll heimlich in den Escorial gebracht worden sein. Seine Mutter starb ebenfalls bald darauf, ihr Haus wurde vom König mit dem zynischen Namen Concepción Real (königliche Empfängnis) dem Orden von Calatrava übergeben.

Philipp IV. war angeblich auch der käuflichen Form der Liebe nicht abgeneigt. Madame d'Aulnoy erzählt in ihren Berichten vom Madrider Hof, daß er seinen Geliebten in der Regel 20 Escudos zahlte, wodurch eine sich so beleidigt fühlte, daß sie sich als Mann verkleidete und dem König einen Sack mit 2000 Escudos übergab, mit dem Hinweis: „So zahle ich meinen Geliebten." Zahllose Geschichten kursierten über das Liebesleben des Königs, wieviel davon Realität, wieviel der Phantasie der Mitbürger oder späterer Epochen entsprungen ist, sei dahingestellt. So erzählte ein Zeitgenosse, daß der König von einem mißtrauischen Ehemann verprügelt wurde, während andere Geschichten sich um die Beziehung zu einer Nonne im Konvent von San Plácido ranken. Wie unzuverlässig die Quellen in solchen Fällen sind, sieht man schon daran, daß die Nonne bei den einen María

MAIORA TIBI

Oben: Mariana de Austria als Nonne. Patrimonio Nacional, Madrid
Rechte Seite: Bei der abgebildeten Frau soll es sich um die Geliebte Philipps IV., la Calderona, handeln. Patrimonio Nacional, Madrid

Links: „Juan José de Austria trägt die Monarchie" nannte Pedro de Villafranca diesen Stich und spielte damit auf die politisch überaus wichtige Rolle des illegitimen Sohnes Philipps IV. an. Biblicoteca Nacional, Madrid
Rechts: Reiterporträt des Juan José de Austria 1678. Stich von Francisco Sanchez. Biblioteca Nacional, Madrid

Beatriz, bei den anderen Margarita de la Cruz heißt. Angeblich ließ Philipp eine Wand von einem Nebenhaus zum Kloster durchbrechen, um ans Ziel seiner Wünsche zu gelangen, worauf die Oberin des Klosters zu einem schlauen Trick griff. Sie ließ die vom König so begehrte Nonne aufbahren und gab vor, sie sei gestorben. Details dieser Berichte klingen nach einer legendenhaften Ausschmückung, wie es bei Hofanekdoten oft der Fall ist.

Die bekannteste Geliebte Philipps IV. war die Schauspielerin María Inés Calderón, genannt *la Calderona*, die er im März 1627 kennenlernte. Nachdem er seinen Konkurrenten, den Duque de Medina de las Torres, ausgestochen hatte, ging er mit ihr eine Beziehung ein, der sein bekanntester natürlicher Sohn, Don Juan José de Austria († 1679), entstammte. Da Don Juan José, der politisch eine wichtige Rolle spielen sollte, fast zur gleichen Zeit geboren wurde wie der legitime, aber schwächliche Sohn Baltasar Carlos († 1646), gab es Spekulationen darüber, ob die beiden nicht vertauscht worden waren.

Die Etikette verbot zwar den Zutritt der königlichen Bastarde zum Hof – und dazu gehörte Don Juan José, obwohl Philipp ihn legitimierte –, trotzdem residierte der Kaiserabkömmling in der Real Sitio de la Zarzuela. Eine Verfügung Philipps bestimmte, daß ihn die Königin *hijo mio* (mein Sohn) nennen mußte und der Infant *hermano y amigo mio* (mein Bruder und Freund), außerdem stand ihm der Titel *serenidad* zu. Don Juan José spielte in der Zeit der Vormundschaftsregierung für den noch regierungsunfähigen Karl II. eine wesentliche politische Rolle, nach seinem Tod wurde er in der spanischen Prinzengruft im Kloster Escorial beigesetzt. Doch *la Calderona* war nur die bekannteste Geliebte des Königs, wohl auch deshalb, weil sie ihm einen politisch bedeutenden Sohn gebar.

Die Zahlenangaben über die unehelichen Kinder Philipps IV. schwanken zwischen acht und 32. Einige illegitime Söhne standen im Dienste der Kirche oder des Staates, so war Don Alfonso Dominikaner und Bischof von Málaga, Don Fernando – genannt Valdés

– war Statthalter von Navarra und General der Artillerie in Mailand, Don Alfonso Antonio de San Martin, der Sohn von Doña Tomasa Alana, einer Hofdame der Königin, wurde Bischof von Oviedo und Cuenca, und Don Juan wurde Augustinermönch unter dem Namen Juan del Sacramento. Von den Töchtern ist nur eine näher bekannt; Ana Margarita trat mit zwölf Jahren in das Kloster Encarnación ein und wurde Superiorin, sie führte den Titel *serenidad*.

Was über diese halbwegs verbürgten Nachrichten noch an weiteren Gerüchten und Spekulationen existiert, ist kaum nachprüfbar. Um nur einige der Vermutungen zu nennen, soll sich Philipp bei seinen sexuellen Abenteuern mit der Syphilis angesteckt haben, und im Jahre 1636 soll man bei Hofe *„un numeroso exambre de putos o arisméticos"* (also viele Homosexuelle) und *„mujeres-hombres y los hombres-mujeres"* (also Transsexuelle) entdeckt haben.

Im Gegensatz zu seinem Vater führte Karl II. († 1700) ein jämmerliches Sexualleben. Er zeigte schon früh ein sehr distanziertes Verhältnis zu Frauen, das sich offensichtlich auch bei seiner ersten Frau Marie Louise von Orleans († 1689) kaum änderte. Der Herzog von Villars berichtete, die Königin sei nach einem Ehejahr noch immer Jungfrau, sie schlafe und esse viel, aber sonst ereigne sich wenig. Nach seinem Bericht waren die sexuellen Begegnungen der beiden Mißerfolge, da Karl offensichtlich an *ejucalatio praecox* (vorzeitigem Samenerguß) oder *hipoplasia genital con insufiencia* (ungenügende und unvollständige Ausbildung bzw. Funktionsfähigkeit des Geschlechtsorganes) litt, auch von einer möglichen Frigidität der Königin war die Rede. Den König unterwarf man daraufhin einer erotischen Diät, die vor allem aus Trüffeln, Artischocken und *callos* (Kutteln) bestand. Doch diese Mittel dürften nicht zum gewünschten Ergebnis geführt haben. Ein Beobachter des Hofes berichtet: Karl *„queda bien a la zaga, sin haber logrado jamás simultanear a María Luisa, por lo que la cocción como se dice en leguaje médico, no ha llegado a ser perfecta"* (Karl hinkte immer nach, ohne jemals gemeinsam mit Marie Louise zum Orgasmus zu kommen, weshalb der „Sud", wie man in der medizinischen Sprache sagt, niemals perfekt war).

Ein in Madrid kursierender Spruch besagte: *„Tres vírgenes hay en Madrid, la Almadena, la de Atocha y la reina nuestra señora"* (frei: Drei Jungfrauen gibt es in Madrid, die Statue der Jungfrau von Almadena, die Statue der Jungfrau von Atocha und die Königin, unsere Herrin). Um dennoch zu einem Erben zu kommen, ließ man nichts unversucht; sogar im Panteón des Escorial soll Karl II. – gewissermaßen unter den Augen der Ahnen – den Geschlechtsverkehr mit seiner Frau versucht haben. Die Impotenz des Königs, die sich

Porträt des Juan José mit Allegorien. Stich. Biblioteca Nacional, Madrid

nach Marias Tod auch bei ihrer Nachfolgerin Maria Anna (Mariana) von Pfalz-Neuburg († 1740) fortsetzte, wurde als die Folge einer Verhexung gedeutet, was sich im Beinamen Karls *el Hezichado* (der Verhexte) ausdrückt. Verständlich ist, daß der Monarch, dessen eheliches Sexualleben sich schon schwierig genug gestaltete, wenig Interesse an außerehelichen Beziehungen zeigte.

Während in der spanischen Linie der Habsburger jede zweite Generation an Liebschaften interessiert war und sexuelle Erfahrungen außerhalb des ehelichen Bettes suchte, war die Situation in der österreichischen Linie anders. Für das 16. Jahrhundert können manche außer- oder voreheliche Beziehungen festgestellt werden, aber für das 17. Jahrhundert gibt es nicht einmal in dem sonst von so blühender Phantasie geprägten Hofklatsch einschlägige Nachrichten. Über den ersten Habsburger der österreichischen Linie im 16. Jahrhundert, Ferdinand I., hörte man allerdings keine Gerüchte, während die Quellen über Maximilian II. wenigstens andeuten, er habe sein Leben *in Baccho et Venere* verbracht. Konkrete Hinweise gibt es jedoch nur von einer vorehelichen Liebesbeziehung; er soll mit Anna von Ostfriesland, einer Hof-

dame seiner Mutter, ein Verhältnis gehabt haben, aus dem eine Tochter namens Helene Scharsach hervorging. Diese heiratete einen österreichischen Adeligen, Andreas Eberhard von Rauber, der sie, der Legende nach, bei einem Ringkampf gewonnen haben soll, in dem er einen spanischen Granden besiegte, den er dem Kaiser in einen Sack geschnürt vorlegte.
Einer der Brüder Maximilians, der morganatisch verheiratete Erzherzog Ferdinand von Tirol, zeugte ein uneheliches Kind, Christof von Hertenberg. In einer Urkunde heißt es, er habe infolge menschlicher Schwäche und „Blödigkeit" einen natürlichen Sohn hervorgebracht. Ferdinand bestimmte die Einkünfte der Herrschaft Hertenberg im Oberinntal, die bisher seinen beiden (morganatischen) Söhnen Andreas und Karl verschrieben waren, für die Erziehung und zum späteren Lebensunterhalt seines unehelichen Sohnes. Dieser sollte an „ehrlichen vertrauten orten wohl gezogen werden"; über seinen Aufenthaltsort, seine Kinder-, Schul- und Studienjahre erfahren wir allerdings gar nichts. Direkte Quellenzeugnisse über ihn gibt es erst im Jahre 1609 in einem sehr unglücklichen Zusammenhang. An einem Sommertag dieses Jahres, als Christof sich auf der Jagd befand, geriet ein elfjähriger Knabe namens Blasius Hofstetter unversehens in seine Schußbahn und wurde von einer Kugel tödlich verwundet. Christofs Vormund Karl Freiherr von Schurff bemühte sich um eine gütliche Übereinkunft mit der Familie des getöteten Knaben, doch konnte man die Geschichte nicht ganz vertuschen. Hertenberg mußte der weltlichen Obrigkeit und den Angehörigen eine Strafe zahlen, daneben wurde ihm eine geistliche Buße auferlegt. Das Geld sollte in diskreter Weise unter die armen Leute der Gegend, in der die unglückliche Tat geschehen war, verteilt werden.
Einige Jahre später berichten die Quellen nochmals über Christof von Hertenberg, und zwar anläßlich seiner Hochzeit mit Ursula von Gienger, der Tochter des Pfannhaus-Amtmanns in Hall, Damian Gienger. Die Hochzeit fand 1612 in Hall statt; ein Abgesandter des Erzherzogs überbrachte einen silbernen Becher im Wert von 40 fl., außerdem schenkte der Landesfürst der Hochzeitsgesellschaft zwei Hirsche aus den landesfürstlichen Wäldern. Aber nur ein Jahr später starb Christof von Hertenberg. Die Erbschaft des kinderlosen Erzherzogssohnes fiel an den Landesfürsten.
Kaiser Rudolf II., der im Gegensatz zu seinen Vorgängern und Nachfolgern unverheiratet blieb, hatte zahlreiche Beziehungen zu Frauen und auch eine Reihe natürlicher Kinder. Doch darüber hinaus baute man in der älteren Literatur, die versuchte, Rudolf noch verrückter darzustellen, als er ohnehin war, eine Reihe von Legenden auf, die einer kritischen Überprüfung nicht standhalten. So wurde z. B. behauptet, daß er täglich eine Jungfrau haben mußte. In diesem Fall hätte Rudolf in seinen dreißig Jahren in Prag fast 10.000 junge Mädchen in seinem Bett gehabt haben müssen.
Sehr wohl informiert sind wir über seine langjährige Verbindung mit Katharina Strada, der Tochter seines Antiquars, mit der Rudolf laut einem Bericht des französischen Gesandten angeblich sechs Kinder – drei Söhne und drei Töchter – hatte. Außerdem soll ihm noch einen Tag vor seinem Tod eine Tochter geboren worden sein; wir wissen aber weder, wer die Mutter war, noch was aus dem Kind wurde. Die älteste Tochter – Karoline – war mit einem Grafen von Cantecroy verheiratet, die zwei anderen Töchter, Dorothea und Elisabeth, die bei Rudolfs Tod noch sehr jung waren, kamen später in Klöster in Wien und Madrid. Die drei Söhne hießen Julius (Don Julio), Matthias und Karl. Über das tragische Schicksal des Don Julio wurde schon in einem anderen Zusammenhang berichtet. Nach Rudolfs Tod ließ Ferdinand die beiden jüngeren, Matthias und Karl, in Graz im Jesuitenkollegium erziehen, sie suchten später ihr Glück in Spanien. Philipp IV. wollte Don Matthias, wie er genannt wurde, sogar durch eine reiche Heirat zu einer selbständigen Stellung verhelfen. Später verlieren sich die Spuren dieser Kinder im Dunkel.
Während die spanischen Habsburger der Barockzeit trotz ihrer öffentlich zur Schau getragenen Frömmigkeit sich große sexuelle Freiheiten herausnahmen, wie diese auch an anderen Höfen Europas – vor allem in Frankreich – gang und gebe waren, scheinen die österreichischen Habsburger entweder ihre christlichen Moralvorstellungen besser internalisiert oder es besser verstanden haben, ihre Abenteuer zu verbergen. Von keinem der österreichischen Herrscher des 17. Jahrhunderts gibt es auch nur die leiseste Andeutung einer Affäre oder eines unehelichen Kindes. Doch mag das daran liegen, daß sich noch niemand die Mühe gemacht hat, den versteckten Spuren solcher Liebesabenteuer nachzugehen. Lediglich von nicht regierenden Habsburgern haben wir einige entsprechende Nachrichten, wie etwa von Erzherzog Maximilian III. dem Deutschmeister († 1618), der zwar geistlichen Standes war, aber dennoch zwei illegitime Nachkommen hatte: den Kammermaler Martin von Mitternacht und Hans Eckart von Rosenberg, der in den Adelsstand erhoben wurde und mehrere Schlösser bei Meran besaß. Möglicherweise könnten mühsame Quellenstudien noch andere habsburgische Bastarde der Barockzeit zu Tage fördern.
Im 18. Jahrhundert änderte sich die Situation schlagartig. Bereits über den späteren Kaiser Joseph I., der schon als Jugendlicher von den Frauen begehrt war

und sehr früh seine ersten Erfahrungen gemacht haben dürfte, gab es Berichte über diverse amouröse Abenteuer mit Hofdamen. Die Ehe mit Amalie Wilhelmine von Braunschweig-Lüneburg sollte den jungen Mann bändigen, doch betrog er sie schon nach kurzer Zeit. Seine politischen Gegner berichteten, daß er während der Konferenzsitzungen Liebesbriefe an seine Mätressen schrieb.

Auch über Franz Stephan von Lothringen kursierten zahlreiche Geschichten; offensichtlich war die Eifersucht seiner Frau nur allzu berechtigt.

Sogar die Keuschheitskommission soll ein Versuch Maria Theresias gewesen sein, die erotischen Abenteuer ihres Mannes in Grenzen zu halten. Mehrere Frauen der vornehmen Gesellschaft standen in einem intimen Verhältnis zum Kaiser, sie teilten auch häufig seine Leidenschaft für das Glücksspiel. So setzte die schöne Fürstin Maria Wilhelmine von Auersperg, die Mätresse des Kaisers, an einem einzigen Abend 12.000 Dukaten und verlor. Für Franz Stephan spielte die schöne Fürstin eine ähnliche Rolle wie Madame Pompadour oder Madame Dubarry am französischen Hof. Die Legende will, daß Maria Theresia am Sterbebett des von ihr so geliebten Kaisers zu ihrer Nebenbuhlerin gesagt haben soll: „Meine liebe Fürstin, wir haben beide wahrlich viel verloren." Neben Fürstin Auersperg hatten aber auch die Gräfin Colloredo oder die Gattin des Reichskanzlers Pálffy einen Platz im erotischen Leben Franz Stephans.

Dieser Torbogen eines Hauses am Spittelberg – einstmals das Bordellviertel Wiens – trägt die Inschrift: „Durch diesen Bogen ist Kaiser Joseph geflogen."
Foto: Vocelka/Heller

Von seinen Söhnen eiferten zumindest die beiden, die zur Regierung gelangten, durchaus ihrem Vater nach. Joseph II., der in seiner zweiten Ehe mit der – wie er meinte – häßlichen Bayerin sehr unglücklich war, hatte eine Reihe von Liebeshändeln, aber im Gegensatz zu seinem Vater, der nur adelige Mätressen hielt, gab sich Joseph mit Frauen aus den unteren Schichten bis zum Bordellmilieu ab. Angeblich wurde er aus einem der Gasthäuser des damals als Hurenviertel verrufenen Spittelbergs hinausgeworfen – eine Inschrift am Torbogen erinnert noch daran. Auch seine vermutete Geschlechtskrankheit hing sicherlich mit seinem lockeren Lebenswandel zusammen.

Mit Frauen der höfischen Welt hatte er ebenfalls seine Kontakte; ein besonders pikanter Fall betrifft die Frau des Grafen Joseph Niklas Windischgrätz, da sie auch die Geliebte seine Bruders Leopold gewesen sein dürfte. Josepha Windischgrätz (die in der Literatur auch mit ihrem Mädchennamen als Gräfin Erdödy und aufgrund einer Ehe ihrer Mutter manchmal als Gräfin Batthyány bezeichnet wird), vereinte große Schönheit mit einem feinen Charakter und wacher Intelligenz – und war somit für beide Söhne Maria Theresias eine begehrenswerte Partnerin. Als sie sehr jung starb, schrieb Joseph dem Grafen einen Kondolenzbrief, in dem er zu dem gemeinsamen Verlust – die Ähnlichkeit mit dem eben zitierten Ausspruch seiner Mutter am Totenbett Franz Stephans fällt auf – sein Beileid aussprach.

Es gab außerdem mindestens zwei Menschen, die sich entweder als uneheliche Kinder Kaiser Josephs ausgaben oder wirklich glaubten, solche zu sein. Der eine Fall betrifft einen recht bekannten Mann, und zwar Joseph Gottfried Pargfrieder, der zum Ruhm der Monarchie den Heldenberg bei Kleinwetzdorf errichten ließ und die beiden Feldherrn Radetzky und Wimpffen dazu brachte, sich dort begraben zu lassen. Der Legende nach war er der Sohn einer schönen Jüdin und Kaiser Josephs II., Pargfrieder glaubte selbst, ein illegitimer Sproß Josephs zu sein. Die angebrachte Inschrift K.I.S.I.P.F.V.F. in seiner Gruft läßt sich wohl am ehesten mit „Kaiser Josephs Sohn, Joseph Pargfrieder, vivi fecit" (hat es zu Lebzeiten machen lassen) deuten. Eine angebliche illegitime Tochter Josephs II. kennen wir hingegen nur aus den Akten, sie trat – wie in solchen Fällen üblich – erst lange nach dem Tod des Kaisers an die Öffentlichkeit. Am 22. November 1814 erwirkte Wenzel Wewerka, der Sohn eines verstorbenen Notars aus Mähren, mit seiner Gattin Anna Maria eine Audienz bei Kaiser Franz I. in Wien, wobei er Ansprüche der Anna Maria geltend machte, eine natürlichen Tochter von „Wailand Kaiser Joseph II." zu sein. Das Ergebnis dieser Audienz schien den Anspruch der Familie Wewerka zu bestätigen, denn Franz II./I. bewilligte dem Ehepaar nicht nur 400 fl. zur Begleichung in Wien gemachter Schulden und für die Kosten der Rückreise, er wies auch die mährisch-schlesische Bankaladministration an, Wenzel „von Wewerka" als Wegmautkontrollor am Wienertor in Nikolsburg mit 400 fl. Gehalt und 30 fl. Quartiergeld gegen Erlag einer Kaution von 400 fl. anzustellen.

Zunächst erhebt sich die Frage, wann und wo Kaiser

Joseph II. die namenlose Mutter der Anna Maria von Wewerka kennengelernt haben könnte. Möglich wäre es 1766 gewesen, auf seiner ersten großen Reise durch Böhmen, Mähren und Schlesien. Doch drängt sich der Verdacht auf, daß die Familie Wewerka einen Betrug versuchte, der tatsächlich auch gelang. Weder im Totenbeschauprotokoll noch im Testament der angeblichen Tochter Josephs II. gibt es die leiseste Andeutung des „Geheimnisses" ihrer hohen Geburt. Dieser Fall zeigt deutlich, auf welch schwankendem Boden man sich in diesen Fragen bewegt; weder Behauptungen noch Dementi kann man mit Sicherheit bestätigen. Daß ein solcher Betrug – wenn es einer war – funktionieren konnte, läßt darauf schließen, daß man bei Hof sehr wohl um die Eskapaden Josephs II. wußte und eine solche Behauptung, wie sie die Familie Wewerka aufstellte, durchaus für möglich hielt.

Auch Josephs jüngerer Bruder Leopold II., dessen Ehe so kinderreich war, daß man sich um das Aussterben der Habsburger nicht mehr sorgen mußte, erfüllte nicht nur im ehelichen Bett seine Pflicht. Als eine seiner Geliebten galt eine Gräfin Wolkenstein, die eine ähnliche Rolle für ihn spielte wie die Fürstin Auersperg für seinen Vater. Seine Hauptgeliebte und anerkannte Mätresse war jedoch seit 1786 die schöne Tänzerin Livia Raimondi, der man in Florenz den Beinamen „Belladonna" gab. Ihre Eifersucht war sprichwörtlich. Man munkelte sogar, als der Großherzog sich einmal einem anderen schönen Mädchen auffallend zu nähern begonnen habe, sei diese einige Tage später eines plötzlichen und überraschenden Todes gestorben. Auf der Piazza San Marco in Florenz richtete Leopold Livia ein Palais ein, dessen Inventar ebenso wie eine Liste späterer Geschenke – zum Teil eigenhändig geführt – vom schreibwütigen und penibel bürokratischen Leopold erhalten sind. 1788 gebar sie ihm einen Sohn namens Ludwig oder Luigi, mit dem Livia ihm nach Wien – als Leopold Kaiser geworden war – folgte. Zu seinen Lebzeiten sorgte Leo-

Der Armeelieferant Pargfrieder – vielleicht ein Sohn Josephs II. – vor dem Hintergrund seines Schlosses in Kleinwetzdorf in Niederösterreich. ÖNB, Wien

pold II. selbst für die materielle Zukunft seiner Geliebten und seines Sohnes, nach seinem Tod kümmerte sich sein Sohn Kaiser Franz II./I. um seinen Halbbruder. Ludwig von Grün, wie er genannt wurde, studierte zunächst an der Universität Wien und wurde später Konzeptspraktikant in der Wiener Hofkammer, 1814 starb er in Wien an einem Lungenleiden.

Eine der wenigen Frauen aus dem Erzhaus, die einen bzw. mehrere Liebhaber hatte, war Marie Louise († 1847), eine Tochter von Franz II./I., deren Verhalten – im Hinblick auf die Normen der Zeit – überaus skandalös war. In ihrer Jugend faßte sie eine besondere Zuneigung zu Franz von Modena-Este, die aber nicht in einer Heirat mündete, weil die Politik andere Aufgaben für die junge Erzherzogin vorgesehen hatte. Napoleon, der Emporkömmling und Usurpator – wie es die angestammten Dynastien sahen –, wollte in den Kreis der erlauchten alten Häuser einheiraten, und so opferte man Marie Louise der politischen Notwendigkeit. Sie gebar dem selbsternannten Kaiser der Franzosen einen Thronfolger, den *Roi de Rome* (Herzog von Reichstadt), dessen Ankunft mit 101 Salutschüssen begrüßt wurde. Obwohl damals 22 Zeugen bei der Geburt anwesend waren, gab es Zweifel und Gerüchte, es handle sich um ein unterschobenes Kind.

Marie Louises Einstellung zu Napoleon war nicht gerade von großer Zuneigung geprägt – verständlich nach der erzwungenen Hochzeit, die ihre eigenen Lebenspläne vernichtet hatte. Ihre Stiefmutter Maria Ludovica († 1816) berichtete nach Napoleons militärischer Niederlage und politischer Entmachtung: „[...] fuhr ich [...] zu unserer besten Louise, die Gott dankt, daß er [Napoleon] in Verhaft ist, wegen der allgemeinen Ruhe und insbesondere weil sie nun hofft ruhig und bald nach Parma ziehen zu dürfen ohne Sorgen für die Zukunft." Jedenfalls dachte seine Frau nicht daran, das Schicksal der Verbannung mit ihm zu teilen; sie reiste vielmehr in Europa umher, ehe sie 1815 Parma, Piacenza und Guastalla mit Einkünften von 1,2 Millionen Francs als Herrschaftsgebiet zugewiesen bekam. Bei einer Fahrt in die Schweiz wurde sie von Adam Adalbert Graf Neipperg begleitet – der im Krieg ein Auge verloren hatte, das andere Auge warf er auf die entthronte Fürstin –, mit dem sie bald intime Beziehungen unterhielt. Diese begannen angeblich nach einem Besuch der Habsburg, als das Paar durch ein Unwetter gezwungen wurde, im Gasthaus zur „Goldenen Sonne" in Küßnacht zu übernachten. Beide waren zu diesem Zeitpunkt noch rechtskräftig verheiratet, Neipperg wurde erst 1815 Witwer und Marie Louise erst 1821 Witwe. Schon 1817 wurde dem Paar eine erste Tochter, 1818 eine zweite und 1819 schließlich ein Sohn geboren, die

Porträt des Grafen von Neipperg, des zweiten Ehemannes der Kaiserin der Franzosen, Marie Louise. Sammlung Mayr

Geburtsdaten der Kinder mußten auch dem Wiener Hof verheimlicht werden.

Erst nach Napoleons Tod 1821 heiratete Marie Louise den Grafen Neipperg, die Kinder wurden zu Fürsten Montenuovo (eine Übersetzung des Namens Neipperg, der als Neu-Berg gelesen wurde) erhoben. Doch nach dem Tod ihres zweiten Mannes sorgte die Kaisertochter und Kaiserwitwe für weitere Skandale; sie hatte diverse Liebhaber, von denen einer sogar mit ihrer 15jährigen Tochter verheiratet wurde. Im Jahre 1834 schloß sie eine dritte Ehe mit dem 48jährigen Grafen Charles René de Bombelles, auch während dieser Ehe unterhielt sie Beziehungen zu anderen Männern, so etwa zu dem Tenor Jules François Lecomte, der nach einem Souper die ganze Nacht bei ihr verbrachte. Ihr sehr loyaler Biograph Bourgoing spricht von „unglückseliger physischer Veranlagung" und von „ererbtem Temperament".

Ihr Sohn aus der Ehe mit Napoleon, der König von Rom oder Herzog von Reichstadt, soll sich die Erkältung, an der er schließlich starb, bei einem unglücklichen Rendezvous geholt haben. Er befand sich – so wird erzählt – eines Nachts bei der Tänzerin Fanny Elßler zu Besuch in jenem Kostüme, das man bei solchen Besuchen immer anlegt, oder vielmehr nicht anlegt. Leider war dieses Kostüm nur für die Tänzerin berechnet und nicht für deren Gemahl, der plötzlich in der Nacht erschien. Der galante Prinz flüchtete, um seine Geliebte nicht zu kompromittieren, auf den Balkon.

Interessanterweise gab es rund um die äußerst fromme und biedere Erzherzogin Sophie († 1872) – die Mutter von Franz Joseph – zahlreiche Gerüchte. Die junge Frau, die mit dem äußerst langweiligen Erzherzog Franz Karl († 1878) verheiratet war, hatte zwei Verehrer: den Prinzen Gustav Wasa und den Sohn Napoleons, den Herzog von Reichstadt. Manche Historiker gehen sogar so weit, Kaiser Franz Joseph als Sohn des Herzogs von Reichstadt zu bezeichnen, obwohl das sicherlich in den Bereich der kühnen Spekulation fällt!

Allgemein bekannt wurden die Liebesaffären Kaiser Franz Josephs, der wegen seiner unglücklichen Ehe Trost bei anderen Frauen suchte, was Elisabeth im eigenen Interesse sogar noch gefördert haben dürfte. Die meisten Frauen im Leben Franz Josephs waren junge Adelige, deren Männer daraufhin gute Karrieren machten, Schaupielerinnen, die bessere Rollen bekamen, oder Dienstboten, die man, nachdem der Kaiser das Interesse verloren hatte, finanziell abfertigte.

Erst in den letzten Jahrzehnten publik geworden ist die Beziehung zu Anna Nahowski, die Franz Joseph 1875 im Schloßpark von Schönbrunn kennenlernte. Das damals erst 15jährige – allerdings schon geschiedene – Mädchen wurde für viele Jahre seine Geliebte; er besuchte sie in ihrem Haus in der Nähe von Schönbrunn immer dann, wenn ihr eifersüchtiger Mann, der als Eisenbahner arbeitete, abwesend war. Meist erfolgten die Besuche im Morgengrauen, und Anna Nahowski schrieb in ihren Aufzeichnungen von leidenschaftlichen Küssen. Niemals berichtete sie über mehr, doch gelegentliche Bemerkungen über die Unterwäsche des Kaisers lassen gewisse Schlüsse zu. Annas Tochter Helene könnte daher eine illegitime Tochter des Kaisers sein; sie heiratete später den Komponisten Alban Berg. Immerhin dauerte das Verhältnis 14 Jahre und wurde erst 1889 gelöst, als Abfindung zahlte der Kaiser nicht weniger als 200.000 Gulden. Von den Beziehungen Franz Josephs ist wohl die bekannteste jene mit der Schauspielerin Katharina Schratt, die ein offenes Geheimnis war. Die junge Schauspielerin löste Anna Nahowski ab und blieb bis zum Tod des Kaisers seine Geliebte und Vertraute, die in Schönbrunn und in Ischl Häuser in der Nähe des Kaisers hatte. Die Konstellation – auch die Schratt war verheiratet – war ganz ähnlich. Für die „gnädige Frau", wie Franz Joseph sie nannte, gab er viel Geld aus, er bezahlte ihre beträchtlichen Spielschulden, schenkte ihr teure Geschmeide und bedachte sie im Testament mit einer halben Million Gulden – im Vergleich zu den 8000 Gulden Jahresgehalt am Burgtheater eine ungeheuerliche Summe. Gerüchte wollten sogar wissen, daß er sie nach dem Tod Elisabeths morganatisch heiraten wollte. Vor einigen Jahren wurde sogar die Behauptung aufgestellt, daß das Paar wirklich geheiratet habe, doch konnte bisher ein Beweis dafür nicht erbracht werden.

Katharina Schratt in Ischler Tracht. ÖNB, Wien

Wenig positiv lauten die Meinungen der Zeitgenossen über den jüngeren Bruder des Kaisers und Vater Franz Ferdinands, Karl Ludwig († 1896), den Gräfin Larisch als „fetten, alten Mann mit tierischen Instinkten" beschrieb. Wie der aus der Familie ausgetretene Erzherzog Leopold Salvator, später Leopold Wölfling, es trefflich ausdrückte, hatte Karl Ludwig eine „Leidenschaft ... [für] ... alten Wein und junge Frauen, Pferde und Jagd". Er heiratete in dritter Ehe die junge Maria Theresia von Braganza († 1944), neben der er – wie wieder Wölfling schreibt – „wie ihr Großvater aussah". An seinem letzten Lebenstag schlug er sie in einem Streit mit einer Reitpeitsche, kam abends betrunken mit „Trinkkumpanen und

Frauen der Halbwelt" heim und starb noch in derselben Nacht. Auch ein anderer Bruder des Kaisers, Maximilian von Mexiko († 1867), war angeblich kein Kind von Traurigkeit; sein Kammerdiener berichtete von häufigen Besuchen der Damen des Hofes in seinem Schlafzimmer im mexikanischen Kaiserpalast.

Beim Sohn Franz Josephs, Erzherzog Thronfolger Rudolf († 1889), waren die außerehelichen Affären – vor allem jene letzte mit Mary Vetsera, die im Doppelselbstmord endete – weithin bekannt. Viel weniger öffentlich diskutiert wurde eine schwer überprüfbare, aber doch in manchen Aspekten belegte Geschichte aus seinem Liebesleben, die staatspolitische Konsequenzen implizierte. Erzherzog Rudolf soll – ohne Wissen seines Vaters – am 1. Januar 1880 Maria Antonia († 1883) aus der toskanischen Linie des Hauses in einer geheimen, aber selbstverständlich standesgemäßen Ehe geheiratet haben. Lediglich die hausrechtlichen Bestimmungen hätten wegen der fehlenden Zustimmung des Familienoberhauptes die Ehe für ungültig erklärt. Aus dieser soll ein Sohn hervorgegangen sein, den die als unverheiratet geltende Erzherzogin am 7. März 1883 – wenige Tage vor ihrem frühen Tod – geboren haben soll. Dieser junge Mann – der bei einer Anerkennung dieser Ehe rechtlich der Thronfolger nach Rudolfs Tod gewesen wäre – wuchs angeblich bei der Familie des Heinrich Columban Pachmann, dessen eigener Sohn am 8. März geboren wurde und am gleichen Tag starb, unter dem Namen Robert Pachmann auf. Der Kammerdiener der Kaiserin Elisabeth soll den Austausch der Kinder arrangiert haben. Dieser Robert Pachmann behauptete, in Wirklichkeit der Thronfolger „Erzherzog Carl Rudolf Salvator" zu sein. Ihm wurde 1939/40 von den Nationalsozialisten angeblich sogar die Krone Ungarns angeboten, in einem Prozeß in den fünfziger Jahren versuchte er, seine hohe Abkunft zu beweisen. Wieweit diese Geschichte, für die es manche Dokumente gibt, die man auch in diese Richtung lesen kann, der Realität entspricht, wird man ebensowenig mit Sicherheit feststellen können wie manche der anderen Geheimnisse des Intimlebens der Habsburger.

Auch in seinem weiteren Leben war Erzherzog Rudolf kein Verächter weiblicher Reize; aus seinen vielen Liebesaffären ragte die letzte, tragische mit der jungen Mary Vetsera heraus, die er zu jener dramatischen Abschiedsvorstellung in Mayerling überredete, von der an anderer Stelle die Rede sein wird. Als Casanova stand dem Kronprinzen sein Vetter Erzherzog Otto († 1906), der als Schwarm aller Frauen galt und ein sehr reichhaltiges Liebesleben geführt haben dürfte, um nichts nach. Die Liste seiner Skandale ist lang. Vom immer wieder zitierten Vorfall, als er im Hotel Sacher nur mit dem Orden vom Goldenen Vlies und dem Säbel bekleidet auftrat, bis zu jenem Abend, an dem er betrunken seine Freunde ins Schlafzimmer seiner Frau führte, um ihnen eine „nackte Erzherzogin" zu zeigen, ranken sich viele Geschichten um das amouröse Leben des Erzherzogs und Vaters des späteren Kaisers Karl. Seiner Beziehung mit der Balletttänzerin Maria Schleinzer entstammte mindestens ein Sohn, den er auch anerkannte, und mit der Schauspielerin Louise Robinson hatte er eine anerkannte Tochter.

Außerdem gibt es Hinweise auf andere Kinder, so soll er mit einer jungen Schauspielerin ebenfalls einen Sohn gezeugt haben, und aus den Beziehungen zu Maria Schleinzer und Louise Robinson sollen noch weitere Kinder hervorgegangen sein.

Erzherzog Ernst († 1899) aus der Linie des Erzherzogs Rainer blieb zwar offiziell unverheiratet, doch nach seinem Tod meldeten sich drei Geschwister – ein viertes hatte Selbstmord begangen –, die behaupteten, eheliche Nachkommen des Erzherzogs mit Laura von Skublitz, der Tochter eines ungarischen Gutsbesitzers, die sich Baronin Wallburg nannte, zu sein. Obwohl das Kaiserhaus der Familie Wallburg vorwarf, daß die Urkunden und Dokumente, die ihre Behauptungen stützten, gefälscht wären, zahlten die Brüder des Erzherzogs für die Erziehung der Wallburg-Kinder. Erzherzog Rainer der Jüngere hatte 1873 seinen Bruder Ernst unter Kuratel stellen lassen, so daß er, der gemeinsam mit den anderen Brüdern für die Erziehung Klothildes sorgte (sie wurde bei den englischen Fräulein in St. Pölten untergebracht), die Sache ausfechten mußte. Auch beide Brüder Klothildes wurden teilweise unterstützt, so der um vier Jahre jüngere Ernst, den man zunächst beim Militär zu versorgen versuchte – er führte allerdings statt dessen lieber ein bürgerliches Leben und glitt zeitweise in eine kriminelle Laufbahn ab –, und der wieder um ein Jahr jüngere Heinrich, dessen Ausbildung zum Doktor der Rechtswissenschaften man finanzierte. Klothilde Szimics, die 1863 geborene, angebliche eheliche Tochter, klagte sogar ihre Ansprüche auf Rang und Titel ein – allerdings erfolglos. Die Angelegenheit wurde niemals völlig aufgeklärt, die Erbansprüche wies man mit der Begründung zurück, daß die Ehe vom Familienoberhaupt Kaiser Franz Joseph nicht genehmigt worden sei. Jahre später veröffentlichte der ältere Sohn, Ernst Wallburg, eine Anklageschrift unter dem griffigen Titel „Ein Justizmord".

Nicht einmal der fromme, morganatisch verheiratete Franz Ferdinand dürfte ganz so bieder gewesen sein, wie er dargestellt wurde, denn nach seinem Tod gab es viele Alimentationsprozesse seitens seiner angeblichen unehelichen Kinder (wie eine Salzburger Zeitung im August 1919 meldete).

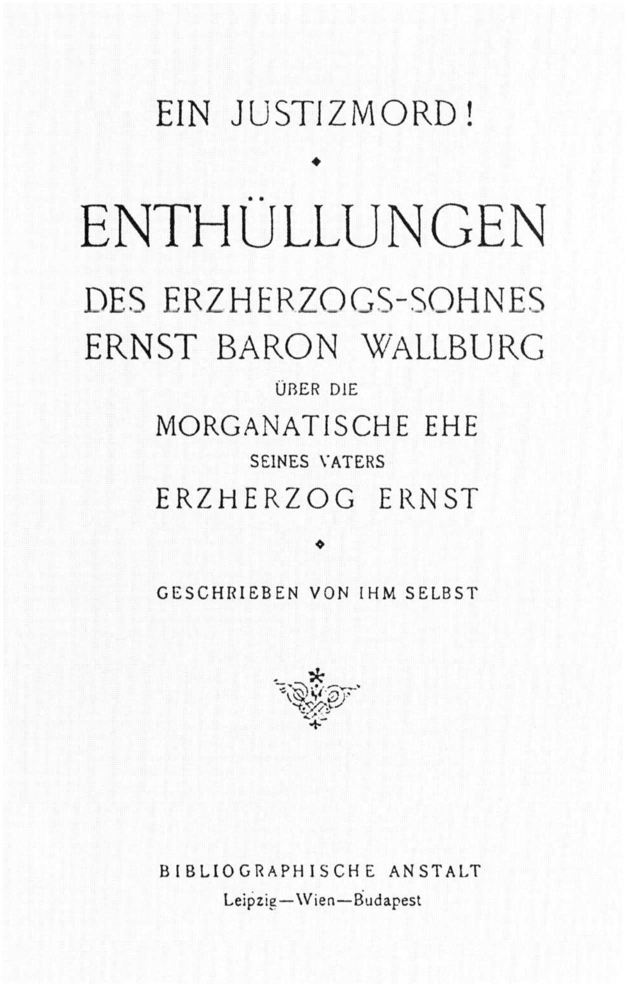
EIN JUSTIZMORD!

ENTHÜLLUNGEN

DES ERZHERZOGS-SOHNES

ERNST BARON WALLBURG

ÜBER DIE

MORGANATISCHE EHE

SEINES VATERS

ERZHERZOG ERNST

GESCHRIEBEN VON IHM SELBST

BIBLIOGRAPHISCHE ANSTALT

Leipzig—Wien—Budapest

Links: Titelblatt der Schrift „Ein Justizmord", in dem Ernst Wallburg, angeblich ein Sohn Erzherzog Ernsts, seine Forderungen vehement vertrat. ÖNB Wien
Rechts: Ernst Wallburg als Zahlkellner im Café New York in Budapest. Archiv Verlag Styria

Schwarze Schafe – Die Aussteiger aus dem Hause Habsburg

Liebschaften und Mesalliancen gab es, wie wir gesehen haben, jede Menge. Solange sich keine Folgen im Sinne von Schwangerschaften einstellten, forderten sie bestenfalls die sanfte Kritik der Familie heraus, uneheliche Kinder wurden in unterschiedlichster Weise versorgt. Die Mesalliancen – also Heiraten mit nicht ebenbürtigen Partnern – minderten nicht grundsätzlich den Stand des Eheschließenden, bedeuteten aber rechtlich, daß die Kinder der „ärgeren Hand" folgten; manche dieser Beziehungen wurden sogar vom Familienoberhaupt akzeptiert. Es gab allerdings im 19. Jahrhundert eine Reihe von Fällen, die von der Familie nicht toleriert wurden und daher zu persönlichen Folgen für die habsburgischen Partner führten. Diese wurden als die „schwarzen Schafe" der Familie betrachtet. Auffallend ist, daß nicht standesgemäße Liebes- oder Ehebeziehungen fast immer Hand in Hand mit politischer Opposition gegen den Kaiser gingen. Man könnte geradezu von Formen des symbolischen Widerstandes durch ein unkonventionelles Sexualleben sprechen. Die persönlichen Konsequenzen für die „schwarzen Schafe" waren gewaltig, da sie die Zugehörigkeit zum Hause Habsburg verloren, was mit der Einbuße von Titel, Prestige und mitunter sämtlichen Einkünften verbunden war.

Das Oberhaupt des Hauses besaß eine monarchisch ausgeübte Familiengewalt über alle Hausgenossen, das heißt, es bestand eine Aufsicht des Familienchefs über die Mitglieder der Sippe, da das landesherrliche Haus und seine Angehörigen unter einem autonomen Sonderrecht lebten. Nach dem Hausstatut konnten die Mitglieder nur eine ebenbürtig hausgesetzlich konsentierte Ehe eingehen. Dieses auf altes Sippschaftsrecht der Abstammungsgenossenschaft des hohen Adels zurückgehende Recht – das unzählige Vorteile bot – konnte aber entzogen werden. Das Ausscheiden eines Mitgliedes des Hauses konnte auch durch den Eintritt in den geistlichen Stand erfolgen, jedoch war die Frage, wieweit die *professio religiosa* das Ausscheiden aus Familie, Rang und Recht zur Folge hatte, von alters her strittig. Weiters gab es die Möglichkeit, sich förmlich und feierlich von dem Geschlecht, dem man angehörte, loszusagen.

Erzherzoginnen traten bei der Eheschließung automatisch in ihre neue Familie – d. h. die Familie ihres Mannes – über, und damit aus dem Hause Habsburg aus. Dies bedeutete, daß eine unebenbürtige Ehe einer Erzherzogin keineswegs die selben rechtlichen Schwierigkeiten heraufbeschwor wie bei einem Erzherzog, da sie auf jeden Fall das Haus verließ. Ehepartnerinnen von männlichen Habsburgern traten hingegen in die habsburgische Familie ein, daher war ihr Rang bzw. ihre Ebenbürtigkeit von ausschlaggebender Bedeutung.

In einigen Fällen des 19. Jahrhunderts – die sich natürlich in der Habsburgerliteratur großer Beliebtheit erfreuen – kam es tatsächlich dazu, daß ein Mitglied des Hauses durch sein Heiratsverhalten die Familienzugehörigkeit verlor. Konsequenzen bestanden – außer im Verzicht auf erhebliche Einkünfte – im Verlust des Titels und aller damit verbundenen Vorrechte, der Einbuße der militärischen Chargen, die nur aufgrund der Mitgliedschaft im Erzhaus vergeben wurden, in der Streichung aus der Liste der Ritter des Goldenen Vlieses und aus dem Hof- und Staatshandbuch und im Verlust kleinerer Privilegien; so durfte z. B. der Betreffende nicht mehr – offiziell und ungestraft – inkognito reisen, er unterstand nicht mehr der eigenen Gerichtsbarkeit des Hofmarschalls etc. Die Konsequenzen waren so verheerend für den Betroffenen, daß bis zum Jahr 1918 lediglich vier Fälle verzeichnet sind, in denen die Mitglieder des Hauses Habsburg die Familie zeitweilig oder ganz verließen oder verlassen mußten.

Die erste Angelegenheit verlief verhältnismäßig glimpflich. Erzherzog Heinrich († 1891) ging – das war nun zunächst nichts Ungewöhnliches – eine Beziehung mit einer Sängerin, Leopoldine Hofmann, ein. Diese hatte am Musikkonservatorium in Wien studiert und daraufhin ein Engagement am städtischen Theater in Graz angenommen. Dort debütierte sie in Suppés „Das Pensionat“ und wirkte besonders häufig in Offenbach-Operetten mit, sie war aber auch spezialisiert auf Rollen in der *opera buffa*.

Während ihres Aufenthaltes in Graz lebte sie im Haus Bürgergasse 32, genau gegenüber vom damaligen Militärkommando. Im Jahre 1863 wurde Erzherzog

Wegen der Sängerin Leopoldine Hofmann verließ Erzherzog Heinrich kurzfristig das Erzhaus. ÖNB, Wien

Heinrich nach Graz als Landeskommandant im Range eines Feldmarschalleutnants versetzt, und das Schicksal nahm seinen Lauf. Bei seinen Theaterbesuchen lernte er Leopoldine Hofmann kennen, verliebte sich in sie und – das war der entscheidende Punkt, in dem er die Konventionen sprengte – anstatt sie zu seiner Geliebten zu machen, wie es in diesen Kreisen üblich war, machte er ihr einen Heiratsantrag. Sie wollte zunächst nicht glauben, daß der Erzherzog um sie warb, doch um alle Zweifel zu beseitigen, ließ er Porträts seiner Eltern in Leopoldines Wohnung bringen und machte ihr davor einen neuerlichen Antrag. Im Jahre 1867 wurde Heinrich als Divisionär nach Brünn abberufen, Leopoldine zog sich daraufhin zu ihrer Schwester nach Hütteldorf zurück.

Erzherzog Heinrich ging nach Bozen, um Vorbereitungen für die Hochzeit zu treffen, die dort vom Domherrn auch vollzogen wurde. Dieser bekam dafür später ein Disziplinarverfahren; der Fürstbischof von

Trient, der der Trauung zugestimmt hatte, wurde gerügt. Nach der Hochzeit reiste das ungleiche Ehepaar in die Schweiz und wählte bis 1872 Luzern zum Exilwohnsitz.

Wenig später wurde die Sache öffentlich und damit zu einer schwierigen Angelegenheit des Kaiserhauses; in einer Erklärung vom 15. Februar 1868 mußte Heinrich auf seinen Titel verzichten. In einem Handschreiben enthob ihn der Kaiser seiner Stelle als Regimentsinhaber und der Feldmarschalleutnant Charge und bestimmte: „Er hat seinen Aufenhalt im Ausland zu nehmen, von der Wahl des Ortes, sowie von jeder etwaigen Veränderung seines Wohnsitzes Mir die Anzeige zu erstatten, ferner wird er von nun an den Namen Graf Waideck führen, ohne daß seiner Gattin irgendein Anspruch auf Erhebung in den Adelsstand zusteht; endlich hat er sich wegen Feststellung seines künftigen Lebensunterhaltes mit seinen Brüdern auseinander zu setzen und sich den diesfälligen von Mir zu genehmigenden Übereinkommen zu fügen."

Heinrich blieb allerdings nur wenige Jahre aus dem Hause ausgeschlossen; im Jahre 1872 wurde seine Ehe nachträglich genehmigt und er in die vollen Rechte eines Prinzen des Erzhauses wiedereingesetzt. Ein kaiserliches Handschreiben besagte: „Ihrer Gemahlin Leopoldine, geborene Hofmann und Ihren Kindern aus der mit Ihr geschlossenen, morganatischen Ehe, finde Ich die Führung des Namens Waideck zu gestatten, und den erblichen Adelsstand zu verleihen, wovon Ich unter Einem, Meinen Minister des Inneren in Kenntnis setzte." Im Vergleich zu anderen Fällen unebenbürtiger Ehen scheint dieser Schritt überraschend. Die Gesinnungsänderung des Hofes ging sogar noch weiter: Es kam zu einer sehr emotionalen Aussöhnung mit Kaiser Franz Joseph in Ofen, wobei der Kaiser auf Heinrich zukam und ihn sogar umarmte. Heinrich kommentierte: „Mir ist er ein Gott gewesen. Jetzt erst kann und werde ich mich meines häuslichen Glückes erfreuen." Offensichtlich war er keineswegs aus dem gleichen Holz geschnitzt wie die anderen Rebellen der Familie, die nicht nur um einer Liebesehe willen, sondern auch aus innerer Abneigung gegen die Atmosphäre bei Hof der Familie den Rücken kehrten. Das Ehepaar Heinrich und Leopoldine lebte in Bozen und war dort angeblich sehr beliebt, sie bewohnten ein Haus in der Mustergasse 9. Nach ihrem Tod in Wien 1891 wurden ihre Leichen ins Palais Rainer gebracht, wo der Kaiser ihnen die letzte Ehre erwies, danach erfolgte die Überführung nach Bozen.

Weitaus spektakulärer verlief der zweite Fall des Ausscheidens eines Mitgliedes der Dynastie aus dem Erzhaus. Johann Nepomuk Salvator (1890 verschollen, 21. Juli 1890 als Todestag, 1911 für tot erklärt) machte wie üblich eine militärische Karriere, geriet aber wegen seiner Kritik an der Armee, die er mehrmals veröffentlichte, in Schwierigkeiten; vor allem Erzherzog Albrecht († 1895), die „graue Eminenz", verfolgte ihn mit Haß. Kronzprinz Rudolf, mit dem er gemeinsam das große Werk „Die österreichisch-ungarische Monarchie in Wort und Bild" plante, stand er hingegen sehr nahe. Ein Brief des Kronprinzen, seines vertrauten Freundes, an Johann Salvator gibt ein gutes Stimmungsbild: „... Sie haben dich beim Papa wieder sauber hergerichtet, du untergräbst die Subordination. Wenn ein Mitglied des Allerhöchsten Herrscherhauses, in den soldatischen Tugenden usw. das Beispiel der Insubordination gäbe, so müsse das auf die jungen Offiziere usw. — denke dir das übrige. Papa war sehr aufgeregt, beherrschte sich aber und sagte am Schlusse des Lamentos: ‚Meine Herren, seien Sie sicher, daß ich Insubordinationen in Meiner Armee nicht dulden werde. Ich erwarte in der Sache Sr. kaiserlichen Hoheit Ihre weiteren Berichte.' Du kannst dich also freuen, wenn Onkel Albrecht wieder über dich berichten wird. Jetzt bist du nicht mehr der brave Johann, der immer so fleißig lernte ..."

Mit seinen politischen Ansichten und seinem Engagement in der Bulgarienfrage, wo er sich sogar Hoffnungen machte, König zu werden, gewann er ebenfalls keine Freunde bei Hof; 1887 mußte er seine militärische Laufbahn beenden und durfte sich nicht mehr politisch betätigen. Den eigentlichen Ausschlag gab aber die Katastrophe von Mayerling, die einen Schritt bei Johann Salvator auslöste, der zum endgültigen Bruch mit dem Hause führte. In diesem Zusammenhang spielte seine langjährige Beziehung zu Milli Stubel, mit der er seit ihrem 15. Lebensjahr zusammenlebte, auch eine Rolle, obwohl es sich gerade bei diesem Austritt nicht in erster Linie um eine beabsichtigte Heirat mit einer nicht standesgemäßen Frau handelte. Dennoch war der Erzherzog von der jungen Frau fasziniert, er beschrieb sie in den glühendsten Farben: „Mit ihren feurigen Augen entflammte sie alle Herzen. Ihr schlanker Wuchs, das üppige, schwarze Haar, die Schönheit ihrer Formen, edel wie eine griechische Statue, gemeisselt von künstlerischer Hand – das Alles gibt ein Bild von vollendeter Schönheit. Und wie graziös ist sie in ihren Bewegungen! Gleich einer vornehmen Dame, einer Aristokratin von feinster Bildung ..."

Johann Nepomuk Salvator schrieb am 8. Oktober 1889 an den Kaiser:

„Eure Majestät!

Zu jung, um für immer zu ruhen, zu stolz, um als bezahlter Nichtstuer zu leben, mußte meine Lage peinlich, ja mir unerträglich werden. Durch gewisses be-

Heinrich und Leopoldine (Waideck) lebten viele Jahre in diesem Haus in der Mustergasse in Bozen. Foto: Vocelka/Heller

rechtigtes Ehrgefühl verhindert, um Wiederverwendung im Heer zu bitten, stand ich vor der Alternative: entweder das unwürdige Dasein eines fürstlichen Müßiggängers weiter zu führen oder als gewöhnlicher Mensch eine neue Existenz, einen neuen Beruf zu suchen. Es drängte mich schließlich zum Entschlusse in diesem zweiten Sinne auch deshalb, weil mein ganzes Wesen in den Rahmen der Stellung nicht paßt und mir wenigstens die persönliche Unabhängigkeit Ersatz bieten muß für das Verlorene.
Ich verzichte demnach freiwillig und unbeeinflußt auf Rang und Stand, indem ich Titel und Rechte eines Erzherzogs sowie meine militärische Charge ehrfurchtsvoll in die Hände Eurer Majestät zurücklege, dagegen Eure Majestät untertänigst bitte, mir einen bürgerlichen Namen verleihen zu wollen."
Johann Orth, wie er sich künftighin nannte, verzichtete damit auf eine Apanage von jährlich 80.000 Gulden, sein Feldmarschalleutnants-Gehalt von etwa 15.000 Gulden und noch beträchtliche Repräsentationsgebühren, insgesamt also auf mehr als 100.000 Gulden jährlich.
Es wurde ihm verboten, den Boden Österreich-Ungarns wieder zu betreten, und schon im Jahre 1890 führte der Staatsschematismus im Kapitel „Genealogie des regierenden Kaiserhauses" den Erzherzog Johann Nepomuk Salvator nicht mehr als Nachkommen der „Groß-Aeltern Sr. Majestät des Kaisers und Königs" an, ebenso fehlte sein Name fortan im Verzeichnis der Ritter vom Goldenen Vlies, des Herrenhauses und der Magnatentafel. Beim Corps-Artillerie-Regiment Nr. 2, dessen Inhaber er gewesen war, wurde angeführt „Inhaber-Stelle unbesetzt". Sämtliche von ihm als Erzherzog Johann Salvator erworbenen Privatrechte gingen auf Johann Orth über.
Das weitere Leben des ehemaligen Erzherzogs verlief fernab vom Hof, der sich allerdings noch einmal mit Johann Orth beschäftigen mußte. Orth erwarb in Hamburg ein Kapitänspatent und machte sich mit einem Schiff, das er gekauft hatte, auf den Weg nach La Plata. Nach einem Streit mit dem Kapitän übernahm er selbst das Kommando des Schiffes und fuhr in Richtung Chile. Auf dieser Fahrt dürfte das Schiff gesunken sein, Johann Orth und seine Frau Milli Stubel fanden dabei den Tod. Noch jahrelang brodelte allerdings die Gerüchteküche. Man munkelte, der Ex-Erzherzog habe das Unglück überlebt und sei an diversen Orten wieder gesehen worden.
Der Hof reagierte – wenn auch erst viele Jahre später – auf eine Weise, die zeigt, daß man Johann Orth trotz seines kühnen Schrittes noch immer als einen Erzherzog betrachtete. Am 6. Mai 1911 versammelten sich im Obersthofmarschallamt zu Wien, dem Gerichtshof für die Angehörigen des Kaiserhauses, die Mitglieder zu einer Sitzung unter Ausschluß der Öffentlichkeit. „Sie trugen dunkle Kleidung, schwarze Krawatten zum hohen Stehkragen und Röllchen an den Händen. Ihr Gesichtsausdruck war ernst wie bei einem Begräbnis. Nur richterliche Funktionäre und einige hohe Staatsbeamte waren zugegen. Keine Privatpersonen, nicht einmal Journalisten. Den Vorsitz der Versammlung führte Kanzleidirektor Hofrat Johann Seidl Ritter von Zellbrugg. Gegenstand der Beratung war die Beschlußfassung über das Schicksal ‚des Johann Orth sich nennenden österreichischen Erzherzog Johann Nepomuk Salvator von Toskana'." Zunächst wurde das umfangreiche Protokoll verlesen, daraufhin folgte das Erkenntnisurteil des Obersthofmarschallamtes. Es war in einem Dekret „ddto. 6. Mai 1911, Zahl 885" niedergelegt und besagte wörtlich: „Nach Durchführung des Verfahrens [...] wird entschieden: Der Beweis des Todes des am 25. November 1852 geborenen, sich Johann Orth benennenden, seit dem 12. Juni 1890 verschollenen Herrn

Erzherzog Johann Salvator ist hergestellt; es ist erwiesen, daß er den 21. Juli 1890 nicht überlebt hat. Es hat daher dieser Tag als sein Todestag zu gelten. Der für den Vermißten bestellte Kurator Herr Doktor Leopold von Teltscher wird seines Amtes enthoben."

So ungewöhnlich die beiden geschilderten Fälle auch sein mögen, so ging sicherlich ein anderer Angehöriger des Hauses, Erzherzog Leopold Ferdinand († 1935) aus der Linie Toskana, die außergewöhnlichste und aufsehenerregendste Mesalliance unter allen Habsburgern ein. Dabei bewegte sich sein erster Ehewunsch, den der Kaiser verweigerte, noch ganz im Rahmen der Spielregeln seiner Gesellschaft; er wollte Elvira von Bourbon heiraten, die Tochter des spanischen Thronprätendenten Don Carlos. Das Verbot dieser Ehe dürfte ihn schwer getroffen haben. Heftige Konflikte mit dem Thronfolger Franz Ferdinand – Leopold Ferdinand hatte seine Geliebte als Matrose verkleidet auf das Marineschiff bei der Weltreise des Thronfolgers mitgenommen – führten zu seiner Strafversetzung. Als schließlich der Kaiser eine Eheschließung mit Wilhelmine Adamovics, die wegen Gassenstriches polizeilich vorbestraft war und seit 1895 in Wien ein sogenanntes Gesundheitsbuch hatte – also eine offizielle Prostituierte war –, verweigerte, kam es zum Bruch. Wilhelmine Adamovics war aber nicht nur wegen ihres Berufes für das Kaiserhaus untragbar, sie zeigte noch dazu anarchistische Tendenzen. Der Erzherzog berichtete darüber selbst: „Als ich mit ihr im Jahre 1900 in Venedig war und das italienische Königspaar einzog, photographierte ich dasselbe. Da sagte sie plötzlich: ‚wie wäre das praktisch, im Apparat einen Revolver zu verstecken und scheinbar zu photographieren und dabei losschießen!' Ein hinter mir stehender Detektiv erklärte mich für verhaftet; ich mußte auf die Polizei und mich dort legitimieren; ich war aber damals Erzherzog und es war mir das schrecklich peinlich. Endlich mußte ich angeben, daß das meine Geliebte sei und sie nicht recht bei Trost sei und dergleichen mehr. Natürlich wurde dies angezeigt und als ich nach Wien kam, hat mir der Kaiser eine Strafpredigt gehalten."

Der Lebenswandel des Erzherzogs war schon seit jeher nicht der beste; er trank exzessiv viel Schnaps, litt an *Delirium tremens* und mußte sogar eine Entziehungskur in einer geschlossenen Anstalt am Rhein absolvieren. Im Jahre 1902 kam es zu einer endgültigen Krise, in die auch seine Schwester, Luise Antoinette († 1947), die Kronprinzessin von Sachsen, verwickelt war, die sich selbst in einer überaus unerquicklichen Situation befand, auf die später eingegangen wird. Leopold, Wilhelmine und Luise heckten einen gemeinsamen Fluchtplan mit Luises Sprachlehrer André Giron aus. Die Kronprinzessin verließ am 9. Dezember 1902 heimlich Dresden und begab sich über Salzburg nach München, wo Leopold Ferdinand sie erwartete. Am 13. Dezember trafen alle vier in Zürich zusammen. Die Geliebte Leopolds erweckte nicht die Begeisterung Luises, sie schrieb über sie in ihren Memoiren „Mein Leben": „Leopolds Braut war so ungeschickt und zum Verzweifeln taktlos, daß sie meinen nervösen Zustand nur noch verschlimmerte. Ich bin überzeugt, das arme Geschöpf meinte es wirklich gut; aber wenn sie mich als Prinzessin behandelte, war sie lächerlich, und wenn sie mich wie ihresgleichen behandelte, noch lächerlicher."

Von Genf aus richtete am 14. Dezember 1902 Leopold Ferdinand ein Schreiben an den Kaiser, dessen Kernsatz lautete: „Ich bitte Euer Majestät, meine Stellung und Rang als Erzherzog ablegen zu dürfen, und den Namen Leopold Wölfling anzunehmen."

Am 23. Dezember fand eine Konferenz unter dem Vorsitz des Außenministers Graf Goluchowski in Wien statt, deren Resultat dem Erzherzog in einem Handschreiben mitgeteilt wurde. Darin wurde sein Verzicht genehmigt, die Ablegung seiner militärischen Charge bewilligt und die Streichung aus der Liste der Vliesritter mit der Aufforderung, die Kollane zurückzustellen, verfügt. Schmerzlicher waren sicher die Bestätigung über die Einstellung der Apanage und die Erklärung, daß er auf seine Quote aus dem Familienfondsertrag zu verzichten habe. Inoffiziell gab es eine Zusicherung späterer finanzieller Unterstützung, sollte Wölfling im Ausland bleiben, betont wurde aber, daß er der Unterstützung sofort verlustig gehen würde, sollte er die Grenzen der Monarchie oder Bosnien-Herzegowinas überschreiten. Dafür erhielt er die Erlaubnis, eine fremde Staatsangehörigkeit zu erwerben.

Leopold Wölfling versuchte, wenigstens das Recht auf die Würde – und die Einkünfte – als Großherzog der Toskana zu behalten, doch sein Vater, Großherzog Ferdinand IV., teilte ihm mit, daß er nicht mehr als 10.000 Kronen jährlich bekommen könne, zusätzlich zu einem einmaligen Betrag von 200.000 Kronen.

Vermutlich zur Abschreckung wurde in einem Handschreiben an alle volljährigen Erzherzöge, den Obersthofmeister und die Minister des Hauses, die beiden Ministerpräsidenten und 34 k. u. k. Vertretungen im Ausland der Austritt Leopold Wölflings aus dem Erzhaus bestätigt; im Hof- und Staatshandbuch für 1903 wurde Erzherzog Leopold Ferdinand nicht mehr erwähnt. Erst nach der Regelung seiner finanziellen Situation gab Wölfling die verlangte Erklärung ab, in der er die Bestimmungen des kaiserlichen Handschreibens akzeptierte. Am gleichen Tag, dem 9. April 1903, gab er gegenüber dem toskanischen

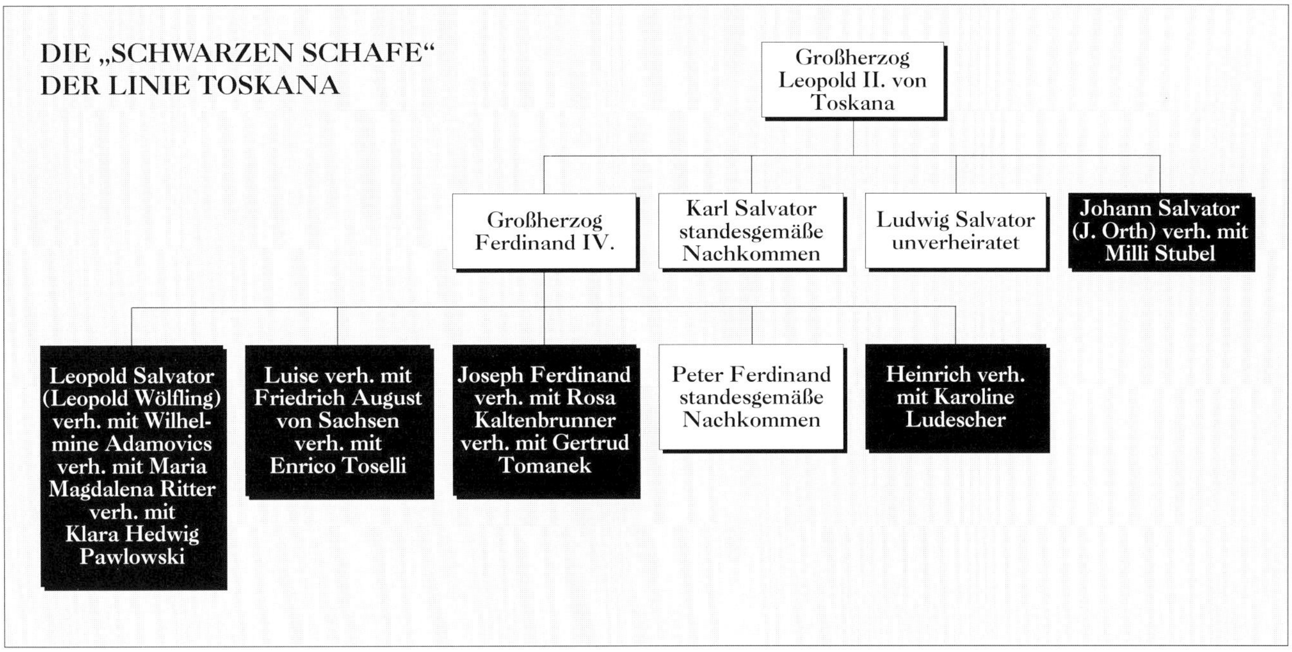

Zweig der Familie eine entsprechende Erklärung ab. Die vom Kaiserhaus gewünschte Diskretion ließ Wölfling allerdings nicht walten; er gab zahlreiche Interviews und teilte dem *„Journal de Genève“* sogar den vollen Inhalt des kaiserlichen Handschreibens mit. Auch später hatte das Herrscherhaus keine Freude mit dieser Angelegenheit, denn 1908 veröffentlichte Wilhelmine Adamovics ihre Lebensgeschichte. 1921 erschienen auch Wölflings Memoiren, und daß auch die sächsische Kronprinzessin ihr Tagebuch unter dem Titel „Mein Leben“ publizierte, war ein weiterer Tiefschlag für die Familie.

Leopold Wölfling zog mit seiner Geliebten Wilhelmine Adamovics zunächst in die Vegetarierkolonie Ascona in der Schweiz, am 25. Juli 1903 heiratete er sie in Veyrier und zwei Jahre später erwarb er die Kantonsbürgerrechte im Kanton Zug. Schon 1907 kam es aber zur Scheidung – und wenige Tage danach zur Vermählung mit Maria Magdalena Ritter. Die zweite Ehefrau bereitete aber dem Allerhöchsten Hause ebenso wenig Freude, denn auch sie stand in München unter sittenpolizeilicher Kontrolle. Diese Verbindung war keineswegs von langer Dauer, bereits 1912 lebten die beiden getrennt, und Leopold Wölfling fand erneut eine Straßendirne als Partnerin. Im Oktober 1912 ersuchte er die Münchener Polizei, die Prostituierte Maria Schweickhardt aus der sittenpolizeilichen Aufsicht zu entlassen; mit ihr gemeinsam lebte der ehemalige Erzherzog im Münchener Zuhältermilieu.

Nach dem Ersten Weltkrieg kehrte Leopold Wölfling nach Wien zurück, wo er ein Gemischtwarengeschäft in Kaisermühlen führte, er war aber auch als Vertreter und Schauspieler tätig. Er heiratete 1933 noch ein drittes Mal, und zwar eine um 30 Jahre jüngere Frau mit dem Namen Klara Hedwig Pawlowski, mit der er in Berlin wohnte, wo er im Jahre 1935 starb.

Doch nun zurück zur Geschichte der Erzherzogin Luise, Wölflings Schwester, die stellenweise mit dem Schicksal Wölflings verknüpft war. Luise Antoinette († 1947) war die Frau des Kronprinzen – und späteren Königs – von Sachsen, Friedrich August. Von Anfang an traten Schwierigkeiten mit den Schwiegereltern und dem Hof auf, dessen Minister Georg von Metzsch sie als besonders schlimmen Intriganten erlebte. Selbst so lächerliche Dinge, wie die Tatsache, daß sie insgeheim das Radfahren erlernte – was natürlich auch ihren Bewegungsspielraum erweiterte – führten zu schwersten Konflikten. Ob ungerechtfertigt oder nicht, sie wurde des Ehebruches verdächtigt, zunächst mit einem Zahnarzt und danach mit ihrem aus Belgien stammenden Sprachlehrer André Giron. Wieweit die Anschuldigungen ihrer Schwiegermutter und ihrer eigenen Obersthofmeisterin – einer ehemaligen Geliebten ihres Schwiegervaters – berechtigt waren, ist schwer nachvollziehbar. Luise wußte sich jedenfalls in ihrer Verzweiflung angeblich kein anderes Mittel, als „sich an die Ritterlichkeit desjenigen zu wenden, der sie kompromittiert hatte“, nämlich an Monsieur Giron. Das Telegramm an diesen wurde aufgefangen, und die deutsche Geheimpolizei ging daran, den drohenden Skandal zu unterdrücken bzw. Giron abzufangen. Am sächsischen Hof war man außer sich über eine drohende Scheidung, man

Geistige Störung oder Lüsternheit!

Der Fall Kronprinzessin Louise und Giron.

Von

Graf Edler von Z...r.

Zürich und Leipzig.

Verlag der Verlags-Anstalt.

dachte sogar daran, Luise in einer Irrenanstalt zu internieren. In verschiedenen Schriften wurde sie als geistig gestört oder hysterisch bezeichnet, so erschienen 1903 zwei einschlägige Broschüren: „Geistige Störung oder Lüsternheit!“ und „Das hysterische Weib in Familie und Gesellschaft“, die explizit auf die Kronprinzessin von Sachsen Bezug nahmen.

Nach ihrer oben geschilderten Flucht lebte die Prinzessin in Florenz, wo sie 1907 ihren zweiten Mann, den Musiker Enrico Toselli, kennenlernte. Er schilderte die erste Begegnung ausführlich in seinen Memoiren: „Bei Gott! sie war verführerisch lieblich. Das unsagbar süße und reine Lächeln auf ihren Lippen entzückte mich sofort.“ Der Beginn der Beziehung dürfte, wenn man Toselli Glauben schenken darf, sehr stürmisch verlaufen sein, denn schon am ersten Abend sagte Luise zu ihm: „Wäre es nicht wonnig, jetzt in dieser Märchennacht gemeinsam eine Bootfahrt auf dem Arno zu unternehmen? Für etwas Neuempfundenes ist heute mir das Herz weit. Ich weiß nicht, was mich so erregen kann. Aber eine Ahnung läßt mich künftige Seligkeiten hoffen. Daß sie doch zur Wahrheit würde!“ Und wenige Tage später gestand sie schon: „Ich will dir ein treuliebendes Weib sein, die Gefährtin deines Lebens. Meine Liebe ist von stolzer Art, sie ist tief und unwandelbar, und mein Glaube an dich stark und unerschütterlich.“ Daran schloß Toselli den Kommentar „mit geschlossenen Augen trank ich die Seligkeit ihres ersten Kusses“.

Die beiden reisten – Luise unter dem Namen einer Gräfin Montignoso – zuerst nach Venedig, dann an den Lago Maggiore und schließlich nach London, wo sie sich vermählten. Doch das Glück der beiden hielt nicht lange an. Vor allem im Streit um den Sohn Bubi zermürbte sich das Paar, auch Geld spielte in den Streitereien eine wesentliche Rolle, und 1911 kam es schließlich zum Bruch der Beziehung. Sowohl Luise als auch Toselli veröffentlichten – wieder sehr zum Schrecken der Familie – ihre Memoiren und traten damit den öffentlichen Skandal noch publizistisch breit.

Der letzte Austritt aus dem Hause Habsburg in der Zeit der Monarchie erfolgte durch Erzherzog Ferdinand Karl († 1915). Er lernte auf einem Technikerball Berta, die blendend schöne ältere Tochter des Hofrats Emanuel Czuber, Professor an der Technischen Hochschule, kennen. Wegen seiner intensiven Beziehung zu dieser nicht standesgemäßen Frau mied der Erzherzog Wien, er fehlte sogar bei den Familienfestlichkeiten des kaiserlichen Hauses. Am 25. August 1909 heiratete der Erzherzog – trotz Verbot des Kaisers – seine langjährige Geliebte in der bischöflichen Kapelle in Chur. Bald nach der Trauung gab Hofrat Czuber seine ständige Wohnung in Wien auf und übersiedelte nach Gnigl. Da die Tochter Berta bei der Mutter wohnen blieb, konnte die vollzogene Trauung lange verborgen bleiben, erst zwei Jahre später wurde sie dem Kaiser mitgeteilt. Umgehend erhielt Ferdinand Karl den Befehl, auf Titel und Rang zu verzichten. Das Handschreiben des Kaisers enthielt die fast schon üblichen Bestimmungen. Der Kaiser schrieb: „...bewillige Ich Dir die Annahme des bürgerlichen Namens, womit auch der Verlust des Ordens vom Goldenen Vlies verbunden ist. Du hast sonach für die Rückstellung der Kollane Sorge zu tragen. Ferner verfüge Ich, daß Du bis auf weiteres Deinen Aufenthalt im Ausland nimmst. Dein Austritt aus der Armee und die Streichung Deines erzherzoglichen Namens aus den amtlichen Jahrbüchern wird sich in aller Stille durch Weglassung bei der nächsten Auflage dieser Bücher vollziehen.

Es ist Mein fester Wille, daß Deine Angelegenheit mit Ausschluß der Publicität geregelt werde und fordere Dich daher auf, Deinerseits jeder Erörterung in der Öffentlichkeit aus dem Wege zu gehen und eine solche gewissenhaft zu verhindern.“

Ferdinand Karl nahm den Namen Burg an, siedelte sich in Lugano am gleichnamigen See an und wurde Schweizer Staatsbürger. Später übersiedelte er nach München in das Hotel „Europäischer Hof“, wo er als

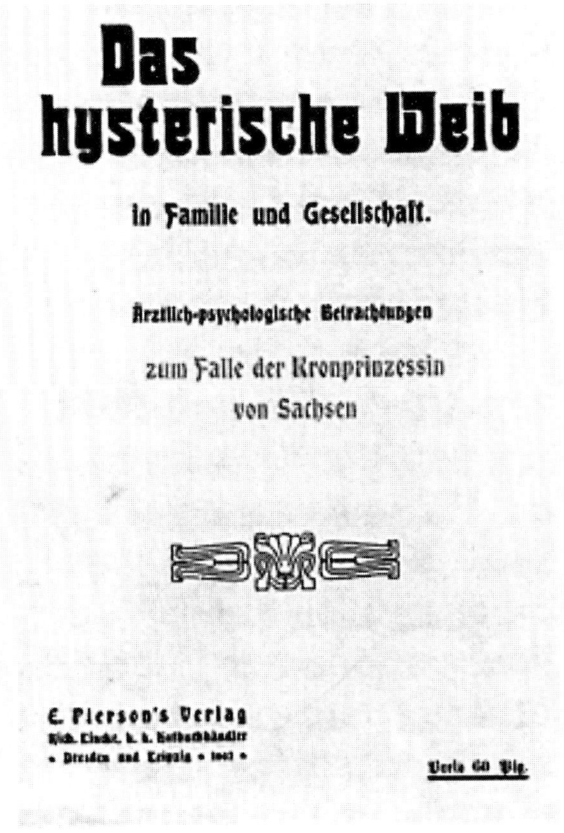

Das hysterische Weib

in Familie und Gesellschaft.

Ärztlich-psychologische Betrachtungen

zum Falle der Kronprinzessin von Sachsen

E. Pierson's Verlag

Preis 60 Pfg.

Titelblätter zweier Broschüren, die Erzherzogin Luise diffamierten. ÖNB, Wien

Graf Burg abstieg. Man hatte, was die Finanzen anlangte, aus dem Fall Wölfling gelernt, bei dem der Skandal mit Sicherheit nicht so publik geworden wäre, hätte man dem Erzherzog seine Apanage belassen. Ferdinand Karl erhielt eine jährliche Apanage von 100.000 Kronen, dazu einen Zuschuß von weiteren 30.000 Kronen, aus dem Avitikalfonds 30.000 Kronen und aus dem Familienfonds 31.000 Kronen. Weiters bekam er 40.000 Kronen aus dem Privatvermögen des Kaisers, die ihm allerdings lediglich für dessen Lebenszeit zugesichert wurden. Doch nach Abzug der Ausgaben für das Schloß Rottenstein, das Palais in Wien und der Pensionen und Gehälter seiner Angestellten blieben Ferdinand Burg angeblich nur „bescheidene" 16.000 Kronen, so daß ihm noch eine jährliche Sustentation von 44.000 Kronen bewilligt wurde. Daran mag man ermessen, wieviel repräsentativen Aufwand selbst ein aus dem Hause ausgetretener Erzherzog betrieb.

Mit dem Ausbruch des Ersten Weltkriegs im Jahr 1914 kamen Gerüchte in Umlauf, daß die beiden Erzherzöge Wölfling und Burg in den bayrischen Heeresdienst treten wollten, doch Burg redete sich mit seiner erschütterten Gesundheit und Wölfling mit seiner Schweizer Staatsbürgerschaft heraus. Ferdinand Burg wurde nun gestattet, in Schloß Rottenstein bei Meran seinen Wohnsitz nehmen. Der ehemalige Erzherzog starb 1915 in München, seine Leiche wurde nach Meran überführt und dort begraben. Zur Leichenfeier in München erschien kein Vertreter der Wittelsbacher, man schickte nur einen Kranz; von den herrschenden Häusern waren lediglich Vertreter der Familie seiner Mutter, des neapolitanischen Königshauses, anwesend.

Obwohl Heiratsbeziehungen von Frauen des Hauses niemals ein so gravierendes Problem darstellten wie die der Männer, erfolgten im späten 19. Jahrhundert einige Fälle, die öffentliches Aufsehen erregten und der Familie Peinlichkeiten bereiteten, besonders weil sie mit der regierenden Linie zusammenhingen. Die Frau des Kronprinzen Erzherzog Rudolf, die belgische Prinzessin Stephanie († 1945), fühlte sich schon zu Lebzeiten ihres Mannes von seiner Familie nicht sehr akzeptiert. Rudolf schaffte es nicht, mit ihr eine einigermaßen glückliche Beziehung zu führen, und ihre Schwiegermutter Elisabeth nannte sie sogar ein „häßliches Trampeltier". Nach dem tragischen Ereignis von Mayerling Witwe, ging Stephanie 1900 eine zweite Ehe mit Graf Elemér Lónyay von Nagylóny und Vásárosnamény ein, und zwar nicht nur ohne Zustimmung des Familienoberhauptes, sondern auch gegen dessen ausdrücklichen Willen. Erst 1917, nach dem Tod Franz Josephs, wurde die Angelegenheit von Kaiser Karl entschärft, und Graf Lónyay wurde zum Fürsten erhoben, doch nach dem Ende der Monarchie kam es im Jahre 1935 zu erneuter Aufregung, als die Familie Stephanie verbieten wollte, ihre Memoiren zu veröffentlichen.

Stephanies Tochter war ein weiteres „schwarzes", oder vielmehr ein „rotes" Schaf der Familie, das noch zu Zeiten der Monarchie Schwierigkeiten machte, die sich aber erst in der Zeit nach 1918 zum vollen „Skandal" entwickelten. Die einzige Tochter Erzherzog Rudolfs und Stephanies, Erzherzogin Elisabeth Marie, genannt „Erzsi" († 1963), heiratete 1902 – mit Zustimmung ihres Großvaters, des Kaisers – den nicht ebenbürtigen Otto Windischgraetz, mit dem sie vier Kinder hatte. Dank der reichen Ausstattung durch Franz Joseph und des Erbes nach ihrer Großmutter Kaiserin Elisabeth konnte das Paar gut leben, doch die Ehe verlief sehr schlecht; beide Partner hatten Affären, die öffentlich bekannt und diskutiert wurden. 1919 wurde die Ehescheidung eingereicht, die erst fünf Jahre später Gültigkeit erlangte. Die Auseinandersetzungen der beiden Partner um die Kinder nahmen abenteuerliche Züge an, in denen die Erzherzogin von einigen Sozialdemokraten unter-

Im Schloß Rottenstein bei Meran lebte Ferdinand Burg mit seiner Frau nach seinem Austritt aus dem Hause Habsburg-Lothringen. Foto: Vocelka/Heller

stützt wurde. Mit einem von ihnen, dem Schutzbundführer und Lehrer Leopold Petznek, ging die „rote Erzherzogin" eine Bindung ein, die 1948 mit einer Ehe legitimiert wurde. In den Augen einer konservativ eingestellten Familie mußte diese Tatsache, zusammen mit der politischen Betätigung Erzsis in der sozialdemokratischen Partei, einen der schwersten Schläge für das Selbstverständnis der Familie bedeutet haben.

Gay Habsburgs – Gab es Schwule und Lesben im Hause Habsburg?

Alle die bisher geschilderten Beziehungen, die das Haus Habsburg im Rahmen der selbst aufgestellten Normen kompromittierten, liefen immer noch in einem Bereich ab, der in anderen Familien als „normal" angesehen wurde. Homosexuelle Beziehungen hingegen hätten in den meisten Familien dieser Zeit zu einem Skandal geführt, denn es gab – und gibt leider noch immer – weitverbreitete Vorurteile gegen homosexuelle Verhaltensweisen, die gerade von konservativer Seite her häufig mit „Perversion" und „Abartigkeit" gleichgesetzt werden. Auch für Mitglieder der Familie Habsburg gibt es einige Hinweise – hiebei wird die Quellenlage noch dürftiger als sonst – auf eine homosexuelle Orientierung.

Sicherlich ist gerade im Nachspüren von glaubwürdigen Zeugnissen über diese Formen von Sexualverhalten die Suche besonders schwer, da man entsprechende sexuelle Erfahrungen nach kirchlichem wie staatlichem Recht als strafbare Delikte bezeichnete – und vielfach noch bezeichnet. Sich zu „outen", wie das heute fast zur Mode geworden ist, konnte man sich damals einfach nicht leisten. Da man einschlägige Meldungen häufig aus der polemischen Literatur oder dem Hoftratsch beziehen muß, kann man allzu leicht gezielten Bösartigkeiten und Verleumdungen der Zeit aufsitzen und die Tendenz der Quelle in der Darstellung duplizieren. Andererseits fand sicherlich nicht jede homosexuelle Aktivität ihren Niederschlag in den Quellen, so daß man möglicherweise mit einer hohen Dunkelziffer rechnen muß.

Über einen frühen Habsburger, über Herzog Albrecht III. († 1395), gibt es eine interessante Studie eines Psychiaters. Der Autor dieser Arbeit stellt sich aufgrund verschiedener Indizien die Frage, ob der Herzog nicht Transvestit gewesen sei. Er geht dabei von der Gründung des Zopfordens durch Albrecht III., genannt „mit dem Zopfe", aus. Die Ritter dieses Ordens trugen tatsächlich einen Zopf, und

auch Albrecht ließ sich mit diesem Zopf darstellen. Für die Wahl des Zopfes als Symbol finden sich in den Quellen zwei Erklärungsversuche: entweder stammte der Zopf von einer schönen Frau, die Albrecht verehrte, oder es war der Zopf, den seine Frau sich wachsen ließ, als er auf Pilgerfahrt war. Jedenfalls entwickelte er eine besondere Beziehung zu diesem Zopf – man könnte dabei auch an Fetischismus denken – und machte ihn zum Symbol einer der damals modernen Rittergesellschaften. Die Tatsache, daß Albrecht – allerdings in nicht zeitgenössischen Bildern! – wiederholt in Damenkleidern dargestellt wurde, führte zu dem Verdacht des Psychiaters, daß er transvestitische Neigungen gehabt haben könnte. Doch da sich die Schlußfolgerung auf einen unkritischen Umgang mit Quellen stützte – die Geschichte vom Zopf mag in späteren Darstellungen zu einem Hinzufügen der weiblichen Kleidung geführt haben – und aus zeitgenössischen Quellen keine auffälligen Verhaltensweisen überliefert sind, muß man wohl große Zweifel an dieser Geschichte anmelden.
Schon lange vermutete die Forschung, daß Kaiser Karl VI. bisexuell war und homosexuelle Beziehungen mit dem Grafen Michael Johann Althann und anderen unterhielt. Vielleicht – so dachte man – handelte es sich dabei um eine ungewöhnliche Männerfreundschaft, die dadurch verstärkt wurde, daß Althann die spanische Geliebte des späteren Kaisers, Gräfin Marianna Pignatelli, „aufgeheiratet" hatte. Einen wichtigen Aufschluß über die sehr innige Beziehung der beiden liefert das Tagebuch Karls. In diesem ist von Althann stets mit den Beifügungen „lieb", „herzlich lieb", „ewig Freund bis in den Tod" oder ähnlich die Rede. Dem Tode Althanns räumt Karl mehr Platz ein als dem naher Verwandte oder etwa dem des Prinzen Eugen. Karl mußte sogar wegen seiner seelischen Erschütterung zur Ader gelassen werden. Der sonst nüchterne Tagebuchschreiber notierte: „16. März 1722 […] mein einziges Herz, mein Trost, mein treuester Diener, mein Herzfreund, der mich wie ich ihn 19 Jahr inniglich geliebt, in wahr Freundschaft gehabt, in diesen 19 Jahr nie uneins gewes, mein Kammerherr, nachher Oberstallmeister, mein alles, mein liebster Michael Johann Graf Althann gestorben in einer halb 4tel Stund, seind unser Herz zertrambt worden, der ewig in mein Herz und den ewig in sein Kinder und Frau, was ich ihm schuldig, so lang ich leb erkändlich sein werde. Gott sei mein Leid geklagt, da ich all Trost, alles vor mich verlohren, Gott sei seiner Seel gnädig und tröst mich Amen." Viel aufschlußreicher und eindeutiger sind die verschlüsselten Stellen der Tagebücher Karls VI., deren Entzifferung einem gewissen Konstantin Pachner von Zobor gelungen ist. Die von dem jungen Historiker Markus Feigl gefundene Entschlüsselung wird von ihm noch ausgewertet und publiziert. Um dem nicht vorzugreifen, sei lediglich ein Zitat der heißen Affäre des alternden Karls VI. mit einem Jagdbuben wiedergegeben. Am 10. Juni 1740, knapp vor seinem Tod, notierte er in dem ihm eigenen telegrammartigen Stil: „Bueb erster Dienst, gut ich froh, lieb, Herzen red, länger küßt, Lieb versichert"; im Zusammenhang mit den anderen Eintragungen wohl ein klarer Beweis für Karls Bisexualität.
Der einzige Fall, der immer schon klar zu liegen schien, war der des Erzherzogs Ludwig Viktor († 1919), genannt Luzivuzi, des jüngsten Bruders Kaiser Franz Josephs. Ein Kritiker der Dynastie – alle anderen schweigen über diese Angelegenheit – berichtete: „Einmal kam es zu einem großen Skandal in der Praterstraße, als der Erzherzog, der im Wagen fuhr, diesen plötzlich anhalten ließ, heraussprang und auf einen Vorübergehenden zueilte, dem er einen unsittlichen Antrag stellte. Dieser, der vielleicht nicht wußte, daß es ein Bruder des Kaisers war, der ihm eine solche ‚Ehre' zugemutet hatte, gab ihm als Antwort ein Paar Ohrfeigen."
Seine diversen Skandalgeschichten – so trug er z. B. Frauenkleider, hatte eine leidenschaftliche Affäre mit

Dieses Bild Herzog Albrechts III. ist nicht zeitgenössisch. Die Graphik zeigt ihn mit seinen zwei Frauen und dem charakteristischen Zopf. ÖNB, Wien

Vielleicht war die Beziehung zwischen Michael Johann Althann – hier in einem Stich von Franz Leopold Schmitner – und Karl VI. doch mehr als eine gute Freundschaft? Graphische Sammlung Albertina, Wien

einem Fiaker in Wien und näherte sich, wie Fürstin Nora Fugger berichtete, in einem öffentlichen Bad, das er regelmäßig besuchte, ungebeten einem jungen Mann, was zu einem Handgemenge führte – waren kaum zu vertuschen, daher wurde er von seinem kaiserlichen Bruder in das Schloß Klesheim bei Salzburg verbannt, wo er den Rest seiner Tage in der Gesellschaft eines Adjutanten, der „speziell ausgewählt“ worden war, verbrachte. Ludwig Viktor engagierte sich als Mäzen und Sammler, er hatte auch für soziale Belange eine freigiebige Hand. Er wurde schließlich 1915 unter Kuratel gestellt, da man ihn als geisteskrank bezeichnete – Erzherzog Eugen wurde zu seinem Kurator bestellt. Eine kürzlich erfolgter Versuch einer „Ehrenrettung“, der die Heterosexualität des Erzherzogs beweisen wollte, stützte sich auf von ihm aufbewahrte Fotos einer Tänzerin namens Madame Couqui – doch ist dieses Argument allein etwas schwächlich.

Eine Reihe von Indizien für lesbisches Verhalten bei den Frauen des Hauses gibt es in der Generation der Töchter Maria Theresias – und ausschließlich in dieser. Als politisch brisantestes Beispiel kursierten zahlreiche Skandalgeschichten um die französische Königin Marie Antoinette († 1793), die mit besonderer Vorsicht zu betrachten sind. Der Historiker Robert Darnton stellte in seiner Analyse der Lektüre in Frankreich vor der Revolution fest, daß Schriften, die das Königshaus kritisierten und mit geradezu pornographischer Genauigkeit auf das Intimleben der Familie Bezug nahmen, besonders beliebt waren und wesentlich zu einer Desavouierung der bourbonischen Monarchie und zum Ausbruch der Revolution beitrugen. Diese Pamphlete spielten vermutlich eine genauso große Rolle wie die Schriften der Aufklärer. Fest steht jedenfalls, daß der Dauphin Ludwig (der spätere König Ludwig XVI.) ein körperliches Gebrechen hatte, das ihn impotent machte und das erst nach einigen Jahren durch eine Operation behoben wurde. Marie Antoinette pflegte in dieser Zeit, was die Literatur „hingebende Freundschaft mit Frauen“ nennt. So ernannte sie die kaum 26 Jahre zählende Prinzessin von Lamballe zur Oberaufseherin ihres Hofstaates und favorisierte vor allem die Hofdame Gräfin de Polignac. Gräfin Polignac und ihre Familie wurden mit Gnaden überhäuft; ihre Einkünfte betrugen eine halbe Million Livres pro Jahr, und die Mitgift für eine Tochter der Familie, die Marie Antoinette beisteuerte, soll die ungeheuerliche Summe von 800.000 Livres betragen haben. In einem 1789 erschienenen Buch „La reine devoilée“ (Die enthüllte Königin) wird erzählt, Madame de Polignac habe gestanden, sie wäre selbst eine Hure, und in der Schrift „La messaline françoise, ou les amités de la Princesse de Pol…“ (Die französische Messalina oder die Freundschaften der Prinzessin von Pol…) wird behauptet, daß sie mit der Königin eine lesbische Beziehung gehabt habe. Die Königin wird dabei in derbster Weise als *la cocotte on tron du soleil* (die Kokotte am Thron des Sonnenkönigs) und als *la putaine d'Autriche* (die österreichische – oder habsburgische – Hure) beschimpft. Ob hinter all diesen Gerüchten Wahrheit steckt, oder ob sie nur Verleumdung oder giftiger Hofklatsch sind, wird wohl nie ganz zu klären sein. Die „Verleumdungen“ gegen Marie Antoinette beschränkten sich aber nicht auf gleichgeschlechtliche Affären, man brachte auch eine ganze Reihe von Männern mit ihr in Beziehung, allen voran der schwedische Graf Axel von Fersen, dessen intimes Verhältnis zur Königin tatsächlich recht gut belegt ist.

Doch muß man bei allen Berichten äußerst vorsichtig sein. Vertrauliche Beziehungen zwischen Frauen – wie man sie auch bei zwei ihrer Schwestern findet –

lagen in der „Mode" der damaligen Zeit, und man muß aufpassen, um nicht zu Überinterpretationen zu gelangen. Sicherlich war die junge Dauphine und spätere Königin für damalige Begriffe leichtfertig im Umgang mit anderen; sie tanzte und lachte, während ihr Mann griesgrämig früh zu Bett ging. Ob man allerdings daraus – wie manche ihrer Zeitgenossen es taten – sexuelle Kontakte zu Männern oder Frauen ableiten kann, ist mehr als fraglich.

Ähnlich wie bei Marie Antoinette ist auch bei ihrer Schwester Maria Karolina († 1814), Königin von Neapel und Sizilien, das Bild in manchen zeitgenössischen Quellen und auch in einzelnen späteren Biographien sehr widersprüchlich. Wir finden Lebensbeschreibungen dieser Erzherzogin, die ihre positiven Seiten betonen und ihr politisches Geschick hervorheben, aber auch sehr negative Urteile, die vor allem ihr Intimleben anprangern. Schon im 19. Jahrhundert gab es heftige Polemiken um die Persönlichkeit Maria Karolinas zwischen dem habsburgtreuen Historiker Alexander Freiherrn von Helfert und seinem habsburgkritischen Kollegen Moritz Brosch, wobei letzter sie als „Tribadin und Sadistin" darstellte. Ihr Sexualverhalten dürfte – wenn man all den Enthüllungen über die Sittenlosigkeit der Königin Glauben schenken kann, die natürlich wieder aus trüben Quellen stammen – recht reichhaltig gewesen sein. In der Literatur gibt es viele negative Bemerkungen, einer ihrer Biographen behauptete sogar: „Sie gab sich ohne Wahl und ohne Scham den verächtlichsten und verworfensten Männern hin und unterhielt mit ihrem Minister Acton eine Liason."

Neben Verhältnissen zu Männern soll Königin Maria Karolina mit Lady Emma Hamilton, der Geliebten Nelsons, eine lesbische Beziehung unterhalten haben, auch von sadistische Orgien in den Ruinen von Herculaneum und Pompeji ist in der Literatur die Rede. Als Maria Karolina zur Zeit des Wiener Kongresses starb, wurde ihretwegen nicht einmal eine Hoftrauer angeordnet. Die Problematik dieser Aussagen – darauf verweist vor allem der reaktionäre und habsburg-loyale Freiherr Alexander von Helfert in seinen Schriften – liegt in den Quellen. Wenige direkte Aussagen und Quellenzeugnisse der Betroffenen existieren, und auch diese stellen uns vor Fragen der Interpretation. Wenn etwa Maria Karolina in ihren Briefen Lady Hamilton mit Kosenamen belegt und von einer *douce amitié* (süßen Liebe) schreibt, so kann das – gemessen an weiblichen Verhaltensmustern der Zeit – auch völlig harmlos sein.

Eine der eigenartigsten und geheimnisumwittertsten Beziehungen zwischen Frauen spielte sich zwischen Marie Christine († 1798) – der Lieblingstochter Maria Theresias – und Isabella von Parma († 1763) – der ersten Frau Josephs II. – ab. Der Briefwechsel der beiden kann als Zeugnis einer tiefen Frauenfreundschaft, als harmlose Schwärmerei, als Ausdruck beginnender Emanzipation, aber auch als Dokument einer lesbischen Liaison gelesen werden. Ein genaues Studium des Briefwechsels (leider sind nur die Briefe Isabellas erhalten), wie es von Joseph Hrazky und Ursula Tamussino unternommen wurde, bringt allerdings etwas Licht in die Angelegenheit. Die Anreden und Schlußgrüße der Briefe – „Liebes Herz! Mein Trost! Liebenswürdige, anbetungswürdige, liebe, heilige Schwester! Allerliebster Esel! Ich sterbe aus lieb und umarme dich zärtligst" – zeugen von einer innigen Vertrautheit. Eine einzige Bemerkung läßt vielleicht noch tiefer blicken, wenn Isabella schreibt „so starck als ich Dich liebe, so habe ich doch gestern empfunden, daß der Erzherzog gehet vorhero". Manche der Briefstellen sind voller Andeutungen und geheimnisvoller Wortspiele, die der Phantasie des Lesers freien Raum lassen. Einige Beispiele: „Abwesend von Ihnen zu sein, ist eine marter, die man nicht leicht übertragen kan. Abwesend zu seyen und keine ruhe mehr zu haben, wird ein jeder, der das glück gehabt, Sie, meinem gnädigste Fräulein zu sehen, gar zu gut empfinden" [...] „Doch habe ich alle mittel gesu-

Hatte Maria Karolina von Neapel eine „unerlaubte Beziehung" zur hier abgebildeten Lady Hamilton? Sammlung Mayr

chet, um mich zu trösten [...] um meine sinnen wieder zu beruhigen" [...] „O du Eserl, weil ich ein Esel selbst bin, so werde ich dir gantz curz schreiben, obwohl dass ich die schönsten Sachen zu sagen hätte. Du willst, ich soll dir schreiben, baadwaschl, ich bin gantz gehorsam und werde von jetzt an allerweil [Dich] so heißen, weil es Dich so sehr gefreuet." Manches spricht für ein sehr vertrautes Verhältnis, das wohl auch körperliche Zärtlichkeit kannte, aber auch aus diesem Briefwechsel sind keine klaren Beweise einer lesbischen Verbindung abzulesen. In diesem wie in vielen anderen Fällen kann man als seriöser Historiker keine eindeutigen Aussagen machen, da die Quellen für klare Entscheidungen nicht vorhanden sind bzw. die vorhandenen nicht ausreichen. So werden manche der sexuellen Verhaltensweisen der Habsburgerinnen und Habsburger für immer ein Geheimnis bleiben.

KRANKHEIT UND TOD

Viele Schwierigkeiten im menschlichen Leben blieben den Habsburgern vor 1918 völlig unbekannt: Angst vor Armut und schwere körperliche Arbeit ebenso wie Unterdrückung und Erniedrigung durch andere. Aber auch die mächtigsten und reichsten Menschen sind Krankheit und Tod ausgeliefert, wenn auch die Rahmenbedingungen für sie in dieser Hinsicht etwas günstiger sind. Ein guter Teil der Krankheiten der Gesamtbevölkerung des späten Mittelalters und der Frühen Neuzeit war durch unzureichende und qualitativ minderwertige Nahrung zumindest mitbedingt. Die tristen Wohnverhältnisse, Feuchtigkeit und Mangel an Sonne und Luft, wie sie die Unterschichten vorfanden, trugen sicherlich nicht gerade zu einer gesunden Lebensführung bei. Doch haben wir schon in anderem Zusammenhang gesehen, daß der Überfluß auch zu Zivilisationskrankheiten führte, die zwar im krassen Gegensatz zu den Mangelkrankheiten der Massen standen, aber ebenfalls körperliche Defekte bedingten.

Medizinen und Kuren – Die ärztliche Betreuung der Habsburger

Während lange Zeit die Massen nicht von Ärzten medizinisch versorgt wurden, sondern von kräuterkundigen Frauen, Mönchen und diversen Praktikern wie Wundärzten und Badern, genossen die herrschenden Schichten schon relativ früh eine medizinische Betreuung, die von akademisch ausgebildeten Ärzten dominiert war. Die Frage, ob die Behandlung durch diese Doktoren wirklich vielversprechend war, oder ob nicht aufgrund eines falschen und beschränkten Wissens mitunter mehr Schaden als Nutzen angerichtet wurde, kann nicht hier diskutiert werden.
Schon beim ersten Habsburger im Reich, Rudolf I., ist eine Art Leibarzt bekannt; Landulf von Mailand diente 18 Jahre als König Rudolfs *physicus*, später wurde er Dompropst von Worms und schließlich 1295 Bischof von Brixen. In den österreichischen Ländern sind schon zur Zeit der letzten Babenbergerherzöge *phisicos* nachzuweisen, von denen allerdings keiner aus den österreichischen Ländern stammte.
Manchmal waren die eingeheirateten Frauen der Habsburger mit der bestehenden medizinischen Versorgung unzufrieden, dies hatte vielleicht auch mit dem weitverbreiteten Gedanken zu tun, daß die Ärzte „zu Hause" besser seien – oder auch wirklich mit der fortschrittlicheren medizinischen Bildung in Westeuropa. Friedrichs Frau, Isabella von Aragonien, wurde in Österreich von einem schweren Augenleiden – vermutlich grauem Star – befallen, mit dem die heimischen Ärzte nicht zurechtzukommen schienen. So bat sie im Juni 1326 ihren Vater flehentlich, ihr rasch einen erfahrenen Arzt zu senden. Einen solchen zu finden dauerte allerdings auch dort drei Jahre, und zum Zeitpunkt von Isabellas Tod befand er sich noch immer in Spanien. Mit Magister Pernold, Pfarrer der Kirche der heiligen Maria in Spital am Semmering, nahm Friedrich I. erstmalig einen Mediziner österreichischer Herkunft in seine Dienste, doch blieben die Italiener weiterhin dominierend.
Das einzige, was wir über diese frühen Ärzte wissen, ist meist nur ihr Name, denn die sonstigen Informationen in den Urkunden sind dürftig. Nichts aussagen können wir über die Art ihrer Beschäftigung – waren sie dauerhaft am Hof oder wurden sie gelegentlich zugezogen? –, über die behandelten Krankheiten oder gar über ihre Heilmethoden und Mittel. Einer von Rudolfs IV. († 1365) Ärzten, Magister Gerung von Bierbaum, begegnet uns auch in einem anderen Zusammenhang, er war einer der Fälscher des *Privilegium maius*; man sieht schon daraus, wie wenig spezialisiert die Mediziner damals noch waren.
Bis in das 14. Jahrhundert gehörten die Leibärzte meist dem geistlichen Stand an, sie übten in vielen Fällen auch die Funktion eines Hofkaplans aus; Albrecht I. († 1308) besaß in der Person Jacob Bertholdis einen Arzt und Kaplan, und Friedrich I. († 1330) verschaffte seinem Leibarzt, Johannes von Verona, ein Kanonikat beim Domkapitel von Verona. Das hing mit der allgemeinen Entwicklung der Medizin zusammen, denn die Pflege der Heilkunst war besonders bei den Benediktinern und den Zisterziensern verbreitet. Erst um 1400 gewannen die Bürger Einfluß auf medizinischem Gebiet, vor allem durch ein Studium an einer Hochschule, mit dem sie sich als Ärzte bei Hof durchsetzen konnten. Für die Hofärzte in Wien war die damals in ihrer Blüte befindliche Wiener Universität besonders bedeutend: Der Leibarzt Herzog Albrechts III. († 1395), Magister Nicolaus von Hebersdorf, wurde 1403 Dekan und 1414 sogar Rektor.

In dieser Zeichnung liegt uns eine der frühesten Darstellungen eines chirurgischen Eingriffes vor. Knapp vor seinem Tod wurde an Kaiser Friedrich III. eine Beinamputation vorgenommen. Graphische Sammlung Albertina, Wien

Anders als zuvor, stammten nun viele spätmittelalterliche Ärzte aus den habsburgischen Ländern; aus Österreich, Vorderösterreich und der Schweiz, so etwa Johannes Schroff aus dem Inntal, Jakob Engeli (der Autor eines deutschen Pesttraktats) aus Ulm oder Berchtold Starck aus Basel. Daneben tauchten aber immer wieder Italiener auf; der bedeutendste war vielleicht Galeazzo de Santa Sofia aus Padua, der sogar eine größere Anzahl medizinischer Schriften verfaßte, darunter zwei Traktate über die verschiedenen Arten des Fiebers, eine Schrift über die Pest und vermutlich auch ein *Vocabularium simplicium in medicina*. Mit dem Regierungsantritt Kaiser Friedrichs III. änderte sich das Verhältnis zwischen Landesfürst und Wiener Universität grundlegend, die Leibärzte wurden nicht mehr aus dem Professorenkolleg der *Alma mater* berufen. Die zahlreichen Ärzte Friedrichs III. waren italienischer, jüdischer – Jacob ben Jehiel Loans – und deutscher Herkunft, weiters hatte ihn in seiner Frühzeit als steirischer Herzog vermutlich der Wundarzt Niclas der Ungar, also wohl ein Magyare, betreut. Von der Beinamputation am hochbetagten Kaiser im Jahr 1493 haben wir zum ersten Mal einen genauen medizinischen Bericht von einem der Wundärzte über eine Operation vorliegen, von der auch eine bildliche Darstellung existiert. In der Fastenzeit war Friedrichs linker Fuß allmählich unempfindlich geworden, er färbte sich zunächst blau, dann bis in die Höhe der Wade schwarz; vermutlich war der sogenannte „Altersbrand“ die Ursache. Im Mai schickte sein Sohn Maximilian seinen eigenen portugiesischen Leibarzt namens Lupi zu seinem Vater nach Linz, nachdem zuvor schon Meister Hans Suff von Göppingen durch Herzog Albrecht von Bayern an den kaiserlichen Hof beordert worden war. Die Ärzte beschlossen die Amputation des erkrankten Beines, der Eingriff wurde am 8. Juni in Anwesenheit vieler Grafen, Freiherren, Ritter und Knechte vorgenommen. In beratender Funktion nahmen der bereits 80 Jahre alte Doktor Lupi und Friedrichs Leibarzt, Doktor Heinrich von Köln, teil. Man kann sich heute kaum vorstellen, wie eine solche Operation ohne Narkose und in Anwesenheit einer fröhlich zusehenden Menschenmenge verlief. Jedenfalls schien der Eingriff gelungen; der Kaiser genas schnell, obwohl er in dieser Rekonvaleszenz nur Wasser und Brot zu sich nahm. Nach sechs Wochen begann der „stumpp“ zu vernarben und war nach weiteren vier Wochen fast ganz verheilt; der Kaiser entließ die Ärzte mit einer reichlichen Belohnung. Trotzdem starb Friedrich III. nur kurze Zeit später – vielleicht an einem Schlaganfall, allerdings geben zwei Quellen eine ruhrartige Darmerkrankung nach dem Genuß von unreifen Melonen als Todesursache an. Friedrich III. war selbst an medizinischen Problemen interessiert; er erprobte Rezepte aller Art und solche, die sich bewährten, gab er auch weiter.

Grabplatte des Arztes Philipps III., Francesco Valdesio, in der Kirche des Colegio Mayor de San Ildefonso in Alcalá de Henares. Foto: Vocelka/Heller

Herzog Sigmund von Tirol († 1496) – ein großer Hypochonder, der nicht weniger als 27 Hofärzte während seiner Regierungszeit beschäftigte – schickte er einen Ratschlag zur Behandlung von Nierensteinen und ein Rezept zur Behandlung von Vergiftungen. Das Rezept gegen Nierensteine ist ein ausgesprochenes Volksmittel; man muß zwischen „unser frauen tag in herbst“ (15. August und 8. September) frischen Kren (Meerrettich) ausgraben, säubern und mit gutem Wein versetzt in die Erde senken. Nach dem zweiten Frauentag muß der entstandene Absud destilliert werden. So abergläubisch das einfache Rezept klingen mag, so ist es vielleicht tatsächlich wirksam, weil Kren antibiotisch wirkt.

In der Frühzeit wurden die Ärzte meist nicht mit Geld bezahlt; die Geistlichen wurden durch reiche landesfürstliche Pfarren wie Gars am Kamp, Eggenburg oder Falkenstein entschädigt, und auch den bürgerlichen Ärzten verlieh der Landesfürst Zehente, Bergrechte von Weingärten, Wald und anderes mehr. Schon im späten Mittelalter setzte sich aber mehr und mehr eine wirkliche Besoldung der Ärzte durch, wie wir es zunächst in Tirol finden, wo der Leibarzt zwischen 100 und 500 fl. jährlich bekam. Verglichen damit war die Belohnung, die Kaiser Friedrich III. seinen Ärzten nach der geglückten Beinamputation

zahlte, wahrhaft fürstlich. Einer der Ärzte erhielt 100 fl., ein zweiter 200 fl. und ein dritter sogar 300 fl., zusätzlich bekam jeder von ihnen noch ein Pferd.
Die unterschiedlichen Summen spiegeln auch die unterschiedlichen Qualifikationen; so erhielt der nicht akademisch gebildete Wundarzt weniger als der promovierte Leibarzt (manchmal auch „Bucharzt" genannt), obwohl dieser nur eine beratende Funktion ausübte.
Die medizinische Theorie des Mittelalters beruhte auf den Schriften des Hippokrates und des Galen von Pergamo, eines Leibarztes des römischen Kaisers Marc Aurel; also auf griechischen und römischen Quellen, die zum Teil durch arabische Vermittlung in Europa verbreitet waren. Die Grundidee bestand in einem idealen Gleichgewicht der vier Elemente – Hitze, Kälte, Feuchtigkeit und Trockenheit – und einem Gleichgewicht der vier Säfte – Blut, Schleim, gelbe und schwarze Galle. Die Vorstellungen der Humoralpathologie, die bis weit in die Neuzeit hinein eine Rolle spielten, vermischten sich mit christlichen – Anrufung von Heiligen – und anderen magischen, astrologischen und alchemistischen Ideen. Der Aderlaß galt bis in die neuere Zeit als das Allheilmittel und wurde im Zusammenhang mit einer astrologischen „Tagwählerei" betrieben; dies drückt sich im populären Aderlaßmännlein aus, das die besten Tage für diese medizinische Praktik angab und auch bei Hof eine wichtige Rolle spielte.
Obwohl die medizinische Versorgung der Habsburger die Fortschritte der medizinischen Wissenschaft und Pharmazie spiegelte, wurzelte sie noch deutlich im Aberglauben der Zeit. So wurden für Maximilian II. und für seinen Sohn Rudolf II. (durch den Astronomen Tycho Brahe) Zaubermittel angefertigt, die unter anderem aus venezianischem Sirup, Coraltinktur, Saphir, Hyazinth und einer Lösung von Perlen oder trinkbarem Gold bestanden.
Im Umfeld der Habsburger finden wir am Beginn der Neuzeit Ärzte, die mit dem Humanismus verbunden waren, wie etwa Adolf Occo und Paul Ricius. Am bedeutendsten war Georg Tannstetter, genannt Collimitius, der als Astronom, Astrologe und Leibarzt fungierte. Nach einer gelegentlicher Inanspruchnahme durch Kaiser Maximilian I. und später durch dessen Enkelin Maria wurde Tannstetter Leibarzt Ferdinands I., wobei seine Tätigkeit später ausdrücklich auf dessen Kinder beschränkt wurde. Einer der Leibärzte der spanischen Linie verkörperte sogar in hohem Maße den Fortschritt der Renaissance-Medizin, in deren Rahmen der Anatomie eine erhöhte Bedeutung zukam: Der führende Gelehrte auf diesem Gebiet, Andreas Vesalius, der die moderne Anatomie 1543 in seinem siebenbändigen epochemachenden Werk „De humani corporis fabrica" begründete, diente als Leibarzt Karls V. und Philipps II.

Die Entwicklung der medizinischen Betreuung in der Frühen Neuzeit verlief am Hofe in Wien und Madrid sehr ähnlich; in beiden Fällen war eine Reihe hervorragender Gelehrter für das Herrscherhaus tätig, diese wurden vom *mayordomo mayor* (Obersthofmeister) entweder als *médico de cámara* (Kammerarzt) oder *médico de la Real Familia* (Arzt der königlichen Familie) ausgewählt und besoldet, wobei die Kammerärzte weitaus mehr verdienten. In Madrid waren neben Vesalius Männer wie Miguel Zurita de Alfaro oder Villalobos tätig, die auch die Königinnen bei den Geburten betreuten, während diese Aufgabe am Wiener Hof zunächst hauptsächlich von Hebammen versehen wurde. Erst Gerard van Swieten, der Leibarzt Maria Theresias, änderte dies; er verbannte die vielen an der Geburt teilnehmenden und Ratschläge erteilenden Hofdamen aus der Wöchnerinnenstube und leitete die Geburt selbst. Viele der Frauen hatten in ihrem Gefolge eigene Ärzte oder Hebammen ihres Vertrauens.
Sicherlich einer der bedeutendsten Ärzte des österreichischen Zweiges des Hauses Habsburg war Johann Crato von Crafftheim, der Leibarzt Ferdinands I., Maximilians II. und Rudolfs II., der erstmals die Entstehung von Epidemien durch Ansteckung erkannte.
Viele der Ärzte im 16. Jahrhundert waren nicht bloß im medizinischen Bereich tätig, sondern auch als Schriftsteller, Hofdichter und Humanisten. Wie sehr die Funktionen solcher Gelehrter ineinanderflossen, zeigt die Beziehung Maximilians II. zu seinem jüdischen Leibarzt Paulus Weidner, der die Gunst des Hofes weniger durch seine ärztliche Kunst als durch seine Kenntnis der hebräischen Sprache und des

Links: Grabstein des Leibarztes Ferdinands von Tirol, Pierandrea Mattioli, im Dom zu Trient. Foto: Vocelka/Heller
Rechts: Der bekannte Wiener Pestarzt, Paul de Sorbait, umgeben von den Zeichen seiner Profession. ÖNB, Wien
Linke Seite: Einer der bedeutendsten Ärzte und Humanisten des 16. Jahrhunderts war Johann Crato von Crafftheim, der Leibarzt Ferdinands I., Maximilians II. und Rudolfs II. ÖNB, Wien

jüdisch-theologischen Schrifttums gewann. Außerdem verfaßten manche Leibärzte medizinische Schriften – vor allem zur „Pestilentz“ –, waren also in der damals so wichtigen Seuchenprophylaxe aktiv.
Mancher Habsburger schenkte im Laufe seines Lebens mehreren Ärzten sein Vertrauen, etwa Ferdinand von Tirol († 1595), der neben Georg Handsch von Limus auch Pierandrea Mattioli und den kaiserlichen Leibarzt Julius Alexandrinus konsultierte. Ab 1554 war Mattioli Leibarzt des Erzherzogs – zunächst in Prag, dann in Innsbruck –, er verbrachte sein Lebensende aber in der Stadt Trient. Mattiolis Sohn Ferdinand erwähnte 1613 in einem Brief, daß sein Vater den Erzherzog durch ein Pulver vom sicheren Tod errettet habe, als er „zu Ambras von einem vergifften Frosch gegessen und schon angefangen zue geschwellen“.
Noch ein anderer, sehr widersprüchlicher und interessanter Mann findet sich im Umkreis des Tiroler Hofes; der Arzt und Schriftsteller Hippolytus Guarinonius, der 1571 in Trient geboren wurde und es dank seiner ärztlichen Tüchtigkeit zum erblichen Adelsstand brachte. Guarinonius paßte in seine Zeit und sein Milieu. Als strikter Vertreter der Gegenreformation betrachtete er den festen Glauben als die beste Basis für die Gesundheit und fügte ihn deshalb der galenischen Schulmedizin als siebentes Element der Gesundheitstheorie hinzu. Mit Guarinonius befreundet war Paul von Weinhart, dessen Familie bis zur Auflösung der Innsbrucker Residenz durch vier Generationen die Leibärzte der Landesfürsten blieben. Ihre medizinische Praxis war noch stark auf die traditionellen, teils „magischen“ Heilmittel dieser Epoche ausgerichtet; Bezoare und Edelsteine, Klistiere, Schröpfköpfe und Blasenpflaster spielten eine wichtige Rolle bei ihren Kuren. Das bekannte Re-

Gerard van Swieten war nicht nur ein großartiger Arzt, sondern auch Botaniker und spielte eine wichtige Rolle für die Reform der Universität Wien. ÖNB, Wien

zeptbuch der Philippine Welser zeigt, daß man viele Hausmittel verwendete und deren Rezepte sorgfältig aufzeichnete. Wässrige oder alkoholische Auszüge von einer oder mehreren Pflanzen, Abkochungen, Latwerge, Konfekt und Salben, Pflaster und Öle, Umschläge und Räucherungen finden sich da verzeichnet. Man liest über Mittel gegen Augenkrankheiten, Ohrensausen, Nasenbluten, Zahnschmerzen, Mundfäule, Husten und Halsschmerzen, Kropf, Atemnot und Herzschwäche, Magenbeschwerden und Blähungen, Koliken und Seitenstechen, Rheuma und Rachitis, Mittel gegen das Ausbleiben der Monatsregel, gegen Wehen, Lues, Abszesse, Kopfschmerzen, Schlaflosigkeit und Fraisen, Epilepsie, Ohnmacht und Schwindel.
In der Barockzeit kam es auch in der Medizin zu einer Mechanisierung des Weltbildes. Der Körper wurde nun als eine Art Maschine behandelt, deren einzelne Teile man kurieren konnte; das ganzheitliche, magische Bild ging verloren. Einige – zumindest lokal – bedeutende Ärzte, die an der Universität in Wien lehrten, dienten als Leibärzte. So war Johann Wilhelm Managetta Leibarzt Ferdinands II., Ferdinands III. und Leopolds I., ihm folgte Heinrich Angelus Bluemer. Der wohl bekannteste Arzt dieser Zeit findet sich ebenfalls am kaiserlichen Hof, der berühmte Pestarzt Paul de Sorbait, Leibarzt der Kaiserinwitwe Eleonore († 1686). Gelegentlich wurden Spezialisten herangezogen, so berief Leopold I. den deutschen Kropfarzt Sebastian Glimper nach Wien, als seine Frau Margarita Teresa († 1673) nach einer Fehlgeburt unter ihrem Kropf besonders litt. Der Arzt machte sich erbötig, ohne Heilmittel – obwohl er ein *secretum contra struma* anpries – den Kropf zu heilen, mußte aber auf kaiserlichen Wunsch seine Kur zunächst an einigen Patientinnen niederen Standes ausprobieren. Der Erfolg war vorerst zufriedenstellend, eine neuerliche Behandlung lehnte Glimper jedoch ab, da das Risiko für die wieder schwangere Kaiserin zu groß gewesen wäre.
Obwohl die vorherrschenden Strömungen medizinischen Fortschrittes sich seit dem 17. Jahrhundert in Westeuropa – besonders in den Niederlanden – entwickelt hatten, kamen in der Barockzeit die meisten Leibärzte am Hof aus Italien. Manchmal waren mehrere Generationen einer Familie bei Hofe tätig, so folgte etwa auf Johann Baptist Garelli – der 1693 zum Leibarzt Leopolds I. ernannt wurde und auch unter Joseph I. und Karl VI. diente – dessen Sohn Pius Nikolaus als Leibarzt Karls VI. Er begleitete ihn auf seiner Huldigungsreise 1728 nach Triest, in die Steiermark und nach Kärnten.
Erst in der Zeit Maria Theresias trat ein großer Umschwung ein. In Brüssel wurde Gerard von Swieten, ein Schüler des berühmten Boerhave, von Kaunitz an das Wochenbett Maria Annas († 1744) gerufen, bereits ein Jahr später ging er als Leibarzt Maria Theresias an den Wiener Hof. Damit fand man in Wien den Anschluß an die modernen Strömungen der Medizin. Maria Theresia schrieb: „Man kann ja nicht genug darnach trachten und glücklich sein, solche Leute in der Umgebung eines Monarchen zu wissen." Gleichsam als Nebenwirkung der Berufung van Swietens ist die Universitätsreform im Sinne der Aufklärung und die Begründung der ersten Wiener Medizinischen Schule zu sehen. Die Wertschätzung Maria Theresias für van Swieten äußerte sich in vielen Dingen, so ließ sie 1763 sein Bild mit einer ehrenden Inschrift im Hörsaal der medizinischen Fakultät anbringen. Nach ihrer Genesung von den Pocken 1767 wurde dem Bild eine von Franz Xaver Messerschmidt gegossene Büste hinzugefügt; der Arzt erhielt den Stephansorden, 8000 Dukaten und das Bild Maria Theresias im diamantbesetzten Rahmen. Nach seinem Tod ließ sie eine Medaille zu seinem Andenken prägen und widmete ihm in der Augustinerkirche ein Grabmal

mit einer Büste aus Marmor. Dem berühmten Arzt folgte sein ebenfalls bedeutender Schüler Anton Freiherr von Störck, der seit 1760 Hofmedicus Maria Theresias war. Ihr besonderes Vertrauen gewann auch er 1767, als es ihm (gemeinsam mit van Swieten) gelang, sie von den Pocken zu heilen. Die Ärzte ihres Sohnes Josephs II. stammten aus demselben Umkreis; Johann Alexander Ritter von Brambilla, der Joseph II. immer auf seinen Reisen begleitete, war für die Reorganisation der medizinischen Ausbildung im Josephinum verantwortlich, und Joseph Freiherr von Quarin, der Joseph in den letzten Lebensjahren behandelte und aus dessen Mund dieser erfuhr, daß er bald sterben müsse, war mit der Gründung des Allgemeinen Krankenhauses eng verbunden.
Im 19. Jahrhundert kam die Verwissenschaftlichung der Medizin mit ihren immer genaueren Untersuchungsmethoden auch dem Wiener Hof zugute, dessen Ärzte allerdings nicht mehr aus der ersten Garde der Wiener Medizinischen Schule stammten. Es gab

Rechts: Der Leibarzt Kaiser Franz Josephs, Joseph Ritter von Kerzl. ÖNB, Wien
Unten: Die alte Hofapotheke verschwand erst vor wenigen Jahren aus dem Wiener Stadtbild. Ein alter Stich zeigt die große Zahl an Medikamenten, die in ihr aufbewahrt wurde. ÖNB, Wien

nur wenige Ausnahmen, wie etwa den berühmten Pathologen Karl von Rokitansky, der Obduktionen an Mitgliedern des Hauses vornahm. Die großen Mediziner wie Rokitansky, Joseph L. Skoda und Ferdinand von Hebra waren aber niemals kaiserliche Leibärzte. Zudem erwiesen sich die Hofärzte nicht immer wirklich als tüchtig, so behandelte Johann Malfatti den Herzog von Reichstadt auf ein Leberleiden, doch wenig später starb der junge Mann – allerdings an Tuberkulose.
Unter den Hofärzten zur Zeit Franz Josephs finden sich Zahnmediziner wie Adolf und Otto Zigmondy, Gynäkologen wie Dr. Karl Friedinger und Carl Braun von Firnwald, Kinderärzte wie Franz Hügl und Praktiker wie Franz Josephs Leibarzt Joseph Ritter von Kerzl. Der Universitätsprofessor Hermann Widerhofer war gleichfalls bei Hofe tätig, er bildete aber eine Ausnahme, da ansonsten die Beziehungen zur Hohen Schule distanziert waren. Daß die Tätigkeit im Dienste des Allerhöchsten Hauses auch „karrierefördernd“ wirkte, liegt auf der Hand; die Erhebung in den Adelsstand, wie etwa bei August Bielka von Karltreu

Das feine Gemälde von Lucas van Valckenborch zeigt Kaiser Rudolf II. bei einer Trinkkur. Kunsthistorisches Museum, Wien

(ein typisches Prädikat für die Endzeit der Monarchie), war symptomatisch.
Die Versorgung des Hofes mit Arzneimitteln – zunächst vor allem mit Kräutern, dann immer mehr mit den Produkten eines sich weiterentwickelnden Apothekerwesens – wurde durch die Hofapotheke sichergestellt, die in Wien seit dem 16. Jahrhundert nachweisbar ist. Diese „privatwirtschaftliche" Institution, die durch Ferdinand I., Rudolf II., Ferdinand III. und Karl VI. Privilegien erhielt, brachte im 17. Jahrhundert bedeutende Apotheker wie Balthasar Bradez, Paul Weidner oder Johann Lazar Günther hervor, die den Titel Leib- und Hofapotheker führten. 1744 wurde die Apotheke von Maria Theresia erworben, in der Stallburg untergebracht und mit der höfischen Hausapotheke verschmolzen. 1769 entstand daraus wieder eine bürgerliche Apotheke, doch 1797 wurde sie erneut unter die Familiengüteroberdirektion gestellt, wo sie bis 1918 verblieb. Die Hofapotheke hatte auch Filialen in Schönbrunn und Laxenburg, was mit dem jahreszeitlichen Wechsel der Residenz zusammenhing.
Neben der eigentlichen medizinischen Betreuung durch Ärzte und andere Personen wie Feldchirurgen, Bader und Krankenpflegerinnen bildeten urlaubsähnliche Kuraufenthalte einen wesentlichen Teil der Heil- und Vorbeugemedizin. Wir wissen schon aus dem Mittelalter, daß die Habsburger verschiedene warme Quellen aufsuchten, bekannt ist vor allem die Nutzung von Gastein. Bereits 1422 und 1429 kam die „gnädige Frau von Österreich", Anna von Braunschweig († 1432), die zweite Gemahlin des Tiroler Landesfürsten Herzog Friedrich IV. († 1439), nach Gastein zur Kur, auch Herzog Sigmund von Tirol (der Münzreiche) war 1451 dort Badegast, und 1465 weilte auch seine Gattin Eleonore von Schottland († 1480) in Gastein. Damals badete man täglich mehrere Stunden lang in hölzernen Wannen oder in Gemeinschaftsbädern. Das stundenlange Baden war nur möglich, weil das Wasser nicht in geschlossenen Rohrleitungen, sondern in offenen Holzgerinnen zu den Bädern geleitet wurde, wodurch das gasförmige Spurenelement Radium weitgehend entweichen konnte.
Aber auch zahlreiche andere Bäder waren schon früh bekannt und bei vielen Habsburgern beliebt, vor allem Karlsbad. 1571 klagte Erzherzog Ferdinand († 1595) über Nachtschweiß, Kopfschmerzen und Diarrhöe, worauf ihm sein Leibarzt das Thermalwasser von Karlsbad empfahl; er reiste unverzüglich mit Philippine Welser dorthin. Im 18. Jahrhundert wurde Karlsbad überhaupt sehr „fashionable". Von einem Aufenthalt Karls VI. haben wir schon bei den Reisen berichtet, aber auch viele andere Erzherzoginnen und Erzherzöge begaben sich dorthin zur Kur. Noch im 19. Jahrhundert besaß der Kurort einen guten Ruf: Kaiserin Maria Ludovica († 1816), die mit ihrer Stieftochter Erzherzogin Leopoldine reiste, traf dort im Sommer 1810 mit Johann Wolfgang Goethe zusammen, der bekanntlich das Bad ebenfalls gerne aufsuchte. Bei dieser Gelegenheit widmete Goethe der Kaiserin eine Reihe von Gedichten – „Der Kaiserin

Links: Erzherzog Franz Karl und seine Frau Sophie kamen oft zur Kur nach Ischl. Ein Brunnen in der Stadt erinnert an diese Aufenthalte. Foto: Vocelka/Heller
Rechts: Die Stadt Ischl errichtete Dr. Wirer, der den Kurbetrieb in diesem Ort begründete, ein Denkmal. Foto: Vocelka/Heller

Ankunft", „Der Kaiserin Becher" und „Der Kaiserin Abschied" – und las ihr aus eigenen und fremden Werken vor. Sie bedankte sich mit einem Geschenk, über das Goethe an Zelter schrieb: „Dieser Tage ist mir etwas sehr Erfreuliches widerfahren, indem mir von Seiten der Kaiserin von Österreich eine schöne goldene Dose mit einem brillantenen Kranze und dem darin nach allen Buchstaben ausgedruckten Namen Luise zugestellt worden." Der Kontakt mit Goethe hielt an, einige Zeit später begegneten sich die beiden erneut in Karlsbad, wo Goethe das kleine Stück „Die Wette" – basierend auf einem Entwurf der Kaiserin – für eine Laienaufführung schrieb, an der die Kaiserin selbst teilnahm. Eine zentrale Frage des Stückes – ob der Mann oder die Frau als erste das Liebesgeständnis ablegen soll – spielt deutlich auf die Situation Goethes und Maria Ludovicas an, wobei zum Altersunterschied noch der erhebliche Rangunterschied kam. Die Beziehung der beiden war jedenfalls (zumindest auf der Gefühlsebene) sehr innig; der über 60jährige Goethe war offenbar in die knapp über 20jährige verliebt. Literaturhistoriker fanden die Spuren dieses „Karlsbader Glücksgefühls" in verschiedenen seiner Werke.

Vielfach wurden nahegelegene Kurorte besucht, im Vormärz erfreute sich vor allem Baden bei Wien großer Beliebtheit. Erzherzog Anton Viktor († 1835) förderte gemeinsam mit seinen Brüdern Karl († 1847) und Ludwig († 1864) diesen Ort besonders, und Kaiser Franz hielt sich häufig zur Kur in Baden auf. Dessen Neffe Franz Karl († 1878) mit seiner Frau Sophie bevorzugten hingegen Ischl, das durch die tatkräftige Propaganda des Arztes Franz von Wirer zur ersten Solebadeanstalt wurde. Da es von beachtlichen Jagdrevieren umgeben war, wurde Ischl für Kaiser Franz Joseph und den kaiserlichen Hof ein regelmäßiger Sommersitz und spiegelte bis zum Ende der Monarchie für einige Wochen den Glanz der Hauptstadt. Kuraufenthalte führten die Männer und Frauen aus dem Hause Habsburg auch in entferntere Regionen: Für Lungenkrankheiten und Bronchialprobleme empfahl die Medizin einen Aufenthalt in mildem Klima; meist in Italien oder an der französischen Riviera, aber manchmal auch weiter weg – wie bei Erzherzog Franz Ferdinand († 1914) in Ägypten. Vor allem viele Frauen aus dem Hause Habsburg hatten Probleme mit der Lunge und mußten daher in den Süden reisen, dessen Klima ihre Krankheit ausheilen konnte; das bekannteste Beispiel ist wohl Kaiserin Elisabeth, die durch ihren Aufenthalt auf Madeira die Lust am Reisen entdeckte.

Privilegiert im Leben, gleich im Leiden – Die Krankheiten der Habsburger

Will man eine Krankheitsgeschichte der Mitglieder der habsburgischen Familie schreiben, so stehen dem einige Grundprobleme der Medizingeschichte – in Österreich leider eine etwas vernachlässigte Disziplin – im Wege. Es ist erstaunlich, wie wenig die Quellen aufgearbeitet sind; nur über einige Habsburger sind wirklich gründliche Studien vorhanden. Interdisziplinäre Ansätze sind, wie sich hier wieder zeigt, schwierig: die Mediziner verstehen sich nicht auf historische Quellen, während die Historiker nicht genug über Medizin wissen, um die Informationen der Zeitgenossen richtig bewerten zu können. Ein Hindernis ist dabei vor allem die abweichende Terminologie, die man in eine moderne medizinische Sprache übersetzen muß. So kann man etwa in der allgemeinen Medizingeschichte nicht alle mit dem Wort „Pest" oder „Pestilenz" bezeichneten Krankheiten mit einer einzigen in der modernen Forschung beschriebenen Krankheit gleichsetzen. Außerdem wissen wir unterschiedlich viel über die einzelnen Personen – über Herrscher mehr als über nicht regierende Männer, über Männer mehr als über Frauen – und über verschiedene Stadien des Lebens. Die besten Quellen gibt es häufig zu den Todesursachen; in vielen Fällen – da die Habsburger obduziert und einbalsamiert wurden – liegen gute Obduktionsberichte vor, die allerdings vielfach noch einer systematischen Auswertung harren. Manchmal geben diese Obduktionsberichte kuriose Dinge wieder, die vermutlich auch die Mediziner vor Probleme stellen; so wird etwa über Erzherzog Ernst († 1595) berichtet, daß man in den Eingeweiden bei der Öffnung seiner Leiche einen Stein und ein Stück Glas fand, welche die anliegenden Körperteile verletzt hatten. Ob es sich dabei um eine mit heutigen Maßstäben aufrechtzuerhaltende Beobachtung handelt, muß dahingestellt bleiben.

Die durchschnittliche Lebensdauer jener Habsburgerinnen und Habsburger, die ein Erwachsenenalter erreichten – damit ist die, die Statistik etwas verzerrende Kindersterblichkeit nicht berücksichtigt – war verglichen mit den allgemeinen Werten für die europäische Bevölkerung relativ hoch, doch rechnen diese Werte häufig die Kindersterblichkeit ein. Die habsburgischen Männer wurden im späten Mittelalter durchschnittlich 37,9 Jahre alt, die Frauen sogar 45,3. Das ist überraschend, da ansonsten in dieser Epoche Frauen eine geringere Lebenserwartung hatten als Männer. Einige Habsburger wurden für die damalige Zeit sogar extrem alt, wie etwa Rudolf I. († 1291) mit 74 Jahren und Agnes († 1364) mit 84 Jahren.

In der Zeit zwischen 1500 und 1740 – also bei den Althabsburgern – lag die durchschnittliche Lebensdauer von Männern und Frauen bei 44 Jahren. Hier waren Philipp II. von Spanien († 1598) mit 71 Jahren und seine Schwester Maria († 1603), die Frau Maximilians II., mit 75 Jahren Ausnahmen. Bei den Habsburg-Lothringern zwischen 1740 und dem Ende der Monarchie (berücksichtigt wurden alle vor 1918 geborenen und bis 1995 gestorbenen Mitglieder der Familie Habsburg-Lothringen) betrug die durchschnittliche Lebenserwartung 60,7 Jahre und stimmt damit, ebenso wie für die Zeit davor, bei Frauen und Männern auf die Kommastelle genau überein. Eine Reihe von über 90jährigen findet sich unter ihnen, so der Deutschmeister Erzherzog Eugen († 1954) und Erzherzog Heinrich Ferdinand Salvator († 1969). Die älteste der Frauen wurde eindeutig Zita († 1989), sie erreichte ein Alter von 97 Jahren.

Einige Habsburgerinnen und Habsburger starben durch Unfälle oder äußere Gewalteinwirkung, im Mittelalter etwa Albrecht I. († 1308), den sein Neffe ermordete, oder Leopold III. († 1386), der in der Schlacht von Sempach fiel. Im übrigen war er der einzige Habsburger, der in einem Krieg sein Leben einbüßte, was zunächst überraschend ist. Obwohl viele Mitglieder der Dynastie etwa im Ersten Weltkrieg in der Armee dienten, war kein einziges Opfer zu beklagen. Dieser scheinbare Widerspruch wird aber verständlich, wenn man bedenkt, in welchen Positionen die Herren sich befanden; sie werden kaum mit wirklichen Kampfhandlungen konfrontiert gewesen sein.

Zwar forderte der Krieg wenig Opfer, aber die „friedliche" Lust am Reiten bzw. der Jagd führte zu mehreren Todesfällen in der Familie. Beide Frauen Maximilians I. starben durch Reitunfälle, es gab aber noch ein spätes Opfer eines Reitunfalles; Erzherzog Wilhelm († 1894) starb an einer Gehirnerschütterung und einem Schädelbasisbruch infolge eines Sturzes vom Pferd. Auf eine besonders eigentümliche Art kam Erzherzog Alexander Leopold († 1795) ums Leben: Er starb durch unvorsichtiges Hantieren mit Feuerwerkskörpern bei einer Explosion am Beginn eines geplanten Festes.

In der zweiten Hälfte des 19. Jahrhunderts häuften sich die gewaltsamen Todesfälle so sehr, daß manche Autoren es auf einen Fluch auf die Familie Franz Josephs zurückführten. Gräfin Batthyány soll ihn angesichts der Leiche ihres Mannes, des auf Befehl des Kaisers in Pest am 6. Oktober 1849 hingerichteten ersten ungarischen Ministerpräsidenten, ausgestoßen haben: „Himmel und Hölle soll sein Glück vernichten, sein Geschlecht soll vom Erdboden verschwinden, und er selbst soll heimgesucht werden in den Personen derer, die er liebt! Sein Leben sei der Zerstörung geweiht, und seine Kinder sollen elend zugrunde gehen!"

Der erste in dieser Reihe der tragischen Todesfälle ereignete sich 1867. Die junge Erzherzogin Mathilde, eine Tochter des Erzherzogs Albrecht, verbarg eine Zigarette in ihrem Gewand, um nicht beim (verbotenen) Rauchen erwischt zu werden; das Kleid fing Feuer, und sie erlitt einen grausamen Flammentod. Bald darauf wurde Franz Josephs Bruder Maximilian von Mexiko († 1867) in Querétaro erschossen, 1897 verbrannte die Schwester der Kaiserin Elisabeth, Erzherzogin Sophie d'Alençon, beim Brand eines Wohltätigkeitsbasars in Paris bei lebendigem Leib, und schließlich verlor Franz Joseph Sohn und Frau auf ebenso tragische Art: Kronprinz Rudolf († 1889) starb durch Selbstmord, und Kaiserin Elisabeth († 1898) fiel dem Attentat des Anarchisten Luigi Luccheni zum Opfer, der sie mit einer Feile erstach. Nimmt man dazu noch die Schüsse von Sarajewo, die Erzherzog Franz Ferdinand und seine Frau töteten, so war die Häufung der gewaltsamen Todesfälle beachtlich. Doch lassen sich für diese Todesfälle natürliche Erklärungen finden: Maximilian forderte durch sein mexikanisches Abenteuer sein Geschick geradezu heraus, der sich verschärfende Generationskonflikt erklärt Rudolfs Selbstmord, und die politische Situation im langen 19. Jahrhundert bereitete die beiden politischen Attentate der Zeit vor.

Abgesehen von den „geklärten" Todesfällen gab es auch solche, deren Ursachen Anlaß zu Spekulationen boten. So tauchte bei einigen Habsburgern der frühen Zeit der Verdacht auf, daß sie vergiftet worden seien; doch ohne anthropologische Untersuchungen der Skelette, an denen sich manches noch feststellen ließe, können keine wirklich gültigen Aussagen getroffen werden. Albrecht II. († 1358) galt lange Zeit als das Opfer einer Vergiftung, man führte seine 1330 einsetzende Bewegungsunfähigkeit auf einen mißglückten Giftanschlag zurück. Bei Albrecht sind wir ausnahmsweise in der Lage, Genaueres zu sagen, da vor einiger Zeit das Skelett tatsächlich untersucht wurde. Dies hat eindeutig ergeben, daß er an Polyarthritis – einer überaus schmerzhaften Form des Gelenksrheumatismus – litt; es waren keine Spuren von Gift nachweisbar. Auch bei Ladislaus Postumus († 1457), der plötzlich und sehr jung in Prag starb, gab es Spekulationen um einen Giftanschlag durch Ulrich von Eytzing oder Georg von Podiebrad, deren Wahrheitsgehalt vermutlich gering ist.

Ein anderer früher und unerwarteter Todesfall wurde in der älteren Literatur ebenfalls auf eine Vergiftung zurückgeführt, nämlich der von Friedrichs III. jüngerem Bruder Erzherzog Albrecht († 1463). Dieser erkrankte und starb – günstig für den Kaiser – inmitten einer bürgerkriegsähnlichen Auseinandersetzung der beiden Brüder. Die Zeitgenossen vermuteten, Albrecht sei vergiftet worden; doch der Arzt Michael Puff nahm offenbar eine ansteckende Krankheit an und verzichtete auf die sonst übliche Obduktion. Albrecht hatte eine „große Peul" in der linken Achselhöhle, ein Karbunkel, das nußgroß und völlig schwarz war; die aufgelegten Kräuter vermochten das Geschwür nicht zu öffnen, die Verabreichung von Purgiermitteln war erfolglos. Der rettende Ausweg wäre ein operativer Eingriff gewesen, den man nicht wagte. Erzherzog Albrecht starb an Blutvergiftung als Folge des Karbunkels am 3. Dezember 1463.

Auch der frühe Tod Philipps des Schönen († 1506), der plötzlich an Fieber und Erbrechen erkrankte und bei dem sich schwarze Flecken am Körper bildeten, ließ die Vergiftungstheorien blühen. Wenn er nicht vergiftet wurde, starb er vermutlich an einer ansteckenden Krankheit, denn sein Gesundheitszustand – mit Ausnahme der schadhaften Zähne (einem allgemeinen Übel der Zeit) und seiner immer wieder herausspringenden Kniekugel – wurde als gut beschrieben. Er zeigte zwar große Mäßigkeit im Essen und Trinken, ließ sich aber von Freunden immer wieder zum „Besuch verborgener Stätten des Lasters" verleiten, was den Verdacht auf eine venerische Krankheit nahelegt. Sein Sohn – Ferdinand I. – überlebte im Gegensatz zu seinem Vater einen tatsächlichen Giftanschlag, der vom Bischof von Trient verübt wurde.

Auch später wurden immer wieder zahlreiche Gerüchte um Vergiftungen geäußert und sind nie ganz verstummt, etwa bei der ersten Frau Karls II. von Spanien († 1700), Marie Louise. Auffällig ist allerdings, daß sich diese Vermutung ausschließlich in den Quellen findet, die von französischen Beobachtern stammen. Bei Leopold II. († 1792) gab es ebenfalls Spekulationen über eine Vergiftung. Da sein Tod nach nur kurzer, dreitägiger Krankheit erfolgte und er erst 45 Jahre alt war, dachten viele an Giftmord – entweder aus privaten Gründen durch seine Geliebte Livia Raimondi oder aus politischen Gründen durch Jakobiner oder Jesuiten. Auch eine Überdosis an selbsthergestellten Aphrodisiaka – sogenannte *diavolini* – wurde von einigen Zeitgenossen als Todesursache ins Gespräch gebracht. Das Autopsieprotokoll beweist aber, daß Leopold II., der seit seiner Jugend an nervösen Koliken gelitten hatte, entweder an einer Lungen- oder einer Bauchfellentzündung – eventuell an einem krebsartigen Geschwür – starb.

Daß man an allen Höfen Angst vor Vergiftungen hatte, zeigen nicht nur Vorsichtsmaßnahmen beim Essen und Trinken – alle Speisen und Getränke mußten vorgekostet werden –, sondern auch die überall anzutreffende Leidenschaft für Gegengifte. Ein Rezept Friedrichs III. wurde bereits erwähnt, außerdem sammelten die Habsburger in der Frühen Neuzeit Bezoar-Steine, denen man die Eigenschaft zuschrieb, ein „Gift gegen alle Gifte“ (das bedeutet auch der Name im Persischen!) zu sein. Ein besonderes Gegengift besaß Ferdinand von Tirol († 1595), dessen Wirksamkeit er, wie sein Leibarzt Mattioli berichtet, an verschiedenen Verbrechern ausprobierte.

Der Magenstein von Wiederkäuern, genannt „Bezoar“, galt als Allheilmittel gegen Gifte. Der hier abgebildete wurde im dritten Viertel des 16. Jahrhunderts prachtvoll mit Gold und Rubinen gefaßt. Kunsthistorisches Museum, Wien

Mattioli beschreibt unter anderem, wie man „einem vbelthetter / der zum todt verurtheylt wardt/ … erstlich Arsenicum (ist ein gifftig ding in leib zunemen) [gab], da zitert er wunderbarlich / geschwal vnter dem angesicht / vnd thet gleich als druckte jn die hinfallende sucht / da gab man jm obgemelt puluer (Pulver) / da würgte er das gifft von sich / wardt allls bey seinem leben erhalten / vnd von der verdienten leibstraff gefreyet.“

Vergleicht man die habsburgische Familie mit der allgemeinen demographischen Entwicklung, so fällt bei den Todesursachen auf, daß die wichtigste Seuche des Mittelalters und der Frühen Neuzeit – die Pest – bei der kaiserlichen Familie nicht auftrat. Angesichts der Pestwellen, die nach der Epidemie 1348/49 Europa heimsuchten, scheint dies zwar zunächst erstaunlich, doch beim näheren Nachdenken erkennt man die Gründe. Die Pest war eine Krankheit, der man ausweichen konnte – wenn man über die entsprechenden finanziellen Mittel und die entsprechende Mobilität verfügte, was ja bei der Familie Habsburg stets der Fall war. Andere Seuchen, vor allem die Pocken, forderten in der Familie hingegen sehr wohl ihren Zoll. Gerade in zwei politisch besonders heiklen Situationen wurden Habsburger Opfer dieser ansteckenden Krankheit, so starb plötzlich der junge römische König Ferdinand IV. († 1654), der die Nachfolge seines Vaters antreten sollte; die entstehende Unsicherheit in der Kontinuität der Habsburger im Reich konnte jedoch durch die relativ problemlose Wahl Leopolds I. überwunden werden. Viel schlimmer für die Familie war das Schicksal Kaiser Josephs I., denn durch dessen plötzlichen Tod zerbrach die Hoffnung auf das spanische Erbe. Obwohl der Kaiser während der Pockenepidemie des Jahres 1711 zu seinem Schutz sechs Wochen lang eingeschlossen wurde, bekam er die Krankheit schließlich doch und starb, von ihr geschwächt, letztlich an einer Lungenentzündung. Allerdings war die Seuche nicht die einzige Ursache seines frühen Todes, schon 1704 hatte er sich mit einer Geschlechtskrankheit – vermutlich mit Syphilis – angesteckt. Noch ein spätes Opfer der Pocken war die zweite Frau Josephs II., Kaiserin Maria Josefa († 1767).

Tragsessel Karls V. im Kloster Yuste. In diesem legte er große Strecken quer über die Berge zurück. Foto: Vocelka/Heller

Eine andere Seuche, die gelegentlich als Todesursache bei den Habsburgern erwähnt wurde, war Typhus, an dem im 19. Jahrhundert offensichtlich einige Mitglieder der Familie starben; so Erzherzogin Margarethe († 1858), die Gemahlin Karl Ludwigs, und Erzherzogin Sophie († 1872), die Mutter Franz Josephs, bei der nach dem Typhus eine „wässrige Exsudation" im Gehirn auftrat. Auch ihr Mann Franz Karl († 1878) starb an „Scheintyphus mit nachfolgendem Gehirnödem" in der Rekonvaleszenz.

Zwar keineswegs als offizielle Todesursache, aber immerhin als nachweisbares Leiden traten bei vielen Habsburgern Geschlechtskrankheiten auf. Die früheste Erwähnung finden wir bei Rudolf IV., über dessen eigentliche Todesursache die Quellen schweigen, es ist nur von hitzigem Fieber die Rede. In einer Handschrift der Wiener Nationalbibliothek findet man den Hinweis, er sei „an den mala francosa so er von frau Maultaschin bejuckhet" gestorben, also an Lues, die er sich bei Margarethe Maultasch zugezogen hatte.

Karl V. hatte vielleicht ebenfalls eine Geschlechtskrankheit, an der er – einem eigenen Geständnis zufolge – einige Zeit nach dem Liebesverkehr mit Barbara Blomberg litt. In diesem Lichte erscheinen die Beschwerden von Philipp II. – rinnende Wunden an beiden Knien, die sich nicht schließen wollten, und sein unheilbarer Gesichtsausschlag –, die man auf eine syphilitische Amme zurückführte, in einem anderen Licht. Es könnte sich dabei allerdings auch um Erscheinungen der Skrofulose gehandelt haben.

Auch bei anderen Habsburgern gibt es Hinweise auf Geschlechtskrankheiten; ganz eindeutige bei Joseph I. und Joseph II.; bei Erzherzog Otto († 1906), dem Vater des letzten Kaisers Karl, trat sogar der klinische Fall einer Syphilis im fortgeschrittenen Stadium auf – mit Abfallen der Nase, die durch eine Wachsnase ersetzt wurde.

Viele der Krankheiten der Habsburger waren auf die schon geschilderten Lebensumstände zurückzuführen. Die allzusehr auf Fleisch aufgebaute Ernährung und der Genuß von roten schweren Weinen hatten vor allem auf die Harnsäure und damit auf die Gicht – die verbreitetste Krankheit der frühneuzeitlichen Oberschicht – ihre Auswirkungen. Die unbarmherzige Jagdleidenschaft forderte ebenfalls ihren Tribut: Maximilian II. war auf der Jagd von einem Eber verletzt worden, und Joseph II. wurde beinahe von einem Hirsch geforkelt.

Ein besonderes Opfer der Gicht war Karl V. Neben diesen Beschwerden wies er überhaupt eine eher labile Gesundheit auf – er litt an Atemproblemen, Wucherungen, Hämorrhoiden und an „nervösen Anfällen", die man epileptisch zu nennen geneigt ist. Er war ein starker Esser, dazu kamen die langen, mühsamen und unbequemen Reisen im Tragstuhl, die seinem Gesamtzustand sicherlich nicht gut taten. Obwohl ihm seine Ärzte dringend davon abrieten, ging er bis ins hohe Alter trotz seiner Gichtanfälle auf die Jagd, wodurch er oft einen Rückfall erlitt. Von der Gicht waren nicht nur seine Gliedmaßen betroffen – er ging nur noch mühsam am Stock –, auch ein Auge schloß sich fast ganz. Am Ende seines Lebens blieb Karl V. von Anfang August bis zum Ende des Winters zumeist im Bett. In seinem Alterssitz im Kloster Yuste gehörten zu seinem engeren Umkreis neben dem Arzt, Dr. Mathys, der nächst dem Haushofmeister mit etwa 530 Gulden das höchste Gehalt bezog, noch ein Apotheker und Apothekergehilfen. Doch Karl V. vertraute nicht allein auf die „Schulmedizin"; in seinem Nachlaß fand man viele Wunder- und Volksheilmittel: in Gold eingelassene Steine zum Blutstillen, goldene und beinerne Armbänder und -reifen gegen Hämorrhoiden, mindestens neun Ringe aus England gegen Krämpfe, einen in Gold gefaßten blauen Stein gegen Gicht und zahlreiche ähnliche Objekte, die die unterschiedlichsten Leiden lindern oder bannen sollten. Philipp II. wurde – wie sein Vater – von der Gicht geplagt, und auch er verhielt sich ebenso unvernünftig. Trotz seines Zustandes ging er weiter auf die Jagd, wozu er einen Sessel brauchte, den zwei Lakaien tragen mußten. Ein bemerkenswerter Fall eines frühen Heilbehelfes ist für ihn überliefert. Jean de L'Hermite konstruierte einen raffinierten Gichtstuhl für Philipp II., einfachere Modelle hatte schon sein Vater Karl V. benützt.

Am 30. Juni 1598 brach Philipp II. trotz „unglaublicher Hitze" mit „etwas Gichtschmerzen an einem Knie" – im ganzen aber doch ziemlich wohl – von Madrid zum Escorial auf; es sollte seine letzte Reise sein. Vier Lakaien trugen ihn während der siebentägigen Reise in seinem Sessel, ein riesiger Sonnenschutz wurde immer vorausgetragen. Als der König im Escorial ankam, fühlte er sich nicht sehr gut, seine letzte schwere Krankheit hatte begonnen und dauerte 53 Tage. Er litt besonders an Geschwüren, die „an den für echte Gicht [*arthritis urica*] typischen Stellen der grossen Zehe und der Fingergelenke auftraten, sich theils von selbst öffneten", die Zahl solcher rinnenden Wunden am Zeige- und Mittelfinger der rechten Hand vermehrte sich schließlich auf sieben. Die Todesursache des Königs dürfte letztlich eine Blutvergiftung gewesen sein, die ihren Ursprung in den gichtischen Geschwüren hatte, zu der sich in den letzten 24 Tagen noch ein schwerer Darmkatarrh gesellte. Auch einige andere Habsburger – wie z. B. Maximilian II. – hatten Gicht, doch in keinem Fall so ausgeprägt wie bei Karl V. und Philipp II.

In denselben Bereich der unmittelbar durch den Lebensstil hervorgerufenen Krankheiten – letztlich ist ja jede Krankheit von der Lebensweise des Menschen nicht zu trennen – kann man die oftmals auftauchenden Verdauungsstörungen der Althabsburger einreihen. Obwohl es in dieser Familie hauptsächlich schlanke Menschen gab, neigten sie häufig zum „Überessen", dazu kamen die sitzende Lebensweise und die geringe körperliche Bewegung in Zeiten, wo dies bei der Allgemeinheit noch nicht der Fall war. Diese Kombination hatte oftmals Erkrankungen der Verdauungsorgane und Sand- oder Steinleiden zur Folge. Einige Habsburger starben sogar an solchen Krankheiten, so etwa Ferdinand III. Sein Todeskampf begann damit, daß er anfing zu erbrechen, dieser Zustand verschlimmerte sich und führte zu seinem Ende. Auch Karl VI. erbrach sich zunächst, er starb schließlich an einer Gallenblasenentzündung und nachfolgender Bauchfellentzündung.

Trotz der reichen Kost und geringen Bewegung tendierten nur wenige Habsburger zur Körperfülle, so etwa der jüngste Sohn Maria Theresias – der an

Bett im Schlafzimmer Karls V. im Kloster Yuste. Foto: Vocelka/Heller

Schlafsucht und Depressionen leidende Maximilian Franz, Erzbischof von Köln († 1801) –, von dem der österreichische Diplomat Graf Lehrbach sagte: „Seine Durchlaucht sei nicht so monstruos dick, wie man wohl behauptet." Schon für seine Mutter mußte eine spezielle Vorrichtung konstruiert werden, weil ihr das Stiegensteigen aufgrund ihres Übergewichtes mühsam war. Caroline Pichler berichtet in ihren „Denkwürdigkeiten" über Maria Theresia: „In Laxenburg und wohl auch in ihren andern Schlössern hatte sie, da ihr das Treppensteigen sehr beschwerlich zu werden anfing, sich eine Maschine machen lassen, welche in einem Kanapee bestand, auf dem sie sitzend in das obere Stockwerk hinaufgehoben oder in das untere hinabgelassen werden konnte."

Am Beispiel eines einzigen Habsburgers, dessen Krankheitsbild sehr genau untersucht wurde, kann man ersehen, wie sehr Unzulänglichkeiten der Lebensführung und individuelle Schwachstellen zusammenwirkten. Obwohl Maximilian II. seit seiner frühesten Jugend an zahlreichen Krankheiten laborierte,

Rechts: Gichtstuhl Kaiser Karls V. aus dem Kloster Yuste.
Foto: Vocelka/Heller
Unten: Jean de l'Hermite entwarf einen Gichtstuhl für Philipp II.
Archiv Verlag Styria

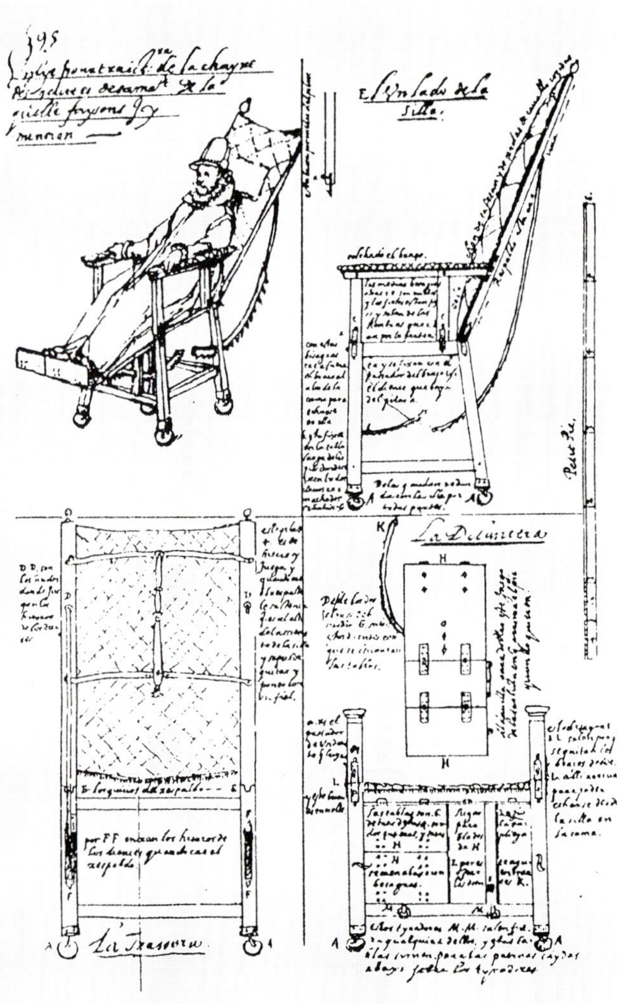

war er dennoch dem Wein – und in seiner Jugend auch den Frauen – sehr zugetan. Maximilian, der Zeit seines Lebens an „Herzklopfen" und Fieber litt, starb bereits mit 49 Jahren. Die Quellen über seine diversen Beschwerden sind – zumindest für die Spätzeit – sehr aufschlußreich, wir haben mit den Aufzeichnungen des päpstlichen Nuntius Delfino eine Art „Spitalsprotokoll" für seine letzten Lebenjahre, außerdem gibt es mehrere sehr ausführliche Obduktionsberichte.

1571 – fünf Jahre vor seinem Tod – klagte er über Podagra, also Gicht, und Nierenkoliken mit Abgang von Steinen. Man konnte aufgrund verschiedener Indizien auch auf ein Fettherz und eine Herzklappenverengung, auf Funktionsstörungen der Nieren und der Galle, auf Magen- und Darmkatarrh, Hämorrhoidalbeschwerden und Symptome einer vorzeitigen Arteriosklerose schließen.

Die akute Todeskrankheit begann 1576 auf der Reise von Wien zum Reichstag nach Regensburg. Während der Fahrt hatte Maximilian reichlich Fisch gegessen, was zu Nierenkoliken führte, einen ähnlichen Anfall erlitt er etwas später nach dem Genuß von unreifem Obst – offensichtlich eine Leidenschaft vieler Habsburger. Am 7. August trank der Kaiser zum Essen eisgekühlten Wein und wurde plötzlich ohnmächtig, kurz darauf kam es nach dem reichlichem Genuß von Pfirsichen und Kirschen zu heftigem Erbrechen. Neben den damals bekannten Ärzten – am Sterbebett in Regensburg weilten Alexandrinus, Melchiorius, Crato, Camutius und Dodanaeus – versuchte Maximilian sich auch mit der „Kunst" einer Kurpfuscherin aus Ulm namens Streicher zu helfen.

Trotz all dieser Bemühungen starb der Kaiser. Seine Leiche wurde, wie üblich, obduziert. Die Ärzte der galenistischen Richtung, allen voran Dr. Julius Alexandrinus von Neustein, verkündeten nach seinem Tod, Maximilian habe ein kaltes und feuchtes Herz, eine warme und trockene Leber und ein normal warmes und trockenes Gehirn gehabt. Der Bericht dieser Obduktion vom Hofwundarzt Petrus Suma ist seither mehrfach von Medizinern untersucht und in moderne Terminologie übersetzt worden. In der Folge soll ein Ausschnitt aus dem Originalbericht und eine daraus abgeleitete moderne Diagnose wiedergegeben werden:

„Die lung ist auf der rechten seitten [...] in einem ganzen gelben zähen unflettigen schleimigen wasser geschwummen […] und daselbst die lung an etlichen ortten angefangen zu faulen […] die ganze lung hat ein gestallt gehabt, wie etwan einer ueber dem angesicht roth unnd aussetzig ist, die löbern [Leber] ist stainig und vol sandt gewesen. Die gallen ist lähr und zusammen geschrumpfft gewesen. Das herz hat zimlich vil blut gehabt […] das faist [Fett] aber oben umb das herz herumb ist alles erschwarzt gewesen. Die arteria oder rhören so oben das herz zusammen greifft, hat inwendig an beden seitten eines halben fingers lang doch schmal ein gewechss gehabt […] der rechte nieren ist guet und frisch gewesen, der linke erfault unnd voller sandt unnd stain."

„Ergebnis der Obduktion: doppelseitige katarrhalische Lungenentzündung mit doppelseitiger Wasseransammlung im Brustraum, Herzbeutelentzündung und Veränderungen am Herzen, entzündliche Prozesse in der Aorta mit Kalkablagerung, leichte Bauchwassersucht, chronischer Magenkatarrh, Leberabszeß, Gallensteine, Milzschwund, linksseitige eitrige Nierenentzündung mit steinigen Ablagerungen und Erweiterung der Hämorrhoidalvenen."

Erstaunlicherweise trifft man bei den späteren Habsburgern – im Gegensatz zu den frühen – kaum auf Krankheiten der Verdauungsorgane, nur Ferdinand Salvator († 1891) starb an einem Darmkatarrh. Manche Krankheiten traten hingegen in fast jeder Generation auf. Eine Disposition zu Erkrankungen der Atemwege und Lungenkrankheiten findet sich durchgehend von der Frühen Neuzeit an – erst von da an haben wir einigermaßen klare Dokumente, die es uns ermöglichen, Krankheiten und Todesursachen zu diagnostizieren. Schon Kaiser Karl V. und Eleonore litten an „Asthma", Philipp II. hatte „katarrhalische Affectionen der Athmungsorgane" und war kurzatmig. Zu Leopold Wilhelms († 1662) „langwieriger leibsschwachheit" kam am Ende des Lebens ein Katarrh, der den Tod herbeiführte.

Viele Frauen hatten Lungentuberkulose, so die spanische Infantin und Frau Leopolds I., Margarita Teresa († 1673), die Frau von Kaiser Franz II./I., Maria Ludovica († 1816), und andere Erzherzoginnen wie Maria Antonia († 1883), ihre Namensschwester Maria Antonia († 1891), die schon mit 17 Jahren starb, oder Maria Annunziata († 1871). Maria Theresia starb an einer Verschleimung der Lungen, die zum Ersticken führte, und Joseph II. hatte Tuberkulose, wie auch Erzherzog Albrecht Salvator († 1896). Die Häufigkeit dieser Krankheit, die eine der verbreitetsten Todesursachen in der Bevölkerung darstellte, ist deshalb überraschend, weil die sozial-medizinischen Voraussetzungen für die Dynastie ganz andere waren. Sie litten weder unter beschränkten Wohnverhältnissen mit ungesunden Räumen noch unter einseitiger Mangelernährung, die im allgemeinen als Hauptvoraussetzungen für Tuberkulose gelten.

Auch Herz- und Kreislauferkrankungen und Schlaganfälle finden sich häufig in der langen Geschichte der Familie. Kaiser Matthias wurde nach einer ausgestandenen Krankheit vom Schlag getroffen, bei Kaiserin Eleonore († 1686) meinten die Mediziner ihrer Zeit, die Todesursache sei ein „schlagl" gewesen, und auch Kaiserin Eleonore Magdalena († 1720) kam auf diese Art zu Tode. Kaiser Franz I. (Franz Stephan von Lothringen) starb an einem Herzschlag, und bei Kardinal Erzherzog Rudolf machte sich eine Herzkrankheit bemerkbar, welcher er am 23. Juli 1831 in Baden bei Wien an „einem apoplektischen Anfall" im 43. Lebensjahr erlag.

Während es im 19. Jahrhundert wenige Herzerkrankungen in der Familie gab, waren einige der Habsburger, die im 20. Jahrhundert starben, davon betroffen. Ferdinand IV. von der Toskana († 1908) starb an Herzlähmung, Maria Karolina († 1915) an Herzschwäche, Ludwig Salvator († 1915) an Arteriosklerose und *ulcera cruris*, und Kaiser Franz Josephs Todesursache war letztlich eine altersbedingte Herzschwäche nach einer Lungen- und Rippenfellentzündung.

Franz Josephs Schwachstelle war allerdings nicht das Herz, sondern die Atemwege: er litt an einem chronischen Katarrh und einer chronischen Bronchitis. Im November 1916 plagten ihn ein heftiger Husten und 37,6° Fieber, er verlor an Gewicht. Trotz der festgestellten Lungenentzündung arbeitete er am Schreibtisch weiter, das Fieber stieg auf 39,5°. Als die Atemnot zunahm, kamen verschiedene Menschen ins Zimmer, um den Tod des Kaisers mitzuerleben: das Thronfolgerpaar, seine Tochter Erzherzogin Marie Valerie, verschiedene andere Mitglieder des Hauses, Adjutanten, Ärzte und Diener. Am 21. November 1916 um 9:05 stellte der Leibarzt des Kaisers, Dr. Joseph von Kerzl, den Tod fest.

Die Todesursachen der Habsburger sind also von der Quellenlage her, wie schon ausgeführt, verhältnismäßig leicht zu erfassen. Allerdings sagen sie nicht viel über die sonstigen Krankheitszustände während des Lebens aus. Noch dazu dominieren bei vielen Habsburgerinnen und Habsburgern zwei Todesursachen – nämlich Altersschwäche (Marasmus) und Lungenentzündung, ein häufiger Auslöser des Todes bei längerer Bettlägrigkeit –, die keine Rückschlüsse auf vorherige Erkrankungen zulassen. So starben etwa zehn Habsburger im 19. Jahrhundert an Altersschwäche, darunter Leopold II. von der Toskana († 1870), Karoline Auguste († 1873) und Franz V. von Modena († 1875). Mindestens ebenso häufig galt eine Lungenentzündung als Todesursache, als Beispiele seien Franz II./I., Kaiserin Marie Louise († 1847), Hildegard († 1864), die Gemahlin Albrechts, und Albrecht († 1895) selbst sowie Erzherzog Rainer († 1913) genannt. Einige Male kommt auch die Wassersucht als Todesursache vor, so bei Amalie Wilhelmine († 1742), bei Ferdinand († 1806) und Ferdinand Karl Joseph († 1850), beide aus der Linie Österreich-Este. Daneben findet sich noch eine Vielzahl anderer tödlicher Krankheiten: Maria Immaculata († 1899) starb an Leberschrumpfung, Rainer Karl († 1930) an Blutvergiftung und Marie Christine († 1798) und Maria Josepha († 1944) starben an Krebs.

„... mit Gott und der Welt“ – Das Zeremoniell des Sterbens

Sterben ist weit mehr als ein körperlicher Vorgang, ein Aussetzen der Funktionen der Organe – Sterben ist auch ein emotionales Phänomen und wurde daher in einem Übergangsritus (*rite de passage*) kulturgeschichtlich überformt. Davon war schon im ersten Band „Die Lebenswelt der Habsburger“ ausführlich die Rede, hier soll nochmals von einem anderen Blickwinkel auf einige Erscheinungen eingegangen werden. In seiner Geschichte des Todes zeigte Philippe Ariès den Wandel der Sterberituale auf: Er führte von einem Tod im Kreise der Familie, der eine Regelung der weltlichen und geistlichen Angelegenheiten in Ruhe erlaubte, zu einer Verdrängung des Todes in Spitäler und Altersheime. Betrachtet man die habsburgische Familie, so kann man ein solches öffentliches Sterben im Kreise der Familie nicht nur in der Zeit, in der es allgemein üblich war, beobachten, sondern noch über das Ende der Monarchie hinaus. Gemessen an den allgemeinen mentalitätsgeschichtlichen Verhältnissen waren die Habsburger also sehr konservativ.
Nichts fürchtete der Mensch des Mittelalters und der Frühen Neuzeit mehr als die *mors improvisa*, den plötzlichen Tod – den wir heute als einen „schönen Tod“ bezeichnen –, weil er einem keine Möglichkeit ließ, sich auf die Ewigkeit vorzubereiten und die Verhältnisse hier auf Erden zu regeln. Der Tod eines Familienmitgliedes verlief im Rahmen einer – wenn auch sehr eingeschränkten – Öffentlichkeit. Die Familie und der engste Kreis der Vertrauten sollten das ruhige und friedliche Sterben, aber auch den grausamen Todeskampf miterleben. In manchen Fällen scheint der Tod entsetzlich gewesen zu sein; so war angeblich das Gesicht Elisabeths († 1539), der Frau Karls V., so schrecklich entstellt, daß Franz Borgia, der ihre Leiche begleiten sollte, vor Erschütterung beschloß, sich von der Welt zurückzuziehen und in ein Kloster einzutreten.
Einige Beispiele aus verschiedenen Epochen für eine solche Ritualisierung des Sterbens sollen hier erzählt werden, um die Kontinuität in den Verhaltensweisen aufzuzeigen. Der spanische König Philipp II. litt in seinen letzten Lebenstagen unter schrecklichen körperlichen Schmerzen – und wohl unter einer entsetzlichen Gewissensangst. Aus den Eiterbeulen, die seinen Körper bedeckten, floß eine stinkende Flüssigkeit, das Ungeziefer konnte nicht unter Kontrolle gebracht werden – 53 Tage lang lag er unbeweglich auf dem Rücken. Auf den Tisch wurde ein Totenkopf mit Krone gelegt, der ihm die Vergänglichkeit irdischer Herrschaft eindringlich vor Augen führen sollte. Im Laufe der Monate August und September 1598 ordnete er in allen Details die Behandlung und Bestattung seines Leichnams an. Zwei Mönche des Escorial sollten den Sarg und den Leichnam seines Vaters genau studieren, denn er wollte genau wie dieser begraben werden. Seine Leiche durfte nicht geöffnet und einbalsamiert werden, sie sollte nur mit einem weißen Hemd, einem einfachen Holzkreuz auf der Brust und einem Rosenkranz aus Aloeholz in den Händen bestattet werden. Der Leichnam sollte in einen Bleisarg gebettet und dieser in einen zweiten Sarg aus unverwüstlichem, schwer entzündlichem Holz von einem indischen Baum – dem Paradiesbaum – gelegt werden. Dieser Sarg wurde aus dem Holz eines Schiffes hergestellt, dessen Wrack zwanzig Jahre im Hafen von Lissabon gelegen und den Armen als Sitzgelegenheit gedient hatte. Es war mit großen Kosten nach Spanien gebracht worden, um daraus das Kreuz über dem Hochaltar im Escorial zu schnitzen. Aus den Abfällen verfertigte man den Sarg Philipps. Während der letzten Lebenstage des Königs stand dieser Sarg in der Nähe des Krankenzimmers.
Nach der Regelung seiner irdischen Angelegenheiten begann Philipp mit der Vorbereitung auf die Ewigkeit; er legte eine Generalbeichte ab, die drei Tage dauerte – selbst wenn man sein intensives Sexualleben bedenkt, fragt man sich, was er denn so lange zu beichten fand. Die Sünden, die ihm die Nachwelt zuschreibt, waren ihm wohl nicht als solche bewußt; manches davon – wie etwa seinen Anteil an der Ausrottung der Indios in der Neuen Welt im Namen des Christentums und die blutige Unterdrückung der Niederlande im Namen des Katholizismus – wird er sich wohl eher als Verdienst angerechnet haben. Doch diese ausführliche Generalbeichte reichte offensichtlich nicht zur Absolution, denn sooft der Beichtvater zu ihm kam – und dies war häufig der Fall – beichtete er, sogar noch kurz vor seinem Ende. Viermal empfing er in dieser Zeit die Kommunion.

Wenige Tage vor seinem Tod rief Philipp II. nach einem kleinen Kruzifix und einer Kerze mit dem Bildchen der Madonna von Montserrat – beide Gegenstände hatten schon sein Vater und seine Mutter sterbend in Händen gehalten –, außerdem verlangte er nach der Geißel, mit der sich Karl V. in Yuste kasteit hatte. Als sich sein Zustand immer mehr verschlimmerte, ließ er seine Kinder – seinen Sohn Don Philipp (als König Philipp III.) und Doña Isabella Klara Eugenia († 1633) – kommen, um von ihnen Abschied zu nehmen.
Der Erzbischof forderte ihn auf, nochmals öffentlich seinen Glauben und seinen Gehorsam gegen den päpstlichen Stuhl zu erklären. Laut und für alle Anwesenden vernehmlich sprach der Sterbende: „Das bekenne und erkläre ich." Während die Geistlichen und anderen Anwesenden beteten, nahm der König die schon genannte geweihte Kerze in die eine und das Kruzifix seines Vaters und eine Reliquie des heiligen Albanus in die andere Hand, wobei ihm seine Kämmerer Heinrich von Guzmán, Ferdinand von Toledo und Francisco de Rivera halfen. Philipp küßte die Gegenstände voll Ehrfurcht und Todessehnsucht und verfiel endlich gegen 3 Uhr morgens in eine todesähnliche Agonie. Unter sanften Zuckungen starb er schließlich nach 5 Uhr morgens am 13. September 1598.
Ähnliche Schilderungen existieren von vielen spanischen und österreichischen Habsburgern der Frühen Neuzeit. Manchmal beinhalten sie auch dramatische Elemente wie Vorzeichen – angeblich starben vor dem Tod Rudolfs II. Löwen und Adler in seiner Menagerie – oder ungewöhnliche Begleitumstände. Über den Tod Kaiser Ferdinands III. berichtet etwa Matthias Fuhrmann in seiner barocken Geschichte Wiens: „Als ihr Kays. Majest. Ferdinandus III. von allen Seiten, Gott Lob, nunmehro Friede hatte, fieng der Todt den letzten Streit mit Sie an und ließ solchen in diesem [1657] Jahr um die Helffte deß Mertzens durch einen alten Zufall ankündigen, also daß Sie sich deßwegen gar bethligerig machen müssen. Ob sich nun zwar mit Derselben so weit gebessert, daß Sie in der Chor-Wochen [Karwoche] dem Gotts-Dienst in der Hof-Capelle wieder beywohnen können, so hat es doch damit wenig Bestand gehabt, sondern die Schwachheit auf einmal so gar überhand genommen, daß nunmehr Hof und Aertzte am Leben zweiffelten. [...] Und hierauff vermehrte sich die Schwachheit dergestalt, daß Se. Majest. nunmehr den Todts-Kampff anzutretten begunte. Währender solcher letzten Zügen kam in der Kayserin Cammer-Küchen bey Hof ein Feuer aus und zwar des Nachts zwischen 11. und 12. Uhren, 4 Stunden vor gäntzlicher Abscheidung der sterbenden Majestät. Diese Glut setzte die vorhin genugsam bestürtzte Burg vollend in äusserstes Schröcken, und als die Trabanten hierüber Lermen machten, entstund unter dem Frauenzimmer, wegen Rettung der jungen Herrschaft und des Ihrigen, ein hefftiges Schreyen und Klagen, denn sie vermeynten, es wurde alles darauf gehen, zumahlen der Burg-Brunnen nicht über zweymal Wasser gab, so war er ledig. Also muste die Stadt mit Feuer-Kuffen, neben den Schornsteinfegern und andern hierzu bestellten Leuten, das Beste thun, damit die gefährliche Glut gedämpffet wurde.
Als aber wegen schleiniger Rettung nur ein eintziges Zimmer völlig ausgebrannt, hat man des andern Tags zween Adler todt gefunden, der dritte aber, so dieselbige Nacht ein Ey geleget, starb ebenfalls dahin. Es empfiengen Ihr Majest. hierauf die letzte Oelung und starben am andern Oster-Tage, den 23. Mertz frühe gegen 4 Uhr, nachdem Sie ihr lobwürdigstes Leben nur auf 49 Jahr gebracht."
Weit weniger dramatisch verlief der Tod Kaiser Leopolds I., er war vielmehr geradezu ein Musterbeispiel für das Sterberitual seiner Zeit. Als er das Ende nahen spürte – und es gehört zu der mentalen Prägung dieser Zeit, daß man genau wußte, wann man sterben würde –, wandte er seine Gedanken von der Welt ab und Gott zu, er ließ viele Messen lesen und sich häufig die Kommunion reichen. An seinem letzten Lebenstag verabschiedete er sich mehrmals von seiner Frau und seinem Sohn Joseph I., dem er die Hand zum väterlichen Segen auflegte. Da sein jüngerer Sohn Karl (der spätere Kaiser Karl VI.) in Spanien war, segnete er – *in effigie* – sein Bild. Später – darin zeigt sich der geringere Wert, den man ihnen zumaß – nahm er auch von seinen Töchtern und Enkeltöchtern Abschied. Er aß noch eine kleine Mahlzeit, dann zogen sich die bis dahin anwesenden Minister zurück. Nur die Kaiserin bewachte seinen Schlaf und achtete auf seinen Atem. Als sie Unregelmäßigkeiten bemerkte, ließ sie den Medicus und nochmals den Beichtvater holen; die letzte Stunde des Kaisers war da. Der Obersthofmeister, der Oberstkämmerer und der Hofkaplan kamen, der Kaiser erhielt die letzte Ölung, auf die ritualisierten Formeln der Zeremonie antwortete er sehr andächtig. Dann reichte ihm der Oberstkämmerer die Sterbekerzen, der Beichtvater begann die Sterbegebete zu sprechen und erteilte ihm nochmals die Absolution. Der Beichtvater sprach die biblischen Worte: „*In manus tuas, Domine, commendo spiritum meum*" (In Deine Hände, Herr, empfehle ich meinen Geist). Auch Leopold zitierte einige biblische Sprüche wie „*Domino memento mei*" (Herr, gedenke mein) und „*Consumatum est*" (es ist vollbracht). Dem Kruzifix, das eine Familientradition hatte (es soll angeblich zu

Ferdinand II. gesprochen haben), legte er Krone und Szepter, die er von Gott empfangen hatte, zu Füßen: eine Szene voller Symbolgehalt. Als diese Handlungen vollendet waren, verschied Leopold. Seine Frau drückte ihm die Augen zu und küßte ihm die Hände. Sein Sohn und Nachfolger Joseph schloß sich zunächst in seinem Zimmer ein, erst einige Zeit später machte er eine Visite bei der nunmehr verwitweten Kaiserin, die ihn erstmals mit „Majestät" ansprach – damit war der *rite de passage* innerhalb der Familie vollzogen, die Herrschaft war auf den jungen Joseph I. übergegangen.

Eine traditionell ruhige Sterbezeremonie ist für Maria Theresia belegt und wird in einem Geheimbericht des Grafen Franz Balassa beschrieben: „Sie vergose keine Thränen zeit ihrer Krangkeit, nicht einmal bey Einsegnung und Lezung ihrer Kinder, die sie dem Keyser als seine Kinder und nicht als seine Geschwister anempfohlen – Sie frühstückte noch den lezten Tag mit dem Keyser. Sie liese sich an das Fenster setzen und fragte, ob es regnet, worauf der Keyser Maiyestet andtworteten, es seye nun so trüb, – ‚besonders', sagte sie ‚vor jene, die heute noch eine weite Reiße zu machen haben'. Der Monarch ware standhaft, so lange er bey ihr ware, und sobald er aus dem Ziemer wäre, brach er in wehmütige Klagen und Seifzer aus. [...] Sie fragte Störck: ‚Wird es bald aus seyn?' ‚Bald, Euer Maiyestat'. ‚Gottlob', sagte sie – und bald darauf verschied sie oder vielmehr, sie löschte aus."

Ähnliche öffentliche Sterbezeremonien kennen wir aus Beschreibungen und Bildern von fast allen Monarchen und auch von vielen anderen Mitgliedern des Hauses. Bei letzteren ging es allerdings nicht um die Herrschaftsübergabe, sondern um die Neuverteilung der Rollen innerhalb der Familie.

Bemerkenswert erscheint, daß sich um den letzten Kaiser Karl im Exil in Madeira eine Sterbezeremonie vollzog, die ganz dem alten Muster des öffentlichen Sterbens entsprach und von der sein Sohn Otto Habsburg-Lothringen berichtete: „Durch drei Stunden, von neun bis zwölf Uhr, wohnte ich seinem Sterben bei. Meist kniete ich links vom Bett, an dessen Ende das Allerheiligste stand. Es war kein leichter Todeskampf. Mein Vater war jung und kräftig, und seine Natur widerstand zäh der zerstörenden Krankheit, dem langsamen Erstickungstod. Und trotzdem war dieses Ende kein schrecklicher Anblick: Wenn auch der Körper noch so litt, der Geist war ruhig. Wenige Stunden früher hatte er, sozusagen in Zusammenfassung seines Lebens, die Worte gesprochen: ‚Mein Bestreben war es immer, den Willen Gottes zu erkennen und ihn zu befolgen, und zwar auf das vollkommenste'." Zita sprach ihm Gebete ins Ohr, ein ungarischer Geistlicher reichte ihm noch einmal die Kommunion, dann starb er mit dem Kruzifix in der Hand.

II

UM BESITZ UND RECHT – MATERIELLE FRAGEN RUND UM DIE HABSBURGER

Der traditionelle Zugang zur Geschichte war seit Bestehen des Faches mit Fragen der Politik und des Rechts verbunden, lange Zeit war dies der einzige legitime Weg, sich mit der Vergangenheit auseinanderzusetzen. Erst in unserem Jahrhundert wurden andere Zugangsweisen und Methoden entwickelt, die unser Bild vom Verhalten der Menschen der Vergangenheit bunter, vielfältiger und in vieler Hinsicht interessanter gestalteten.

Dennoch läßt sich feststellen, daß manche Grundlagen der rechtlichen und politischen Strukturen in der Geschichte der Familie Habsburg nur einem kleinen Kreis von Spezialisten bekannt und zugänglich sind. Die Situation ist auch wirklich allzu kompliziert. Konflikt und Zusammenwirken von Wahlrecht und Erbrecht sind für unsere heutigen politischen Vorstellungen fremdartig, und die Herrschaftsrechte der Vergangenheit differierten erheblich vom modernen Verständnis staatlicher Ordnung. Doch manches von diesen Fragen der Besitzrechte überlebte die alte Donaumonarchie, und die gerade in den letzten Monaten immer wieder aufflackernde Diskussion um die Eigentumsforderungen der Familie Habsburg-Lothringen ist ein gutes Beispiel dafür, daß historische Phänomene bis in die Gegenwart hinein wirksam bleiben können.

Eine Fragestellung, der bisher noch nicht systematisch nachgegangen wurde, hängt mit dem rechtlichen und politischen Zugang zur Geschichte deutlich zusammen, und zwar die nach der Versorgung der Söhne des Hauses. Zwei grundsätzliche Möglichkeiten ergaben sich im Laufe der Geschichte der Habsburger: Man konnte nur einem (dem ältesten) Sohn alles vererben, oder man teilte den Besitz zwischen mehreren oder gar allen Söhnen auf. Im ersten Fall – dem der Primogeniturerbfolge – lag die Schwierigkeit in der Behandlung der jüngeren Söhne, die man anderweitig standesgemäß versorgen mußte. Kirche und Armee boten hier gute Möglichkeiten, doch auch viele der „Aussteigerprobleme“, von denen schon die Rede war, wurzeln in diesem Schattendasein der Bedeutungslosigkeit. Wenn alle Söhne erbten, war hingegen die Form, in der die Herrschaft geteilt werden sollte, problematisch. Bevorzugte man eine gemeinsame Verwaltung, oder sollten den Söhnen jeweils individuelle Gebiete zuge-

wiesen werden? Vor allem das späte Mittelalter ist erfüllt von solchen komplizierten, schwer durchschaubaren Manövern unterschiedlicher Herrschaftsteilungen.
In einer ganz anderen Weise stellten sich solche rechtlichen und politischen Fragen für die Frauen des Hauses. Sie wurden – wie wir ebenfalls schon sahen – im Rahmen der Heiratsstrategien verehelicht und mußten ihr Leben politischen Zielsetzungen unterordnen. Rechtlich bedeutete jede Eheschließung den Austritt aus der Familie mit den entsprechenden Folgen, vor allem den Verzicht auf das auch in der weiblichen Linie verankerte Erbrecht. Bei den wenigen Frauen, die aus unterschiedlichen Gründen nicht heirateten, wurden ebenso wie bei den Männern kirchliche Versorgungsmechanismen wirksam.
So kann man unter Einbeziehung moderner Ansätze auch den alten Themen der habsburgischen Geschichtsschreibung neue Reize abgewinnen und eingefahrene Bahnen des Denkens verlassen.

HERRSCHAFTSRECHTE UND BESITZANSPRÜCHE

Die Gebiete, die von den Habsburgern im Laufe der Jahrhunderte beherrscht wurden, unterschieden sich sowohl in der Größe als auch in den rechtlichen Voraussetzungen. Dies spiegelt sich in der Vielfalt der Titel, über die im ersten Band „Die Lebenswelt der Habsburger" ausführlich geschrieben wurde. Aber nicht nur die Frage, ob es sich bei einem bestimmten Gebiet um eine Grafschaft, ein Herzogtum, ein Königreich oder gar ein Kaiserreich handelte, sondern auch ob die betreffende Position erblich war oder einer Mitbestimmung durch die Stände unterlag, bestimmte den Handlungsspielraum der Dynastie.

In ihrem Reich ging die Sonne nicht unter – Die Herrschaftsgebiete der Habsburger

Was klein mit einigen Besitzungen in der Schweiz und im Elsaß begann, gewann erst mit dem Jahre 1273 eine Bedeutung, die über das Lokale hinausreichte. Obwohl die Wahl Rudolfs zum römisch-deutschen König den Ausgangspunkt für eine beispiellose, über 600 Jahre andauernde Karriere einer Familie markierte, darf man nicht vergessen, daß dies keine erbliche Position war. Die sieben Kurfürsten des Reiches wählten den Herrscher, der zunächst als römisch-deutscher König bezeichnet wurde und in der Folge eine Krönung zum Kaiser durch den Papst in Rom anstrebte. Zwar versuchte Rudolf durch eine kluge Heiratspolitik – seine vielen Töchter heirateten in drei der vier weltlichen Kurfürstenfamilien ein – die Kontinuität der habsburgischen Herrschaft im Reich anzustreben, aber letztlich war diesem Bestreben, obwohl es in der ersten Generation gelang, im späten Mittelalter kein Erfolg beschert.
Im Sinne der Hausmachtpolitik setzten sich die Habsburger zunächst in den ehemals babenbergischen Ländern (den heutigen Bundesländern Wien, Niederösterreich, Oberösterreich und Steiermark) fest, die zum Ausgangspunkt ihrer weiteren Geschicke wurden. Im Laufe des späten Mittelalters wurde dieses Gebiet beträchtlich erweitert; es reichte einerseits weit über das heutige Österreich hinaus, umfaßte andererseits aber keineswegs alle heutigen Bundesländer. Salzburg wurde erst im 19. Jahrhundert habsburgisch, und der Erwerbungsprozeß der vielen Teilherrschaften in Vorarlberg ging erst 1814 zu Ende. Mit den oft zitierten Hochzeiten am Ende des späten Mittelalters entstand in nur drei Generationen jenes sprichwörtliche Reich Karls V., in dem die Sonne nicht unterging und das sich über alle damals bekannten Kontinente erstreckte. Neben den Ländern an der Donau, zu denen Böhmen und – zumindest vom Anspruch her – Ungarn kamen, gehörten Burgund (also die heutigen Beneluxstaaten und Teile Frankreichs), Spanien und Teile Italiens zum europäischen Besitzstand der Dynastie. Dazu kamen noch die spanischen Kolonien in der Neuen Welt – das heißt fast ganz Mittel- und Südamerika – und verschiedene Inseln rund um den Globus wie die Philippinen, die schon durch ihren Namen auf die spanische Herrschaft verweisen. Karl V. faßte sogar kurzfristig in Afrika Fuß, als er im Gebiet des heutigen Tunesien islamische „Seeräuberstaaten" bekämpfte.
Die wichtigeren Teile habsburgischer Herrschaft in der Frühen Neuzeit befanden sich im wesentlichen im Besitz der spanischen Linie. Gold- und Silberimporte aus der Neuen Welt verursachten einen vorübergehenden wirtschaftlichen Boom und machten Spanien zu einem der mächtigsten Länder des 16. Jahrhunderts. Später verlagerte sich das Gewicht zunehmend auf den österreichischen Zweig des Hauses, der nach dem Aussterben der spanischen Linie einen Teil der europäischen Gebiete der spanischen *Casa de Austria* erwarb. Zwar ging in diesem Reich die Sonne sehr wohl unter, doch reichte es immerhin von der Atlantikküste Belgiens bis tief in den Balkan im heutigen Rumänien und Serbien, von der Nordsee bis auf die italienische Halbinsel.
Die Streulage habsburgischen Besitzes stand einem zunehmenden Zug zur Zentralisierung und der Ausbildung des modernen Flächenstaates entgegen. So ist es nur allzu verständlich, daß eine der großen Umgestaltungen der europäischen Landkarte – im Wiener Kongreß von 1815 – diesem Trend Rechnung trug. Man gab die Außenposten in den Niederlanden auf und rundete das zentrale Gebiet der Donaumonarchie durch Gebietszuwachs in Italien und an der dalmatinischen Küste ab.
Die Herrschaftsgebiete der Habsburger bildeten damit zwar ein geschlossenes Territorium, aber keineswegs einen nationalen Einheitsstaat, wie ihn der Nationalismus des 19. Jahrhunderts zunehmend forderte. Der Besitzstand des multinationalen Reiches

war daher extrem gefährdet, und so erlitt die Monarchie im 19. Jahrhundert – sieht man von der Erwerbung Bosnien-Herzegowinas ab – nur Gebietsverluste. Ein letztes Mal gab es von 1864 bis 1868 für wenige Jahre die Illusion einer habsburgischen Herrschaft auf mehreren Kontinenten, doch die Berufung Maximilians zum Kaiser von Mexiko von Frankreichs Gnaden erwies sich als schlecht überlegtes und daher zum Scheitern verurteiltes Abenteuer.
Mit dem Ersten Weltkrieg brach das multinationale Gebilde der Habsburgermonarchie auseinander. Zählt man die heutigen Staaten auf, die Anteil an der Monarchie hatten, ist es immer noch eine recht eindrucksvolle Liste: Österreich, Ungarn, Slowenien, Kroatien, Rest-Jugoslawien, Rumänien, die Ukraine, Polen, die Slowakische und die Tschechische Republik.
Als Herrscher über diese Gebiete genossen die Habsburger alle Vorrechte der souveränen Häuser: Sie führten die Namen der beherrschten Staaten in Titel und Wappen, trugen deren Orden und konnten auf Kosten der Länder einen Hofstaat errichten. Für die Versorgung der Familie gab es finanzielle Zuwendungen – die sogenannten Apanagen. Sogar kleine Privilegien waren bis zum Ende der Monarchie gültig. So wurden die Steuererklärungen – die es für die Mitglieder des Erzhauses ohnehin erst im späten 19. Jahrhundert gab – direkt beim Finanzminister abgegeben; man hatte also mit keinen „subalternen" Beamten zu tun. Die zur Wohnung des Hofes bestimmten Gebäude schieden aus dem Verband der Ortsgemeinde aus, was Privilegien finanzieller Art nach sich zog. Weniger bedeutend, wenn auch vergnüglich, war das Recht, inkognito zu reisen, und auch wenn einmal etwas vorfiel, das mit den Gesetzen in Widerspruch stand, war durch den Gerichtsstand beim Obersthofmarschall eine interne Abwicklung garantiert. Grundsätzlich nahm man das Prinzip der Unverantwortlichkeit für die Herrschaft in Anspruch. Das heißt, man fühlte sich dem beherrschten Volk gegenüber nicht verpflichtet, denn das Recht der Beherrschung dieser Territorien war nach Auffassung der Habsburger eines von Gottes Gnaden. Das machte es nach 1918 so schwer, sich von den Herrschaftsvorstellungen zu trennen.

Erben und Wählen – Thronfolgerechte im Hause Habsburg

Die komplizierte Entstehung der von den Habsburgern dominierten Länderkomplexe brachte es mit sich, daß die Dynastie nach unterschiedlichen Rechtsvorstellungen über die einzelnen Gebiete herrschte. Grundsätzlich war die Familie an einer Durchsetzung des Erbrechtes interessiert, das es ihnen ersparte, den Ständen politische Zugeständnisse bei jedem Herrscherwechsel machen zu müssen, doch gab es Herrschaftsgebiete, in denen das Wahlrecht lange Zeit dominierte. Das Heilige Römische Reich etwa, dessen Kaiser die Habsburger doch so lange Zeit waren, blieb bis zu seiner Auflösung eine Wahlmonarchie. Neben grundsätzlichen Differenzen zwischen Ländern, in denen der Sohn (gegebenfalls der Enkel oder die Tochter) automatisch nachfolgte, und jenen, in denen der neue Herrscher zumindest formal von den Ständen gewählt werden mußte, gab es auch innerhalb des Rechtssystems von Erbmonarchien Schwierigkeiten. Das Erbrecht war nicht überall einheitlich, änderte sich im Laufe der Zeit und war selbst Gegenstand heftiger Auseinandersetzungen in der Familie.

Erbrecht von alters her – Die österreichischen Länder

Die Stammgebiete der Habsburger waren Lehen des Reiches, das galt sowohl für die ursprünglichen Stammlande als auch für die Territorien, die sie von den Babenbergern übernahmen. Zwar gab es zur Zeit König Rudolfs von Habsburg kein Erbfolgegesetz, das in allen Reichslehen gleich gegolten hätte, doch daß diese Lehen erblich waren, stand außer Zweifel. Eine Mitsprache der Großen – Adel, Klöster, Kirchen und eventuell Städte – bei der Bestellung des Herrschers war nicht vorgesehen, wenn es auch in der babenbergischen Zeit Ansätze dazu gegeben hatte. So war etwa der Erbanfall der Steiermark an die Babenberger 1186 nicht nur zwischen den beiden landesfürstlichen Familien, sondern auch unter der Mitwirkung der Großen der betroffenen Gebiete in der sogenannten „Georgenberger Handfeste" abgesprochen worden.
Das Aussterben der Babenberger im Mannesstamm und die darauf folgende – rechtlich bedenkliche – Herrschaftsübernahme durch Přemysl Ottokar von Böhmen boten Rudolf I. die Möglichkeit, seine Hausmacht im Reich zu erweitern. Nach der Niederlage des Böhmenkönigs in der Schlacht auf dem Marchfeld konnte Rudolf seine Söhne 1282 mit den früheren babenbergischen Ländern (Niederösterreich, Oberösterreich, Steiermark) belehnen. Die gewaltigen Erbstreitigkeiten während des Interregnums

Rechte Seite: Die Belehnung von 1282 – hier in einer historisierenden Darstellung – war der Beginn der habsburgischen Herrschaft in Österreich. ÖNB, Wien

Links: In diesem Glasgemälde in der Kirche Maria am Gestade in Wien kniet Rudolf IV., der das Privilegium maius fälschen ließ, als Stifter. Bundesdenkmalamt, Wien
Rechts: Das Privilegium maius Rudolfs IV. legte für lange Zeit auch Grundlinien der habsburgischen Familienpolitik fest. Fotostudio Otto, Wien

(1254–1273) mahnten ihn allerdings zur Vorsicht; darum wählte er für die Belehnung seines Hauses eine Form, welche die Primogeniturregelung (d. h. daß nur der älteste Sohn des jeweils letzten Besitzers nachzufolgen vermochte) ausschloß. Er ließ seine Söhne Albrecht (I., † 1308) und Rudolf (II., † 1290) gleichzeitig, zu gesamter und ungeteilter Hand, belehnen. Dadurch wurde die Nachfolge nicht auf einen einzelnen und dessen Nachkommen beschränkt, es waren vielmehr zunächst alle Männer der Familie (die Frauen erst nach dem Erlöschen des Mannesstammes) erbberechtigt. Rudolf I. behielt sich allerdings zu Lebzeiten aufgrund seiner „väterlichen Gewalt" als Haupt des habsburgischen Hauses die Möglichkeit einer anderen Nachfolgeregelung vor. Dies tat er auch 1283 im Vertrag von Rheinfelden, in dem er – als es zu Streitigkeiten der Brüder gekommen war – die Alleinherrschaft dem ältesten Sohn Albrecht (I.) übergab. Albrechts männliche Erben sollten Österreich, die Steiermark, Krain und die Windische Mark ewig besitzen; erst wenn Albrechts männliche Linie erlöschen würde, sollten diese Gebiete an Rudolf (II.) und dessen legitime Erben fallen. Aus der Frage der Entschädigung für den jüngeren Bruder entstand ein tragischer Konflikt, von dem später in einem anderen Zusammenhang die Rede sein wird.
Albrecht I. versuchte jedenfalls mehrfach, für seine Nachkommen die „Rheinfeldener Hausordnung" im Sinne einer Primogeniturerbfolge, bei der sein ältester und dann wieder dessen ältester Sohn gefolgt wären, umzugestalten. Für seinen erstgeborenen Sohn Rudolf III. († 1307) und dessen Erben bestimmte er nicht nur Österreich, die Steiermark, Krain und die Windische Mark, sondern auch die Grafschaft Elsaß und Freiburg in der Schweiz – die bisher nicht in die Reichsbelehnung eingeschlossen waren – zum ewigen erblichen Besitz. Sollte allerdings Rudolf III. aus seiner Ehe mit Blanka von Frankreich keine Kinder haben – und er starb tatsächlich kinderlos –, so fiele das Erbrecht an die anderen Kinder Albrechts – Friedrich (den Schönen, † 1330), Leopold (I., † 1326), Albrecht (II., † 1358), Heinrich († 1327) und Otto (den Fröhlichen, † 1339) – zurück.
Als Rudolf (III.) ein Jahr vor seinem Vater Albrecht 1307 starb, wurde Friedrich der Schöne durch feier-

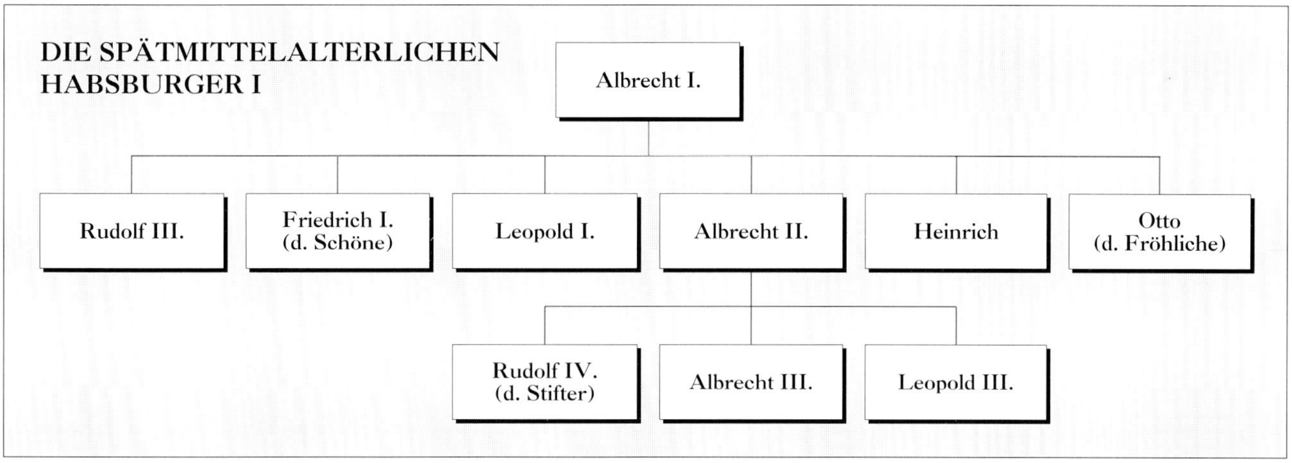

liche Huldigungseide in den „leiblichen Besitz" von Österreich, Steiermark und den damit verbundenen Gebieten eingesetzt. Doch dieser Versuch, eine Primogeniturerbfolge durchzusetzen, scheiterte. Die Herrschaft ging nach dem Tode Friedrichs an seine Brüder Albrecht (II.) und Otto den Fröhlichen über. Schon in der nächsten Generation war die alte Ordnung der gemeinsamen Herrschaft endgültig wiederhergestellt. Da Friedrich der Schöne und Otto ohne männliche Nachkommen gestorben waren, ging die Nachfolge zunächst an Albrecht II. und nach seinem Tod 1358 an seine Söhne über. Zunächst herrschte der älteste Sohn Rudolf (IV., der Stifter) allein. Nach dem Vorbild der Goldenen Bulle, welche – schon um

Albrecht III. und Leopold III. waren die Nutznießer des Vertrages von Neuberg an der Mürz 1379. ÖNB, Wien

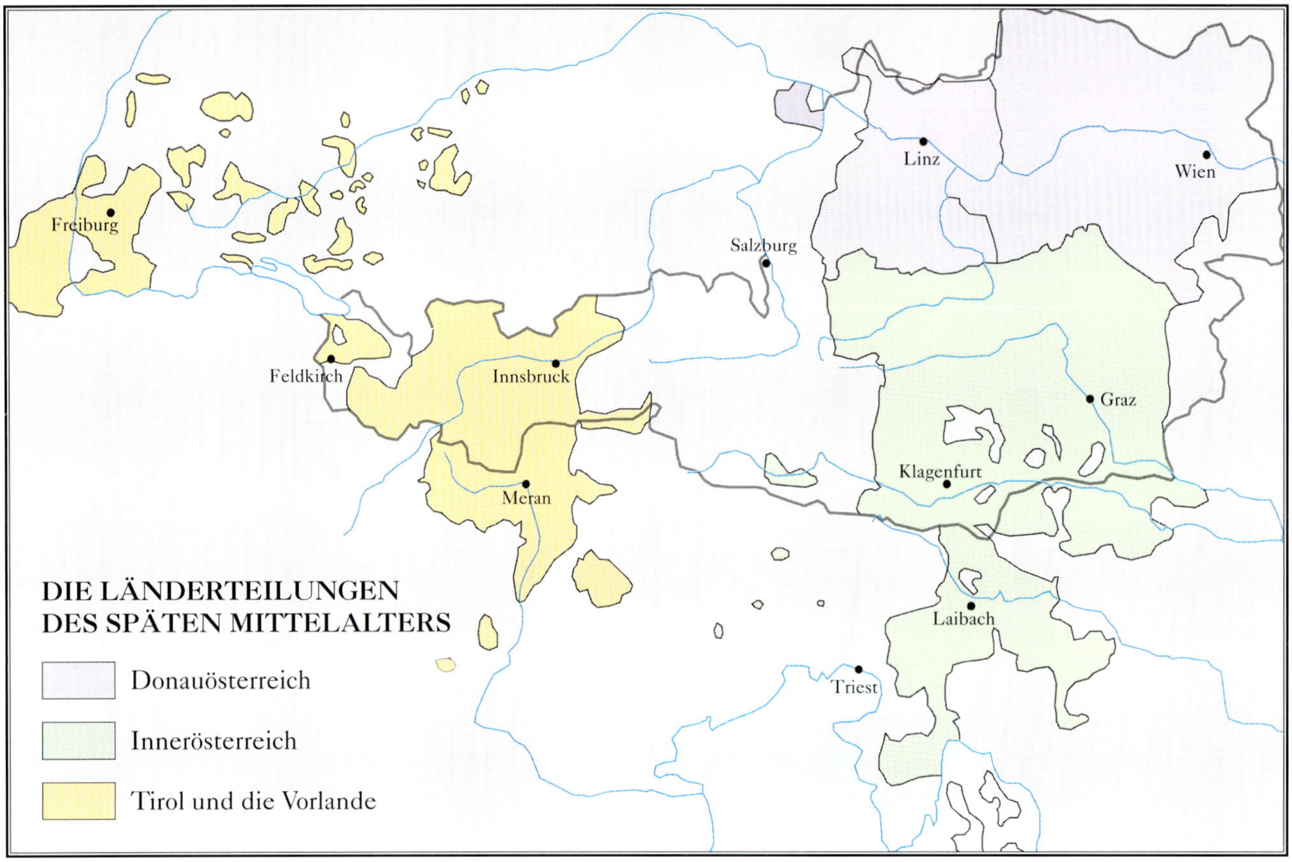

Streitigkeiten über die Ausübung der Kurwürde vorzubeugen – 1356 die Unteilbarkeit der Kurfürstentümer festgelegt hatte, sah 1359 das *Privilegium maius* auch die Unteilbarkeit Österreichs vor; von den Herzögen von Österreich sollte der älteste die Regierung führen. 1364 beschlossen allerdings die Söhne Albrechts II. – Rudolf der Stifter († 1365), Albrecht III. († 1395) und Leopold III. († 1386) – „in tugenden und in brüderlicher lieb veraynt ewichlich miteinander beleiben, so wellen wir, daß der eltist under unsern vorgenannten sunen als der jungist und junger ‚als der elter' miteinander lieblich tugentlich und bruderlich leben in allen sachen." Die Urkunde von 1364 bestimmte, daß der jeweils „[...] eltist under uns soll die lehen des hauses empfangen zu unser aller handen", ebenso „im namen aller" die Lehens- und Diensteide leisten. Es gab also ein gewisses Vorrecht des jeweils Ältesten, aber eine Primogeniturerbfolge ist aus den Bestimmungen keineswegs abzuleiten. Diese Einigung der Brüder – eine Art Hausordnung – wurde allerdings nicht mehr rein familienintern geregelt, sondern durch die „Landherren" und Städte – also die Landstände – eidlich garantiert.

Als Mündigkeitstermin wurde das 14. Lebensjahr für Männer, das 12. für Frauen festgelegt, wenn auch diese Zahlen nicht überall und nicht zu allen Zeiten galten. Zu manchen Zeiten und mancherorts war man ein Mann schon mit 12, andernorts erst mit 18 großjährig – ein einheitliches Rechtssystem gab es eben im Mittelalter nicht. Diese Rechtsunsicherheit bestand sogar bis ins 19. Jahrhundert, in dem im allgemeinen das 18. Lebensjahr als entscheidend galt. Dennoch mußte Franz Joseph bei seiner Thronbesteigung, obwohl er bereits 18 Jahre alt war, mit einer Urkunde vom 1. Dezember 1848 als *maiorenn* (großjährig) erklärt werden. In den einzelnen Ländern war das Alter, das zur Herrschaft berechtigte, unterschiedlich: in Böhmen galt 14, in den Erblanden 16, in Ungarn war vom gesetzlichen Alter (*aetas legitima*) die Rede. Daneben bestand immer die Möglichkeit einer Erteilung der Altersnachsicht (*venia aetatis*).

Da eine weibliche Erbfolge seit dem *Privilegium minus* von 1156 – im Falle, daß es keine männlichen Nachfahren mehr geben sollte – verbrieft war, erschien es zunehmend wichtig, daß die Frauen, die aus der Familie heraus heirateten, einen Erbverzicht unterzeichneten. Die ersten beiden uns erhaltenen *Renuntiationen* von Habsburgerinnen stammen tatsächlich aus der Zeit des *Privilegium maius*. Der Verzicht galt allerdings immer nur dann, wenn das

Heiratsgut bezahlt war, was die Wirksamkeit dieser Regelung sehr einschränkte. Zwar wurden die Bestimmungen des *Privilegium maius* bezüglich der Unteilbarkeit noch mehrmals umgangen – wir werden uns dieser Frage im nächsten Kapitel zuwenden –, doch war damit grundsätzlich das Erbrecht der Habsburger in den Ländern, die man als die „Erbländer" bezeichnet, gesichert.

Die Erblande unterstanden lehensrechtlich dem Reich, doch bildeten sie seit 1512 den österreichischen Kreis – einen der vielen Reichskreise, die weitgehende Rechte in ihrer inneren Verwaltung besaßen und daher eine vom Reich fast unabhängige Einheit repräsentierten. Bei der Länderteilung des Jahres 1564 (Donauösterreich, also die heutigen Bundesländer Nieder- und Oberösterreich, fiel an Maximilian II., Tirol und die Vorlande gingen an Ferdinand und Innerösterreich, also Steiermark, Kärnten und Krain, an Karl) wurde die Zusammengehörigkeit des Gesamtbesitzes aufrechterhalten; sollte nämlich eine Linie im Mannesstamm aussterben, so würde sie von allen überlebenden Männern der anderen Linie/Linien beerbt werden, wobei etwaige Töchter dieser Linie materiell ausgestattet werden müßten.

Maximilian erhielt Donauösterreich und die Anwartschaft auf Böhmen, Ungarn und die Kaiserwürde, ihm folgten sein Sohn Rudolf II. und später dessen Bruder Matthias nach. Ein spezifisches rechtliches Problem bezüglich der Nachfolge stellte die erste morganatische Ehe im Hause Habsburg dar – die Heirat Ferdinands von Tirol mit Philippine Welser 1557. Die urkundliche Verzeihung des Vaters aus dem Jahre 1559 garantierte die Versorgung der Kinder aus dieser Verbindung, zunächst mit einem jährlichen Einkommen von 30.000 Gulden. Gemäß dieser Urkunde waren die Söhne von der legitimen Nachfolge ausgeschlossen, erst wenn „aller Mannsstamm des Hauses Österreich gar [ganz] abginge" in allen „Erbkönigreichen und Erbländern, gar nichtz ausgenommen" sollten sie bzw. ihre Nachkommen folgen. Zwei Jahre später wurden die Bestimmungen nochmals erheblich verschärft; nicht bereits nach dem Aussterben des Mannesstammes, sondern erst nach dem Aussterben im Frauenstamm sollten die Kinder Ferdinands zum Zuge kommen. Sie durften daher nicht die Titel und Wappen des Vaters beanspruchen, sondern sollten den Namen „von Österreich" bzw. von den Fürstentümern, Grafschaften und Herrschaften, die man ihnen zuweisen würde, führen. Rudolf II. bestimmte mit Zustimmung seiner Brüder am 26. Mai 1578, daß

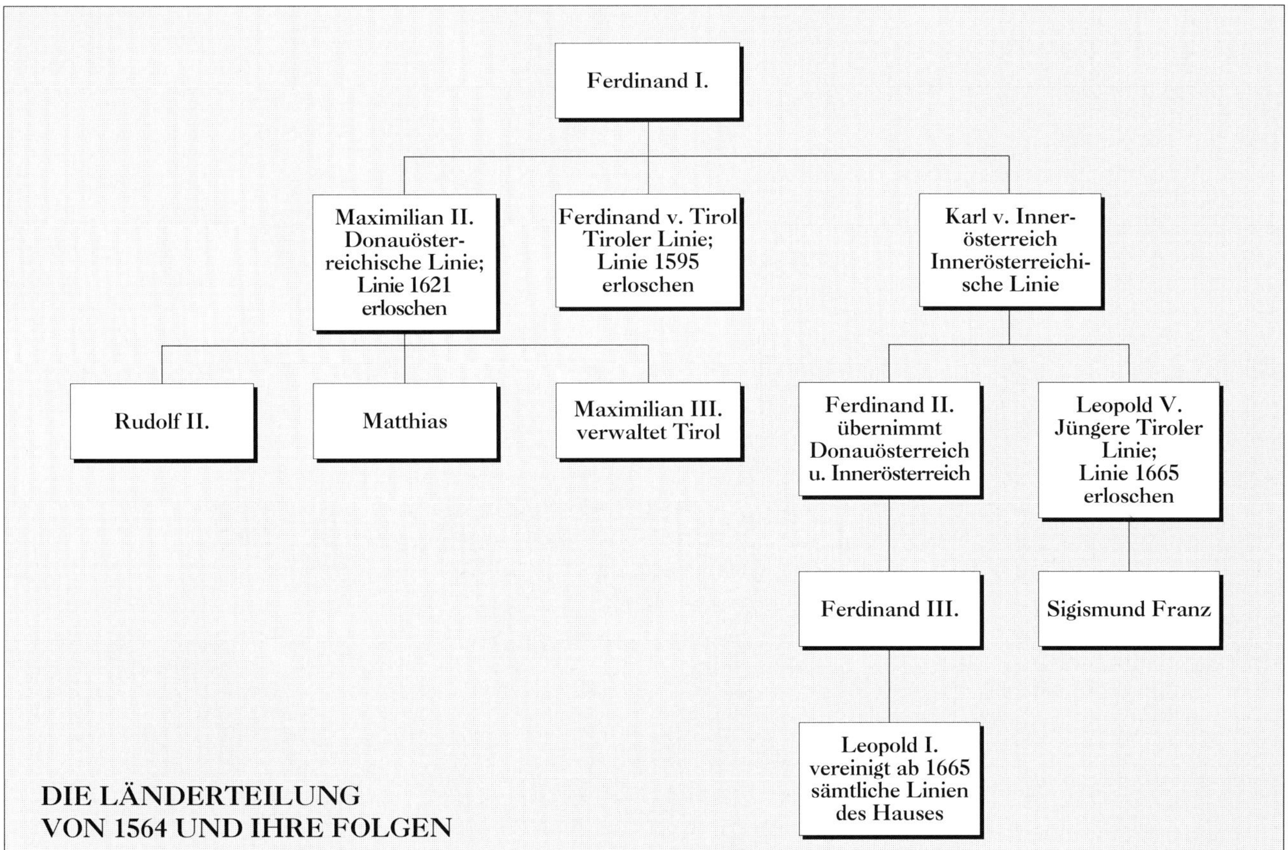

DIE LÄNDERTEILUNG VON 1564 UND IHRE FOLGEN

Links: Ferdinand erhielt 1564 Tirol und die Vorlande und ging einem beschaulichen Sammlerleben in Ambras nach. Gemälde von Francesco Terzio. Kunsthistorisches Museum, Wien
Rechts: Die heutigen Bundesländer Steiermark, Kärnten und das heute in Slowenien gelegene Krain wurden als „Innerösterreich" bezeichnet. 1564 trat Karl dort die Herrschaft an. Sammlung Vocelka
Linke Seite: Den Hauptzweig der Familie stellte 1564 Maximilian II. Das bezaubernde Bild von Giuseppe Arcimboldo zeigt ihn mit seiner spanischen Frau Maria und drei Kindern. Kunsthistorisches Museum, Wien

die Söhne Ferdinands sich „Markgrafen des Heiligen Römischen Reiches zu Burgau und Landgrafen zu Nellenburg, Grafen von Hohenberg, Herrn von Feldkirch, Bregenz und Hoheneck" nennen durften. Nach dem Tod Ferdinands von Tirol ging sein Territorium zunächst an einen Angehörigen der Linie seines älteren Bruders Maximilian, Erzherzog Maximilian III. († 1618), und dann an Mitglieder der Linie Karls von Innerösterreich über.

Der zweite Bruder, der von der Erbteilung profitiert hatte, Erzherzog Karl von Innerösterreich († 1590), versuchte für seine Gebiete die Unteilbarkeit und die Primogenitur durchzusetzen. In seinem Testament vom 1. Juni 1584 schrieb er die alleinige Nachfolge und die Alleinregierung seines ältesten Sohnes Ferdinand (als Kaiser Ferdinand II.) in Innerösterreich fest. Allgemeiner ausgedrückt sollte „allezeit der ölteste" unter Karls Söhnen herrschen. Sollte bei seinem Tod sein ältester Sohn ebenfalls schon gestorben, aber dessen Sohn vorhanden sein, so sollte dieses Enkelkind nachfolgen und nicht einer der jüngeren Brüder der ersten oder zweiten Generation. Das heißt, die Herrschaft sollte in der ältesten Linie weitergehen und nicht auf den Zweitgeborenen überspringen.

Durch den Tod Kaiser Rudolfs II., des Erzherzogs Maximilian III. – der nach Ferdinands Tod Tirol verwaltet hatte – und schließlich des Kaisers Matthias, die alle keine legitimen Kinder hinterließen, wurde der jüngste Sohn Maximilians II., Erzherzog Albrecht († 1621), alleinberechtigter Erbe Donauösterreichs. Er verzichtete allerdings auf sein Erbe und übergab es – schon vor dem Tod des Kaisers Matthias – Erzherzog Ferdinand (als Kaiser Ferdinand II.) von der steirischen Linie. Formalrechtlich war also erst nach dem Tod des Kaisers Matthias 1619 und Erzherzogs Albrecht 1621 die steirische Linie unangefochten Gebieterin über die gesamten Erblande, einschließlich des Erbes nach dem Erzherzog Ferdinand von Tirol. Jetzt hätte Ferdinand (II.) das von seinem Vater festgelegte Primogeniturrecht durchsetzen können. Doch kam es nun – nach dem Aussterben aller anderen Linien außer der innerösterreichischen – nicht zu einer Vereinigung aller Territorien in einer Hand. Ferdinand II. übergab Tirol und die Vorlande seinem jüngeren Bruder Leopold (V., †1632), dadurch kam es zur Bildung der jüngeren Tiroler Linie, die erst nach 1665 wieder von der (innerösterreichischen) Hauptlinie des Hauses beerbt wurde. Von da an waren die österreichischen Erbländer nie mehr geteilt.

Die Versuche Karls von Innerösterreich, das Primogeniturrecht für sein Land durchzusetzen, waren durch die spanischen Sukzessionsordnungen, die ein solches festlegten, mitbestimmt. Nur der älteste Sohn sollte erben, die jüngeren sollten jährlich 20.000 Gulden in barem Geld als Lebensunterhalt bekommen. Eindeutig sind die Ähnlichkeiten mit dem späteren Testament Philipps II. von Spanien aus dem Jahre 1594 – vor allem die Bestimmung, daß die Söhne Karls das Nachfolgerecht verlören, wenn sie nicht beim katholischen Glauben blieben, und daß die Töchter nur Katholiken heiraten dürften. Die erste Bestimmung wurde sogar noch in der *Pragmatischen Sanktion* 1713 wiederholt.

Kaiser Ferdinand II. legte 1621 und nochmals 1635 fest, daß „von nun an in Ewigkeit" die Erbkönigreiche und Länder der Habsburger durch kein Testament und keinen Vertrag „zerteilt oder zertrennt" werden dürften. Die Regierung sollte sein ältester Sohn Ferdinand (III.) antreten; für den Fall, daß dieser ohne eheliche, männliche Leibeserben sterben sollte, war die Nachfolge des jüngeren Sohnes Leopold Wilhelm vorgesehen.

Aber auch die spanische Linie des Hauses Habsburg beanspruchte Erbfolgerechte auf die von den österreichischen Habsburgern beherrschten Länder nach dem Tod Matthias', wie eine Episode beim Herrschaftsantritt Ferdinands II. zeigt. Dieser handelte einen Vertrag mit seinen spanischen Verwandten aus, der nach dem Adeligen, der die Verhandlungen auf spanischer Seite führte, Oñate-Vertrag genannt wird. Darin verzichtete der spanische König Philipp III. († 1621) zugunsten Ferdinands auf Böhmen und Ungarn, als Entschädigung wurde ihm das Elsaß mit Hagenau und Ortenau versprochen, aber erst dann, wenn diese Gebiete an Ferdinand II. oder an seine

Das Wappen Karls von Innerösterreich am ehemaligen Jesuiten-Kollegium in Graz demonstriert den Anspruch Karls auf die Gesamtheit der von Habsburgern beherrschten Länder. Foto: Vocelka/Heller

Söhne gefallen wären. Ferdinand unterzeichnete und siegelte diesen geheimen Vertrag in Prag am 20. März 1617 zunächst ohne Zustimmung der Stände. Als er im Juni 1617 zum König von Böhmen gekrönt worden war, erneuerte und ratifizierte er ihn als gekrönter König von Böhmen. Auf die Erfüllung dieses Versprechens verzichteten die spanischen Könige Philipp III. und Philipp IV. nicht; als allerdings die Bedingungen des Vertrages erfüllt gewesen wären – also nach dem Aussterben der jüngeren Tiroler Linie 1665 – war das Gebiet bereits im Westfälischen Frieden an Frankreich verlorengegangen.

Bis 1665 mußte man mit der Möglichkeit rechnen, daß die männlichen Nachkommen der jüngeren Tiroler Linie die Hauptlinie in Österreich beerben könnten, während für Böhmen und Ungarn – wenigstens nach dem Wortlaut einer Primogeniturvereinbarung von 1623 – zuerst die weiblichen Nachkommen der Hauptlinie als Erbinnen in Betracht kamen. Es war

also nie völlig klar, ob dort die Brüder oder die Töchter des letzten Herrschers die Nachfolge antreten hätten sollen.
Grundsätzlich war die Möglichkeit der weiblichen Nachfolge seit dem Beginn der habsburgischen Herrschaft in den österreichischen Landen gegeben, doch konnte das weibliche Erbrecht immer erst im Falle des Erlöschens des Mannesstammes eintreten. Das geschah erst nach dem Aussterben des Mannesstammes der Habsburger und der Herrschaftsübernahme durch Maria Theresia. Dieses Erben in der weiblichen Linie war keineswegs unbestritten, und die Bayern beriefen sich 1740 auf ältere Verträge, die nun Gültigkeit erlangen sollten. Der Bezugspunkt der bayrischen Argumentation war Herzog Albrecht von Bayern, der 1546 die Tochter Ferdinands I., Erzherzogin Anna († 1590), geheiratet hatte. Dieser hatte zwar zugegeben, daß seine Frau auf die Erbfolge verzichtet hatte, er selbst stammte allerdings von einer Tochter Friedrichs III., Erzherzogin Kunigunde († 1520), ab, die sich ihr Recht für den Fall des Aussterbens des ununterbrochenen Mannesstammes im Hause Habsburg vorbehalten hatte. Diese Frage wurde 1740, als die Habsburger im Mannesstamm wirklich erloschen, von Bedeutung. Allerdings ging es bei diesem Konflikt nach dem Tod Karls VI. nicht um die rechtliche Grundlage der Politik, sondern nur um die Scheinbegründung eines politischen Anspruches, denn viele Nachkommen der Habsburger hätten – ähnlich wie die Wittelsbacher – aufgrund ihrer Verwandschaft mit dem Hause Habsburg das Erbe beanspruchen können.

Ererbt und durch Statthalter verwaltet – Die burgundischen Länder

Ganz anders sah die Situation in den Ländern aus, die von den Habsburgern im Laufe der Zeit erworben wurden. Das erste Territorium, das die Habsburger gewannen, war Burgund, das unter der Dynastie der burgundischen Herzöge – wie die österreichischen Länder bei den Habsburgern – erblich war. Sowohl im Herzogtum als in der Grafschaft Burgund war außerdem die weibliche Sukzession schon lange anerkannt, so daß nach dem Tod des letzten Herzogs das Erbe zunächst an seine Tochter Maria überging und von ihr an ihren Sohn Philipp den Schönen († 1506) – und damit in den Besitz der Habsburger. In ihrem Testament, das sie drei Tage vor ihrem Tod abfaßte, hatte Maria von Burgund – gemäß der Gewohnheit des Landes – ihre Kinder Philipp und Margarete († 1530) zu Universalerben bestimmt. Margarete sollte, wenn ihr Bruder zur Regierung gelangte, auf eine Apanage bzw. auf eine Mitgift Anspruch haben.
Da die Erbrechte in den unterschiedlichen, bunt zusammengewürfelten Provinzen nicht identisch waren, wären auch Teilungen zwischen männlichen und weiblichen Erben möglich gewesen, deshalb schuf Karl V. im Jahre 1549 mit Zustimmung der Stände eine gemeinsame und einheitliche Regelung der Erbfolge für das burgundisch-niederländische Gebiet, die auch die „*Pragmatische Sanktion*" genannt wurde. Ähnlich wie die bekanntere *Pragmatische Sanktion* Karls VI. 1713 bestimmte dieses Dokument die Unteilbarkeit der Länder und regelte die Erbfolge in Burgund nach dem Vorbild Spaniens. Die burgundischen Länder, die man als spanische Niederlande bezeichnete, wurden bis zum Spanischen Erbfolgekrieg von Madrid aus beherrscht, dann gingen sie an die österreichischen Habsburger über und wurden bis 1792 als österreichische Niederlande bezeichnet.
Mit dem Ausbau des 1512 gegründeten burgundischen Reichskreises durch den Burgundischen Vertrag 1548 wurden diese habsburgischen Provinzen vom Reich unabhängiger. Dies ging so weit, daß der burgundische Reichskreis von den Bestimmungen des Augsburger Religionsfriedens 1555 ausgenommen war.
Anläßlich der Heirat Philipps II. mit der englischen Königin Maria Tudor 1554 kam es außerdem zu einem – allerdings kurzlebigen – Plan, der die Niederländer und Engländer unter einer dritten habsburgischen Dynastie vereinigt hätte. 1598 gab Philipp II. seiner Tochter Isabella Klara Eugenia († 1633) und ihrem zukünftigen Mann Erzherzog Albrecht († 1621), der damals noch Kardinal-Erzbischof von Toledo war, die Niederlande als von Spanien getrenntes, vererbliches Afterlehen der spanischen Krone. Damit war die Bildung einer dritten habsburgischen Linie in den Niederlanden wieder aktuell, sie scheiterte diesmal an der Kinderlosigkeit des Statthalterpaares. Mit dem Tod der beiden fielen die Niederlande an Spanien zurück. Nach dem Erlöschen der spanischen Linie 1700 gingen die Niederlande für ein knappes Jahrhundert an die österreichischen Habsburger über.

Das zweite erbliche Zentrum habsburgischer Herrschaft – Die spanischen Länder

Spricht man vom spanischen Erbe der Habsburger, das eine Generation nach dem burgundischen an die Familie kam, muß man sich vor Augen führen, daß es – ähnlich wie in Burgund – kein einheitliches spanisches Territorium gab. Da die *Reconquista* von verschiedenen Herrschaftszentren ausging, waren auf dem Boden des heutigen Spanien unterschiedliche Königreiche entstanden. Die beiden wichtigsten waren einerseits Kastilien mit León und andererseits Aragón. Mit der historischen Heirat der beiden Erben dieser Länder – Ferdinand und Isabella, genannt die Katholischen Könige – entstand erstmals ein einheitliches Reich. Als Ferdinand von Aragón 1469 Isabella heiratete, mußte er sich in einem Heiratsvertrag verpflichten, nie eine Teilung der spanischen Königreiche zuzulassen. In Kastilien bestand ein weibliches Erb- und Regierungsrecht, das sich 1502 auch auf Aragón ausdehnte, wo es ursprünglich nur ein weibliches Erbrecht – aber kein Regierungsrecht – gegeben hatte. Für die Habsburger erwies sich das weibliche Erbrecht als recht günstig, da die Ehe von Isabellas Tochter, Johanna der Wahnsinnigen, mit dem Sohn Maximilians I., Philipp dem Schönen, nach einer Reihe von Todesfällen in der spanischen Familie zum Keim der zukünftigen Besitznahme des Landes wurde.

Das Wappen Karls V. aus Brozas in Spanien (umgeben von den beiden Säulen des Herkules) zeigt die Symbole Kastiliens und Leóns. Foto: Vocelka/Heller

Das Testament Isabellas stellte einige Grundsätze der Erbfolge fest. Die männliche Nachkommenschaft sollte den Thronanspruch vor der weiblichen haben. Weiters ging das Recht der unmündigen Kinder eines verstorbenen Sohnes nicht verloren, d. h. es herrschte das sogenannte Repräsentationsrecht, das es den Kindern ermöglichte, ihrem Vater später zu folgen, selbst wenn dazwischen eine andere Verwandte oder ein anderer Verwandter die Regierung innegehabt hatte. Auch erwarb der Ehemann einer erbberechtigten Infantin durch die Eheschließung kein persönliches Erbrecht. Philipp der Schöne war davon natürlich betroffen, denn nur seine Frau Johanna wurde als eigentliche Erbin angesehen.

Die Herrschaftsübernahme erfolgte überaus kompliziert, weil Königin Isabella in ihrem Testament verfügt hatte, daß ihr Mann, König Ferdinand von Aragón, für die Thronfolgerin Johanna alleiniger Regent, Gouverneur und Verweser der Königreiche von Kastilien, León und Granada sein sollte, bis Johannas Sohn (Karl V.) das 20. Lebensjahr vollendet hätte. Erst nach zähem Ringen erreichte Philipp 1505 eine Art Gleichstellung mit seinem Schwiegervater, 1506 konnte er ihn sogar dazu zwingen, auf die Mitregentschaft zu verzichten. Allerdings war sein Triumph von kurzer Dauer, denn im November 1506 starb er, und Ferdinand übernahm wieder die Regentschaft, die er bis zu seinem Tod 1516 ausübte. Nach dem Tod seines Großvaters wurde Karl (V.) spanischer König, obwohl er das alleinige Erbe erst nach dem Tod seiner geisteskranken Mutter 1555 endgültig antreten konnte. Ferdinand hinterließ drei Testamente, das entscheidende von 1516 bestimmte seinen Enkel Karl (V.) zum Generalregenten und zum Kurator und Protektor seiner Mutter.

Karl und seine Nachfolger als spanische Herrscher wiederholten in ihren Testamenten – Karl V. (1554), Philipp II. (1594), Philipp III. (1612) und Philipp IV. (1665) – fast wörtlich die Grundsätze der Unteilbarkeit und der Individualsukzession, des Repräsentations- und des weiblichen Erb- und Regierungsrechtes. Als neue Bestimmung kam hinzu, daß jeder zukünftige spanische König in Spanien erzogen werden müsse, da er Sprache und Sitte des Landes zu kennen habe. Das erklärt unter anderem die vielen Aufenthalte österreichischer Erzherzöge in Spanien. Selbstverständlich wurde auch festgelegt, daß jeder spanische König ein wahrer Katholik zu sein habe, auf den nicht einmal ein Verdacht von Häresie fallen dürfe.

Die Erbfolge wurde nicht zuletzt durch die vielen Hochzeiten zwischen den unterschiedlichen Zweigen der Familie gesichert. Dreimal kamen Heiraten mit der Tochter der eigenen Schwester – also mit der eigenen Nichte – zustande: bei Philipp II. (1570), Philipp IV. (1646) und Leopold I. (1663). Die letzten beiden Eheschließungen spielten in der zweiten Hälfte des 17. Jahrhunderts, als sich ein Ende der spanischen Linie des Hauses Habsburg abzuzeichnen begann, eine enorme politische Rolle. Der Heiratsvertrag Leopolds I. mit Philipps IV. zweiter Tochter Margarita Teresa – sie mußte im Gegensatz zu ihrer älteren Schwester, die Ludwig XIV. von Frankreich geheiratet hatte, nicht auf ihr Erbrecht auf Spanien verzichten – sicherte zwar nicht Kaiser Leopold, jedoch sehr wohl den Kindern aus dieser Ehe die Nachfolge in Spanien. Die einzige Tochter dieser ehelichen Verbindung war Maria Antonia, die 1685 den bayrischen Kurfürsten Max Emanuel heiratete, der ebenfalls dadurch kein persönliches Erbrecht an Spanien erwarb. Der Sohn dieses Paares, Kurprinz Joseph Ferdinand († 1699), verkörperte jedoch dieses Recht. Er starb allerdings vor dem letzten spanischen Habsburger, so daß die durch ihn repräsentierte Kompromißlösung – weder Frankreich noch die österreichischen Habsburger hätten damit Spanien erworben – nicht zustande kam und der Spanische Erbfolgekrieg (1701-1714) unvermeidlich wurde.

Immer wieder versuchte man, der Gefahr eines französischen Anspruchs auf Spanien zu entgehen. Man war in der Zwickmühle: aus politischen Gründen waren Heiratsverbindungen mit Frankreich erwünscht, aber die erbrechtlichen Folgen mußten hintangehalten werden. Als Philipps III. Tochter Anna († 1666) König Ludwig XIII. von Frankreich heiratete, wurde festgesetzt, daß sie auf jede Anwartschaft auf das spanische Erbe bedingungslos zu verzichten habe. Dies geschah 1615 in der Form feierlicher Eide und wurde 1619 in Spanien als Gesetz verkündet. Ähnliches passierte, als Maria Teresa († 1683), die ältere Tochter Philipps IV., Ludwig XIV. heiratete; auch er beschwor diesen Verzicht, doch die Ratifikation und die Eintragung in die Register des Parlaments von Paris unterblieben. Hingegen behielten sich die spanischen Frauen Ferdinands III. und Leopolds I. ihre Anwartschaften auf Spanien ausdrücklich vor, damit eine Nachfolge innerhalb der Familie möglich wäre.

DIE GENEALOGISCHEN VORAUSSETZUNGEN DES SPANISCHEN ERBFOLGEKRIEGES

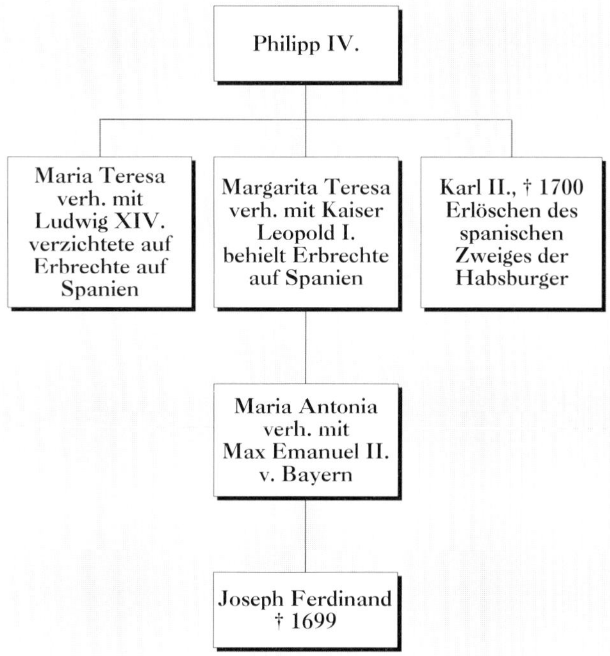

Im Testament Philipps IV. vom Jahre 1665 wurden die möglichen Thronfolger aufgezählt. An erster Stelle standen natürlich Philipps eigene Kinder: zunächst Karl (der spätere König Karl II.), dann eventuell noch zu erwartende Söhne, von den Töchtern hingegen nicht die erstgeborene, nach Frankreich verheiratete Maria Teresa, sondern die zweitgeborene Margarita Teresa, die Gemahlin Kaiser Leopolds I. Diese Margarita Teresa bestätigte in ihrem eigenen Testament vom 13. März 1673 den Letzten Willen ihres Vaters und setzte ihr einziges Kind Maria Antonia zu ihrer Universalerbin ein. Für den Fall, daß seine eigenen Kinder und deren Nachkommen nicht mehr leben sollten, bestimmte Philipp IV., daß die Kinder und Kindeskinder seiner verstorbenen Schwester, der Kaiserin Maria Anna († 1646), der Frau Ferdinands III., an deren Stelle treten sollten, was eine Nachfolge Kaiser Leopolds I. bedeutet hätte. Im Fall, daß auch diese Linie erloschen wäre, sollten die Nachkommen von Philipps III. jüngerer Schwester Katharina († 1597), also die Savoyer, Erben der spanischen Königreiche werden.

Dem Testament Philipps nach wäre also nach dem Tod Karls II. im Jahre 1700 – Margarita Teresa war 1673, Maria Antonia 1692 und ihr einziges Kind Joseph Ferdinand 1699 gestorben – Leopold I. der spanische Universalerbe gewesen. Doch Karls Testament, das man ihm in seiner Todesangst abgenötigt hatte, setzte den französischen Prinzen Philipp d'Anjou als Erben ein. Auch ohne diesen rechtlichen Vorwand hätten die politischen Interessen Frankreichs und die dahinter stehende militärische Macht vermutlich eine problemlose Übernahme des spanischen Erbes durch die Habsburger 1700 nicht ermöglicht. Der Erbfolgekrieg sollte nun über das Schicksal des Landes entscheiden.

Wäre der Anspruch der österreichischen Habsburger

auf Spanien durchgesetzt worden, hätte es wieder zwei Linien des Hauses gegeben: eine österreichische, vom älteren Sohn Leopolds – Joseph (I.) – ausgehende, und eine spanische, die vom jüngeren Sohn Karl (VI.) ihren Ausgang genommen hätte. Um diese Teilung zu ermöglichen, verzichtete Leopold 1703 auf seinen Erbanspruch auf Spanien zugunsten seines Sohnes Joseph (als Kaiser Joseph I.), und dieser zugunsten seines jüngeren Bruders Karl (als Kaiser Karl VI.). Zu diesem offiziellen Teil der Vereinbarung, welche die Basis für die zukünftigen militärischen und politischen Aktivitäten Karls in Spanien bildete, wurde zusätzlich ein Geheimvertrag – das sogenannte *Pactum mutuae successionis* – geschlossen. Darin wurde festgelegt, daß die männlichen Nachkommen Leopolds in Spanien und in den Gebieten der Donaumonarchie Vorzug vor den weiblichen Nachkommen Karls haben sollten. Im Falle, daß der Mannesstamm einer Linie aussterben sollte, würde der andere ihn beerben. Das bedeutete eine Verletzung der bisherigen spanischen Sukzessionsordnungen, die den weiblichen Nachkommen des ältesten Sohnes Vorrang vor den jüngeren Söhnen gaben. Die Bestimmungen des *Pactum mutuae successionis* bildeten später – wie wir noch sehen werden – die Grundlage der *Pragmatischen Sanktion*.

Zwischen Wahlrecht und Erbrecht – Die böhmischen und ungarischen Länder

In den Ländern Böhmen und Ungarn, auf die die Habsburger 1526 Ansprüche erhoben, gab es unterschiedliche Wahlrechtsvorstellungen der Stände. Nur in den Nebenländern Böhmens verlief der Herrschaftsübergang unproblematisch. Hier, also in Mähren, Schlesien und in den Lausitzen, war Ferdinands I. Frau Anna Jagiello († 1547) – die Schwester des in der Schlacht bei Mohács gefallenen böhmischen und ungarischen Königs Ludwig II. († 1526) – die wahre Erbin, Ferdinand (I.) war nur regierender König.

Schon seit dem 14. Jahrhundert vertraten die böhmischen Stände die Ansicht, daß ihnen eine freie Wahl zustehe, „wenn ein kunig an mandliche leiberben abgienge" (wenn ein König ohne männliche Erben stirbt). So erkannten sie 1526 das durch die verschiedenen Verträge zwischen den Habsburgern und den Jagiellonen und zuletzt durch die Wiener Doppelhochzeit von 1515 beanspruchte Erbrecht des Hauses Habsburg nicht an, wählten jedoch in freier Wahl Erzherzog Ferdinand (I.). Auch im Königreich Böhmen hatte Anna, die Schwester des letzten Königs (nicht aber ihr Mann Ferdinand) ein persönliches – wenn auch umstrittenes – Erbrecht. In Wirklichkeit war die Lage rechtlich noch komplizierter, weil nicht einmal nach dem Tod Annas die Habsburger eindeutig hätten folgen sollen. Denn die polnischen Jagiellonen – als Nachfahren Elisabeths († 1505), einer Enkelin Kaiser Sigismunds († 1437) – konnten ähnlich fundierte Erbrechte geltend machen.

Als Ferdinand (I.) nach dem Tod seines Schwagers Ludwig II., des letzten jagiellonischen Königs von Böhmen und Ungarn, den böhmischen Ständen 1526 einen Revers ausstellte (eine Bestätigung sehr weitgehender Rechte der Stände, ohne deren Ausfertigung er die Herrschaft nicht erlangt hätte), berührte er vorsichtshalber gar nicht erst die Frage, ob Anna Erbin des Königreiches sei. Nachdem die Stände eine Auseinandersetzung mit ihm verloren, mußten sie ihm diesen Revers in einer Landtagssitzung in Prag zurückgeben und ihn durch ein neues, für ihn vorteilhafteres Dokument ersetzen. Dieses besagte, daß die Habsburger nunmehr „gehorsamlich" anerkannt und angenommen würden, und erkannte das Erbrecht Annas klar an. Darin war ein weibliches Erbrecht für die Zukunft festgelegt, wobei den Töchtern der Söhne Vorzug vor den eigenen Töchtern eingeräumt wurde. Wenn auch die Stände nun verpflichtet waren, einen Habsburger zum Herrscher zu bestellen, bestand dennoch ein gewisser Handlungsspielraum, da in Böhmen keine eindeutig festgelegte Primogeniturfolge bestand. Zumindest theoretisch konnten die Großen unter den Nachkommen Annas – wie früher unter den Přemysliden – einen König aus der Königssippe wählen. Bis zu Kaiser Ferdinand III. wurde jedenfalls kein Habsburger ohne Beteiligung der böhmischen Stände König in diesem Land.

In der Realität setzte sich allerdings die Primogenitur durch, so nahmen die Stände Maximilian II. – noch zu Lebzeiten und auf Wunsch seines Vaters Ferdinand I. – einstimmig und einmütig zum König an, obwohl Maximilians jüngerer Bruder Erzherzog Ferdinand (später von Tirol, †1595), der tschechisch sprach und sehr beliebt war, über eine starke Anhängerschaft unter den Ständen verfügte. Ähnlich wurde Rudolf (II.) zu Lebzeiten seines Vaters Maximilian eingesetzt. Schwieriger wurde der Herrschaftsübergang erst unter Kaiser Matthias, der – da er keine eigenen Kinder hatte – versuchte, der steirischen Linie (also Ferdinand II.) die Nachfolge in Ungarn und Böhmen zu sichern. Dazu war jedoch eine Übereinkunft aller potentiellen Erben nötig. Zu diesen zählten aber nicht nur die österreichischen Habsburger, sondern auch der spanische König Philipp III., der von Maximilians II. ältester Tochter Anna († 1580) abstammte. Unter dem Einfluß des spanischen Thronfolgerechtes erklärten die Kronjuristen König

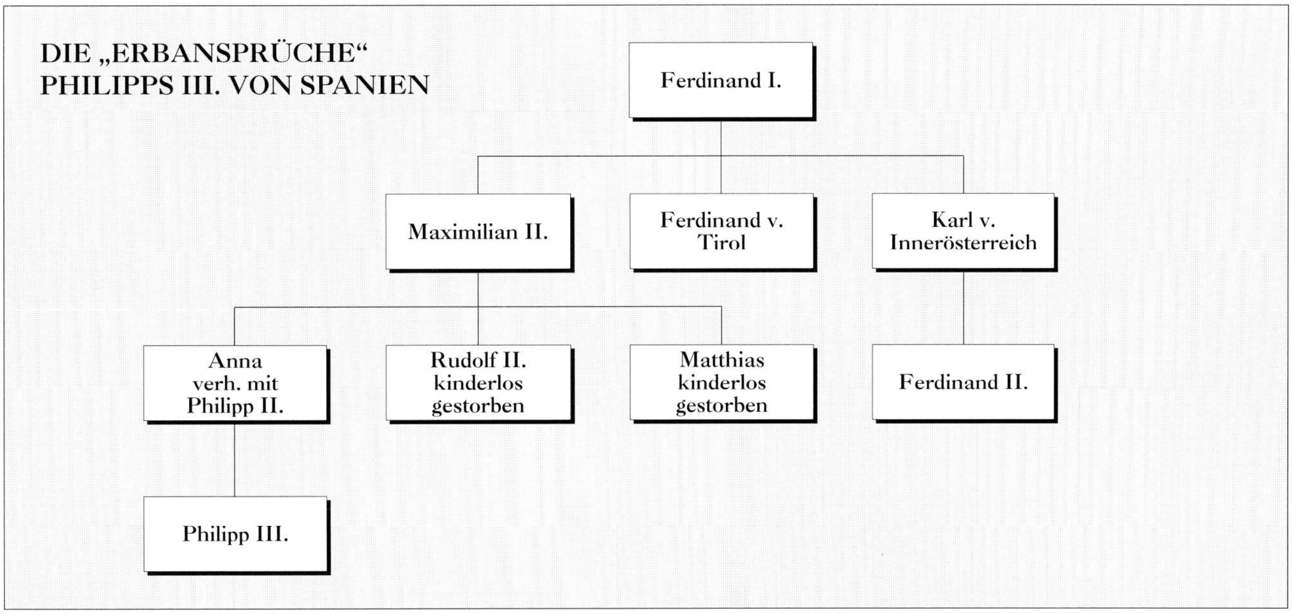

Philipps III., daß er aus genealogischen Gründen ein größeres Recht als Ferdinand II. auf dieses Erbe beanspruchen könne. Außerdem, so argumentierten sie, wäre des Königs (Maximilians II.) Tochter Anna den Kindern des Bruders vorzuziehen.

Das Gegenargument Ferdinands II. basierte auf der *Renuntiation* Annas, der Mutter Philipps III., und der bisherigen Gepflogenheit, daß die männlichen den weiblichen Erben voranzustellen seien. Die Verhandlungen mit Philipp III. um die Entschädigung für die Aufgabe seiner Ansprüche kreisten um die Reichslehen in Italien – besonders die Markgrafschaft Finale – und die österreichischen Vorlande, inbesondere das Elsaß. Nachdem auch Matthias' Brüder – die Erzherzöge Maximilian und Albrecht – verzichtet hatten, waren die böhmischen Stände gezwungen, Ferdinand als böhmischen König anzunehmen. Da Ferdinand (II.) allerdings die beschworenen Privilegien, besonders den Majestätsbrief, nicht respektierte und sich – entgegen der von ihm abgegebenen Erklärung – noch zu Lebzeiten von Kaiser Matthias in die Regierung Böhmens einmischte, erklärte man ihn für abgesetzt, und eine Neuwahl fand 1619 statt. Dabei beging man einen Rechtsbruch, da man nicht einen der anderen Erben, sondern einen Fremden wählte: Friedrich V. von der Pfalz. Der Konflikt mündete in den Dreißigjährigen Krieg und wurde, zumindest was die böhmischen Angelegenheiten betraf, durch die Schlacht am Weißen Berg sehr schnell zugunsten Ferdinands entschieden. In der „Vernewerten Landesordnung“ vom 10. Mai 1627 wurde Böhmen zum Erbkönigreich der Habsburger; Ferdinand beschränkte bzw. beseitigte den Einfluß der Stände in der Regierung und in der Gesetzgebung.

Noch war allerdings die Frage der Primogenitur nicht geklärt, so daß nach dem Tod Ferdinands II. sowohl sein älterer Sohn Ferdinand (als Kaiser Ferdinand III.) als auch dessen jüngerer Bruder Erzherzog Leopold Wilhelm († 1662) für den böhmischen Thron in Frage kamen. Erst die Annahme der *Pragmatischen Sanktion* Kaiser Karls VI. durch die böhmischen Stände im Jahre 1720 beseitigte die Möglichkeit der Wahl aus den Angehörigen des Hauses endgültig, da die hausgesetzlich eingeführte Primogeniturerbfolge damit zusätzlich landesgesetzliche Sanktion erhielt.

Ähnlich wie in Böhmen, wenn auch etwas radikaler, war die Lage 1526 in Ungarn. Dem Anspruch der Habsburger, Ungarn geerbt zu haben, stand die Auffassung der Stände entgegen, die ein freies Wahlrecht für sich in Anspruch nahmen. Doch selbst wenn sie das Erbrecht anerkannt hätten, wäre ebenso wie in den böhmischen Ländern Ferdinand (I.) nicht der einzige gewesen, der einen Anspruch anmelden konnte. Wie in Böhmen war eine Berufung auf das Erbrecht Annas problematisch, da es die Polen ins Spiel bringen konnte. Der Gegenspieler Ferdinands, Johann Zápolya, argumentierte allerdings von einer ganz anderen Warte aus gegen das Erbrecht Annas. „Zu einem könig gehöre großmüetigkeit, miltigkait, hohe vernunfft und verstandt; solch aigenschafft aber habe die natur den frauen nit mitgetailt.“ Auch in Ungarn kam es in lediglich einem der Nebenländer – in Kroatien – zu einer Anerkennung von Annas Erbrecht (und damit Ferdinands als legitimem und natürlichem König und Herrn).

In Ungarn setzten die Stände das Wahlrecht vollkommen durch – bis 1687, als Ungarn Erbkönigreich der Habsburger wurde, wurden alle Habsburger gewählt

Oben: Die Pragmatische Sanktion. Mit diesem wichtigen Verfassungstext legte Karl VI. 1713 die Unteilbarkeit der Länder und die Erbfolge fest. Fotostudio Otto, Wien
Rechte Seite: Der große Titel des Kaisers spiegelt die Vielfalt der Herrschaftsgebiete der Habsburger wider. Fotostudio Otto, Wien

–, doch kam es 1527 zu jener verhängnisvollen Doppelwahl, die so große und langandauernde Auswirkungen hatte und von der schon im ersten Band die Rede war. Bereits der Oberstburggraf von Böhmen, Zdenko Lew von Rožmitál, bemerkte gegenüber dem Hofkanzler Harrach, der mit anderen Räten am eifrigsten für Ferdinands Bewerbung um die ungarische Krone eingetreten war: „Lieber Herr, Ihr seid noch nit über den Zaun. Last unns oder unser Nachkhomben darvon reden, welches besser gewesen wäre." Rožmitál trat von Anfang an für die Wahl eines Polen ein, womit Ungarn ein nicht-habsburgisches Puffergebiet zum Osmanischen Reich geworden wäre, und meinte, „daß Ungarn die anderen Land aufzeren wurde und das [es] besser sey, den Hungern zu einem nachpern, er sey, wie er sey, als den Türkhen für einen feindt zu haben". Im Jahr 1532 verzichtete zwar die Jagiellonin Anna zugunsten ihrer Söhne auf Ungarn wie auf Böhmen, doch bestand nach wie vor eine Mitanwartschaft der spanischen Habsburger auf Ungarn, die sich etwa darin zeigte, daß die spanischen Herrscher den Titel „König von Ungarn" führten.
Mit der Zustimmung der Stände zum Erbrecht des habsburgischen Mannesstammes 1687 wurde zwar das Wahlrecht – wie in Böhmen – eingeschränkt, aber ohne Primogeniturregelung hatten immer noch alle männlichen Habsburger einen Herrschaftsanspruch. In den Gesetzesartikeln aus dem Jahr 1687 wurde den Habsburgern beider Linien das Erbrecht zuerkannt; falls die österreichischen Habsburger im Mannesstamm aussterben sollten, würden ihnen die spanischen folgen. Erst beim Erlöschen beider Mannesstämme sollte das Wahlrecht der Stände wieder in Kraft treten. Erst die Anerkennung der *Pragmatischen Sanktion* durch die ungarischen Reichstagsbeschlüsse des Jahres 1723 dehnte das Erbrecht in Ungarn auf die weiblichen Nachkommen der Habsburger aus.
Damit waren die Erbfolgeregelungen der *Pragmatischen Sanktion*, die das habsburgische Gebiet für unteilbar und untrennbar erklärten, in allen Teilen des

Staatsgebildes angenommen. Damit wurde festgelegt, daß zunächst die Linie Karls (VI.) im Mannesstamm, sollte kein Sohn vorhanden sein, im Frauenstamm, dann die Linie seines Bruders Joseph und nach deren Aussterben erst die Töchter Leopolds erben sollten. Die *Pragmatische Sanktion* wurde 1732 durch einen Mehrheitsbeschluß des Reichstages, unter Bayerns Protest, als Reichsgesetz verankert. Die Reichsgarantie der *Pragmatischen Sanktion* wurde erst überflüssig, als Kaiser Franz II. zwei Jahre nach der Annahme des Titels eines Kaisers von Österreich in dem Patent vom 6. August 1806 alle Bande, welche ihn bis dahin „an den Staatskörper des Deutschen Reiches" gefesselt hatten, also auch das Lehensverhältnis, für gelöst erklärte und die römisch-deutsche Kaiserkrone niederlegte.Trotz der in allen Ländern der habsburgischen Herrschaft gültigen *Pragmatischen Sanktion* war der Kreis der Thronanwärter in den einzelnen Ländern nicht gleich. In Ungarn konnten nur die Abkömmlinge des Erzhauses seit der Zeit Kaiser Leopolds I. zum Thron gelangen, während in Böhmen schon die Deszendenten Annas, der Gemahlin Kaiser Ferdinands I., in Frage kamen. Für die Erbländer standen sogar noch weiter zurückreichende Reihen von erbberechtigten weiblichen Nachkommen zur Diskussion. Da sowohl Maria Theresia und Franz Stephan als auch Leopold II. und Maria Ludovica viele Kinder hatten, wurde diese Problematik allerdings nie aktuell.

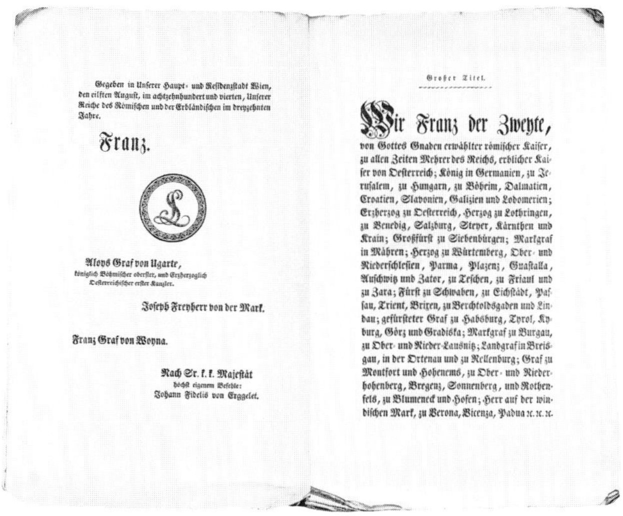
Gegeben in Unserer Haupt- und Residenzstadt Wien, den eilften August, im achtzehnhundert und vierten, Unserer Reiche des Römischen und der Erbländischen im dreyzehnten Jahre.

Franz.

Aloys Graf von Ugarte, königlich Böhmischer oberster, und Erzherzoglich Oesterreichischer erster Kanzler.

Joseph Freyherr von der Mark.

Franz Graf von Woyna.

Nach Sr. k. k. Majestät höchst eigenem Befehle: Johann Fidelis von Erggelet.

Großer Titel.

Wir Franz der Zweyte, von Gottes Gnaden erwählter römischer Kaiser, zu allen Zeiten Mehrer des Reichs, erblicher Kaiser von Oesterreich; König in Germanien, zu Jerusalem, zu Hungarn, zu Böheim, Dalmatien, Croatien, Slavonien, Galizien und Lodomerien; Erzherzog zu Oesterreich, Herzog zu Lothringen, zu Venedig, Salzburg, Steyer, Kärnthen und Krain; Großfürst zu Siebenbürgen; Markgraf in Mähren; Herzog zu Würtemberg, Ober- und Niederschlesien, Parma, Plazenz, Guastalla, Auschwitz und Zator, zu Teschen, zu Friaul und zu Zara; Fürst zu Schwaben, zu Eichstädt, Passau, Trient, Brixen, zu Berchtoldsgaden und Lindau; gefürsteter Graf zu Habsburg, Tyrol, Kyburg, Görz und Gradiska; Markgraf zu Burgau, zu Ober- und Nieder-Lausnitz; Landgraf in Breisgau, in der Ortenau und zu Nellenburg; Graf zu Montfort und Hohenems, zu Ober- und Niederhohenberg, Bregenz, Sonnenberg, und Rothenfels, zu Blumeneck und Hofen; Herr auf der windischen Mark, zu Verona, Vicenza, Padua ꝛc. ꝛc. ꝛc.

Staat oder Privat – Das Vermögen der Familie Habsburg

Vom Mittelalter bis ins 18. Jahrhundert waren staatliche und private Welt der Dynastien kaum getrennt. Rechtsgrundlage war das Gottesgnadentum; die Frage der Volkssouveränität stellte sich nicht, der Herrscher war der Besitzer des Landes im weitesten Sinne, wenn auch die Stände versuchten, seine Macht einzugrenzen. Eine Versorgung des Hofes – und damit der gesamten Familie des Monarchen – durch das Land galt als selbstverständlich.
Doch bereits im Mittelalter traten immer wieder finanzielle Engpässe auf, die man zu beheben trachtete. Viele der direkten Einnahmen des Landesfürsten in Österreich, wie das „Salzsieden zu Gmunden und Aussee, die Aufschläge [Zölle] zu Engelhartszell, Laibach und Tarvis, die Mauten zu Inner- und Vordernberg bei Leoben, Oberdrauburg und Mauten in Oberkärnten sowie zu Rottenmann", mußten oft aus Geldnot verpfändet werden.
In den Hofordnungen Ferdinands I. vom 1. Januar 1527 und vom 1. Januar 1537, die eine Grundlage aller späteren Verwaltung bildeten, bestand kein grundsätzlicher Unterschied zwischen den Beamten des Hausdienstes und jenen des Hofdienstes. Man denke nur an die Erzämter im Reich, die mit der Kurfürstenwürde zusammenhingen, oder an die Erbämter in den einzelnen Ländern, denen so große Bedeutung bei Hof zukam. Erst im 18. Jahrhundert begann sich langsam eine Trennung der Hof- und der Staatsverwaltung durchzusetzen.
Nie angezweifelt wurde die Pflicht des Staates, für einen, „dem Glanze der Krone entsprechenden Unterhalt des Souveräns und des Thronfolgers samt ihren Gemahlinnen" zu sorgen. Auch die Kosten für den Unterhalt und die Erziehung des Thronfolgers, der übrigen Kinder und der Geschwister des Kaisers, solange sie minderjährig waren und nicht zu eigenem Haushalt gelangten, fielen unter die allgemeinen Hofhaltungsauslagen. Also nicht nur der Herrscher selbst, sondern auch die Apanagen für die Prinzen und Prinzessinnen des Hauses wurden über das Hofzahlamt aus Staatsmitteln bestritten. Schon das Testament Ferdinands II. setzte 1621 die standesgemäße Versorgung fest, bei der Anerkennung der *Pragmatischen Sanktion* durch die einzelnen Länder der Monarchie wurde diese Bestimmung staatsrechtlich anerkannt und 1754 durch Maria Theresia ergänzt. Dieses Dokument legte „Deputat und fürstlichen Unterhalt", die Residenzgewährung und die „Abfertigung und Aussteuerung" der nachgeborenen Mitglieder des Hauses aus dem sogenannten „gemeinen Wesen" – also aus Staatsmitteln – dabei als Grundsatz fest.
Die Kosten für das stehende Heer und für die Beamten bildeten den Löwenanteil der Ausgaben des Staates, der immer wieder in finanzielle Schwierigkeiten geriet. Schon im 16. Jahrhundert unter Rudolf II.

waren die Aufwendungen für den Hofstaat sprunghaft angestiegen: während er im Jahr 1572 nur 64.031 Gulden ausgab, waren es zwei Jahre später schon 89.113 Gulden. Die gewaltigen Repräsentationskosten – für die Bauten, die Sammlungen, das Mäzenatentum und die Feste – fielen erheblich ins Gewicht. Zwischen dem Jahr 1519 und der Zeit Karls VI. wuchs der Hofstaat von 427 auf 2175 Personen an, damit hatte er sich mehr als verfünffacht. Unter Leopold I. drohte sogar der Staatsbankrott, da die Ausgaben für Hof und Zivilverwaltung mit 8,5 Prozent der Staatsausgaben viel zu hoch waren. Außerdem wurden große Summen für kirchliche Belange und die Förderung der Gegenreformation ausgegeben. Maria Theresia kritisierte das – wenn auch vorsichtig –, als sie schrieb: „Meine Vorfahren haben aus großer Pietät viel und zwar die meisten Cameralgüter und Einkünfte verschenkt, was in jener Zeit zur Unterstützung der Religion und Förderung der Geistlichkeit wohl hat geschehen können."

Neben den Steuereinnahmen der Länder standen dem Herrscher der Reichtum der Bergwerke, die als *Regalien* ihm gehörten, die Einkünfte aus den Monopolen und verschiedene Gebühren zu, die für den erheblichen Bedarf des kaiserlichen Hofes und der zivilen Verwaltung ebenso bestimmt waren wie das sogenannte *Camerale* – also der dem Herrscher gehörende Besitz. Diese Einnahmen konnten von den Ständen nicht kontrolliert werden, die Hofkammer verwaltete die Erträge für den Herrscher.

In der ersten Hälfte des 18. Jahrhunderts – soweit man das bei den unüberschaubaren Abrechnungen überhaupt genau sagen kann – lagen die Einnahmen des Staates höher als die Ausgaben, so standen z. B. im Jahr 1717 Staatseinnahmen von 31 Millionen Gulden Ausgaben in der Höhe von 30 Millionen gegenüber. Doch in der Mitte des 18. Jahrhunderts änderte sich die Situation: 1770 waren es bereits 56 Millionen Einnahmen gegenüber 61 Millionen Ausgaben. Erst 1775 wurden die Staatsfinanzen saniert, da Maria

Im Zuge der Erbhuldigung 1728 durch die steirischen Landstände zog Karl VI. mit großem Gefolge in Graz ein. Die Graphik gibt einen Eindruck von der Größe des Hofstaates. ÖNB, Wien

Theresia auf die persönliche Nutzung eines Teiles des Nachlasses des finanziell erfolgreichen Franz Stephans verzichtet hatte.

Der Aufwand für den Hofstaat in seiner Gesamtheit betrug im 19. Jahrhundert fast 8 Millionen Gulden jährlich, davon fielen auf die kaiserliche Familie selbst etwa 1,4 Millionen Gulden. Diese Ausgaben machten im Schnitt knapp über ein Prozent der Staatsausgaben aus. Die jährlich für die Familie aufgewandten Summen stiegen real von 1848 bis 1854 fast auf das Dreifache an, blieben aber in den nächsten Jahren relativ konstant. Seit den späten sechziger Jahren des 19. Jahrhunderts ging der Anteil am Staatshaushalt ständig zurück und pendelte sich in den letzten Jahren auf etwa 0,5 Prozent ein.

In Österreich wurde erst bei Begründung des konstitutionellen Systems die Frage, wie der Sach- und Geldbedarf für den Unterhalt des Allerhöchsten Hauses nun gelöst werden sollte, mit der Errichtung der Zivilliste 1862 geklärt. Damit wurden diejenigen Bestandteile des Staatsvermögens, die sich in der unmittelbaren Nutzung für Zwecke des Hofstaates befanden, durch die jährliche Leistung eines Geldbetrages – der Zivilliste oder Hofstaatsdotation – abgelöst. Diese hausrechtlichen Bestimmungen waren staatsrechtlich anerkannt: ein Gesetz von 1870 legte für Zisleithanien die Dotation für das Haus mit 3,650.000 Gulden jährlich fest, und ein ungarisches Gesetz bestimmte eine Dotation im gleichen Ausmaß. Ab 1872 – bzw. 1873 in Ungarn – wurden diese Summen sogar auf 4,650.000 Gulden erhöht, so daß beide Reichshälften gemeinsam die mehr als stattliche Summe von 9,300.000 Gulden bezahlten. 1904 kam es nochmals zu einer Erhöhung der Zivilliste auf

den Gegenwert von 11,300.000 Gulden (= 22,600.000 Kronen).
Das Verhältnis zwischen dem privaten und dem staatlichen Vermögen wurde formalrechtlich erst im 19. Jahrhundert geregelt und hat bis heute seine Nachwirkungen. Dabei ist natürlich keineswegs die Frage angesprochen, was denn „privat" im eigentlichen Wortsinn heißt, denn – sieht man von einigen Fällen des Vermögenserwerbs in Eigenregie ab – ein Großteil des Vermögens der Habsburger ist transformiertes Staatseigentum.
Die Frage, inwieweit ein Privatvermögen des Hauses Habsburg entstand, ist aus den angegebenen Gründen überaus schwierig zu beantworten. Bis in die Zeit Karls VI. existierte kein gemeinsames Vermögen aller Mitglieder des Hauses, wenn man vom Hausschatz – den Kleinodien, Münzen und Antiken – absieht. Bis in diese Zeit gab es auch keinen Unterschied zwischen Staats- und Patrimonialvermögen; der gesamte Nachlaß ging jeweils an den Thronfolger.
Die Frage der Vermögenstrennung zwischen Privat- und Staatseigentum wurde spätestens mit dem Ende der Habsburgerherrschaft im Jahre 1918 zu einem Problem. Um aber darüber überhaupt sprechen zu können, muß man sich einen kurzen Überblick über die wichtigsten Besitzungen der Habsburger verschaffen, um die es in der nachfolgenden Diskussion ging. Im wesentlichen teilten sich die strittigen Bereiche in Fonds – und zwar den Familienversorgungsfonds und den *Avitikalfonds*, die sich beide 1919 aus mobilen Vermögen und Immobilien zusammensetzten – und unterschiedliche Fideikommisse.
Franz Stephan war das erste Mitglied der Familie, das privat Vermögen erwarb. Er war wirtschaftlich überaus tüchtig und brachte durch den Ankauf und die Meliorisierung von Herrschaften – geleitet von merkantilistischen Ideen – beträchtliche Werte zusammen. Der Historiker Hanns Leo Mikoletzky erforschte mit großer Akribie die Finanzen Franz Stephans. Aus seinen Arbeiten werden auch die recht undurchsichtigen Finanzpraktiken offenkundig, wenn auch nicht immer verständlich, vor allem was die privaten geheimen Kassen Franz Stephans und Maria Theresias betrifft. Unter falschem Namen – z. B. Stephan von Reichenmayr, Anna von Leoben, Engelberto von Fino, Alexander Joppenbron, etc. – beim Wiener Stadt-Banco hinterlegte Schuldverschreibungen erinnern verdächtig an moderne Schwarzgeldaffären. Die geheimen Ausgaben betrafen in erster Linie Geschenke, Bestechungsgelder und die Unterstützung von Personen, die in einer oft dubiosen Beziehung zum Hof standen, in manchen Fällen sicherlich auch uneheliche Kinder der Familie.
Im Verlauf seines Lebens häufte Franz Stephan ein gewaltiges Vermögen an, bei seinem Tod betrug es rund 18 Millionen Gulden (bestehend aus seinen eigenen Kassenbeständen und dem von ihm höchst erfolgreich verwalteten, getrennt geführten Privatvermögen seiner Frau) und umfaßte auch verschiedene Herrschaften. In einer Einverständniserklärung vom 16. Oktober 1765 beschlossen Maria Theresia und Joseph II., rund 12 Millionen Gulden (bestehend aus den Gütern in Böhmen, 2,7 Millionen Gulden aus der Titelbachschen Kasse und die kleine Schulden-Kasse mit 5 Millionen) dem Staat zur Tilgung seiner Schuldenlast und Herabsetzung des Zinsfußes zu überlassen. Den Rest von 5,861.729 Gulden – zusammen mit den Herrschaften Mannersdorf und Altenburg – behielten sie zur eigenen „freien Disposition" zum Zweck der „besseren" Versorgung der noch unversorgten jüngeren Kinder. Diese Summe bildete den Grundstock der „Familienkasse" – später „Familienversorgungsfonds" genannt –, wobei der Fonds eigentlich ein für besondere Zwecke reserviertes Familienkapital war. Maria Theresia ordnete in der Urkunde über die Errichtung dieser Familienkasse an: „Was Wir Uns nun vorerwähntermaßen zur freyen Disposition vorbehalten, solches widmen und bestimmen Wir hiemit zur besseren Versorgung und standesmäßigem Unterhalt Unserer Kinder und Abstammung. […] Und gleichwie Wir aus diesem Fonds die Versorgung Unserer Familie übernehmen: also solle Sie künftig dem Staat nicht weiter zur Last fallen, als was sonsten wegen des Brautschatzes und der Ausstafierung bei Unserm Haus gewöhnlich ist."
Obwohl dies zunächst so klingt, als wären die Zahlungen des Staates zur Versorgung der Familienmitglieder damit eingestellt, war das keineswegs so gedacht, noch wurde es so gehandhabt. Der Wortlaut läßt aber unterschiedliche Deutungen zu; vermutlich ging es lediglich um eine „bessere Versorgung" – und damit um eine freie Disposition von Geldern je nach Anlaß und im freien Ermessen (im Gegensatz zu den jährlichen Staatsleistungen). Der Familienversorgungsfonds kam somit zu den aufrecht erhaltenen fixen Staatsleistungen hinzu.
Als Erzherzog Franz (als Kaiser Franz II./I.) von der Toskana nach Wien übersiedelte, erhielt er aus diesem von seinem Großvater angelegten Privatfonds eine Jahresapanage. Auch andere Familienmitglieder profitierten von den etwa zwei Millionen Gulden Zinsen pro Jahr, so erhielt etwa Leopolds Schwester, Maria Anna († 1789), die Äbtissin auf dem Hradschin war, nicht weniger als 80.000 Gulden jährlich. Franz II./I. selbst bestimmte 1804, daß die Apanagen für seine Brüder vorwiegend aus einem Zuwachs zum Familienversorgungsfonds zu leisten seien.
Eine Neuregelung brachte das Familienstatut 1839,

Der Kinderreichtum Maria Theresias und ihres Mannes Franz Stephan machte auch eine Versorgung der zahlreichen Nachkommenschaft nötig. Die Tüchtigkeit Franz Stephans legte die Grundlage für das „Privatvermögen" des Hauses. Kunsthistorisches Museum, Wien

Die engere Familie von Franz II./I. stellte nur einen Teil der aus den verschiedenen Fonds zu versorgenden Habsburger dar. Museen der Stadt Wien

wonach es „dem Staate [...] nach anerkannten staatsrechtlichen Grundsätzen obliegt, den standesgemäßen Unterhalt aller Glieder des regierenden Hauses zu decken". Der Versorgungsfonds sollte lediglich dazu bestimmt sein, „diejenigen Zahlungen zu bestreiten, welche der Landesfürst als Zuschuß zu den auf die Staatskassen angewiesenen Unterhaltsgeldern und übrigen Zahlungen [...] entsprechend finden wird". Das Geld aus dem Familienversorgungsfonds sollte daher nicht mehr für Apanagen, Sustentationen, Witwengehälter, Spennadelgelder, Heiratsgut etc. ausgegeben werden.

Dabei waren für die Brüder und Söhne des Souveräns jährliche Apanagen von 75.000 Gulden, für die Töchter und Schwestern 42.000 Gulden, für die übrigen Erzherzöge 45.000 Gulden und für die Erzherzoginnen 24.000 Gulden vorgesehen. Sie sollten allerdings nicht mehr bezahlt werden, wenn Kirche oder Staat einen Erzherzog standesgemäß versorgten. Bei Erzherzoginnen trat dieser Fall durch die Heirat oder den Eintritt ins Kloster ein. In besonderen „Härtefällen" konnten die vorgesehenen Apanagen erhöht werden. Gleichzeitig wurde verfügt, daß das Kapital des Fonds nicht vermindert werden durfte; nur ein Drittel der Einkünfte sollte „unter die allerhöchsten Familienmitglieder und zwar nach Stämmen aus der Succession weiland seiner Majestät des Kaisers Leopold II. jährlich bar verteilt werden". Zwei Drittel konnten im Bedarfsfall zur außerordentlichen Unterstützung bedürftiger Familienmitglieder verwendet werden, während sämtliche Überschüsse für die Vermehrung des Stammkapitals bestimmt waren. Die souveränen Zweige des Hauses – also die regierenden Linien in Italien – sollten von einer Nutznießung des Fonds ausgeschlossen bleiben. Das gemeinsame Familienvermögen des Hauses Habsburg-Lothringen

wurde ausdrücklich diesem Fonds unter der Verwaltung des Familienoberhauptes unterstellt.
Dank der stetigen Kapitalvermehrung durch Ankäufe von Immobilien und Wertpapieren umfaßte der Familienversorgungsfonds im Jahr 1919 die Güter Laxenburg-Vösendorf, die Gutskomplexe Orth (mit Schloßhof, Eckartsau, Eßlingen, Groß-Enzersdorf und Rutzendorf), Pöggstall und Mattighofen, den Besitz Klein-Krampen, fünf Wiener Häuser und einen Wertpapierbestand im Nominalbetrag von 72,317.351 Kronen.
Die Güter wurden in mehreren Etappen angeschafft. Die spätere Domäne Orth mit dem Schloß Eckartsau erwarb bereits Franz Stephan; und zwar Schloßhof im Jahr 1755 von Joseph Wilhelm von Sachsen Hildburghausen und Eckartsau und Eßlingen 1760 von Joseph Johann Maximilian Graf Kinsky. Beim Tod seines Vaters erbte Joseph II. beide Besitzungen, aber schon 1766 gliederte sie Maria Theresia in den Familienfonds ein. Die Herrschaft Vösendorf kaufte Kaiser Franz II./I. 1794 von der Fürstin Colloredo. 1852 wurde dieser Besitz seinem jüngsten Sohn Franz Karl († 1878) – dem Vater Franz Josephs – zugeschrieben, nach dessen Tod ihn der Familienfonds erwarb. Die Herrschaft Laxenburg kaufte Franz II./I. 1797 vom Staat, allerdings wurde durch ein Handschreiben aus dem Jahre 1811 das Schloß Laxenburg dem Staat zurückübertragen. 1824 kam die Herrschaft Orth aus dem Besitz von Moritz Graf Fries und 1837 noch Groß-Enzersdorf aus dem Staatsbesitz hinzu. Auch die Domäne Pöggstall wurde 1795 von Kaiser Franz aus der Hand des Peter Freiherrn von Braun erstanden. Sie wurde später durch Zukäufe erweitert, 1852 – wie Vösendorf – Franz Karl zugeschrieben und 1878 vom Familienfonds gekauft. Franz Joseph erwarb ebenfalls Staatsherrschaften, die später vom Familienfonds angekauft wurden – etwa 1868 die Domäne Mattighofen, die 1874 übernommen wurde –, ebenso kaufte er Wiener Fondshäuser.
Der *Avitikalfonds* basierte auf den sogenannten Avitikalgütern, d. h. dem ungarischen Güterbesitz der Kaiserin Elisabeth († 1750), den sie an ihre Tochter

Schloß Laxenburg, das Kaiser Franz II./I. für den Familienfonds erwarb. ÖNB, Wien

Maria Theresia vererbte. In Ungarn war der Hauptbesitz der Habsburger das Gut Ráckeve, das 1698 von Prinz Eugen gekauft worden war; nach dessen Tod ging es an Karl VI., der es seiner Gemahlin Elisabeth verlieh; diese setzte Maria Theresia als Universalerbin ein. Auch das Gut Scharfenegg zu Mannersdorf, das 1754 durch Franz Stephan von Gräfin Maria Fuchs erworben wurde, gehörte zum *Avitikalfonds*, für den es Joseph II. aus dem Nachlaß Maria Theresias anschaffte. Der Besitz sollte an Maria Theresias Lieblingstochter Marie Christine († 1798) fallen, die es jedoch ihrem Neffen Erzherzog Alexander Leopold († 1795), dem Palatin von Ungarn, übergab. Als dieser ohne Nachkommen starb, fiel die Herrschaft, die 1781 auf 1,330.250 fl. geschätzt worden war, an den *Avitikalfonds*. Diese Güter – inklusive die später auf österreichischem Boden hinzugefügten – unterlagen hinsichtlich ihrer Nutzung allerdings ausschließlich ungarischem Recht, d. h. die Verteilung der Einkünfte unterlag anderen Normen als der Familienversorgungsfonds.

Rechtliche Grundlage vieler Versorgungsmöglichkeiten der Familie war die Errichtung von sogenannten Fideikommissen. Diese sind Herrschaften oder sonstige Besitzungen, die als unteilbar und immer in der Primogeniturlinie vererblich definiert werden. Mehrere solche Fideikommisse der Familie bestanden nebeneinander.

Zunächst sei das *Kaiser-Franz-Joseph-I.-Kronfideikommiß* erwähnt. Dessen größten Teil bildeten verschiedene Domänen in Böhmen und ein Palais am Hradschin, die 1805 an Großherzog Ferdinand von der Toskana als Ersatz für dessen Verzicht auf außerhalb Österreichs liegende Gebiete gelangten. Im Jahre 1847 gingen sie an Ferdinand I. und von ihm an Franz Joseph über. Das Fideikommiß wurde 1901 errichtet und bestand aus Domänen – also landwirtschaftlich nutzbarem Grundbesitz – und Wertpapieren, die im Verlauf der Jahrhunderte erworben worden waren. Franz Joseph gab in seinem Testament den Zweck an: „Die nachverzeichneten, ein Uns freieigentümlich gehöriges Vermögen bildenden Objekte [...] werden hiemit für immerwährende Zeiten zu einem Familien-Fideikommiß des Erzhauses Habsburg-Lothringen gewidmet und bestimmt und als ein unveräußerliches Privatgut Unserer Familie erklärt [...] in der Absicht, dem Träger der Krone zur Erleichterung der ihm als Monarch und als Oberhaupt des Erzhauses Habsburg-Lothringen vielseitig erwachsenden materiellen Lasten eine bleibende Einnahme zu sichern."

Das *Primogenitur-Familienfideikommiß der Sammlungen des Erzhauses Habsburg-Lothringen* ging auf den Versuch zurück, staatliche und private Elemente der Sammlungen, die bis ins 19. Jahrhundert nicht unterschieden wurden, zu trennen. Ein Handschreiben Franz Josephs vom 13. Juni 1875 ordnete die Inventarisierung und Besitzfeststellung der Sammlungsobjekte an; bei jedem einzelnen Objekt stellte die Kommission die privatrechtliche Erwerbung fest. Die Sammlungen waren laut Auffassung der Kommission aus dem „den Regenten und anderen Mitgliedern des Hauses zur freien Verfügung zugeflossenene Einkommen vermehrt worden".

Ähnliches galt für die *Familienfideikommiß-Bibliothek*. Kaiser Franz ordnete in seinem Testament an, daß aus seiner Privatbibliothek ein Fideikommiß errichtet werden sollte. Dies geschah 1849 – also lange nach seinem Tod – auch wirklich. Die Bibliothek wurde später – ebenso wie die Hofbibliothek – von den Habsburgern als reine Privatbibliothek bezeichnet.

Das *Falkensteinsche Fideikommiß* ging hingegen auf Franz Stephan zurück. 1736 durfte er die Grafschaft Falkenstein in der heutigen Rheinpfalz mit Zustimmung des Reiches als *Allod* – also als freien Besitz – behalten. Zwar wurde das Gebiet im Zuge der Napoleonischen Kriege zunächst an Frankreich und dann an Bayern abgetreten, aber als Entschädigung bekamen die Habsburger im Jahr 1804 Staatsobligationen im Wert von 1,200.000 Gulden, die zu Handen ihres Familienkassiers gingen. Bei der Beurteilung des privatrechtlichen Charakters nach 1918 beschlossen die Gutachter, die „Nachfolge in diesem Hausfideikommiß [war] rechtlich nicht notwendig mit der tatsächlichen Thronfolge selbst verbunden", woraus man formalrechtlich den privaten Charakter des Fonds ableitete.

Die *Estensischen Kunstgegenstände* und die *Estensische Bibliothek* waren das „Privateigentum" von Erzherzog Franz V., dem Herzog von Modena († 1875); die Sammlung ging an Franz Ferdinand († 1914) über, und dieser vermachte sie dem letzten Kaiser Karl.

Die Beurteilung, ob es sich um private oder staatliche (im Sinne der Ausübung von Herrschaftsrechten der Dynastie) Besitzungen handelte, wurde erst nach 1918 zum Problem. Mit dem Ende der Monarchie wurden in den verschiedenen Nachfolgestaaten Besitzungen der Habsburger konfisziert. Dies wird von der Familie bis heute als Unrecht angesehen. Der Rechtsauffassung der Habsburger nach waren alle diese Güter aus privaten Mitteln – was immer das heißen mag – erworben und daher vom Krongut zu trennen.

Der Vertrag von St. Germain sprach das gemeinsame Familienvermögen und den Familienfonds den Nachfolgestaaten – allerdings mit Ausnahme der Republik Österreich – zu, dazu zählten auch das von Franz Joseph gestiftete Kronfideikomiß und das persönliche Vermögen Kaiser Karls. Der betreffende Artikel lautet: „Die Staaten, denen ein Gebiet der ehemaligen österreichisch-ungarischen Monarchie übertragen wurde oder die aus dem Zerfall dieser Monarchie entstanden sind, erwerben alles Gut und alles Eigentum, das der ehemaligen oder der gegenwärtigen österreichischen Regierung gehörte und auf ihren Gebieten gelegen ist. Im Sinne des gegenwärtigen Artikels gehören zum Besitz und Eigentum der ehemaligen oder gegenwärtigen österreichischen Regierung: das Vermögen des ehemaligen österreichischen Kaiserreiches, der Anteil dieses Reiches an dem gemeinsamen Besitz der österreichisch-ungarischen Monarchie, alle Krongüter sowie das Privatvermögen der ehemaligen österreichisch-ungarischen Herrscherfamilie." Die Durchführung wurde aber in den Nachfolgestaaten unterschiedlich gehandhabt.

In Italien wurden die von Franz Ferdinand ererbte Villa d'Este in Tivoli und das Schloß und Gut Cattajo bei Padua aufgrund des Artikels 208 von St. Germain konfisziert. Artikel 195 bestimmte zusätzlich die Herausgabe verschiedener Gegenstände, die einst italienischen Provinzen gehört hatten, darunter die Kron- und Privatjuwelen, Möbel und astronomische und physikalische Geräte der Medici, Handschriften aus Modena, die Madonna von Andrea del Sarto, Zeichnungen von Correggio, Handschriften aus Neapel und Gegenstände aus Palermo, die zur normannischen Sammlung aus dem 12. Jahrhundert gehörten.

Die Tschechoslowakische Republik, die am 12. August 1921 ein Konfiskationsgesetz beschloß, erhielt vom gemeinsamen Familienvermögen fünf Domänen, aus Franz Josephs Fideikomiß acht Domänen, aus Karls Vermögen die Domäne Brandeis und das Toskanische Palais auf dem Hradschin. Das Gesetz des tschechoslowakischen Staates vom 27. September 1921 definierte das dem neuen Staat zustehende Gut genau:

> „§ 3. Unter Gut und Eigentum der gewesenen österreichisch-ungarischen Herrscherfamilie ist namentlich zu verstehen das Gut und Eigentum:
> 1. des letzten Herrschers Karl und seiner Gemahlin Zita;
> 2. der anderen Personen der gewesenen österreichisch-ungarischen Herrscherfamilie, namentlich auch des gewesenen Thronfolgers Franz Ferdinand Este und seiner Nachkommen;
> 3. des k. u. k. Familienfonds;
> 4. das mit dem Fideikommißbande des Kronfideikommisses des Kaisers und Königs Franz Joseph I. für das Erzhaus Habsburg-Lothringen belastete Gut und Eigentum."

Artikel 195, der die Rückgabe von Kunstgegenständen – darunter die Rudolfskrone – regelte, betraf auch die Tschechoslowakische Republik. Im Jahre 1922 trat ein internationales *Comité des juristes* zusammen, dem beide Seiten Gutachten vorlegten. Das österreichische Gutachten wies tschechoslowakische Ansprüche auf Gemälde, Gobelins, Statuen, Urkunden, Waffen, Münzen, Steine und Insignien mit der Begründung zurück, daß die Habsburger über diese Kunstschätze frei verfügen könnten. Dieses Argument brachte die österreichische Regierung allerdings in Schwierigkeiten in der eigenen Auseinandersetzung mit den Ansprüchen des Hauses Habsburg an die Republik Österreich.

In Österreich wurde nach der Ausrufung der Republik eine Unterscheidung zwischen privatem und staatlichem Besitz getroffen. „Das freie und persönliche Privatvermögen des ehemaligen Kaisers und der Mitglieder des kaiserlichen Hauses bleibt unangetastet. Alles übrige Vermögen dagegen, in dessen Genuß die Mitglieder des Hauses Habsburg-Lothringen standen, nimmt die Republik wegen des öffentlichen Charakters desselben oder wegen der spezifischen Provenienz des Vermögens für sich in Anspruch." Mit einem einzigen Gesetz verwies man die ehemalige Herrscherfamilie des Landes und verfügte die Übernahme des Vermögens des Hauses Habsburg-Lothringen. Die Republik Österreich traf im Staatsgesetzblatt 1919 folgende Verfügungen:

> „§ 5 Die Republik Deutschösterreich ist Eigentümerin des gesamten in ihrem Staatsgebiet befindlichen beweglichen und unbeweglichen hofärarischen sowie des für das früher regierende Haus oder für eine Zweiglinie desselben gebundenen Vermögens.
> § 6 Als hofärarisches Vermögen gilt das bisher von den Hofstäben und deren Ämtern verwaltete Vermögen, soweit es nicht ein für das früher regierende Haus oder für eine Zweiglinie desselben gebundenes Vermögen oder aber nachweisbar freies persönliches Privatvermögen ist.
> § 7 Das Reinerträgnis des aufgrund dieses Gesetzes in das Eigentum der Republik Deutschösterreich gelangenden Vermögens ist nach Abzug der dem Staate mit der Übernahme dieses Vermögens verbundenen Lasten zur Fürsorge für die durch den Weltkrieg in ihrer Gesundheit geschädigten oder ihres Ernährers beraubten Staatsbürger zu verwenden."

Folgende Doppelseite: Der Prunksaal der österreichischen Nationalbibliothek: Die alten Bestände wurden von der Familie als Privateigentum beansprucht. Archiv Verlag Styria

Oben: Zur Versorgung des Hofes gehörten natürlich auch die entsprechenden Weinvorräte. Um jedes Faß wurde gestritten. Silberkammer, Wien
Rechte Seite: Die Kaiservilla in Ischl blieb im Besitz der Habsburger. ÖNB, Wien

Der Gesetzgeber erklärte in einem Ergänzungsgesetz vom 30. Oktober 1919 ausdrücklich die von der vormaligen Generaldirektion der Privat- und Familienfonds verwalteten Vermögensmassen als „gebundenes Vermögen". Das Gesetz bestimmte, daß auch jene Gegenstände, die aus der sogenannten Zivilliste angekauft worden waren, zu diesem Vermögen gehörten. Über die Frage, welche Objekte zu dem „gebundenen" Vermögen gehörten, gibt es eine ausführliche Denkschrift der Rechtsanwälte Dr. Friedrich Stritzl und Dr. Edmund Coumont, die den Standpunkt der Habsburger verteidigten. Darin lehnen sie das Gesetz mit Rücksicht auf die in der Verfassung des Kaiserstaates festgelegte Unverantwortlichkeit des Herrschers ab.
Aufgrund der neugeschaffenen Gesetzeslage fiel der Republik zu:

1) der Familien- und der Avitikalfonds (Domänen Vösendorf, Orth und Eckartsau, Pöggstall, Mattighofen, Klein-Krampen, Scharfenegg zu Mannersdorf, Häuser in Wien, Kriegsanleihen und Wertpapiere, Werteffekten des kaiserlichen Beamten-Pensionsfonds)
2) das Primogenitur Familienfideikommiß der Sammlungen (Gobelins, Steinmosaikbilder, Rüstungen, Möbel, Bilder, etc. in der Franzensburg, Ambraser Sammlung in Ambras, habsburgisch-lothringischer Hausschatz ohne „Privatschmuck des Allerhöchsten Kaiserhauses", kunsthistorische Sammlungen (d. h. Münzen- und Medaillensammlung, Antiken, ägyptische Altertümer, kunstindustrielle Gegenstände, Waffensammlung, Gemäldegalerie, Bibliothek der kunsthistorischen Sammlungen, Hofgewehrkammer, Hofsattelkammer, Hofwagenburg, Weltreisesammlung Erzherzog Franz Ferdinands)
3) die Familienfideikommiß-Bibliothek
4) das Falkensteinsche Fideikommiß (Werteffekten)
5) das Kaiser-Franz-Joseph-I.-Kronfideikommiß des Erzhauses Habsburg-Lothringen (Jagdhäuser in Langbathsee und Mürzsteg, Werteffekten)
6) die Estensischen Kunstgegenstände und die dazugehörige Bibliothek
7) die Hofbibliothek
8) die aus der Zivilliste angeschafften Gegenstände, darunter Wagen, Pferde und der Inhalt des Hofkellers. Schon allein letzterer war beachtlich: 36.185 Liter Herrschaftswein, 11.852,2 Liter Ofener Wein, 1437,2 Liter Schillerwein, 17.997,5 Liter Johannesberger Wein, 18.295 Flaschen Johannesberger Wein, 3632 Liter Tokayerwein, 1262 Flaschen Kognak, 2322 Flaschen Rum, 2150 Flaschen Likör und noch große Quantitäten von Dessertweinen, Schaumweinen, Champagner, Bordeaux, Burgunder und Mosel.

Die Eigentumsrechte der Republik auf diese Besitzungen wurden ins Grundbuch eingetragen. Weiters wurde bestimmt: „Die von den früheren Inhabern des gebundenen Vermögens über dessen Erträgnisse getroffenen Verfügungen, insbesondere Anweisungen von Apanagen an Mitglieder des vormaligen regierenden Hauses oder von Stipendien, werden außer Kraft gesetzt."
Nur das persönliche Vermögen der Familie sollte von einer Konfiskation verschont bleiben, dazu gehörten z. B. die Privatbesitztümer Kaiser Karls wie die Villa Wartholz in Reichenau und das Schloß Feistritz bei St. Peter am Kammersberg in der Steiermark, dazu Barvermögen und Effekten, Lebensversicherungspolizzen, Mobilien und Automobile. Allerdings stellte sich heraus, daß diese Vermögenswerte nicht wirklich frei waren, da Hypotheken darauf lasteten. Sie wurden daher von der Republik Österreich zurückgehalten, da es verschiedene Gegenforderungen gab: etwa die Darlehensforderungen des Familienfonds, die

Rückstellungsforderungen an das Kronfideikommiß, der Ersatz der Werteffekten im Nominalbetrag von 28,000.000 Kronen (die auf Anordnung Karls am 1. November 1918 in die Schweiz gebracht worden waren) und der Ersatz für den Familienschmuck.
In Ungarn, das ja formal Monarchie blieb, bestand zunächst kein Konfiskationsgesetz, doch verfügte die einschlägige Verordnung der Gesamtregierung vom 26. November 1918 eine staatliche Sperre des Privateigentums der Familie Habsburg – darunter das Gut Rackeve, ein Haus in Budapest, Werteffekten und Bargeld. Diese Besitzungen sollten vom Oberst-Hofmarschallgericht in Budapest bis zum Ende des „Königreiches" verwaltet werden. Auch die aus der Zivilliste angekauften Tokayerweine in Budapest, die abgelöst werden sollten, verblieben im Lande. Der Artikel 191 des Friedensvertrags von Trianon forderte – ähnlich wie der von St. Germain für Österreich – allerdings keine Konfiskation oder Sperre des habsburgischen Vermögens in Ungarn.
Mit dem Jahr 1918 hatte die Hofbibliothek – wie viele andere Institutionen der Monarchie – ihren Rechtsträger verloren, so beschloß der Staatsrat im Februar 1919, daß die „Verwaltung der beiden Hofmuseen, des habsburgisch-lothringischen Hausschatzes und der Hofbibliothek provisorisch und vorbehaltlich der endgültigen Regelung aufgrund eines zu erlassenden Gesetzes über die Krongüter an das Österreichische Staatsamt für Unterricht" übergehen sollte. Doch die Mehrzahl der Bibliothekare arbeitete sogar gegen eine Übernahme der Bibliothek durch den Staat und vertrat die Ansicht, daß große Teile der Bibliothek Eigentum der Dynastie seien. Zweifellos – so argumentierten sie – seien als Privateigentum alle jene Bestände zu betrachten, die durch Kauf aus den Mitteln des kaiserlichen Privateinkommens sowie durch Erbschaft oder als Geschenk in den Besitz der Kaiser gekommen wären, wie etwa die Bibliotheken des Blotius, Sambucus, Prinz Eugen und die Schloßbibliotheken von Ambras, Innsbruck und Graz. Als hofärarisches Eigentum könnten – so die Bibliothekare – höchstens die aus den Mitteln der Zivilliste bestrittenen Käufe und die Pflichtexemplare in Anspruch genommen werden, doch sei diese Frage nicht einfach zu entscheiden.
Pläne für die Errichtung einer großen staatlichen Zentralbibliothek – also ein Zusammenschluß der großen öffentlichen Bibliotheken – wurden zwar erwogen, scheiterten jedoch. Es kam zu keiner Fusion, sondern nur zu einer Zusammenarbeit der künftigen „Staatsbibliothek" (Nationalbibliothek) mit der Universitätsbibliothek; eine Zusammenlegung der ehemaligen Hofbibliothek, der Fideikommiß-Bibliothek, gewisser Bestände der an arger Raumnot leidenden Universitätsbibliothek und der Bibliothek des Kriegsarchivs blieb nur Illusion. Eine wesentliche Sammlung, die nicht dem herrschenden Haus gehört hatte, ging ebenfalls in staatliche Verwaltung über: die ehemals Erzherzog-Friedrichsche Kunstsammlung Albertina.
In der Zeit zwischen den beiden Weltkriegen wurde die Frage der Restituierung bzw. der gerechtfertigten – oder nicht gerechtfertigten – Ansprüche der Habsburger heiß diskutiert. Der monarchistisch orientierte Volksbund der Katholiken Österreichs veröffentlichte 1919 ein Gutachten, an dem eine Reihe von Fachleuten mitgearbeitet hatte. Dem Komitee gehörten Gustav Turba, der Spezialist für österreichisch-ungarische Verfassungsgeschichte, der kanonisches Recht lehrende Franz Zehentbauer, der Sozialdemokrat

Otto Maresch vom Zentralverband österreichischer Konsumvereine – allerdings ohne Stimmrecht – und Hans Zeßner-Spitzenberg, ein führender monarchistischer Politiker, an. Nach einhelliger Meinung der Gutachter war das Kriterium entscheidend, „ob solches Vermögen für das Haus Habsburg an sich oder öffentlich rechtlich für dieses Haus in seiner Eigenschaft als Herrscherhaus gebunden war". Sie kamen zu dem Schluß, daß der Familienversorgungfonds, die Familienfideikommiß-Bibliothek und das Falkensteinsche Fideikommiß „zweifellos und offensichtlich Privatvermögen des Hauses Habsburg-Lothringen" waren.

Selbst ein Gutachten der Finanzprokuratur Wien vom 28. Juli 1919 legte dar, daß in monarchischer Zeit die Hofhaltung und der *splendor familiae* „zu den maßgeblichen Staatsbedürfnissen zu rechnen sei", und rechtfertigte damit praktisch alle Ansprüche der Habsburger. Ein weiteres Gutachten vom 20. September 1925 kam zum Resultat, daß alle Fonds zweifellos Privateigentum seien. Überwiegende Gründe sprächen für habsburgische Eigentumsrechte – nur bei der Hofbibliothek blieb das Urteil gespalten. In dieser Frage gab es keine Einigung: der Rechtswissenschaftler Karl Gottfried Hugelmann vertrat die Auffassung, sie sei staatlich, da die Verwaltung durch Hofstäbe erfolgte, eine öffentliche Benützung vor 1918 möglich war und die Habsburger eine eigene Bibliothek für ihren Privatgebrauch besaßen. Andere Gutachter – etwa Zehentbauer und Turba – kamen zu dem Ergebnis, daß an „allen Bestandteilen der Hofbibliothek, welche nicht als Pflichtexemplare an dieselbe gelangt sind, das private Eigentumsrecht des Erzhauses besteht und daß dieses Privateigentum durch die unterschiedslose Konfiskation der gesamten Bibliothek verletzt worden ist". Lediglich ein Gutachten des Rechnungshofes sagte aus: „Entscheidend für das Wesen des hofärarischen Vermögens ist dessen Widmung zu Hofhaltungszwecken, belanglos die Frage, in wessen Eigentum die einzelnen Sachgüter stehen." Demnach brachte der Verlust der Herrscherstellung auch den Verlust der Besitz- und Nutzungsrechte mit sich.

Im wesentlichen betrafen die Konfiskationen von

Besitzungen den regierenden Zweig des Hauses Habsburg, da – zumindest in der Republik Österreich – adeliger Besitz (im Gegensatz zum dynastischen) nicht verlorenging. Dennoch büßten auch einige nicht regierende Mitglieder des Hauses Besitzungen ein: (Erzherzog) Friedrich († 1936) die Albertina, seine Güter Seelowitz und Teschen in der Tschechoslowakei, seine Besitzungen in Jugoslawien und seine Villa in Arco, (Erzherzog) Joseph Ferdinand († 1942) die Herrschaft Schlackenwerth in der Tschechoslowakei, (Erzherzog) Peter Ferdinand († 1948) die Villa Hubertus in Parsch und die Kinder Franz Ferdinands (Herzöge von Hohenberg) die Schlösser Konopischt und Chlumec in Böhmen. Doch blieb den in Österreich begüterten Familienzweigen reichlich Vermögen erhalten: Schloß Persenbeug etwa mit der „Habsburg-Lothringischen Forstverwaltung" von etwa 14.000 Hektar Wald, die jährlich fast zehn Millionen abwerfen dürften, die Kaiservilla in Ischl, weiters Wälder in St. Andrä in Kärnten (ca. 2500 Hektar) und Oed in Niederösterreich (ca. 670 Hektar) sowie Besitz von Schwiegersöhnen Otto Habsburgs in Waldstein (ca. 3000 Hektar) und St. Martin in Oberösterreich (ca. 1200 Hektar) – alles in allem eine mehr als reichliche Ausstattung.

Im Gegensatz zu den bisher genannten Gütern, über deren „privaten" Charakter man zumindest formalrechtlich streiten könnte, gab es eine Reihe von Besitzungen der Dynastie, die diese eindeutig in ihrer Eigenschaft als Herrscher innehatte und die daher unbestritten an die Republik Österreich bzw. die anderen Nachfolgestaaten übergingen. Wie reich der Besitz der Herrscher war, zeigt eine Liste der Hofstaats- oder Krongüter. In Österreich gehörten dazu die Hofburg, die Schlösser Schönbrunn, Hetzendorf und Belvedere, das Augartenpalais, das Hofmobilien- und Materialdepot, der Lainzer Tiergarten, Schloß Laxenburg, die Lobau, die Residenzen in Innsbruck

Die Budapester Burg (linke Seite), das Schloß Miramare in Triest (unten) und das Belvedere in Wien (folgende Seite) gehörten zu den Krongütern in unterschiedlichen Nachfolgestaaten der Monarchie. Archiv Verlag Styria

und Salzburg, Schloß Ambras, Schloß Hellbrunn und das Kaiserhaus und die Floravilla in Baden bei Wien. In Ungarn zählten dazu die Burg in Budapest, Schloß Gödöllö und die Weingärten in Tarczal-Tokay; in der Tschechoslowakei die Burg in Prag, Schloß Karlstein sowie die Gestüte in Kladrub und Franzenshof; in Polen die Burg Wawel in Krakau und in Italien Schloß Miramare. Dazu kamen die heute in Slowenien gelegenen Gestüte in Lipizza und in Pröstranegg bei St. Peter.

Die gesamte juridisch überaus differenzierte und schwierige Diskussion, deren Hauptcharakteristikum zu sein scheint, daß sie rein formalrechtlich und nie politisch geführt wurde, kann nicht über die Tatsache hinwegtäuschen, daß – real gesprochen – das Vermögen der Familie an die Republik Österreich überging. Die Familie Habsburg, von der viele Mitglieder heute in Finanzgeschäften, in Treuhandschaften und Aufsichtsräten, Banken und Gutsverwaltungen tätig sind, versucht durch einzelne ihrer Vertreter seit 1918 immer wieder, den Status quo zu verändern. Erstaunlich ist und bleibt, daß weder Politik noch Medien (mit Ausnahme einiger linker Zeitungen in der Ersten Republik) jemals politisch eindeutig gegen die Familie Habsburg und ihre Ansprüche Stellung bezogen haben.

In der Zeit des Austrofaschismus kam es in Österreich zu einer Aufweichung des Habsburgergesetzes von 1919, das die Familie des Landes verwiesen und ihren Besitz beschlagnahmt hatte. Das Bundesgesetz aus dem Jahre 1935 „betreffend die Aufhebung der Landesverweisung und die Rückgabe von Vermögen des Hauses Habsburg-Lothringen" legte fest, daß die Bundesregierung die „ihr hiezu geeignet erscheinenden beweglichen und unbeweglichen Sachen oder ein Entgelt hiefür an Mitglieder des Hauses Habsburg-Lothringen oder an Fonds, die zugunsten von Mitgliedern dieses Hauses zu errichten sind" ausfolgen würde. „Ausgenommen hievon sind Gegenstände künstlerischen, archäologischen, wissenschaftlichen oder historischen Charakters, welche einen Teil von Sammlungen bilden." Nur wenig davon scheint – auch das ist ebenso wie der Anteil des Vermögens, das man 1918 ins Ausland retten konnte, von Geheimnissen umgeben – allerdings wirklich an die Familie übereignet worden zu sein. Bereits einen Tag nach dem Anschluß – also am 14. März 1938 – wurde ein Gesetz erlassen, in dem das Gesetz von 1935 aufgehoben und die Ausfolgung von Vermögen an das Haus Habsburg-Lothringen rückgängig gemacht wurde.

Nach Kriegsende wurden alle Verfassungsgesetze (oder Gesetze, die Verfassungsbestimmungen enthielten), die nach dem 5. März 1933 (der Ausschaltung des Parlamentes) erlassen worden waren, aufgehoben. Damit trat 1945 nicht der Zustand vor dem März 1938, sondern der vor 1933 in Kraft, und somit erlangte das Gesetz von 1919 über die Landesverweisung der Habsburger und die Übernahme des Vermögens des Hauses Habsburg-Lothringen wieder seine Gültigkeit. Es ist auch im § 26 des österreichischen Staatsvertrages von 1955 verankert. Die Tatsache, daß die Republik praktisch den Zustand nach dem Anschluß des Jahres 1938 beibehielt, diente als politisches Argument für die Familie, die der Republik nach 1945 indirekt die Übernahme des NS-Standpunktes vorwarf. Dabei wird aber allzuleicht übersehen, daß der eigentliche Rechtsbruch schon von den

Austrofaschisten begangen worden war, als sie den Habsburgern Vermögen zurückerstatten wollten.
Noch heute schwelt die Diskussion über eine „Rückerstattung" des Vermögens an die ehemalige Herrscherfamilie. Viele, die für die Aufhebung der Habsburger-Gesetze plädieren, realisieren oft nicht, um welche Vermögenswerte es dabei geht. Immer wieder gab es vereinzelte Teilerfolge der Familie, so erhielt etwa der Erbeserbe nach (Erzherzog) Friedrich († 1936), Paul Waldbott-Bassenheim, 1982 eine Entschädigung in der Höhe von 640.000 Schilling. Seit 1985 bemüht sich Karl Ludwig Habsburg-Lothringen, der im Gegensatz zu seinem älteren Bruder Otto keine Verzichtserklärung unterschrieben hat, um die Aufhebung der Habsburgergesetze – wohl auch mit der Nebenabsicht, in den Besitz des Vermögens seiner Ahnen zu gelangen. 1985 wandte er sich mit einem juridisch spitzfindigen Schreiben seines Anwaltes Wolfram Bitschnau an den damaligen Bundeskanzler Fred Sinowatz, allerdings entschied sich der Ministerrat gegen eine Aufhebung des Gesetzes von 1919. Bitschnau behauptet nicht nur, daß die Verfassungsbestimmungen in einer Reihe mit den Nürnberger Rassengesetzen stünden, sondern spricht offen von Diebstahl von Privateigentum. Mit der Behauptung, es seien die Rechte einer Minderheit verletzt

worden, kam es 1989 sogar zu einem Gang zur Europäischen Menschenrechtskommission in Straßburg, die allerdings die Eingabe für unzulässig erklärte. Der nächste Schritt wäre eine Klage beim Europäischen Gerichtshof.

Der Verfassungsgerichtshof, an den die Habsburger appellierten, entschied 1995 gegen die Forderungen der Familie. Der Streitwert – wobei nicht klar ist, ob es sich nur um die Fonds der Familie handelt oder auch um hofärarisches Vermögen wie die Hofburg, Schönbrunn und die Schatzkammer – beträgt 200 Milliarden Schilling (als Vergleich: beim „Sparpaket" 1996, das die österreichischen Gemüter so erregte, ging es um die Einsparung von bloß 100 Milliarden). Das eingeforderte Vermögen umfaßt jedenfalls die Güter Orth-Eckartsau (7157 Hektar), Mattighofen (10.297 Hektar), Pöggstall-Spitz (5525 Hektar), Laxenburg (526 Hektar), Mannersdorf (2567 Hektar), Kleinkrampen (618 Hektar) und Schönau (302 Hektar) – also alles in allem eine Fläche von rund 27.000 Hektar. Dazu kommen noch fünf Häuser in Wien in der Augustinerstraße 8, der Ungargasse 51, 53 und 55 und in der Garnisongasse 3.

Die entscheidende Frage ist natürlich nicht die formalrechtliche, denn in vielen Fällen ist ein „privater" Besitz der Familie durchaus nachweisbar, sondern eine politische. Woher – müßte man fragen – bezogen die Habsburger die Mittel, um diesen Besitz zu erwerben? War es nicht eine Ausbeutung der Untertanen in der feudalen Gesellschaft, die eine Besitzakkumulation der Oberschicht ermöglichte? Gerade diese Fragen, die eher mit politischer Moral als mit Recht zu tun haben, sind eigentlich nicht nach juristischen Kriterien zu entscheiden. Die Geschichte der letzten 80 Jahre hat ein deutliches Urteil über die Familie und ihren Besitz gesprochen.

Diese Häuser in der Ungargasse (oben) und der Garnisongasse (unten) in Wien werden von den Habsburgern zurückgefordert. Foto: Vocelka/Heller

HABSBURGISCHE TEILREGENTEN

Zweimal im Verlauf der Geschichte der habsburgischen Herrschaft – im späten Mittelalter und in der Frühen Neuzeit – kam es zur Teilung des Herrschaftsgebietes in verschiedene halb bis ganz souveräne Territorien; damit entstanden jeweils mehrere Linien des Hauses. Erst mit der *Pragmatischen Sanktion* 1713 und ihrem Grundsatz, daß die Länder „*indivisibiliter ac inseparabiliter*" (unteilbar und untrennbar) seien, wurde jede weitere Gebietsteilung der habsburgischen Länder für die Zukunft ausgeschlossen. Dem scheint seit dem 18. Jahrhundert ein Phänomen zur widersprechen, das man leicht für das gleiche halten könnte wie das der alten Länderteilungen. Das Entstehen von jüngeren Linien des Hauses betraf jedoch nicht die Kernlande des habsburgischen Besitzes, sondern die von den Habsburgern neu erworbenen italienischen Gebiete. In diesen – wie z. B. in der Toskana, in Parma und Piacenza – herrschten Sekundo- und Tertiogenituren, also die jeweils von den zweit- oder drittältesten Kindern der Hauptlinie abstammenden Habsburger.

Von der „gesamten Hand" zur Herrschaftsteilung – Die spätmittelalterlichen Habsburger

Die ursprüngliche Belehnung der Habsburger mit den österreichischen Gebieten „zur gesamten Hand" führte bereits von Anfang an zu Schwierigkeiten. Schon in der ersten Generation gab es Probleme und Spannungen, die in der Auseinandersetzung zwischen Albrecht I. († 1308) und Johann Parricida († ca. 1312/13) ihren Höhepunkt fanden – von diesem Konflikt wird an anderer Stelle die Rede sein. Doch ergab sich das Problem in der nächsten Generation nicht: Friedrich der Schöne und Otto der Fröhliche starben relativ früh, nur Albrecht II. blieb übrig. So machten die kurzen gemeinsamen Regierungszeiten wenig Schwierigkeiten. Zu einer entscheidenden Krise kam es erst nach dem Tod Rudolfs IV. († 1365), als seine beiden Brüder Albrecht III. († 1395) und Leopold III. († 1386) gemeinsam regieren sollten. Albrecht III. hielt allerdings am Vorrecht des jeweils ältesten Bruders fest, obwohl auch er – zumindest theoretisch – den gleichwertigen Herrschaftsanspruch aller Brüder anerkannt hatte. Das Vorrecht des Ältesten ließ sich gegenüber einem so ehrgeizigen Bruder wie Leopold III. auf die Dauer jedoch nicht behaupten, und so machte sich seit etwa 1370 Unmut über die gemeinsame Regierung bemerkbar. Darum schritt man erstmals zu einer Teilung der Herrschaft. Zunächst trennte man in Verträgen aus den Jahren 1373, 1375 und 1376 nur die Einkünfte. Doch diese rein finanzielle Regelung war offensichtlich nicht ausreichend, und es kam 1379 im Vertrag von Neuberg an der Mürz zu einer realen Länderteilung. Dieser Vertrag, der von Albrecht III. und Leopold III. für sich und ihre Erben beschworen wurde, ließ von dem Grundsatz der Einheit des Hauses und des Besitzes

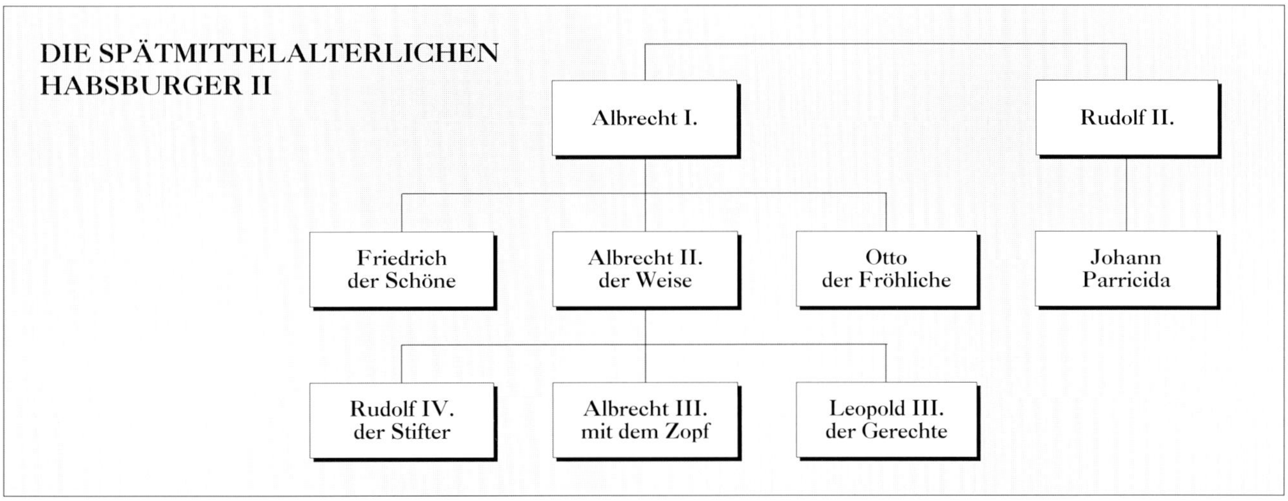

Oben: Letztendlich erwies sich die Herrschaft zur gesamten Hand als untragbar. So wurde im Vertrag von Neuberg an der Mürz (1379) die habsburgische Herrschaft geteilt. Fotostudio Otto, Wien
Unten: Einer der Nutznießer der Herrschaftsteilung 1379 war Leopold III., der 1386 in der Schlacht bei Sempach fiel. ÖNB, Wien

nur wenig übrig. Gegenüber dem Kaiser und obersten Lehensherrn blieben die habsburgischen Länder – und die Familie – allerdings weiter ungeteilt, so durfte auch jeder der Brüder und seine Nachkommen Wappen, Titel und Banner aller Länder führen. Zudem wurde der anderen Linie des Hauses ein Vorkaufsrecht bei Verkauf des Landes infolge von Geldnot eingeräumt. Das gegenseitige Erbrecht bildete ebenfalls einen wesentlichen Gesichtspunkt des Vertrages. Wenn ein Familienzweig nur unmündige Angehörige hatte, sollte der jeweils andere die vormundschaftliche Regierung führen.

Doch der entscheidende Punkt des Vertrages war die reale Aufteilung der Länder in zwei Territorien, die von verschiedenen Herrschern regiert werden sollten. Albrecht erhielt dabei Donauösterreich, bestehend aus den heutigen Bundesländern Niederösterreich mit Wien und einem Großteil des heutigen Bundeslandes Oberösterreich (ohne das erst 1779 gewonnene

Innviertel) „mit der Veste und Stadt Steier, Hallstadt und Ischelland mit den dortigen Salzpfannen, sammt den ehemals zu Steiermark gehörigen Gebieten nördlich vom Semmering, mit Ausnahme von Neustadt". Herzog Leopold III. hingegen erhielt alle übrigen Besitzungen des Hauses, und zwar „Wiener-Neustadt, das Herzogthum Steiermark, die Herzogthümer Kärnthen und Krain, die Herrschaft auf der Windischen Mark, zu Portenau, Isterreich [Österreichisch-Istrien oder Inneristrien], Metling, Feltre, Cividat, die Grafschaft und Herrschaft zu Tirol mit dem Lande an der Etsch und im Innthale, die Grafschaften Habsburg, Pfyrt und Kyburg, die Markgrafschaft Burgau, die Landgrafschaft zu Elsaß, die Stadt und Herrschaft Freiburg im Oechtlande, und alle Besitzungen, welche die Habsburger in Schwaben, Elsaß und Breisgau als Eigen, Lehen oder Pfand innehatten".

Während die albertinische Linie stets vom Erlöschen bedroht war (Albrecht III. hatte nur einen – gleichnamigen – Sohn und dieser wieder lediglich einen männlichen Nachkommen, ebenfalls mit dem Namen Albrecht), kam es in der zweiten Generation der leopoldinischen Linie zu einer ähnlichen Situation, wie sie vor dem Vertrag von Neuberg an der Mürz bestanden hatte: Leopold III. hatte vier überlebende männliche Nachkommen, und damit war reichlich Zündstoff für Konflikte gegeben.

Als Leopold III. 1386 in der Schlacht bei Sempach fiel, hatte erst einer seiner Söhne, der 16jährige Wilhelm († 1406), ein Alter erreicht, das es ermöglichte, ihn – zur Not – für großjährig zu erklären. Er übernahm die Regierung in den leopoldinischen Ländern auch für seine noch unmündigen Brüder Leopold (IV., † 1411), Ernst (I. der Eiserne, † 1424) und Friedrich (IV. mit der leeren Tasche, † 1439), allerdings mußte er das Seniorat seines Onkels Albrecht III. anerkennen. Solange Albrecht III. lebte, scheint diese Regelung weitgehend funktioniert zu haben, doch mit seinem Tod entstand erneut Handlungsbedarf. Denn Wilhelms Absicht, nun seinerseits in die Rolle seines Onkels als Senior der Familie zu schlüpfen, stieß verständlicherweise auf Widerstand von dessen Sohn, dem 18jährigen Albrecht IV. († 1404). Der Hollenburger Vertrag vom 22. November 1395 besiegelte schließlich den Kompromiß zwischen den Herzögen Wilhelm und Albrecht IV., war aber – wie der Neuberger Teilungsvertrag – nicht für die Ewigkeit gedacht, sondern sollte nur gelten, „dieweil wir leben". Erneute Konflikte brachen bereits ein Jahr später aus, als Wilhelms jüngerer Bruder, Herzog Leopold (IV.), seine Rechte an der Regierung, die sein Bruder ihm vorenthielt, einzufordern begann. Zwar verwaltete er seit seinem 20. Lebensjahr – also seit fünf Jahren – die österreichischen Vorlande, aber erst der „Hollenburger Vertrag" sicherte ihm seinen Anteil an den Einkünften rechtlich einwandfrei zu. In einer neuerlichen Übereinkunft mit seinem Bruder kam es nun zu einer realen Teilung der Länder, wenn auch die

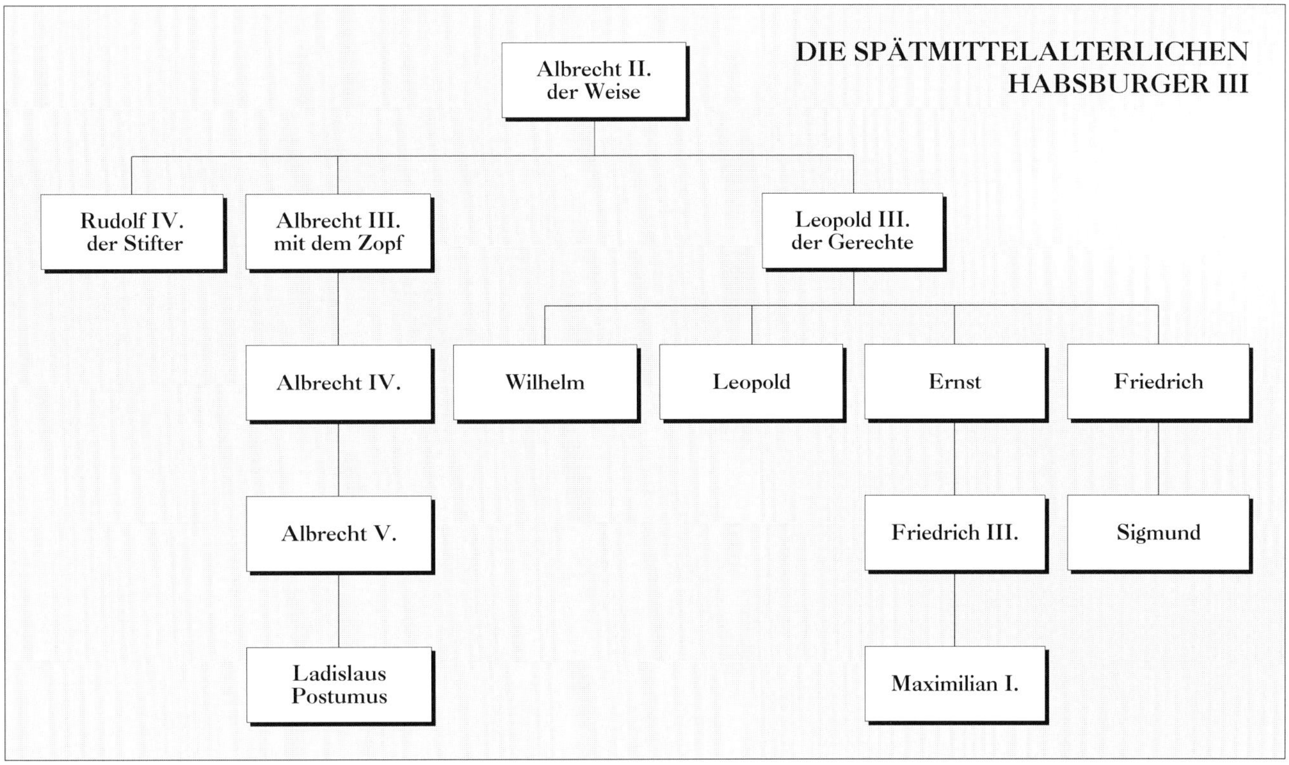

Eine der stärksten Persönlichkeiten im Kampf um die Herrschaft der Habsburger im späten Mittelalter war Herzog Wilhelm der Freundliche. ÖNB, Wien

Fiktion der Gemeinsamkeit aufrechterhalten blieb. Die Teilung wurde als zeitweilig angesehen, und die Stände der Länder mußten nach wie vor allen Herzögen der Familie den Treueid ablegen.

Wilhelm beherrschte nun ein Gebiet, für das sich der Name „Innerösterreich" eingebürgert hatte und das aus der Steiermark, Kärnten und Krain bestand. Leopold hingegen erhielt Tirol und die sogenannten Vorlande, also den Streubesitz der Habsburger im südlichen Deutschland. (Für dieses Gebiet wird manchmal neben dem Begriff Vorderösterreich auch – äußerst verwirrend – der Name „Oberösterreich" gebraucht, der aber nichts mit dem heutigen Bundesland gleichen Namens zu tun hat.) 1402 wurden die beiden jüngeren Brüder in die Aufteilung der Länder einbezogen: Ernst wurde Mitregent in Innerösterreich und Friedrich in Tirol und den Vorlanden.

Diese Länderteilungen waren zeitlich begrenzte Verwaltungsteilungen – gewissermaßen „Landauszeichnungen" –, bei denen eine weitgehende Gleichheit der Einkünfte angestrebt wurde, was sich etwa darin zeigt, daß Leopold neben Tirol und den Vorlanden noch 6000 Goldgulden jährlich bewilligt wurden. Politisch ist es sehr wichtig, daß in all diesen Auseinandersetzungen um Herrschaftsrechte der habsburgischen Familie die Stände der jeweiligen Territorien eingebunden waren und damit erheblich Einfluß gewannen. Spätestens seit den inneren Konflikten zwischen verschiedenen Linien des Hauses konnten Entscheidungen im Lande nicht mehr ohne die Stände getroffen werden; so hat der Dualismus von Landesfürst und Ständen, der das späte Mittelalter und auch noch das 16. Jahrhundert beherrschte, in diesen familiären Streitigkeiten eine wesentliche Wurzel.

Mit Albrechts IV. Tod im September 1404 – er hinterließ nur einen Sohn, den siebenjährigen Albrecht V. († 1439) – kamen zu den Auseinandersetzungen um die Länderteilung und die leidige Frage der Mitregentenschaft noch die verhängnisvollen Vormundschaftsstreitigkeiten hinzu, bei denen es in erster Linie um die Verfügung über die Einkünfte der jeweiligen Territorien ging. Zunächst konnte sich der Älteste unter den habsburgischen Fürsten – der ehrgeizige und herrschsüchtige Herzog Wilhelm – in dieser Frage behaupten, doch sein Tod 1406 löste erneut Probleme aus, da die Haupterben der leopoldinischen Territorien – seine Brüder Leopold und Ernst – die Vormundschaftsfrage erneut zum Gegenstande eines Streites machten. Die Schwierigkeiten verstärkten sich sogar noch erheblich, denn mit dem Tod Wilhelms trat nach fast 20jähriger – mehr oder minder – gemeinsamer Regierung eine strikte Länderteilung in Kraft: Die Einheit des Hauses war zerbrochen, der Gedanke der Ausbildung einzelner Linien hatte gesiegt. Damit entstanden nun wirklich getrennte Linien des Hauses, die in unterschiedlichen Gebieten regierten, und nicht bloß eine Teilung der Einkünfte. Lachende Dritte bei den Auseinandersetzungen waren die Stände, die in einem Schiedsspruch festlegten, daß Leopold und Ernst für eine von den Ständen festgesetzte Zeit die Vormundschaft für den jungen Herzog Albrecht gemeinsam führen sollten. Danach sollten sie ihn „ohne Weigerung und Verzug" aus der Vormundschaft entlassen und ihm die Regierung über Donauösterreich übergeben. Sollten – so die Stände – die Herzöge diesem Versprechen zuwider handeln, wären Prälaten, Herren, Ritter, Knechte und Bürger aller Eide und Gelübde entbunden. Nach Ablauf der Vormundschaft sollten die Länder also erneut verteilt werden: Donauösterreich an Albrecht V., Innerösterreich an Ernst (den Eisernen) und Tirol und die Vorlande an Leopold IV.

Damit war aber noch lange nicht alles geregelt, die Streitigkeiten der Brüder wurden – wie wir noch in anderem Zusammenhang sehen werden – mit

Links: Albrecht V. war der Vertreter der donauösterreichischen Linie, er wurde auch König von Böhmen und Ungarn und unter dem Namen Albrecht II. Herrscher des Reiches. Sammlung Mayr
Rechts: Leopold IV. sollte die Herrschaft in Tirol ausüben, starb aber, bevor dieser Plan verwirklicht werden konnte. ÖNB, Wien

Waffengewalt ausgetragen. Sogar Kaiser Sigismund († 1437) aus dem Geschlecht der Luxemburger wurde als Oberhaupt des Reiches in die Vermittlungen eingeschaltet. Wieder wurde ein Kompromiß erreicht, der das Ende der Vormundschaft Albrechts (V.) 1411 – also mit seinem 14. Lebensjahr – vorsah. Später mischte – neben den mächtigen Grafen von Cilli – auch der jüngere Bruder Ernsts und Leopolds, Friedrich (mit der leeren Tasche, † 1439) in der verfahrenen Situation mit; es kam zu einer Annäherung zwischen Friedrich und Ernst und zu einem regelrechten Bündnis gegen Leopold. Die enge Verbindung zwischen Ernst und Friedrich drohte aber schon nach zwei Jahren in eine ebenso heftige Feindschaft umzuschlagen, als nach Leopolds Tod 1411 die Vormundschaftsfrage auch diese Brüder zu entzweien begann. Erneut griffen die Stände ein, sie entführten den jungen Albrecht (V.) 1411 nach Eggenburg und erklärten ihn für großjährig. Doch Kaiser Sigismund, der sich Albrecht V. bereits zu seinem Schwiegersohn und Nachfolger auf den Thronen Ungarns und Böhmens auserkoren hatte, bereitete schließlich dem Familienkonflikt ein Ende. Erneute Schwierigkeiten traten auf, als Herzog Ernst der Eiserne 1424 starb, denn er hinterließ zwei minderjährige Söhne von sechs und neun Jahren: Friedrich V. (den späteren Kaiser Friedrich III.) und Albrecht VI. († 1463). Wieder kam es also zu einer Vormundschaftsregierung, die diesmal deren Onkel Herzog Friedrich IV. mit der leeren Tasche führte.

Wie zu erwarten war, entbrannte abermals ein heftiger Streit. Friedrich V. (der spätere Kaiser Friedrich III.) erreichte im Jahre 1431 das 16. Lebensjahr – und damit nach dem habsburgischen Gewohnheitsrecht die Volljährigkeit –, während sein Onkel Friedrich mit der leeren Tasche die Fortdauer der Vormundschaft bis zur Mündigkeit des jüngeren Neffen, Albrecht (VI.), wünschte, die dieser erst im Jahre 1434 erreichen würde. Erneut war ein Schiedsspruch – diesmal des „Familienoberhauptes" Albrecht V. (II.) – notwendig, um die Vormundschaft zu beenden.

Als Herzog Friedrich mit der leeren Tasche im Jahre 1439 starb, war sein Sohn, Herzog Sigmund von Tirol (der Münzreiche, † 1496), erst elf und damit noch

Oben: Herzog Ernst der Eiserne, der Vater Friedrichs III., beherrschte nach der Länderteilung Innerösterreich. ÖNB, Wien

Unten: In den Auseinandersetzungen um die Vormundschaftsfragen im späten Mittelalter spielte der spätere Kaiser Friedrich III. sowohl eine passive als auch eine aktive Rolle. ÖNB, Wien

unmündig. Albrecht V. (II.), der im selben Jahr verstarb, hinterließ mit dem Säugling Ladislaus Postumus († 1457) ebenfalls keinen regierungsfähigen Nachfolger, so daß sich die Vormundschaftsfrage mehrfach stellte. Als nunmehriger Senior des Hauses übernahm Friedrich (III.) die Vormundschaft über Sigmund von Tirol, die er bis 1446 ausübte. In diesem Jahr wurde Sigmund als Landesherr von Tirol eingesetzt, allerdings verdankte er die Beendigung seiner Vormundschaft nicht zuletzt dem energischen Eingreifen der Tiroler Stände.

Während Friedrich (III.) recht problemlos die Vormundschaft über Sigmund von Tirol übernehmen konnte, war der Fall beim kleinen Ladislaus gar nicht so eindeutig. Denn das Testament Albrechts V. bestimmte zwar Friedrich III. zum Senior des Gesamthauses, es gab aber daneben andere Rechtsauffassungen: Da Albrecht V. König von Böhmen und Ungarn gewesen war, konnte sein Sohn Ladislaus auch die Wenzels- und die Stephanskrone beanspruchen. Also handelte es sich bei ihm nicht bloß um einen österreichischen Landesfürsten, sondern auch um den zukünftigen König von Ungarn und Böhmen – zumindest den Ansprüchen nach. Nach ungarischem und – wenn auch umstritten – böhmischem Recht war aber eine Vormundschaft seiner Mutter denkbar. Dies widersprach nun gänzlich der bisher im Hause Habsburg üblichen Praxis, denn schon der Teilungsvertrag von 1379 hatte festgelegt: „alle dye weyl unser dhains sune lebent, sullen dye tochter nicht gewalt haben über lannd und lewt" (solange ein Sohn lebt, sollen die Töchter keine Gewalt über Land und Leute haben). Schließlich konnte sich Friedrich in dieser Angelegenheit durchsetzen und machte Ladislaus zu seinem Mündel.

Neue Probleme mit der Vormundschaft von Ladislaus ergaben sich nach dem Romzug und der Kaiserkrönung Friedrichs 1452, denn die ungarischen Stände hatten sich inzwischen mit einigen österreichischen Adeligen und mit dem Grafen von Cilli verbündet. Aber auch Kaiser Friedrichs III. jüngerer Bruder Albrecht VI. machte seine Gleichberechtigung bezüglich der Vormundschaft über Ladislaus geltend. Er forderte die vormundschaftliche Mitregierung und die Teilung der Vormundschaftserträgnisse und setzte das letztere sogar durch. Der Konflikt der beiden Brüder – auch er wird in einem anderen Zusammenhang ausführlich behandelt werden – führte wieder einmal zu bürgerkriegsähnlichen Zuständen.

Erst nach dem Tod des kinderlosen Herzogs Albrecht VI. († 1463) und mit Herzog Sigmunds Verzicht auf seine Ansprüche auf Donauösterreich erlangte Kaiser Friedrich III. 1464 für sich und seine Erben ungeteilte landesherrliche Gewalt über Österreich ob und

Links: Ladislaus Postumus, der in dieser historisierenden Darstellung als ungarischer König bezeichnet wird. ÖNB, Wien
Rechts: Albrecht VI. kämpfte energisch gegen seinen Bruder Friedrich III. um seine Rechte. ÖNB, Wien

unter der Enns mit allen Einkünften des Landes. Somit waren zwei der drei Teile des habsburgischen Besitzes – Donau- und Innerösterreich – wieder vereint. Nur in Tirol und den Vorlanden blieb die selbständige Regierung Sigmunds bestehen. Im Jahre 1490 beschloß Sigmund, der keine ehelichen Nachkommen hatte (allerdings mehrere Dutzend uneheliche), in Tirol und den Vorlanden zugunsten von Friedrichs III. Sohn Maximilian I. abzudanken und diesen als Sohn anzunehmen. Wie ein Geschichtsschreiber des 19. Jahrhunderts ihn charakterisiert, war Sigmunds „frühere Kraft […] in den späteren Jahren in fast willenlose Schwäche, seine geistige Rührigkeit beinahe in Blödsinn übergegangen; er war der Spielball ränkevoller und liederlicher Weiber, gewissenloser Höflinge und ländergieriger Nachbarn geworden, die samt und sonders seine Schwäche zu ihren eigennützigen Zwecken ausbeuteten". Besonders eine Frau, genannt die „Spießin", die als Hexe beschrieben wird, scheint große Macht über ihn ausgeübt zu haben. Erst nach dem Tod Friedrichs III. im Jahr 1493 befanden sich also wieder alle drei Teile der österreichischen Länder in der Hand desselben Regenten – Maximilian I. Die spätmittelalterliche Herrschafts- und Linienteilung war beendet.

Madrid und Wien – Die spanische und die österreichische Linie

Wenn man von den Linien des Hauses Habsburg spricht, so denkt man an die beiden bekannten Zweige des Hauses, von denen einer in Spanien und der andere in der Donaumonarchie regierte. Diese beiden Linien entstanden im Zusammenhang mit dem Aufstieg der Dynastie zu einer der mächtigsten in Europa.

Am Beginn stand Maximilian I. Er vereinigte nicht nur alle österreichischen Länderteile wieder, er trug auch durch seine eigene Hochzeit und die Heiratspolitik seiner Kinder und Enkel zu einer enormen geographischen Ausweitung der Herrschaftsrechte des Erzhauses bei. Konzentrierte sich das Interesse der nächsten Generationen auf Burgund und Spanien,

so blieb dennoch der österreichische Besitz der Familie von ausschlaggebender Bedeutung. Obwohl Maximilians Sohn Philipp der Schöne († 1506) nach Spanien heiratete und dessen Söhne Karl und Ferdinand in Burgund bzw. Spanien aufwuchsen, war es eines der Hauptanliegen Maximilians I., die Nachfolge in den Erblanden für seine weit von Österreich erzogenen Enkel zu sichern. Er starb allerdings, ohne daß Karl und Ferdinand die Huldigung in den österreichischen Gebieten empfangen hätten.

Maximilian bestimmte, daß „nach unserm abgang all unser lannd und leut unsern lieben sunen kunig Karls von Hyspanien und Erzherzog Ferdinanden, printzen daselbs, als unseren rechten naturlichen erben" übergeben werden sollten. Mit seinem Tod im Jahre 1519 ergaben sich allerdings mehrere Nachfolgeprobleme. Sein ältester Enkel, Karl (V.) – schon im Besitz Burgunds und Spaniens –, sollte nun auch die Nachfolge seines Großvaters im mitteleuropäischen Bereich antreten. Dabei ist rechtlich allerdings sehr genau zwischen jener Form von Herrschaft zu unterscheiden, die auf erbrechtlichen Grundsätzen beruhte, und derjenigen, in der eine Wahl notwendig war. Zur ersteren gehörte der österreichische Länderkomplex, den Karl (V.) von seinem Großvater erbte. Dieser umfaßte im wesentlichen die sogenannten habsburgischen Erblande – die Länder des heutigen Österreich –, die die Familie im späten Mittelalter unter ihrer Herrschaft vereint hatte. Ganz anders sah die Lage im Reich aus, da die Krone des Reiches nicht erblich

Linke Seite: Im Brüsseler Vertrag von 1522 übergab Karl V. seinem jüngeren Bruder Ferdinand die österreichischen Länder. Fotostudio Otto, Wien

Rechts: Die Begründer der spanischen und österreichischen Linien des Hauses – Karl V. und Ferdinand I. – vor dem Kruzifix. Biblioteca Nacional, Madrid

war, sondern von der Wahl durch die Kurfürsten abhing. Dort konnte sich Karl mit Hilfe des Geldes der Fugger, das manchem Kurfürsten als „Handsalbe“ willkommen war, gegen seinen Rivalen Franz I. von Frankreich durchsetzen.

Abgesehen von den technischen Schwierigkeiten, ein so großes Reich zu regieren, das weit über Europa hinaus eine wirklich globale Dimension hatte, gab es familieninterne Konflikte zu lösen. Zumindest nach dem österreichischen Hausrecht, das sich im späten Mittelalter entwickelt hatte, war auch der jüngere Bruder Ferdinand (I.) in Österreich erbberechtigt und konnte mitregieren. Für Spanien fehlte hingegen jede entsprechende Regelung, da Ferdinand von Aragón es verabsäumt hatte, eine Mitregentschaft seines Lieblingsenkels in seinem Letzten Willen zu verankern.

So kam es aus verschiedenen Gründen zunächst zu einer Übersiedlung Ferdinands nach Burgund. Damit lockte man ihn von Spanien weg, wo er möglicherweise eine politische Oppositionsrolle hätte spielen können. Schließlich war er ja – im Gegensatz zu seinem Bruder Karl, dem spanischen König, dessen Erziehung in den Niederlanden erfolgt war – in diesem Lande aufgewachsen. Nach langen und mühsamen Verhandlungen gelang es Ferdinand erst im Wormser Vertrag von 1521, eine Vereinbarung mit Karl zu erzielen. Dieser Vertrag übertrug dem jüngeren Bruder die fünf „niederösterreichschen Herzogtümer“ – damit sind Österreich ob und unter der Enns, Steiermark, Kärnten und Krain gemeint –, doch mit der Einschränkung, daß die Vereinbarung geheimgehalten werden mußte. Ein Jahr später erlangte Ferdinand im Brüsseler Teilungsvertrag von 1522 eine noch viel günstigere Position; er bekam die Gesamtheit der österreichischen Länder, wie sie Maximilian beherrscht hatte – also auch Tirol und die Vorlande. Damit verzichtete Karl auf alle Rechte und Ansprüche auf die maximilianeische Erbschaft und auf das Herzogtum Württemberg und übertrug die Herrschaftsrechte gänzlich an Ferdinand und seine Nachkommen, allerdings sollte die Geheimhaltungspflicht auf weitere sechs Jahre verlängert werden. Nur das Elsaß mit dem Sundgau, die Landvogtei Hagenau, die Grafschaft Pfirt und den Breisgau behielt sich der Kaiser zunächst vor – erst am 7. Mai 1540 überließ Karl V. in Gent Ferdinand und seinen „ehelich leibserben und nachkummen“ diese Gebiete.

Einer der Gründe für das Nachgeben Karls, der zunächst als alleiniger Erbe sämtlicher Territorien aufgetreten war, war der Druck der Jagiellonen in Ungarn, die für Ferdinand, den zukünftigen Mann Anna Jagiellos, einen Herrscher mit einem entsprechenden Territorium haben wollten. Im Brüsseler Vertrag von 1522, der gleichermaßen für die Geschichte der Dynastie wie für die von ihnen regierten Länder von Bedeutung war, verzichtete Karl V. auf das ihm nach den Bestimmungen des *Privilegium maius* zustehende „Dominium“ als Ältester des Hauses. Bestehen blieb einzig und allein das Recht, im Falle des Aussterbens der Linie seines Bruders Ferdinand diesen zu beerben. Das schon aus der babenbergischen Tradition stammende verbriefte weibliche Erbrecht kam ebenfalls in dem Vertrag vor, doch wandte man sich – verständlich nach den bösen Erfahrungen des späten Mittelalters – gegen jede Teilung des Landes. „Der ältist unter den herzogen soll die herrschaft des lands haben und ime sein ältister sohn erblich [nachfolgen], doch also [...], daß dieses herzogthum [Österreich] nimmer mer getheilt soll werden. Wo aber bemelt fursten on erb sun abgiengen [sollte aber der erwähnte Fürst ohne Erbsohn sterben], so soll das herzogthum und die land an sein ältist verlassene dochter fallen.“ Damit wäre die weibliche Linie Ferdinands vor der männlichen Karls in der Erbfolge gereiht gewesen. Man könnte darin eine erste Bestimmung im Sinne der etwa 200 Jahre später entstandenen *Pragmatischen Sanktion* von 1713 sehen.

Mit den Verträgen von Worms und Brüssel waren also eindeutig zwei Linien des Hauses entstanden, die völlig unabhängig voneinander in unterschiedlichen Territorien herrschten. War zunächst die spanische Linie die mächtigere, so holte die jüngere ferdinandeische Linie 1526 mit der Erwerbung Böhmens und – zumindest theoretisch – Ungarns erheblich auf und bildete einen wesentlichen Machtfaktor in Mitteleuropa. Was die kaiserliche Würde anlangte, bemühte man sich zunächst um ein Modell des Ausgleiches zwischen den beiden Zweigen. Um den Wechsel zwischen den Familien und die Nachfolge zu sichern, ließ Karl 1531 seinen Bruder – der während der langen Abwesenheiten des Kaisers als eine Art Statthalter im Reich fungieren mußte – zum römischen König wählen. Ihm sollte dann ein Spanier – Philipp II. – folgen, dann wieder ein Mitglied der jüngeren Linie und so weiter. Obwohl diese Idee im ganzen 16. Jahrhundert immer wieder auftauchte, wurde sie nie zur Realität; die Kaiserwürde verblieb vielmehr ab Ferdinand in der österreichischen Linie des Hauses. Nach der Herrschaft Karls V. hatten die Kurfürsten – von denen immerhin drei Protestanten bzw. Kalviner waren – keine Lust, einen Spanier zu wählen, der die Gegenreformation brutal vorantreiben würde, wie man es am Beispiel der Niederlande hautnah miterleben konnte. Natürlich waren die österreichischen Habsburger entschiedene Katholiken – und auch sie neigten der Gegenreformation zu –, aber sie ließen sich durch die räumliche Nähe ihrer Territorien zu den Reichsfürsten besser kontrollieren und verfügten nicht über die unermeßlichen Silberschätze der Neuen Welt, mit denen man Truppen gegen die „Ketzer" anwerben konnte. Dadurch entstand zunächst eine Art politisches Gleichgewicht zwischen den beiden Linien des Hauses – doch die Macht des spanischen Zweiges verblaßte in dem Maß, wie die österreichischen Habsburger ihre Position festigen konnten. Betrachtet man die beiden Linien des Hauses knapp vor dem Aussterben des spanischen Zweiges im Jahre 1700, so lag Spanien in einer tiefen Agonie, während die österreichischen Habsburger mit den Siegen im langen Türkenkrieg nach 1683 fast ganz Ungarn in ihren Besitz gebracht hatten und zur mächtigsten Dynastie in Mitteleuropa aufgestiegen waren.

Trotz der großen Zahl an engen Verwandtschaftsehen gestaltete sich das Verhältnis der beiden Linien nicht immer zum Besten. Zwar gab es häufig politischen Konsens und Zusammenarbeit, besonders gegen Frankreich und das Osmanische Reich und in der Bekämpfung der Reformation, doch gleichzeitig schwelten auf persönlicher und politischer Ebene jede Menge Konflikte, vor allem um die Reichslehen in Italien, die Spanien für sich beanspruchte.

Wien, Graz, Innsbruck – Habsburgische Teilregenten in der Frühen Neuzeit

Ferdinand I. war in seiner Verfügung über die österreichischen Länder ambivalent. Einerseits fühlte er sich dem Grundsatz der Herrschaft eines einzigen verpflichtet und war mit dem spanischen Majoratsrecht – also das ausschließliche Recht des Ältesten auf das Erbe – aufgewachsen, andererseits hatte er selbst von einer Länderteilung profitiert, ohne die er niemals zur Herrschaft gelangt wäre. Seine Testamente aus unterschiedlichen Perioden seines Lebens spiegeln diese Unentschiedenheit deutlich.

Im Linzer Testament von 1532 – niedergeschrieben knapp vor einer befürchteten Entscheidungsschlacht mit den Osmanen, die allerdings nicht stattfand – bestimmte Ferdinand I., daß alle Stammländer mit Württemberg ungeteilt an seinen zweiten Sohn Ferdinand (später von Tirol, † 1595) fallen sollten. Sein ältester Sohn Maximilian (II.) sollte Böhmen und Ungarn regieren und später die Krone des Reiches tragen. Zu dieser Zeit erlaubte die militärische und politische Lage in Ungarn allerdings keine Verfügung über dieses Territorium. Daher bestimmte Ferdinand, daß Maximilian Nieder- und Oberösterreich dazubekommen sollte, falls er Ungarn nicht erwerben könnte. Im Prager Testament von 1543 beschwor er wiederum den Gedanken der brüderlichen Einigung; er riet zu einer „Auszeichnung" – wie im späten Mittelalter – und hoffte, daß eine „endliche absonderung und teilung" der Lande verhindert werden könne. In seinem Wiener Testament vom 25. Februar 1554 verfügte er schließlich eine Dreiteilung der Länder. Maximilian erhielt Nieder- und Oberösterreich, Böhmen und Ungarn (obwohl er dort ja gewählt werden mußte), ihm war auch die Nachfolge im Reich zugedacht. Der zweitälteste Sohn Ferdinand († 1595) erhielt Tirol und die Vorlande und der jüngste Sohn Karl († 1590) die Herzogtümer Steiermark, Kärnten und Krain sowie die Grafschaften Görz und Inneristrien. Ferdinand riet den Brüdern, sie möchten sich so verhalten, als seien die Territorien ungeteilt, es kam aber wieder zu einer realen Teilung der Länder. Doch wurde – wie schon im späten Mittelalter – die Einheit zumindest mit symbolischen Mitteln aufrechterhalten; alle drei durften die Titel, Wappen und Banner aller Länder führen, und keiner durfte ohne Wissen der anderen sich selbst oder seine Kinder verheiraten. Obwohl man die Einheit und das gegenseitige Einvernehmen beschwor, wurden die Herrscher aus den Seitenlinien mit einer souveränen Vollkommenheit ausgestattet: Sie waren dem Gesamthaus lediglich moralisch verpflichtet.

Mit dem Tod Ferdinands I. 1564 trat die von ihm ver-

fügte Länderteilung in Kraft; sie dauerte für Innerösterreich von 1564 bis 1619 und für Tirol und die Vorlande von 1564 bis 1665. Zunächst geschah das, was bei Todesfällen innerhalb der Familie immer am wichtigsten zu sein schien: die Aufteilung des Vermögens bzw. – was den Nachlaß Ferdinands anlangte – der Schulden. Bei dieser Schuldenteilung wurden Nieder- und Oberösterreich mit 8,887.961 Gulden, Tirol und die Vorlande mit 2,103.484 und Innerösterreich mit 1,057.277 Gulden belastet. Bei den „fahrenden Gütern" (der beweglichen Habe) wurde man sich schnell einig; das Tischgewand wurde verlost, das Geschirr erhielt Karl. Auch die Kleinodien wurden problemlos verteilt: der jeweils Älteste (zuerst Maximilian II. und nach seinem Tod Ferdinand von Tirol) behielt den unteilbaren Hausschatz, nämlich „Ainkürn" und Achatschale.
Das rechtskonstituierende Ritual des Herrschaftsantrittes vollzog sich in der jeweiligen Erbhuldigung, für Karl waren es sogar drei – eine in der Steiermark, eine in Kärnten und eine in Krain. Ferdinand von Tirol und Karl von Innerösterreich mußten auch einen Hofstaat für ihre Länder bilden – letztlich auf der Grundlage der von Kaiser Ferdinand I. erlassenen Hofstaatsordnungen und Instruktionen für die einzelnen Hofwürdenträger –, und auch Behördenorganisationen mußten geschaffen werden. Ferdinand von Tirol hatte es dabei etwas leichter, da er als Statthalter seines Vaters in Böhmen bereits personelle Strukturen aufgebaut hatte, die ihm jetzt nützlich werden konnten; er setzte einen Hofstaat mit Obersthofmeister, Obersthofmarschall, Oberstkämmerer, Hofkanzler, Vizekanzler, Hofkammerrat und Hofräten ein. Karl von Innerösterreich bediente sich der Wiener Regierung und Kammer für die Übergangszeit. Nur langsam entstand sein eigener Hof mit dem Obersthofmeister Kaspar von Herberstein, dem Oberstkämmerer Kaspar von Vels und dem Oberststallmeister Ludwig von Zelking, die alle aus seinem Hofstaat als Erzherzog stammten. Erst viele Jahre nach seinem Regierungsantritt wurde Pankraz von Windischgrätz als Obersthofmarschall aufgenommen und Kaspar Preiner zum Hofkammerpräsidenten bestellt.
War das Territorium Karls – also Innerösterreich – relativ geschlossen, so bestand Ferdinands Herrschaftsanteil aus sehr verstreuten Besitzungen, die sich von Tirol über Vorarlberg bis in den Sundgau, von Rovereto bis in das Elsaß erstreckten. Besonders die Vorlande waren aus vielen Teilen zusammengesetzt: aus dem Sundgau und dem Breisgau, den Landvogteien in Schwaben, Ortenau, Hagenau und dem Oberelsaß und aus kleineren Territorien wie der Markgrafschaft Burgau und der Grafschaft Hohenberg. In diesen vorderösterreichischen Gebieten existierten schon bei der Übernahme des Landes durch Ferdinand gesonderte Verwaltungsorganisationen, auf die er zurückgreifen konnte.
Ferdinand residierte hauptsächlich in Ambras, das mit seinen Gärten und nahegelegenen Jagdrevieren, mit seiner Sammlung und Bibliothek das Zentrum seines Lebens bildete. Seine großartigen Sammlungen, die er zum Teil schon als Statthalter von Böhmen erworben hatte und in Tirol durch manche Stücke aus den Beständen Sigmunds von Tirol ergänzen konnte, wurden zu einer Kostbarkeit des Landes Tirol. Die Bibliothek mit ihren wertvollen Handschriften wie dem „Ambraser Heldenbuch", die Harnischsammlung und die über 1000 Porträts umfassende Gemäldesammlung bildeten Grundsteine des habsburgischen Sammelwesens.
Politisch gesehen hätten die beiden Brüder kaum unterschiedlichere Situationen vorfinden können. Tirol und die Vorlande lagen weit entfernt vom Schauplatz des Türkenkrieges, daher war der Steuerdruck auf die Bevölkerung viel geringer, und die Stände konnten aus der Not des Landesfürsten kein politisches Kapital schlagen: Ferdinands Regierung verlief in friedlichen Bahnen. Auch die konfessionelle Situation in Tirol war ruhig, denn ein Großteil der Bevölkerung war katholisch geblieben. Trotzdem bemühte sich Ferdinand, die wenigen verbliebenen Täufergemeinden und die in den Bergwerksorten nach wie vor tätigen Lutheraner zu eliminieren. Im Vergleich zu Inner- und Donauösterreich waren aber nur wenige gegenreformatorische Maßnahmen notwendig. Schon Ferdinands Vater hatte Jesuiten und Franziskaner in Innsbruck angesiedelt, er selbst fügte dem noch ein Kapuzinerkloster hinzu, während seine Witwe Anna Katharina ein Serviten- und ein Servitinnenkloster erbauen ließ. Eines von Ferdinands politischen Hauptzielen bestand darin, die beiden Bistümer Brixen und Trient enger an das Land Tirol zu binden.
Ganz anders die Lage in Innerösterreich. Karl war mit einer langen offenen Grenze gegen das Osmanische Reich konfrontiert, die immer wieder von streifenden Scharen überschritten wurde. Die hohen Ausgaben für die Landesverteidigung setzten ihn unter Druck, da er den Ständen die Bewilligung für die Türkenhilfe abringen mußte. Ein guter Teil des ständischen Adels – vermutlich etwa drei Viertel – war protestantisch und ließ sich häufig seine Zustimmung mit Zugeständnissen in Religionsfragen erkaufen. Dies wiederum brachte Karl als strengen Katholiken in Konflikt mit seinem Gewissen, mit seiner vermutlich noch katholischeren Ehefrau Maria von Bayern und mit seinen bayrischen Verwandten, die auf strenge gegenreformatorische Maßnahmen in Innerösterreich drängten. Zwar förderte er den Katholizismus – er

berief etwa die Jesuiten nach Graz und führte intensive Visitationen durch –, doch angesichts der drohenden Türkengefahr und der nahen Grenze mußte er aus politischen Gründen den Ständen immer wieder nachgeben. Seine Regierungszeit verlief also keineswegs ruhig und friedlich, sondern war von einem ständigen Positionskampf gekennzeichnet.
Im Gegensatz zu seinem Vater bestimmte Karl von Innerösterreich in seinem Testament vom 1. Juni 1584 über seinen Anteil an den habsburgischen Ländern im Sinne des Majoratsrechtes. Sein ältester Sohn – der spätere Kaiser Ferdinand II. – sollte das Gebiet erben, dann wieder dessen ältester Sohn und so weiter. Die einzige Bedingung bestand darin, daß der jeweilige Erbe der „alleinseligmachenden" katholischen Religion angehören mußte. Sollte ein Mitglied seines Hauses den Glauben wechseln, wäre es von der Erbfolge auszuschließen. Spätestens mit diesem Testament war die Konzeption des Gesamthauses und der „Herrschaft zur gesamten Hand", wie sie in Ferdinands I. Testament zumindest noch angeklungen war, hinfällig.
In Tirol war die erbrechtliche Situation nicht so einfach, denn Ferdinand von Tirol war – wie schon erwähnt – in erster Ehe morganatisch mit Philippine Welser verheiratet, und die Söhne aus dieser Ehe waren nicht erbberechtigt; aus seiner zweiten, legitimen Ehe mit Anna Katharina von Mantua hatte er aber keine männlichen Erben. Als Ferdinand 1595 starb, fiel sein Herrschaftsgebiet daher an das Gesamthaus zurück: die Tiroler Linie war damit erloschen. Ferdinands Neffe Rudolf II. übernahm offiziell die Regierung, doch 1602 einigte man sich auf eine Regentschaft seines jüngeren Bruders Maximilian III. des Deutschmeisters († 1618) als Gubernator von Tirol. Dieser harmonierte allerdings wenig mit seinem kaiserlichen Bruder und verstrickte sich tief in den Bruderzwist; erst unter Kaiser Matthias gewann er mehr Selbständigkeit in seiner Herrschaftsausübung. Seine Regierungszeit, die durch große Sparsamkeit – nach dem aufwendigen Stil Ferdinands von Tirol – gekennzeichnet war, verlief ohne besonders einschneidende Ereignisse und Veränderungen. Als er – als Geistlicher natürlich ohne legitime Erben – 1618 starb, wäre es möglich gewesen, Tirol und die Vorlande wieder an das Gesamthaus anzubinden. Doch Kaiser Ferdinand II., der der einzigen überlebenden Linie des Hauses (der innerösterreichischen) entstammte, beauftragte seinen jüngeren Bruder Leopold V. († 1632), den Bischof von Passau und Straßburg, mit der Regierungsführung im Land und schuf damit die Voraussetzung für eine erneute Trennung der Länder.
1619 wurde also Leopold Statthalter in Innsbruck, der nun energisch versuchte, die volle landesfürstliche Gewalt zu erlangen. Erst 1623 kam es zu einer „Erb-Einigung" der drei noch lebenden Brüder, dabei erhielt Leopold das eigene Drittel der tirolisch-vorländischen Erbschaft, dazu das Drittel seines jüngeren Bruders Karl († 1624), im ganzen also zwei Drittel „eigentümlich". Des Kaisers eigenes Drittel erhielt Erzherzog Leopold auf Lebenszeit, allerdings bloß zur Administration. 1625 wurde diese Regelung erneut modifiziert: mit dem Verzicht auf sein väterliches Deputat von 20.000 Gulden konnte er Tirol und den größten Teil der vorderösterreichischen Lande mit Burgau „eigentümlich" für sich und seine „männlichen Leibserben und Erbenserben" erwerben,

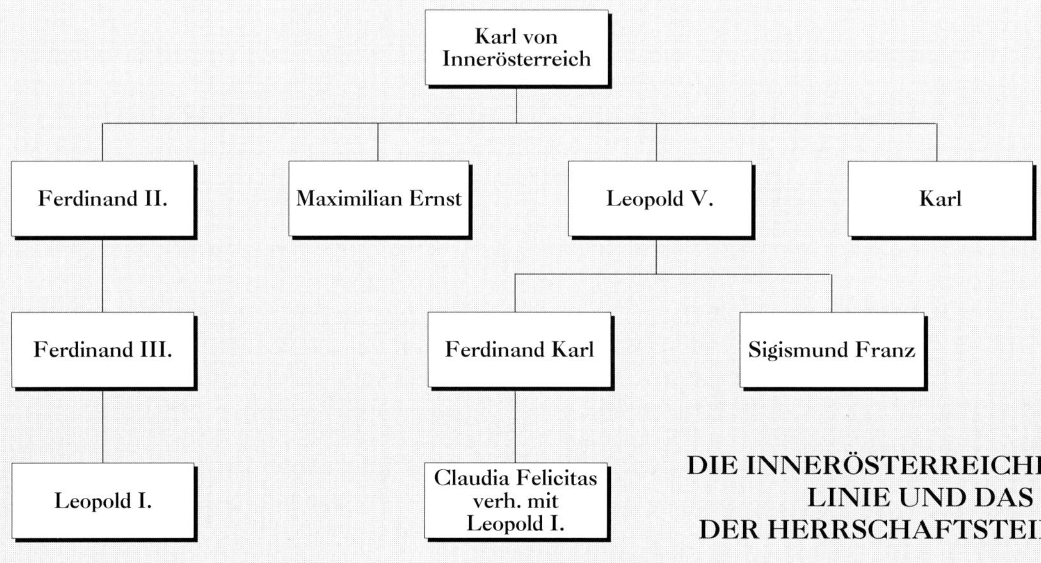

DIE INNERÖSTERREICHISCHE LINIE UND DAS ENDE DER HERRSCHAFTSTEILUNG während der Kaiser nur den Breisgau und Sundgau, ferner das Elsaß samt den vier Waldstätten am Rhein und den beiden Landvogteien Hagenau und Ortenau behielt. Erst jetzt war Erzherzog Leopold Landesherr; damit war die sogenannte jüngere Tiroler Linie der Habsburger entstanden. Leopold verzichtete mit päpstlicher Zustimmung auf seine geistlichen Ämter und heiratete 1626 Claudia von Medici, die Witwe von Francesco Ubaldo della Rovere, dem Herzog von Urbino.

Unter Leopold verstärkte sich in Tirol der fürstliche Absolutismus, den schon Ferdinand von Tirol angestrebt hatte, erheblich; die Stände verloren ihr wichtigstes Recht – das auf Steuerbewilligung. Außenpolitisch versuchte Leopold, uralte Ansprüche auf die habsburgischen Stammlande in der Schweiz wieder durchzusetzen. Doch blieb auch Tirol von der Politik der Hauptlinie nicht verschont. Im Zuge des mantuanischen Erbfolgekrieges gab es Truppendurchmärsche in Tirol, das aber vom Dreißigjährigen Krieg – sieht man von wirtschaftlichen und sozialen Folgen ab – nicht direkt betroffen war.

Nach dem Tod Leopolds 1632 führten zwar sein Bruder Ferdinand II. (und nach seinem Tod dessen Sohn Ferdinand III.) die Vormundschaft über Leopolds unmündige Söhne – Ferdinand Karl war vier, Sigismund Franz nur zwei Jahre alt; die Herrschaft im Lande übte aber Leopolds Witwe Claudia von Medici aus. Trotz der geschickten Politik der Erzherzogin und ihres Ratgebers, des Hofkanzlers Wilhelm Bienner, kam es aufgrund der Bestimmungen des Westfälischen Friedens zu Gebietsverlusten in den linksrheinischen Gebieten.

Mit der Erreichung seines 18. Lebensjahres im Jahr 1646 konnte Erzherzog Ferdinand Karl († 1662) die Regierung antreten, doch blieb der Einfluß seiner Mutter bis zu ihrem Tod zwei Jahre später weiterhin maßgebend. Ferdinand Karl, verheiratet mit seiner weitaus älteren Cousine Anna von Medici, führte ein prunkvolles und – zumindest für die Staatsfinanzen – allzu aufwendiges Hofleben, auch blühte eine schreckliche Günstlingswirtschaft bei Hof, die alle Arten von Intrigen begünstigte. Ein Opfer einer solchen Intrige war Kanzler Bienner, der 1650 in einem Geheimprozeß angeklagt und 1651 hingerichtet wurde – eindeutig das Opfer eines Justizmordes. Kulturell war der Hof in Innsbruck mit seiner Orientierung an Italien eine Drehscheibe für Talente; viele der Musiker – die Oper blühte in Innsbruck – und Maler gelangten über den Tiroler an den Wiener Hof. Erzherzog Ferdinand Karl starb 1662 ohne männlichen Erben, allerdings heiratete eine seiner beiden Töchter – Claudia Felicitas, um die es zahlreiche Heiratspläne und Spekulationen gegeben hatte – Kaiser

Erzherzog Leopold V. war zunächst mehrfacher Bischof, ließ sich dann säkularisieren und wurde schließlich der Begründer der jüngeren Tiroler Linie. Kupferstich von Wolfgang Kilian. ÖNB, Wien

Leopold I., was dessen Anspruch auf Tirol verstärkte. Die Regierung übernahm zunächst jedoch Ferdinand Karls jüngerer Bruder Sigismund Franz († 1665), der ebenfalls eine geistliche Karriere – als Bischof von Augsburg und Gurk und Administrator von Brixen – hinter sich hatte. Nach seinem Verzicht auf die geistlichen Ämter wurde er Landesfürst in Tirol (der dritte aus dem geistlichen Stand!) und heiratete *per procuratorem* Hedwig Augusta von Sulzbach, starb aber plötzlich am 25. Juni 1665. Damit war die jüngere Tiroler Linie im Mannesstamm erloschen. Die Frage, ob Hedwig Augusta wirklich als Witwe des Erzherzogs gelten konnte, da die Hochzeit ja nicht vollzogen worden war, blieb lange offen, schließlich bekam sie doch ein Witwengehalt.

Trotz der Versuche Anna von Medicis, der Witwe des vorletzten Herrschers, eine Regentschaft in Tirol anzutreten, war dessen Entwicklung als eigenständiges Land vorbei. Innsbruck war keine Residenzstadt mehr – die wenig später erfolgte Universitätsgründung wird manchmal als eine Art Kompensation für diesen Funktionsverlust gesehen. Gestützt auf seine Stellung als Ältester des Hauses und seine Ehe mit Claudia Felicitias, kam Leopold I. selbst ins Land

Der letzte der jüngeren Tiroler Linie Erzherzog Sigismund Franz, hier noch im geistlichen Gewand. ÖNB, Wien

und nahm die Erbhuldigung entgegen. Die Wiedervereinigung der 1564 entstandenen Linien des Hauses war damit abgeschlossen.

Die innerösterreichische Linie hatte also – ähnlich wie im späten Mittelalter – die Länder- und Linienteilung als einzige überlebt und schließlich auch alle Länder wieder vereint. Schon nach dem Tod von Kaiser Matthias 1619, der keine Erben hinterließ, hatten Mitglieder der innerösterreichischen Linie Donauösterreich, Böhmen und Ungarn übernommen. 1665 – nach dem Aussterben der jüngeren Tiroler Linie (die auch der innerösterreichischen Linie entstammte) – vereinigte sie schließlich das gesamte Gebiet der Erblande.

LEBENSWEGE DER JÜNGEREN SÖHNE

Lange Zeit stellte die Versorgung der jüngeren Söhne kein gravierendes Problem für die Habsburger dar. Im Mittelalter galt der Grundsatz der Herrschaft zur gesamten Hand, und als die Primogeniturregelung sich allmählich durchsetzte, war die Zahl der jüngeren Söhne gering. Vor dem 18. Jahrhundert bildeten Versorgungsfragen nur in einigen wenigen Generationen – etwa bei den Kindern Ferdinands I., Maximilians II. und Karls von Innerösterreich – ein Problem. Erst mit dem Anwachsen der Zahl der Habsburger im 18. Jahrhundert mußte man Versorgungsstrategien für die vielen männlichen Angehörigen des Hauses entwickeln. Dabei kam es selbstverständlich nicht in Frage, einem „bürgerlichen Beruf" nachzugehen. Die Zahl der möglichen standesgemäßen Versorgungsstellen war daher sehr eingeschränkt.

Natürlich stellte die Versorgung der weiblichen Angehörigen des Hauses auch eine Schwierigkeit dar. Diese war allerdings weniger kraß als bei den Männern, denn die meisten Erzherzoginnen konnten an verschiedene Herrscher in Europa verheiratet werden. Von der Versorgung der vereinzelten nicht verheirateten Töchter in Klöstern oder Damenstiften wird im nächsten Kapitel ausführlich die Rede sein.

Pfründeninhaber – Habsburger als Bischöfe und Kardinäle

Eine der besten Möglichkeiten zur Versorgung der nachgeborenen Söhne des Adels bot die katholische Kirche, deren Pfründen als „Spitäler des Adels" bezeichnet wurden. Die Erwerbung kirchlicher Ämter war – anders als heute – in der Praxis keineswegs an die wirkliche Ausübung der Funktion gebunden; das Ziel solcher Ernennungen zu einem Kirchenamt bestand vielmehr darin, an die damit verbundenen Einkünfte heranzukommen, die dem jeweiligen Adeligen ein gesichertes Leben ermöglichen sollten. Kirchenrechtlich war die Verleihung von Pfründen zwar an gewisse Voraussetzungen gebunden, wie etwa die Priesterweihe, diese ließen sich aber mit einem Dispens umgehen. Da die Annahme der Weihen eine eventuelle Rückversetzung in den weltlichen Stand sehr erschwert hätte, blieben die meisten Habsburger Laien und bildeten so gewissermaßen eine zeitweilig stillgelegte genealogische Reserve, die man beim Ausfall des erstgeborenen Sohnes (etwa wenn dieser kinderlos sterben sollte) jederzeit reaktivieren konnte.

Der erfolglose Kampf gegen den Mißbrauch der Ämterkumulierung und Pfründenhäufung in der Kirche begann zwar schon früh, setzte sich aber lange nicht durch. Bereits das Konzil von Nicäa 325 legte die Residenzpflicht der Bischöfe fest – was eine mehrfache Bischofswürde ausschloß –, und auch das Konzil von Lyon 1274 untersagte ausdrücklich die Pfründenhäufung. Das große Reformkonzil von Trient 1545 bis 1563 kam zum Schluß, daß Ämterkumulierung, Expektanzen und die Verleihung von Pfründen an Minderjährige und von Kanonikaten an Personen, die das Amt gar nicht ausüben wollten, verboten seien, man legte auch erneut die Residenzpflicht fest. Betrachtet man die Versorgung der Habsburger mit geistlichen Ämtern und Pfründen, so ist von alldem wenig zu merken. Auch in der nachtridentinischen Zeit bezogen verschiedene Habsburger – ähnlich wie die Angehörigen einiger anderer Familien – mit päpstlichem Dispens gleichzeitig die Einkünfte mehrerer Bistümer, Abteien und Propsteien.

Die bestdotierten Versorgungsstellen in der Kirche bildeten die Bischofssitze, da sie die höchsten Pfründenerträge abwarfen. Manche Familien verfügten über Bistümer im Heiligen Römischen Reich, in denen sie regelmäßig ihre nachgeborenen Söhne versorgten – wie etwa die Wittelsbacher über lange Jahre in Köln. Dagegen hatten die Habsburger in keinem der Bistümer des Reiches ein solches „Erbrecht". Es fällt auch auf, daß die Habsburger keine österreichischen Bistümer innehatten, was wohl daran lag, daß die österreichischen Diözesen klein und schwach dotiert waren.

Unter den Habsburgern gab es vor 1282 nur zwei Geistliche. Werner I., der Erbauer der Habsburg, war 1001 bis 1029 Bischof von Straßburg, und Rudolf, der Sohn des Grafen Rudolf III. (und somit Vetter König Rudolfs I.), war 1274 bis 1293 Bischof von Konstanz. Zwar weiß man über diese frühen Bischöfe aus der habsburgischen Familie wenig, doch darf man vermuten, daß auch sie reine Pfründeninhaber waren. Unter den spätmittelalterlichen legitimen österreichischen Habsburgern gab es keinen einzigen Geistlichen. Einige Herrscher, wie Friedrich I. und Maximilian I. (und vielleicht andere, von denen wir es nicht wissen), versorgten nur ihre natürlichen Söhne mit geistlichen Pfründen. Einer der Söhne Ferdinands von Tirol aus seiner morganatischen Ehe mit Philippine Welser, Andreas († 1600), wurde schon mit 18 Jahren Kardinal und später Bischof von Konstanz. Die spanischen Habsburger brachten ebenfalls einige natürliche Söhne im geistlichen Bereich unter. Bei Ferdinand I. stellte sich trotz seiner zahlreichen legitimen Kinder niemals die Frage ihrer kirchlichen Versorgung – alle drei Söhne wurden durch die Länderteilung zu Herrschern. Mit seinen Enkeln – den Söhnen Kaiser Maximilians II. – wurden zum ersten Mal nach mehr als 300 Jahren legitime Habsburger im Dienste der Kirche versorgt. Matthias konnte nur durch seine strikte Weigerung einer geistlichen Laufbahn entkommen, aber Albrecht VII. († 1621) wurde zum Kardinal-Erzbischof von Toledo und Erzbischof von Philippi (Mazedonien) ernannt, bevor er seine weltlichen Stellungen (1583 als Vizekönig von Portugal und 1595 als Statthalter der Niederlande) antrat. Sein jüngerer Bruder Wenzel († 1578), der schon mit 17 Jahren starb, wurde ein Jahr vor seinem Tod zum Großprior des Johanniterordens in Kastilien ernannt. Auf Maximilian III., der

eine lange Tradition der Habsburger im Deutschen Orden begründete, werden wir noch zurückkommen. Eine weitere Versorgungswelle betraf die Söhne Karls von Innerösterreich, von denen alle außer Ferdinand II. kirchliche Einkünfte bezogen. Maximilian Ernst († 1616) versorgte man im Deutschen Orden, Karl († 1624) wurde 1608 zum Bischof von Breslau und 1614 von Brixen gewählt. Doch der größte Pfründeninhaber dieser Generation war deren Bruder, Erzherzog Leopold V. († 1632), der spätere Landesfürst von Tirol. Er hatte nicht nur die Bistümer Passau und Straßburg inne, daneben besaß er auch noch die Klöster Murbach (Diözese Basel), Lüders (Diözese Besançon) und Selz (Diözese Straßburg), die alle im Rang von Konsistorialklöstern standen und ein großes Einkommen garantierten. Zusätzlich zu diesen Pfründen bezog Leopold die Einkünfte des Erzbistums Monreale in Süditalien, ohne aber dort Bischof geworden zu sein. (Die Bischofswürde verlieh der Papst dem ehemaligen Franziskanergeneral Archangelo de Messina unter Reservierung der Einkünfte für Leopold, der davon lediglich 6000 Dukaten an den amtierenden Erzbischof und 10.000 Dukaten an den Kardinal Odoardo Farnese abzuliefern

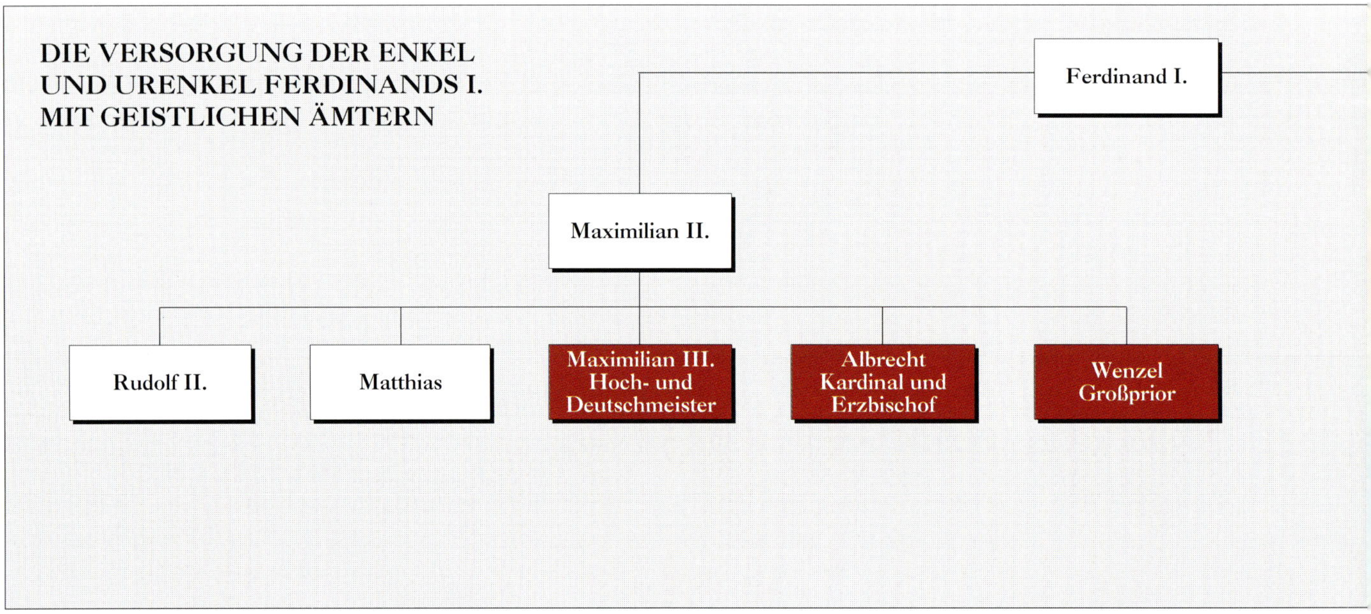

Links: Leopold Wilhelm vor einer Schlachtenszene. Trotz seiner geistlichen Ämter verbrachte der Erzherzog einen Großteil seines Lebens als Feldherr. ÖNB, Wien
Rechts: Ein weiteres Bild Leopold Wilhelms als Feldherr im Dreißigjährigen Krieg stellt eine Verbindung zu seinen geistlichen Funktionen her. Während der Erzherzog betet, schlägt neben ihm eine Bombe ein. ÖNB, Wien
Linke Seite: Die Vorderseite der Medaille zeigt Erzherzog Karl aus der innerösterreichischen Linie des Hauses als Bischof von Breslau, die Rückseite sein Emblem. Archiv Verlag Styria

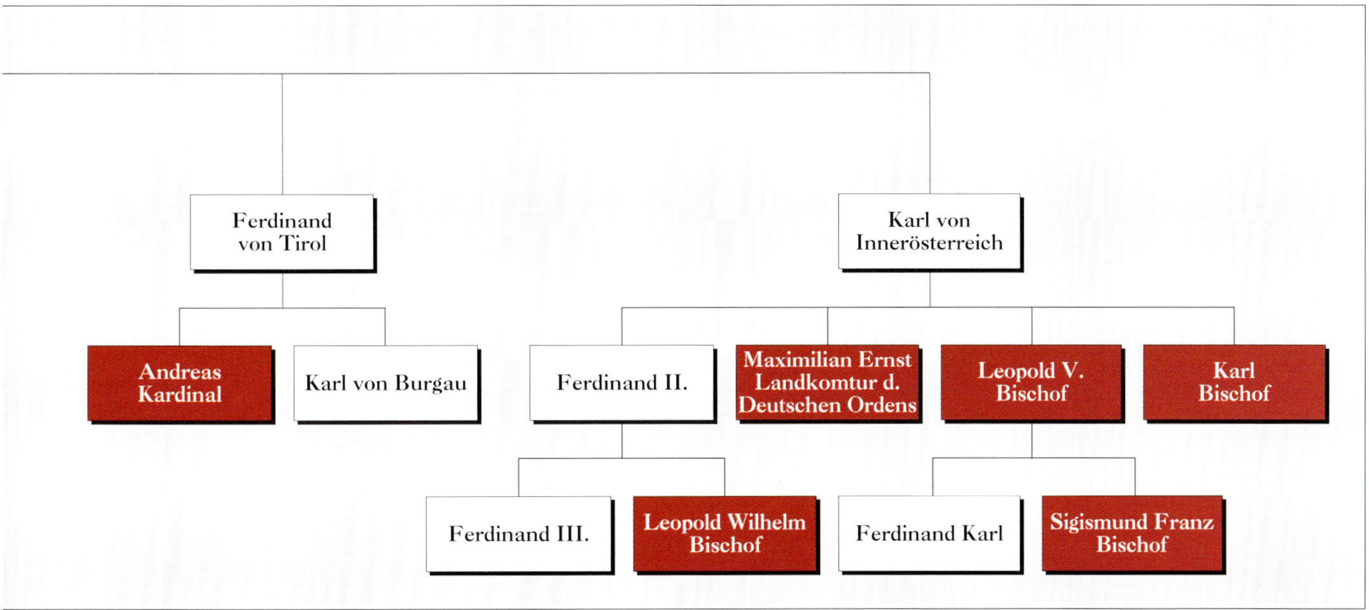

hatte.) Der Papst bestätigte ihm auch die Beibehaltung der Einkünfte des Erzbistums Monreale, sollte er eine Ehe eingehen wollen. Die Jahreseinkünfte der Erzdiözese beliefen sich auf immerhin 50.000 Dukaten, von denen Leopold nach Abzug aller Spesen noch 29.000 Dukaten jährlich verblieben, und waren damit den Reichsbistümern durchaus vergleichbar. Trotz dieser großen kirchlichen Einnahmen empfing Leopold nie die höheren Weihen, daher konnte er – als er Tiroler Landesfürst wurde – ohne Probleme säkularisiert werden und heiraten. Leopolds zweitgeborener Sohn, Sigismund Franz († 1665), erhielt bereits in jungen Jahren – er war nur elf! – sein erstes Bistum (Augsburg) und im Jahre 1653 – mit 23 – das Bistum Gurk. Auch er wurde – wie sein Vater – Tiroler Landesfürst; der letzte der jüngeren Tiroler Linie.
Als Leopold V. wegen seiner Vermählung auf seine Bistümer verzichten mußte, hatte man die Übernahme der Einkünfte innerhalb der Familie schon vorbereitet. Sein Neffe Leopold Wilhelm († 1662), der zweitgeborene Sohn Ferdinands II., wurde schon

Kardinalinfant Ferdinand aus der spanischen Linie war als Feldherr im Dreißigjährigen Krieg tätig. Das Gemälde von Peter Paul Rubens zeigt ihn zu Pferd vor einer Schlachtenszene. Prado, Madrid

mit elf Jahren Koadjutor seines Onkels in Passau und Straßburg und wenige Monate später, bei dessen Resignation, sein Nachfolger. Der Papst dispensierte ihn von einer ganzen Reihe von Hindernissen: Er war erst elf Jahre alt, als er Koadjutor und dann Bischof wurde, hatte keine Weihen und gehörte dem Domkapitel nicht an. Leopold Wilhelm – einer der größten Ämterkumulierer seiner Zeit – vereinte neben Passau und Straßburg noch die Bischofssitze Halberstadt, Bremen, Magdeburg, Olmütz und Breslau. Zu den Bischofspfründen kamen noch die Einkünfte der Klöster Hersfeld, Murbach und Lüders hinzu. Sein Vater wollte ihm sogar alle norddeutschen Bistümer übertragen, doch dieser ehrgeizige Plan kam nicht zustande. Selbstverständlich konnte der Erzherzog seiner Residenzpflicht nicht nachkommen, zudem war er von 1639 bis 1642 als Feldherr im Dreißigjährigen Krieg und von 1646 bis 1656 als Statthalter der Niederlande anderweitig beschäftigt. Leopold Wilhelm setzte sich vehement für den Verbleib der Pfründen in der Familie ein; ihm folgte nach seinem Tod 1662 sein 13jähriger Neffe Karl Joseph († 1664), der in jungen Jahren wenigstens die niederen Weihen erhalten hatte, in Passau, Olmütz und Breslau nach.
In Spanien gab es in der Barockzeit ebenfalls einen Nachgeborenen, der mit einem geistlichen Amt versorgt wurde: Kardinalinfant Ferdinand († 1641), der jüngste Sohn Philipps III., wurde 1619 Kardinal und 1620 Erzbischof von Toledo. Wie Leopold Wilhelm war er Statthalter der Niederlande und Feldherr im Dreißigjährigen Krieg.
In der zweiten Hälfte des 18. Jahrhunderts wurde es notwendig, gleich mehrere nachgeborene Söhne zu versorgen. Von den fünf Söhnen Maria Theresias trat allerdings nur einer – Maximilian Franz († 1801) – in den Dienst der katholischen Kirche, und auch dieser war zunächst für eine militärische Laufbahn vorgesehen gewesen. Bis zum Tod des Kölner Kurfürsten Clemens August († 1761) hatten die Wittelsbacher durch mehrere Generationen die Kurfürstenwürde in Köln bekleidet. 1780 gelang es aber den Habsburgern, den jüngsten Sohn Maria Theresias dort und in Münster – zunächst als Koadjutor – zu etablieren. Am 9. Juli 1780 erhielt Maximilian Franz in Wien durch Nuntius Giuseppe Garampi die Tonsur, eine Vorbedingung für die Wahl. Die Kölner Domherren erhielten große Bestechungsgelder, und so wurde Maximilian Franz, der bereits seit 1769 Koadjutor des Hoch- und Deutschmeisters war, einstimmig zum Erzbischof in Köln gewählt. Dies bedeutete für Preußen eine diplomatische Niederlage ersten Ranges, weil dadurch die Position der Habsburger in der Kurfürstenkurie gestärkt wurde. Dieser erfolgreiche Coup, der nicht ohne Schwierigkeiten über die Bühne ging, war vor

Links: Erzherzog Maximilian Franz wurde Kurfürst und Erzbischof von Köln. ÖNB, Wien
Rechts: Die wirkliche Bedeutung Erzherzog Rudolfs, der Bischof von Olmütz und Kardinal war, lag sicherlich auf musikalischem Gebiet. ÖNB, Wien

allem das diplomatische Werk zweier Männer, des kurkölnischen Ministers Anton von Belderbusch und des österreichischen Gesandten im Reich, Franz Georg von Metternich, des Vaters des späteren österreichischen Staatskanzlers. Marie Antoinette spielte dabei eine wesentliche Rolle, da sie die Unterstützung des französischen Hofes für ihren Bruder sicherte. Maximilian Franz war einer der wenigen habsburgischen Bischöfe, die die Priester- und Bischofsweihe erhielten und im geistlichen Bereich tatsächlich tätig waren. Er führte in seiner Diözese im Sinne der Aufklärung eine ganze Reihe von antikurialen, sozialen und geistlichen Reformen durch. Sogar sein persönlicher Lebensstil unterschied sich wohltuend von der Verschwendungssucht zahlreicher barocker Bischöfe, auch trat er als Mäzen der Künste – vor allem der Musik – hervor.

Im 19. Jahrhundert wurden zwei Habsburger mit Bistümern innerhalb der Monarchie versorgt: Karl Ambros († 1809), der Sohn Ferdinands von Modena, übte von 1806 bis 1808 das Amt des Bischofs von Waitzen und dann bis zu seinem frühen Tod mit 24 Jahren das eines Fürstprimas von Ungarn und Erzbischofs von Gran aus, und der Neffe von Maximilian Franz, Erzherzog Rudolf († 1831), wurde zunächst Koadjutor des Erzbischofs von Olmütz und 1820 selbst Erzbischof. Ähnlich wie sein Onkel, war Erzherzog Rudolf ebenfalls kulturell und musikalisch interessiert, er machte sich einen Namen nicht nur als Förderer Beethovens, sondern auch als Komponist. In seiner Diözese führte Rudolf eine Reihe von Reformen durch. Allerdings zielten die Maßnahmen nicht in die Richtung der josephinisch-aufgeklärten Reformen seines Onkels in Köln, sondern wandten sich im Sinne der neuen Zeit gegen den josephinischen Zentralismus und förderten die tschechische Landessprache in Mähren. Seine sozialen Bestrebungen, die er sogar mit seinem Privatvermögen unterstützte, sind ebenfalls besonders hervorzuheben.

Vier Habsburger brachten es überdies zum Kardinal, wobei man in früherer Zeit dazu nicht unbedingt ein Bistum innehaben mußte, man wurde nominell Kardinal an einer der römischen Kirchen – diese wurde als Titularkirche bezeichnet, weil sich der jeweilige Kardinalstitel davon ableitete: 1576 der natürliche Sohn Ferdinands von Tirol, Andreas († 1600), als Kar-

Links: Erzherzog Maximilian III. der Deutschmeister wird in diesem Stich von Lucas Kilian als Kriegsgott Mars dargestellt. Der von vier Rossen gezogene Streitwagen trägt das Wappen des Deutschen Ordens. ÖNB, Wien
Rechte Seite: Der Altar in der Kirche in Obermais bei Meran zeigt Maximilian III. als Stifter. Foto: Vocelka/Heller

dinaldiakon von Santa Maria Nuova, 1580 Erzherzog Albrecht VII. († 1621) als Kardinal von Santa Croce in Jerusalemme, 1619 Kardinalinfant Ferdinand († 1641) von Santa Maria in Porticu und schließlich 1819 Erzherzog Rudolf († 1831) mit San Petro in Monte Aureo als Titularkirche.
Der verwitwete Kaiser Maximilian I. hegte sogar den phantastischen Plan, selbst Papst zu werden. Schon einige Male (1493/94, 1498, 1500, 1503 und 1507) hatte er Pläne für die Herbeiführung eines Schismas oder einer deutschen Nationalkirche erwogen, aber erst das schismatische Konzil zu Pisa 1511 und die gleichzeitige Erkrankung des Papstes brachten ihn auf die absurde Idee, selbst Papst zu werden, sei es zunächst als Koadjutor und dann als rechtmäßiger Nachfolger von Julius II. oder als Gegenpapst. In einem Brief an den Marschall des Tiroler „Regiments" (= Regierung), Paul von Liechtenstein, erörterte er 1511 seine Absichten und befahl die Beschaffung des nötigen Geldes bei der Fuggerbank.
Maximilian glaubte offensichtlich fest an diesen Plan, denn er unterzeichnete einen Brief an seine Tochter Margarete mit den Worten „*vostre bon père Maximi(lian) futur pape*" (Euer guter Vater Maximilian, der zukünftige Papst). Mit der Genesung von Julius II. zerrannen aber seine Pläne.

Hoch- und Deutschmeister des Deutschen Ordens – Langfristige kirchliche Versorgungsmöglichkeiten für die Familie

Während kein dauerhafter Einfluß der Habsburger auf ein bestimmtes Bistum des Reiches bestand, gab es eine geistliche Organisation, in der Mitglieder der Familie langfristig und maßgeblich tätig waren: den Deutschen Orden. Dieses heute nur schwer verständliche Gebilde war ein Relikt der Kreuzzüge, das seine ursprünglichen Aufgaben mit dem Ende dieser historischen Epoche verloren hatte.
Die Ordensgemeinschaft wurde 1198 von den Ritterbrüdern – daneben gab es auch Laienbrüder – gegründet und mit reichen Stiftungen und Privilegien bestens ausgestattet. Die „ritterlichen Mönche" mußten von adeliger Geburt sein, neben den üblichen Mönchsgelübden verpflichteten sie sich zum Kampf gegen „Ungläubige" und zum Schutz der Pilger im Heiligen Land. Mit dem Ende der Kreuzzüge wurden sie aus Palästina vertrieben. Der Orden erwarb daraufhin schnell Güter im Heiligen Römischen Reich. Vom Beginn des 13. Jahrhunderts an war er vor allem im Grenzland zwischen dem Reich und Polen (Masowien) in der Missionierung der damals noch heidnischen Preußen tätig. Nach einer großen Landschenkung in dieser Gegend wurde eine erfolgreiche Kombination von „Heidenmission" und der Gründung eines eigenen Staates unter der Herrschaft des Hochmeisters in Preußen zur Hauptaufgabe des Ordens. Ähnlich wie in manchen Diözesen – z. B. Salzburg – war der Hochmeister auch weltlicher Fürst des Staates.
Im Mittelalter wurde der Orden durch den Hochmeister in Preußen geleitet, während der ausgedehnte Besitz im Reich, der in zwölf Balleien (Ordensprovinzen) organisiert war, vom Deutschmeister verwaltet wurde, der in Mergentheim residierte. 1525 nahm Hochmeister Albrecht von Brandenburg allerdings die Reformation an und säkularisierte den preußischen Ordensstaat als polnisches Lehen. Damit verlor der Deutsche Orden jeden Einfluß auf diesen nunmehr weltlichen, protestantischen Staat. Die Würde des Hochmeisters ging damit auf de Deutschmeister über, der sich nun Hoch- und Deutschmeister nannte.
Ab dem späten 16. Jahrhundert bekleidete eine Reihe von Habsburgern die Stelle des Hoch- und Deutschmeisters, wobei viele von ihnen auch andere geistliche Pfründen oder weltliche Ämter innehatten. Da es sich bei der Position im Orden in erster Linie um eine Versorgung handelte, konnte man nach den Auffassungen der adeligen Gesellschaft der Zeit auch andere Positionen – die das Einkommen vermehrten – innehaben, ohne daß es zu „Interessenskonflikten"

Erzherzog Maximilian Franz, der auch Hoch- und Deutschmeister war, schlägt Erzherzog Karl 1801 zum Deutschordensritter. ÖNB, Wien

kam. Die Mehrzahl der Habsburger, die im Orden tätig war, legte niemals geistliche Gelübde ab und hatte es folglich nur auf die reichen Pfründen abgesehen. Dank der militärischen Orientierung des Ordens ließ sich eine Mitgliedschaft in dieser geistlichen Gemeinschaft mit einer „weltlichen" soldatischen Karriere gut verbinden.

Grundsätzlich war aber die Stellung als Hoch- und Deutschmeister eine Lebensaufgabe (bzw. eine Versorgung auf Lebenszeit), und die meisten Habsburger verstanden es in diesem Sinne, nur einer von ihnen ließ sich säkularisieren und heiratete später. Damit schied er selbstverständlich als Hoch- und Deutschmeister aus. Im Prinzip war die Verpflichtung zur Ehelosigkeit die einzige Beschränkung, die dem Hoch- und Deutschmeister auferlegt war, sonst konnte er verschiedene Funktionen in der Armee und im Staat damit verbinden.

Der erste Habsburger, der im Orden Fuß faßte, war Maximilian III. († 1618), der 1585 Koadjutor des Hoch- und Deutschmeisters wurde und damit am Beginn einer jahrhundertelangen Beziehung zwischen den Habsburgern und dem Deutschen Orden stand. Ihm folgte von 1619 bis 1624 Erzherzog Karl, einer der Söhne Karls von Innerösterreich. Nach einer Unterbrechung von 17 Jahren nahmen Leopold Wilhelm (1641–1662) und sein Neffe und Nachfolger Karl Joseph (1662–1664) die Tradition wieder auf. Nun folgte eine Pause von mehr als hundert Jahren, da es keine jüngeren Brüder gab, die die Stelle hätten bekleiden können.

Erzherzog Maximilian Franz, der jüngste Sohn Maria Theresias, den wir als Kurfürsten von Köln kennengelernt haben, erhielt 1769 mit Dispens von seinen nichtdeutschen Ahnen und seiner Minderjährigkeit die Stelle eines Koadjutors, 1780 wurde er Hoch- und Deutschmeister und behielt diese Funktion bis zu seinem Tod 1801. Als Nachfolger wurde sein Neffe Erzherzog Karl († 1847) – bekannt als Sieger von Aspern – bestellt, der die Hochmeisterwürde allerdings nur drei Jahre ausübte. 1804 beschloß er, sich zu säkularisieren. Damit liefert er ein gutes Beispiel dafür, daß man, da man keine höhere Weihen hatte, sich sehr leicht wieder in einen weltlichen Stand zurückbegeben konnte – allerdings unter Verzicht auf die Hoch- und Deutschmeisterwürde und deren Einkünfte. Erzherzog Karl verließ den Deutschen Orden und schlug eine weltliche Karriere ein, später heiratete er. 1804 ging das Hochmeisteramt daher an Karls Bruder Erzherzog Anton Viktor († 1835) über. Dieser

Wir Karl Ludwig von Gottes Gnaden königlicher Prinz von Ungern, und Böhmen, Erzherzog zu Oestreich &c. &c. Administrator des Hochmeisterthums in Preussen, Meister deutschen Ordens in deutsch- und wälschen Landen, Herr zu Freudenthal, und Eulenberg, Großkreuz des militärischen Marien-Theresien-Ordens, Gouverneur, und Generalkapitän des Königreichs Böhmen, Innhaber zweyer Regimenter zu Fuß, und eines Uhlanen Regiments, kaiserlicher, und Reichs auch kaiserlicher königlicher Feldmarschall, dann Staats- Kriegs- und Konferenz-Minister …

… am 11ten Octob. 1803 … Anton Victor Johann Raimund Liebden …

Oben: *Abdankungsschreiben Erzherzog Karls als Hoch- und Deutschmeister des Deutschen Ordens. Er heiratete später und gründete eine Familie. ÖNB, Wien*

Links: *Die Porzellanbüste zeigt den Hochmeister Erzherzog Anton Viktor. ÖNB, Wien*

war schon mit elf Jahren Oberst geworden und hatte schon sehr jung den Orden vom Goldenen Vlies erhalten, den er 1803 ablegte, um Koadjutor im Deutschen Ritterorden zu werden. Er war Nachfolger von Maximilian Franz als Fürstbischof von Münster und von Köln – oder zumindest von dem, was die Säkularisierungen des Reichsdeputationshauptschlusses davon übriggelassen hatten.

Das Jahr 1805 war für den Deutschen Ritterorden von einschneidender Bedeutung. Mit den großen Säkularisierungen im Reich 1803, bei denen viel geistliches Territorium in weltliches umgewandelt wurde, hatte auch der Deutsche Orden Besitzverluste erlitten. Es begann eine Krisenzeit für diese Organisation, die ein Vierteljahrhundert dauern sollte. Politisch wurde er enger an die Habsburger gebunden, denn sein verbleibender Besitz lag vorwiegend innerhalb der Habsburgermonarchie. Der Friedensvertrag von Preßburg von 1805 übergab die Besitzungen des Deutschen Ordens und die Würde des Hoch- und Deutschmeisters an das Haus Österreich. Von nun an übertrug der Kai-

ser die Amtsgewalt des Hoch- und Deutschmeisters auf einen von ihm zu bestimmenden Erzherzog, der Orden mußte das Wahlrecht also aufgeben.
1809 hob Napoleon den Orden in Deutschland auf, damit lagen sämtliche Besitzungen des Ordens auf dem Gebiet der österreichischen Monarchie. Der Hoch- und Deutschmeister, Anton Viktor, führte seine Geschäfte von Wien aus weiter. Er war in der Zeit der Koalitionskriege auch militärisch als Oberstfeldzeugmeister und Oberst eines kaiserlichen Regiments tätig, das nach dem Regimentsinhaber die „Hoch- und Deutschmeister" hieß und eine sehr bekannte Truppe der österreichischen Armee war.
Nach dem Ende der Napoleonischen Kriege beruhigte sich die Situation für den Deutschen Orden nur unwesentlich, denn die Gebietsverluste hatten große wirtschaftliche Schwierigkeiten mit sich gebracht. Anton Viktor lehnte das Angebot ab, Vizekönig von Lombardo-Venetien zu werden, und blieb dem Orden treu. Er trat für eine Reform des Ordens ein, die 1834 durch die Bestimmungen des Kaisers Franz zu einer

Der letzte Hoch- und Deutschmeister des Ordens aus dem Hause Habsburg war Erzherzog Eugen, der 1923 zurücktrat. ÖNB, Wien

HABSBURGER ALS HOCH- UND DEUTSCHMEISTER

Maximilian III. (I).	1590/1595–1618
Karl	1619–1624
Leopold Wilhelm	1641–1662
Karl Josef	1662–1664
Max Franz	1780–1801
Karl	1801–1804
Anton Viktor	1804–1835
Max Joseph Este	1835–1863
Wilhelm	1863–1894
Eugen	1894–1923

Erneuerung des Deutschen Ordens (nunmehr Deutscher Ritterorden) führen sollte.
Anton Viktors Nachfolger wurde 1835 sein Vetter Maximilian Joseph von Österreich-Este († 1863), der schon 1801 als Novize in der Ballei Franken tätig gewesen war. Sein Aufstieg wurde gefördert von seinem Onkel und Taufpaten, dem Kölner Kurfürsten Maximilian Franz. Maximilian Joseph bietet wieder ein gutes Beispiel dafür, wie leicht sich die geistliche Laufbahn im Deutschen Ritterorden mit einer weltlichen militärischen Karriere in der Armee der Habsburgermonarchie vereinbaren ließ. Er machte in den Napoleonischen Kriegen die übliche Feldherrnkarriere der Habsburger durch (schon 1809 wurde er zum Kommandanten der gesamten Feldartillerie ernannt). Im 19. Jahrhundert wurde die traditionelle Ausrichtung des Ordens auf den militärischen Bereich zunehmend fragwürdiger und eine Verlagerung der Aktivitäten in Richtung geistlich-karitative Ziele immer dringender. Trotz seiner militärischen Interessen zeigte sich Maximilian Joseph, als er Hoch- und Deutschmeister wurde, offen für ein Umdenken von den militärisch-ritterlichen Aufgabenstellungen hin zu priesterlichen Initiativen. Die Ordensstatuten von 1839 gaben den neu geschaffenen Priesterkonventen – in denen die Zukunft der Institution liegen sollte – mehr Raum. 1863 folgte wieder ein militärisch orientierter Hoch- und Deutschmeister. Erzherzog Wilhelm († 1894), der jüngste Sohn des Siegers von Aspern, war auch General-Artillerie-Inspektor, Regimentsinhaber mehrerer Regimenter und tat sich in den Feldzügen von 1848 und 1866 durch besondere Tapferkeit hervor. Sein Nachfolger, Erzherzog Eugen († 1954), wurde 24jährig als letzter der zehn habsburgischen Hochmeister nach dem alten Zeremoniell in den Deutschen Ritterorden aufgenommen: Die Aufschwörer mußten eine approbierte Ahnentafel vorlegen, bevor der Neuaufgenommene die Gelübdefor-

mel sprechen konnte. Eugens Formel lautete: „Wir, Eugen, kaiserlicher Prinz und Erzherzog von Österreich, königlicher Prinz von Ungarn und Böhmen, entheißen und geloben Keuschheit Unseres Leibes und ohne Eigentum zu sein, auch Gehorsam Gott und Marien, Euch, Meister des Deutschen Hauses und Euren Nachkommen an der Regel und Gewohnheit des Ordens des Deutschen Hauses und Hospitals zu Jerusalem, daß Wir gehorsam sein wollen, solange Wir Ritterbrüder des Ordens verbleiben." Der Hochmeister genehmigte Eugens Bitte, seine bisherigen Dekorationen weitertragen zu dürfen. Danach wurde ein Festbankett mit 52 Gedecken ausgerichtet. Auch Eugen verfolgte neben seiner Tätigkeit als Hoch- und Deutschmeister eine weltliche militärische Karriere in der habsburgischen Armee und brachte es bis zum Feldmarschall. Als Kommandant der Südwestfront im Ersten Weltkrieg und als Protektor des Kriegsfürsorgewesens verkörperte er die beiden Pole des Ordenslebens – den militärischen und den karitativen – in einer Person. Der Orden leitete zu dieser Zeit vier mobile Feldspitäler für jeweils 2000 bis 3000 Verwundete. Unter Eugen erfolgte in Wien im Jahre 1914 auch der letzte Ritterschlag.
Mit dem Jahr 1918 veränderte sich die Lage des Deutschen Ritterordens dramatisch. Der habsburgische Hoch- und Deutschmeister (Erzherzog) Eugen mußte ins Exil gehen, die Ballei in Mähren und Schlesien fiel an die neue Tschechoslowakei, die Ballei Österreich mit Besitzungen in Niederösterreich, Steiermark, Kärnten und Krain wurde zwischen Österreich und dem Staat der Serben, Kroaten und Slowenen (SHS-Staat) geteilt, ebenso die Ballei an der Etsch und im Gebirge zwischen Österreich und Italien. In der Tschechoslowakischen Republik enteignete die neue Regierung das Ordensgut, im SHS-Staat fiel der Besitz einer Agrarreform zum Opfer. In dieser Situation lag es nahe, den nicht mehr zeitgemäß scheinenden Orden adeliger Ritter in eine Priestergemeinschaft umzuwandeln.
Dem stand die Person (Erzherzog) Eugens, der im April 1919 nach Basel ins Exil gegangen war, als Vertreter des alten Systems hindernd im Wege. Er versuchte allerdings der Ordensgemeinschaft entgegenzukommen, berief im Jahre 1920 eine Konferenz ein und verstärkte den Einfluß der Priester im Kapitel. Im April 1923 teilte er dem Papst seinen Entschluß mit, seine persönliche Stellung dem Schicksal des Deutschen Ritterordens zu opfern, was gleich darauf gebilligt wurde. Ende desselben Monats kam es zur Wahl eines Nachfolgers, die zunächst eine Pattsituation zwischen Klerikern und Rittern sichtbar machte, schließlich einigte man sich auf den Bischof von Brünn, Dr. Norbert Klein. Am 21. Mai 1923, seinem 60. Geburtstag, übergab (Erzherzog) Eugen ihm das Amt. Nach dieser Umwandlung des Ritterordens in einen Klerikerorden wurde auch eine Einigung mit den Nachfolgestaaten über den Ordensbesitz möglich.

Feldherren und Offiziere – Militärische Versorgungsmöglichkeiten

Mit Ausnahme des ohnehin halb-militärischen Deutschen Ritterordens spielte die geistliche Versorgung im 19. Jahrhundert nur mehr eine untergeordnete Rolle. Da die Reformen des Konzils von Trient sich endlich durchgesetzt hatten und es ohne Weihen nicht mehr möglich war, geistliche Pfründen zu sammeln, mußte das Erzhaus eine andere Versorgungsstrategie entwickeln. So trat der militärische Bereich zunehmend in den Vordergrund.
Das Haus Habsburg war relativ arm an „großen Feldherren" im Sinne einer landläufigen Definition – über

Erzherzog Albrecht in der Uniform eines Feldmarschalleutnants. Archiv Verlag Styria

Eine Verbindung zwischen geistlichen und militärischen Würden wird in dem berühmten Infanterieregiment Nr. 4 „Hoch- und Deutschmeister" faßbar. Die Truppen defilieren vor dem letzten Regimentsinhaber Erzherzog Eugen. Heeresgeschichtliches Museum, Wien

die „Größe" solcher Menschen läßt sich ja ohnehin streiten. Sieht man von Leopold Wilhelm und seinem spanischen Gegenstück im Dreißigjährigen Krieg – dem Kardinalinfanten Ferdinand – ab, so gab es vor dem 19. Jahrhundert keine bedeutenden habsburgischen Militärs. Sicherlich beteiligten sich manche Fürsten an Kriegsereignissen – mit mehr oder weniger Erfolg. Dies galt vor allem für die spätmittelalterlichen Habsburger – noch ganz im schon im Sinken begriffenen ritterlichen Ideal ihrer Zeit befangen –, aber auch für einige neuzeitliche Herrscher. Maximilian II. kämpfte – wenn auch recht erfolglos – im Türkenkrieg. Etwas mehr Glück bewies Erzherzog Matthias, der spätere Kaiser, doch bei ihm würde sich die Feder – oder heute die Computertaste – sträuben, wollte man ihn als großen Feldherrn bezeichnen. Erzherzog Karl († 1847), den man besonders zum Helden stilisierte, erhielt sicherlich nur deshalb eine Statue auf dem Wiener Heldenplatz, weil er das einzige Mitglied der Dynastie war, mit dem man militärisch etwas Staat machen konnte. Die großen Heerführer waren keine Habsburger: Georg von Frundsberg, Albrecht von Wallenstein und – vor allem – Prinz Eugen von Savoyen.

Im 18. Jahrhundert – und dabei stehen die Habsburger nicht allein da – begann die Zeit der Militarisierung der Höfe; die Herrscher legten ihre phantasievollen barocken Prunkgewänder aus Samt und Seide ab und schlüpften in – teilweise auch recht phantasievolle – „schlichte" Uniformröcke. Auch am Habsburgerhof wurde die Uniform zum Hauptkleidungsstück aller männlichen Mitglieder der Familie. Parallel dazu schlugen alle habsburgischen Erzherzöge, deren es jetzt viele gab, eine militärische Laufbahn ein. Sie stiegen sehr rasch in höhere Offiziersränge auf, auch wenn keineswegs ihr besonderes Verdienst, sondern ausschließlich das Vorrecht ihrer Geburt sie dahin beförderte. Dies heißt natürlich nicht, daß es keine militärisch interessierten und zumindest tüchtigen Soldaten unter den etwa 40 Erzherzögen des langen 19. Jahrhunderts gab. Eine Aufzählung aller Namen – viele von ihnen haben außer in den Armeelisten kaum Spuren in der Geschichte hinterlassen – wäre langweilig, einige Beispiele mögen für viele stehen.

Die meisten Habsburger erreichten aufgrund ihrer Zugehörigkeit zum Erzhaus relativ hohe Positionen in der Armee. Nur wenige beendeten ihre militärische

ALEXANDER
POCK

Laufbahn mit einem untergeordneten Rang – in der Regel entweder weil sie jung starben oder weil ihre Karriere mit der Auflösung der Armee 1918 zu Ende ging. Einige Erzherzöge gaben die militärische Laufbahn durch ihr erzwungenes Ausscheiden aus der Familie Habsburg auf. So machte der Außenminister Goluchowski beim Austritt Erzherzog Leopold Wölflings aus dem Hause die grenzenlose Privilegierung des Hauses Habsburg deutlich. Goluchowski meinte, es sei selbstverständlich, daß Herr Wölfling die Charge, die dem Erzherzog Leopold Ferdinand verliehen worden war, nicht weiter bekleiden dürfe.

Oben: Holzbüste Margaretes von Österreich, der Statthalterin der Niederlande, von Konrad Meit aus dem Jahr 1518. Bayerisches Nationalmuseum, München
Rechte Seite: Rüstung für Erzherzog Albrecht für den joyeuse entrée in Brüssel 1599. Musée Royal de l'Armée et d'Historie Militaire, Brüssel

Viele Erzherzöge wurden zunächst zum Feldmarschalleutnant, dann zum Feldmarschall, Feldzeugmeister und schließlich – als Höhepunkt ihrer Karriere – zum General der Kavallerie befördert. Diese Position konnte man sogar erreichen, wenn man militärisch völlig uninteressiert war, wie das Beispiel Karl Ludwigs († 1896), eines jüngeren Bruders von Kaiser Franz Joseph, zeigt. Feldmarschalleutnant wurden etwa Ferdinand Karl Viktor († 1849) und Karl Salvator († 1892); aber auch Heinrich († 1891), der als Graf Waideck aus dem Hause austrat, war zu diesem Zeitpunkt Feldmarschalleutnant. Kaiser Karl hatte es schon bei seinem Regierungsantritt – 29jährig – zu dieser Charge gebracht. Den Rang eines Feldmarschalls bekleideten etwa Ferdinand Karl († 1850) oder Joseph August († 1962), andere, wie Ludwig († 1864) oder Wilhelm († 1894), wurden Feldzeugmeister. Den Rang eines Generals der Kavallerie erlangten – neben Karl Ludwig – z. B. Erzherzog Ernst († 1899) oder Franz Salvator († 1939).

Manche Habsburger waren in „ungewöhnlichen" Waffengattungen tätig, denn die Kavallerie galt als die adeligste aller militärischen Einheiten. So war Erzherzog Leopold († 1898), der sich 1866 durch besondere Mißerfolge hervortat, General-Genie-Inspektor (also für die Pioniertruppen zuständig), und Ludwig († 1864) hatte von 1819 bis 1849 das Amt eines General-Artillerie-Direktors inne. Einzelne Habsburger dienten in der Marine, allen voran Erzherzog Friedrich († 1847), der es zum Vizeadmiral brachte, und Karl Stephan († 1933), der Linienschiffskapitän (Befehlshaber eines Schlachtschiffes) wurde.

Im Ersten Weltkrieg – ebenso wie in den Kriegen des 19. Jahrhunderts – bekleideten mehrere Habsburger wichtige Positionen in der Armee, wobei die Verteilung der Macht nicht ohne familiäre Zwistigkeiten abging. Der Streit zwischen Erzherzog Friedrich († 1936) und dem späteren Kaiser Karl (vor allem aber zwischen den Ehefrauen der beiden) führte z. B. dazu, daß Friedrich, der seit 1914 nominell den Oberbefehl innehatte, 1917 von Karl seines Postens enthoben wurde. Auch Joseph Ferdinand Salvator († 1942) – 1914 noch General der Infanterie und Kommandant der 4. Armee – wurde 1917 von Kaiser Karl lediglich zum Generalinspektor der Luftstreitkräfte ernannt – bei der geringen Bedeutung dieser Truppengattung im Ersten Weltkrieg entschieden ein Abstellgleis. Auch seine Brüder Peter Ferdinand († 1948) und Heinrich († 1969) hatten unter dem neuen Kaiser weniger Chancen, sie wurden zumindest zeitweilig von ihren militärischen Positionen beurlaubt.

Unter den habsburgischen Offizieren gab es nicht nur solche, die den klassischen Berufsmustern entsprachen, es gab auch einige technisch begabte Erzherzöge, deren Erfindungen sich mit der Weiterentwicklung der Waffentechnologie befaßten. Erzherzog Karl Salvator († 1892) war der Erfinder eines Repetiergewehres und eines von der Firma Škoda hergestellten Maschinengewehres (beide wurden in der Armee verwendet), und sein Sohn Erzherzog Leopold Salvator († 1931) entwickelte nicht nur einen Allradantrieb für Militärfahrzeuge, sondern auch einige andere Verbesserungen der Transportmittel. Das von ihm geplante Militärgerät wurde ebenfalls in den Pilsener Škodawerken hergestellt und kam bei der Armee zum Einsatz. Durch seine Erfindungen wurde er so reich, daß er nach 1918 sorgenfrei leben konnte; Leopold Wölfling nannte ihn einen „erzherzöglichen Kriegsgewinnler".

Einige Habsburger blieben nach 1918 weiter im Dienste einer Armee – jetzt allerdings nicht mehr der des Kaisers. (Erzherzog) Karl Albrecht († 1951) trat in die polnische Armee ein, und (Erzherzog) Wilhelm († 1955) diente in der ukrainischen Legion. Im Zweiten Weltkrieg kämpfte (Erzherzog) Karl Ludwig (* 1918) in der amerikanischen Armee, während (Erzherzog) Anton († 1987) als einziger seiner Familie in der Armee des Dritten Reiches diente.

Brüssel, Florenz, Parma und Modena – Statthalter und Sekundogenituren

Neben der geistlichen und militärischen Versorgung ermöglichte der territoriale Besitzstand der Habsburger in Europa ebenfalls eine Unterbringung der nachgeborenen legitimen Söhne – auch zum Teil für natürliche Söhne und Töchter. Zunächst boten die spanischen (bzw. von 1714 bis 1792 österreichischen) Niederlande eine Möglichkeit, als Statthalter Herrschaft auszuüben, wobei die Statthalterschaft im 16. und 17. Jahrhundert eine schwierige politische Aufgabe darstellte. Im Gegensatz zu vielen anderen Positionen war die des Statthalters der Niederlande keineswegs im Hause „erblich"; es gab zwischendurch auch andere Statthalter, die nicht aus dem Erzhaus stammten.

Als erste Statthalter der Niederlande setzte Karl V. zwei Frauen des Hauses Habsburg ein: zunächst seine Tante Margarete († 1530) und dann seine Schwester Maria († 1558). Nach deren kluger und maßvoller Politik in der ersten Hälfte des 16. Jahrhunderts kam es zu großen Turbulenzen. Der spanische Hof unter Philipp II. griff mit seiner strikten Gegenreformationspolitik in die sozialen und religiösen Unruhen in einer Weise ein, die das Land für ein halbes Jahrhundert zu einem der brennendsten Krisenherde Europas machen sollte. Die habsburgischen Statthalterinnen und Statthalter standen dieser verfahrenen Situation mehr oder minder hilflos gegenüber.

Unter der Statthalterschaft von Karls V. natürlicher Tochter Margarete von Parma († 1586) brach der Konflikt, der schon lange geschwelt hatte, offen los. Obwohl Margarete nicht ohne Erfolg versuchte, die Lage in den Griff zu bekommen, setzte Philipp II. anstelle seiner Halbschwester den „Hardliner" Herzog Alba ein, dessen strenges Regiment Öl ins Feuer des Aufstandes goß. Von da ab war die Lage in den Niederlanden unüberschaubar: Weder Don Juan d'Austria († 1578), der in seinen letzten Lebensjahren nach dem Rücktritt seiner Halbschwester Margarete Statthalter war, noch das niederländische Abenteuer des späteren Kaisers Matthias, noch die Statthalterschaft seines älteren Bruders Erzherzog Ernst († 1595) konnten die Lage stabilisieren.

Erst mit der Statthalterschaft der spanischen Infantin Isabella Klara Eugenia († 1633) und ihres Mannes Erzherzog Albrecht († 1621) – zuerst gemeinsam und nach Albrechts Tod durch Isabella allein – beruhigte sich die Situation. Die beiden waren im Lande beliebt und konnten durch eine geschickte Politik manches ins Lot bringen. Philipp II. sagte seiner Tochter und ihrem Mann sogar eine erbliche Statthalterwürde zu, dies scheiterte allerdings an der Kinderlosigkeit des Paares. Auf diese beiden folgten wieder andere Mitglieder der Familie als Statthalter: Kardinalinfant Ferdinand von 1634 bis 1641, Erzherzog Leopold Wilhelm von 1646 bis 1656 und schließlich der natürliche Sohn Philipps IV., Don Juan José, von 1656 bis 1658. Mittlerweile war aus dem einstigen politischen Himmelfahrtskommando ein ruhiger Versorgungsposten geworden, der hohe Einnahmen abwarf.

Auch nach dem Übergang der Niederlande an die österreichische Linie des Hauses 1714 gab es keineswegs ausschließlich Habsburger als Statthalter, was nicht weiter verwundert: schließlich war 1714 Karl VI. der einzige männliche Habsburger und sollte es auch bleiben. Die Nachkommen seiner Tochter Maria Theresia (er hatte bekanntlich keine Söhne) nannten sich zwar Habsburg-Lothringer, waren aber nach altem Adelsrecht eigentlich Lothringer. So wurde z. B. Prinz Eugen Statthalter der Niederlande, auch wenn er die Funktion nicht wirklich ausübte, sondern nur die nicht unbeträchtlichen Einkünfte bezog. Erst unter Maria Theresia wurden wieder Familienangehörige eingesetzt: zunächst ihre Schwester Maria Anna († 1744) und deren Mann Karl von Lothringen, und danach Maria Theresias Lieblingstochter Marie Christine († 1798) mit ihrem Mann Herzog Albert von Sachsen-Teschen.

Nach der Französischen Revolution bildeten die Niederlande das erste Ziel der französischen Expansion. Im Wiener Kongreß opferten es die Habsburger dann zugunsten einer Abrundung ihres Herrschaftsgebietes in Mitteleuropa. Marie Christine und Albert waren

Das Sommerschloß Laeken bei Brüssel wurde von Marie Christine und Herzog Albert von Sachsen-Teschen in ihrer Zeit als Statthalter der Niederlande erbaut. Graphische Sammlung Albertina, Wien

daher die letzten Statthalter dieser reichen Provinz; ihre Funktion endete 1792, als Österreich die Niederlande an Frankreich abtrat.
Im späten 18. Jahrhundert bzw. noch in der ersten Hälfte des 19. Jahrhunderts gab es in zwei anderen Territorien zumindest so etwas Ähnliches wie eine Statthalterschaft: Sowohl der Palatin in Ungarn wie auch später der Vizekönig im lombardo-venetianischen Königreich vertraten jeweils den Kaiser. Dadurch boten sich diese Stellen als Versorgungspositionen für Habsburger an. Im Falle der italienischen Besitzungen war dies allerdings nur äußerst kurzfristig möglich: Franz Josephs Bruder Maximilian († 1867) wurde 1857 zum Gouverneur des lombardo-venetianischen Königreiches ernannt, die Lombardei ging aber bereits nach zwei Jahren verloren.
Im Vergleich dazu zeigte die Palatinswürde in Ungarn zumindest Ansätze zur Erblichkeit. Auf den ersten habsburgischen Palatin Alexander Leopold († 1795), den sein Vater Leopold II. nach der Wiederherstellung der ungarischen Konstitution 1790 den ungarischen Ständen vorgeschlagen hatte (der Wahlvorschlag mußte zwar zwei katholische und zwei protestantische Kandidaten enthalten, doch war der Wille des Herrschers maßgebend), folgte dessen Bruder Erzherzog Josef Anton († 1847). Als Josef Anton 1846 lebensgefährlich erkrankte, sprach Metternich mit dessen Sohn Stephan Viktor († 1867). Dabei kam deutlich zum Ausdruck, daß der Vater die Nachfolge des Sohnes nicht wünschte. Stephan selbst hatte ebenfalls Bedenken, da der Palatin kraft seines Eides verpflichtet war, die Rechte und Vorteile des Reiches der heiligen Stephanskrone zu wahren. Dies konnte ihn aber auf die Seite der Opposition in einen Gegensatz zum König, der sein Vetter war, führen. Daher zog er eine Definition seiner Position als die eines Statthalters (*homo regius*) vor, obwohl auch er zum Palatin gewählt wurde. Die gerade erst begründete Tradition habsburgischer Palatine wurde nach knapp mehr als 50 Jahren durch die Revolution des Jahres 1848/49 beendet.
Selbständig regierende Nebenlinien der Habsburger

Oben: Landesdirektionssekretär Scharold verliest das Besitzergreifungspatent für Kurfürst Ferdinand auf dem Residenzplatz in Würzburg 1806. Mainfränkisches Museum, Würzburg
Unten: Ferdinand III. hatte ein abenteuerliches Schicksal als Herrscher. Nach dem Wiener Kongreß kehrte er in die Toskana zurück. ÖNB, Wien

gab es im 18. und 19. Jahrhundert nur in Italien: in der Toskana, in Modena und – nur sehr kurzfristig – in Parma, Piacenza und Guastalla. Die wichtigste wurde mit dem territorialen Tausch am Ende des polnischen Thronfolgekrieges gegründet, als Franz Stephan Lothringen, das alte Stammland seines Hauses, verlor. Dafür erhielt er die Toskana, die er unabhängig von Maria Theresias Herrschaft (und auch von seiner Rolle als Kaiser des Reiches) regierte. 1765 übergab er – entgegen den Zentralisierungstendenzen seines Sohnes Josephs II., der das Gebiet am liebsten mit der Monarchie vereinigt hätte – das Land an seinen jüngeren Sohn Peter Leopold und begründete damit eine Sekundogenitur. Peter Leopold regierte als Pietro Leopoldo 25 Jahre in Florenz, wo er durch seine Reformen aus diesem unter den letzten Mediceern recht vernachlässigten Gebiet einen der europäischen Musterstaaten der Aufklärung machte. Unter dem Namen Leopold II. wurde er 1790 der Nachfolger seines Bruders im Reich und in der Habsburgermonarchie.
Als Nachfolger in der Toskana bestätigte Leopold seinen zweitältesten Sohn, Großherzog Ferdinand III. († 1824). Dieser behielt die Verwaltungsreformen bei, akzeptierte allerdings nicht die Grundsätze der Mitsprache der Bürger, die sein Vater so vehement vertreten hatte. Schon bei seiner Huldigung verwendete man wieder die alten Formeln, die Pietro Leopoldo abgeschafft hatte; es war, als hätten seine Reformen auf staatsrechtlichem Gebiet nicht stattgefunden.
Die Koalitionskriege führten zu einer Umgestaltung Italiens, die auch die Toskana betraf: 1799 marschierten die Franzosen in die Toskana ein, und der Großherzog mußte ins Exil nach Wien. Auch lokale Aufstände gegen die französische Herrschaft in Arezzo und Cortona konnten die Situation für die toskanischen Habsburger nicht bessern, und im Friedensschluß von Campoformido (1797) gingen die Toskana und Modena – nach nur drei Generationen – für das Haus Habsburg zunächst verloren. Der Großherzog wurde allerdings 1803 durch den Reichsdeputationshauptschluß entschädigt, er bekam das säkularisierte Salzburg und Berchtesgaden, dazu Teile der Bistümer Passau und Eichstätt und die pfalzbayrische Herrschaft Schlackenwerth in Böhmen. Im Vergleich zu seiner Stellung in der Toskana waren seine Rechte

Oben: Großherzog Leopold II. wurde im Zuge der Einigung Italiens endgültig aus der Toskana vertrieben. ÖNB, Wien
Rechts: Die prachtvolle Villa Toskana in Gmunden war ein Exilort der toskanischen Linie. Foto: Vocelka/Heller

in Salzburg aber sehr beschränkt; er mußte vor allem seine Außenpolitik mit dem Kaiser koordinieren. Ein gemeinsames Vorgehen auf den Reichstagen, gemeinsame Truppen und gemeinsame diplomatische Vertretungen bedeuteten, daß er nicht mehr die volle Souveränität – wie in der Toskana – besaß.
Ferdinand führte eine modernere, straffere Verwaltung in Salzburg ein, doch gab er im Zuge der nächsten Umgestaltung der Landkarte Europas dieses Territorium bald wieder auf und zog feierlich in den Tagen vom 2. bis zum 6. Mai 1806 als Kurfürst in seinem neuen Herrschaftsgebiet in Würzburg ein, wo große Feste zur Begrüßung des Habsburgers stattfanden. In dieser Funktion erreichte er zwar zunächst eine größere Unabhängigkeit, allerdings nur mit der Hilfe Napoleons. Als dieser gestürzt und nach Elba verbannt wurde, forderte Ferdinand Entschädigung für die Insel, die ja zu seinem früheren Herrschaftsbereich gehört hatte.
Im Wiener Kongreß versuchte man die Uhr zurückzudrehen: Italien – dem oft zitierten Ausspruch Metternichs nach „bloß ein geographischer Begriff" – wurde wieder in viele einzelne Fürstentümer zerstückelt. Eines davon war die wiederhergestellte Toskana, in die Ferdinand III. nun zurückkehrte und wo er noch fast zehn Jahre regierte. Er ist als einziger Habsburger in der Krypta von San Lorenzo in Florenz begraben.
Auf Ferdinand III. folgte sein Sohn Großherzog Leopold II. († 1870), der mit 27 Jahren zur Herrschaft kam. Dieser hatte allerdings keine politische Vorbildung erhalten, sondern sein Leben mit wissenschaftlicher Liebhaberei – vor allem der Beschäftigung mit der Person Galileo Galileis – verbracht. Großherzog Leopold II. vereinte eine konservative Politik mit wirtschaftlich fortschrittlichen Maßnahmen – in manchem eine Vorwegnahme des Neoabsolutismus unter dem jungen Franz Joseph. Schon 1830 – und noch viel stärker 1848 – geriet er unter politischen Druck. Die Österreicher besetzten im Zuge der Ereignisse 1848/49 das Land, was dem Großherzog alle Sympathien der Bevölkerung raubte. Leopold setzte die Verfassung außer Kraft und regierte wieder absolutistisch.
Langfristig brachte den Habsburgern die Mißachtung der nationalen Wünsche der Italiener nur Ärger. Sie standen der Einigung Italiens im Wege, woran sich ein guter Teil der militärischen Konflikte des 19. Jahrhunderts entzündete.

1859 kam es zum Ende der Herrschaft der Habsburger in der Toskana: Großherzog Leopold II. wurde vertrieben. Er mußte die Toskana ohne Besitz verlassen und dankte zugunsten seines Sohnes, Großherzog Ferdinands IV., ab. Die letzten Jahre seines Lebens verbrachte Leopold in Böhmen, wo er Bürgermeister von Schlackenwerth wurde – die Parallele zu seinem Onkel Erzherzog Johann, der am Ende seines Lebens Bürgermeister von Stainz wurde, drängt sich auf. Nach seinem Tod 1870 übersiedelte seine Witwe Maria Antonia nach Schloß Orth und in die Villa Toskana am Traunsee.

Ferdinand IV. († 1908) blieb zwar nominell Großherzog, dankte aber 1870 auf Wunsch Kaiser Franz Josephs ab, um die Beziehungen zwischen der Habsburgermonarchie und Italien zu normalisieren. Die – im Vergleich zu ihrem früheren Reichtum – verarmte Familie Habsburg-Toskana übersiedelte nach Salzburg, hatte aber auch Besitz in Lindau am Bodensee und in Schlackenwerth. Angeblich erzog Ferdinand IV. seine Kinder, die sich später mannigfaltig mit anderen Zweigen des Hauses verheiraten und einen blühenden Zweig der Familie begründen sollten, äußerst spartanisch.

Eine Generation vor der toskanischen Nebenlinie entstand die Sekundogenitur in Modena. Ferdinand Karl Anton († 1806), der zweitjüngste Sohn Maria Theresias, war mit Maria Beatrix von Este, der Erbin von Massa und Carrara, verheiratet. Nach dem Tod seines Schwiegervaters 1803 erbte Ferdinand Karl Anton das Herzogtum Modena, doch die Franzosen hielten es besetzt. Sein Sohn Franz (IV. als Herzog von Modena, † 1846) erbte den Anspruch, konnte ihn aber erst nach dem Sturz Napoleons einlösen. Wie die Toskana wurde Modena 1814 als unabhängiges Herzogtum wiederhergestellt; Franz IV. regierte absolutistisch-reaktionär.

Von seiner Mutter erbte Franz, neben dem gewaltigen Vermögen und den Kunstsammlungen der Familie Este, auch den Titel, so daß diese Linie sich Habsburg-Este nannte. Schon in den 1830er Jahren mußte er das Land wegen Unruhen kurzfristig verlassen, kehrte allerdings mit Hilfe österreichischer Truppen zurück und regierte noch weitere 16 Jahre. Seinem Sohn Franz V. († 1875) hinterließ er – in den Zeiten nationaler Bestrebungen und des italienischen Einheitsgedankens – ein unsicheres Erbe. Obwohl österreichische Truppen mehrfach gegen die nationalen Bewegungen eingriffen, ging auch diese Sekundogenitur 1859 zu Ende. Modena wurde ein Teil des ge-

Weithin bekannt ist das Schloß Orth im Traunsee, das der Familie Habsburg-Toskana gehörte. Foto: Vocelka/Heller

einten Italiens, wenn auch die Ansprüche der Habsburger erst 1875 mit dem Tod von Franz V. endgültig erloschen. Der Herzog lebte im Exil in Wien; seine Ehe blieb kinderlos, sein riesiges Vermögen – vor allem die estensischen Kunstsammlungen – vermachte er seinem Urgroßneffen Erzherzog Karl Ludwig († 1896), von dem es auf den Thronfolger Franz Ferdinand überging, der ab nun den Titel Este führte. Nach 1918 wurde dieser Titel dem zweitgeborenen Sohn Kaiser Karls, (Erzherzog) Robert, weitergegeben.

Noch eine letzte, kurzlebige Sekundogenitur bestand in Italien. Im Wiener Kongreß wurde die Ex-Kaiserin Marie Louise (die Tochter von Franz II./I. und Frau Napoleons, † 1847) nach dem Sturz ihres Mannes mit den Herzogtümern Parma, Piacenza und Guastalla ausgestattet, die sie 1830/31 trotz der Unruhen behaupten konnte. Bei ihrem Tod gingen diese Gebiete – gemäß den Vereinbarungen des Wiener Kongresses – an die Bourbonen über, wurden aber 1859 ebenfalls ein Opfer der italienischen Einigung.

Als die Sekundogenituren – mit der Abdankung Ferdinands IV. von der Toskana 1870 und dem Tod von Franz V. von Modena 1875 – auch formalrechtlich endeten, schrieb Erzherzog Albrecht in seinen Aphorismen: „Eine große Gefahr für jede Dynastie sind Secundogenituren, sie haben stets und überall Unglücke zur Folge gehabt. Gott hat uns glücklich davon befreit, mögen sie nie wieder entstehen."

Zu spät geboren – Bedeutende nicht regierende Habsburger

Eine Tragik der habsburgischen Familie im 19. Jahrhundert lag sicherlich darin, daß häufig die weniger begabten Vertreter des Hauses – von denen es ja nun eine ganze Menge gab – zur Regierung gelangten. Alle Herrscher des 19. Jahrhunderts – Franz II./I., besonders natürlich Ferdinand, aber auch Franz Joseph – verkörperten keineswegs „das Beste", das in der Familie zur Verfügung stand. Ihre konservative Haltung hemmte die Entwicklung der Monarchie in vielen Belangen, trug zu den sich verschärfenden sozialen und nationalen Problemen bei und hatte somit Anteil am Untergang dieses Staatswesens.

Erzherzog Johann machte eine Eintragung in seinem Tagebuch am 30. Juli 1811, die dieses Mißverhältnis von Macht und Talent trefflich charakterisiert: „[...] so sah ich alle Kinder des Kaisers, dann den Kleinen von Napoleon, ein lieber Knabe voll Verstand und Seele. Da ist große Hoffnung und wie sticht dieser gegen den Kronprinzen ab! So oft ich diesen sehe, so oft überfällt mich ein schmerzliches Gefühl, wie unglücklich ist darinnen mein Kaiser. Er sieht in jenem seinen Nachfolger, der ganz unfähig zum Regieren ist, schwach an Körper, im Geist, letzteres äußerst grell, so daß es oft zum Verzweifeln ist, giebt er gar keine Hoffnung. Er wird, wenn er zum Regieren kommen sollte, der Spielball gemeiner Leute werden, wohin er sich am meisten neiget; denn seine liebste Gesellschaft ist ihm jene seiner Lakayen. Leider kennt ihn so die ganze Welt. So fanden ihn die Monarchen bey dem Kongress. Den einen, die sich gerne an Österreich anschliessen würden, nimmt er alle Hoffnungen, da sie für die Zukunft so viel Ungewisses voraussehen, andere bauen ihre Hoffnungen, da gute Geschäfte zu Vergrösserungen zu machen. So stehet es leider. Gott kann wieder allein helfen."

Viele der Erzherzöge des 19. Jahrhunderts verschwendeten – weil es ihnen unmöglich war, politisch etwas Sinnvolles zu tun – ihr Leben entweder in Müßiggang oder sie revoltierten gegen die bestehende Situation. Einer der Aussteiger aus dem Hause, Leopold Wölfling, beschrieb diesen Zustand: „Die Aussicht auf die Zukunft war für mich nun eine betrübende, ich ward gewaltsam zur Untätigkeit verurteilt und sah meine Tage zweck- und ziellos dahingleiten." Es waren nicht die übelsten Erzherzöge, die der Familie den Rücken kehrten und zu Außenseitern der Gesellschaft wurden, auch wenn die meisten es taten, weil ihre morganatischen Ehen nicht genehmigt worden waren.

Während einige der Erzherzöge, die in diesem Kapitel charakterisiert werden, schon früh Aufmerksamkeit erregten – wie Erzherzog Johann aus „romantischen" oder Erzherzog Karl aus „patriotischen" Gründen –, wurden die anderen erst in den letzten zehn Jahren, wenn überhaupt, „entdeckt". Natürlich ist die hier getroffene Auswahl subjektiv; aus einem unterschiedlichen Blickwinkel könnte man ganz andere bedeutende Gestalten ausmachen – etwa die vielen Erfinder und Techniker unter den Habsburgern des 19. Jahrhunderts. Doch bieten die hier genannten ein gutes Bild der Bandbreite möglicher Lebensformen einer vom Korsett höfischer Normen so extrem eingeengten Personengruppe.

„Der steirische Prinz" – Erzherzog Johann (1782–1859)

Der unzweifelhaft beliebteste Habsburger des 19. Jahrhunderts, Erzherzog Johann, wurde sowohl von Zeitgenossen als auch von späteren Historikern in hellsten Farben dargestellt. Johann wurde 1782 als 13. Kind Leopolds II. geboren und nach dem Tod des Vaters unter der Obhut seines ältesten Bruders, Kaiser Franz, erzogen. Es war angeblich ein Schweizer Lehrer, der seine Liebe zu den Alpenländern und sein Interesse für Geschichte und Naturwissenschaften weckte, aber wie alle nachgeborenen Söhne wurde Johann zunächst in eine militärische Karriere gedrängt. Als 18jähriger übernahm er das Kommando über einen Teil der Armee in den Koalitionskriegen, in dieser Funktion war er mitverantwortlich für die Niederlage von Hohenlinden. Doch auch danach blieb er im militärischen Bereich tätig; zunächst als Oberdirektor der Militärakademie, 1806 als Kommandierender in Tirol und zwei Jahre später wurde er mit der Aufstellung der innerösterreichischen Landwehr betraut. 1809 brachte er seine Truppen zu spät zur entscheidenden Schlacht von Wagram, vier Jahre danach wurden seine Versuche, einen Aufstand im von Bayern besetzten Tirol zu organisieren (die sogenannte Alpenbund-Verschwörung), vom Kaiser und von Metternich vereitelt. Erst danach zog er sich endlich von seiner glücklosen militärischen Karriere zurück.

Da er in Tirol nichts hatte ausrichten dürfen, verlagerte Johann sein Interesse nun auf die Steiermark, und hier war er erfolgreicher. Nach einer Studienreise nach Paris und England kehrte er 1816 voller neuer Ideen in seine Wahlheimat zurück, seine Pläne spiegeln die vielfältigen Eindrücke der Industrialisierung auf den jungen Mann wider. Von nun an förderte er die Steiermark sowohl wirtschaftlich als auch kulturell: Er setzte sich für den Eisenbahnbau von Wien über den Semmering nach Graz und weiter nach Triest ein, für die Gründung einer Montanschule in Vordernberg, für die Modernisierung des Eisenbergbaus (1822 kaufte er ein Radwerk und machte dort seine eigenen Erfahrungen mit der industriellen Revolution) und die Gründung eines Industrie- und Gewerbevereins in der Steiermark. Die physiokratischen, also auf Förderung der Agrarwirtschaft gerichteten Einstellungen seines Vaters kamen nun der steirischen Landwirtschaft zugute, und auch auf diesem Gebiet machte der Erzherzog eigene Erfahrungen: Vorbildhafte Wirkung hatten die Bewirtschaftung des Brandhofes, den er 1818 gekauft hatte, und der

Links: Das Denkmal des „steirischen Erzherzogs" in Bad Aussee zeigt Erzherzog Johann als Jäger. Foto: Vocelka/Heller
Rechts: Noch immer genießt Erzherzog Johann breite Verehrung.
Kränze steirischer „Pilger" an seinem Grab in Schenna in Südtirol. Foto: Vocelka/Heller

Musterbetrieb seiner südsteirischen Weingärten. Die Gründung der Landwirtschaftsgenossenschaft 1819 und der heute noch bestehenden „Wechselseitigen Brandschaden Versicherungs Gesellschaft", die den Bauern einen preisgünstigen Versicherungsschutz bot, gehen ebenfalls auf Erzherzog Johann zurück und sicherten ihm Popularität bei der Bevölkerung. Eine Reihe von sozialen Maßnahmen für Dienstboten, Bergarbeiter u. a. geben Zeugnis von seinem sozialen Engagement.

Kulturpolitisch bedeutsam wurde vor allem die Gründung des Joanneums in Graz mit seinen reichen Sammlungen. Doch Erzherzog Johanns wissenschaftliches Interesse erstreckte sich weit über die Steiermark hinaus, so war er der erste Kurator der Akademie der Wissenschaften in Wien. Als begeisterter, wenn auch maßvoller und disziplinierter Jäger und Bergsteiger lernte er die bäuerliche Bevölkerung und ihr Brauchtum genau kennen. Im Sinne der volkskundlichen Forschung ging er in seiner zwischen 1811 und 1840 durchgeführten Landeserhebung weit über die bis dahin übliche Erfassung statistischer Daten hinaus und versuchte, auch Informationen über Feste, Arbeitsmethoden und dergleichen zu erhalten; dabei bediente er sich – schon ganz modern anmutend – der Fragebogenmethode.

Viele von Erzherzog Johanns Überzeugungen und Aktivitäten sind im Sinne der Romantik und eines neu entstandenen Patriotismus zu verstehen; dies zeigt seine Kritik an seiner Frau Anna Plochl in einem seiner Briefe: „[...] Das Zweyte war der Anzug des Hiesels. Nani, Nani! Ich bemerkte, daß sich manches in meinem Hauswesen änderte. Als Hieseln der Frack und der Huth nach städtischer Art gemacht wurde und ich es sah, so untersagte ich es und in meiner Gegenwart erschien es nicht mehr. Warum also für Dich, um nach Graz zu fahren, ihn damit bekleiden? Als ich den grauen Rock in der Steyermark einführte, geschah es, um ein Beyspiel der Einfachheit in Sitte zu geben, so wie mein grauer Rock, so wurde mein Hauswesen, so mein Reden und Handeln. Das Beyspiel wirkte, der graue Rock von manchem verkannt, von den Besseren erkannt, wurde ein Ehrenrock und ich ziehe ihn nie mehr aus, ebenso wenig weiche ich von meiner Einfachheit, lieber gebe ich mein Leben her. Wenn ich also so handle, willst Du den Gegensatz von mir machen? Solltest Du nicht Deinen Stolz darinnen setzen, den Sitten, welche unserem armen bedrängten Land anpassen, getreu anzuhängen und die Erste zu seyn, so einem Beyspiele zu folgen. Denn wisse, dies wirft ein übles Licht auf mich und würde ich anfangen mich im Geringsten zu ändern, so würden alle die Bande reissen, die das Volk und alle die Redlichen an mich binden." Nicht nur seine Ehe mit Anna Plochl, von der an anderer Stelle die Rede war, sondern auch seine bescheidene Lebensweise erhöhten die Popularität des Erzherzogs, sie machten ihn aber auch für Legendenbildungen und romantische Verzerrungen anfällig.

1848 trat der „steirische Prinz" ins Rampenlicht einer größeren Öffentlichkeit. Eine Welle von Revolutionen war über Deutschland hinweggefegt, und die Vertreter der verschiedenen deutschen Staaten versammelten sich in der Frankfurter Paulskirche, um über ihre Zukunft zu beraten. Am 29. Mai 1848 wählten sie den allseits beliebten Erzherzog Johann zum Reichsverweser, doch bot dieses Amt keinen wirklichen politischen Einfluß auf die Umgestaltung Deutschlands. Zwar eröffnete er den ersten gewählten konstituierenden Reichstag in Wien im Jahre 1848 und setzte sich auch in Frankfurt für liberale Anliegen ein, doch die Konterrevolution war schon in Vorbereitung, und die Monarchen arbeiteten an der Vernichtung der revolutionären Errungenschaften. Von seinen Gegnern wurde der Erzherzog ob seiner Ohnmacht als „Reichsverfauler" verspottet. So kehrte Erzherzog Johann endgültig in die Steiermark zurück, wo man ihn 1850 zum Bürgermeister von Stainz in der Weststeiermark wählte. Sein Ruhm lebt vor allem in der Steiermark fort. Denkmäler wie das am Hauptplatz in Graz, aber auch in anderen Städten, geben ebenso Zeugnis davon wie die Kränze steirischer „Pilger" am Grab des „steirischen Prinzen" im Südtiroler Schenna.

„Der Retter von Deutschlands Ehre" – Erzherzog Karl (1771–1847)

Erzherzog Johanns Bruder Erzherzog Karl huldigte man aus ganz anderen Gründen. Welch ein Unterschied zwischen den Denkmälern, die Johann als Jäger auf der Pirsch zeigen, und jenem des Siegers von Aspern auf dem Heldenplatz in Wien, das ihn in Uniform zu Pferde auf dem Schlachtfeld darstellt!

Obwohl Erzherzog Karl schon früh Interesse und Begabung für militärische Fragen zeigte, wurde er 1791 zunächst als Zivilist in einer politischen Funktion nach Belgien als Gouverneur der Niederlande entsandt. Dort hatte er das Glück, von seiner Tante Marie Christine († 1798) und ihrem Mann Herzog Albert von Sachsen-Teschen adoptiert zu werden. Von ihnen erbte er später ein riesiges Vermögen, das ihn und seine Erben zu einer der reichsten Linien des Hauses machte.

Doch bald darauf besann man sich seiner militärischen Talente. In den Koalitionskriegen wurde Karl als Feldherr des Kaisers eingesetzt – mit wechselndem Glück. Seinen Erfolgen 1793 bei Neerwinden und 1796 bei Amberg und Würzburg standen Nieder-

Links: Das Erzherzog-Karl-Denkmal am Wiener Heldenplatz. Foto: Vocelka/Heller
Rechts: Erzherzog Karl war einer der wenigen Habsburger mit militärischem Talent. Archiv Verlag Styria

lagen 1797 bei Hohenlinden und in Venetien gegenüber. Differenzen um die Kriegführung führten schließlich dazu, daß er den Oberbefehl niederlegte. Von 1801 bis 1805 bekleidete er das Amt des Hofkriegsratspräsidenten. Als solcher betrieb er eine Heeresreform, die auf die neuen militärischen Entwicklungen nach der Französischen Revolution reagierte. Doch all das hätte ihn noch nicht über die vielen anderen militärisch tätigen Mitglieder des Kaiserhauses hinausgehoben.

1805 wurde Karl abermals zum Kommandanten der Armee ernannt, aber erst sein Sieg in der Schlacht bei Aspern gegen den bis dahin unbesiegten – und als unbezwingbar geltenden – Napoleon im Jahre 1809 verlieh ihm jenen Glanz, den seither viele Schriften immer wieder beschwören. Militärisch war dieser Sieg über Napoleon allerdings kaum bedeutend, denn kurz danach erlitt die österreichische Armee bei Wagram eine Niederlage, die weitaus entscheidender für den Ausgang des fünften Koalitionskrieges war. Doch ähnlich wie der Sieg bei Lepanto 1571 – dieser hatte ebenfalls nicht militärisch genutzt werden können – war der Sieg bei Aspern psychologisch außerordentlich wichtig: Er demonstrierte, daß der „unbesiegbare" korsische Feldherr doch zu schlagen war. Da dieser Sieg gerade von einem Prinzen des Erzhauses errungen wurde, konnten die Menschen ihren Patriotismus mit ihrer Loyalität zur Dynastie verbinden. Deshalb wurde Erzherzog Karl auch von sonst unvereinbaren politischen Richtungen heroisiert. In den Augen der Nationalisten (und auch der Nationalsozialisten) war er einer, der den „welschen" Napoleon besiegt hatte, ein Vorkämpfer Deutschlands, der „Retter von Deutschlands Ehre". Für die katholischen österreichischen Monarchisten war er der größte Feldherr einer Dynastie, die mit solchen wahrlich nicht reich gesegnet war.

Die weitere Entwicklung der Karriere Karls war weit ruhmloser, 1809 legte er alle Ämter nieder und war in der Folgezeit politisch isoliert. Weder mit seinem Bruder Franz noch mit Metternich verstand er sich, seine aufgeklärt-liberalen Ideen standen dem Strom der Zeit entgegen. 1810 kam ihm noch die „ehrenvolle" Aufgabe zu, seinen großen Gegner Napoleon bei dessen Trauung *per procuratorem* mit seiner Nichte Marie Louise zu vertreten, von diesem Zeitpunkt an blieb er aber weitgehend im Hintergrund.

Neben seiner Freude an Gärten und am Bergwandern betätigte sich Erzherzog Karl vor allem als Militärschriftsteller; er schrieb – unterstützt von Graf Grünne, der sein Haushofmeister wurde – das Buch „Grundsätze der Strategie, erläutert durch die Darstellung des Feldzuges von 1796 in Deutschland", das 1813 anonym erschien und als epochemachendes Werk der Militärwissenschaften und der Strategie gilt. Schon die Jahre 1801 bis 1805 in Wien hatte er zu schriftstellerischer Tätigkeit genützt und unter anderem eine „Vorgeschichte der französischen Revolutionskriege" verfaßt.

Trotz der tristen Situation der Monarchie gab Erzherzog Karl nie die Hoffnung auf positive Veränderungen auf und formulierte diesen Gedanken in einem schönen Aphorismus: „Der Geist der Zeit gleicht einem mächtigen Strome, man darf ihm weder voraneilen noch hinter ihm zurückbleiben. Die Menschen vermögen weder seinen Lauf umzuwenden noch aufzuhalten. Aber durch Dämme, welche an seinen Ufern angebracht werden, können sie ihm nützliche Wendungen geben oder ihn unschädlich machen."

Als er 1815 die protestantische Henriette von Nassau-Weilburg heiratete, die nicht zuletzt, weil sie den Christbaum in Wien einführte, in die Geschichte einging, zog sich Erzherzog Karl noch mehr zurück, da die Ehe – eine konfessionelle Mesalliance – keineswegs auf allgemeine Zustimmung stieß. Sein gewaltiges Vermögen erlaubte es ihm aber, große Projekte zu verfolgen – so ließ er etwa von Kornhäusel das Schloß Weilburg bei Baden bauen – und sich im übrigen ganz seinen privaten Geschäften zu widmen.

„Der liberale Ministerpräsident" – Erzherzog Rainer (1827–1913)

Wie fast alle Erzherzöge des 19. Jahrhunderts begann auch Rainer zunächst eine militärische Karriere, die ihn 1861 bis zum Feldmarschalleutnant und 1874 zum Feldzeugmeister führen sollte. Von 1872 bis 1906 war er Oberkommandierender der Landwehr und hatte auch an deren Ausbau wesentlichen Anteil.

Rainer verfügte über reiche Besitzungen; so Schloß Hernstein, Häuser in Baden und Gmünd und Villen in Italien wie die Villa del Vicere und die Villa del Pizzo. Doch weder seine Güter, noch seine Sammlungen, noch seine weiten Reisen nach Deutschland, Italien, Frankreich, Spanien, England und 1870 sogar ins Heilige Land hätten ihn gegenüber anderen Erzherzögen besonders hervorgehoben. Von entscheidender Bedeutung war der Erzherzog für die konstitutionelle Entwicklung der Habsburgermonarchie.

Nicht wirklich der Mann, der die Entscheidungen traf, aber weit mehr als eine bloße Galionsfigur, führte Erzherzog Rainer die Habsburgermonarchie auf den Weg in den Verfassungsstaat. Wie man weiß, hegte Franz Joseph heftige Bedenken und Abneigungen gegen die Einführung einer Verfassung und wurde nur durch die Umstände gezwungen, den Staat zu konstitutionalisieren. Nach den Niederlagen in Italien 1859 und gegen Preußen 1866 ging er in zwei Schritten den Weg zu einer konstitutionellen Monarchie. An beiden Schritten war Erzherzog Rainer maßgeblich beteiligt.

Als der Kaiser 1860 den verstärkten Reichsrat einberief, der eine Verfassung ausarbeiten sollte, wurde Erzherzog Rainer zum Präsidenten bestimmt; er nahm auch den Eid der Mitglieder in Vertretung des Kaisers entgegen. Nach außen hin wurde er als Symbolgestalt des beginnenden Liberalismus gesehen. Seine eigenen Stellungnahmen zeigen ihn jedoch in einem Zwiespalt zwischen konservativen Anschauungen und liberalen Intentionen. Vor allem die Streitigkeiten im Reichsrat verabscheute er – bald mied er die Sitzungen, er nahm schließlich Urlaub, und letztlich erfolgte sogar sein Rücktritt. Außerdem fungierte er von 1861 bis 1868 als erster konstitutioneller Ministerpräsident Österreichs in der Regierung Schmerling. Vieles an bedeutenden Weichenstellungen erfolgte in dieser Zeit, so etwa die Grundrechtserklärung 1862, die noch heute einen Teil der österreichischen Verfassung bildet.

Erzherzog Rainer leistete noch einen weiteren wichtigen Beitrag zur Entwicklung der Monarchie. In der Ära des Neoabsolutismus waren die jeweiligen Innenminister Kuratoren der Akademie der Wissenschaften in Wien. 1861 wurde mit Rainer nicht nur ein Erzherzog, sondern ein wirklich an Wissenschaft interessierter Mann bestellt. Sein Stellvertreter war übrigens Anton Ritter von Schmerling, mit dem er auch auf politischem Gebiet gut zusammenarbeitete. Erzherzog Rainer, dessen eigene Bibliothek 40.000 Bände umfaßte, für die er in seinem Palais auf der Wieden sogar einen zweiflügeligen Bibliotheksbau errichten ließ, förderte die Wissenschaft nach Kräften

Oben: Das Palais Erzherzog Rainers auf der Wieden. Nach schweren Beschädigungen im Zweiten Weltkrieg und in der Besatzungszeit wurde es 1957/58 abgetragen. ÖNB, Wien
Linke Seite: Erzherzog Rainer huldigte still seinen wissenschaftlichen Interessen, doch kurzfristig trat er als Ministerpräsident der ersten konstitutionellen Regierung Österreichs ins Rampenlicht der Geschichte. ÖNB, Wien

und fühlte sich wohl selbst als Wissenschaftler. Leopold Wölfling beschreibt ihn – als einen der wenigen seiner Familie – in sehr positiven Worten: „Äußerlich war er ein typischer Professor, wie man ihn in den Witzblättern abgebildet sieht. Er trug einen breitkrempigen Hut, der von Regen und Sonne die Farbe verloren hatte, einen wollenen Schal um den Hals, einen sonderbaren Flügelmantel, einen Schirm und Gummischuhe. Hinter den dicken Gläsern seiner Brille blitzten kluge Augen, in denen oft ein gutes Lächeln aufsprühte. Er besuchte gerne Studentenkneipen und fühlte sich dort wohler als in der Hofburg – und in der Hofbibliothek wieder wohler als in der Kneipe."
Seine Tätigkeit als Kurator der Akademie führte auch dazu, daß 1905 seine Stimme als eine der ersten im entstehenden Phonogrammarchiv der Akademie aufgezeichnet wurde. Auf seine zweite große Leistung für die Welt der Wissenschaft wurde im ersten Band „Die Lebenswelt der Habsburger" eingegangen, er kaufte die große 100.000 Objekte umfassende Sammlung an Papyri aus Fayum, die er 1899 dem Kaiser zum Geburtstag schenkte. Diese Sammlung Rainer bildet den Grundstock der berühmten Papyrussammlung der Österreichische Nationalbibliothek.

„Die graue Eminenz" – Erzherzog Albrecht (1817–1895)

Zeichneten sich die bisher genannten Erzherzöge durch ihre fortschrittlichen Ideen aus, womit sie eine Alternative zu den konservativen Herrschern boten, so war Erzherzog Albrecht sicherlich ganz anders geartet. Durch und durch reaktionär und militaristisch orientiert, stellte er für viele der jüngeren Erzherzöge der Regierungszeit Franz Josephs die personifizierte Versteinerung der Monarchie dar, den Repräsentanten all dessen, was sie verabscheuten.
Als ältester Sohn des Siegers von Aspern schlug Erzherzog Albrecht selbstverständlich eine militärische Laufbahn ein. 1844 bis 1848 war er kommandierender General von Nieder- und Oberösterreich, in dieser Funktion erteilte er am 13. März 1848 den Schießbefehl gegen die Demonstranten in der Wiener Herrengasse, der zu den ersten Opfern der Märzrevolution

Das Denkmal Erzherzog Albrechts steht etwas versteckt auf der Albertina-Rampe in Wien. Foto: Vocelka/Heller

führte. In den Revolutionsjahren 1848/49 war er Divisionskommandant in der Lombardei, nach dem Sieg der Konterrevolution 1851 Militär- und Zivilgouverneur in Ungarn – was ihn dort nicht gerade beliebt machte –, danach avancierte er zum Feldmarschall. Albrecht versuchte – wenn auch erfolglos –, auch diplomatische Sporen zu verdienen, z. B. als er 1859 preußische Waffenhilfe gegen Piemont-Sardinien und Frankreich einwarb. Im Krieg gegen Italien und Preußen wurde er 1866 Kommandant der Südarmee – wohl weil man sich dort eher militärische Erfolge erwarten konnte als im Norden. Er erkämpfte auch wirklich bei Custoza einen Sieg für die nicht gerade erfolgsgewohnte Armee des Kaisers.

Nach 1867 war Albrecht, der mit den Ungarn keine besseren Erfahrungen gemacht hatte als sie mit ihm, ein entschiedener Gegner des Ausgleichs. Dadurch zog er sich – noch mehr als ihre unterschiedlichen politischen Orientierungen es ohnehin hätten erwarten lassen – die Feindschaft der überaus ungarnfreundlichen Kaiserin Elisabeth zu.

Nach der vernichtenden Niederlage von 1866 war er für die Reorganisation der Armee verantwortlich. Als *revanche pour Sadowa* (Rache für die Schlacht bei Königgrätz) trat Albrecht 1870 erfolglos für einen Kriegseintritt der Habsburgermonarchie auf seiten Frankreichs gegen Preußen ein. Am Ende seiner militärischen Laufbahn war er Feldmarschall und Generalinspekteur des Heeres und damit – nach dem Kaiser – der ranghöchste Soldat der Familie Habsburg. Bis zum Jahre 1875, als Franz Joseph den Besitz seines Vorgängers Kaiser Ferdinand erbte, war Albrecht, der über seinen Vater Karl das riesige Vermögen des Herzogs Albert von Sachsen-Teschen erhalten hatte, der reichste Habsburger.

Auf seinen Mustergütern in Schlesien, Galizien und Ungarn setzte er vorbildliche soziale Maßnahmen für die Arbeiter. Dies war charakteristisch für viele Konservative des 19. Jahrhunderts, die in der Praxis (zum Teil aus „christlicher Nächstenliebe") häufig den sozial niedriger Gestellten mehr Gutes taten als die in dieser Hinsicht unsensiblen Liberalen. Doch hinderte ihre Philanthropie sie keineswegs daran, diese Menschen weiterhin von jeder politischen Macht auszuschließen. Weltanschaulich war der Erzherzog jedenfalls ein Fels der Reaktion und erklärter Gegner aller liberalen Reformen, seiner eigenen Aussage nach wandte er sich gegen die „schärfer herandrängende sociale Revolution" und die „stets wachsende republikanische Gesinnung".

„Der Zigeunerforscher" – Erzherzog Joseph Karl Ludwig (1833–1905)

Einen ganz anderen Lebensweg nahm Joseph Karl Ludwig oder – wie er meist ungarisch genannt wird – *József föherczeg* (Erzherzog), dessen Karriere ebenfalls zunächst im militärischen Bereich begann: Er wurde 1848 Major, 1855 Oberst, 1866 Feldmarschalleutnant und 1874 schließlich General der Kavallerie und höchster Befehlshaber der ungarischen königlichen Landwehr Honvéd, für deren Organisation er sich lebhaft einsetzte.

Aber seine Bedeutung lag auf einem ganz anderen Gebiet. Es war schon ungewöhnlich, daß er während seiner Stationierung in Padua an der dortigen Universität den Grad eines Doktors der Medizin (und nicht den eines Juristen) erwarb, aber noch seltsamer mußte seinen Standesangehörigen seine Beschäftigung mit der Romistik anmuten, dem Studium der „Zigeunersprachen" (also der Sprachen der Roma und Sinti), einem Stiefkind der Sprachwissenschaft. Bedenkt man die damals wie heute herrschenden Vorurteile gegen die Roma und Sinti, so war dieses Interesse tatsächlich außergewöhnlich. Es gibt nur wenige frühe Aufzeichnungen über die Sprachen bzw. Dialekte dieser Bevölkerung, die ältesten stammen aus dem 18. Jahrhundert. Meist waren es Geistliche oder Lehrer, manchmal auch Ärzte, die sich für die Sprachen und die Sitten der Roma und Sinti interessierten. Auch einigen wenigen Adeligen, die auf ihren Gütern Angehörige aus einer dieser Bevölkerungsgruppen als Untertanen hatten, verdanken wir Aufzeichnungen über frühe Formen dieser Sprachen.

Links: Erzherzog Joseph Karl Ludwig war ein bedeutender Gelehrter, der sich der Erforschung der „Zigeunersprachen" widmete. ÖNB, Wien
Rechts: Der weitgereiste Erzherzog Ludwig Salvator verbrachte einen Großteil seines ortsfesten Lebens auf Mallorca. ÖNB, Wien

Erzherzog Josephs Interesse erwachte, als er bei der Ausbildung von Rekruten in den Jahren 1853 bis 1856 einige Jungmänner „zigeunerischen Ursprungs" vor sich hatte, mit denen er sich nur mit größter Mühe verständigen konnte. So begann er, da er sich überhaupt für Sprachen interessierte, Aufzeichnungen zu führen. Sein Studium der Romani-Dialekte der Ostslowakei im Vergleich zu den Dialekten der türkischen, rumänischen, ungarischen, tschechisch-mährischen und deutschen Roma und Sinti bildete die Grundlage für sein Lebenswerk „Románo csibákero sziklaribe" (Lehrbuch der Zigeunersprache), von dem auch eine gekürzte deutsche Fassung mit dem Titel „Zigeunergrammatik" erschien. Um seine Gewährsleute bei der Hand zu haben, siedelte Erzherzog Joseph Karl Ludwig Menschen, die verschiedene Dialekte sprachen, auf seinen Landgütern in Alcsút und Bánkút an. Dieses einzigartige Experiment erlaubte es ihm, reiches Material zu sammeln, das er in seinen Schriften verwenden konnte; damit versuchte er wohl auch, die soziale Situation der Betroffenen zu verbessern. Sprachwissenschaftlich fortschrittlich war sein Versuch, den Zusammenhang des Romani mit den Sprachen des indischen Subkontinentes (also mit Hindi, Urdu, Bengali, Gudscharti und Marathi), der heute als erwiesen gilt, aufzuzeigen.

Erzherzog Joseph Karl Ludwig war damit der einzige wirklich bedeutende und zukunftsweisende Geisteswissenschaftler seiner Familie.

„Der große Reiseschriftsteller" – Erzherzog Ludwig Salvator (1847–1915)

Ein anderer großer Wissenschaftler, der sich allerdings nicht auf ein bestimmtes Gebiet spezialisierte, war zugleich ein großer Sonderling. Erzherzog Ludwig Salvator († 1915) muß eine eigenartige Erscheinung gewesen sein, ein Mensch, der sein Äußeres im höchsten Maße vernachlässigte. Einen seiner seltenen Besuche in Wien schildert eine Quelle folgendermaßen: „Als aber der Zug hält, geraten die Hofwürdenträger in nicht geringes Entsetzen. Ist der Hof-Wartesalon umsonst geöffnet, der rote Teppich zwecklos ausgespannt worden? Niemand kann den erzherzoglichen Gast ausnehmen. Da macht der Thronfolger [Franz Ferdinand] eine Wendung nach links und geht mit raschen Schritten auf einen Waggon dritter Klasse zu, aus dem sich ziemlich schwerfällig ein kleiner kugelrunder Herr mit Zylinder herauszwängt, krampfhaft bemüht, einen riesigen Reisesack mit darauf gesticktem Hund durch die enge Waggontür hindurchzuzerren. Die Kleidung des Gastes besteht aus zwei übereinandergezogenen

Gehröcken [...] Auf dem Kopf sitzt ein stichelhaariger Zylinderhut. In einem ähnlichen Aufzug erscheint übrigens der Erzherzogsonderling zum achtzigsten Geburtstagsfest des alten Kaisers im Jahre 1910 in Ischl und macht dem Grafen Paar, dem Generaladjutanten nicht wenig zu schaffen. Er steigt im Hotel in einer Dachkammer ab, [...] und da er abreist, trägt der Kammerdiener die Uniform, die er doch für den Empfang beim Kaiser hatte anlegen müssen, in ein rotes Kaffeetuch eingeschlagen, wobei die vier zusammengebundenen Enden den Tschako und den quer darübergelegten Säbel festhalten. Hinterher schleppt sich der Erzherzog mit seinem gestickten Reisesack."

Ludwig Salvator absolvierte sein Studium in Prag, und auch er entwickelte eine besondere Leidenschaft für Sprachen: er lernte Latein, Griechisch, Deutsch, Tschechisch, Ungarisch, Italienisch, Französisch und Englisch, später noch Spanisch und Arabisch, und sprach auch einige Mundarten – vor allem die von Mallorca, wo er einen Großteil seines Lebens verbrachte. Als Erwachsener zeigte er eine besondere Neigung zur Seefahrt. Er reiste unter dem Namen Ludwig Graf von Neudorf quer durch das Mittelmeergebiet; seine Reisen und die Bücher, die er darüber schrieb, wurden ihm zum Lebensinhalt. Ludwig Salvator hatte keine militärischen Ambitionen; ganz im Gegenteil, er pflegte enge Kontakte zu Pazifisten. Er brachte es nur bis zum Oberst – schändlich für ein Mitglied des Erzhauses –, blieb aber im Gegensatz zu seinem Bruder Johann Salvator bis zu seinem Tod ein Mitglied des Erzhauses. Er reiste auf die Balearen – zunächst, um Material für ein Buch zu sammeln –, verbrachte aber dann den Rest seines Lebens dort, wobei ihm 100.000 Gulden vom Familienfonds als jährlicher Unterhalt zugesagt wurden.

Auf Mallorca mietete er zuerst den Palacio de Formiguera, später kaufte er eine Reihe von Gütern. Das vielleicht schönste war Miramar, mit dem er auch ein vom katalanischen Mystiker, Philosophen und Dichter Ramón Llull († 1316) gegründetes Kolleg der Franziskaner für orientalische Sprachen erwarb und ausbaute. Außer dem spanischen Landhaus ließ er Gärten, Kapellen, Tempel und Aussichtsplätze anlegen. Für Llull entwickelte der Erzherzog ein spezielles Interesse und er erteilte den Auftrag, seine Schriften zu bearbeiten. Neben Miramar erwarb Ludwig Salvator aber noch viele andere Güter, so die Residenz Son Marroig, die heute ein Ludwig-Salvator-Museum beherbergt, und Son Moragues. Catalina Homar, eine junge Bewohnerin der Insel, stand in einer engen Beziehung zum Erzherzog, sie verwaltete seine Güter und begleitete ihn auch auf einer Orientreise.

Ludwig blieb unverheiratet. Gerüchte sprachen von einer Verlobung mit Erzherzogin Mathilde († 1867), die aber in jungen Jahren bei einem Unfall verbrannte, als sie ihre Zigarette verstecken wollte. Nach ihrem Tod soll er beschlossen haben, nie mehr zu heiraten. Andere vermuteten Beziehungen mit Catalina Homar, aber auch mit den Frauen seiner Mitarbeiter – und nach manchen Quellen sogar mit diesen selbst. Eine dieser geheimnisvollen Affären bestand zu Antonia Lancerotto, die mit einem Mallorquiner vermählt war, mit dem sie im Hause des Erzherzogs lebte. Ihr schenkte Ludwig Salvator den Schmuck seiner Mutter, sie hatte den Schlüssel zu einem Safe in Wien und wußte dessen Kennwort, allerdings war der Schmuck beim Tod Ludwigs schon verpfändet.

So sehr alle diese Geschichten für die Außenseiterrolle des Erzherzogs symptomatisch sind, sowenig machen sie seine Bedeutung aus. Diese liegt in seinen weiten Reisen, die er – gemeinsam mit einigen Mitarbeitern – in Büchern beschrieb und mit Zeichnungen reich illustrierte. Mehr als 70 Bücher verfaßte der Erzherzog, die allesamt als bibliophile Drucke erschienen, allerdings anonym und nur in kleinen Auflagen von jeweils 600 bis 800 Exemplaren, die er vorwiegend als Geschenke verteilte. Von einigen sind sogar Übersetzungen erschienen. Ludwig Salvator schrieb auch unterschiedlichste Artikel für Zeitschriften, so beteiligte er sich etwa an dem zeitgenössischen Diskurs über die Heimat des Odysseus mit einer eigenen, wissenschaftlich fundierten Meinung.

Sein Hauptwerk ist sicher die mehrbändige Schrift über die Balearen, über die Jules Verne, mit dem er in Kontakt stand, schrieb: „Es ist in der Tat eine unvergleichliche Arbeit im Hinblick auf die Schönheit der Ausführung, des geographischen, ethnographischen, statistischen und künstlerischen Wertes." Ludwig Salvator war der erste Habsburger in Australien und der erste, der die Welt umsegelte – wenn auch ungeplant, darüber wurde in einem früheren Kapitel schon berichtet.

Am Beispiel Ludwig Salvators kommt man zu einem ambivalenten Schluß. Einerseits hatte er – wie einige hier behandelte Erzherzöge – vielseitigere Interessen und größere intellektuelle Fähigkeiten als der Herrscher, andererseits stellt sich die Frage, wie er – und manche der anderen hier erwähnten – sich als Herrscher entwickelt hätte. Die Tragik der Dynastie bestand darin, daß diese Talente in Randpositionen gedrängt wurden und die eigentlich einflußreichen Entscheidungsträger des Staates keineswegs dieselbe geistige Regsamkeit aufwiesen, was letztlich – ohne daß man den Einfluß von Personen auf den Verlauf der Geschichte überschätzen soll – das Schicksal der Habsburgermonarchie negativ beeinflußte.

LEBENSWEGE DER ERZHERZOGINNEN

Große Männer machen Geschichte" war das Motto der traditionellen Geschichtsschreibung, die sich vor allem politisch verstand. Lange Zeit beschränkte sich die Geschichte der Habsburger auf eine der Männer, besonders der Herrscher. Sieht man von Maria Theresia ab, um die sich eine Reihe rührseliger Legenden von der „guten Landesmutter" rankt, kamen Frauen in der Geschichtsschreibung des Hauses nur dann vor, wenn sie politisches Gewicht besaßen. In diesem Zusammenhang spielten die Heiraten im späten Mittelalter natürlich eine Rolle: ohne Maria von Burgund, Johanna von Spanien und Anna von Böhmen und Ungarn hätte es keinen Aufstieg der Habsburger zu einer der größten Mächte Europas gegeben. Selten nur übten Frauen „männliche" Rollen aus, z. B. am Beginn des 16. Jahrhunderts als Statthalterinnen der Niederlande oder als Regentinnen während der Abwesenheit ihrer Männer. Von ihnen war bereits die Rede. Obwohl die Frauen im Hauptstrom der Geschichtsschreibung weitgehend vernachlässigt wurden, gab es im 19. Jahrhundert eine Nische in der Historiographie, in der man sie pflegte: Klischeehafte Biographien von Erzherzoginnen und Kaiserfrauen boten Lesestoff für höhere Töchter und waren ein typischer Ausdruck ihrer Zeit. Da sie Vorbildwirkung auf andere Stände ausüben sollten, wurden die Habsburgerfrauen in einer Weise stilisiert, die heute kaum mehr erträglich ist. Denkbar süßlich wurden ihre Frömmigkeit, Wohltätigkeit und Tugendhaftigkeit gerühmt. Nur weniges in diesen Biographien spiegelt das reale Leben der Frauen dieser Zeit wider, im

Ein Besuch der Kaiserin Elisabeth in der „Negererziehungsanstalt" des Dr. Mazza in Verona. ÖNB, Wien

Sicherlich eine der ungewöhnlichsten Frauen der habsburgischen Familie war Elisabeth Marie, die „rote Erzherzogin". ÖNB, Wien

Prinzip sind sie vorgeformte Versatzstücke, in denen die Namen austauschbar sind.
Eine Sammlung an Zitaten über verschiedene Habsburgerinnen aus einem solchen Buch „für Volk und Jugend" mag hier zur Charakteristik dieser Art von Literatur dienen. Die Zitate werden ohne Nennung von Namen gebracht, um ihre Austauschbarkeit zu demonstrieren: „eine würdige Nachfolgerin dieser erhabenen Fürstin, eine der vortrefflichsten Frauen, die je eine Krone getragen haben", „[sie] betrachtete es als einen Fingerzeig Gottes, daß sie gerade an diesem Tage [Dreikönigstag] das Licht der Welt erblickt hatte und durch den Wegweiser dieser drei heiligen Weisen, den himmlischen Stern, berufen sei, nach einer höheren christlichen Vollkommenheit zu streben", „ihr froher Sinn, sowie ihr Geist belebten ihre ganze Umgebung", „dieses edle Wirken, die hohen Tugenden, sowie die ungewöhnliche Schönheit dieser Prinzessin", „Vorbild einer christlichen hingebenden Gattin", „Trost der Armen und Hilfbedürftigen" und so weiter. Erst in den letzten Jahrzehnten mit ihrem verstärkten Interesse an Sozialgeschichte haben die Frauen allmählich den ihnen zustehenden Platz in der Forschung erobert, Frauengeschichte hat sich sogar als eigenes Fach innerhalb der historischen Disziplinen etabliert.
Interessant in unserem Zusammenhang ist die Frage, inwieweit diese neuen Strömungen sich in der Habsburgerforschung spiegeln. Wirft man einen Blick auf die neueren Biographien von Habsburgerinnen, so merkt man schnell, daß die „Modernisierung" meist nur oberflächlich ist und sich vor allem in einem moderneren Stil, der die Schwülstigkeit der obenstehenden Zitate meidet, äußert. Nur selten werden alte Themen neu dargestellt und die Geschichte „gegen den Strich" gelesen. Dabei haben gerade zwei Frauen des Hauses in den letzten Jahrzehnten einen Boom in der Buchproduktion ausgelöst: Maria Theresia und Kaiserin Elisabeth.
Bereits die traditionelle Historiographie hatte sich der „guten Landesmutter" Maria Theresia bemächtigt, wohl der bekanntesten Frau der Geschichte Österreichs, und im 20. Jahrhundert kam es zu keiner neuen, fortschrittlichen Interpretation: Auch die jüngeren Darstellungen bewegen sich vielfach im Rahmen der alten politischen Biographie, die nur mit Versatzstücken weiblicher Verhaltensnormen – Mutterschaft, Güte, etc. – angereichert werden.
Ganz anders die Entwicklung bei Kaiserin Elisabeth, die sich ebenfalls schon früh großer Beliebtheit bei den Historikern erfreute. Ihre Biographie wurde im 20. Jahrhundert mehrmals geschrieben; vom klassischen Welterfolg Egon Caesar Conte Cortis über die vielen weniger guten Produkte der letzten Jahrzehnte bis zu den verdienstvollen Arbeiten von Brigitte Hamann. Im Gegensatz zu Maria Theresia aber hat sich ihre Beurteilung gewandelt; die jüngeren Werke stehen in einigen Fällen im diametralen Gegensatz zu den Klischeebildern der alten hagiographisch ausgerichteten Literatur. Doch selbst hier läßt das Bild – oder eigentlich die Bilder – kritische Züge vermissen. Was „revolutionär" wirkt, geht fast immer auf das Gedankengut dieser ungewöhnlichen Frau selbst zurück und weniger auf die Autorinnen und Autoren.
Ähnliches könnte man von einer anderen Habsburgerin des 19. Jahrhunderts behaupten, die ebenfalls von der neueren Historiographie bereitwillig aufgegriffen wurde. Auch Elisabeth Marie († 1963), die Tochter Erzherzog Rudolfs, hat das „Revolutionäre" in ihrem Leben selbst geschrieben. Sicherlich war die „rote Erzherzogin" eine der ungewöhnlichsten Frauen des Hauses; ihr Lebensweg führte von der Nähe zum Thron über die sozialdemokratische Arbeiterbewegung bis zu einer Ehe mit einem sozialdemokratischen Politiker. Es nimmt nicht Wunder, daß man

diese Frau, in deren Biographie die Widerstände gegen das System, in das sie hineingeboren wurde, deutlich werden, neu für unsere Zeit entdeckt und biographisch erfaßt hat.
Doch sind in letzter Zeit Einzelbiographien über zahlreiche andere Erzherzoginnen – meist solcher des 19. Jahrhunderts – erschienen. Viele Gesamtbetrachtungen der Frauen der Habsburger sind in den letzten Jahrzehnten auf dem Buchmarkt aufgetaucht, denn das neue Interesse an Frauengeschichte bildet einen wirtschaftlichen Faktor, den man nicht unterschätzen soll. Im Hinblick auf die unzähligen Publikationen der letzten Jahrzehnte strebt dieser Abschnitt unseres Buches keine enzyklopädische Darstellung der Geschichte der habsburgischen Frauen an, sondern möchte vielmehr allgemeine Strukturen weiblichen Verhaltens in dieser Schicht aufzeigen und an einigen Fallstudien exemplifizieren.

Prunk und Langeweile – Der Alltag der Habsburgerinnen

Das Leben der Erzherzoginnen verlief auf einer Ebene, die für den Großteil der Bevölkerung unerreichbar war. So blieben sie z. B. von einer der Geißeln der vormodernen Zeit – der Nahrungsmittelknappheit – verschont. Auch sonstige Sorgen, etwa um Wohnung und Kinder, kannten die Frauen nicht; sie verbrachten keine Zeit in der Küche oder bei der Kindererziehung, denn für all das war genügend Personal vorhanden. Jede der Frauen hatte sogar ihren eigenen kleinen Hofstaat. Ihr materielles Leben war also – im Gegensatz zur Masse der Bevölkerung – gesichert, sie lebten im Luxus und konnten sich alles leisten, was sie wollten. Ihre emotionalen Bedürfnisse hingegen wurden sicherlich häufig vernachlässigt. Womit beschäftigten sich solche Frauen? Ein guter

Das klassische Rollenbild war natürlich die Mutterrolle. Erzherzogin Isabella mit einem Säugling, dem 1897 geborenen Albrecht. Familienalbum

Teil ihrer Zeit war mit geistlichen Übungen ausgefüllt, ihnen wurde – mehr noch als den ohnehin sehr frommen habsburgischen Männern – stets große Bigotterie nachgesagt. Daneben gab es karitative Aufgaben; viele der Frauen betätigten sich in Klöstern und anderen Organisationen zum Wohle der Armen. Manche widmeten sich der Kunst, gute Beispiele dafür wären etwa die Frau Sigmunds von Tirol, Eleonore von Schottland († 1480), die den französischen Roman „Ponthus und Sidonia" ins Deutsche übersetzte, oder Marie Christine († 1798), die eine sehr begabte Malerin war. Die vielen musikalisch tätigen Frauen der Habsburger wären dabei ebenso zu nennen. Ein weiterer großer Anteil am Zeitbudget entfiel auf die Repräsentationspflichten, die natürlich auch aufwendiger Vorbereitungen bedurften. Stets mußten diese Frauen bestens gepflegt und gekleidet erscheinen, um ihrem Rang entsprechend zu repräsentieren. Beispiele wie der Schönheitskult der Kaiserin Elisabeth, die viele Stunden am Tage mit Turnen, Haarpflege (es dauerte fast einen Tag, bis ihre bodenlangen Haare nach dem Waschen trockneten) und Baden verbrachte, mögen zwar extrem sein, aber in einem reduzierten Ausmaß waren solche Verhaltensweisen typisch für diese Frauengruppe in der Gesellschaft.

Nur wenige Frauen waren politisch tätig, wie etwa die Erzherzoginnen Margarete († 1530), Maria († 1558) und Isabella Klara Eugenia († 1633), die selbständig als Statthalterinnen in den Niederlanden wirkten. Doch lenkten viele Habsburgerinnen als Ehefrauen ihre – oft sehr schwachen – Männer und konnten damit wenigstens indirekt Einfluß auf die Politik der jeweiligen Staaten ausüben; manchmal führten sie als Witwen die Regentschaft für minderjährige Söhne, wie etwa Maria Anna († 1696), die Witwe Philipps IV., für Karl II. Ein gutes Beispiel für ein kurz aufflackerndes Interesse an Politik wäre das Engagement der Kaiserin Elisabeth († 1898) für die Ungarn, ohne das der Ausgleich von 1867 nicht denkbar gewesen wäre.

Den typischen Lebenslauf einer Erzherzogin beschrieb kaum jemand trefflicher als der italienische Historiker Giorgio Spini: „Die Prinzessinnen des 17. Jahrhunderts haben wir alle in Barockgemälden der Hofmaler gesehen, mit ihren unglaublichen Gewändern, grandios wie Denkmäler und besetzt mit Edelsteinen wie Reliquiare. [...] Und mehr oder weniger wissen wir, daß jede von ihnen eine Art von Luxuspuppe war, zum Zwecke gemacht, um vom väterlichen Hof an einen fremden Hof gesandt zu werden, den sie nie gesehen hatte, nach einer Menge Feilscherei zwischen den Diplomaten, aber ohne daß sie ein Wort zu ihrem eigenen Schicksal sagen konnte. Am Bestimmungsort angekommen, wurde sie in das Bett eines Ehemannes gelegt, der [...] häßlich wie ein Affe sein konnte, oder ein Kretin, oder ein lasterhafter Verderbter oder einfach ein alter Dummkopf, aber von dem sie sich so oft als möglich schwängern lassen mußte, im Interesse der Dynastie. Es gab keinen Zweifel, daß sie von diesem Gemahl ausgiebig gehörnt wurde: es war hingegen nur eine Hoffnung, daß er sich mit weiblichen Liebhaberinnen zufriedengab und nicht auch noch männliche wollte. Im Ausgleich für all das hatte eine Prinzessin des 17. Jahrhunderts die Sicherheit, verrückte Verschwendungen auf Kosten devoter Untertanen machen zu können und ihr Leben mit Festen, Bällen, Jagden, Banketten, heiligen Messen und geistlichen und weltlichen Zeremonien, die jeweils einen Berg Geld kosteten, zu verbringen. [...] Wenn sie es schaffte zu überleben (ihre vielen Schwangerschaften und ihren Ehemann) und Witwe zu bleiben, konnte sie als Regentin für einen minderjährigen Sohn die Regentschaft übernehmen. [...] doch von der Politik verstand sie nur das, was ihr der Beichtvater riet: und vom Beichtvater kamen selten vortrefflichere Ratschläge als jener, soviel Protestanten als möglich umbringen zu lassen."

Bis in das 19. Jahrhundert hinein war das Leben der Frauen – und nicht nur der Herrscherinnen – streng reglementiert. Für die Damen der Oberschicht gab es wenig Wahl. Um es auf eine einfache, etwas plakative Formel zu bringen, wurde man entweder verheiratet oder in ein Kloster gesteckt. Erst im 19. Jahrhundert rangen und kämpften die Frauen aller Schichten um neue Ziele. Ein Teil jener Frauen, die den sozial höheren Schichten der Bevölkerung angehörten, hatte eine Vision von Bildung und eigenständiger beruflicher Tätigkeit, sie stellten das Ideal der Hausfrau und Mutter in Frage und setzten sich zunächst – wenigstens in einem kleinen Segment der Gesellschaft – durch. Doch erst mit dem Ersten Weltkrieg – die Männer waren bei der Armee, und das Vaterland brauchte Arbeitskräfte – wurde Frauenberufstätigkeit außerhalb des Bauernhofes oder der Fabrik ein Massenphänomen.

Man sollte annehmen, daß sich die Frauen der Habsburger nach 1918, als die Familie keine regierende Dynastie mehr war, mit solchen Frauenleitbildern hätten identifizieren können, doch scheint das weit gefehlt. Weder der Wegfall der Zwänge einer monarchischen Staatsform mit ihrer Heiratspolitik noch die veränderte Rechtssituation der Frauen in allen Nachfolgestaaten der Monarchie nach 1918 oder die allge-

Rechte Seite: Besonders begabt als Künstlerin war Erzherzogin Marie Christine. In dieser bezaubernden Gouchemalerei stellt sie sich selbst in holländischer Manier dar. Kunsthistorisches Museum, Wien

meinen Wandlungen, die den Frauen mehr als nur ein Rollenbild anboten, scheinen in der Familie große Auswirkungen gehabt zu haben: die meisten Habsburgerinnen blieben Hausfrauen und Mütter. Man muß aber mit jedem solchen Urteil über die Habsburger nach 1918 äußerst vorsichtig sein, denn die publizierten Detailinformationen gehen meist nur auf ganz wenige Quellen zurück. Nur als wirklicher „Hofhistoriograph“ mit den entsprechenden persönlichen Kontakten könnte man genauere Aussagen machen – vermutlich allerdings um den Preis, nicht ohne Zensur und Selbstzensur schreiben zu können, also unter Verlust des kritischen Standpunktes.

Der einzige Fall eines modernen Habsburger Frauenschicksals in jener Generation, die noch in der Monarchie wurzelt, scheint Adelheid († 1971) gewesen zu sein, eine der Töchter des exilierten Kaisers Karl. Sie lernte im Exil – wie auch ihr Bruder Otto – Ungarisch, Tschechisch und Kroatisch und erwarb ebenfalls wie er in Löwen ihr Doktorat in Staats- und Wirtschaftswissenschaften. Weniger exponiert als ihr Bruder, konnte Adelheid im Jahre 1935 nach der Neuregelung der Habsburgerfrage durch Schuschnigg nach Österreich zurückkehren. 1938 mußte sie, wie die übrige Familie, Österreich verlassen. Sie ging zunächst nach Ungarn und wanderte dann über Belgien und Portugal in die USA aus. Während des Zweiten Weltkrieges war sie als Professorin für Soziologie an der Fordham Universität in New York tätig, nach Kriegsende widmete sie sich den politischen Ambitionen ihrer Familie als Journalistin und Mitarbeiterin ihres Bruders Otto. Adelheid blieb zeitlebens unverheiratet.

Veränderungen des traditionellen Rollenbildes findet man – soweit man das bei den angeblich fast 700 Habsburgern, die derzeit leben, überprüfen kann – erst in der jüngsten Generation, in der der Anteil von berufstätigen – verheirateten und unverheirateten – Frauen langsam wächst.

Sticken versus Fechten – Geschlechtsspezifische Erziehungsnormen

Das spezifische Rollenverhalten der Habsburgerinnen war vor allem ein Resultat ihrer Erziehung, die wesentlich von der der Männer abwich, da ihre zukünftigen Aufgaben verschieden waren. Alle habsburgischen Männer wurden zunächst als mögliche Regenten betrachtet und daher als solche erzogen, während sich bei den Frauen – selbst bei Maria Theresia, bei der sich die zukünftige eigene Regierungstätigkeit schon abzeichnete – der Unterricht vorwiegend auf Sprachen, Musisches und Handarbeit beschränkte. Nur in wenigen Bereichen – etwa bei der religiösen Andacht oder bei der Beherrschung der Techniken der Jagd – wurden sie gemeinsam mit den Männern erzogen.

Schon relativ früh wurde die Erziehung der Prinzessinnen auch theoretisch behandelt; 1523 verfaßte Juan Luis Vives aus Valencia eine Schrift „Über die Erziehung christlicher Frauen“, in der er Unterricht in Latein und den antiken Klassikern empfahl. Gerade in der Zeit des Humanismus, also im 16. Jahrhundert, scheint die Frauenerziehung qualitätvoller gewesen zu sein als in späterer Zeit, in der man zunehmend auf Frömmigkeit, gesellschaftliches Benehmen und Sprachfertigkeit Wert legte und die Realfächer wie Geschichte oder Geographie in den Hintergrund traten. Einige der aktivsten und intellektuell hervorstechendsten Frauengestalten der Familie stammten aus dieser Generation. Maximilians Tochter Margarete († 1530) war nicht nur eine begabte Rhetorikerin, sie legte auch eine bedeutende Bibliothek an, unterstützte Literatur und Wissenschaft und pflegte ihre musischen Neigungen – besonders ihre Vorliebe für Possenspiele und Musik. Außerdem überwachte sie die Erziehung ihrer Nichte Eleonore († 1558), die an ihrem Hof in Mecheln aufwuchs. Sie vertraute das junge Mädchen dem greisen burgundischen Gelehrten Olivier de la Marche an, Zeit ihres Lebens blieb Eleonore eine interessierte, gelehrte Mäzenin. Auch ihre Schwester Maria von Ungarn († 1558) betätigte sich als Mäzenin der Künste, sie sammelte Bilder und Gobelins und förderte die Musik. Der Humanist Erasmus von Rotterdam widmete ihr seine Schrift „Christliche Witwe“.

Im späteren 16. Jahrhundert blieb das Ideal einer vielseitig gebildeten Fürstin, die mit Strenge und Züchtigung erzogen wurde, aktuell. Die meisten Erzherzoginnen lernten Lesen und Schreiben, Deutsch, Französisch, Geographie und Tanzen, später Latein, Italienisch, Geschichte und das Verfassen von Briefen, Musizieren, Zeichnen und Reiten. Dazu kamen diverse Handarbeiten: Vor allem die Verzierung vieler Meßornate mit tausenden Nadelstichen wurde zu einer bevorzugten Beschäftigung der Damen. Bis zum Ende der Frühen Neuzeit änderte sich wenig an diesem Ideal, wenn sich auch – dem allgemeinen Trend der Zeit folgend – im 17. Jahrhundert die religiösen Elemente in der Erziehung bei den Frauen wie bei den Männern verstärkten.

Während sich mit dem Einsetzen der Aufklärung im späten 17. Jahrhundert ein deutlicher Wandel bei der Erziehung der Männer abzeichnet, verlief die Erziehung der Frauen weiterhin in traditionellen Bahnen; der Wandel der Erziehungsideale konnte sich – wenn überhaupt – bei den Frauen nur wesentlich langsamer durchsetzen. In allen Instruktionen für die Ausbildung von Erzherzoginnen und in den theoretischen Schriften dieser Zeit, etwa bei Fenélon, tauchen Eigenschaften wie Schweigsamkeit, Bescheidenheit, Zurückgezogenheit, Fleiß und Geschicklichkeit, aber auch Tüchtigkeit im Hauswesen und Kunstfertigkeit im Musizieren auf. Obwohl Maria Theresia die fehlende politische Ausbildung am eigenen Leib verspürt hatte, wurden auch ihre Töchter lediglich zu Ehefrauen von bestimmten Herrschern ausgebildet. Nur der Sprachunterricht ähnelte dem der Söhne, die Erzherzoginnen lernten – ebenso wie die Erzherzöge – Italienisch, Deutsch und Französisch. Der Lateinunterricht der Töchter wurde viel weniger streng gehandhabt, er zielte nicht auf die Beherrschung der Verwaltungssprache ab, sondern erschöpfte sich im Lernen lateinischer Gebete. Die anderen Bildungsinhalte kamen überhaupt zu kurz: Den Töchtern Leopolds II. etwa wurden noch die Grundrechnungsarten beigebracht, Algebra allerdings nicht mehr, und Geschichte und Geographie bewegten sich lediglich auf einem spielerischen Niveau. Auf jeden Fall waren die Tanzstunden sehr viel wichtiger. Dennoch entwickelten und pflegten einzelne Habsburgerinnen schon in dieser Generation wissenschaftliche Interessen – wie sie auch bei den Männern der Familie vorhanden waren. Ein gutes Beispiel liefert die Erzherzogin Maria Anna († 1789), die eine große Begabung für Naturwissenschaften zeigte. Im Laufe ihres Lebens legte sie eine Mineraliensammlung mit 7923 verschiedenen Arten von Edelmetallen, Halbedelmetallen, Salzen, vulkanischen Gesteinen und Achaten und eine Insektensammlung mit 195 Käferarten und 371 Exemplaren von Schmetterlingen an. Neben den wissenschaftlichen hatte die Erzherzogin auch künstlerische Interessen und Begabungen, sie fertigte vor allem sehr qualitätsvolle Graphiken an. Noch im 19. Jahrhundert überwog in der Erziehung der Erzherzoginnen nach wie vor das Ideal einer beschäftigungslosen Frau, die leichte Konversation über Theater, Bücher und Tagesneuheiten in Deutsch und Französisch beherrschen sollte, wobei letzteres Thema – sagen zumindest alle Erziehungsprogramme – nie zum Tratsch ausarten durfte.

Doch allmählich besserte sich die Situation. Die Frauenbildung als eines der Kampfziele der Emanzipationsbewegung setzte sich im späten 19. Jahrhundert schrittweise durch – zunächst gab es Gymnasien für Mädchen, später wurde auch der Universitätszugang errungen – und wirkte indirekt auf die Bildungsprogramme der habsburgischen Erzherzoginnen zurück. Die Erziehung der Erzherzoginnen wurde allmählich der allgemeinen Frauenbildung angeglichen und umfaßte zunehmend dieselben Gegenstände wie

Erzherzogin Maria Anna durchbrach die Frauenklischees ihrer Zeit. Sie zeigte intensive naturwissenschaftliche Interessen und betätigte sich künstlerisch. Elisabethinenkloster, Klagenfurt

in einem Gymnasium, doch muß man weiterhin aufgrund der großen Zersplitterung des Stundenplanes durch viele repräsentative Verpflichtungen sicherlich mit Abstrichen bei den Inhalten und mehr Oberflächlichkeit – ähnlich wie bei den Männern – rechnen. Die Tochter Erzherzog Rudolfs und Stephanies, Elisabeth († 1963), wurde als erste Habsburgerin von einer diplomierten Lehrerin an Elementar- und Bürgerschulen – der Ungarin Rosa Tomar – unterrichtet. Trotz der Fortschritte im 19. Jahrhundert unterschied sich in dieser Zeit die Ausbildung der Erzherzoginnen noch immer stark von der der Erzherzöge. Eine Ausnahme bildeten die Töchter und Söhne Erzherzog Karls († 1847), des Siegers von Aspern, die gemeinsam erzogen wurden. Aber selbst bei ihnen gab es Unterschiede. Die durch den Katholizismus geprägte Ausbildung – der Geschichtslehrer war z. B. der fanatische Konvertit Onno Klopp – war mehr auf die Knaben ausgerichtet, die Mädchen wurden weniger streng geprüft und kontrolliert. Eine Besonderheit – als Resultat der Vielsprachigkeit des Staates – gab es in verschiedenen Familienzweigen, vor allem denen, die mit Ungarn verbunden waren. Hier zeig-

Ein Beispiel für die zeichnerische Begabung der Erzherzogin Maria Anna. Radierung aus dem Jahr 1772. Landesmuseum für Kärnten, Klagenfurt

ten sich Ansätze einer „nationalen" Erziehung. Die Folgen mußten aber keineswegs die beabsichtigten sein, wie man bei Erzherzogin Marie Valerie († 1924), einer Tochter Franz Josephs und Elisabeths, erkennen kann. Man ließ sie in ungarischer Sprache unterrichten, um eine besondere Liebe zu diesem Land zu wecken, doch hinterließ diese Erziehung nur eine lebenslange Abneigung gegen alles Ungarische.
Erst das Ende der Monarchie 1918 und die damit verbundene Tatsache, daß die Mitglieder der Familie nun kaum in andere Schulen gingen als sonstige Angehörige der Oberschicht, bereiteten den Boden für das vereinzelte „moderne" Verhalten von weiblichen Angehörigen der jüngsten Generation.

Geopfert am Altar der Politik? Frauenschicksale in Herrscherhäusern

Die meisten Habsburgerinnen wurden – soferne sie das entsprechende Alter erreichten – verheiratet. Nur wenige Beispiele gibt es für Frauen, die vor 1750 unverheiratet bleiben konnten, ohne in ein Kloster oder Damenstift einzutreten. Eine von ihnen war die Erzherzogin Maria Magdalena († 1743), Tochter Kaiser Leopolds I., die 54jährig unverheiratet starb. Nach 1750 änderte sich die Situation dramatisch, man konnte aus verschiedenen Gründen großzügiger mit dem „weiblichen Kapital" der Ehekandidatinnen umgehen. Einerseits war die Zahl der Erzherzoginnen so groß, daß man nicht mehr fürchten mußte, zu wenige Heiratskandidatinnen für die Dynastien Europas zu haben, und andererseits nahm die Bedeutung der politischen Hochzeit grundsätzlich ab. Manchmal – wie bei Marie Luise († 1857) von der toskanischen Linie – hatte die Ehelosigkeit körperliche Gründe: sie hatte einen Buckel. Doch bedeuteten „Verunstaltungen" nicht immer einen zwingenden Grund, unverheiratet zu bleiben, wie man an zwei Töchtern Karls II. von Innerösterreich sehen kann: Erzherzogin Anna († 1598), die als „verwachsen und ungebildet" geschildert wird, war mit Sigismund III. von Polen in glücklicher Ehe verheiratet, und Erzherzogin Gregoria Maximiliane († 1597), durch Gesichtsnarben und eine verwachsene Schulter entstellt, wurde mit Philipp III. verlobt, starb allerdings, bevor die Hochzeit

zustandekam. Nach dem Zusammenbruch der Monarchie (als die dynastischen Heiraten keine Rolle mehr spielten), nahmen die Fälle von habsburgischen Frauen, die aus freien Stücken ledig blieben, zu; hier wären etwa (Erzherzogin) Magdalena († 1964), die bei der Familie lebte und sich hauptsächlich der Wohltätigkeit widmete, oder (Erzherzogin) Maria Dolores († 1974) zu nennen.
Wie wir schon in einem anderen Zusammenhang gesehen haben, wurde bei der Auswahl des Ehepartners – bis auf wenige Ausnahmen – keine Rücksicht auf Gefühle genommen. Eine der wenigen Liebesheiraten einer Habsburgerin konnte Erzherzogin Marie Christine († 1798) eingehen, Maria Theresias Lieblingstochter, die nach einer Romanze mit Ludwig Eugen von Württemberg den von ihr selbst gewählten Ehemann Herzog Albert von Sachsen-Teschen heiraten durfte, mit dem sie eine sehr glückliche Ehe führte. Das von Antonio Canova gestaltete Grabmal in der Wiener Augustinerkirche gibt Zeugnis dieser tiefen Beziehung, es ist – wie die Aufschrift aussagt – der „*uxori optimae*" (der besten Gattin) gewidmet.
Die Tatsache, daß die Habsburgerinnen keinen Einfluß auf die Wahl ihres Partners hatten, unterschied sie allerdings wenig von der Mehrzahl der Frauen in allen gesellschaftlichen Schichten der Bevölkerung. Auch adelige Töchter wurden an einen anderen Adeligen, mit dem man aus welchen Gründen auch immer in familiäre Beziehungen treten wollte, verheiratet, und ähnliches galt für die bürgerlichen Schichten, wo auch Geld zu Geld, Gewerbe zu Gewerbe heiratete. Selbst bei der bäuerlichen Bevölkerung stand den Mädchen selten eine freie Partnerwahl zu. Doch war wenigstens die Zahl der in Frage kommenden Kandidaten für alle diese Schichten größer als für die Erzherzoginnen, die nur in regierende Familien einheiraten konnten.
Aber nicht nur die Frauen wurden verheiratet, ohne nach Zuneigung oder Sympathie gefragt zu werden, auch die Männer konnten sich nur in seltenen Ausnahmefällen legitime und ebenbürtige „Liebesheiraten" leisten, so schloß Kaiser Franz II./I., der viermal verheiratet war, nur eine einzige seiner Ehen (Maria Ludovica, † 1816) aus Liebe.
Sicherlich muß man – wie wir in Beispielen schon gesehen haben – zwischen Männern und Frauen bezüglich des persönlichen Freiraumes erheblich differenzieren. Während Männer die Möglichkeit zum außerehelichen Geschlechtsverkehr hatten und auch häufig nützten, galten für Frauen andere Maßstäbe. Wie schon mehrfach betont, lag einer der Hauptgründe der „doppelten Moral" in der Sorge um die Legitimität der Kinder. Die natürlichen Kinder der Habsburger, welche soziale Rolle sie immer spielen mochten, waren jedenfalls nicht gleichberechtigte Mitglieder der Dynastie, sie waren ausgeschlossen von dem Recht zu herrschen und zu erben. Wie hätte man in der Zeit, bevor der Vater eines Kindes wissenschaftlich feststellbar war, mit den Kindern der Ehefrau, bei denen man sich nicht sicher sein konnte, daß man sie selbst gezeugt hatte, umgehen sollen? Dies soll nun keineswegs die Ungleichheit rechtfertigen, erklärt aber doch die Argumentationsweise einer Welt, in der männliches Recht ein dominierender Faktor war.
Mit der Eheschließung – auch das ist nicht spezifisch für die Habsburgerinnen, aber aufgrund der oft großen Entfernung zwischen dem heimatlichen und dem fremden Hof besonders dramatisch – verließ die Tochter das elterliche Haus und ging in die Familie des Ehemannes über. Dieser Übergang, der durch verschiedenen Riten – *rites de passages* – deutlich markiert wurde (wir haben Beispiele davon im ersten Band über „Die Lebenswelt der Habsburger" kennengelernt), war aber natürlich nur symbolisch. Mit einer Habsburgerin an einem fremden Hof hatte man immer eine Art von Standbein in diesem Ambiente,

Grabmal der Erzherzogin Marie Christine in der Wiener Augustinerkirche. Das Denkmal einer glücklichen Ehe. Sammlung Mayr

das politisch nicht zu unterschätzen war. Mindestens eine Habsburgerin, die Infantin Anna († 1666), die Ludwig XIII. heiratete, beschuldigte man sogar, für ihr Haus zu spionieren, und umgekehrt verdächtigte Maximilian I. seine zweite Frau Bianca Maria Sforza († 1510) so sehr, für ihre Familie zu arbeiten, daß er sie während des Reichstages aus Augsburg verwies und nach Tirol zurücksandte.

Jede Erzherzogin mußte, wenn sie heiratete, auf ihre Nachfolgerechte verzichten; eine verständliche Maßnahme angesichts der Erbwirren der Frühen Neuzeit. Um die materielle Sicherheit einer Habsburgerin am fremden Hof sicherzustellen, wurde eine Reihe von wirtschaftlichen Maßnahmen im Heiratsvertrag vereinbart. Häufig wurde die Ehe, wenn die zukünftigen Ehepartner weit entfernt lebten, zunächst durch Vertreter – also *per procuratorem* – abgeschlossen. Diese *per procuratorem* Ehen entsprachen bis zum Vollzug durch den eigentlichen Ehepartner eher einer Verlobung. Ein solcher Fall führte zu einer komplizierten Rechtssituation. Hedwig Augusta († 1681) wurde 1665 Erzherzog Sigmund Franz von Tirol *per procuratorem* angetraut, dieser starb allerdings vor der eigentlichen Hochzeit. Für die *per procuratorem* Witwe war die Rechtslage – vor allem eine eventuelle Auszahlung eines Witwengehaltes – keineswegs klar, denn zur Eheschließung nach kanonischem Recht gehört auch der Vollzug, die *copulatio carnalis*, also der erste Beischlaf. Wenn dieser nicht vollzogen wird, kann die Verbindung von der Kurie für ungültig erklärt werden, etwas, das im Volksmund immer wieder fälschlich als „kirchliche Ehescheidung" bezeichnet wird. Ein solcher Fall ereignete sich am Ende der Monarchie, als Erzherzogin Isabella († 1973) 1912 Prinz Georg von Bayern heiratete. Ein Jahr später wurde die Ehe wegen Nichtvollzugs annulliert, und Georg wurde Priester.

Eheglück und Eheleid – Die Folgen der dynastischen Eheverbindungen

Die Frage, was man individuell unter Glück oder Leid in einer Ehe versteht, ist schwierig zu beantworten und hat viele psychologische und sonstige Aspekte; sie hängt mit Erwartungen und individuellen Vorlieben ebenso zusammen wie mit materiellen Rahmenbedingungen. Kaum eine Ehe wird ohne Einschränkungen „glücklich" genannt werden können. Doch werden – auch in diesem Buch – häufig Zuschreibungen über „Glück" oder „Unglück" vorgenommen. Man muß sich lediglich bewußt machen, daß solche Pauschalurteile mit äußerster Vorsicht zu behandeln sind, da die Quellen spärlich und häufig gewichtet sind und selten dazu gesagt wird, worauf die Urteile beruhen. Auch eigene Aussagen über Eheglück oder Eheleid muß man kritisch hinterfragen, da bis ins 20. Jahrhundert das Phänomen der *Contenance* eine zentrale Rolle spielte. Selbst wenn man sich in höheren Gesellschaftsschichten stritt und zerkriegte, hielt man es vor der Öffentlichkeit möglichst geheim. Man vermied es sogar, vor dem Personal zu zanken, obwohl die Anwesenheit der Dienstboten überheblicherweise nicht einmal als Anwesenheit von Menschen gewertet wurde.

Leider haben wir in den meisten Fällen nur spärliche Nachrichten über die Probleme – oder Problemlosigkeit – der habsburgischen Ehen. Man kann daher kaum sagen, ob das Eheglück (wie immer man dieses definieren mag) dem damaligen – oder gar heutigen – Durchschnitt entsprach. Sieht man sich moderne Scheidungsstatistiken an, so stellt sich aber schon die Frage, ob die Möglichkeit „aus Liebe" zu heiraten wirklich zu einer solchen fundamentalen Verbesserung des ehelichen Lebens geführt hat. Nun ist die Dauer einer Ehe aber keineswegs ein Garant für die Qualität einer Beziehung, vor allem im katholischen Bereich, in dem die Ehe ja grundsätzlich unauflöslich ist. Ganz im Gegenteil, man könnte argumentieren, daß eine relativ kurze Ehedauer es erleichtere, miteinander auszukommen. Die steigende Lebenserwartung – und damit die längere Ehedauer – wird heute immer wieder ins Treffen geführt, um die hohen Scheidungsraten der Gegenwart zu erklären. So gesehen müßte man sich fragen, ob viele Verbindungen, die in der Literatur immer wieder als glücklich bezeichnet werden, einer längeren Dauer standgehalten hätten. Selbst bei längeren Ehen konnte die eigentliche Zeit des Zusammenlebens durch politische Umstände stark verkürzt werden, so verbrachte Kaiser Karl V. mit seiner Frau Isabella († 1539), mit der er 13 Jahre verheiratet war, nur etwa die Hälfte der Zeit wirklich zusammen. Der Briefwechsel der beiden ist hochpolitisch, aber extrem unpersönlich – etwas, das für die Frühe Neuzeit charakteristisch zu sein scheint.

Viele Habsburgerehen waren von „vorteilhafter Kürze". Rechnet man den Schnitt der bekannten Ehen des späten Mittelalters aus, waren die Paare etwa 15 Jahre verheiratet. In der Frühen Neuzeit von Maximilian I. bis zum Ende der Althabsburger 1740 lag der Schnitt sogar bei nur 14,6 Jahren, bei den weiteren vor 1918 geschlossenen Ehen bei 26,6 Jahren. Die längsten Ehen im Mittelalter dauerten 38 Jahre (Gertrud, † 1281, mit Rudolf I. und Elisabeth, † 1505, in ihrer Ehe mit Kasimir IV. von Polen). Nach 1500 waren die Spitzenreiter Karls V. illegitime Tochter Margarete von Parma († 1586), die 48 Jahre (zumindest formal) mit Ottavio Farnese und Maria Anna († 1754), die 42 Jahre mit König Johann V. von Portugal verheiratet waren. Die Rekordhalterin bleibt Augusta († 1964), die 69 Jahre mit Erzherzog Joseph verehelicht war. Zwei Frauen – Maria Karolina († 1915, verheiratet mit Erzherzog Rainer Ferdinand) und Margarethe († 1955, verheiratet mit Fürst Albert von Thurn und Taxis) brachten es immerhin auf 62 Ehejahre.

Neun Paare des Mittelalters (von etwa 50), elf Paare der Frühen Neuzeit (von etwa 60) und 42 seit der Mitte des 18. Jahrhunderts (von etwa 110) konnten ihre „Silberne Hochzeit" feiern, sieben seit 1750 sogar ihre „Goldene Hochzeit".

Ziemlich gleichbleibend durch die verschiedenen Epochen überlebte etwa die Hälfte der Frauen ihre Männer (52 Prozent im Mittelalter, 46 Prozent bis 1750, 50 Prozent nach 1750). Zu bedenken ist allerdings, daß Männer häufiger eine zweite – oder sogar dritte, vierte – Ehe eingingen als Frauen. Während manche nur wenige Wochen als Witwen verbrachten, wie Maria Ludovica († 1792) oder Maria Theresia († 1933), verlebten andere eine sehr lange Witwenzeit. Diese Zeit betrug vor 1750 im Schnitt 19 Jahre und nach 1750 22 Jahre. Die „Statistik" wird angeführt von Zita († 1989), die 66 Jahre lang Witwe war, gefolgt von Agnes († 1364) die ihre 63jährige Witwenschaft in Königsfelden verbrachte, und Charlotte († 1927), die nach der Erschießung ihres Mannes Maximilian von Mexiko noch 60 Jahre lang lebte.

Oft waren die Altersunterschiede zwischen den Ehepartnern gewaltig, so heiratete Rudolf I. mit 66 Jahren – für die damalige Zeit war er ein Greis – die erst 14jährige Agnes von Burgund († 1323). Zwei Jahrhunderte später ehelichte die 16jährige Katharina von Sachsen († 1524) den 56jährigen, schon etwas senilen Erzherzog Sigmund von Tirol, dessen Mätresse ihr zu allem Überfluß auch noch Mordpläne andichtete. Erzherzogin Maria Anna († 1665) war erst 25, als sie den 65jährigen Maximilian I. von Bayern heiratete, und als der 69jährige Großherzog Ferdinand III. aus der toskanischen Linie des Hauses 1821 die 25jährige Marie Anna von Sachsen († 1865) ehelichte, wurde diese groteskerweise zur Schwiegermutter ihrer eigenen Schwester. Besonders kurios ist der Fall der Erzherzogin Maria Leopoldine († 1848), die mit 19 Jahren den 71jährigen Kurfürst Karl Theodor von Bayern ehelichen mußte, um ihm den dringend benötigten Erben zu gebären. Doch die Erzherzogin erfüllte die Erwartungen nicht, außerdem sorgte sie noch zu Lebzeiten ihres Mannes mit ihrer Beziehung zu Graf Taufkirchen für pikante Situationen. Auch ihre zweite (nicht ebenbürtige) Verbindung mit Ludwig Arco besserte keineswegs ihr Ansehen innerhalb der Familie.

Sicherlich die bekannteste Silberhochzeit war jene Franz Josephs und Elisabeths, die mit dem großen von Makart arrangierten Festzug der Wiener Bürger gefeiert wurde. Archiv Verlag Styria

Das Alter bei der Eheschließung war in manchen Fällen unglaublich niedrig; manche der Ehefrauen waren in Wirklichkeit noch Kinder, so heiratete Anna von Luxemburg († 1338) zwölfjährig den verwitweten Herzog Otto, sie starb schon drei Jahre später. Manchmal war die Braut so jung, daß man mit der Vollziehung der Ehe warten mußte, wie etwa bei Guta († 1297), eine der Bräute bei der „Kinderhochzeit" in Iglau 1278, mit der die Auseinandersetzung mit Přemysl Ottokar offiziell beendet wurde. Erst sieben Jahre später konnte es zum ersten Beilager kommen, als sie das 14. Lebensjahr erreicht hatte. Viele Ehen endeten schon früh mit dem Tod der Frauen im Kindbett, eine überaus häufige Todesursache. Zwei Beispiele sollen das illustrieren: Erzherzogin Maria Leopoldine († 1649) heiratete Ferdinand III. im Alter von 16 Jahren und starb schon im Jahr darauf bei ihrer ersten Geburt, ebenso erging es Alexandra Pawlowna († 1801), die den Palatin Erzherzog Josef Anton ehelichte. Welch große Strapazen die häufigen Schwangerschaften – vor allem bei so jungen Frauen

Im Kloster Königsfelden in der Schweiz verbrachte Agnes ihre lange Witwenzeit. Foto: Vocelka/Heller

– verursachten, zeigt etwa der Fall der Erzherzogin Margarita Teresa († 1673), die in nur sechs Ehejahren vier Kinder zur Welt brachte und außerdem noch zwei Fehlgeburten erlitt.

Die Forderung, die man an diese jungen Mädchen stellte, war dieselbe, die an (fast) alle Ehefrauen gestellt wurde: möglichst viele Kinder – vor allem männliche Erben – zu gebären. In einigen Fällen führte die Enttäuschung über die Kinderlosigkeit zur Verstoßung, wie bei Erzherzogin Anna († 1462), die mit 14 Jahren Wilhelm von Sachsen heiratete. Als die Ehe kinderlos blieb, jagte ihr Mann sie fort. Die zweite Ehe Ferdinands von Tirol mit der mantuanischen Prinzessin Anna Katharina († 1621) verlief zunächst äußerst glücklich. Als sie aber nicht die erwarteten Söhne gebar – die Söhne aus seiner ersten Ehe waren ja nicht erbberechtigt –, kam es zum Streit, der die Beziehung vergiftete. Angeblich wußte die Erzherzogin auch die derbe Sinnlichkeit Ferdinands nicht zu schätzen. Besonders dramatisch für die Dynastie war der Mangel an Erben vor allem am Beginn des 18. Jahrhunderts. Zu dieser Zeit infizierte Joseph I. seine Frau Amalie Wilhelmine († 1742) mit einer venerischen Krankheit, die sie gebärunfähig machte.

Manche Paare fanden – auch da gibt es viele moderne Vergleichsbeispiele – erst in ihrer zweiten oder dritten Ehe das lange erhoffte Glück. Ein gutes Exempel ist Erzherzogin Margarete († 1530), die Tochter Maximilians I., die erst in ihrer dritten Ehe mit Philibert von Savoyen eine harmonische Beziehung erlebte. Als der 24jährige Herzog nach nur vier Jahren Ehestand plötzlich an einer Lungenentzündung starb, versuchte die verzweifelte Margarete, sich aus dem Fenster zu stürzen; nur die Wachsamkeit ihres Gefolges verhinderte den Selbstmordversuch. Nicht verhindern konnte man, daß sie sich ihr vielbewundertes blondes Haar vor Gram abschnitt. Ein weiteres Beispiel liefert Erzherzogin Eleonore († 1697), eine Tochter Ferdinands III., die in erster Ehe einem politischen Bündnis geopfert wurde: Mit dem vermutlich homosexuellen Michael von Polen erlitt sie eine Reihe von Demütigungen. Doch wenigstens in zweiter Ehe wurde es ihr gestattet, ihre alte Liebe Herzog Karl V. von Lothringen zum Mann zu nehmen. Dieser sehr glücklichen Beziehung entsprossen fünf Kinder, darunter Herzog Leopold, der Vater Franz Stephans.

Zwischen Abneigung und Haß – Katastrophen durch erzwungene Ehen

Viele Ehen, die durch politische Umstände erzwungen wurden, waren sicherlich nicht erfüllend für die Frauen, doch die Zurückhaltung und Diskretion, die man in dynastischen Kreisen pflegte, ließ wenig davon an die Öffentlichkeit dringen. Über diese „unglücklichen" Beziehungen gibt es also kaum verläßliche Quellen. Doch in einigen wenigen Fällen war der Konflikt so groß, daß er sich auch in den Dokumenten der Zeit niederschlug. Einige solche „Fallbeispiele" sollen daher erwähnt werden.

Die Zahl der Kinder einer Ehe mag ein Ausdruck eines intensiven Liebeslebens sein, doch andererseits kann es auch heißen, daß man lediglich die dynastische Pflichterfüllung ernst nahm. Letzteres trifft für die Erzherzogin Maria Karoline († 1814) zu, die in ihrer Ehe mit Ferdinand IV. von Neapel-Sizilien immerhin 17 Kinder zur Welt brachte, jedoch 46 Jahre lang eine unglückliche Ehe führte. Wie in vielen anderen Fällen war die Untreue ihres Mannes der Auslöser für die schlechte Beziehung. Viele Frauen befanden sich in dieser Situation bereits vom Beginn ihrer Ehe an, so etwa die Erzherzogin Johanna († 1578), die mit Franz von Medici verheiratet wurde. Obwohl sie ihrem Mann acht Kinder gebar, führte sie – wegen ihrer Nebenbuhlerin – eine sehr unglückliche Ehe. Bianca Capello, die Geliebte von Franz, triumphierte sogar schon bei der Hochzeitszeremonie der Erzherzogin, als der Großherzog sich ihr mehr widmete als seiner zukünftigen Frau. Schon zwei Monate nach dem Tod Johannas nahm er Bianca zur Frau. Auch anderen Erzherzoginnen passierte ähnliches, z. B. Isabella († 1526), deren Mann, der dänische Prinz Christian, seine Geliebte Düveken aus den Niederlanden mit in die Verbindung einbrachte, er ließ für sie sogar auf einer Insel nahe Kopenhagen eine niederländische Kolonie anlegen.

Doch in den meisten Fällen setzten die Affären der Männer erst nach der Eheschließung ein, was sie nicht weniger schmerzlich machte. Ein besonders krasses Schicksal erlitt Erzherzogin Leopoldine († 1826), die noch dazu sehr weit von der Heimat und allen Vertrauten nach Brasilien verheiratet wurde. Von Anfang an verlief ihre Ehe mit Dom Pedro nicht gerade harmonisch; er hatte eine Reihe von Liebschaften. Untragbar wurde die Situation, als er seine Geliebte Doña Domitilia zur ersten Hofdame der Kaiserin machte. Er erhob sowohl sie (mit dem Titel *Marquesa de Santos)* als auch ihre illegitime Tochter (mit dem Prädikat *Duquesa de Goiás)* in den Hochadel und ließ die uneheliche Tochter zusammen mit den Kindern Leopoldines erziehen. Als er ins Feld zog, schrieb er – besonders geschmacklos – seiner Frau und seiner Geliebten bis auf die Anrede gleichlautende Briefe.

Noch einige weitere Beispiele für Demütigungen von Frauen in solchen politischen Ehen seien angeführt. Joseph II., der seine erste Frau sehr geliebt hatte, mußte auf Drängen seiner Mutter ein zweites Mal heiraten. Maria Josefa († 1767), die Tochter des bayrischen Kurfürsten, wurde formell mit ihm verehelicht, doch dürfte die Ehe nie vollzogen worden sein. Josephs Abneigung gegen seine Frau ging so weit, daß er nicht einmal zu ihrem Begräbnis kam. Ein ähnlich unerfülltes Leben führte Erzherzogin Eleonore († 1558). Sie hatte in ihrer Jugend eine Romanze mit einem durchaus ebenbürtigen Mann, dem Pfalzgrafen Friedrich, der allerdings konfessionell untragbar war. Ein diskriminierender Brief wurde aufgefangen, die beiden wurden zur Rede gestellt und mußten schwören, keine intimen Beziehungen gehabt zu haben. Daraufhin wurde die 20jährige Eleonore mit dem 50jährigen „buckligen“ Manuel von Portugal getraut, der schon mit zwei ihrer Tanten verheiratet gewesen war. Schon bald wurde sie allerdings Witwe – und damit wieder ein politisches Spekulationsobjekt. Im Zusammenhang mit dem politischen Ausgleich zwischen Spanien und Frankreich wurde sie im Vertrag von Madrid, den man dem bei Pavia in Gefangenschaft geratenen französischen König Franz I. abpreßte, mit diesem verlobt. Als er wieder in Freiheit war und den Vertrag widerrief, kam es zu einem demütigenden Hin und Her, das schließlich doch 1530 in einer Eheschließung mündete. Man kann sich die Stimmung der beiden Ehepartner nach dieser Vorgeschichte gut ausmalen.

Eine Reihe von menschlichen Katastrophen ereignete sich im Rahmen der versuchten habsburgischen Expansions- und Erwerbungspolitik in Polen und Siebenbürgen. Mehrere Erzherzoginnen wurden diesen politischen Zielen geopfert. Im Interesse der habsburgischen Hauspolitik wurde der polnische König Sigismund August († 1572) schon als Kind mit Erzherzogin Elisabeth († 1545) verlobt, 1543 konnte die Ehe geschlossen werden. Sie verlief alles andere als glücklich. Elisabeth war epileptisch, und ihr Mann fand sie einfach abstoßend, dazu kam noch, daß sie sich mit ihrer Schwiegermutter Bona Sforza schlecht verstand und in den Streit der Hofparteien verwickelt wurde. Sogar eine Nichtigkeitserklärung der Ehe wurde angestrebt, aber das Problem „löste“ sich, als Elisabeth – 19jährig – 1545 in Wilna verstarb. Nach einer kurzfristigen „Liebesheirat“ Sigismund Augusts mit Barbara Radziwill versuchten die Habsburger ihren Einfluß in Polen durch eine erneute Heirat zu sichern.

1553 wurde Sigismund August dazu gebracht, eine andere Tochter Ferdinands I. zur Frau zu nehmen, und zwar Katharina († 1572), die Witwe von Franz III. von Mantua, mit dem sie nur vier Monate verheiratet gewesen war. Doch Sigismund August entwickelte eine noch größere Abneigung gegen Katharina, die ebenfalls unter Epilepsie litt, als gegen ihre Schwester, dadurch wurde diese Ehe zu einem menschlichen Desaster für beide Partner. Eine dubiose Scheinschwangerschaft Katharinas konnte die Beziehung ebensowenig retten wie alle Vermittlungsversuche. Es folgten Bemühungen um Ehescheidung, die Trennung des Königs von Katharina und schließlich deren Ausreise aus Polen. Katharina ging zunächst an den Wiener Hof und später nach Linz, wo sie ihr Leben beschloß. Sie ist in Oberösterreich, im Stift St. Florian, begraben.

Im Rahmen der politischen Situation auf dem Balkan spielte das Gebiet Siebenbürgens – seit der Dreiteilung Ungarns halbsouverän – eine besondere Rolle. Die Habsburger strebten eine Übernahme des Landes an und forcierten zu diesem Zweck eine Verbindung einer der steirischen Erzherzoginnen mit Sigmund Báthori, Fürst von Siebenbürgen, von dem man glaubte, daß er sich aus der politischen Abhängigkeit von den Türken lösen wollte. Auch Sigmund war an einem Verwandschaftsverhältnis mit der kaiserlichen Familie interessiert. Als er eine Deputation nach Prag sandte, um einen Vertrag mit dem Kaiser (Rudolf II.) abzuschließen, war eine seiner Bedingungen, daß er eine habsburgische Prinzessin zur Frau bekomme.

Schon 1594 bat Sigmund Maria von Bayern um die Bildnisse von zweien ihrer Töchter. Erzherzogin Maria war von der Idee offensichtlich nicht sehr angetan, denn es sprachen sowohl konfessionelle als auch menschliche Gründe dagegen. Einerseits schien es keineswegs klar, daß Sigmund Katholik war, und andererseits hatte er gerade einige unzufriedene Magnaten – darunter nahe Verwandte – hinrichten lassen. Doch die politischen Interessen gingen vor: In einem Brief an seine Tante Maria betonte Kaiser Rudolf II., wie sehr eine Hochzeit Sigmunds mit einer ihrer Töchter „der ganzen Christenheit zum Heile gereiche[n würde]“. Die Wahl fiel auf Maria Christierna († 1621). Ihre Mutter, Erzherzogin Maria, suchte – vergeblich – nach Ausflüchten, doch alles Sträuben half nichts, ein Heiratsvertrag, der 60.000 fl. Morgengabe und 55.000 fl. Heiratsgut vorsah, wurde aufgestellt, die Vermählung auf den 11. Juni 1595 festgesetzt.

Die Mutter und die Erzherzöge Ferdinand und Maximilian begleiteten Maria Christierna auf der nicht ungefährlichen Reise, auf der man sich manchmal nur wenige Stunden entfernt vom feindlichen Osmanischen Reich befand. Fürst Sigmund reiste der Braut unerkannt entgegen – ein häufiges Motiv nicht nur in Märchen, sondern auch fürstlicher Realität –, und es kam zur Trauung, bei der an Maria Christierna Sigmunds reiche Hochzeitsgeschenke im Werte von 100.000 fl. nebst dem Schloß Fogaras und vom Kaiser Geschmeide im Wert von 40.000 fl. überreicht wurden.

Nach diesem positiven Auftakt kam allerdings bald der bittere Nachgeschmack. Der Fürst war nicht nur unstet und wankelmütig, er hatte auch ein physisches Gebrechen: er war impotent. Sigmund versuchte, in den geistlichen Stand überzutreten und verhandelte mit dem Kaiser, doch kaum war ein Ergebnis erzielt, besann er sich anders und kehrte nach Siebenbürgen zurück. Zweimal betrieb er dieses schändliche Spiel. Schließlich teilte er seiner Frau, die er mehrfach in die Verbannung geschickt hatte, mit: „Ich gestatte dir, dass du von nun an, deinem guten schicksale empfohlen, zu deiner mutter zurückkehrest und wünsche, dass, wenn in den zurückgelegten jahren etwa zwiespältigkeiten zwischen uns ausgebrochen sind, dieselben von uns beiden in der seele verwischt werden.“ Gleichzeitig forderte er seine Geschenke zurück. Maria Christierna trat die Heimreise an.

Von Graz aus wurde nun die Annullierung der Ehe betrieben, drei Kammerfrauen verbürgten unter Eid, daß sie niemals vollzogen worden sei. Weitere Heiratsanträge – vor allem von Sigmunds Vetter und Nachfolger Andreas Báthori – wies Maria Christierna ab, sie beschloß, sich in klösterliche Einsamkeit zurückzuziehen. Zuerst wollte sie in den Klarissinnenorden eintreten, aber die „Pflichten, deren Erfüllung dieser Orden mit sich brachte, waren schwerer, als das dem schwachen Körper der Erzherzogin entsprochen hätte“, so wandte sie sich gemeinsam mit ihrer acht Jahre jüngeren Schwester Eleonore an das Damenstift in Hall, in das sie am 1. Juli 1607 eintrat und am Allerheiligentag 1608 das bindende Gelübde ablegte. Als sie sich ins Aufnahmebuch des königlichen Damenstiftes eintrug, schrieb sie: „Ich Maria Christierna Ertzherzogin von Oesterreich hab im 1608 Jar an aller heiligen tag gott meine junkfreilliche kaischait verlobt, der wolle mir sein genadt verleihen das ich die tag meines löbens gott rechtgefellig dienen möge, Amen.“ Offensichtlich war also die Ehe tatsächlich niemals vollzogen worden. 1612 wurde sie Äbtissin, die „das Stift mit grosser Gottesfurcht geziehret und mit so scharfem, heldenmüthigem Verstande auch unter den grössten Weltgefahren“ verwaltete.

Nonnen und Stiftsdamen – Die Versorgung im kirchlichen Bereich

Wirft man einen Blick auf den Adel in seiner Gesamtheit, so kam bei den Frauen ebenso wie bei den Männern der Versorgung in geistlichen Institutionen ein wesentlicher Stellenwert zu. Häufig konnten nicht alle Töchter einer adeligen Familie verheiratet werden, dabei spielte die Frage der Mitgift eine größere Rolle als die „Schönheit“ oder „Attraktivität“ der zukünftigen Braut. Dennoch durften Frauen bis ins 19. Jahrhundert hinein kein unabhängiges Leben führen. Dies hing einerseits mit der Rechtssituation zusammen, die Frauen keinen vollwertigen Status zubilligte, andererseits aber mit gesellschaftlichen Leitbildern, die Frauen auf einige wenige Rollen in der Gesellschaft fixierten – wobei diese Rollenbilder noch viel stärker für die Oberschichten als für das einfache Volk galten.

Bei den Habsburgern spielte die finanzielle Last einer Mitgift zwar eine Rolle, doch zog man es meist vor, eine Tochter im Rahmen der politischen Strategien zu verheiraten, als sie ins Kloster zu stecken. Die Frauen waren als Kapital allzu wertvoll, um hinter Klostermauern ein Leben in Keuschheit und Armut zu führen, denn über Ehebeziehungen konnte man verschiedene politische Ziele erreichen – oder zumindest anstreben. Von den als Habsburgerinnen geborenen Frauen gab es im Mittelalter keine unverheiratet gebliebenen, die das Erwachsenenalter erreichten, eine einzige wurde Nonne. Bis zum Ende der Althabsburger waren fast alle Habsburgerinnen verheiratet; die wenigen ledigen im Familienverband lebenden (meist sehr jung gestorbenen) Erzherzoginnen machten 8 Prozent aus, 6 Prozent lebten in einem

Rechte Seite: Profeß der Ana Margarita de Mendoza, einer illegitimen Tochter Philipps IV., im Kloster Real Monasterio de la Encarnación 1650. Patrimonio Nacional, Madrid

Damenstift und 4 Prozent waren Nonnen. Nach 1740, also bei den Habsburg-Lothringern, wurden nur mehr 70 Prozent aller Frauen verheiratet, 22 Prozent blieben ledig, 4 Prozent wurden Nonnen und 4 Prozent verblieben im Damenstift.

Zwei ähnliche, wenn auch in der Rechts- und Lebensform unterschiedliche Möglichkeiten zum Rückzug aus der Welt bestanden für die Habsburgerinnen, wenn auch sie keineswegs immer genau zu trennen sind: das Kloster und das Damenstift. Zwar konnte eine Erzherzogin (meist als Witwe) für einen bestimmten Zeitabschnitt in einem Kloster leben, ein wirkliches Mitglied der klösterlichen Gemeinschaft wurde sie jedoch nur, wenn sie mit vollen Gelübden dauerhaften Aufenthalt nahm. Die Insassinnen eines Damenstiftes hingegen wählten zwar eine klösterliche Lebenform, sie legten aber keine Gelübde ab und konnten daher jederzeit wieder austreten, etwa um sich zu verheiraten. Sie trugen keine Ordenskleidung – außer zu besonderen Feierlichkeiten –, sie konnten ausgehen, Theater, Bälle und Gesellschaften besuchen und durften meist vier Monate Urlaub bei ihren Verwandten verbringen. Besonders im 18. Jahrhundert erlebten diese Institutionen eine Blütezeit in der Habsburgermonarchie.

Mehrere Gründe konnten für den Eintritt in ein solches Damenstift oder Kloster sprechen: in der Regel entweder eine verminderte Heiratsfähigkeit oder aber eine sehr ernsthafte religiöse Berufung. Der erste betraf – meist in Zeiten, in denen ohnehin eine Art Überschuß an heiratsfähigen Prinzessinnen bestand – ein körperliches Gebrechen, das bei einer etwaigen Eheschließung hinderlich war. Beispiele dafür sind die bucklige Erzherzogin Maria Anna († 1789), eine Tochter Maria Theresias, die bei den Elisabethinen in Klagenfurt lebte, oder die durch die Pocken verunstaltete Erzherzogin Maria Elisabeth († 1808).

Als Beispiel für eine religiöse Berufung wären hingegen die Gründerinnen des Haller Damenstiftes im 16. Jahrhundert zu nennen. Erzherzogin Magdalena († 1590), eine der Töchter Ferdinands I., die in Innsbruck erzogen wurde, war sehr religiös. Im Zuge des Schmalkaldischen Krieges mußte sie 1546 aus Innsbruck fliehen, wobei sie die Verwüstung des Klosters Stams durch protestantische Truppen erlebte, die die Gruft aufbrachen und die Särge der Fürsten plünderten. Dieses Erlebnis verstärkte ihre Bindung an den Katholizismus; sie unternahm häufig Wallfahrten zu den Gnadenbildern der Umgebung von Innsbruck – nach Maria Waldrast, nach Seefeld, zur heiligen Kapelle nach Hall und nach Wilten. Unter dem Einfluß des Jesuiten Petrus Canisius legte sie 1564 zusammen mit ihren Schwestern Margareta († 1566) und Helena († 1574) das Gelübde der Jungfernschaft und Keuschheit ab und beschloß, ein Kloster zu gründen. Die Suche nach einem passenden Ort endete in Hall, wo 1567 Erzherzog Ferdinand († 1595) den Grundstein des Stiftsgebäudes legte, in dem die königlichen Schwestern Magdalena und Helena lebten. Die Beschäftigung der Stiftsdamen bestand aus Gebet, Arbeit – besonders dem Sticken von Paramenten und Kirchengewändern – und der Ausübung der Nächstenliebe.

Das Damenstift zu Hall, das später von Joseph II. aufgelöst wurde, hatte große Ähnlichkeit mit einem Kloster. Die Damen legten nach einem Probejahr ein Gelübde ab, verließen das Stift nur mehr selten und durften keine Besuche empfangen. Es herrschte strenge Zucht, obwohl auch sie keine Nonnenkleidung, sondern ein Art Trauergewand trugen. Über 20 Jahre ihres Lebens verbrachte Magdalena so, sie und ihre Schwestern wurden im Stift begraben.

In das Haller Damenstift traten auch die Erzherzoginnen Maria Christierna († 1621) nach ihrer gescheiterten Ehe, von der schon die Rede war, und ihre Schwester Erzherzogin Eleonore († 1620) aus der innerösterreichischen Linie ein. Maria Christierna wurde 1612 zur Vorsteherin des Damenstiftes gewählt, Erzherzogin Eleonore, von Kindheit an leidend, war völlig erblindet, machte aber feinste Stick- und Näharbeiten. Sie brachte 100.000 fl. geistliches Heiratsgut in das Damenstift ein.

Im 18. Jahrhundert – nicht zuletzt nach der Aufhebung zahlreicher Frauenklöster durch die josephinischen Reformen – kam es zu einem wahren Gründungsboom von Damenstiften. Schon unter Maria Theresia waren drei Damenstifte ins Leben gerufen worden – 1755 auf dem Hradschin in Prag, 1765 in Innsbruck und 1769 das Herzoglich-Savoyische

Links: Erzherzogin Margarethe Sophie im Ornat der Fürstäbtissin des Damenstiftes auf dem Hradschin. ÖNB, Wien
Rechts: Erzherzogin Maria Karolina als Äbtissin in Prag. Stahlstich von Karl Mahlknecht nach einem Gemälde von Anton Einsle. ÖNB, Wien
Linke Seite: Medaille auf die Gründung des Innsbrucker Damenstiftes. Kunsthistorisches Museum, Wien

Damenstift zu Wien. Das Innsbrucker Damenstift zeigt deutlich seine Verwurzelung in der religiösen Tradition. Es wurde aus Anlaß des Todes Franz Stephans in Innsbruck 1765 mit der Aufgabe gegründet, für den Verstorbenen zu beten, und stellt somit ein ewiges Denkmal Maria Theresias für ihren toten Gatten dar. Die Stiftsdamen trugen Trauerkleidung, der Tagesablauf, die täglichen Gebete und die jährlich am Todestag des Kaisers abzuhaltenden Trauerfeiern waren der Fürsprache vor Gott geweiht. Nicht nur Damen aus dem landständischen Adel, sondern auch Habsburgerinnen wurden in dieser Anstalt versorgt. Als Joseph II. die „Weiberwirtschaft" am Wiener Hof nach dem Tod seiner Mutter beendete, schob er seine Schwester Erzherzogin Maria Elisabeth († 1808), die nach der Pockenepidemie 1767 verunstaltet war und nicht mehr als heiratsfähig galt, nach Innsbruck ins Damenstift ab. Als Äbtissin des Innsbrucker Stiftes entwickelte sie sich zu einem Sonderling mit rauhem Umgangston.

Neben dieser Versorgungsanstalt für Erzherzoginnen behielten sich die Habsburger auch eine Äbtissinnenstelle in Prag vor, wo Erzherzogin Maria Anna († 1789), eine Tochter Maria Theresias, Äbtissin war, ehe sie nach Klagenfurt übersiedelte. Maria Anna, eine vielseitig begabte Frau, die leicht verwachsen war, soll – der Überlieferung nach – durch den Schmerz über den Tod des Vaters fromm geworden sein, andere Quellen berichten allerdings von einer unglücklichen Liebe, die zu ihrem Rückzug aus der Welt beitrug. Das Elisabethinenkloster in Klagenfurt wählte sie angeblich als Ort ihres Rückzuges, weil die dortige Äbtissin bei einem Besuch, als ihr geschickt drapierter Umhang hinunterfiel und damit ihr Buckel

sichtbar wurde, ohne viel Aufhebens den Umhang aufgehoben hatte und die Sache schweigend überging.
Auch im 19. Jahrhundert waren etliche Erzherzoginnen Äbtissinnen des Damenstiftes auf dem Prager Hradschin, einige von ihnen heirateten später, wie das ja bei solchen Damenstiften möglich war; so ehelichte etwa Maria Theresia († 1867), eine Tochter Erzherzog Karls, mit 20 Jahren König Ferdinand II. von Neapel-Sizilien, nachdem sie nur ganz kurz als Äbtissin in Prag gelebt hatte. Ihre Schwester Maria Karolina († 1915) bekleidete die Stelle acht Jahre lang, ehe sie 1862 ihren Vetter Erzherzog Rainer Ferdinand heiratete. Die Erzherzoginnen Margarethe Sophie († 1902), eine Schwester Franz Ferdinands, die den Herzog Albrecht von Württemberg heiratete, und Karoline († 1945) von der toskanischen Linie, die beide vor ihrer Verehelichung nur ein Jahr lang als Äbtissinnen dem Prager Damenstiftes vorstanden, betrachteten dieses Institut nur als Übergangslösung.
Diese Versorgungsmöglichkeit diente aber keineswegs ausschließlich als kurzfristige Lösung bis zu einer späteren Hochzeit; viele der Äbtissinnen widmeten ihr Leben tatsächlich ihrem Amt – allerdings bezogen sie auch entsprechend reiche Einkünfte daraus: so die Erzherzoginnen Maria Anna († 1809), eine Tochter Leopolds II., Hermine Amalie († 1842), die Zwillingsschwester des Erzherzogs Stephan Viktor, und die lungenkranke Maria Antonia († 1883) aus der toskanischen Linie. Die letzte Äbtissin, Maria Annunziata († 1961) – eine Halbschwester Franz Ferdinands –, war nach dem Tod der Kaiserin Elisabeth lange Zeit erste Dame bei Hof. Nach 1918, als das Prager Damenstift aufgelöst wurde, lebte sie bei ihrer Schwester Elisabeth, die nach Liechtenstein geheiratet hatte.
Nur in wenigen Fällen zogen sich Habsburgerinnen in ein echtes Kloster zurück; ein früher – aber völlig isolierter Fall – ist Katharina († 1387), die Äbtissin des Klarissinnenklosters in Wien wurde. Viel später zog Erzherzogin Margarete († 1633), eine Tochter Maximilians II., es vor, statt eine Heirat mit Philipp II., die sie zur Königin von Spanien gemacht hätte, einzugehen, im Madrider Kloster der Descalzas Reales als Sor Margarita de la Cruz 50 Jahre als Nonne zu leben.
Den wohl häufigsten Grund für den Übertritt in eine geistliche Institution bot aber der Tod des Ehemannes; viele Erzherzoginnen zogen sich in ihrer Witwenzeit dorthin zurück, wobei es zwei Möglichkeiten gab: entweder sie schlossen sich einer schon bestehenden Institution an, oder sie gründeten selbst ein Kloster. Wenn sich eine Habsburgerin in eine bestehende Institution begab, so erhielt diese natürlich erhebliche Geldzuwendungen dafür.

P. Perret escul. Matriti 1636.

Eines der frühesten Beispiele für die Stiftung eines Klosters bieten Elisabeth von Görz-Tirol († 1313) und ihre Tochter Agnes († 1364), die nach der Ermordung Albrechts I. 1308 ein Doppelkloster der Franziskaner und Klarissinnen in Königsfelden gründeten. Elisabeth verlebte ihre Witwenzeit in diesem Klarissinnenkloster, und Agnes, die nach kurzer Ehe eine lange Witwenschaft erlebte, verbrachte ihren Lebensabend ebenfalls in Königsfelden. Auch andere spätmittelalterliche Habsburgerinnen hatten eine enge Beziehung zu diesem Orden, z. B. Anna († 1343), die Tochter Friedrichs I. Sie war zweimal verheiratet – mit einem Wittelsbacher und einem Görzer –, wurde zweimal Witwe und trat nach dem Tod ihres zweiten Ehemannes in das Klarissinnenkloster in Wien ein, wo sie Äbtissin wurde.
Ein fast noch spätmittelalterliches Beispiel betrifft Kunigunde († 1520), eine Tochter Friedrichs III., mit der er zunächst kühne Pläne hatte; er wollte sie nämlich mit dem türkischen Sultan Mehmed II. verheiraten und diesen damit zum Christentum bekehren. Sie heiratete dann – viel bescheidener – Herzog Albrecht IV. von Bayern und verbrachte nach seinem Tod ihren Lebensabend im Kloster zum Püttrich in München. Auch einige der frühneuzeitlichen Habsburgerinnen gründeten ein eigenes Kloster, wie etwa Johanna von Portugal († 1573), die ihre letzten

Rechts: Kaiserin Maria verbrachte ihre lange Witwenzeit in Spanien im Kloster der Descalzas Reales. Gemälde von Pantoja de la Cruz. Patrimonio Nacional, Madrid
Linke Seite: Erzherzogin Margarita, die ein Leben im Kloster einer Ehe mit Philipp II. vorzog. Das Bild zeigt ihren Einzug in das Kloster der Descalzas Reales im Jahre 1584. Biblioteca Nacional, Madrid

Lebensjahre häufig in dem von ihr 1559 gegründeten Kloster der Descalzas Reales in Madrid verbrachte, oder Erzherzogin Elisabeth († 1592), die Witwe König Karls IX. von Frankreich, die in Wien das sogenannte Königinnenkloster stiftete; über sie haben wir schon im ersten Band ausführlich geschrieben. Die spanische Gemahlin Maximilians II., Maria († 1603), die in einer langen und offenbar glücklichen Ehe immerhin 16 Kinder geboren hatte, zog sich als Witwe in ihr Heimatland Spanien zurück und verbrachte den Rest ihrer Tage teils bei den Descalzas Reales, teils bei Hof.
Die Witwe Ferdinands von Tirol, Anna Katharina († 1621), war von besonders ausgeprägter Frömmigkeit. Sie stiftete nicht nur die Heiligen-Grab-Kirche in Innsbruck, die Maria-Loreto-Kirche in der Au bei Hall und ein Kapuzinerkloster in Innsbruck, sondern betrieb von 1607 bis 1612 auch die Errichtung eines Servitenklosters, dem ein sogenanntes Regelhaus – eine Art Damenstift des Dritten Ordens – angeschlossen wurde, in das sie gemeinsam mit ihrer Tocher Maria († 1649) eintrat.
Intensiv waren die Beziehungen barocker Herrscherinnen zu den Karmeliterinnen, Dominikanerinnen und Salesianerinnen. So sollen Eleonore († 1655), die zweite Gemahlin von Ferdinand II., als Stifterin des Grazer und des Wiener Karmeliterinnenklosters und Amalie Wilhelmine († 1742), die Frau Josephs I., die das Salesianerinnenkloster in Wien stiftete und dort nach 1722 lebte, in diesem Zusammenhang hervorgehoben werden.
Noch einige wenige späte Beispiele dafür, daß Ehefrauen nach dem Tod (oder nach der Trennung) von ihrem Ehemann ins Kloster gingen, gibt es in der habsburgischen Familie. Die Erzherzogin Maria Beatrix de Austria Este († 1906) war verheiratet mit Prinz Juan de Bourbon y Braganza, der als Repräsentationsfigur der Karlisten in Spanien eine gewisse Rolle spielte. Die beiden Ehepartner entfremdeten sich immer mehr, und Maria Beatrix trennte sich – unter Mitnahme der Kinder – von ihrem liberalen Mann; die Kinder wuchsen unter ihrem stark religiösen Einfluß in Modena auf. Ihre letzten Lebensjahrzehnte verbrachte Maria Beatrix in einem Kloster und schrieb dort religiöse Werke. Schon fast in die Gegenwart

führt der Fall der (Erzherzogin) Assunta (* 1902), die zunächst Ordensschwester war, dann eine Ehe mit einem nicht standesgemäßen Bürgerlichen, Dr. Joseph Hopfinger, einging und schließlich wieder als Ordensschwester in Texas lebt.
Ähnlich wie in anderen Adelsfamilien waren also auch bei den Habsburgern die Entwicklungsmöglichkeiten der Frauen auf einige sehr klare Rollenbilder festgelegt. Ehefrauen ohne eigene Berufstätigkeit waren nicht nur in den Zeiten, als die Dynastie regierte, sondern auch noch lange danach die dominierende Leitvorstellung des Frauenlebens. Soweit man das bei der großen Zahl der derzeit lebenden Mitglieder des Hauses überhaupt sagen kann, bricht jener Wandel des Frauenbildes nach dem Ersten – und noch stärker nach dem Zweiten – Weltkrieg in der Familie Habsburg erst in der allerjüngsten Generation an.

Erzherzogin Anna Katharina in der Tracht des Regelhauses. ÖNB, Wien

III

UM KOPF UND KRAGEN – POLITISCHE FRAGEN RUND UM DIE HABSBURGER

Auseinandersetzungen zwischen Menschen um Besitz und Macht zu behandeln, ist ein sehr traditioneller Teil der Geschichtsschreibung. Aber viele neue Erkenntnisse der Psychologie und der Konfliktforschung, die sich als eigener Forschungsbereich etablierte, verliehen diesen alten Fragestellungen neue Dimensionen.

Für die Geschichte der Familie Habsburg sind manche der inneren Zwistigkeiten der Dynastie in Fallstudien gut aufgearbeitet. Sie in einem größeren, vergleichenden Zusammenhang zu sehen und die unterschiedlichen, zeittypischen Differenzen herauszuarbeiten, wurde bisher selten versucht.

Habsburgische Geschichte endet in fast allen Überblicksdarstellungen mit dem Jahr 1918. Nur wenige Menschen würden Themen, die sich mit dieser Dynastie beschäftigen, als zeitgeschichtlich einstufen. Doch bilden die hochpolitischen Herrschaftsansprüche der Habsburger nach 1918 einen wesentlichen Konfliktbereich innerhalb der Zeitgeschichte Österreichs und seiner Nachbarstaaten. Eine Restauration wurde zwar niemals Realität, der Wunsch danach beeinflußte aber wesentlich die politischen Konstellationen nach 1918 zumindest in Österreich und Ungarn. Das Verhältnis der Parteien zur „Habsburger-Frage" stellte einen der strittigen Punkte in der Abgrenzung politischer Interessensphären dar.

Viele der akuten Fragen in der Ersten Republik schienen in der Zweiten Republik dank der „Kompromißfähigkeit" der beiden Großparteien lösbar, doch die Habsburger-Frage erwies sich auch nach 1945 noch als ein sehr heißes Eisen. Das Pro und Kontra rund um die Habsburgergesetze war nicht nur mit politischen, sondern auch mit erheblichen finanziellen Forderungen verbunden. Diese werden von einzelnen Mitgliedern der Familie seit langer Zeit erhoben. Im vergangenen Jahrzehnt intensivierte sich der Druck der Familie wieder und beschäftigte gerade in der letzten Zeit häufig die Medien.

Man kann also nicht einmal sagen, daß die politische Geschichte der Habsburger 1918 endete; als dynastische Geschichte (einer Familie) endete sie natürlich keineswegs mit dem Ende des Staates, der von dieser Dynastie beherrscht wurde. Zwei Strömungen sind in der Familienentwicklung nach 1918 zu beobachten: Einerseits der nach wie vor bestehende enge Zusammenhalt der Familie, die viele der Regeln aus alten Zeiten (vor allem das Familienstatut von 1839) aufrechterhielt und an der die neue Zeit in vielem spurlos vorübergegangen zu sein scheint, aber auch Symptome der Auflösung des festgefügten Familienverbandes durch viele „Mesalliancen" und den Umgang einzelner Mitglieder des Hauses mit der 1918/19 geschaffenen politischen Realität. Verzichtserklärung oder Beharren auf den Ansprüchen – das war die entscheidende Frage der Familie.

Die Kontextualisierung dieser Probleme haben die Historiker häufig den Journalisten überlassen und sich kaum um das Weiterwirken der Vergangenheit gekümmert. Geschichte schreiben heißt aber immer auch, nach dem Gegenwärtigen im Vergangenen zu fragen.

KONFLIKT IM HAUSE HABSBURG

Wir wissen aus der Gegenwart, daß fast ebenso viele Konflikte innerhalb der Familie wie außerhalb ausgetragen werden. Statistiken über Prozesse um Besitzstreitigkeiten oder über Gewaltdelikte innerhalb von Familien sprechen eine deutliche Sprache. Auseinandersetzungen um Besitz, Macht und Einfluß boten auch häufig Anlässe für die verschiedenen Konflikte im Hause Habsburg.
Grundsätzlich gibt es zwei häufige Konfliktformen in Familien – Vater-Sohn-Konflikte (d. h. Konflikte zwischen unterschiedlichen Generationen) und Streit zwischen Geschwistern (d. h. innerhalb einer Generation) –, so auch bei den Habsburgern. Historische Streitfälle lassen sich immer dann gut verfolgen, wenn sie zu so heftigen Auseinandersetzungen führen, daß darüber schriftliche Aufzeichnungen existieren. Man wird aber annehmen müssen, daß auch in anderen Generationen Väter und Söhne oder Brüder untereinander nicht immer einer Meinung waren und es zu Spannungen über verschiedene Auffassungen kam.
Ein Gegensatz, der sich in fast allen Familien verfolgen läßt, ist der zwischen dem Sohn (oder gegebenenfalls Neffen) und dem Vater – in Dynastien zwischen dem Thronfolger und dem regierenden Fürsten. Der junge zukünftige Herrscher ist ungeduldig und will schon zu Lebzeiten des Herrschers seine eigene politischen Vorstellungen durchsetzen, der alte Herrscher will sich in seine Macht nicht hineinreden lassen. Da der Vater, was die Macht anlangt, fast immer am längeren Hebel sitzt, gibt der revoltierende Thronfolger oft eine tragische Figur ab. Neben den Vater-Sohn-Konflikten gab es natürlich auch eine weibliche Variante des Generationskonfliktes, die allerdings politisch weniger ins Gewicht fiel.
Besonders deutlich waren die Spannungen im Hause Habsburg im späten Mittelalter, als einerseits ein unklares und schwieriges Recht, nämlich die Belehnung zur gesamten Hand, und andererseits die vielen Vormundschaften das Entstehen von Streitigkeiten begünstigten. Auffallend ist der Unterschied zwischen diesen spätmittelalterlichen Familienzwistigkeiten, die ausschließlich um materielle Dinge entbrannten, und jenen der späteren Epochen. Im späten Mittelalter stellten die Teilung der Herrschaft und der Einkünfte und die Verlängerung oder Verkürzung von Vormundschaften, die ja auch mit dem Verfügungsrecht über materielle Werte verbunden waren, die brennenden Fragen dar. Ganz anders die Generationskonflikte der Neuzeit. Diese basierten mehr auf einem weltanschaulich-ideologischen als einem besitzrechtlichen Hintergrund. Das mag erklären, warum sie an bestimmten Bruchlinien der Geschichte verstärkt auftraten, z. B. im Zusammenhang mit der Reformation im 16. Jahrhundert, im 18. Jahrhundert in Verbindung mit der aufkommenden Aufklärung und schließlich im 19. Jahrhundert mit den sich ausdifferenzierenden Strömungen der liberalen und konservativen Ideen und dem Nationalismus im Vielvölkerstaat. Es ist selbstverständlich – und dies spiegelt offensichtlich nicht nur die Historiographie wider –, daß die Konflikte zwischen Vater und Sohn dort verstärkt merkbar waren, wo es um reale Möglichkeiten zur Veränderung – also um die Macht – ging. Daher finden sich die wichtigsten Auseinandersetzungen im Bereich der Herrscher.
Wenn sich Erzherzöge im 19. Jahrhundert gegen die ältere Generation auflehnten, nahm häufig der Kaiser die Rolle des „Vaters" ein – charakteristisch für patriarchalische Führungsstrukturen. Gründe für die Konflikte konnten unterschiedliche politische Orientierungen aber ebenso Fragen der persönlichen Lebensführung sein. Aus beiden entstanden emotionale und rechtliche Zwistigkeiten, die sich vor allem in einer Ablehnung des strengen Zeremoniells und der „standesmäßigen Eheschließung" äußerten. Sichtbares Zeichen dafür waren die vielen Mesalliancen, die nicht den Vorstellungen des konservativen Franz Josephs entsprachen und daher zu Austritten aus dem Hause – gewissermaßen als Symptom eines Generationenstreits – führten.

Väter und Söhne – Generationskonflikte im Hause Habsburg

Der früheste historisch faßbare Streit im Hause Habsburg – der zwischen Albrecht I. und seinem Bruder Rudolf bzw. Neffen Johann Parricida (wörtlich: Vatermörder) – endete besonders tragisch. Genau betrachtet, handelte es sich um eine Verbindung eines Bruderzwistes mit einem Generationskonflikt. Wie wir schon gesehen haben, wurden zwei Brüder 1282 zur gesamten Hand mit den österreichischen Ländern belehnt: Albrecht I. († 1308) und sein um vieles jüngerer Bruder Rudolf (II., † 1290), der zu diesem Zeitpunkt erst elf Jahre alt war. Mit der Neuregelung in der Rheinfeldener Hausordung von 1283 wurde Albrecht Alleinherrscher – nicht zuletzt, weil der österreichische Adel mit der ihm fremden Form der Herrschaft zur gesamten Hand nichts anzufangen wußte. Albrechts junger Bruder sollte innerhalb einiger Jahre mit einem anderen Territorium belehnt werden. Sollte dies nicht gelingen, wurde ihm eine finanzielle Entschädigung für die abgetretenen Herrschaftsrechte – die ja immer auch Einnahmen bedeuteten – zugesagt. Wenige Jahre später, vor einer solchen Abfindung, starb Rudolf – erst 20jährig. Er hinterließ eine schwangere Frau, die nach dem Tod ihres Mannes einem Sohn, Johann, das Leben schenkte. Dieser wuchs am böhmischen Hofe auf und wurde erst 1301 an den Wiener Hof gebracht, wo er mit den Söhnen Albrechts gemeinsam erzogen wurde.

In den folgenden Jahren erlebte Johann eine Reihe von bitteren Enttäuschungen, die der junge Mann schwer verkraften konnte. Als 1306 die Přemysliden ausstarben, war nicht er der Kandidat der Habsburger für den böhmischen Thron (obwohl er ein Enkel Ottokar Přemysls war), sondern einer von Albrechts Söhnen namens Rudolf (III., † 1307). Auch kein sonstiges Territorium fand sich für ihn, den man spöttisch „Johann ohne Land" zu nennen begann. Selbst die im Vertrag von Rheinfelden vorgesehene Entschädigung, auf die er von seinem Vater den Anspruch ererbt hatte, wurde niemals ausgezahlt, ja nicht einmal das Witwengut seiner Mutter in der Schweiz überließ man ihm freiwillig. Daß König Albrecht I. seinem Neffen überdies die Verwaltung der schwäbischen Besitzungen des Hauses verwehrte, geschah nicht nur entgegen seinen früheren Versprechungen, sondern auch im Gegensatz zum bestehenden Recht, denn auf diese Gebiete hatte sich die Reichsbelehnung der Brüder vom Jahre 1282 nicht bezogen. Johanns Groll wurde von einigen schweizerischen Edelleuten an Albrechts Hof – Walter von Eschenbach, Rudolf von Balm und Rudolf von Wart – geschürt und führte letztlich zu einer verzweifelten Tat.

Als nach dem frühen Tod seines Sohnes Rudolf (III., † 1307) eine habsburgische Erwerbung Böhmens zu scheitern schien, eilte Albrecht I. in die Stammlande, um neue Kräfte zu mobilisieren. Im Anschluß an ein Frühlingsfest in Baden im Aargau am 1. Mai 1308, an dem auch Johann und seine adeligen Mitverschworenen teilnahmen, wollte man in Schiffen die Reuß überqueren. Johann wußte es so einzurichten, daß er mit seinen Kumpanen und dem König zuerst ins Schiff stieg. Unter dem Vorwand, das Fahrzeug könne nicht alle tragen, schnitt er Albrecht von seinem ihm treu ergebenen Gefolge ab. Am anderen Ufer fielen nun die schweizerischen Adeligen über König Albrecht her, und als er Johann zu Hilfe rief, stieß dieser ihm angeblich das Schwert in die Gurgel mit den Worten „Hier ist der Lohn des Unrechts". Eschenbach soll König Albrecht ins Gesicht gestochen und Balm ihm den Kopf gespalten haben, während die Rolle Warts, der immer seine Unschuld beteuerte, unterschiedlich dargestellt wird: Nach der einen Version schaute er nur zu, nach einer anderen Fassung hielt er Albrechts Pferd und ermöglichte damit die Tat.

Um dieses Ereignis ranken sich zahlreiche Legenden: So berichten etwa einige Quellen, daß Albrecht in den Armen seiner Frau, die sich in der Nähe befand, starb, andere erzählen dieselbe Geschichte mit dem Bischof von Speyer und wieder andere mit einem Bettler. Ebenso unterschiedlich waren die Reaktionen auf diese Mordtat: Sie reichten vom Jubel über den Tod des Tyrannen bis zur Bestürzung über den Mord, der das Reich in eine Krise führte.

Auch die Folgen dieses Mordes wurden teilweise zur Legende. Belegt ist, daß 1309 der neue Herrscher im Reich, der Luxemburger Heinrich VII., die Beteiligten, die nach der Tat untergetaucht waren, ächtete. Albrechts Witwe ließ nicht nur das Kloster Königsfelden als Mahnmal errichten, sondern auch grausam Rache üben. Die Burgen Eschenbachs, Balms und Warts wurden zerstört, wobei Tausende Menschen – selbst unschuldige Kinder – getötet wurden; so behaupten zumindest die habsburgerfeindlichen Legenden. Balm konnte nie mehr gefunden werden, Eschenbach lebte 35 Jahre als Hirte in Württemberg und gestand seine Tat erst auf dem Totenbett. Einzig Wart, der versuchte, zum Papst nach Avignon zu reisen, um seine Tat zu sühnen, wurde in Burgund erkannt und an die Söhne Albrechts ausgeliefert. Seine Hinrichtung am Rad geschah stellvertretend für die entkommenen Mittäter.

Johann Parricida verschwand zunächst spurlos. Die Legende will, daß er als Bauer oder Pilger verkleidet durch die Schweiz, Italien und Frankreich irrte und sogar in Avignon bei Papst Klemens war. Spätere Quellen wollen auch von einem natürlichen Sohn – namens Lathomius – mit einer Schweizer Sennin wissen, der mit seinem Vater reiste und sein Leben als blinder Bettler in Wien beendet haben soll. Tatsächlich scheint Johann 1312 in Pisa König Heinrich um Gnade gebeten zu haben und in dieser Stadt gestorben zu sein, wie eine Grabinschrift im Kloster San Nicolo bezeugt.

Mit dieser Tat war die radikalste Form eines Generationskonfliktes gegeben. In allen weiteren Kontroversen zwischen Familienmitgliedern des Hauses

Habsburg – so tragisch sie für die Beteiligten gewesen sein mochten – kam es jedenfalls nie mehr zu einem Mord, wenn man sich nicht den äußerst unwahrscheinlichen Thesen anschließt, Don Carlos († 1568) und Kronprinz Rudolf († 1889) seien auf Befehl ihrer Väter ermordet worden.

Weitaus weniger dramatisch verliefen die Konflikte nach dem Tod Albrechts, wenn auch während des ganzen späten Mittelalters Streitigkeiten um Vormund- und Erbschaften die Regel blieben. Probleme entstanden meist bei der Beendigung einer vormundschaftlichen Regierung, weil der Vormund selten bereit war, seine Autorität (und damit seine Einnahmen) aufzugeben. Damit bot sich den mächtiger werdenden Ständen des Landes die Möglichkeit, sich in die Politik einzumischen, was zu einer Ausweitung der Konflikte in den „öffentlichen Bereich" führte. Ähnliche Chancen eröffneten den Ständen die sieben Jahre dauernde „Doppelregierung" Kaiser Friedrichs III. und seines Sohnes König Maximilians I., die alle Züge eines schweren Generationskonfliktes trug. Friedrich III. hielt seinen Sohn für unfähig, die Reichsregierung zu übernehmen, und bemühte sich daher nicht sehr intensiv um Maximilians Wahl zum Nachfolger. Der Erklärungsversuch, daß hier das Mittelalter – verkörpert durch den Vater – und die Neuzeit – verkörpert durch den Sohn – aufeinanderprallten, wird der Komplexität der Situation nicht gerecht: Hinter dieser Kontroverse steckten auch unterschiedliche Auffassungen von Kaisertum und Politik – die eine statisch, die andere dynamisch. Friedrich wollte den Besitzstand lediglich wahren, Maximilian I. betrieb hingegen eine expansive Politik.

Einen ganz anderen, neuen und für die Reformationszeit charakteristischen Generationskonflikt trugen Ferdinand I. und sein ältester Sohn Maximilian II. aus. Dabei ging es nicht in erster Linie um Territorien, sondern um die Religion. Ferdinand, in Spanien erzogen, war streng katholisch, er versuchte, in seinen Ländern und im Reich der katholischen Religion wieder zu ihrer alten, unangefochtenen Stellung zu verhelfen. Er verbot den Druck und Verkauf protestantischer Schriften, ließ Täufer hinrichten, berief die Jesuiten nach Wien und unterstützte zunächst uneingeschränkt die unnachgiebige Religionspolitik seines Bruders Kaiser Karls V., wenn er auch – gewissermaßen resignierend – später am Zustandekommen des Augsburger Religionsfriedens von 1555 erheblichen Anteil hatte. Maximilian neigte hingegen den neuen religiösen Strömungen zu, die zehn Jahre vor seiner Geburt von Luther ausgegangen waren. Ferdinand versuchte – wenn auch erfolglos –, diese „Verirrung" seines Sohnes durch eine enge Bindung an Spanien zu bekämpfen: er schickte Maximilian 1548 dorthin und leitete seine Hochzeit mit der spanischen Infantin Maria († 1603) in die Wege. Doch Maximilians Interesse an der neuen Konfession wuchs – insbesonders unter dem Einfluß seines protestantischen Hofpredigers Sebastian Pfauser –, obwohl er sich nie zu einem Übertritt zum Protestantismus durchringen konnte, da der Druck seiner Familie und des Papstes zu stark war. Vergeblich versuchte er, zu einer Einigung mit den protestantischen Reichsfürsten zu kommen, die ihm ihre Unterstützung bei seiner Wahl im Reich garantieren sollten – natürlich nur, falls er zur Reformation übertreten würde. Da sich die protestantischen Fürsten nicht entschließen konnten, ihn zu unterstützen, wandte er sich entäuscht von ihnen – und damit von seinen Konversionsplänen – ab. Seinem Vater, der wegen seiner Neigungen höchst alarmiert war, mußte er versprechen, bei der alten Religion zu bleiben, was er offiziell auch tat. Viele von Maximilians Verhaltensweisen lassen sich aus dem Zwiespalt zwischen seiner Neigung zum Protestantismus und dem erzwungenen Verbleib in der alten Kirche erklären, doch hatte dieser religiöse Generationskonflikt auch eine politische Dimension, die sich zwischen den spanischen und kurfürstlichen Interessen bewegte.

Der Mord an Albrecht I. Historisierende Darstellung seines Falles vom Pferd. ÖNB, Wien

Einen ganz anderen Charakter trug ein weiterer Generationskonflikt des 16. Jahrhunderts, und zwar der zwischen dem strengen, lieblos harten Philipp II. von Spanien und seinem kranken und schwachen – wenn auch gelegentlich heftig aufbrausenden – Sohn Don Carlos († 1568). Wie wenige andere Kapitel des Hauses Habsburg ist die Auseinandersetzung zwischen diesen beiden ein Thema der Legendenbildung in Geschichtsschreibung und Literatur geworden. Nicht

nur die Zeitgenossen und engagierte Dichter wie Friedrich Schiller, sondern auch die Historiker des 19. Jahrhunderts stimmten in das laute Pro und Kontra um Don Carlos mit ein.
Die Stellungnahmen verschiedener Forscher zu den zentralen politischen Fragen – der Verdacht des versuchten Vatermordes und des geplanten Attentats auf Herzog Alba, der Vorwurf der Ketzerei, der vermeintliche Plan eines allgemeinen Aufstandes und einer Flucht – sind ebenso widersprüchlich wie die zur Todesursache des Infanten. Hier reichen die Mutmaßungen von einem natürlichen Tod über einen Mord durch Gift (mit oder ohne vorheriges Urteil der Inquisition) bis zu einer Hinrichtung. Auch über die politische Haltung des Infanten konnte man sich nicht wirklich einigen. Hatte er freiere Ansichten als sein Vater, war er ein „hochgesinnter, für Freiheit und Menschenrechte schwärmender Prinz" oder ein „bösartiger Idiot und gemeingefährlicher kirchen- und staatsgefährlicher Narr"? Die Interpretationen der Historiker – und der Dichter – basieren auf den vielfältigsten Quellen, darunter auch auf den in Gesandtschaftsberichten so gerne wiedergegebenen Hofgerüchten und dem blühenden Klatsch.
Das 16. Jahrhundert barg also eine Reihe von Generationskonflikten im Haus Habsburg. Hingegen fällt auf, daß man das ganze 17. Jahrhundert hindurch kaum etwas Vergleichbares bemerkt. Das hängt sicherlich mit der zu dieser Zeit doch recht etablierten, katholisch-barocken Geisteshaltung der Habsburger zusammen. Die alten konfessionellen Differenzen waren spätestens 1620 auf staatlicher Ebene – und schon lange davor innerhalb der Dynastie – gelöst, während die neue Ideenwelt der Aufklärung noch nicht nach Mitteleuropa vorgedrungen war.
Ansätze eines neuen Generationskonfliktes – der allerdings nie zu wirklichen Streitigkeiten führte – machten sich am Beginn des 18. Jahrhunderts zwischen Kaiser Leopold I. und seinem älteren Sohn Joseph I. bemerkbar. Leopolds fast 50jährige Regierungszeit bildete sicherlich eine Basis für die Kontroverse, allerdings war Joseph bei seiner Herrschaftsübernahme erst 27 Jahre alt, also noch relativ jung, auch wenn die Altersmaßstäbe früherer Zeiten andere waren. Im Gegensatz zu seinem Vater war Joseph kein Vertreter des konfessionellen Absolutismus und erscheint eher von den Ideen der Frühaufklärung beeinflußt. Außerdem war er durch seine Erziehung viel mehr in einer „protonationalen" Weise auf das Reich ausgerichtet als sein Vater und zog auch einen anderen Personenkreis politisch in sein Vertrauen. So entstand der „junge Hof" rund um Joseph, der das festgefahrene Regierungssystem Leopolds I. ändern wollte. Es kam aber zu keinen offenen Zwistigkeiten mit dem Vater; dieser gewährte Joseph sogar einen gewissen Einfluß auf die Politik, der aber sehr beschränkt blieb. Es entstand gewissermaßen ein Generationskonflikt mit Pattstellung.

Infant Don Carlos, dessen Todesursache umstritten bleibt. Kunsthistorisches Museum, Wien

Um einiges dramatischer verlief ein Konflikt eine Generation später zwischen Maria Theresia und ihrem ältesten Sohn Joseph II. Hier war eine vergleichbare Konstellation gegeben: Maria Theresia regierte 40 Jahre, Joseph kam nach ihrem Tod erst mit 39 zur Alleinregierung in der Habsburgermonarchie, obwohl er nach dem Tod seines Vaters 1765 – er war damals 24 Jahre alt – als Mitregent seiner Mutter und als (allerdings nicht sehr mächtiger) selbständig regierender Kaiser im Reiche eine eingeschränkte Autorität ausüben konnte. Während Maria Theresias Wirken noch stark vom barocken Lebens-, Frömmigkeits- und Regierungsstil geprägt war und viele ihrer Reformen noch wenig vom Geist der Aufklärung ahnen ließen und eher als zentralistisch-pragmatisch einzustufen sind, vertrat Joseph ein ausgeprägt aufgeklärtes Reformprogramm. Seine Mutter versuchte immer wieder – und ihr Briefwechsel spricht da eine sehr deutliche Sprache – ihren Sohn zu bremsen, sie behinderte das Zustandekommen (oder verzögerte zumindest das Tempo) der Reformen. Viele Zeitgenossen berichteten über heftige Auseinandersetzungen, die mitunter durchaus lautstark ausfielen. Die Parallelen zwischen Joseph I. und Joseph II. sind auffallend; kaum waren beide zur Regierung gelangt, versuchten sie hastig, Reformen in ihrem Sinne durchzuführen, was diesen nicht immer gut bekam. Doch gibt es Unterschiede, die vermutlich nicht zuletzt auf den Altersunterschied bei der Herrschaftsübernahme zurückzuführen sind. Während Joseph I. – nicht ahnend, wie jung er sterben würde – seine Reformen nicht völlig überstürzt durchzubringen versuchte, war Joseph II. viel stärker bewußt, wie wenig Zeit ihm bleiben könnte. Es ist eine Ironie des Schicksals, daß dem 39jährigen Joseph II. noch zehn Jahre Zeit blieben, während seinem weitaus jüngeren Großonkel Joseph I. nur sechs Jahre zur Verfügung standen.

Die meisten Generationskonflikte zeigen ein Schema, das sich im Laufe der Geschichte oft wiederholte: Der konservative Vater wird durch den Sohn bekämpft, der sich den modernen, neuen Strömungen angeschlossen hat. Ungewöhnlich hingegen war der Zwist zwischen Joseph II. bzw. seinem jüngeren Bruder Leopold II. und ihrem Nachfolger Franz (II./I.). Als Reaktion auf die Französische Revolution, aber auch wegen ihrer unterschiedlichen Persönlichkeiten und Anschauungen, kam es hier zu einem „Kronprinzenkonservativismus". Dieses Phänomen erlebten viele Eltern aus der „68er Generation" der Studentenbewegung, die sich später über ihre politisch indifferenten und spießigen Kinder ärgerten. Die Wende zu konservativen Werten bei den Habsburgern im späten 18. Jahrhundert, die bis zum Ende der Dynastie anhalten sollte, lag in diesem Generationskonflikt begründet. Hier arbeitete die Zeit zugunsten des konservativen Thronfolgers Franz, der 43 Jahre regierte, während die Aufklärer Joseph II. und Leopold II. insgesamt nur zwölf Jahre geherrscht hatten. Die geringen geistigen Fähigkeiten der Söhne von Kaiser Franz – Ferdinand und Franz Karl – taten das übrige, um keine Spannungen mehr aufkommen zu lassen. Es waren eher kleine „Bruderzwiste", die Franz mit seinen weitaus liberaleren, jüngeren Brüdern – etwa dem Erzherzog Johann – auszufechten hatte.

Der schlichte Sarg Josephs II. vor dem prunkvollen Sarkophag seiner Eltern in der Kapuzinergruft charakterisiert trefflich den Unterschied zwischen Barock und Aufklärung. ÖNB, Wien

Erst mit der politischen Polarisierung in Mitteleuropa, die mit der Durchsetzung des Konstitutionalismus nach 1867 entstand, kam es in den 1880er Jahren zu einem „Kronprinzenliberalismus", der von Kronprinz Rudolf und einigen ihm nahestehenden Mitgliedern der Familie vertreten wurde. Wieder war die klassische Ausgangssituation gegeben. Franz Joseph war schon über 30 Jahre an der Regierung, und der 1858 geborene Rudolf hatte ein Alter erreicht, in dem er nach politischer Betätigung drängte. Im Gegensatz zu seinem erzkonservativen Vater vertrat er progressive Ansichten, sowohl in bezug auf die Nationalitätenpolitik als auch weltanschaulich. Seiner Meinung nach waren die Slawen für den Liberalismus zu gewinnen, und er war überzeugt, daß sie sich in Zukunft von ihren aristokratischen Führern lossagen würden; gleichzeitig wandte er sich vehement gegen die Dominanz der Magyaren, die sein Vater im Ausgleich des Jahres 1867 privilegiert hatte. Seine erzwungene Untätigkeit und politische Ohnmacht machten dem Thronfolger Rudolf schwer zu schaffen, dazu kam sein unglückliches Eheleben mit Stephanie, dem er durch verschiedene Liebesaffären – zuletzt mit der 17jährigen Mary Vetsera – zu entfliehen trachtete. Die Schwierigkeiten spitzten sich immer mehr zu und endeten mit dem Selbstmord des Kronprinzen. Viele Zeitgenossen, aber auch manche spätere Historikerinnen und Historiker ließen die Annahme, daß Kronprinz Rudolf am 30. Januar 1889 in Mayerling Selbstmord begangen hätte, nicht gelten. Obwohl die Mehrzahl der seriösen Vertreter des Faches heute die Theorie eines „Doppelselbstmordes" (eigentlich Mord und Selbstmord) für gesichert hält, gibt es zahlreiche andere Deutungen des Geschehens. Der französische Historiker Rouillé stellte eine Liste von 20 Hypothesen zusammen, die hier, weil sie viele kuriose Deutungen und Mythen enthält, kurz zusammengefaßt werden soll:

1. Banaler Selbstmord.
2. Selbstmord, weil Rudolf und Mary entdecken, daß sie Geschwister sind.
3. Romantischer Selbstmord.
4. Selbstmord aus Staatsraison.
5. Mord durch einen Geliebten der Mary (Duc de Bragance).
6. Trunkenheit, in einer Schlägerei wird der Thronfolger tödlich verletzt.
7. Jagdaufseher Bauer erwischt Rudolf mit seiner Frau und tötet ihn aus Eifersucht, Mary bringt sich aus Verzweiflung um.
8. Baltazzi, Marys Onkel, bringt Rudolf um.
9. Selbstmord aus Obsession für Selbstmord.
10. Ausländische Intrige (Deutschland oder Ungarn), um den franzosenfreundlichen Rudolf an der Thronbesteigung zu hindern.
11. Vergiftung.
12. Getötet durch Hoyos oder Philipp von Coburg.
13. Getötet durch Rudolfs Frau (These der Gouvernante von Franz Josephs Kindern).
14. Getötet durch Freimaurer.
15. Rudolf von Mary im Schlaf mit dem Rasiermesser entmannt, dann tötet er Mary und sich.
16. Doppelselbstmord, weil Mary schwanger war.
17. Selbstmord auf amerikanische Art – Rudolf hat die Tochter einer einflußreichen Person bei Hof kompromittiert, daraufhin eine schwarze Kugel gezogen und war damit zum Selbstmord verpflichtet.
18. Rudolf und Mary haben alles nur inszeniert, gingen nach Miramare und dann nach Korfu und hatten drei Kinder (Erzählung eines Barons nach dem Tod Franz Josephs).
19. Getötet im Auftrag seiner Frau durch einen gedungenen Mörder.
20. Herzattacke oder Riß eines Pulsadergeschwulstes.

Interessanterweise scheint die Theorie, Franz Joseph habe seinen Sohn umbringen lassen – gewissermaßen die Parallele zu den Legenden um den Tod des Don Carlos – hier nicht auf, obwohl es auch darüber Spekulationen gab.

Mit großer Sicherheit kann der überwiegende Teil dieser Vermutungen ausgeschlossen werden, doch haben die vielen Spekulationen ihren Ursprung in der schwierigen Quellenlage, denn unmittelbar nach dem Bekanntwerden des tragischen Vorfalls wurde in der Hofburg alles Erdenkliche getan, um die Tat zu vertuschen und zu verschleiern. Mit höchster Wahrscheinlichkeit erschoß Rudolf zunächst Mary Vetsera, um dann seinem eigenen Leben ein Ende zu setzen. Welche Motive zu dieser Tat letztlich führten, ist eingehend diskutiert worden. Sicherlich spielte der Konflikt mit dem Vater – am Tag vor seinem Selbstmord hatte Rudolf wieder einmal einen heftigen Streit mit Franz Joseph – eine entscheidende Rolle in der allgemeinen psychischen Verfassung des Kronprinzen. Die „Lösung" dieser Auseinandersetzung mit dem Tod jenes Mannes, dessen politische Ideen vielleicht noch eine Wende in der verfahrenen Nationalitätenpolitik der Monarchie und eine stärkere Demokratisierung des Staatsgebildes hätten herbeiführen können, war daher nicht nur eine familiäre Tragödie, sondern entschied auch mit über die politische Großwetterlage in Europa.

Kaum ein anderer Generationskonflikt der Habsburger wurde annähernd so oft in der historischen Forschung behandelt wie dieser, denn das „Rätsel von Mayerling" heizte die Phantasie der Menschen an und führte zu hemmungsloser Legendenbildung. Es ist sicherlich das Verdienst von Oskar Freiherrn von Mitis und später vor allem von Brigitte Hamann, die Forschung auf eine solide Quellenbasis gestellt und fernab vom Mayerlingmythos ein differenziertes Bild der Kontroverse gezeichnet zu haben, das die Persönlichkeit Rudolfs ins rechte Licht rückte.

Noch weitere 27 Jahre regierte Franz Joseph nach dem Tod seines Sohnes, ohne politische Änderungen in der Monarchie zu ermutigen; er führte damit den multinationalen Staat an den Rand des Abgrundes. Der Erste Weltkrieg trug das übrige zum Sturz der alten Ordnung in Europa bei.
Wegen des frühen Todes seines Sohnes und der ungewöhnlichen Länge seiner Regierungszeit (immerhin regierte er 68 Jahre) fand sich Franz Joseph noch einmal mit einem Generationskonflikt konfrontiert. Nach Rudolfs Tod mußte ein Thronfolger bestimmt werden (im Gegensatz zum „Kronprinzen", der immer nur der Sohn des regierenden Herrschers sein kann). Der Neffe des Kaisers, Franz Ferdinand, war der Nächste in der Reihe. In vielem ähnelten sich die Konflikte. Franz Ferdinand hatte ebenso ein Privatleben, das der alte Kaiser nicht tolerieren wollte; seine Ehe mit der nicht ebenbürtigen Gräfin Sophie Chotek war für Franz Joseph entschieden ein Stein des Anstoßes, wenn er auch letztlich unter der Voraussetzung zustimmte, daß die Kinder dieser Ehe nicht nachfolgeberechtigt waren.
Franz Ferdinands Rolle kann als eine Art „Kronprinzenkonservativismus" charakterisiert werden, auch wenn er sich nicht – wie Kaiser Franz II./I. – gegen die liberale Politik eines regierenden Herrschers wandte. Obwohl nunmehr sowohl der Herrscher als auch sein Nachfolger einen sehr konservativen Standpunkt vertraten, unterschieden sie sich in ihren politischen Plänen erheblich. Franz Ferdinand vertrat die Idee des Ordnungsstaates; Ausdrücke wie „Niederwerfen" oder „Schießen" führte er häufig im Mund. Seine Vertrauensmänner legten angeblich Listen an, die bei seinem Regierungsantritt zu einer „Säuberung" des Staatswesens von unzuverlässigen Elementen benutzt werden sollten. Die menschliche Härte des Thronfolgers verstärkte sich durch seine Schwerhörigkeit, die auf seine Schieß- und Jagdwut zurückging und den Kontakt zu den Mitmenschen erschwerte. In seinem geheimen Tagebuch behauptete Graf Czernin, er sei von einer „das europäische Durchschnittsmaß hoch überragenden Unaufrichtigkeit".
Franz Ferdinands politische Ideen waren eng mit den Vorstellungen der Christlichsozialen verbunden – wenn auch noch antidemokratischer –, seine Außenpolitik war von Feind- und Klischeebildern geprägt. Er haßte die Juden, die Serben, die Italiener und die Ungarn, zeigte aber eine gewisse Vorliebe für die Slawen und wollte vor allem das Problem der Südslawen durch die Schaffung eines eigenen Königreiches innerhalb der Monarchie lösen. Allerdings blieb er dabei nicht immer ganz konsequent, so etwa wenn er anläßlich der Spekulation über eine Annexion Serbiens 1912 sich gegenüber Albrecht von Württemberg folgendermaßen äußerte: „Was hätten wir davon? Nur einen Haufen Diebe und Mörder und Halunken mehr und ein paar Zwetschgenbäume. Also noch mehr Gesindel, den Verlust von soundso vielen Soldaten und einige Milliarden Kosten."
Franz Ferdinands Machtlosigkeit war weniger augenfällig als die Rudolfs – vielleicht hatte Franz Joseph doch etwas aus dem Konflikt mit seinem Sohn gelernt –, man gewährte ihm in einigen Fragen einen gewissen Handlungsspielraum, vor allem im Bereich der Armee. Seine Militärkanzlei, eine Art „Schattenregierung" im Belvedere, glich allerdings eher einer Spielwiese. Politisch wäre das Team um Franz Ferdinand erst bei seiner Machtübernahme, ähnlich wie der „junge Hof" Josephs I., zur Entfaltung gekommen. Man muß die Situation auch wieder im Hinblick auf die Altersstrukturen betrachten: Bei seiner Ermordung in Sarajewo war Franz Ferdinand immerhin schon 51 Jahre alt. Hätte er Franz Josephs Tod erlebt, wäre er erst mit 53 zur Herrschaft gelangt, also sehr spät. Daraus mag sich manche Ungeduld in bezug auf seine Umbaupläne für die Monarchie, die von Zeitgenossen und späteren Historikern sehr unterschiedlich beurteilt wurden, erklären lassen. Ein Urteil fällte Gavrilo Princip, der die südslawische Politik des Thronfolgers bedrohlich fand und jenen Schuß abfeuerte, der nicht nur dem Leben Franz Ferdinands ein Ende setzte, sondern auch der Herrschaft seiner Dynastie, deren Reich im dadurch ausgelösten Ersten Weltkrieg zerbrach.

„Gott wolle zwischen diesem fromen gebluedt die brüederliche ainikeit erhalten" – Bruderzwiste im Hause Habsburg

Während nur einer der Generationskonflikte mit Mord endete, entwickelten sich zwei Bruderzwiste im Hause über den engeren Kreis der Familie hinaus zu bewaffneten Auseinandersetzungen in der Art eines Bürgerkrieges. Die meisten Streitigkeiten zwischen habsburgischen Brüdern drehten sich um Besitz: Eine Geschichte der spätmittelalterlichen Herrschaft des Hauses wäre eine einzige Folge von Auseinandersetzungen um Recht und Besitz. Von vielen ist schon im Zusammenhang mit den Länderteilungen die Rede gewesen. Aufforderungen zur Einigkeit und zum brüderlichen Verständnis, wie sie Albrecht II. in seinem Hausgesetz von 1355 beschwor – daß die Herzöge, der älteste wie der jüngste und der jüngste wie der älteste, miteinander lieblich, tugendlich und brüderlich in allen Dingen leben sollten –, waren oft nicht mehr als fromme Wünsche.

Nicht alle Zwistigkeiten zwischen habsburgischen Brüdern sollen hier behandelt werden, sondern nur jene beiden, die zu solch aggressivem Verhalten führten: der Streit zwischen Friedrich III. und Albrecht VI. auf der einen und die Kämpfe zwischen Rudolf II. und Matthias auf der anderen Seite.
Um den ersten Konflikt verstehen zu können, muß man sich die Vorgeschichte kurz vergegenwärtigen. Die habsburgischen Länder waren im späten Mittelalter auf drei Linien des Hauses aufgeteilt: Die albertinische Linie beherrschte Donauösterreich, die Linie, aus der Friedrich III. stammte, Innerösterreich und weiters gab es eine Tiroler Linie, die allerdings in diesem Zwist keine Rolle spielt. Albrecht V. aus der albertinischen Linie war mit einer Tochter Kaiser Sigismunds verheiratet und trat nach dem Tod des letzten Luxemburgers dessen Nachfolge an. Er wurde 1437 König von Ungarn – und kurz darauf von Böhmen – und 1438 als Albrecht II. zum römisch-deutschen König gewählt. Als Albrecht 1439 starb, hinterließ er seine schwangere Frau, die vier Monate später den nachgeborenen Sohn Ladislaus Postumus († 1457) zur Welt brachte. Albrechts Vetter, (Kaiser) Friedrich III., wurde der Vormund des kleinen Ladislaus. Seine Macht war allerdings erheblich durch andere einflußreiche Männer im Lande eingeschränkt, die als Führer des Adels auftraten. Auch in den Ländern, die Friedrich im Namen seines Mündels beanspruchte – also Ungarn und Böhmen –, setzten sich „nationale" Führer durch: in Ungarn seit 1444 Matthias Corvinus († 1490) und in Böhmen 1446 Georg von Podiebrad († 1471).
Der Adel der Länder mengte sich in die Vormundschaftsfragen intensiv ein. In einer Urkunde mit 154 Siegeln forderte der sogenannte Mailberger Bund – ein Zusammenschluß österreichischer Adeliger – 1451 von Friedrich III. die Auslieferung des jungen Ladislaus, und im Jahr darauf wurde dieser den Ständen übergeben. Schon 1453 erkannte Georg von Podiebrad Ladislaus als böhmischen König an, wurde aber nach dem frühen, etwas mysteriösen Tod des jungen Habsburgers 1457 selbst König von Böhmen.
Vor diesem Hintergrund spielte sich der Bruderzwist zwischen Kaiser Friedrich III. und seinem jüngerem Bruder Albrecht VI. († 1463) ab. Albrecht erhob – im Sinne des alten Grundsatzes der Belehnung zur gesamten Hand – Anspruch auf die donauösterreichischen Gebiete, die Friedrich für den kleinen Ladislaus verwaltete.
Friedrich mußte ihm – unter dem Druck des Adels – die Regentschaft in Österreich ob der Enns überlassen. Doch Albrechts Ehrgeiz ging weiter; er stellte die Herrschaft des Kaisers, der zweifellos manchen Schwierigkeiten seiner Zeit nicht gewachsen war, insgesamt in Frage. So verbündete sich Albrecht mit den niederösterreichischen Ständen und einem Teil der Wiener Bevölkerung.
Die Spannungen führten schließlich zum offenen Krieg, in den die Stände einbezogen wurden – damit bekam der Familienkonflikt eine deutlich gesamtpolitische Note. In der Stadt Wien bildeten sich zwei Parteien: eine stärkere, ständische, die Erzherzog Albrecht unterstützte, und eine schwächere, die auf der Seite des Kaisers stand. Am 12. August 1461 konnten die kaisertreuen Wiener einen Angriff Albrechts VI. zurückschlagen, doch bereits ein Jahr später kam es zu einem Umschwung, und die albertinische Partei riß die Macht in Wien an sich. Friedrich mußte diesem politischen Druck nachgeben und den Parteigänger Albrechts, Wolfgang Holzer, als Bürgermeister bestätigen. Vor dem Hintergrund des immer stärker werdenden Konflikts der beiden Brüder wurde die Rechtsunsicherheit ständig größer. Da der Kaiser mit den herumstreifenden plündernden Söldnerhorden nicht fertig zu werden schien, sagte sich nun auch die Stadt Wien von ihm los und bot ihm, der nur 200 Mann bei sich hatte, freien Abzug an, den er ablehnte. So begann am

DIE SPÄTMITTELALTERLICHEN HABSBURGER IV

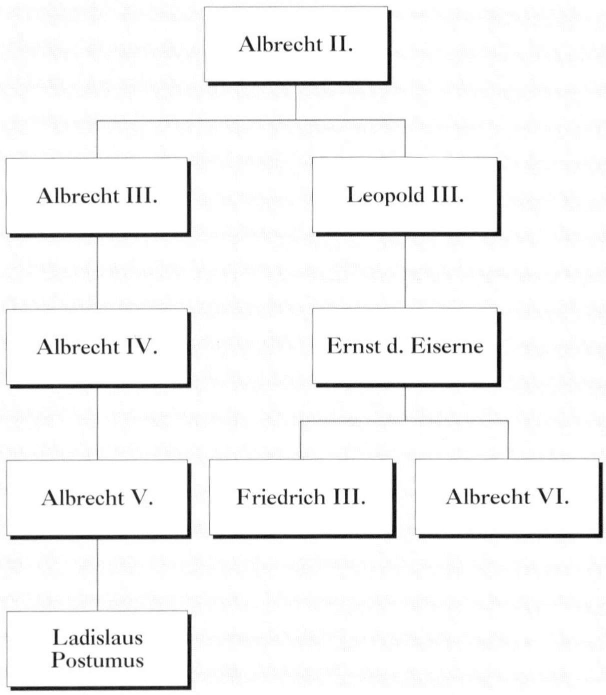

Der Konflikt zwischen Friedrich III. und seinem Bruder Albrecht VI. führte an den Rand eines Bürgerkrieges. Kurzfristig, wie etwa bei der Aufhebung der Belagerung der Wiener Burg, kam es, wie die historisierende Darstellung zeigt, zur Aussöhnung der Brüder. ÖNB, Wien

16. Oktober 1462 die Belagerung der Hofburg, in der sich Friedrich mit seiner Frau und dem jungen Maximilian verschanzt hatte. Gleich an den ersten beiden Tagen versuchten die Bürger, die Burg im Handstreich zu nehmen, was allerdings scheiterte. Am darauffolgenden Tag wiederholten sie den Angriff und fuhren sogar mit Geschütz auf, doch die Eingeschlossenen wehrten sich mit Artillerie; es entstanden große Schäden an der Burg. Mehr noch als die kriegerischen Aktivitäten setzte den Belagerten der Hunger zu, sie mußten sogar Katzen und Hunde verspeisen. Da der Entsatz der Burg scheiterte, mußte Friedrich Verhandlungen aufnehmen, die darauf hinausliefen, daß Albrecht für acht Jahre die Regierung in Niederösterreich übernehmen sollte. Am 4. Dezember 1462 wurde Friedrich III. mit seiner Familie befreit und konnte Wien verlassen. Holzers Anhänger plünderten noch in der gleichen Nacht die Häuser der Gegner. Am 26. Dezember 1462 leistete die Stadt Wien dem neuen Landesherrn Albrecht VI. den Treueid.

Die Zeit der Wirren für Wien war aber damit noch nicht vorbei. Die albertinische Soldateska plünderte und folterte munter in der Stadt; die Unzufriedenheit wuchs, und neue militärische Auseinandersetzungen standen unmittelbar bevor. Bürgermeister Holzer, der versucht hatte, die Seite zu wechseln, wurde durch Vierteilung hingerichtet. Genau zu dieser Zeit starb Albrecht.

Damit war der erste große Konflikt zwischen habsburgischen Brüdern, der sich durch die Einmischung der Stände zu einem Bürgerkrieg gesteigert hatte, beendet, ohne daß die politischen Probleme Friedrichs III. damit gelöst worden wären. Wie tief der daraus entstandene Haß in der Familie reichte, zeigt die überlieferte Geschichte, daß Kaiser Maximilian, der bei der Nennung des Namens Rudolfs I. immer sein

Barett abgenommen haben soll, seiner Umgebung verbot, in seiner Gegenwart den Namen seines Onkels Albrecht VI. zu nennen.
Jener Bruderzwist, den jeder sofort mit der habsburgischen Geschichte assoziiert, ist der zwischen Kaiser Rudolf II. und seinem ehrgeizigen, fünf Jahre jüngeren Bruder Matthias. Nicht nur die Geschichtsschreibung hat den Begriff „Bruderzwist" eindeutig auf die Auseinandersetzung zwischen Rudolf und Matthias festgelegt, auch Franz Grillparzer hat mit seinem Drama „Ein Bruderzwist in Habsburg" zur weiten Verbreitung dieses Schlagwortes beigetragen.
Die Versuche der Familie, Matthias im geistlichen Bereich zu versorgen, waren an dessen Widerstand gescheitert, aber nach der Erbregelung seines Vaters Maximilian II. hatte er kein Anrecht auf ein Land. Sein ehrgeiziger Wunsch nach Herrschaft und politischem Einfluß war eine wesentliche Voraussetzung für den in mehreren Etappen ablaufenden Bruderzwist.
Das Vorspiel des späteren schweren Streites begann 1576, als Matthias erst 19 Jahre alt war. Er führte Geheimverhandlungen mit einem Abgesandten der Niederlande, der zu einer Gruppe katholischer Adeliger gehörte, die Matthias die Rolle eines Statthalters anbot. Es zeugt nicht gerade von der politischen Klugheit des jungen Erzherzogs, daß er auf das Angebot dieser sicherlich für die Niederlande nicht repräsentativen Gruppe einging. Zu allem Überfluß geschah dies nicht nur ohne das Wissen seines Bruders, sondern auch ohne Kontaktnahme mit dem spanischen Hof. König Philipp II. hatte aber erst kurze Zeit davor – wenn auch widerstrebend – seinen Stiefbruder Don Juan d'Austria zum Statthalter ernannt; daß Matthias sich die Statthalterschaft anmaßte, bedeutete folglich eine schwere Brüskierung der Spanier.
Anfang Oktober brach der Erzherzog heimlich auf. Sein jüngerer Bruder Maximilian (III.), mit dem Matthias in der Hofburg ein Schlafzimmer teilte, mußte einen Schweigeeid leisten, weil alles ohne Wissen der Familie vor sich gehen sollte. Matthias reiste zunächst nach Grafenwörth, wo ihm der Kriegsoberst Johann Rueber Wagen und Pferde zur Verfügung stellte, und setzte seinen Weg über Znaim, Iglau und Kolin nach Lissa an der Elbe fort. Dort traf er mit dem berühmten Feldherrn Lazarus von Schwendi zusammen. Nach Leitmeritz, Dresden, Leipzig, Erfurt und Köln – an Don Juans Truppen vorbei – traf er in Aldenkoven in den Niederlanden Ende Oktober ein. Mit dieser Reise hatte er es geschafft, alle maßgeblichen Personen auf habsburgischer Seite gegen sich aufzubringen. Der Kaiser erkrankte vor Zorn über seinen Bruder, und mit Philipp II. kam es erst zehn Jahre später zur offiziellen Aussöhnung.
Matthias' Deutung seines niederländischen Abenteuers drückt sich in einem von ihm in Auftrag gegebenen Gemälde aus, das ihn als Feldherrn *Scipio Africanus maior* zeigt. Es soll symbolisieren, daß er Zwietracht und Tyrannei – gemeint ist damit Don Juan – niedergeworfen und die Unterdrückten – also die Niederländer – befreit habe.
Niemand hat die Hoffnungen des Erzherzogs besser zum Ausdruck gebracht als Franz Grillparzer in seinem bekannten Trauerspiel „Ein Bruderzwist in Habsburg":

> „Doch war der Plan, gesteht es, göttlich schön:
> Hineinzugreifen in den wilden Aufruhr
> Und aus den Trümmern, schwimmend rechts und links,
> Sich einen Thron erbaun, sein eigner Schöpfer,
> Niemand darum verpflichtet als sich selbst."

Die hochgespannten Erwartungen des Erzherzogs zerbarsten aber schnell, und das Abenteuer endete mit einem Desaster; schon 1581 übermittelte Matthias den Generalständen sein Resignationsbegehren, doch die mittlerweile aufgelaufenen Schulden verhinderten seine Abreise. Diese erniedrigende Situation verschärfte Kaiser Rudolf II. noch, indem er seinem Bruder keine Reisekosten für die Rückkehr zur Verfügung stellte, so daß dieser – ganz unstandesgemäß – die Postkutsche benützen mußte. Welchen Haß mag das in dem 24jährigen gesät haben! 1587 kam es erneut zu einem Streit der Brüder, als Matthias ohne Bewilligung des Kaisers eine hochpolitische Reise in den Norden Deutschlands unternahm. Das alles gehört zwar nicht zum Bruderzwist im engeren Sinne, bildet aber seine Vorgeschichte, ohne die man die Eskalation des Konfliktes nicht verstehen kann.
Eine weitere Wurzel des eigentlichen „Bruderzwistes" bestand darin, daß Rudolf II. unverheiratet blieb und die Nachfolgefrage daher ungeklärt war. Der einzige Bruder, mit dem sich Rudolf verstand, war Erzherzog Ernst, der gemeinsam mit ihm in Spanien erzogen worden war. Dieser starb allerdings schon 1595. Am Beginn des 17. Jahrhunderts wurde die Nachfolgefrage immer aktueller, war aber für Rudolf unlösbar, da er keinem anderen Habsburger vertraute. Eine Nachfolgeregelung konnte nicht mehr ohne ein Zusammenwirken der anderen Mitglieder des Hauses stattfinden.

Rechte Seite: Erzherzog Matthias ließ sich von seinem Hofmaler Lucas van Valckenborch als Scipio Africanus maior darstellen. Kunsthistorisches Museum, Wien

Die beiden Gegenspieler und Brüder: Rudolf II. und Matthias. Sammlung Vocelka

Den besten Aufschluß über die Spannungen zwischen den beiden Brüdern gab Rudolf II. selbst in einem Schriftstück, in dem er die *Gravamina* über seinen Bruder zusammenstellte. Darin beschwerte er sich über den Einfluß der „Pfaffen", vor allem der „spanier vnd annders jesuiter" auf seinen Bruder. Er warf Matthias auch vor, daß er zur Kriegführung in Ungarn nie rechte Lust gehabt, immer zu spät ins Feld gekommen sei und mehr verdorben als gut gemacht hätte. Er unterstellte ihm sogar, die Festung Gran mit Absicht verloren zu haben, um seinen kaiserlichen Bruder zum Friedensschluß zu zwingen.

Die Unzufriedenheit des Erzherzogs Matthias, der von einem grenzenlosen Ehrgeiz beseelt war, entlud sich 1600 in der Konferenz zu Schottwien, in der sich drei Erzherzöge – Matthias, der Hoch- und Deutschmeister Maximilian (III., † 1618) und Ferdinand (später Kaiser Ferdinand II.) – versammelten. Dort nahmen sie ein Konzept an, das der politische Ratgeber des Erzherzogs, Kardinal Melchior Khlesl, entworfen hatte und das letztlich auf eine Entmachtung Rudolfs II. hinauslief. Weitere solche Beratungen der Erzherzöge fanden im Jahre 1605 in Linz und 1606 in Wien statt. Im Wiener Vertrag wurde Matthias zum Chef des Hauses erklärt.

Der Konflikt trieb seinem Höhepunkt zu, als Rudolf II. sich weigerte, Frieden zu schließen – weder mit den Türken, mit denen er seit 1592 den langen Türkenkrieg führte, noch mit den aufständischen Ungarn unter Stefan Bocskay. Gegen den ausdrücklichen Willen seines Bruders erreichte der realitätsbewußte Erzherzog Matthias Friedensschlüsse in den Verträgen von Wien (mit Bocskay) und Zsitva Torok (mit den Türken). Rudolf II. akzeptierte die Verträge allerdings nicht, und nun erst begann der eigentliche Bruderzwist in Habsburg.

Matthias unterzeichnete im Jahre 1608 eine Konföderation mit den österreichischen und ungarischen Ständen, der sich später auch die mährischen Stände anschlossen. Mit diesen Ständen marschierte er nach Prag, und Rudolf mußte nun seinerseits den böhmischen Ständen Religionsfreiheit gewähren, um den böhmischen Adel auf seine Seite zu ziehen. Dank dessen Unterstützung kam es im Vertrag von Lieben am 25. Juni 1608 zu keiner völligen Entmachtung Rudolfs II., sondern zu einem Vergleich zwischen beiden Brüdern, wobei Rudolf seinem jüngeren Bruder Ungarn, Ober- und Niederösterreich abtrat. Für sich selbst konnte er – außer der Kaiserwürde – nur Böhmen behalten, dessen Besitz er sich von den Ständen

mit dem „Majestätsbrief" erkauft hatte, in dem er allen Bewohnern Böhmens weitgehende Gewissensfreiheit zusicherte und die Errichtung von protestantischen Kirchen und Schulen gestattete.
Damit war der Streit der Brüder keineswegs beendet. Rudolf schien politisch isoliert, doch kam ihm in seiner Bedrängnis ein anderes Mitglied der Familie zu Hilfe. Der ehrgeizige junge Bischof von Passau, Erzherzog Leopold, hatte versucht, in den bevorstehenden Erbfolgestreit um die nordwestdeutschen Herzogtümer Jülich, Cleve und Berg einzugreifen. Die Angelegenheit wurde zwar friedlich beigelegt, Leopold hatte aber schon Truppen angeworben, die er nun Rudolf zur Verfügung stellen konnte – das Passauische Kriegsvolk. Leopold stand von allen Verwandten dem Kaiser am nächsten, nicht zuletzt deshalb, weil er sich an dem Linzer Tag und an der Wiener Urkunde von 1606, die Matthias zum Haupt des Hauses erhob, nicht beteiligt hatte. Die Übertragung der Nachfolge an seinen getreuen Neffen Leopold wäre die perfekte Rache an dem ehrgeizigen, ihm so verhaßten Matthias gewesen.
Das war die Situation, als Rudolf versuchte, sich den Kurfürsten – und ganz besonders den protestantischen – zu nähern. Er berief im Frühjahr 1610 einen Kurfürstentag nach Prag ein, der die Nachfolgefrage im Reich lösen sollte. Eine ganze Reihe von hohen Würdenträgern folgte dieser Einladung und wurde fürstlich bewirtet und aufgenommen; Rudolf ließ nichts unversucht, um sie für sich zu gewinnen.
Das Ergebnis hätte fast noch einmal zum Ausgleich zwischen den verfeindeten Brüdern geführt. Ein Protokoll führte als „Articul der Vergleichung" an, daß Matthias Abbitte tun müsse für den Vertrag von 1608, der Kaiser hingegen wollte ihm seine brüderliche Liebe und Gnade erweisen. Alle weiteren Differenzen sollten durch Kurfürsten und Fürsten, die damit die eigentlichen Gewinner wären, geschlichtet werden. Matthias mußte allerdings versprechen, sich in Reichssachen nicht einzumischen und ohne den Kaiser keine öffentlichen Verhandlungen zu führen. In Verbindung mit der stark betonten Lehensabhängigkeit bedeutete dies aber eine sehr eingeschränkte Autonomie. Zu diesem Ausgleich wäre Matthias nur be-

Die Eroberung der Prager Kleinseite 1611 durch die „Passauer Truppen". ÖNB, Wien

reit gewesen, wenn Rudolf dafür sein als Machtstütze so wertvolles Passauisches Kriegsvolk entlassen hätte. Herzog Heinrich Julius von Braunschweig wurde als Vermittler eingesetzt, konnte aber seine Mission nicht erfüllen; unter Leopolds Einfluß verhinderte und hintertrieb der Kaiser die Auflösung seiner als Machtgarantie angesehenen Truppen. Den dramatischen Höhepunkt des Streites bildete der Einmarsch der Passauer Truppen in Böhmen im Januar 1611; sie nahmen die Prager Kleinseite in Besitz und belagerten die Altstadt. Erst im März mußten sie abziehen – und nun war die Stunde von Matthias gekommen. Er zog mit einem Gefolge von österreichischen, mährischen und ungarischen Adeligen am 14. März 1611 in Prag im Triumph ein. Rudolf, dessen letzte Hoffnung mit dem Abzug Leopolds und seiner Truppenmacht völlig zusammengebrochen war, wurde in der Prager Burg streng bewacht und gefangengehalten.

Die Folgen dieser neuen Usurpation sollten nicht lange auf sich warten lassen; der böhmische Landtag nahm Matthias im April zum König an, am 23. Mai 1611 wurde er im Prager Veitsdom gekrönt. Rudolf, ein Kaiser ohne Land, behielt die kaiserliche Würde nur dank des persönlichen Einsatzes eines Protestanten, des Kurfürsten Christian von Sachsen. Ein letzter Schlag traf Rudolf noch, als die Fürsten – kaiserliches Recht mißachtend – von sich aus auf die Regelung der Nachfolge drangen und einen Wahltag ausschrieben. Der Tod Rudolfs II. am 20. Januar 1612 beendete den Bruderzwist zugunsten von Matthias.

HABSBURGERSCHICKSALE NACH 1918

Bereits in den letzten Kriegsmonaten 1918 verschlechterte sich die Lage der habsburgischen Familie grundlegend. Nicht nur eine militärische Niederlage zeichnete sich deutlich ab, vor allem das Kriegsziel der Alliierten – *„Detruyez l'Autriche-Hongrie“* (Zerstört Österreich-Ungarn) – kam immer mehr zum Tragen. Die slawischen Teile der Monarchie begannen sich zu verselbständigen und zu lösen und waren letztlich schon vor dem Kriegsende verloren. Auch bei einem Fortbestand der Monarchie hätte dieser „nationale Abschuppungsprozeß“, gemeinsam mit den Ansprüchen der Siegermächte, zu einer Reduzierung des Territoriums auf die mehrheitlich deutschen und ungarischen Gebiete – und nicht einmal diese zur Gänze – geführt. Doch selbst in dieser Zeit des Zusammenbruches spielten zwei Angehörige der Familie eine Rolle bei den Plänen zur Errichtung neuer Staaten. Einerseits war (Erzherzog) Karl Stephan († 1933) noch während des Krieges intensiv im Gespräch als Kandidat für den polnischen Thron, der bei einer Wiedererrichtung Polens mit einem Habsburger hätte besetzt werden sollen. Mit der Verschlechterung der militärischen Lage im Kriege verzögerte sich das Projekt einer austro-polnischen Lösung, 1918 erledigte sich die Frage von selbst. Weitaus länger hielt hingegen die Diskussion um (Erzherzog) Wilhelm († vermutlich 1955), der sehr gut ukrainisch sprach und mit dieser Nationalität innerhalb der Habsburgermonarchie sympathisierte, als Kandidat für den Thron eines noch zu schaffenden ukrainischen Staates.

Mit dem Zerfall der Donaumonarchie im Jahre 1918 und der Besiegelung ihrer Auflösung in den Friedensverträgen des Jahres 1919 ging die fast 650jährige habsburgische Herrschaft in den Ländern an der Donau zu Ende. Nach Meinung der Regierungen der Nachfolgestaaten – vielleicht mit Ausnahme Ungarns – war die ehemalige Dynastie nun eine Familie wie jede andere: Sie hatte ihre Privilegien und Vorrechte verloren.

Die Nachfolgestaaten (außer Österreich und Ungarn), die Anteil an dem Gebiet der aufgelösten Habsburgermonarchie erhielten, waren entweder einstige Gegner, die Gebiete gewonnen hatten (wie Italien und Rumänien), oder 1918 neu- oder wiederentstandene Staaten (wie die Tschechoslowakische Republik, Polen oder der SHS-Staat der Serben, Kroaten und Slowenen, d. h. das spätere Jugoslawien), und waren keineswegs daran interessiert, den Habsburgern eine Sonderstellung einzuräumen. Die größten Gegner einer habsburgischen Restauration waren unter jenen Staaten zu finden, die nach dem Zusammenbruch der Monarchie Teile ihres Staatsgebietes erhielten. Diese Staaten schlossen sich 1920/21 in der sogenannten „Kleinen Entente“ unter der Führung Frankreichs zusammen, wachten sorgsam über jeden Versuch einer Restauration und drohten in diesem Fall sogar mit Krieg. Von den Siegermächten des Ersten Weltkrieges war die neu gebildete Sowjetunion mit ihren eigenen Angelegenheiten beschäftigt, die Vereinigten Staaten und England hatten sich aus der europäischen Politik weitgehend zurückgezogen, und die einzige verbleibende Großmacht Frankreich trat zwar – im Sinne der Kleinen Entente – im Prinzip gegen eine Restauration auf, verfolgte diese Politik allerdings weniger konsequent als die Bündnispartner in der Kleinen Entente. Nur die Haltung Italiens war ambivalent; dort betrachtete man eine eventuelle Restauration in Ungarn und Österreich als innenpolitisches Problem, hegte aber aus historischen Gründen ebenfalls keine Sympathien für die Habsburger. Nach 1936 schwenkte Italien auf die antihabsburgische deutsche Linie ein. Wie zu erwarten war, trat der Vatikan entschieden für eine Wiedereinsetzung der Habsburger ein. Die Haltung Deutschlands muß man vor allem nach der Machtergreifung des Nationalsozialismus sehr differenzieren: Das Nationalsozialistische Deutschland stand einer Restauration außerhalb des deutschsprachigen Österreich gleichgültig gegenüber, lehnte aber vehement eine Rückkehr der Habsburger nach Österreich ab, weil deren Restauration den angestrebten Anschluß gefährdet hätte.

Doch die politische Rolle der Familie Habsburg in der Zwischenkriegszeit beschränkte sich nicht auf Mitteleuropa. Mitglieder der Familie erhoben Ansprüche, die historisch weit zurückreichten, auf den Thron Spaniens. Im frühen 19. Jahrhundert war die spanische Thronfolge umstritten: Nach dem Tod Ferdinands VII. im Jahre 1833 trat seine Tochter Isabella die Nachfolge an. Doch Ferdinands jüngerer Bruder Karl akzeptierte das weibliche Erbrecht nicht und erklärte sich selbst – und seine Nachkommen – zu rechtmäßigen spanischen Königen: die sogenannten Karlistenkönige. In mehreren militärischen Auseinandersetzungen versuchten die Karlisten ihre Position durchzusetzen und behaupteten, die legitimen Könige zu sein. Politisch waren sie klerikal und absolutistisch, sie schlossen sich im Spanischen Bürgerkrieg 1936 Franco an. In den Auseinandersetzungen um die Karlisten waren auch zwei Erzherzöge verwickelt. Die Söhne der Ehe zwischen Leopold Salvator († 1931) aus der toskanischen Linie und der einzigen Erbin der Karlisten, Blanca von Bourbon, galten (zumindest für die Karlisten) als zukünftige spanische Könige. (Erzherzog) Franz Joseph († 1975), der 1918 von der Toskana nach Spanien emigrierte, war der politische Führer der spanischen Karlisten, und (Erzherzog) Karl Pius († 1953) galt in der Nachfolge seines Großvaters Karl (VII.) bzw. seines Onkels Don Jaime (III.) als Kronprätendent – und damit als Konkurrent zum heute regierenden spanischen König Juan Carlos.

Zwischen Anspruch und Restauration – Die Habsburgerfrage in der Zwischenkriegszeit in Österreich und Ungarn

Während alle anderen Nachfolgestaaten als Sieger des Ersten Weltkrieges auftraten, erklärte man die beiden Kleinstaaten Österreich und Ungarn zu Rechtsnachfolgern der alten Habsburgermonarchie. Aus diesem Grund kam der „Habsburgerfrage" in diesen Territorien eine besondere Bedeutung zu. Doch auch Österreich in den Grenzen von St. Germain und Ungarn in den Grenzen von Trianon gingen in ihrem jeweiligen Umgang mit den Habsburgern unterschiedliche Wege: Während man in Österreich die Republik ausrief, blieb Ungarn Monarchie – allerdings, wie sich zeigen sollte, eine ohne Monarchen.
In Österreich kam es 1918 zu keiner wirklichen sozialen Revolution. Damit waren die gesellschaftlichen Voraussetzungen für eine Wiederherstellung der monarchischen Regierungsform im Prinzip vorhanden, doch stellten die Sozialdemokraten – die schon aus den letzten Jahrzehnten der Monarchie eine republikanische Tradition mitbrachten – und die Deutschnationalen die Weichen für die Republik. Im Gegensatz dazu traten die Christlichsozialen in der ersten Sitzung der provisorischen Nationalversammlung noch für die Weiterführung der Monarchie ein, schwenkten aber knapp darauf auf den republikanischen Kurs um. Dennoch gab es in den Reihen der christlichsozialen Partei auch nach 1918/19 manchen latenten Legitimisten, ohne daß diese Partei offen ein habsburgerfreundliches Programm vertreten hätte. So besuchte etwa der christlichsoziale Parteiführer und Bundeskanzler Ignaz Seipel 1920 Ex-Kaiser Karl in der Schweiz, aber auch der dem deutschnationalen Lager nahestehende Johannes Schober hegte überraschenderweise legitimistische Neigungen.
Den Ausgangspunkt der Jahrzehnte andauernden Probleme mit den Habsburgern bildete für Österreich das Manifest Kaiser Karls vom 11. November 1918. Darin erklärte sich Karl zwar bereit, die Entscheidung, „die Deutschösterreich über seine künftige Staatsform trifft", anzuerkennen, er leistete aber keinen expliziten Verzicht auf die Herrschaftsrechte. Eine ähnliche Erklärung gab Karl als König von Ungarn am 13. November 1918 ab. Als am 14. März 1919 die republikanische Staatsform in Österreich endgültig verankert wurde, weigerte sich Karl, für sich und sein Haus eine Verzichtserklärung abzugeben. Dies war schließlich ausschlaggebend für die Verabschiedung der – heute noch gültigen – Gesetze „betreffend die Landesverweisung und die Übernahme des Vermögens des Hauses Habsburg-Lothringen". Darin heißt es unter anderem:
„§ 1 Alle Herrschaftsrechte und sonstigen Vorrechte des Hauses Habsburg-Lothringen sowie aller Mitglieder dieses Hauses sind in Deutschösterreich für immerwährende Zeiten aufgehoben. [...]
§ 2 Im Interesse der Sicherheit der Republik werden der ehemalige Träger der Krone und die sonstigen Mitglieder des Hauses Habsburg-Lothringen, diese, soweit sie nicht auf ihre Mitgliedschaft zu diesem Hause und auf alle aus ihr gefolgerten Herrschaftsansprüche ausdrücklich verzichten und sich als getreue Staatsbürger der Republik bekannt haben, des Landes verwiesen. [...]"
Beim Verlassen Österreichs stellte Karl am 24. März im sogenannten „Feldkirchner Manifest" seinen Standpunkt nochmals klar. Es soll hier wegen seiner realitätsfremden und antidemokratischen Haltung ausführlich zitiert werden – und sei es nur, um gängigen Legendenbildungen entgegenzuwirken:
„In dem Augenblicke, da Ich mich anschicke, Deutschösterreich zu verlassen und den gastlichen Boden der Schweiz zu betreten, erhebe Ich für Mich und Mein Haus, dessen immerwährende Sorge das Glück und der Friede Seiner Völker war, feierlichen Protest gegen alle, Meine jahrhundertealten Herrscherrechte verletzenden Maßnahmen, die die Regierung, die provisorische und die konstitutierende Nationalversammlung Deutschösterreichs vom 11. November 1918 an getroffen haben und – wie die Thronentsetzung und Meine sowie der Mitglieder des Hauses Habsburg-Lothringen Landesverweisung – für die Zukunft angekündigt wurden.
Ich habe in Meiner Kundgebung vom 11. November 1918 erklärt, Deutschösterreich die Entscheidung über seine Staatsform anheimzugeben.

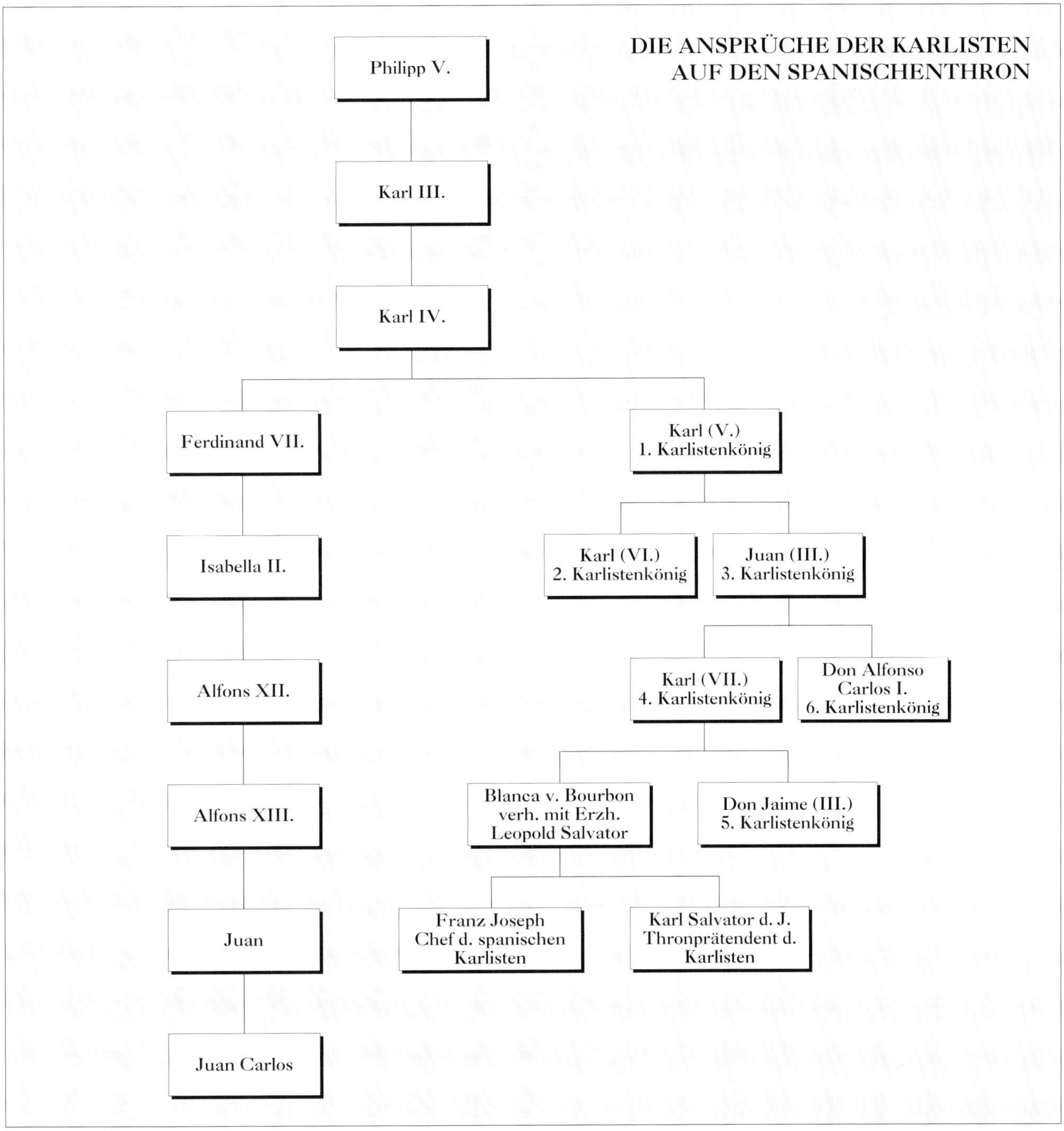

Die deutschösterreichische Regierung nun hat Mein Manifest vom 11. November 1918, das Ich in schwerer Stunde erlassen habe, beseitigt, indem sie noch am gleichen Tage beschloß, der am 12. November 1918 tagenden provisorischen Nationalversammlung einen Antrag auf Proklamierung Deutschösterreichs zur Republik vorzulegen, und damit der Entscheidung vorgriff, die gemäß Meinem Manifeste nur das gesamte deutschösterreichische Volk treffen sollte.
Am 12. November 1918 wurde dieser Antrag der deutschösterreichishen Regierung unter dem Drucke der hierfür aufgebotenen Straße von einer provisorischen Nationalversammlung angenommen, deren Mitglieder sich das Mandat, ‚das deutschösterreichische Volk zu vertreten‘, selbst erteilt hatten, ohne sich als dessen berufene Repräsentanten betrachten zu dürfen, da sie aus dem alten österreichischen Reichsrate hervorgegangen waren, dessen über die verfassungsmäßige Funktionsdauer hinausgehende Wirksamkeit nicht die Zustimmung der Wähler fand. Hier-

bei ergab sich noch der Widerspruch, daß dieselben Elemente des Umsturzes, die die Zusammensetzung der provisorischen Nationalversammlung bis dahin heftig bekämpft hatten, gerade diese Versammlung dann das Schicksal Deutschösterreichs in einer seiner vitalsten Fragen bestimmen lassen wollten.
Die Konstituante, die, am 16. Februar 1919 gewählt, jene provisorische Nationalversammlung ersetzte, ist deren Beschlüssen hinsichtlich der Staatsform und des Anschlusses an Deutschland beigetreten.
Auch diesen Beschlüssen kommt keine bindende Kraft zu, weil die sogenannte Konstituante nicht die Meinung und den Willen Deutschösterreichs zum Ausdruck bringt.
Die Öffentlichkeit auch außerhalb Deutschösterreichs weiß, daß die Wahlen für die Konstituante im Zeichen des Terrors standen, daß die Wähler, die am 16. Februar 1919 zur Urne schritten, keineswegs unbeeinflußt ihre Stimmen abgaben, sondern vielfach im Banne einer planmäßigen Verhetzung und unter dem Drucke einer sich Volkswehr nennenden Parteigarde standen. Die am 16. Februar 1919 gewählte Konstituante ist aber auch keine Vertretung der deutschösterreichischen Nation, wie sie die deutschösterreichische Regierung definiert hat. Weite Gebiete, die diese Regierung und die provisorische Nationalversammlung für Deutschösterreich reklamiert haben, sind – wie zum Beispiel die von Deutschen bewohnten Teile Südtirols, Böhmens, Mährens, Kärntens, Krains und der Steiermark – in dieser konstituierenden Nationalversammlung unvertreten, andererseits haben Ausländer – die in Deutschösterreich lebenden Reichsdeutschen – mitgewählt. Die willkürlich zusammengesetzte Volksvertretung eines Staates ohne Grenzen hat sich angemaßt, über Staatsform und Einordnung in ein größeres Staatensystem für einen völkerrechtlich noch nicht bestehenden Staat zu entscheiden.
Was deutschösterreichische Regierung, provisorische und konstituierende Nationalversammlung seit dem 11. November 1918 in diesen Belangen beschlossen und verfügt haben und weiterhin resolvieren werden, ist demnach für Mich und Mein Haus null und nichtig.
Mein und Meiner Familie Verweilen in Eckartsau war niemals eine Anerkennung der die Rechtskontinuität unterbrechenden revolutionären Entwicklungen, sondern vielmehr ein Unterpfand des Vertrauens in das Volk, mit dem Ich und die Meinen die Leiden und Opfer des unseligen Krieges getragen haben. Inmitten dieses Volkes habe Ich auch nie für die Sicherheit Meiner Mir so teuren Gemahlin und Kinder gebangt. Da aber die deutschösterreichische Regierung Mich durch ihren Kanzler wissen ließ, daß die Ablehnung ihrer Forderung nach Thronentsagung zur Internierung führen müßte, wenn Ich nicht das Land verließe, und Mich kurz vorher dieselbe Regierung durch die Staatskorrespondenz als außerhalb des Gesetzes gestellt erklärt hatte, sah Ich Mich vor die bedeutungsvolle Frage gestellt, ob Deutschösterreich

Die Abreise des Ex-Kaisers Karl und seiner Familie aus Österreich 1919.
Der Hofzug mit der englischen Bedeckungsmannschaft in der Station Kopfstetten in der Nähe von Eckartsau. ÖNB, Wien

die Schmach zu ersparen sei, daß sein legitimes Oberhaupt mit den Seinen einer Woge preisgegeben sein solle, gegen die derzeit kein Damm besteht.
So verlasse Ich Deutschösterreich.
Tiefbewegt und dankbarst gedenke Ich in dieser Stunde der Millionen Getreuer, die in Mir und Meinem Hause die teure Heimat lieben. Dem Volksheere, das Mir Treue geschworen hat und Mir durch die Erinnerung an die gemeinsamen erhebenden und leidvollen Erlebnisse des Krieges treu verbunden bleibt, gilt Mein besonderes Gedenken.
Im Kriege wurde Ich auf den Thron Meiner Väter berufen, zum Frieden trachtete Ich Meine Völker zu geleiten, im Frieden wollte und will Ich ihnen ein gerechter und treubesorgter Vater sein."
Die Stimmung war aber anders, als Karl dachte. Als Beispiel sei ein Plebiszit 1919 in dem immer als besonders „kaisertreu" eingestuften Land Tirol angeführt: Während nur 1500 Stimmen für die Habsburger abgegeben wurden, gab es 120.000 großdeutsche Stimmen, die einen Anschluß an die deutsche Republik bevorzugt hätten; man könnte also sagen, daß 98 Prozent der Bevölkerung gegen eine Restauration der Habsburger waren.
Ein Hofzug brachte die kaiserliche Familie samt Gefolge in die Schweiz, wo sie die ersten Wochen der Verbannung in Schloß Wartegg am Bodensee bei Zitas Mutter, Herzogin Marie Antoinette von Parma, verbrachte. Einer der „Hofberichterstatter" schildert die Situation im Schloß. „Jetzt quoll es über von Menschen. Kaiser und Kaiserin waren mit vier Kindern darin untergebracht. Die Herzogin von Parma betreute hier vier Kinder aus der ersten Ehe des Herzogs. Von ihrem eigenen Blute lebten im Augenblicke hier: die Prinzen Felix, René, Ludwig und Gaetano, die Prinzessinnen Isabella, Maria Antonia und Enrica. Prinz Sixtus war gekommen, seinen kaiserlichen Schwager, seine kaiserliche Schwester zu grüßen. Der Herzog und die Herzogin von Braganza hatten hier mit ihrer Tochter, Infantin Elisabeth, Zuflucht gefunden. Man lebte in drangvoll-gemütlicher Enge. Soviel des Neuen gab es zu schauen und zu hören. Aber es war nicht das Daheim. ‚Großmama, ich sag' Ihnen, es gefällt mir nicht in Wartegg, und ich werde morgen wieder abreisen', eröffnete sich Otto der Herzogin von Parma. Tränen füllten seine Augen. Er mußte getröstet werden. [...] Verlorene Heimat." Schon im April 1919 übersiedelte die Familie ins Schloß Prangins am Genfer See, die Winter 1919/20 und 1920/21 – jene Hungerwinter, unter denen die österreichische Bevölkerung so schwer litt – verbrachte man beim Wintersport in Disentis im Kanton Graubünden. Mittlerweile war die Zahl der Kinder des ehemaligen Kaiserpaares auf sieben gestiegen. Mit der Exilierung

Karl und Zita auf dem Schiff bei der Überfahrt ins Exil nach Madeira. Foto Votava, Wien

der Familie wurde die Spannung, die seit dem Spätherbst des Jahres 1918 bestand, sichtbar: Ex-Kaiser Karl weigerte sich weiterhin, Österreichs republikanische Entwicklung zu akzeptieren. Er betrachtete seinen Souveränitätsanspruch als von Gott auferlegte oberste Pflicht und hielt daran fest. Am 27. Oktober 1919 fand eine Familienberatung in Olten in der Schweiz statt, in der die Rechte und Ansprüche des Familienoberhauptes bestätigt wurden. Alle Mitglieder des Hauses, die die Republik anerkannt hatten, wurden bei dieser Gelegenheit aus dem Familienverband ausgeschlossen.
Das Ziel der Dynastie und ihrer Anhänger kann man mit zwei Schlagworten belegen: Restauration und Legitimismus. Restauration wird als Wiederherstellung der Monarchie nach einem Bruch der Rechtskontinuität im erbmonarchischen System definiert. Dies war etwa in der Französischen Revolution geschehen, mit der man nun die Ereignisse des Jahres 1918 gleichsetzte. Die Anhänger dieser Ideenwelt fassen das Gottesgnadentum als unentziehbares Recht auf und gelangen so zum Legitimismus, der das „Verlangen nach Wiederherstellung der habsburgischen Erbmonarchie [...] als Pflicht erklärte und als rechtmäßig betrachtete". Die Legitimisten setzten sich folglich für eine erneute Errichtung der Monarchie in den Grenzen von 1914 ein – und damit für eine Revision der Friedensverträge von Paris –, was alle Staaten mit Gebietsgewinnen auf den Plan brachte. Für den Fall, daß die Wiederherstellung der Gesamtmonarchie politisch nicht durchsetzbar sein sollte, strebte ein Teil der österreichischen Restaurationsanhänger – als Minimalvariante – wenigstens eine Restauration der

Habsburger innerhalb der Grenzen von Nachkriegsösterreich an. Allerdings verfestigten sich diese Gedanken erst in den zwanziger Jahren, unmittelbar nach Kriegsende waren die Anhänger des alten Systems noch sehr in der Defensive. Politisch spielte die Frage der Restauration zunächst also kaum eine Rolle, wenn es auch immer wieder zu kleineren Kundgebungen im Sinne des alten Kaiserhauses kam. Erst 1922 wurden die ersten Zusammenschlüsse der Legitimisten gegründet.

Auch in Ungarn hielten die Habsburger an ihrem Rechtsanspruch fest, sie rechneten sich dort sogar bessere Chancen auf die Wiederherstellung des alten Herrschaftssystems aus, da man in Ungarn die Monarchie – im Gegensatz zu Österreich – formell nicht beseitigt hatte. Im Vertrag von Trianon wurden die Habsburger nicht erwähnt – und dadurch auch nicht entmachtet –, doch gab es in Ungarn ebenfalls deutliche antihabsburgische Signale.

Im Herbst des Jahres 1918 in der krisenhaften Schlußphase des Ersten Weltkrieges ließen Karl und Zita ihre Kinder Otto, Adelheid, Robert und Felix in Gödöllö in Ungarn als eine „Art Liebespfand und Zeichen des Vertrauens zur ungarischen Nation“. Als dort die Revolution, die zur Errichtung der Räterepublik unter Béla Kun führen sollte, ausbrach, flüchtete das Hofpersonal mit den Kindern im Auto nach Wien; damit verließen die letzten Mitglieder des regierenden Zweiges Ungarn. Im Lande blieben nur einige Angehörige der Nebenlinien, allen voran (Erzherzog) Joseph August († 1962) aus der Linie Palatin, den Karl noch im Oktober 1918 zum *homo regius* in Ungarn ernannt hatte. Joseph August war an der Bildung der kurzlebigen demokratischen Regierung, die später von der Räterepublik gestürzt wurde, beteiligt. Daraufhin etablierte er sich als „weißer Administrator“ von Ungarn (also als Vertreter der anti-bolschewistischen Truppen) gegen die Räteregierung Béla Kuns. Nach dem Ende der Räterepublik bekleidete Joseph August im August 1919 für einige Wochen das Amt eines Reichsverwesers. Gemeinsam mit seinem Schwager Konrad von Bayern, um den sich die bayrischen Monarchisten sammelten, arbeitete er angeblich sogar an Plänen für einen Marsch auf Wien und die Vernichtung der dortigen sozialistischen Miliz. Der gut informierte französische Handelsattaché in Ungarn, Raoul Chélard, berichtete über den Plan: „Unter dem Vorwand, Westungarn zu retten, würde sich Karl an die Spitze der ungarischen Armee stellen, die ihn nach Wien brächte, wo er sich von neuem zum Kaiser von Österreich proklamieren würde, da er niemals aufgehört hat, apostolischer König von Ungarn zu sein. Die Doppelmonarchie würde also wiederhergestellt sein, während Italien und Jugoslawien mit ihren Revolutionären zu tun hätten. Tschechen und Walachen würden nicht ohne ihre Alliierten von der Kleinen Entente zu intervenieren wagen. Die Bayern würden das Unternehmen decken, während Deutschland im Siedezustand die Große Entente paralysieren würde.“ Doch die Alliierten drängten energisch auf den Rückzug (Erzherzog) Joseph Augusts, und im Februar 1920 erklärte die alliierte Botschafterkonferenz, daß sie eine Restauration der Habsburger in Ungarn weder anerkennen noch tolerieren würde. Doch arbeitete Karl weiter darauf hin.

Grundsätzlich bestand in Ungarn – sehr zum Unterschied von Österreich, wie wir noch sehen werden – eine Konkurrenz zwischen verschiedenen Mitgliedern des Hauses: Karl (Hauptlinie des Hauses), Friedrich (Linie Karl) und Joseph August (Linie Palatin). Karl war Ungarns gekrönter Monarch und erhob seine Ansprüche aus dieser Position. (Erzherzog) Friedrich († 1936), den Karl Kraus so trefflich als „Bumsti“ verspottete, durchlief eine militärische Karriere und war als Erbe des Erzherzogs Albrecht († 1895), der ihn adoptiert hatte, einer der reichsten habsburgischen Gutsbesitzer. Er war sowohl mit dem Thronfolger Franz Ferdinand, der anstelle von Friedrichs Tochter die Hofdame seiner Frau geheiratet hatte, als auch mit Kaiser Karl zerstritten, der ihn von seinem militärischen Kommando im Ersten Weltkrieg enthoben hatte. Zu allem Überfluß harmonierten die beiden Ehefrauen Karls und Friedrichs – Zita und Isabella von Croy-Dülmen – überhaupt nicht. Nach dem Ende der Monarchie spielte Friedrich, der in Ungarn auf seinen Gütern verblieben war, mit der Idee, seinen Sohn Albrecht († 1955), zum ungarischen König zu machen, sollte das Wahlrecht wieder aufleben. Zusätzlich zu seinen Ansprüchen als Habsburger erhob Albrecht auch solche von seiten der mütterlichen Linie, über die er angeblich von der ersten ungarischen Dynastie, den Arpaden, abstammte. Albrechts Hoffnungen auf den Thron erloschen erst 1930, als er eine Bürgerliche (die noch dazu geschieden war) heiratete, denn dies schloß ihn in den Augen der konservativen ungarischen legitimistischen Führer von der Thronkandidatur aus.

Ein weiterer Thronkandidat war der schon erwähnte (Erzherzog) Joseph August († 1962). Angeblich – so berichtet wieder Raoul Chélard – soll Karl einen Pakt mit Joseph August geschlossen haben, um den verhaßten (Erzherzog) Albrecht von der ungarischen Königsfrage auszuschließen. Dabei dachte man offensichtlich daran, daß – falls die Entente den durch die Vergangenheit belasteten Karl endgültig vom ungarischen Thron entfernt hätte –, dieser zugunsten Joseph Augusts verzichten und dafür eine Apanage erhalten sollte. Der Hintergedanke dabei war, daß

Erzherzog Albrecht in Uniform. Familienalbum

Joseph August, der nicht Chef des Hauses war, sich bei der Annahme der ungarischen Krone – im Gegensatz zu Karl – nicht verpflichten mußte, auf die Krone in Wien zu verzichten. Der Reichsverweser Horthy nahm in diesem Spiel eine eigenartige Position ein. Er umschmeichelte Joseph August und unternahm Ausritte mit dessen Frau Augusta von Bayern, einer Enkelin Kaiser Franz Josephs, nannte sich andererseits „treuer Diener Karls" und organisierte gleichzeitig Demonstrationen mit habsburgfeindlichen Bauern.

Die Vorgeschichte des ersten Restaurationsversuches in Ungarn begann am 12. Januar 1921 im Palais des Erzherzogs Joseph August in Budapest, wo der ungarische Ministerpräsident Graf Teleki sich mit den Grafen Apponyi, Andrássy, Bethlen, Windisch-Graetz und einigen anderen Legitimisten traf. Diese kleine Minderheit vermittelte den Habsburgern sicherlich ein sehr positives Bild der Situation und gab Karl wohl das Gefühl, daß ganz Ungarn auf seine Herrschaftsübernahme wartete. Diese Fehleinschätzung war später für die monarchistische Bewegung von entscheidender Bedeutung, die Habsburger unterhielten in erster Linie Beziehungen zu Menschen, die einen sehr einseitigen Zugang zur politischen Situation im Lande hatten. Dadurch wurde die exilierte Familie in Hoffnungen bestärkt, die mit der realen Lage in Österreich und Ungarn wenig gemein hatten. Die ungarischen Legitimisten trachteten danach – vergebens, wie sich zeigen sollte –, sich international abzusichern. Sie wollten die Anerkennung Londons erreichen, als Vermittler stellte sich Graf Apponyi, der gute Beziehungen zur spanischen Gesandtschaft unterhielt, zur Verfügung. Vom spanischen König Alfons XIII., der ein direkter Neffe (Erzherzog) Friedrichs war, erwartete man sich Unterstützung in dieser Angelegenheit.

Der Plan der ungarischen Royalisten reichte weit über eine Machtergreifung in Ungarn hinaus und hing mit der „Burgenlandfrage" zusammen. Das ehemalige Westungarn wurde erst 1921 an die Republik Österreich abgetreten, und die Übernahme ging keineswegs friedlich vor sich; es gab vielmehr Kämpfe zwischen ungarischen Freischärlern und der österreichischen Gendarmerie, die das fehlende Militär ersetzte. Der ungarische General Anton von Léhar – ein Bruder des Operettenkomponisten – schlug Karl daher die Proklamierung der Unabhängigkeit Westungarns vor, als dessen „Beschützer und Verteidiger" der Habsburger fungieren sollte. General Léhar dazu: „Der Kaiser von Österreich und König von Ungarn dürfe nicht zulassen, daß man Ungarn zum Vorteil Österreichs verstümmle. Er wird das Burgenland verteidigen, und wenn die ‚Wiener Republikaner' es

trotzdem für sich beanspruchen sollten, würde Karl mit der im Burgenland zusammengezogenen Armee gegen Wien marschieren." Karls Versuche, in die Burgenlandfrage einzugreifen, waren aber nur Teil eines größeren Planes, an dessen Ende die Restauration der Monarchie in Ungarn und eventuell auch in Österreich stehen sollte.
Zunächst nahm man den ungarischen Thron in Angriff. In einem Handschreiben (wie es sich für einen ungarischen König, als der er sich betrachtete, gebührte) an den Reichsverweser Nikolaus Horthy erklärte Karl:
„Lieber von Horthy!
Es ist jetzt notwendig geworden, daß auch Ich Meine Auffassung über die bei Erörterung der Königsfrage aufgetauchten Probleme Meiner heißgeliebten ungarischen Nation kundtue, da immer häufiger und drängender der Wunsch nach Kenntnis dieser Meiner Meinung laut wird.
So erkläre und bekräftige Ich:
Ich teile die Ansicht, daß die auf den unteilbaren und unlösbaren Besitz der ungarischen und der übrigen Erbländer Bezug nehmenden Bestimmungen der Pragmatischen Sanktion außer Kraft getreten sind und der G.A. XII.1867 erloschen ist.
Mit Rücksicht darauf, daß hiernach Ungarn die volle staatliche Unabhängigkeit wiedererlangt hat, stimme Ich auch der Meinung zu, daß Ich nach Wiederübernahme der Herrschergewalt in Ungarn die Herrschergewalt in einem anderen Staate nur nach einem zwischen Ungarn und diesem anderen Staate abzuschließenden Übereinkommen oder aber unter Wahrung der vollen staatlichen Unabhängigkeit Ungarns, insbesondere bezüglich der Leitung der auswärtigen Angelegenheiten, der auswärtigen Vertretung und der Selbständigkeit der ungarischen Armee übernehmen könnte.
Da schließlich Ungarns Gut und Blut auch Meiner Ansicht nach ausschließlich im Interesse Ungarns und nicht für andere dem Lande fremde Zwecke und Ansprüche verwendet werden dürften, wäre Ich entschlossen, das Recht, Krieg zu erklären und Frieden zu schließen, mit den verfassungsmäßigen Faktoren der National [sic!] auf eine durch Gesetz zu bestimmende Art zu teilen.
Als konstitutionellem König – ein solcher will und werde Ich wie ehevor sein – ist Mir gleichwie gewiß auch jedem Ungarn bewußt, daß sich die aus dieser Meiner Auffassung ergebenden, König und die ganze National verpflichtenden Akte erst dann werden setzen lassen, wenn Ich, der gekrönte ungarische König, umgeben von einer verantwortlichen ungarischen Regierung, wieder die Herrschergewalt in Ungarn ausübe.
Meine vorstehende Erklärung, welche Meiner unerschütterlichen Auffassung über gewisse schwerwiegende Probleme Ausdruck gibt, soll schon jetzt Zeugnis von Meiner Überzeugung ablegen:
Der gekrönte ungarische König ist eins mit seiner heißgeliebten ungarischen Nation, und in dieser Einigkeit wird ihr wieder eine Zukunft, würdig ihrer althergebrachten Tugenden, erblühen!
Ich flehe Gottes reichsten Segen auf Mein teures Ungarn herab!
Meiner heißgeliebten ungarischen Nation Meinen königlichen Gruß!
Ich lade Sie, lieber von Horthy, den von Meinem und der ungarischen Nation Vertrauen getragenen Reichsverweser, ein, Mein Wort der Nation zu vermitteln."
Am 25. März 1921 verließ (Kaiser) Karl – verkleidet mit einem graumelierten Bart – heimlich die Schweiz. Er reiste mit einem (falschen) Paß, der auf den Namen eines Mitglieds des Roten Kreuzes lautete und von den Schweizer Behörden ausgestellt und angeblich von französischen Legitimisten verschafft worden war. Graf Nikolaus Széchen, der frühere Gesandte Österreich-Ungarns in Paris, soll der Regisseur des versuchten Staatsstreiches gewesen sein.
Karl traf mit dem Expreßzug in Wien ein. Graf Hunyadi brachte ihn in die Landskrongasse zum Grafen Thomas Erdödy, wo er die Nacht unerkannt verbrachte. Am Samstag fuhr man mit dem Auto nach Steinamanger, traf um halb elf dort ein und nahm Aufenthalt im bischöflichen Schloß. Hier empfing Karl den ungarischen Kultus- und Unterrichtsminister Josef Vass und den Ministerpräsidenten Graf Paul Teleki in Audienz, die an dem Restaurierungsversuch beteiligt waren. Am 27. März reiste Karl weiter nach Budapest und suchte dort den Reichsverweser Nikolaus Horthy auf.
Wie die Familie auf diesen Restaurationsversuch reagierte, kann man der Schilderung Karl Werkmanns, des ehemaligen Sekretärs von Kaiser Karl, entnehmen: „Am Nachmittag flüsterte mir der Kronprinz [gemeint ist (Erzherzog) Otto] zu: ‚Wir beide wissen ein großes Geheimnis'. Er hatte mich an diesem Tage allzu oft bei der Kaiserin eintreten gesehen. Er wußte oder ahnte, daß große Dinge vor sich gingen. Die Tatsache der Heimkehr des Königs nach Ungarn erfuhr er aber erst am 29. März. An diesem Tage versammelte die Kaiserin ihre Kinder um sich und erzählte ihnen, daß der Vater seit Samstag in Ungarn sei, um dort die Regierung wieder zu übernehmen. Der Kronprinz rief in überquellender Freude ‚Hurrah' und schlug die Hände zusammen, während Erzherzog Felix vorschlug: ‚Also tanzen wir'. Als die Kaiserin meinte, ein Dankgebet wäre besser als ein Tanz, wurde gleich ein Dankgebet gesagt. Dann erkundig-

ten sich die Kinder, wann sie ihrem Vater nachfahren dürften. Die Kaiserin stellte ihnen das für den Fall fleißigen Lernens in Aussicht. Die kleine Schar jubelte. An den folgenden Tagen beschäftigte die Kinder immer wieder der Gedanke, was der Kaiser jetzt wohl tue, wann sie ihn wiedersehen würden."

Doch die außen- und innenpolitischen Rahmenbedingungen waren denkbar ungünstig, aus dem Wiedersehen in Ungarn sollte nichts werden. Auf die Nachricht von der Anwesenheit des ehemaligen Monarchen kam es zu Drohungen von seiten der Großen und Kleinen Entente – also der Siegermächte des Ersten Weltkrieges und jener Vereinigung von Staaten, die vom Zerfall der Habsburgermonarchie profitiert hatten. Schwerer wog allerdings die Tatsache, daß es nicht das geringste Echo der Freude beim Volk gab.

Als Karl am 31. März in Budapest eintraf, berichtete der französische Handelsattaché Chélard: „Er [Karl] ist dort [Budapest] am Ostersonntag mittags angekommen. Horthy war höchst erstaunt. Er hatte bei sich Besuch und unterhielt sich mit den Freundinnen seiner Frau, als Karl mit einem kleinen Köfferchen in der Hand eintrat. Der König und der Reichsverweser zogen sich zurück und sprachen lange zusammen. Die Aussprache wurde, wie ‚die Damen erzählten', immer lebhafter. Schließlich ging Karl fort ‚ohne zu grüßen'. Karl soll zu Horthy gesagt haben: ‚Also Sie sind auf der Seite meiner Feinde, jetzt begreife ich alles.'" Am 1. April wurde die ungarische Nationalversammlung einberufen, sie beschoß einstimmig die Resolution des Abgeordneten Karl Hercz, in der es unter anderem hieß:

„Nachdem König Karl IV. unerwartet innerhalb der Grenzen des Landes erschienen ist, an welche Tatsache sich die Besorgnis der Gefährdung der bestehenden Rechtsordnung geknüpft hat, spricht die Nationalversammlung neuerdings aus, daß sie an der durch Gesetzes-Artikel I 1920 festgestellten staatsrechtlichen Ordnung festhält, gegen jedes Bestreben, das sich auf den Umsturz richtet, in der entschiedensten Weise Verwahrung einlegt und die Regierung anweist, deren einseitige Verletzung zu verhindern."

Auch im benachbarten Österreich – das ja durch eine mögliche Restauration in Ungarn ebenfalls bedroht schien – kam es am 1. April zu einer Sitzung des Nationalrates, in der die Sprecher aller Parteien die Rückkehr Karls nach Ungarn verurteilten – wenn auch vermutlich mit unterschiedlicher innerer Überzeugung, da es unter den Christlichsozialen durchaus auch Anhänger der monarchischen Staatsform gab. Die Wiener Sozialisten verlangten sogar, daß zwei Delegierte der sozialdemokratischen Eisenbahngewerkschaft (Kaiser) Karl während der Fahrt durch Österreich – wieder in sein Exil zurück – begleiten sollten, um einen reibungslosen Abtransport sicherzustellen; ja sie gingen sogar noch weiter und verlangten in einem Brief an die Regierung des Kantons Waadt die Ausweisung Karls aus Pragins.

Durch die negativen Reaktionen in Ungarn, den Nachbarländern und in ganz Europa war der erste Restaurationsversuch der Habsburger gescheitert. Karl wurde unter dem Schutz von hohen Offizieren der Großmächte am 6. April in die Schweiz zurücktransportiert. Danach übersiedelte die Familie nach Schloß Hertenstein am Vierwaldstättersee. Doch der mißglückte Versuch einer Machtergreifung war dem früheren Monarchen keineswegs eine Lehre, denn wenig später dachte er erneut daran, in Ungarn an die Macht zu gelangen. Am 21. Juli 1921 erging eine Meldung an die ungarische Regierung, daß Karl mit Gefolge am 24. Juli in Komorn ankommen werde. Sofort traf man Gegenmaßnahmen, die den neuerlichen Versuch, die Macht zu übernehmen, im Keim erstickten und Karl schon in Schloß Hertenstein in der Schweiz zum Aufgeben zwangen. Damit war es aber noch nicht genug – schon wenige Monate später versuchte er es erneut.

Am 21. Oktober 1921 flog Karl mit seiner Frau Zita nach Györ, von wo aus er versuchte, mit bewaffneter Macht in Budapest einzuziehen. Er überschätzte allerdings sowohl seine militärische Stärke als auch seine Akzeptanz in der Bevölkerung. Die eigene Propaganda hatte die Habsburger offensichtlich blind gemacht für das, was das Volk in ihnen wirklich sah. Die angebliche grenzenlose Liebe, Anhänglichkeit und Treue der Bevölkerung zur angestammten, verehrten Dynastie waren nichts als ein Trugbild, das tief ins Selbstbewußtsein der Familie eingedrungen war. Schon zu Zeiten der Monarchie hatte die Haltung des Volkes nicht mit diesem Bild übereingestimmt; der schreckliche Weltkrieg hatte das Seine dazugetan, die Stimmung gegen die Dynastie, die Mitteleuropa in eine Katastrophe geführt hatte, zu schüren. Nach kurzen Gefechten mit der ungarischen Nationalarmee war der Spuk bald vorbei. Karl und Zita wurden gefangengenommen und zunächst in der Abtei von Tihany interniert. Ein englisches Kriegsschiff brachte sie schließlich nach Madeira. Karl protestierte gegen seine Abschiebung auf Beschluß der Botschafterkonferenz der Großmächte und behauptete, er „habe als Ungar nach dem ungarischen Gesetz das unbestreitbare Recht", sich „auf ungarischem Gebiet aufzuhalten". Im Oktober 1921 beschloß der Schweizer Bundesrat zwar, den sieben Kindern Karls und Zitas den Aufenthalt in der Schweiz weiter zu erlauben, eine Reihe von Beratern der Familie aber auszuweisen. Die Verhandlungen zwischen Funchal auf Madeira und der Schweiz um die Ausreise der Kinder begannen, sie wurden durch die Erkrankung des (Erzherzogs) Robert kompliziert, der sich einem chirurgischen Eingriff unterziehen mußte – aus diesem Anlaß durfte Zita kurzfristig in die Schweiz zurückkehren. Ende Januar 1922 wurden die kaiserlichen Kinder nach Portugal gebracht und nach Madeira, dem Verbannungsort der ehemaligen kaiserlichen Familie, eingeschifft.

Als Reaktion auf die Putschversuche Karls wurde in Ungarn das Gesetz vom 8. November 1921 beschlossen, das die Herrschaftsrechte Karls (als ungarischer König Karl IV.) beendete und die *Pragmatische Sanktion* von 1723 (erst in diesem Jahr hatte Ungarn sie anerkannt) für alle Zeiten annullierte. Aufgrund dieses Gesetzes, das der ungarischen Nation das Privileg zubilligte, ihren König zu wählen, nahm Ungarn die alte königliche Form der Verwaltung wieder auf, verschob aber die Besetzung des Thrones auf einen späteren Zeitpunkt. Im Ausland, vor allem in der Tschechoslowakei, war man mit dieser Regelung keineswegs zufrieden. Der tschechoslowakische Außenminister (und in dieser Zeit auch Ministerpräsident) Dr. Eduard Beneš sah das Hauptproblem darin, daß bei einer solchen Wahl ein Habsburger gewählt werden könnte. Man verlangte daher, daß keine Wahl ohne Zustimmung der internationalen Außenministerkonferenz anerkannt werden dürfe, und wollte auch ein Propaganda-Verbot für eine Habsburgerrestauration in Ungarn durchsetzen. Am 10. November 1921 stimmte die Botschafterkonferenz der Regelung der Angelegenheit in Ungarn in diesem Sinne zu. Sowohl der Reichsverweser Horthy als auch General Julius Gömbös hatten damit politisch ihre Haut gerettet, sich aber die Ungnade der Habsburger zugezogen. Vor allem Ex-Kaiserin Zita konnte Horthy nicht verzeihen, daß er das „Prinzip der Legitimität" verraten hatte, und noch weniger Gömbös, daß er beim zweiten Putschversuch in Budaörs sogar auf sie hatte schießen lassen.

Karl protestierte gegen das Entthronungsgesetz und hob es auf – so, als sei er nach wie vor der anerkannte König Ungarns. Es heißt in diesem von ihm publizierten Dokument:

„I. Den unter ausländischem Druck und Zwang zustande gekommenen Beschluß der Nationalversammlung, der die Entthronung ausspricht, erkläre Ich im Sinne der ungarischen Verfassung und der ungarischen Gesetze für ungesetzlich und unwirksam und lege dagegen Verwahrung ein.

II. Ich halte alle nach der ungarischen Verfassung Mir, als dem mit der Krone St. Stephans gekrönten apostolischen König, zustehenden Rechte nachdrücklichst auch weiter aufrecht."

Zwar kam es zu keiner weiteren Intervention der Habsburger in die ungarische Innenpolitik, doch blieb die „Habsburgerfrage" in Ungarn in einem kleinen Zirkel weiterhin aktuell; Monarchisten wie Graf Erdödy, der die Hand des „Königs" geküßt hatte, als das Abfahrtssignal des Zuges ertönte, der ihn wieder ins Exil schaffte, blieben im politischen Leben weiter einflußreich. Die adelige Vereinigung des „Aristokratischen Casinos" unterzeichnete sogar formell einen Pakt, der weitere Bemühungen um die Restauration vorsah. Doch auch innerhalb der monarchistischen Bewegung gab es große Reibereien.

Als Folge der gescheiterten Restaurationsversuche und der zersplitterten legitimistischen Interessen nahm die innenpolitische Bedeutung der Monarchisten rapid ab, wenn auch das Land ein Wahlkönigtum mit vakantem Thron blieb. Die ursprünglich monarchistische Gesinnung wich zunehmend einer republikanischen und nationalen Begeisterung – so blieb die Regierung des Reichsverwesers in Ungarn letztlich unangefochten. Realpolitisch war Karl – und später sein Sohn Otto – in Ungarn aus dem Rennen. Wie weit entfernt man von einer neuerlichen Berufung der Habsburger war, zeigt, daß auf Wunsch Ungarns ein Passus gegen eine Restauration der Habsburger in die Römischen Protokolle zwischen Ungarn, Österreich und dem faschistischen Italien vom März 1934 eingefügt wurde.

Die Frage nach der Finanzierung von Karls politischen Aktivitäten ist untrennbar mit der Vermögensgebarung der exilierten Familie verbunden. Man muß vermuten, daß vor allem der dubiose Verkauf mehrerer Stücke des habsburgischen Hausschatzes, die von der Familie ins Exil mitgenommen wurden, in einem engen Zusammenhang mit den Restaurationsversuchen stand. Objekte wie das Goldene Vlies, die sogenannte Hauskrone, das Rosenkollier Maria Theresias, der „Florentiner" (ein besonders schöner Diamant) und die Borso-Bibel von Crivelli waren von diesen Finanzierungsaktionen betroffen. Erich Feigl legte in seiner Zita-Biographie den habsburgischen Standpunkt dar, der alle Schuld an dieser dunklen Transaktion – nicht ohne antisemitische Untertöne – einem einzigen Mann zuschreibt, dem Vermittler Bruno Steiner, den Karl zum Baron Valmont gemacht hatte. Feigl ist der festen Meinung, Steiner habe die Gegenstände auf eigene Rechnung veruntreut, es sei kein Geld an die Familie gelangt. Die Familie selbst behauptete immer wieder, keinen Erlös aus diesen mitgenommenen Juwelen gezogen zu haben, bis heute sind die Stücke nie wieder aufgetaucht. Ein langwieriger Prozeß, der Klarheit in die Sache hätte bringen können, wurde von der Ex-Kaiserin nicht zu Ende geführt, da sie – laut Feigl – „wichtigere Aufgaben zu erfüllen" hatte. Die Frage, wie die Restaurie-

rungsversuche finanziert wurden, blieb allerdings unbeantwortet.
Doch für Karl I. (als ungarischer König Karl IV.) bedeuteten die mehrfach gescheiterten Restaurationsversuche und die Exilierung noch nicht das Ende seiner politischen Ambitionen, seine Rechtsposition war durch die juridische Formel *incertus quando, certus an* (ungewiß wann, aber sicher, daß) definiert und bedeutete lediglich einen befristeten Verzicht auf die Ausübung der Herrschergewalt. Karl – und später auch sein Sohn Otto – meinte, nur die augenblicklichen Verhältnisse hinderten ihn an der Regierungstätigkeit, auf die er ein grundsätzliches Recht beanspruchte. Wichtig in diesem Zusammenhang ist, daß Karl (dessen Wahlspruch absurderweise das Motto „*indivisibiliter ac inseparabiliter*" war) die *Pragmatische Sanktion* für die Familie Habsburg außer Kraft setzte, deren Grundsatz dieser lateinische Spruch „unteilbar und untrennbar" verkündet. Aus praktischen Gründen wurde der Gedanke der Unteilbarkeit der Habsburgermonarchie verworfen. Damit konnte – der Auffassung der Familie nach – eine erneute Herrschaft in jedem Gebiet der ehemaligen Monarchie angetreten werden, ohne expliziten Anspruch auf die Wiederherstellung der Gesamtheit der Donaumonarchie.
Die Entscheidung zur Aufgabe der *Pragmatischen Sanktion* hing sicherlich mit den Friedensverträgen von St. Germain und Trianon zusammen, die die außenpolitische Situation Österreichs und Ungarns regelten. Karl erkannte diese Verträge weder an, noch verwarf er sie; er glaubte, die Verträge ignorieren zu können, wie er von ihnen ignoriert wurde. Als Vertreter des Herrscherhauses wähnte sich Karl in der gleichen Lage wie die oberste Regierungsgewalt eines von Feinden okkupierten Reiches. Für ihn hatte das in Ungarn unter ausländischem Druck zustande gekommene Entthronungsgesetz keine Rechtsverbindlichkeit. Daß die Völkergemeinschaft die neuen Staaten anerkannte und damit das Erlöschen des alten Staates besiegelte, kümmerte ihn wenig. Doch wurden alle weiteren Restaurationsbestrebungen des letzten regierenden Kaisers durch seinen Tod 1922 beendet.
Die Schilderung des Todes von Karl durch einen Getreuen der Familie wirft ein Licht auf die Atmosphäre, in der die Kinder des letzten Kaisers aufwuchsen:
„Der Kaiser macht den Kronprinzen zum Zeugen seines christlichen Todes. Der zehnjährige Knabe hört den ermattenden Vater für seine Völker beten. Er hört Worte der Vergebung und des Erbarmens. Er hört einen Sterbenden sein Leben für sein Volk aufopfern. Otto weint nicht. Er weint nicht, um seinem Vater die letzten Stunden nicht noch mehr zu erschweren. Er weint nicht, weil sein Leid zu groß ist. Seine Tränen laufen nach innen und hinterlassen eine ewig brennende Spur.
Am 1. April 1922, wenige Minuten vor halb 1 Uhr mittags, huschte ein Schatten über das Antlitz Karls von Österreich. Oder war es ein Licht, das die Menschen nicht zu deuten vermochten?
Kaiser Karl war gestorben.
Otto war Kaiser und König, von Gottes Gnaden und von Rechtes wegen.
Die Kaiserin, die den Sterbenden in ihren Armen gehalten hat, läßt den Entseelten in die Kissen sinken. Otto küßt seinen Vater noch auf die Stirne und verspricht, neben der Kaiserin kniend, seinen Völkern ein so guter Fürst wie der Vater sein zu wollen."

Legitimismus und Faschismus – Die politische Dimension des Problems

Der Tod des letzten Kaisers von Österreich und gekrönten Königs von Ungarn am 1. April 1922 hätte zu einem Ende der Herrschaftsansprüche führen können. Doch kam es nicht so, denn seine Familie – zuerst seine Frau Zita, dann ihr ältester Sohn Otto – hielt an ihren vermeintlichen Rechten fest und tat alles, um eine Wiedereinsetzung der Habsburger als Herrscher in Österreich und in Ungarn (wenn nicht gar eine Wiederherstellung der alten Donaumonarchie) zu erreichen.
Rein äußerlich besserte sich die Situation der Familie Habsburg-Lothringen nach Karls Tod. König Alfons XIII. von Spanien (dessen Mutter eine Habsburgerin war) lud die Witwe mit den Kindern zu sich ein, sie wurden in einer alten habsburgischen Residenz, dem Schloß El Pardo, untergebracht, dort kam postum auch das letzte Kind (Erzherzogin) Elisabeth zur Welt. Schließlich konnte die Familie ihr Exil in das Fischerdorf Lequeitio bei Bilbao im Golf von Biskaya verlegen, Zita und ihren Kindern wurde von monarchisch gesonnenen Anhängern der Palacio Uribarrén zur Verfügung gestellt. Dort erfolgte die Erziehung Ottos im Sinne einer Vorbereitung auf sein „künftiges Herrschertum". Otto war für viele mehr als bloß der Sohn eines Ex-Kaisers. Bei seiner Firmung 1923 war z. B. niemand geringerer als Papst Pius XI. sein Pate.
Zwei ehemalige Unterrichtsminister der Monarchie, Max Hussarek und Aladár Zichy, saßen in der Erziehungskommission für den Kaisersohn; unter Heinrich Degenfeld als Ajo lernte Otto Deutsch, Ungarisch und später Kroatisch. Die Auswahl der Sprachen ist bezeichnend und spiegelt die vermeintlichen Möglichkeiten einer Restauration der habsburgischen

Herrschaft: Österreich und Ungarn bildeten natürlich die Kerngebiete dieser Bestrebungen, während man mit dem Separatismus der Kroaten zumindest spekulierte. Die Betonung des Kroatischen machte die besonders radikale Ablehnung aller Restaurationswünsche von seiten Jugoslawiens verständlich. Es fällt auf, daß Otto nicht Tschechisch lernte; offenbar war man sich selbst innerhalb der habsburgischen Familie bewußt, daß keine Chancen auf eine Restauration in der Tschechoslowakischen Republik bestanden.

Der weitere Ausbildungsweg Ottos verlief im öffentlichen Bereich; die letzte Gymnasialklasse absolvierte er im Benediktiner-Gymnasium Clairvaux in Luxemburg, dessen regierende Großherzogin mit dem Bruder der Kaiserin, Felix von Parma, vermählt war. Nach der Reifeprüfung übersiedelte die Familie nach Belgien – hier war Königin Elisabeth eine Tochter der Infantin Maria José und somit eine Tante Ottos. Die Familie lebte in den dreißiger Jahren in Schloß Ham bei Steenokkerzeel, das der Besitzer, Marquis Jean de Croix, den Exilierten um eine symbolische Pachtsumme als Residenz angeboten hatte. Otto studierte ab dem Wintersemester 1930/31 an der Universität in Löwen Staats- und Sozialwissenschaften – unter dem Namen „Duc de Bar" – und promovierte 1935.

Die Haltung des Hauses Habsburg im Hinblick auf die politischen Möglichkeiten bezeugt auch nach Karls Tod mangelndes Realitätsbewußtsein. Die Kontakte mit der monarchistischen Bewegung in Österreich, deren Stärke man überschätzte, förderten ihre Illusionen über eine Akzeptanz der Dynastie und einer neuerlichen Herrschaftsübernahme. Mit seiner Weigerung, formell abzudanken, hatte Kaiser Karl eine Anspruchshaltung geschaffen, die sein ältester Sohn Otto übernahm: Otto Robert Maria Anton Karl Max Heinrich Sixtus Xaver Felix Renatus Ludwig Gaetan Pius Ignatius – wie sein voller Name lautet – folgte dem Ex-Kaiser an seinem Todestag in seinen vermeintlichen Herrschaftsrechten. Die Familie betrachtete ihn (nach dem alten österreichischen Staatsrecht) automatisch als Kaiser von Österreich, in Ungarn hingegen wäre er (nach den Regeln des alten ungarischen Staatsrechtes vor 1918) nur ungekrönter junger Erbkönig mit Anspruch auf die Krönung gewesen. In der Zeit seiner Minderjährigkeit führte seine Mutter Zita die Vormundschaft im hausrechtlichen Sinn.

Im Gegensatz zu Ungarn, wo nach den gescheiterten Restaurationsversuchen die monarchistischen Hoffnungen gering waren, verbesserte sich in Österreich die Situation für die habsburgischen Aspirationen. In den zwanziger Jahren bildete sich eine ganze Reihe legitimistischer Organisationen. Eine der ersten war die 1922 gegründete „Vereinigung katholischer Edelleute in Österreich", die zwar nicht politisch aktiv war, aber als Interessensvertretung des österreichischen Adels fungierte. Unter den 1650 Mitgliedern fanden sich z. B. Kurt (von) Schuschnigg, Egon (von) Berger-Waldenegg, Alois (Fürst) Schönburg-Hartenstein und Edmund (von) Glaise-Horstenau. Doch gab es zwei aktive, konkurrierende monarchistische Zirkel, deren führende Persönlichkeiten entweder ehemalige Offiziere oder Adelige waren. Der eine Kreis scharte sich um Gustav Wolff, der andere um Johann Prinz von und zu Liechtenstein. Die Gruppe um Wolff, meist der „Wolff-Verband" genannt, vertrat bereits 1920 offen den Legitimismus, die „Freie Vereinigung aller schwarzgelben Legitimisten" nahm 1923 den Namen „kaisertreue Volkspartei" an – zunächst allerdings nur im Untertitel. Im Gegensatz dazu stand der „Bund der Österreicher", später „Reichsbund der Österreicher", dessen Ehrenvorsitzender der Sohn Franz Ferdinands, (Herzog) Maximilian Hohenberg und dessen Präsident Prinz Johann von und zu Liechtenstein war.

Die Monarchisten forderten „eine christliche Völkermonarchie von Gottes Gnaden unter Habsburgs Zepter auf demokratisch-föderalistischer Basis" und vertraten die Idee eines Heiligen Römischen Reiches mit Österreich als Kernland. Die Gegner dieser Vorstellung wurden klischeehaft als „Sozialdemokraten, Nationalsozialisten und Freimaurer" diffamiert. Die Betonung des christlichen und föderativen Charakters der angestreben Monarchie brachte die monarchistische Bewegung in die Nähe der Christlichsozialen, bei denen ein gewisser Flügel mit diesem Gedankengut sympathisierte.

Die Habsburger stellten sich in der Konkurrenz der verschiedenen monarchistischen Vereine auf die Seite des Fürsten Liechtenstein. Zita bestätigte durch ein Handschreiben – so als wäre sie die regierende Monarchin – den Vorstand des „Reichsbundes der Österreicher", was dieser Gruppierung einen Vorrang gegenüber der Wolff-Gruppe sicherte, allerdings zu einer endgültigen Spaltung der Legitimisten führte.

Bei den Nationalratswahlen 1923 kandidierte eine Partei der österreichischen Monarchisten. Das Presseorgan der Gruppe, die „Staatswehr", erhoffte sich 30.000 bis 60.000 Stimmen – ein ohnehin bescheidener Anteil an den rund vier Millionen Wahlberechtigten –, doch erhielt die Partei letztlich nur 3474 Wählerstimmen. Die Bedeutung (oder vielmehr Bedeutungslosigkeit) der Legitimisten läßt sich jedoch nicht an diesen Zahlen messen, denn viele von Ottos Anhängern saßen in Schlüsselpositionen des Staates – vor allem als Beamte.

Auf studentischer Ebene waren die Legitimisten ebenfalls aktiv, und zwar im „Akademischen Bund

Das Palais Steenokkerzeel in Belgien, in dem die Familie Habsburg in den 1930er Jahren lebte. ÖNB, Wien

der katholisch-österreichischen Landsmannschaften". Die verschiedenen farbentragenden Studentenverbindungen, die sich als Landsmannschaften bezeichnen – von denen es heute noch elf gibt –, vertraten (und vertreten) konsequent den Legitimismus. Neben dem „Reichsbund der Österreicher" waren sie der aktivste und stärkste Teil der kaisertreuen Bewegung. 1925 veranstalteten die beiden Landsmannschaften „Habsburg-Lothringen" und „Tegetthoff" einen „Kaiserkommers", um Otto Habsburg zu ehren. Zwar wurde der Verantwortliche, der spätere Universitätsprofessor Willibald Plöchl, auf das Polizeikommissariat zitiert, doch die Veranstaltung wurde nicht untersagt. Die Arbeiterzeitung kommentierte: „Ob dieser ‚Kommers' mit polizeilicher Duldung vor sich geht, wissen wir nicht, daß er aber eine ausgemachte Frechheit ist, das ist gewiß." Mitglieder solcher Landsmannschaften waren unter anderen (Erzherzog) Gottfried bei der „Austria", (Erzherzog) Otto und Kardinal Theodor Innitzer und Bundeskanzler Kurt (von) Schuschnigg bei der „Maximiliana".

Auch die katholische Kirche tat das Ihrige im Sinne der Propaganda für das Kaiserhaus. Im Jahre 1925 wurde die von August (von) Klinkowström gegründete „Gebetsliga" für Kaiser Karl offiziell approbiert. Das Ziel dieser Liga, die heute noch besteht, war „Sühne für das vor Gott an Karl von Österreich so vielfach begangene Unrecht, Bitte um Verherrlichung seines Namens, wenn es Gott so wohlgefällt, und Bitte um Schutz für seine liebe uns verbliebene Familie".

Nach 1945 sollte die Gebetsliga eine weitere Front habsburgischer Propaganda eröffnen: den Versuch, den letzten Kaiser Karl als Heiligen der römisch-katholischen Kirche zu etablieren. 1949 wurde ein Seligsprechungsprozeß eröffnet, seit 1953 gibt die Gebetsliga Jahrbücher heraus, die der Förderung der Selig- bzw. späteren Heiligsprechung Karls dienen sollen. Am 1. April des Jahres 1972 wurde die kirchlich vorgeschriebene Öffnung des Sarges Karls in Madeira durchgeführt, der gute Erhaltungszustand der Leiche wurde von den Anhängern sofort als ein

Zeichen der Heiligkeit eingestuft. Die – möglicherweise demnächst bevorstehende – Seligsprechung würde der habsburgischen Familie in konservativen Kreisen weitere Verehrung und großen Prestigegewinn bringen; inwieweit damit politische Ziele verfolgt werden können, muß dahingestellt bleiben.

Der monarchistischen Bewegung der zwanziger Jahre war die Minderjährigkeit des Sohnes des letzten Kaisers („Kronprinz") Otto ein Problem. Erst mit der Großjährigkeitserklärung Ottos am 20. November 1930, seinem 18. Geburtstag, stand ein erwachsener „Kronprätendent" zur Verfügung, der die restaurative Politik der Familie verkörpern konnte. Zusammen mit dem immer konservativer werdenden Klima in Österreich in den dreißiger Jahren kam es zu einem deutlichen Aufwind legitimistischer Bestrebungen.

Ein Beispiel für die propagandistische Offensive der Monarchisten in dieser Zeit boten die nun einsetzenden Ehrenbürgerernennungen. Am 6. Dezember 1931 beschloß der Gemeinderat von Ampaß in Tirol, Otto zum Ehrenbürger der Gemeinde zu ernennen: ein Beispiel, das Schule machte. Eine größere Zahl von Ehrenbürgerernennungen folgte – meist in Tirol –, die Gemeinden bezeichneten sich nun stolz als „Kaisergemeinden". Bereits 1932 gab es 107 solcher Gemeinden, 1936 waren es schon 1459 und 1938 schließlich 1603. Diese Gemeinden waren vor allem in Tirol, der Steiermark und Niederösterreich konzentriert, während Kärnten – mit höchstens 30 im Jahr – aber auch Vorarlberg, Oberösterreich und Salzburg sich weniger anfällig für monarchistische Kundgebungen zeigten. 1932 wurde der „Eiserne Ring" als legitimistische Dachorganisation geschaffen. Bis zum Anschluß sollten sich ihm auch wirklich fast alle legitimistischen Vereine anschließen.

In der Zeit der schrittweisen Ausschaltung der Demokratie in Österreich gab Otto Habsburg anläßlich einer Ehrenbürgerernennung einen Kommentar

Bei der Hochzeit einer der Töchter Kaiser Karls 1956 in Pöcking am Starnberger See war das Brautpaar von Chargierten verschiedener Landsmannschaften umgeben. Foto Votava, Wien

im Manchester Guardian vom 25. September 1933 ab, in dem er aus der politischen Lage für sich selbst Kapital zu schlagen versuchte. Er schrieb: „*It is my wish and holy duty to be with my people in these days of danger. I trust that the present just, manly and truly Austrian régime will understand the clamors which we can perceive from your and many similar municipal adresses, and that they will shortly repeal the [exclusion] law, which only dishonors Austria.*"

Mit der Etablierung des Austrofaschismus in Österreich, in dem die Christlichsozialen unter Dollfuß den „Revolutionsschutt" zu beseitigen versuchten, besserte sich die Situation für die Habsburger. Der Begriff „Republik" wurde in der austrofaschistischen Verfassung vom 1. Mai 1934 gemieden, als Wappen wurde wieder der Doppeladler eingeführt, und das Heer griff verstärkt auf Traditionselemente der Monarchie zurück – alles Symptome für einen grundlegenden Wandel des politischen Systems. Auch Aktivitäten wie die Gründung einer „Vereinigung zur Errichtung eines Kaiser Franz Joseph-Denkmales in Wien" 1934 unter dem Ehrenschutz des Bundespräsidenten Miklas sind vielsagend. Unter der Regierung Schuschnigg kam es im Oktober 1936 sogar zur Enthüllung einer Gedenktafel für Kaiser Karl in Schönbrunn.

Die Annäherung zwischen der österreichischen faschistischen Regierung und den Habsburgern beruhte auf Gegenseitigkeit, denn nach 1933 zeigte die Familie Habsburg Sympathien für eine ständische Verfassung, wie sie dem Austrofaschismus zugrunde lag. Die monarchistische Propaganda verstärkte sich in dieser Zeit. Man kritisierte in einer Broschüre sogar ein Inserat des Reichsbundes der Österreicher, in dem das Anliegen der Monarchisten angeblich zu wenig deutlich zum Ausdruck kam. Als leuchtendes Vorbild stellte sie dem eine Anzeige der kaisertreuen Volkspartei gegenüber, in der es eindeutig heißt: „Wir fordern die Heimkehr Kaiser Ottos und ein Neues Österreich unter Habsburgs Szepter."

Als der Austrofaschismus von seiten des konkurrierenden Nationalsozialismus immer mehr in Bedrängnis geriet, kam dem „Kronprätendenten" Otto eine wichtige Rolle zu, wie sie einer der zeitgenössischen Analytiker präzise zusammenfaßte: Otto „*is the first club Dollfuss can use to drive Hitler out of Austria*". Auch die Nationalsozialisten benützten dieses Argument – allerdings in umgekehrter Richtung – und verbreiteten das Gerücht einer bevorstehenden Restauration und der Einsetzung eines Reichsverwesers; eine Funktion, die entweder der Heimwehrführer Ernst Rüdiger (von) Starhemberg, Maximilian (von) Hohenberg (der Sohn Franz Ferdinands) oder (Erzherzog) Eugen zugeschrieben wurde.

Oben: Das Denkmal Kaiser Karls in einer Seitenkapelle der Wiener Michaelerkirche. Foto: Vocelka/Heller
Unten: Denkmal für Kaiser Franz Joseph im Wiener Burggarten. Foto: Vocelka/Heller

Werbepostkarte der monarchistischen Bewegung, die (Erzherzog) Otto in jungen Jahren zeigt. Sammlung Vocelka

Während Dollfuß sich gegenüber dem Legitimismus zumindest reserviert verhielt, gewann nach seiner Ermordung am 25. Juli 1934 die Idee, die Monarchie – wenn möglich sofort – zu restaurieren, immer mehr Anhänger. Als ein expliziter Anhänger des Legitimismus – Kurt (von) Schuschnigg – an die Macht kam, erhielt die Habsburgerfrage eine neue Dimension. Nach Ottos Ernennung zum Ehrenbürger von Eisenstadt – bezeichnenderweise gleichzeitig mit Dollfuß – kam es bei der Überreichung von Ottos Dankschreiben durch (Erzherzog) Eugen im September 1934 zu einem regelrechten legitimistischen Festakt. Gegenüber einem der Führer der Monarchisten (Herzog) Hohenberg äußerte sich der nunmehrige Bundeskanzler Schuschnigg: „Die Aufhebung der Habsburgergesetze und die Herbeiführung der Monarchie in Österreich" sei für ihn „Religion, für die er seit dem Jahr 1920 kämpfe".

Mehrere Minister – allen voran der Vizekanzler und Führer der Vaterländischen Front Ernst Rüdiger (von) Starhemberg, dessen politische Heimat zunächst der Nationalsozialismus gewesen war – entwickelten ebenfalls legitimistische Tendenzen. Wie eine zeitgenössische Quelle es trefflich zusammenfaßte: „Unter der Voraussetzung der Rücksichtnahme auf die durch außenpolitische Verhältnisse gegebenen Tatsachen stellt die monarchistische Bewegung und Propaganda einen wertvollen Faktor im Sinne der fortschreitenden Konsolidierung der innenpolitischen Verhältnisse dar, wenn sie sich auf dem Boden der Vaterländischen Front bewegt."

Mit einem Bundesgesetz von 1935 (Bundesgesetzblatt 1935/299) wurde § 2 des Habsburgergesetzes vom 3. April 1919 betreffend die Landesverweisung aufgehoben und die vermögensrechtlichen Fragen neu geregelt. Einigen Mitgliedern der Familie Habsburg-Lothringen, wie (Erzherzog) Maximilian († 1952) und (Erzherzog) Eugen († 1954), hatte man allerdings schon vor der Abänderung des Habsburgergesetzes bedingungslos die Erlaubnis zum Aufenthalt in Österreich erteilt. Man erwog sogar eine Rückgabe der Sammlungen, wenn sie auch weiterhin öffentlich zugänglich bleiben sollten. Wie wenig sich das neue politische System mit der Bevölkerung im Einklang wußte, sieht man darin, daß die Verhandlungen über eine Vermögensrückerstattung an die Habsburger unter Ausschluß der Öffentlichkeit stattfanden. Die notleidende Bevölkerung sollte also nicht erfahren, daß die Regierung gewillt war, der Familie Habsburg einen guten Teil des ehemaligen Besitzes zurückzuerstatten, der in neuen Fonds verwaltet werden sollte. Gerade in dieser Frage wird deutlich, daß die Familie noch immer nach den alten Prinzipien der dynastischen Sippe mit ihrem absolutistisch regierenden Oberhaupt dachte, denn ein neues Fondsstatut schloß alle jene Habsburger, die zwischen 10. April 1919 und 14. Juli 1935 auf die Mitgliedschaft zum Hause verzichtet hatten oder verzichten mußten, vom Bezug des Einkommens aus den verschiedenen neu errichteten Fonds aus.

Nach der Aufhebung der Landesverweisung kehrten drei Geschwister Ottos nach Österreich zurück: Adelheid († 1971) im Mai 1936 (sie wurde noch in der Zweiten Republik Ehrenbürgerin von Tulfes in Tirol, wo sie auch begraben ist), Karl Ludwig (* 1918) im Mai 1937, um im Wiener Schottengymnasium die Matura zu machen, und Felix (* 1916), der sein Studium in Löwen unterbrochen hatte, im November 1937, um die Militärakademie in Wiener Neustadt zu absolvieren. Beim Anschluß im Jahr 1938 gelang es den Geschwistern, über Ungarn und Jugoslawien, Triest, Genua und die Schweiz nach Belgien zurückzukehren.

Unter Schuschniggs Regierung verstärkten sich die

Legitimistische Propaganda

Falsch: Falsche und richtige Werbemethoden Richtig:

Im „Neuigkeits-Weltblatt“ erschien anläßlich des Katholikentages das nachstehende Inserat, das hier in seiner ganz genauen Form wie ergegeben ist:

Reichsbund der Österreicher

Bundesleitung:

Ehrenpräsident: Prinz Johannes von und zu Liechtenstein, k. k. Linienschiffskapitän a. D. / Präsident: Generaloberst d. R. Victor Graf Dankl-Krasnik / Geschäftsführender Vizepräsident: Dr. Friedrich Ritter v. Wiesner, bev. Minister und Gesandter a. D.

Landesleitung:

in Wien und Niederösterreich: Wien I, Wollzeile 7/II / Oberösterreich: Linz a. D., Bethlehemstraße 7 / Kärnten: Klagenfurt, Villacherring 37 / Salzburg: Salzburg, Kurfürstenstraße 1 / Steiermark: Graz, Staringerhofgasse 4 / Tirol: Innsbruck, Erlerstraße 10 Vorarlberg: Bregenz, Weiherstraße 2

Der Reichsbund der Österreicher ist eine alle Stände umfassende Organisation, die sich auf dem Boden lebendiger österreichischer Tradition die Pflege des österreichischen Gedankens zur Hauptaufgabe gemacht hat. Er kämpft für Recht und Gerechtigkeit auf allen Gebieten des öffentlichen Lebens und sieht in der Schaffung eines neuen Großösterreich unter der Führung der altangestammten Dynastie sein erhabenstes Ziel, für das er unentwegt und unbeirrbar arbeitet.

Österreicher!
Tretet dem Reichsbund der Österreicher bei!

Dieses Inserat ist gänzlich falsch aufgesetzt. Der Zweck war, den flüchtigen Leser auf eine legitimistische Organisation aufmerksam zu machen und ihn als Mitglied zu gewinnen. Der Name „Reichsbund der Österreicher“ sagt nichts; ebensowenig die Namen oder die angegebenen Adressen. Zu dem kleingedruckten, verworrenen und weitschweifig gehaltenen Programmwortlaut dringt der Leser gar nicht erst vor.

Ein werbekräftiges Inserat muß anders beschaffen sein; die „Kaisertreue Volkspartei“ würde es etwa so aufsetzen:

10

Dieses Inserat ist werbekräftig. Es sagt klar heraus, was wir wollen. Das Wichtigste sind wahrlich nicht die wenig populären Namen der Funktionäre, sondern einzig und allein die Rückkehr des

KAISERTREUE VOLKSPARTEI

Kaiser Otto

Wir fordern die Heimkehr Kaiser Otto's
und ein
Neues Österreich unter Habsburgs Szepter
auf legalem Wege

Österreicher, helft uns!
Tretet der Kaisertreuen Volkspartei bei!

Das Ziel ist nah!
(Das Parteiorgan „Die Staatswehr“ für Mitglieder kostenlos)

Bitte sogleich einsenden!

An die
Kaisertreue Volkspartei,
Wien XVIII.
Gentzgasse 138

Ich melde hiemit meinen Beitritt an.

Ort und Datum. Name und Adresse.
Bitte deutlich schreiben!

Kaisers. Die Adressen gehören an den Schluß. Wer beitreten will, liest das Inserat ohnehin bis ans Ende. Niemand aber wird bloß auf Grund von angegebenen Adressen einem Verein beitreten oder sich die Zeit nehmen, auch das Kleingedruckte zu lesen, wenn ihn das vorher angeführte langweilt.

11

Oben: Eine Seite aus der Broschüre von Otto Günther „Unser Kaiser kehrt heim!“. Sammlung Vocelka
Unten: Treffen mehrerer Heimwehroffiziere mit Otto in Steenokkerzeel 1935. Zu sehen sind Botho (Graf) Coreth, Arthus (Freiherr) Karg von Bebenburg und Peter (Graf) Revertera-Salandra. ÖNB, Wien

Kontakte zwischen Regierung und Familie, doch konnten selbst die persönlichen Gespräche zwischen Schuschnigg und Otto Habsburg am 15. Mai 1934 in Paris, am 9. September 1935 in Mühlhausen, am 13./14. August 1936 in Genf und im Januar 1937 in Einsiedeln keinen Durchbruch bei einer Verwirklichung der Restauration erreichen. Ebensowenig brachten Treffen mit anderen Regierungsvertretern – Otto traf sich mit Starhemberg bereits 1930 in Holland, am 5./6. Dezember 1933 in Dordrecht und am 10. März 1938 (man beachte den Termin) mit Staatssekretär Karwinsky in Paris – konkrete Ergebnisse. Personen wie Schuschniggs Vertrauter Hofrat Edmund Weber, der Staatssekretär für Landesverteidigung Wilhelm Zehner und der österreichische Völkerbunddelegierte Emmerich (von) Pflügl hielten einen dauernden Kontakt mit Otto aufrecht. Politische Signalwirkung hatte sicherlich die Teilnahme von Regierungsvertretern mit Bundeskanzler Schuschnigg an der Spitze an den Geburtstagsfeiern des Eisernen

Rings für Otto Habsburg 1937: Man feierte zugleich das fünfjährige Bestehen der Dachorganisation der Monarchisten und den 25. Geburtstag Ottos.
Doch die Restauration, die so nahe wie noch nie schien, gestaltete sich vor allem aufgrund der internationalen Lage schwierig, da die Nachbarstaaten ihr nach wie vor sehr ablehnend gegenüberstanden.
Zwar hätte eine Rückkehr Ottos als Privatmann nach Österreich weder für die Tschechoslowakei noch für Jugoslawien als *casus belli* gegolten, und eine spätere Restauration – gegebenenfalls sogar graduell zunächst in Tirol, Salzburg und Kärnten – wäre als eine innere Angelegenheit betrachtet worden, doch es kam nicht dazu. Näher als zur Zeit des Austrofaschismus in Österreich sollte die Familie Habsburg-Lothringen der Restauration nie kommen – aber das austrofaschistische Österreich hatte letztlich andere Sorgen. 1936 bildete sich die Achse Berlin-Rom, die auf Kosten Österreichs zu einer Annäherung der beiden großen faschistischen Mächte Europas führte.
Der – wohl allzu optimistische – Führer der Legitimisten Friedrich Wiesner verkündete im November 1937, es gebe insgesamt 44 inkorporierte Verbände mit 229.476 Mitgliedern (erfaßte Legitimisten), und er schätzte die Zahl der legitimistisch gesinnten Bürger Österreichs auf 1,2 Millionen. Diese Zahl vermittelt allerdings keinen realistischen Eindruck der Stärke der monarchistischen Bewegung, denn die Monarchisten – vor allem Wiesner – zählten dazu nicht nur alle Mitglieder von Verbänden, deren Ehrenschutz Otto Habsburg übernommen hatte, sondern auch sämtliche Einwohner der Kaisergemeinden. Diese waren mit Stand vom 2. März 1938 auf 1603 angewachsen, wobei es sich meist um kleine und relativ unbedeutende Ortschaften handelte; weiters führten 484 Vereinigungen Otto als Ehrenprotektor, wenn auch die meisten dieser Organisationen ohne politischen Einfluß waren.
Die Legitimisten trafen sich Anfang Januar 1938 in Vaduz, um die politische Lage Österreichs zu besprechen, zur selben Zeit fanden etwa 50 legitimistische Kundgebungen in Österreich statt. Gerade in dieser Periode der Gefahr für das unabhängige Österreich sah Otto Habsburg eine Möglichkeit, selbst aktiv in das Geschehen einzugreifen. Bereits in einem Brief an einen Kriegerverein in Liechtenstein im März 1937 hatte er der Hoffnung Ausdruck gegeben, daß in Anbetracht der sich rapide verschlechternden Lage der Regierung Schuschnigg er bald selbst die „Zügel der Regierung" in die Hand nehmen könne.
Der Druck auf Österreich verstärkte sich; immer deutlicher wurde die Übermacht des nationalsozialistischen Nachbarn, der den Anschluß anstrebte. Als sich die Situation im Jahre 1938 dramatisch zuspitzte, schrieb Otto am 17. Februar einen bemerkenswerten Brief an Schuschnigg, in dem es unter anderem heißt: „Ich will hiebei nicht über Dinge der Vergangenheit sprechen. Sie wissen ja am besten, daß ich stets Ihnen gegenüber den Standpunkt vertreten habe, daß wir eine endgültige Sicherung unserer Unabhängigkeit durch eheste Einführung der legitimen Monarchie brauchen. Trotz Ihrer loyal-legitimistischen Gesinnung, an der ich nie gezweifelt habe und an der ich auch heute nicht zweifle, haben Sie es für Ihre Pflicht gehalten, diese Dauerlösung des österreichischen Problems hinauszuschieben.
Sie besteht gegenüber dem wahren Deutschtum, welches heute, entgegen den artfremden, neuheidnischen Bestrebungen im Reiche, in seiner alten Stärke, die der Grundgedanke des Heiligen Römischen Reiches Deutscher Nation war, nur mehr in Oesterreich eine Heimat hat; nur in Oesterreich kann sich das Deutschtum erhalten und dereinst Retter Deutschlands sein, soll nicht das Deutschtum in einem schrecklichen Chaos untergehen. Die Verantwortung besteht schließlich und hauptsächlich gegenüber unserem höchsten Gut, dem katholischen Glauben. Im Deutschen Reich wütet ein systematischer Kampf gegen den Katholizismus, der auf die Dauer zu dessen Ausrottung in den breiten Volksschichten führen muß. Im ganzen deutschen Raum ist heute Oesterreich die letzte Stellung des Katholizismus, mit dem auch unser Volk steht und fällt. Bricht dieses letzte Bollwerk zusammen, so verödet die alleinselig machende Kirche in Mitteleuropa und gehen Millionen von Seelen, deren ewiges Heil heute noch zu retten ist, für alle Ewigkeit verloren. [...] Diese Verantwortung tragen Sie aber nicht allein. Auch ich habe daran teil. Als legitimer Erbe einer Dynastie, die durch 650 Jahre Oesterreich schirmte, als Sohn meines in Gott ruhenden Vaters, der für sein Volk sein Leben auf ferner Insel hingab, kann und darf ich meiner ererbten Pflicht nicht untreu werden."
Im Anschluß daran stellte Otto einen „Plan zur Rettung der schwerstbedrohten Heimat [...], für den ich, als legitimer Kaiser Oesterreichs, die Verantwortung übernehme" vor:
„In den Fragen der Innenpolitik wird es für das Heil der Heimat notwendig sein, nach drei Richtungen hin zu wirken, wozu Ihnen Ihre Machtvollkommenheit als Frontführer die Möglichkeit bietet. Vorerst muß die Befriedung nach links aktiv betrieben werden. Die Arbeiter haben in den letzten Tagen bewiesen, daß sie Patrioten sind. Diese Gruppe kann durch den Nationalsozialismus nicht vergiftet werden, wird daher stets am sichersten für Oesterreich eintreten, wogegen die Regierung ihr die Möglichkeit geben muß,

an der Gestaltung des Vaterlandes – für welches sie sich einzusetzen bereit ist – aktiv mitzuwirken. Eine weitere Kraft, die noch nicht verbraucht ist, ist der Legitimismus. Diese Bewegung – und für das übernehme ich die Garantie – geht mit Ihnen durchs Feuer, wenn sie die Gewißheit hat, damit für die Unabhängigkeit Oesterreichs zu wirken. Ich bitte Sie, die Bewegung nach Kräften zu unterstützen, da jeder neue Legitimist eine Sicherung mehr für die Unabhängigkeit der Heimat ist. Schließlich, dies glaube ich Ihnen gegenüber nicht betonen zu müssen, wird es eminent wichtig sein, unter der Hand gleich vom ersten Augenblick an der verderblichen Arbeit der Betont-Nationalen entgegenzuwirken.

So wende ich mich jetzt an Sie als den seinem Kaiser und seinem Volke unerschütterlich treuen Mann mit Bitten, auf deren Erfüllung ich in meinem Gewissen vor Gott dringen muß.

Erstens: Ich bitte Sie, solange Sie das Bundeskanzleramt inne haben, keine wie immer geartete neue Konzession an Deutschland oder an die österreichischen Betont-Nationalen zu machen.

Zweitens: Sollten Sie den Eindruck haben, daß von Deutschland neue Forderungen oder Drohungen gegen Oesterreich bevorstehen, bitte ich Sie, mir dies sofort zur Kenntnis zu bringen.

Drittens: So unerwartet Ihnen Nachstehendes vorkommen wirkt, so reiflich ist es in diesen schweren Stunden in äußerster Gefahr erwogen: Sollten Sie einem Druck von deutscher oder betont-nationaler Seite nicht mehr widerstehen zu können glauben, so bitte ich Sie, mir, wie immer die Lage auch sei, das Amt eines Kanzlers zu übergeben. Ich bin fest entschlossen, zum Schutze von Volk und Staat bis zum Äußersten zu gehen, und ich bin überzeugt, dabei Widerhall beim Volke zu finden. Infolge der Lage, die ein langwieriges Anerkennungsverfahren seitens der Mächte nicht erlauben würde, will ich von Ihnen für diesen Anlaß nicht die Restauration der Monarchie verlangen. Ich würde Sie nur auffordern, mir die Kanzlerschaft zu übergeben, so daß OHNE Aenderung der Verfassung, OHNE neue Anerkennung – wenigstens für die entscheidende Lage –, die gleichen Vorteile erreicht werden könnten wie durch den formellen Akt der Wiederherstellung der Monarchie. Ich möchte hier nochmals betonen, daß ich für diesen schwerwiegenden Entschluß vor Gott, dem Volke, der Welt und der Geschichte allein die volle Verantwortung übernehme.

Ich habe mich verpflichtet gefühlt, Ihnen dies alles in diesen schicksalsschweren Stunden zu schreiben. Ich bin überzeugt, hiemit am besten meiner Pflicht als Sohn des Märtyrerkaisers Karl, als glühender österreichischer Patriot und als legitimer Kaiser dieses Landes nachzukommen. Sie, lieber Herr von Schuschnigg, beschwöre ich im Andenken an Ihren einst geleisteten Offiziersеid, im Andenken an Ihre großen Verdienste und den legitimistischen Gedanken, im Andenken an Ihre selbstlose patriotische Arbeit mir in diesen Bitten entgegenzukommen. Glauben Sie nicht, daß dieser Brief etwa dem Machthunger eines jungen, ambitionierten Mannes entspringt."

Die hierin angesprochene Übertragung der Herrschaft wurde zwar niemals Realität, doch beweist der Brief – der 1938 in der französischen Presse veröffentlicht wurde – eindeutig, daß Otto Habsburg im Jahre 1938 seine Ansprüche auf Österreich noch immer aufrechterhielt. Interessanterweise scheint der Sozialdemokrat Karl Seitz in diese Pläne eingebunden gewesen zu sein. Wie ernst die Nationalsozialisten diese Gedanken nahmen, zeigt die Benennung der militärischen Aktionspläne als „Sonderfall Otto". Mit dem Anschluß des Jahres 1938 war die Habsburgerfrage in Österreich zunächst erledigt: die Habsburgergesetze von 1919 traten wieder in Kraft.

Die Nationalsozialisten haßten die Habsburger; sie verteufelten sie, indem sie sie als „Judenfreunde", ja sogar als „judenstämmig" darstellten. Pamphlete gegen die Habsburger sprachen von einer „Seelenfreundschaft der alljüdischen, freimaurerischen, ständig bolschewistelnden Prager Politik mit dem ebenfalls vom Judentum getragenen, mit dem Legitimismus als Rückversicherung gegen Großdeutschland spielenden Österreich der Schuschnigg und Genossen". Besonders bizarr erscheinen diese Anschuldigungen angesichts eines an Verfolgungswahn grenzenden Hasses der Habsburger gegen die tschechischen Exilanten in der Emigrationszeit, der aus den von Erich Feigl publizierten – in vielem entlarvenden – Dokumenten klar zutage tritt.

Gleich nach dem Anschluß erließ die nationalsozialistische Landesregierung in Österreich einen Haftbefehl wegen Landesverrates gegen Otto Habsburg, dadurch wurde er zu einem steckbrieflich gesuchten politischen Verbrecher. Otto Habsburg hielt sich zu dieser Zeit in Belgien und Paris auf. Versuche, eine Exilregierung in Paris zu gründen, scheiterten, da Otto zwar Kontakte zu Vertretern des bürgerlichen Lagers, nicht aber zu den Sozialdemokraten unterhielt, ohne die eine solche Regierung nicht zu bilden war. Sogar in dieser Zeit äußerster Not hätten die Sozialdemokraten niemals einen Habsburger als politischen Vertreter der Republik Österreich akzeptieren können.

Mit dem Fall von Paris im Juni 1940 mußten alle politischen Tätigkeiten in Frankreich aufhören, die Habsburger flohen nach Nordamerika. Otto mußte 1940 mit drei Autos und 17 Menschen – seiner Familie, den Kindern der Großherzogin von Luxemburg

und einigen „Getreuen" – über Spanien und Portugal nach New York fliehen, „um dort die Interessen Österreichs wahrzunehmen", wie Erich Feigl es ausdrückt. Dort führte er – offiziell als „Otto of Austria" auftretend – Gespräche mit Präsident Roosevelt und mit verschiedenen Ministern und Senatoren. Zur gleichen Zeit stellte sein Bruder Robert Habsburg-Lothringen (* 1915) Kontakte mit der Regierung in London her, insbesondere mit Winston Churchill. Die großteils monarchistisch orientierten Bücher zu diesem Thema machen deutlich, daß die Habsburger in dieser Zeit sorgfältig ein Netzwerk politischer Kontakte mit Konservativen knüpften. Aus den Aktenpublikationen der Nachkriegszeit und den Arbeiten von Erich Feigl kennen wir eine Reihe von Briefen Otto Habsburgs an Roosevelt – und später an Truman –, die Ottos anhaltenden politischen Ehrgeiz manifestieren.
Gemeinsam mit Hans Rott, dem einzigen noch in Freiheit lebenden Minister der Regierung Schuschnigg, bemühten sich Mitglieder der Familie, eine österreichische Befreiungsbewegung zu gründen, die im Oktober 1940 als eine von vielen Emigrantenorganisationen in Toronto unter dem Namen „Free Austrian Movement" entstand. Dieses Bataillon, das in Amerika aufgestellt werden sollte, sah als erste Freiwillige die habsburgischen Brüder Felix (* 1916), Karl Ludwig (* 1918) und Rudolf (* 1919) vor, konnte aber niemals realisiert werden.
1943 wurde eine weitere diplomatische Front eröffnet, (Erzherzog) Karl Ludwig ging nach Lissabon und verhandelte mit dort befindlichen Vertretern Ungarns. In diesen Gesprächen wurden die eigentlichen Ziele der Habsburger, die Errichtung einer „Donauföderation" unter ihrer Herrschaft, recht klar. Allerdings schob man vor, über die zukünftige Staatsform nicht diskutieren zu wollen und nur die Befreiung der Länder von Hitler und Stalin im Auge zu haben. Zur selben Zeit führte Roosevelt ein Gespräch mit dem amerikanischen Erzbischof (später Kardinal) Francis Joseph Spellman, der Ottos Vertrauen genoß. In diesem Gespräch war von einer möglichen Restauration der Monarchie in Österreich und Ungarn die Rede.
Otto bemühte sich intensiv, Einfluß auf die künftige Gestaltung Mitteleuropas zu nehmen. Doch während einige Politiker – darunter Churchill und Roosevelt – Otto Habsburg wie den offiziellen Vertreter Österreichs (und zeitweise auch Ungarns) behandelten, waren die Tschechen auf der Hut: Sie erkannten die weiterreichenden politischen Intentionen der Errichtung einer Donauföderation. Innerhalb der monarchistischen Kreise – und unter Beteiligung des Auslandes – wurden sogar bereits Details diskutiert, z. B. ob Österreich und Ungarn unter einer gemeinsamen Krone stehen sollten, ob es eine Föderation geben und wenn, ob sie die süddeutschen Gebiete und Polen umfassen solle. Die Wende kam nicht zuletzt durch die steigende Bedeutung der Sowjetunion nach der Schlacht bei Stalingrad 1943: Damit war der Plan einer Donauföderation gestorben. Die habsburgtreue Geschichtsschreibung gab die Schuld an diesem Scheitern den Tschechen, die als Marionetten der Russen charakterisiert wurden, und dem Einfluß des britischen Außenministers Anthony Eden und Roosevelts Frau.
Nochmals im Februar 1945 bemühte sich der „Erzherzog" in einem Brief an Roosevelt um Unterstützung für eine geplante Partisanenaktion in den Alpen. Ein „österreichisches Bataillon" sollte in den Vereinigten Staaten aufgestellt werden, zu diesem Zwecke wurde ein „Military Committee for the Liberation of Austria" ins Leben gerufen. Kriegsgefangene sollten dafür freigelassen und ausgerüstet werden, Ottos Bruder Felix sollte die Koordination übernehmen. Diese Projekte kamen zwar nicht zustande, zeigen aber deutlich den Versuch, aus dem bevorstehenden Machtvakuum nach dem Zusammenbruch des Dritten Reiches politisches Kapital für die Dynastie zu schlagen. Das Scheitern des österreichischen Bataillons schob die habsburgerfreundliche Literatur ebenfalls den Tschechen in die Schuhe.
Bisher wurden die meisten Bücher zu den politischen Aktivitäten der Familie in den dreißiger und vierziger Jahren von einem prohabsburgischen Standpunkt geschrieben; sie betonen stets den Kampf der Habsburger gegen den Nationalsozialismus, gehen aber nicht auf die eigentlichen politischen Absichten der Familie ein. Wie auch in vielen anderen Fällen sind aber nicht alle vom Nationalsozialismus verfolgten Ideen und Menschen allein deshalb positiv zu bewerten. Die Habsburger – ähnlich wie die Austrofaschisten – hatten bei ihren politischen Aktivitäten in der Emigration keineswegs die Wiederherstellung des demokratischen Österreich im Auge. Trotzdem versuchen verschiedene Publikationen, alle Verdienste am Wiedererstehen Österreichs 1945 – basierend auf der Moskauer Deklaration 1943 – dem Wirken der Brüder Otto und Robert Habsburg-Lothringen zuzuschreiben; ebenso werden ihre Bemühungen, die Vertreibung der Sudetendeutschen zu verhindern, besonders hervorgehoben. Nach der offiziell vertretenen Linie der Familie Habsburg habe man in der Zeit des Kampfes gegen den Nationalsozialismus die Staatsformfrage völlig ausgeklammert, es sei nur um die Wiedererrichtung Österreichs gegangen.

Zwischen Verzicht und Anspruch – Die Habsburgerfrage nach 1945

Auch nach dem Ende des Krieges blieb Otto Habsburg politisch aktiv. In einem Brief an den amerikanischen Präsidenten Harry Truman vom 2. Juli 1945 versuchte er, die Anerkennung der Regierung Renner, die er als kommunistisch diffamierte, zu hintertreiben. Er schlug vor, die westlichen Bundesländer mit starken Regierungen auszustatten – was letztlich zu einer Teilung Österreichs geführt hätte. Doch die Amerikaner widersetzten sich jedem Versuch einer Restauration – sowohl durch ihre politische Rhetorik als auch ganz konkret durch das Verbot monarchistischer Umtriebe in ihrer Besatzungszone. Im Gegensatz zu den kühnen Spekulationen unter Roosevelt bot die realpolitische Situation bei Kriegsende – nicht zuletzt aus Rücksicht auf die Sowjetunion – keinen Platz für Restaurationswünsche.

Im Herbst des Jahres 1945 begab sich Otto zusammen mit seinen Brüdern – widerrechtlich – in die französische Besatzungszone nach Tirol. Dies teilte der französische General Béthouart – gestützt von Charles de Gaulle, der Ottos Anwesenheit tolerierte, ihn aber nicht wirklich unterstützt sehen wollte – dem österreichischen Staatskanzler Karl Renner mit. Renner empfahl dem französischen Repräsentanten, Otto nahezulegen, sich aus Österreich zu entfernen. Der politische Kabinettsrat der provisorischen Regierung in Wien tat ein übriges und beschloß einstimmig, Otto des Landes zu verweisen. Die USA unterstützten diese Forderung, und so mußte der „Kronprätendent" schließlich am 17. November 1945 Österreich verlassen. Wieder war eine Möglichkeit für einen politischen Umschwung verstrichen.

Eine Chance auf Restauration in Ungarn – nicht viel weniger irreal als alle bisherigen – bot sich nach manchen Quellen 1947. Bei einem Besuch in den Vereinigten Staaten im Sommer dieses Jahres soll sich der ungarische Kardinal József Mindszenty mit Otto in Chicago getroffen haben. Bei diesem Gespräch ging es angeblich um eine Wiedereinsetzung der Habsburger in Ungarn. Allerdings dementierte Otto, daß das Treffen je stattgefunden habe. Zur selben Zeit wurde der amerikanische Kardinal und Habsburg-Intimus Francis Joseph Spellman beschuldigt, durch große Geldbeträge die Rückgabe der heiligen Stephanskrone an Ungarn verhindert zu haben. Auch dies könnte im Zusammenhang mit der Restaurationspolitik der Habsburger gesehen werden, da ohne die heilige Stephanskrone niemand König von Ungarn werden kann. Überdies wurde vor kurzem bekannt, daß 1952 der faschistische spanische Diktator Franco den konservativen Otto statt den liberalen Bourbonen Juan Carlos zum König von Spanien machen wollte. In Anbetracht der zu erwartenden schweren Konflikte nahm aber Otto Habsburg von diesem Vorhaben Abstand.

In der Zweiten Republik schlossen sich die Anhänger Ottos in der Monarchistischen Bewegung Österreichs zusammen; einer kleinen Gruppe, die zunächst unter der Führung August Lovreks stand. Nach den Ein-

Links: Postkarte des Bundes österreichischer Patrioten. Sie zeigt (Erherzog) Otto und seine Frau Regina. Sammlung Vocelka
Rechts: Postkarte des Bundes österreichischer Patrioten. Sie zeigt zwei Söhne Karls, Otto und Rudolf. Sammlung Vocelka

schätzungen der Getreuen – wie etwa des Autors Emil Csonka (der unter dem Pseudonym Emilio Vasari schrieb) – soll diese Gruppierung in den siebziger Jahren fähig gewesen sein, 400.000 bis 500.000 Menschen beeinflussen zu können. Ähnlich wie in der Ersten Republik überschätzte man die Möglichkeiten der Monarchisten im Lande.

Otto Habsburg, der nach dem Krieg weder in Belgien noch in Frankreich sehr willkommen war – laut der „offiziellen Geschichtsschreibung" Erich Feigls aufgrund bösartiger Intrigen –, wurde nach Kriegsende Staatsbürger von Monaco; er verlegte sich auf Vorträge und Publikationen, 1948 unternahm er eine Vortragsreise rund um die Welt. Nach seiner Trauung mit Regina von Sachsen-Meiningen in Nancy 1951, die mit „kaiserlichem Glanz" gefeiert wurde und bei der das Brautpaar auf einem Brokatpolster kniete, der mit Erde aus Österreich gefüllt war, wurden die „österreichische, die ungarische Hymne und der Wenzels-Choral gesungen". Bei der „österreichischen" Hymne handelte es sich wohl um die Kaiserhymne. Eine monarchistische Publikation schildert das Brautpaar: „Kaiser Otto [!], strahlend vor Glück, Kaiserin [!] Regina, ein weißer Lichtstrahl von königlicher Schönheit – sie sah aus, als sei sie vom Portal einer gotischen Kathedrale herabgestiegen – wurden von dem explodierenden Jubel der Tausenden begrüßt." Nach der Hochzeit lebte die Familie zunächst in der Nähe von Paris und übersiedelte dann nach Pöcking am Starnbergersee in Deutschland.

Da die Habsburger ihren Anspruch, legitime Monarchen des Landes zu sein, aufrechterhielten, verankerte man die 1919 ausgesprochene Landesverweisung im „Interesse der Sicherheit der Republik" im österreichischen Staatsvertrag von 1955. Eine Einreise nach Österreich war – solange Otto Habsburg nicht bereit war, eine Verzichtserklärung zu unterschreiben – weiterhin nicht möglich. Erst in den späten fünfziger Jahren sorgte der ehemals regierende Zweig der Familie für politischen Zündstoff in Österreich: Otto Habsburg erwog, die gesetzlich geforderte Verzichtserklärung abzugeben. Einer der Gründe für diesen Wechsel in der Strategie lag sicherlich in seiner Tätigkeit als Präsident der Paneuropa-Union, eine Position, die mehr Bewegungsfreiheit – wohl auch für die eigene Propagandatätigkeit in Österreich – von ihm forderte. Diese Organisation, die 1923 von Richard Coudenhove-Kalergi gegründet worden war, spielte eine wesentliche Rolle in der politischen Tätigkeit Otto Habsburgs. Die Union strebte eine wirtschaftliche und politische Vereinigung der europäischen Staaten an und kann daher als Vorläuferbewegung der EWG (Europäische Wirtschaftsgemeinschaft), die sich zur heutigen EU mit ihren Osterweiterungsplänen entwickelte, gelten. Coudenhove-Kalergi lernte Otto Habsburg 1938 kennen, ab 1942 zählte er zu seinen engsten Mitarbeitern.

Als erster Schritt suchte Otto um die österreichische Staatsbürgerschaft an. 1956 wurde seinem Rechtsanwalt bestätigt, daß Otto Habsburg grundsätzlich die österreichische Staatsbürgerschaft zustehe; mit einem Akt vom 18. Februar 1957 legte der Innenminister Oskar Helmer seinen Namen auf „Dr. Otto Habsburg-Lothringen" (und nicht „Otto (von) Österreich") fest. Das Echo in der politischen Öffentlichkeit Österreichs war durchaus unterschiedlich. Die ÖVP gab eine grundsätzlich positive, mehr oder minder formalrechtliche Stellungnahme ab, während in der SPÖ alte Habsburgerängste und -feindschaften hochkamen; man betonte die Gefahr für die innere Ruhe des Landes. Trotzdem scheint es vereinzelte Kontakte der Familie zu sozialdemokratischen Politikern gegeben zu haben.

Erst am 31. Mai 1961 gab Otto Habsburg schließlich eine Erklärung ab, in der er auf seine „Mitgliedschaft zum Hause Habsburg-Lothringen und auf alle aus ihr gefolgerten Herrschaftsansprüche ausdrücklich verzichtete" und sich als „getreuer Staatsbürger der Republik" bekannte. Nun hätte die Staatsregierung im Einvernehmen mit dem Hauptausschuß des Nationalrates darüber bestimmen müssen, ob eine solche Erklärung ausreichend war, doch dieser Weg wurde nicht beschritten. Schon im Koalitionsausschuß und im Ministerrat am 13. Juni 1961 prallten die Meinungen der beiden Großparteien – die ja in dieser Zeit eine große Koalition bildeten – so vehement aufeinander, daß das Problem Habsburg sich als nicht kompromißfähig erwies. Der Widerspruch der SPÖ, die argumentierte, daß eine rein formale Erklärung nicht genüge, wenn kein Gesinnungswandel damit verbunden sei, blockierte eine Erledigung, und die Sache wurde – in guter alter österreichischer Manier – auf die lange Bank geschoben. Doch das erwies sich als verhängnisvoll, da man es verabsäumte, Otto Habsburg einen Bescheid zuzustellen, was diesem die Möglichkeit gab, eine Beschwerde wegen Verletzung der Entscheidungspflicht einzureichen. Am 16. Dezember 1961 lehnte der Verfassungsgerichtshof, bei dem Habsburg vorstellig geworden war, die Beschwerde wegen Nichtzuständigkeit ab, traf damit aber lediglich eine formale und keine inhaltliche Entscheidung. Danach wandte er sich an den Verwaltungsgerichtshof, der am 24. Mai 1963 einen Spruch zu seinen Gunsten fällte und damit die Regierung in einen Handlungsnotstand brachte. Die SPÖ stellte sich gegen diesen Entscheid, sprach von einem Justizputsch und einem bestellten politischen Dokument und vermutete sogar einen Staatsstreich.

Während die ÖVP betonte, daß es sich ausschließlich um eine Frage des formalen Rechtes handelte, argumentierte die SPÖ politisch. Ihr Hauptredner, Karl Czernetz, zitierte einige der oben erwähnten Briefe aus den Jahren 1937 und 1945 – manche der besser in diesem Sinne verwendbaren Dokumente, wie etwa der Brief an Schuschnigg, waren der SPÖ offensichtlich unbekannt. Zum Beweis seiner aufrechterhaltenen Herrschaftsansprüche führten sie an, daß Otto Habsburg 1949 zwei Familien in den Adelsstand erhoben und im Jahre 1961 bei der Taufe seines ältesten Sohnes Karl (des „Kronprinzen"!) im Taufregister in Pöcking sich als „Seine Majestät Otto von Österreich-Ungarn" eingetragen hatte. Weiters warf man ihm vor, daß er die Verzichtserklärung so spät unterzeichnet habe. Damit habe er eine politische Haltung bewiesen, die ihn als Vertreter eben jener Ansprüche auswies, auf die er jetzt zu verzichten vorgebe.

Zu den Vorwürfen äußerte sich Otto Habsburg selbst: „Man hält mir vor, daß ich mich vor meiner Verzichtserklärung in diesem oder jenem Sinn geäußert hätte. Ganz abgesehen davon, daß freie Meinungsäußerung zu den Grundrechten jedes Österreichers gehört, ist es doch wohl der Sinn der Loyalitätserklärung und des Gesetzes, daß sie vorschreiben, daß die Angehörigen des ehemaligen Herrscherhauses auf ein Recht verzichten, an dem sie tatsächlich oder angenommenerweise vorher festgehalten haben. Wozu bedürfte es denn sonst einer Verzichtserklärung? Ich habe mich selbstverständlich nicht leichten Herzens zu einer Erklärung entschlossen, die unter das, was ich als

1961 trug sich Dr. Otto Habsburg im Taufregister als „Seine Majestät Otto von Österreich-Ungarn" ein. Foto Votava, Wien

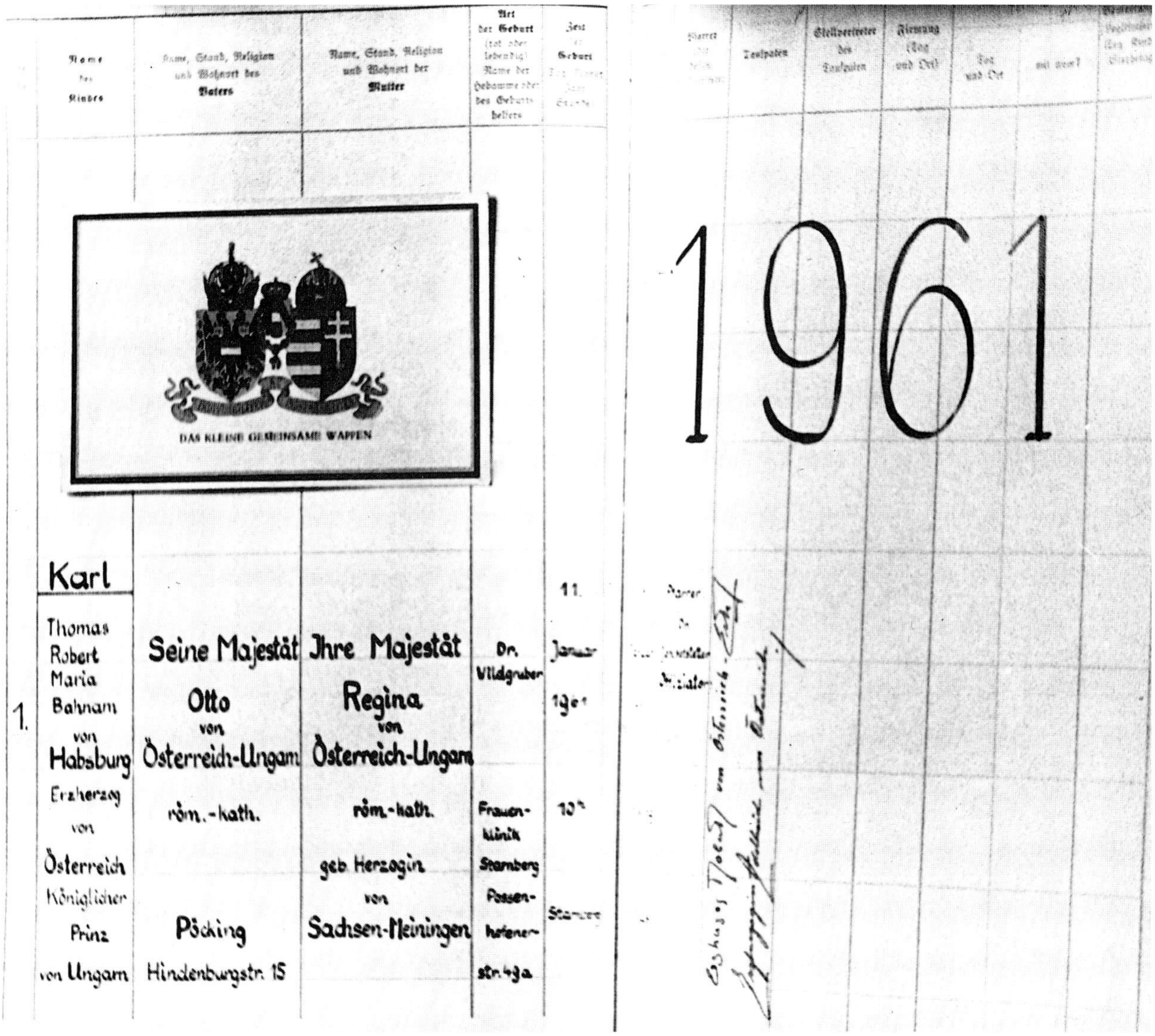

Vermächtnis meines Vaters übernommen hatte, einen Schlußstrich zieht."
Die heftige Debatte im Nationalrat zu dieser Frage am 4. Juli 1963 mündete schließlich in einen innenpolitisch aufsehenerregenden Schritt. Die SPÖ brachte eine Resolution ein, die von den Abgeordneten der Oppositionspartei, der FPÖ, nicht aber vom Koalitionspartner ÖVP unterstützt wurde. Die lange schwelende Krise der großen Koalition wurde deutlich erkennbar.
Der Antrag lautete:
„Der Nationalrat beauftragt die Bundesregierung in Würdigung der Tatsache, daß – ohne Bezugnahme auf die widersprechenden Rechtsauffassungen des Verfassungs- und Verwaltungsgerichtshofes in dieser Angelegenheit – eine Rückkehr von Dr. Otto Habsburg-Lothringen nach Österreich nicht erwünscht ist, weil sie ohne Zweifel mit schwerwiegenden Konsequenzen für die Republik Österreich verbunden wäre und wegen der Gefahr daraus entstehender politischer Auseinandersetzungen auch zu wirtschaftlichen Rückschlägen führen würde, dieser Feststellung als Willenskundgebung der österreichischen Volksvertretung in geeigneter Weise zu entsprechen."
Die Parteien konnten sich über diese Frage nicht einigen, doch die Zeit arbeitete für die Habsburger. Die niederösterreichische Landesregierung stellte einen Staatsangehörigkeitsausweis aus, dem 1966 ein Reisepaß folgte, der für alle Staaten (inklusive Österreich) gültig war.
Der Einreise Otto Habsburgs stand damit nichts mehr im Wege – außer der gespannten innenpolitischen Situation der beiden Koalitionspartner. Die ÖVP entschloß sich daher zu einer recht eigentümlich anmutenden Handlungsweise und sandte den Generalsekretär der Partei, Dr. Withalm, nach Deutschland zu Otto Habsburg, um ihn dazu zu bewegen, auf das ihm zustehende Recht zur Einreise in Österreich bis zum Ablauf der Legislaturperiode freiwillig zu verzichten, was Otto auch versprach. Doch waren Zitate wie die in einer Festschrift für Otto Habsburg aus dem Jahr 1965 nicht dazu angetan, die Gemüter zu beruhigen. Zwei solche Zitate sollen die in diesen Kreisen verbreiteten Meinungen illustrieren:
„Schafft ein Land die Monarchie ab, so wird das als Beweis seines fortschrittlichen Geistes gewertet, während es in Wirklichkeit bedeutet, daß das betreffende Volk rückwärts-, nicht vorwärtsgeschritten ist und die Errichtung einer Republik nur die natürliche Folge solch eines Rückschritts darstellt." „Für das derzeit gültige Protokoll kommt ihm der Titel ‚Seine kaiserliche und königliche Hoheit' zu. Bald wird er ‚Otto von Österreich', bald ‚Doktor Otto von Habsburg' genannt. Zuweilen begibt er sich als ‚Herzog von Bar' auf Reisen, während manche, die sich der Geschichte Frankreichs verbunden fühlen, in ihm den ‚Herzog von Lothringen' sehen; so sagte auch Marschall Lyautey, wenn er von ihm sprach, stets nur ‚Mein Herzog'. Aber für alle ist er der ‚Prinz von Europa' oder – um einen noch besseren Ausdruck zu gebrauchen – der ‚Prinz des Abendlandes'."

Dr. Otto Habsburg bei der Einreise nach Österreich. Foto Votava, Wien

Nach den Neuwahlen im Jahre 1966 bildete die ÖVP eine Alleinregierung, und nun reiste Otto Habsburg erstmals am 31. Oktober 1966 nach Österreich – nach Niederndorf in Tirol – ein. Interessanterweise gab es durch Zufall einen „Probelauf" dieses ersten Auftretens in Österreich. Am 11. August 1966 überschritt einer APA-Meldung zufolge Otto Habsburg die deutsch-österreichische Grenze bei Steinbach. Doch die Meldung erwies sich als falscher Alarm, es handelte sich bei den Einreisenden nämlich um den in Österreich lebenden Gottfried Habsburg-Lothringen († 1984) aus der Linie Toskana. Da es dabei zu keinen Zwischenfällen kam, konnte Otto Habsburg wenig später recht zuversichtlich die Einreise wagen.
Die erste Aufregung legte sich bald, als die SPÖ, die Ottos erste Reisen ängstlich beobachtete, sah, welch geringe Gefahr seine Anwesenheit bedeutete; die ersten Begeisterungskundgebungen der wenigen Monarchisten verebbten rasch. Nach den Wahlen 1970, als die nunmehr selbstbewußten Sozialisten eine Alleinregierung bildeten, sahen sie keine Notwendigkeit, etwas gegen die Tätigkeit Otto Habsburgs in Österreich zu unternehmen. Auf Vermittlung von König Juan Carlos von Spanien erlaubte Bruno Kreisky, der sich selbst gern als „Kaiser Bruno" stilisierte, 1982 schließlich der Ex-Kaiserin Zita die Einreise, obwohl

Für viele Österreicher war das ein Bild des Anstoßes. Dr. Otto Habsburg schüttelt dem österreichischen Bundespräsidenten Rudolf Kirchschläger in der Hofburg die Hand. Foto Klomfar, Wien (Archiv Verlag Styria)

sie sich standhaft weigerte, eine Verzichtserklärung abzugeben. Bis zu ihrem Tod 1989 lebte Zita nun teilweise bei ihrer Tochter Elisabeth, die mit Heinrich Liechtenstein verheiratet war, auf Schloß Waldstein in der Steiermark. Als die Ex-Kaiserin starb, wurde sie nach dem altem Ritus der Monarchie in der Kapuzinergruft beigesetzt, ohne daß dieses Begräbnis mehr als die Neugier der Bevölkerung hervorrief; der erwartete Auftrieb monarchistischer Ideen in Österreich blieb aus. 1978 nahm Otto die deutsche Staatsbürgerschaft an, um als CSU-Abgeordneter im Europäischen Parlament einzuziehen. Ottos Einzug kommentierte sein Förderer Franz Josef Strauß als „Wiedergeburt des Heiligen Römischen Reiches".

Nach dem Ende der Spaltung Europas durch den Eisernen Vorhang kam es 1989 zu neuen politischen Aktivitäten der Familie; so war z. B. Otto Habsburg in Ungarn als Präsidentschaftskandidat der konservativen Kleinlandwirtepartei im Gespräch. Otto selbst sagte in einem Zeitungsinterview, er würde sich „einem Ruf nach Budapest nicht verschließen". Die Kandidatur scheiterte letztlich an einer formalen Frage: Laut einem Beschluß des ungarischen Oberhauses von 1926 werden nur jene Mitglieder des Hauses Habsburg als ungarische Staatsbürger betrachtet, die auch im Lande wohnen. Einige Splittergruppen in Ungarn diskutierten sogar die Restauration der Habsburger.

Immer wieder tritt Otto – ohne zu widersprechen – als „kaiserliche und königliche Hoheit" auf, etwa bei seinem Israelbesuch 1990, wo er auf einer Einladung der hebräischen Universität Jerusalem so tituliert wurde – allerdings nicht mit dem Zusatz „König von Jerusalem", sondern als „Herzog von Lothringen".

Die Integration der Habsburger in das politische und gesellschaftliche System Österreichs erfolgte letztlich aber nicht durch Otto Habsburg, sondern in der Person seines Sohnes Karl (* 1961) – der im Sinne alter Ansprüche der „Kronprinz" des Erzhauses wäre. Schon 1986 trat er an die Spitze der österreichischen Paneuropa-Bewegung. Als Quizmaster einer Fernsehshow, als „verbummelter Student", der ein *studium irregulare* aus Politologie, Alter Geschichte, klassischer Philologie, antiker Rechtsgeschichte, römischem Recht und Rechtswissenschaften in Salzburg anstrebt (und angeblich gleich eine Diplomarbeit einreichen wollte, ohne eine einzige Prüfung abgelegt zu haben), und als VIP der „Seitenblicke" durch die Medien geisternd, wurde er schließlich in den ersten Wahlen zum Europäischen Parlament auf einem sicheren Startplatz der ÖVP-Liste gewählt. Nun ist er im selben Gremium wie sein Vater tätig – doch als österreichischer Abgeordneter. Der Wahlkampf, in dessen Verlauf es zu einigen Turbulenzen kam, wurde angeblich auch von der FPÖ nahestehenden Kreisen und unter dem Einsatz des Thyssen-Vermögens finanziert. Bei der offiziellen Präsentation als Kandidat erklärte Karl Habsburg-Lothringen zur Europaflagge: „Die zwölf Sterne auf blauem Grund sind das Symbol der Mutter Gottes. Und das ist für mich Europa."

Karl hat allerdings weniger durch seine politische Arbeit als durch Skandale von sich reden gemacht. Ein Diadem im Werte von 630.000 Schilling, das er angeblich nach Österreich einschmuggeln wollte, eine Stellungnahme im Wahlkampf zugunsten der Monarchie und ein Statement zum georgischen Präsidenten Schewardnadse, den er als „Mörder und wirklich üble russische Marionette" bezeichnete, riefen großes Medienecho hervor.

Doch nicht nur der „Thronfolger", auch seine Geschwister machen von sich reden. So zeugt die Übertragung der Budapester Hochzeit Paul Georgs (* 1964) mit der deutschen Fürstin Eilika von Oldenburg im österreichischen Fernsehen am 18. Oktober 1997 von einer geradezu grotesken Nostalgie. Im Zeitalter des Fernsehens sind auch die Habsburger nicht mehr als ein Medienspektakel.

Inzwischen betrachtet man wohl auch innerhalb der Familie eine Restauration in Österreich als unrealistisch, daher versucht man, sich ins politische Leben der bestehenden Staaten zu integrieren. Durch die Verfassung sind die Habsburger in Österreich allerdings vom höchsten Staatsamt, dem des Bundespräsidenten, ausgeschlossen. Eine der Forderungen der

Links: Dr. Otto Habsburg und Karl Habsburg. Archiv Verlag Styria
Rechts: Georg Habsburg heiratete 1997 in Budapest Eilika von Oldenburg.
Die Hochzeit wurde sogar im österreichischen Fernsehen übertragen. APA/Ho

Legitimisten veröffentlichte Alexander Sixtus (von) Reden 1988 in der Zeitung „Doppeladler": „Wir wünschen der Republik keinen Kaiser (das steht uns wirklich nicht zu). Aber ein unparteiischer Erzherzog als Staatsoberhaupt wäre ein Gewinn."

Im Gegensatz zur bedingungslosen Rückkehrmöglichkeit für Zita gab es 1996 Aufregung um eine illegale Einreise des (Erzherzogs) Felix (* 1916), der sich nach dem Beitritt Österreichs zur Europäischen Union auf die Bewegungsfreiheit in diesem Raum berief. Die SPÖ meinte, daß er bei der Einreise nach Österreich zurückzuweisen sei, weil er zu jenen Vertretern der ehemals regierenden Linie des Hauses gehört, die sich beharrlich weigerten, eine Verzichtserklärung abzugeben. Mehrere Gutachter behaupteten, daß die Habsburgergesetze wegen des EU-Rechtes nicht mehr anwendbar seien. Schließlich gestattete der Hauptausschuß des Nationalrates, Felix (* 1916) und Karl Ludwig (* 1918), den beiden letzten Habsburgern, die keine Verzichtserklärung unterzeichnet hatten, die Einreise. 1989 brachte (Erzherzog) Karl Ludwig sogar eine Beschwerde wegen Verletzung der Menschenrechte gegen die Republik Österreich bei der Europäischen Kommission für Menschenrechte ein, diese erklärte sie allerdings für unzulässig.

Die Familie betreibt weiterhin den Kampf gegen die Habsburgergesetze, deren Aufhebung politische und finanzielle Forderungen, die man oft unterschätzt, nach sich ziehen würde. In einem Interview mit der Zeitschrift *News* nahm Otto Habsburg 1992 zu dieser Frage Stellung und verfiel in einen makabren Ton: „Die diskriminierenden Habsburgergesetze, geprägt vom rassistischen Ungeist der Sippenhaftung, müßten endlich fallen. Sie stehen wie eine Wand zwischen dem heutigen Österreich und der europäischen Normalität." Der Anwalt der Familie, Wolfram Bitschnau, wagte es sogar, die Verfassungsbestimmungen in eine Reihe mit den Nürnberger Gesetzen (von 1935) zu stellen.

Angesichts der politischen Großwetterlage in Europa könnte man die Taufe des „Thronfolgers" – also des Sohnes von („Kronprinz") Karl – auf den Namen Ferdinand Zvonimir (* 1997) (nach einem kroatischen König, der von 1075 bis 1089 regierte) in Zagreb ebenfalls politisch interpretieren und Restaurationsgelüste in Kroatien vermuten, dem einzigen Land der ehemaligen Monarchie, dessen demokratische Verhältnisse nicht sehr gefestigt erscheinen. Überblickt man die politischen Positionen der Familie seit 1918, kann man annehmen, daß ein Ende ihrer politischen Ambitionen noch nicht erreicht ist.

Demokraten oder Heimatlose – Menschliche Schicksale nach 1918

Es wäre spannend, die Geschichte aller Habsburger nach dem Jahre 1918 zu verfolgen. Eine solche Untersuchung wurde bisher weder unternommen – die Historiker haben sich meist auf die ehemals regierende Linie konzentriert –, noch könnte so ein Überblick von einem Außenstehenden wirklich gezeichnet werden. Dazu müßte man mit den einzelnen Familienzweigen persönliche Kontakte halten, denn erst Interviews, die Methoden der „oral history", aber auch Dokumente aus Familienarchiven und Privatbesitz würden eine entsprechende Materialsammlung ermöglichen. Die Schwierigkeit, die jüngste Geschichte der Familie zu rekonstruieren, beginnt schon damit, daß in verschiedenen einschlägigen Publikationen und Behelfen (wie etwa in dem genealogischen Handbuch „Gotha") widersprüchliche Informationen zu finden sind.
Die politisch relevante Hauptlinie der Familie wurde in der Diskussion im wesentlichen – wie auch in diesem Kapitel bisher – auf die Person des Kaisers Karl reduziert, und in der Folge auf seinen ältesten Sohn Otto, der den Anspruch auf die Kronen der Habsburger trug. Daneben vergißt man oft, daß es noch andere Mitglieder dieser Linie gab und gibt. So hatte Kaiser Karl z. B. einen jüngeren Bruder, Maximilian Eugen († 1952). Dieser studierte vor dem Krieg Jus in Wien und promovierte nach Kriegsende. Er lebte zunächst in der Schweiz und dann in Bayern, seine Ehefrau Franziska, eine geborene Hohenlohe-Waldenburg-Schillingsfürst (* 1897), eröffnete unter dem Pseudonym Gräfin Wernberg einen Modesalon in München. Die beiden Söhne der Familie, Ferdinand Karl und Heinrich, nannten sich in der NS-Zeit Grafen von Kyburg.
Auch in der nächsten Generation tritt eine ähnliche Konstellation auf. Kaiser Karl hatte – neben dem „Thronfolger" Otto – noch vier Söhne und drei Töchter. Einige von Ottos Brüdern, vor allem Robert (* 1915), Felix (* 1916), und Karl Ludwig (* 1918), waren politisch in Sinne des Familienoberhauptes aktiv. Die drei genannten Brüder studierten – wie Otto – an der Universität in Löwen, erwarben alle ein Doktorat und sind in der Wirtschaft tätig: Robert, der den Titel Habsburg-Este führt, ist Bankier in Brüssel und hat fünf Kinder, Felix, der nach 1938 sein Jusstudium in Löwen fortsetzte, ging nach New York und von dort nach Rio de Janeiro, heute ist er Bankdirektor in Mexiko und hat sieben Kinder, und Karl Ludwig, der im Zweiten Weltkrieg in den USA Militärdienst leistete, ist Direktor mehrerer Industriegesellschaften und Vater von vier Kindern. Er war einer jener Habsburger, die eine Klage beim Verwaltungsgerichtshof bezüglich der Vermögensbestimmungen der Habsburgergesetze einbrachten. Auch der vierte Bruder, Rudolf (* 1919), der politisch nie in Erscheinung getreten ist, hat Nachkommen. Er konnte wegen des Anschlusses 1938 seine Reifeprüfung nicht mehr in Wien ablegen, sondern in Luxemburg, auch er begann sein Studium in Löwen, mußte es aber in Quebec (Kanada) fortsetzen. Von Karls Töchtern studierte nur die älteste, Adelheid, Jus, auch sie war politisch in Sinne des Familienoberhauptes aktiv. Die zweite Tochter, Charlotte (* 1921), machte – wie ihr Bruder Rudolf – die Reifeprüfung in Luxemburg, studierte in Quebec Sozialpolitik und arbeitete in New York an Fürsorgeschulen, ganz ähnlich verlief die Ausbildung der jüngsten Tochter Elisabeth (* 1922).
Die bisher geschilderten gesetzlichen Bestimmungen betreffend die Vermögenskonfiskation waren in erster Linie gegen die Mitglieder des regierenden Zweiges der Familie gerichtet, die als einzige ihr Vermögen verloren. Der Besitz der Mitglieder der anderen Zweige wurde wie der Besitz des sonstigen Adels behandelt: In Österreich blieb er weithin Eigentum der Familie, während er in den anderen Nachfolgestaaten – ähnlich wie der aristokratische Grundbesitz – zum Teil enteignet und in einer Bodenreform an die Bauern verteilt wurde. Neben der Hauptlinie des Hauses, die des Landes verwiesen wurde, gab es im Jahr 1918 noch eine große Zahl Habsburger aus verschiedenen Zweigen des Hauses: Dazu zählten Angehörige der Linie Palatin, der Linie Erzherzog Karl und beide Zweige der toskanischen Linie.
Die Ausführungen über die nicht regierenden Zweige der Familie nach 1918 können nur sehr skizzenhaft sein, da lediglich über die ältere Generation der Familie seriöse Nachrichten vorliegen, während über die jüngere – und gar jüngste – Generation kaum verbindliche Aussagen zu machen sind. Hier sollen nur die Männer der ersten und zweiten Generation nach dem Jahr 1918 behandelt werden, soweit ihr Leben in

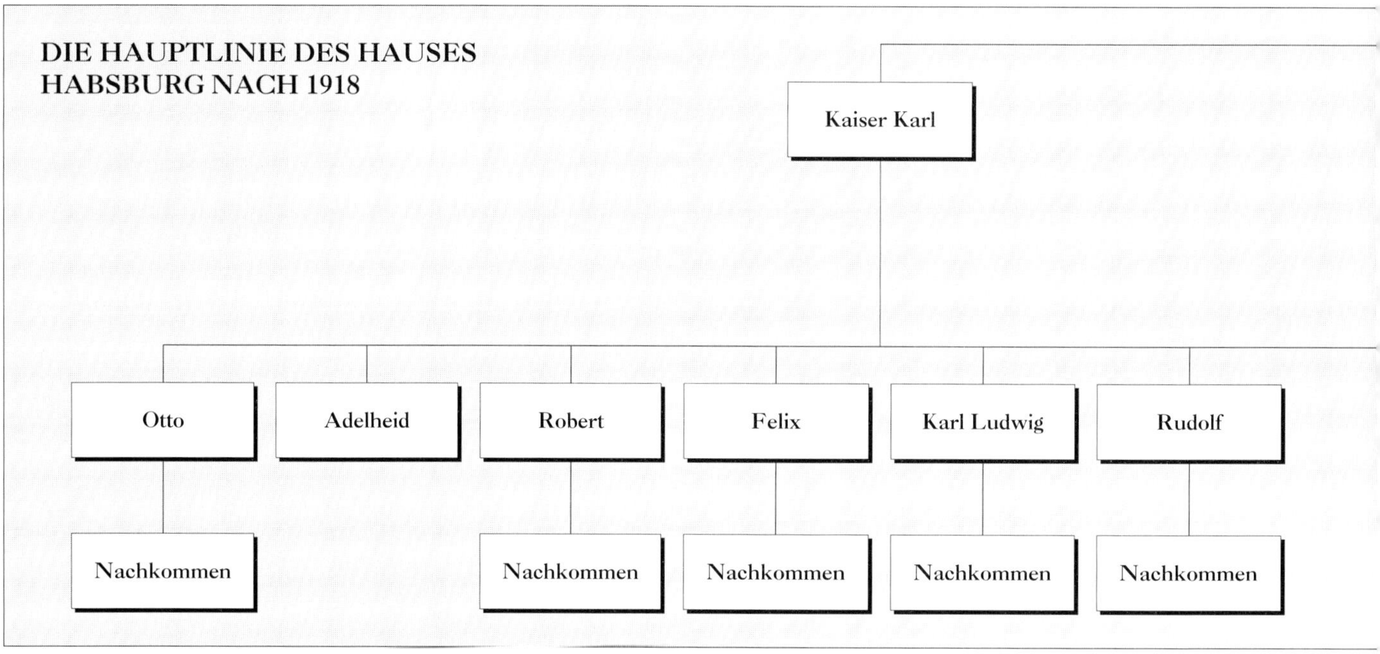

der Literatur nachvollziehbar ist. Die Frauen und ihre relativ konservativen Lebensentwürfe wurden schon in einem anderen Kapitel angesprochen.
Eine relativ große Zahl an Habsburgern gehörte der Linie Palatin an, die – wie wir gesehen haben – in den Auseinandersetzungen in Ungarn nach 1918 eine wesentliche Rolle spielte. Das Haupt dieser Linie war (Erzherzog) Joseph August († 1962), der nach dem Restaurationsversuch von 1921 noch politisch tätig blieb. Allerdings lagen seine Verdienste wohl mehr auf dem Gebiet der Förderung der Wissenschaften: er war in den Jahren 1936 bis 1944 Präsident der Ungarischen Akademie der Wissenschaften. Im Jahre 1944, als Ministerpräsident Miklós von Kállay versuchte, mit den Westmächten Kontakt aufzunehmen, um den Krieg zu beenden, erließ Joseph August einen Rundfunkaufruf zur Fortführung des Krieges und emigrierte in die Vereinigten Staaten. Interessant ist, daß die „offizielle" Lesart der Habsburger – Erich Feigl – seine Hilfe bei der Beendigung des Krieges betonte! Nach dem Krieg lebte Joseph August meist in Regensburg bei seiner Schwester Margarethe von Thurn und Taxis, deren wirtschaftliche Lage es ermöglichte, verschiedene Mitglieder ihrer Familie zu unterstützen.

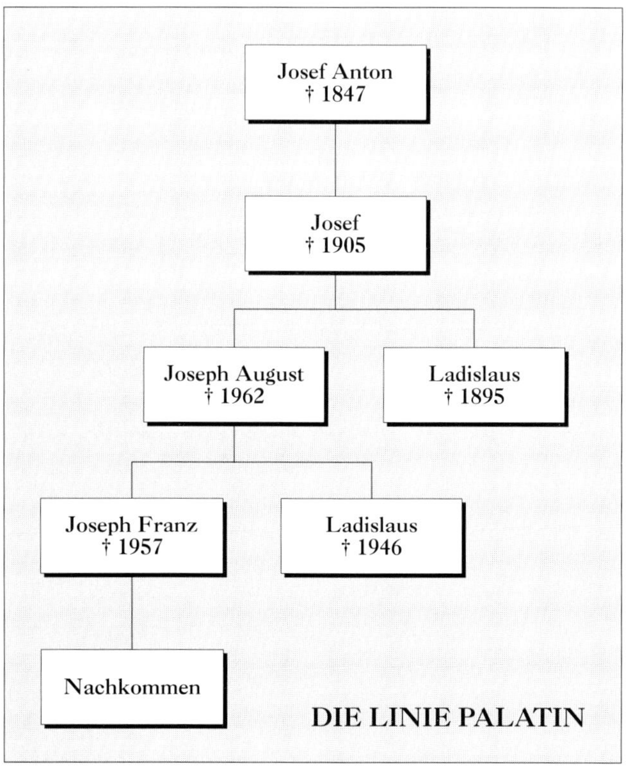

Sein Sohn (Erzherzog) Joseph Franz († 1957) blieb nach dem Ersten Weltkrieg zuerst auf seinen Gütern in Ungarn. Im Jahre 1927 wurde er Mitglied des ungarischen Oberhauses und promovierte in Budapest in Wirtschaftswissenschaften. Joseph Franz betätigte sich als Maler und Schriftsteller und emigrierte – wie sein Vater – 1944 in die USA, nach Kriegsende kehrte er nach Europa zurück. Als einziger setzte er die palatinische Linie fort, sein jüngerer Bruder Ladislaus († 1946) starb kinderlos in einer psychiatrischen Klinik in Budapest.
Aus der Linie des Siegers von Aspern, Erzherzog Karl, gab es im Jahr 1918 drei Brüder: Friedrich, Karl Stephan und Eugen. Der älteste Bruder Friedrich († 1936) spielte – ebenso wie die Familienmitglieder der palatinischen Linie – eine wichtige Rolle im Un-

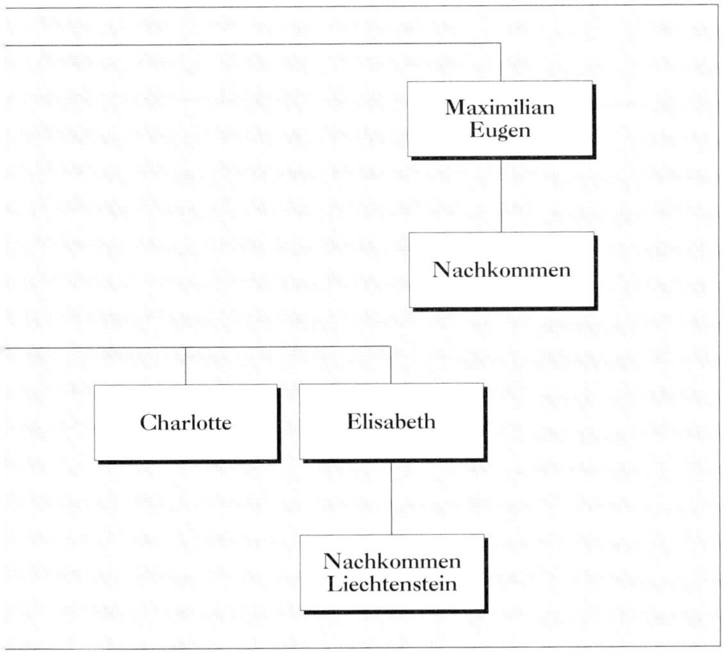

garn der Nachkriegszeit. Auch er blieb auf seinen ungarischen Gütern, und sein Sohn Albrecht († 1955) galt zunächst als ungarischer Thronkandidat, der sich allerdings später durch seine drei bürgerlichen Ehen der Familie entfremdete und nach Brasilien übersiedelte.

Der mittlere Bruder Karl Stephan († 1933) trat das riesige Erbe seines Onkels, Erzherzog Albrechts († 1895), an und erhielt dessen Güter in Zywiec südlich von Krakau, wo er eine berühmte Brauerei errichtete. Seine Interessen, die er aufgrund seines großen Vermögens pflegen konnte, umfaßten Musik, Sprachen, Gärtnerei und Schiffahrt. Zwar verlor er kurzfristig seine polnischen Güter in den Nachkriegswirren, erhielt sie aber auf Intervention seiner Schwester Maria Christina von Spanien zurück. Dort lebte er sorgenfrei, wobei er im Jahr 1924 10.000 Hektar seines Grundbesitzes für die Akademie der Wissenschaften in Krakau spendete – so hielt er nach 1918 etwas vom alten Mäzenatentum der Habsburger aufrecht. Karl Stephan hatte in seiner Ehe mit Erzherzogin Maria Theresia drei Söhne, von denen zwei heirateten. Beide hatten allerdings keine legitimen Nachkommen im Sinne des alten Hausrechtes. Sein ältester Sohn Karl Albrecht († 1951) lebte in Schweden und hatte mit seiner nicht standesgemäßen schwedischen Frau einen Sohn und eine Tochter, diese erhielten – auch darin zeigen sich deutlich die nicht aufgegebenen Ansprüche der ehemals regierenden Linie – 1949 durch den Familienchef den Titel Prinz bzw. Prinzessin von Altenburg. Auch Karl Stephans zweiter Sohn Leo Karl († 1939) war in nicht hausgesetzmäßiger Ehe verheiratet; seine drei Töchter und zwei Söhne nannten sich Graf bzw. Gräfin Habsburg. Der jüngste Sohn Wilhelm († vermutlich 1955) ging 1925 als Grundstücksmakler nach Spanien. 1929 kehrte er nach Österreich zurück, wo er in der

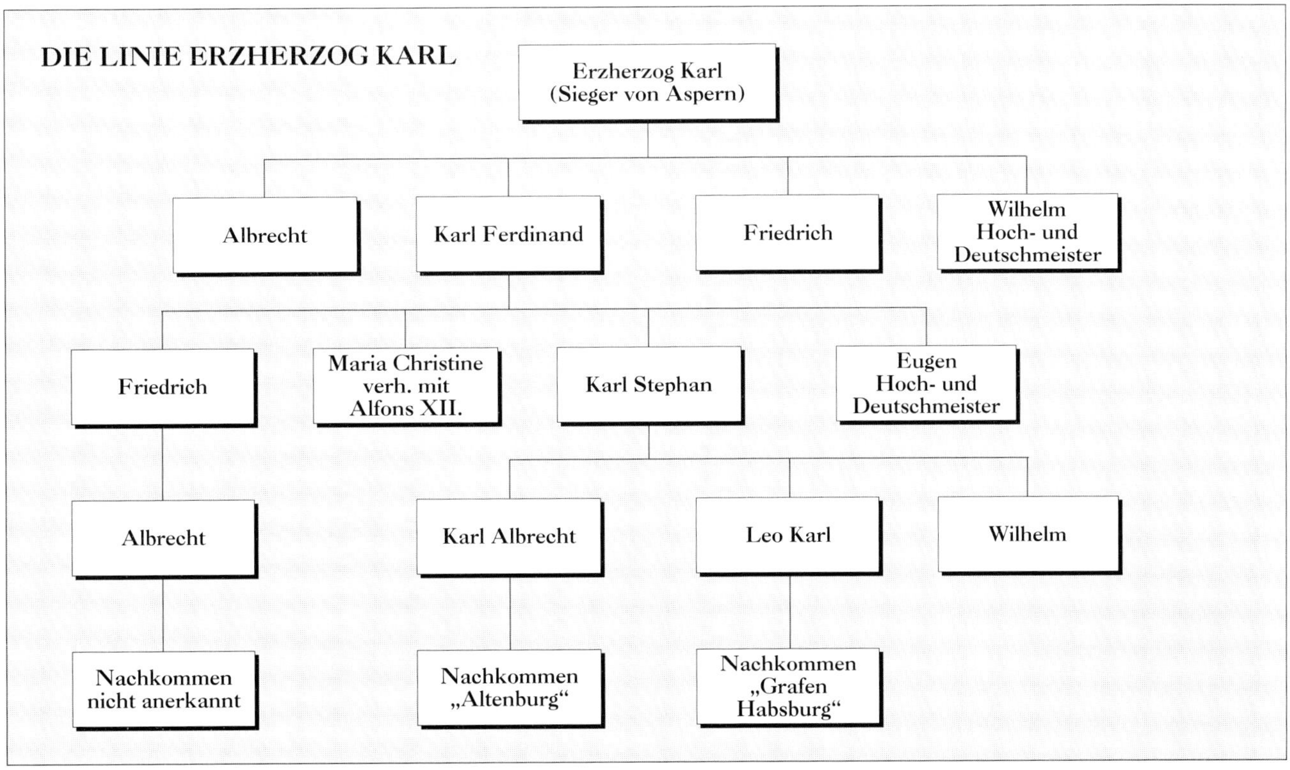

Links: Erzherzog Friedrich „Bumsti" in Uniform. Familienalbum
Rechts: Erzherzog Albrecht mit einem seiner Neffen. Familienalbum

Zeit nach dem Anschluß wegen seiner engen Beziehungen zur Ukraine von der Gestapo überwacht wurde. Aus dem gleichen Grund verschleppten ihn 1947 die Russen – Zeit und Ort seines Todes können nicht mit Sicherheit festgestellt werden.
Der dritte Bruder war der Hoch- und Deutschmeister Erzherzog Eugen († 1954). Er lebte von 1919 bis 1934 in Basel, wo er als Mittler zwischen den verschiedenen – nicht immer harmonisierenden – Zweigen des Hauses fungierte. Sein kleiner Hofstaat in Basel bestand immerhin aus einem Kämmerer, einem Privatsekretär, einem Kammerdiener, der Hausdame Zoë von Schildenfeld und einer Haushälterin. Im Jahre 1923 verzichtete er auf das höchste Ordensamt und ebnete damit einer Umwandlung des Ritterordens zu einem nicht mehr an Standeszugehörigkeit gebundenen, rein geistlichen Orden den Weg. Eugen trat meist in der Uniform der alten österreichischen Armee auf, er galt als Stellvertreter Ottos. In der Zeit des Austrofaschismus kehrte Eugen nach Österreich zurück und lebte von 1934 bis 1938 – nachdem sein Lieblingssitz Burg Werfen 1931 durch einen schweren Brand verwüstet worden war – im neuerbauten Ordenskonvent in Gumpoldskirchen. 1937 teilte (Graf) Leopold Künigl in einer Kundgebung des „Reichsbundes der Österreicher" mit, daß (Erzherzog) Eugen bereit wäre, in den Dreiervorschlag für die Bundespräsidentenwahl aufgenommen zu werden. Auch nach dem Anschluß im Jahre 1938 konnte er in Österreich bleiben – vermutlich ließ ihn sein geistlicher Stand weniger gefährlich erscheinen.
Die Linie Toskana war im 19. Jahrhundert die Linie der „schwarzen Schafe" gewesen. Die meisten dieser Aussteiger aus der Familie starben schon vor 1918,

schon erwähnt wurden etwa Johann Orth und der Sonderling Ludwig Salvator.

Nach 1918 gab es zwei legitime Zweige des toskanischen Hauses; einen älteren des Großherzogs Ferdinand IV. († 1908) und einen jüngeren, der auf Karl Salvator († 1892) zurückging. Großherzog Ferdinand IV. starb schon vor Kriegsende, aber seine Witwe, Alice von Parma († 1935), erlebte die Zeit nach 1918 und gab eine Loyalitätserklärung ab, sie lebte mit ihren unverheirateten Töchtern Margareta († 1965), Germana († 1955) und Agnes († 1945) im Schloß Friedegg in Schwertberg in Oberösterreich. Von den Söhnen Ferdinands und Alice von Parmas gab es mehrere „schwarze Schafe", die unstandesgemäße Ehen schlossen. Der älteste Sohn, Leopold Wölfling († 1935), schockierte seine Familie durch seine Eheschließungen mit Prostituierten. Nach seinem Ausschluß aus der Familie führte er ein Greißlergeschäft in Wien in den Bankrott, danach trat er in Berlin als Kommentator für Stummfilme über die Habsburger auf und sorgte durch seine freimütigen Enthüllungen über das Erzhaus für Skandale aller Art. Auch der nächstälteste Bruder, Joseph Ferdinand († 1942), ging zwei bürgerliche Ehen ein, seine Kinder nannten (oder nennen) sich Principe bzw. Principessa di Firenze. Joseph Ferdinand leistete im Jahre 1918 eine Verzichtserklärung gemäß dem Habsburgergesetz, die ihm den Verbleib in Österreich ermöglichte. 1938 wurde er durch seine persönliche Beziehung zu Göring schon nach kurzer Inhaftierung in Dachau wieder auf freien Fuß gesetzt. Heinrich († 1969), der jüngste Bruder, heiratete eine Bürgerliche, Karoline Ludescher, ohne Genehmigung des Kaisers. Nach dem Krieg leistete er eine Verzichtserklärung und blieb in Österreich.

Da Leopold, Joseph Ferdinand und Heinrich keine standesgemäßen Nachkommen im Sinne des Familienstatuts hatten, setzte der vierte Bruder Peter Ferdinand († 1948) die Linie legitim fort. Er verzichtete nicht und ging nach 1918 als einziger der toskanischen Linie in die Schweiz ins Exil. Nach der Aufhebung der Landesverweisung unter Schuschnigg kehrte er nach Österreich zurück und erhielt sogar vom Staat eine geringe Ehrenpension. Seine beiden Söhne Georg († 1952), der fünf Kinder hat, und Gottfried († 1984), der drei Töchter und einen Sohn hat, lebten zunächst in der Schweiz und kehrten später nach Österreich zurück.

Links: Erzherzog Albrecht mit Strandkorb. Familienalbum

Unten: Grabdenkmal für (Erzherzogin und Großherzogin) Alice (Alix) und ihre Töchter Agnes, Germana und Margareta in Schwertberg in Oberösterreich. Foto: Vocelka/Heller

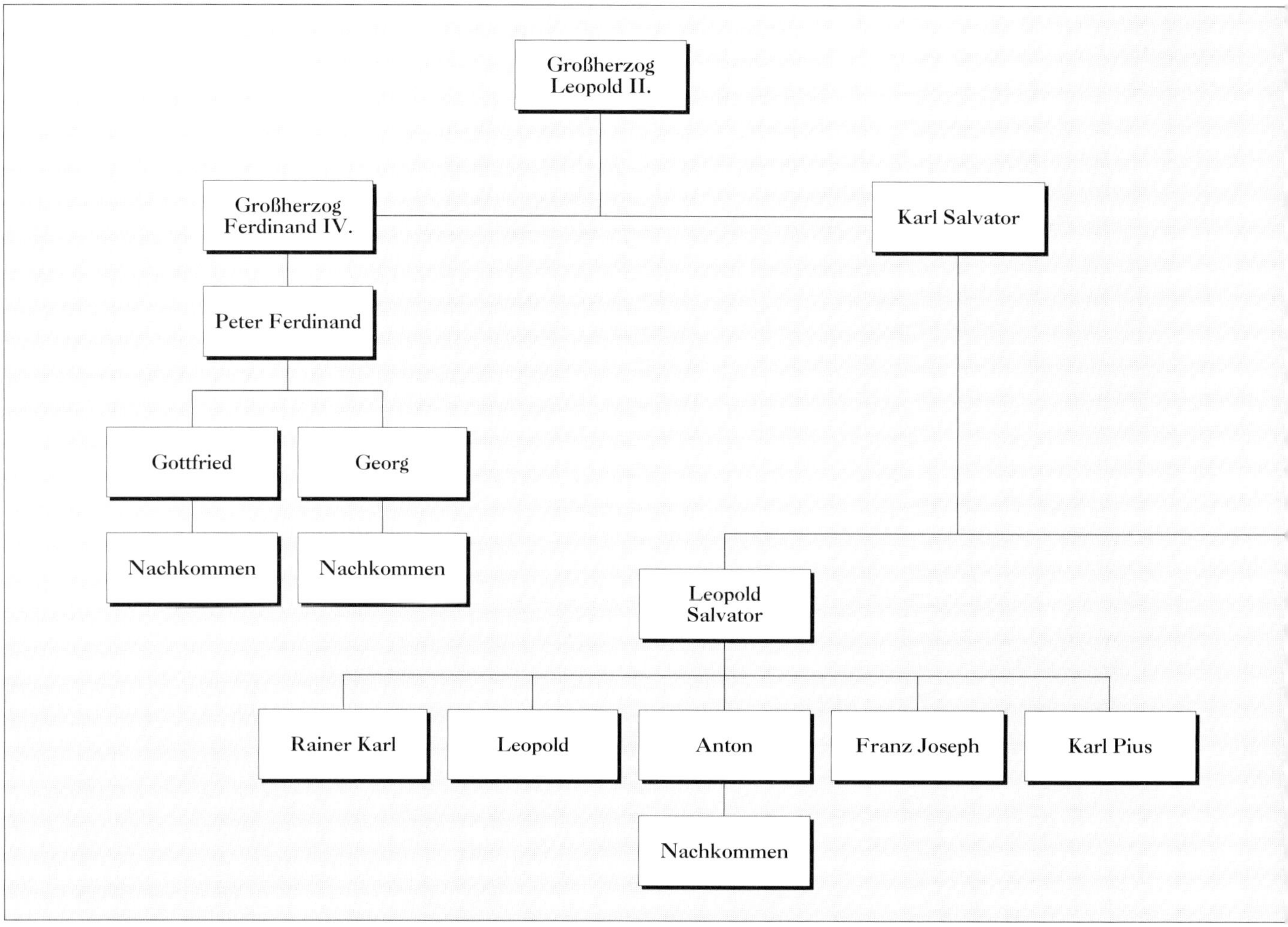
Großherzog Leopold II.
Großherzog Ferdinand IV.
Karl Salvator
Peter Ferdinand
Gottfried
Georg
Nachkommen
Nachkommen
Leopold Salvator
Rainer Karl
Leopold
Anton
Franz Joseph
Karl Pius
Nachkommen

DIE LINIE TOSKANA

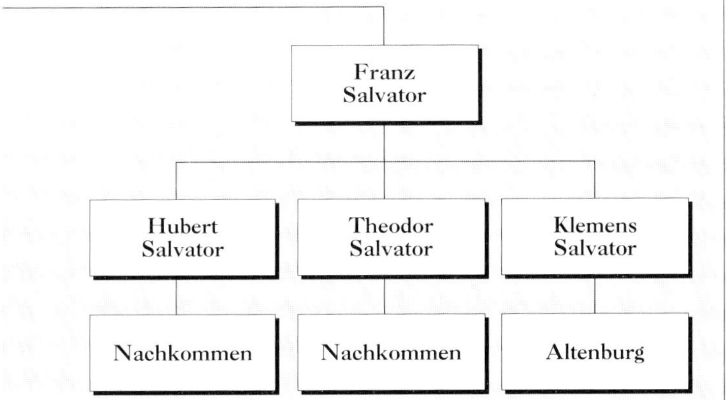

Den jüngeren Zweig der toskanischen Linie, der von Karl Salvator seinen Ausgangspunkt nahm, bilden die Nachkommen seiner beiden Söhne. Der ältere, (Erzherzog) Leopold Salvator († 1931), wurde durch seine technischen Erfindungen reich, er konnte von 1918 bis 1930 in Barcelona und danach in Wien von seinen Einkünften leben. Er hatte wiederum fünf Söhne: Rainer Karl, Leopold, Anton, Franz Joseph und Karl Pius. Rainer Karl blieb unverheiratet, und Leopold ging zweimal eine unstandesgemäße Ehe ein – das zweite Mal in den USA. Der dritte Sohn, Anton (* 1901), heiratete 1931 Ileana von Rumänien und wurde 1954 geschieden, aus dieser Ehe gibt es mehrere Kinder. Anton war Ingenieur der Elektrotechnik, Fluglehrer und Morsefunker und diente im Zweiten Weltkrieg als einziger seiner Familie in der deutschen Luftwaffe. Der vierte Sohn, Franz Joseph († 1975), ging 1918 nach Spanien und führte als spanischer Staatsbürger den Titel Prinz von Habsburg und Bourbon, auch er war Ingenieur der Elektrotechnik und Pilot. Während des Zweiten Weltkriegs arbeitete er als Innenarchitekt in den USA. Er schloß zwei bürgerliche Ehen und kehrte 1955 nach Österreich zurück, wo er als Land- und Forstwirt tätig war. Auch der jüngste Sohn Leopold Salvators, Karl Pius († 1953), war Maschinenbauingenieur und führte eine als nicht ebenbürtig angesehene Ehe.

Leopold Salvators jüngerer Bruder war Franz Salvator († 1939), der mit einer Tochter Kaiser Franz Josephs, Marie Valerie, verheiratet war. Franz Salvator verzichtete 1918 auf das Thronrecht und blieb in Österreich,

Rechts: Er fand seine letzte Ruhestätte nicht hier! Leopold Wölfling vor der Kapuzinergruft. Archiv Verlag Styria
Linke Seite: Schloß Friedegg in Schwertberg diente Alice (Großherzogin von Toskana) als Wohnort.

Eine Reihe von Angehörigen des Hauses Habsburg ist am Friedhof von St. Gilgen begraben. Foto: Vocelka/Heller

er führte eine Landwirtschaft in Wallsee. Von drei Söhnen dieses Paares – Hubert Salvator, Theodor Salvator und Klemens Salvator – gehen wieder mehrere Linien aus. Hubert Salvator († 1971) gab 1919 eine Verzichtserklärung ab, promovierte 1920 zum Doktor der Rechtswissenschaften in Innsbruck und war als Forstwirt tätig. In der Zeit des Nationalsozialismus wurde er politisch verfolgt. Mit seiner Frau Rosemary Salm-Salm hatte er 13 Kinder. Sein jüngerer Bruder Theodor Salvator († 1978) war Diplomlandwirt und Historiker, er hatte vier Kinder. Der jüngste Bruder, Klemens Salvator († 1974), war nicht ebenbürtig verheiratet und nahm den Familiennamen Altenburg an. Bei aller Skizzenhaftigkeit dieser kurzen Ausführungen kann man trotzdem erkennen, daß die Schicksale der Familienmitglieder einerseits durch die großen politischen Veränderungen Europas und andererseits durch die internen Regeln der Familie geprägt waren. Ähnliches kann man über viele andere Familien sagen, auch sie haben von den unterschiedlichen politischen Systemen – Republik, Austrofaschismus, Nationalsozialismus und wieder Republik in Österreich – entweder profitiert oder darunter gelitten. Stärker als in anderen Familien wirkten sich allerdings interne Zwänge auf die Familienmitglieder aus, z. B. die Fragen der „ebenbürtigen“ Ehe oder des in den Augen des Familienoberhauptes gefälligen oder ungefälligen Verhaltens – etwa in Hinblick auf die Verzichtserklärung gegenüber der Republik Österreich. Alles in allem aber ist die Familie in ihrer Gesamtheit – entkleidet ihres früheren Glanzes – ein Kreis von Verwandten geworden wie andere auch.

MENSCHEN WIE ANDERE AUCH? DIE ALLTÄGLICHKEIT EINER FAMILIE

Die Habsburger waren – und sind noch immer – von einem Mythos umgeben. Ihre eigene Stilisierung durch Jahrhunderte war erfolgreich: Sie selbst hatten sich ja den Halbgott Herkules als Identifikationsfigur ausgesucht. Lange Zeit wurde jeder Habsburger als eine Art übermenschliches Wesen betrachtet, private Interessen und menschliche Seiten wurden meist diskret verschwiegen und mitunter sogar verschleiert und verheimlicht. Die Botschaft von der bevorzugten Stellung, der Auserwähltheit und Großartigkeit des „Allerhöchsten Kaiserhauses" wirkte lange nach. Wir haben in diesem Buch versucht, die menschliche, private Seite der Habsburger-Chronik aufzuschlagen und damit einen kleinen Beitrag zur „Entzauberung" dieses Geschlechtes zu leisten.

In den meisten bisherigen Publikationen über die Habsburger stand die Politik im Vordergrund. Doch die Geschichte der Familie Habsburg bzw. Habsburg-Lothringen ist nicht bloß eine der Machtausübung und der Politik, sie ist z. B. stark von kulturellen und mentalen Faktoren beeinflußt, wie wir bereits im Band „Die Lebenswelt der Habsburger" deutlich demonstriert haben. Neben diesen Bereichen spielen soziale Faktoren eine gewichtige Rolle: Geburt und Kindheit, Liebe und Ehe, Verwandtschafts- und Versorgungsstrategien, Krankheit und Tod, Alltag und Reise, Besitz und Macht, Konflikt und Streit. Betrachtet man die Habsburger unter diesen Gesichtspunkten, so verschwinden einerseits viele Besonderheiten, die man diesem Haus zuschrieb, andererseits werden die spezifischen Rahmenbedingungen des Lebens in einer solchen Atmosphäre klarer.

Viele unserer Aussagen über die Habsburger und ihren Werdegang machen die Bedeutung zeitspezifischer Faktoren oder weitverbreiteter anthropologischer Muster deutlich. Nur ein Beispiel soll das verdeutlichen: Das inzestuöse Heiratsverhalten relativiert sich, wenn man weiß, daß Verwandtschaftsehen auch in anderen sozialen Milieus weit verbreitet waren. Dennoch war der Heiratsumkreis der Familie außergewöhnlich; die Zwänge waren stärker und die rechtlichen Folgen von unstandesgemäßen Verbindungen krasser als in anderen Gesellschaftsschichten. Viele Verhaltensweisen der Habsburger, die in diesem Buch untersucht wurden, sind solchen, die in anderen Familien auftreten, nicht unähnlich. Auch im bürgerlichen Umkreis findet man „schwarze Schafe", uneheliche Kinder, Streit um Besitz (wenn dieser auch nicht ganz so wertvoll ist wie derjenige der Habsburger) und Vater-Sohn- oder geschwisterliche Konflikte. Auch in bürgerlichen Familien waren die Frauen häufig Opfer, spielten eine untergeordnete und undankbare Rolle. Bürgerliche Mütter und Väter versuchten ebenfalls, ihre Töchter und Söhne „gut" zu verheiraten und beruflich zu versorgen. Dabei griffen sie auf Netzwerke zurück, die sie sich aufgebaut hatten – ebenso wie die Habsburger ihre Beziehungen zur Kirche oder ihre staatliche Autorität nützten. Dennoch verlief das Leben der Mitglieder des Erzhauses anders als das der meisten ihrer Untertanen: Materiell im Überfluß und ideel mit unzähligen Privilegien lebend, waren sie deutlicheren Zwängen unterworfen als andere Menschen.

Politische Stilisierung und soziokulturelle Isolation forderten menschlich ihren Preis, zeitspezifisch kam es allerdings erst im 19. Jahrhundert zu offenen Brüchen innerhalb der Familie. Der Kampf der Dynastie gegen die Modernität – vergleichbar mit dem der katholischen Kirche – prägte das lange 19. Jahrhundert, doch die Gesellschaft entwickelte Alternativen, denen sich einige Mitglieder der Dynastie nicht verschlossen. Die Gegenkräfte in Gestalt einzelner Habsburger wurden – wenn auch in unterschiedlichster Weise – marginalisiert: Kronprinz Rudolf endete im Selbstmord, Kaiserin Elisabeth verließ den Hof, um ein unstetes Wanderleben zu führen, einen ähnlichen Lebensstil entwickelte Ludwig Salvator, dessen Lebensmittelpunkt Mallorca bildete, Leopold Wölfling, Ferdinand Burg und Johann Orth gestalteten ihr Leben außerhalb der Familie, Maximilian (von Mexiko) ging ein politisches Abenteuer ein und viele andere – wie etwa der homosexuelle „Luzivuzi" – litten still.

Mit dem Ende der Herrschaft der Familie änderte sich die Lage radikal – und doch auch wieder nicht: Ihre politische Rolle prägte sie weiterhin. Rechtlich und sozial glaubten sie sich in einem Sonderstatus, der mit der realen politischen und gesellschaftlichen Situation – und oft genug mit der gültigen Gesetzgebung der jeweiligen Staaten – nicht mehr korrespondierte. Der Ausschluß aus der Familie oder die Aberkennung des Namens durch das Familienoberhaupt bilden nach 1918 Relikte nicht mehr bestehender

Rechtsverhältnisse, deren Kontinuität die Familie vertreten hat und zum Teil noch vertritt.
Wie schon das 19., so steht auch das 20. Jahrhundert im Widerstreit alter und neuer Verhaltensmuster der Familie: Es dominierten weiterhin die politischen Ansprüche des Hauses, vor allem in seinem ehemals regierenden Zweig. Die Abwehr der Nachfolgestaaten gegen den restaurativen politischen Willen der ehemaligen Dynastie und der Kampf der Habsburger um (vermeintliche) Besitzrechte bilden den Hauptinhalt dieser Konflikte.
Die durchaus aktuellen Probleme sind noch lange nicht ausgestanden: Das Thema „Habsburg" bleibt weiterhin spannend.

ANHANG

RUDOLF (II.)
Graf im Aar- u. Zürichgau † 123

ALBRECHT IV. (d. Weise)
Graf v. Habsburg † 1239/40
∞ Hedwig (Heilwig) v. Kyburg † 126

ALBRECHT
† 1256
Domherr zu
Straßburg u. Basel

HARTMANN
† nach 1247

ELISABETH
† ?
∞ Friedrich v. Zollern,
Bggf. v. Nürnberg

CLEMENTIA
† ?
I. ∞ Emmerich, Gf. v. Straßberg
II. ∞ Otto v. Ochsenstein

KG. RUDOLF I. (IV.)
1273–1291
* 1218 † 1291
I. ∞ Gertrud (Anna) v. Hohenberg † 1281 (10 Kinder)
II. ∞ Agnes (Isabella) v. Burgund † 1323 (keine Kinder)

I.
MATHILDE
* 1251 (?) † 1304
∞ Ludwig II., Hz. v. Bayern
† 1294

I.
KG. ALBRECHT I.
1298–1308
* 1255 † 1308
∞ Elisabeth v. Görz-Tirol † 1313
(12 Kinder)

I.
KATHARINA
* ? † 1282
∞ Otto III., Hz. v. Bayern
† 1312

ANNA
* um 1280 † 1327
I. ∞ Hermann,
Mkgf. v. Brandenburg
† 1308
II. ∞ Heinrich VI.,
Hz. v. Schlesien-Breslau
† 1335

AGNES
* 1280 † 1364
∞ Andreas III., Kg. v. Ungarn
† 1301

RUDOLF III.
* um 1282 † 1307
Kg. v. Böhmen 1306
I. ∞ Blanka v. Frankreich
† 1306
II. ∞ Elisabeth v. Polen
† 1335

ELISABETH
* um 1285 † 1352
∞ Friedrich IV., Hz. v. Lothringen
† 1328

KG. FRIEDRICH d. SCHÖNE
1314–1322–(1330)
* 1289 † 1330
∞ Elisabeth v. Aragon † 1330
(3 Kinder)

LEOPOLD I.
* 1290 † 1326
∞ Katharina v. Savoyen
† 1336

KATHARINA
* 1295 † 1323
∞ Karl, Hz. v. Kalabrien
† 1328

HZ. ALBRECHT II.
(d. Weise, d. Lahme)
1330–1358
* 1298 † 1358
∞ Johanna v. Pfirt † 1351
(11 Kinder)

FRIEDRICH
* 1316 † 1322

ELISABETH
* 1317 † 1336

ANNA
* 1318 † 1343
I. ∞ Heinrich III., Hz. v. Bayern
† 1333
II. ∞ Johann, Gf. v. Görz
† 1338

---

5 SÖHNE
* und † vor 1337

HZ. RUDOLF IV. (d. Stifter)
1358–1365
* 1339 † 1365
∞ Katharina v. Luxemburg † 1395
T. d. Ks. Karl IV. (keine Kinder)

KATHARINA
* 1342 † 1381
Äbtissin in Wien

MARGARETE
* 1346 † 1366
I. ∞ Meinhard III.
Gf. v. Tirol
† 1363
II. ∞ Johann Heinrich
Gf. v. Tirol, Mkgf. v. Mähren
† 1375

HZ. FRIEDRICH I
* 1347 † 1362

HZ. ALBRECHT IV.
(d. Geduldige) 1395–1404
* 1377 † 1404
∞ Johanna v. Bayern † 1410
(2 Kinder)

MARGARETE
* 1395 † 1447
∞ Heinrich IV. Hz. v. Bayern
† 1450

KG. ALBRECHT (V.) II.
1438–1439
* 1397 † 1439
∞ Elisabeth v. Luxemburg † 1442
T. d. Ks. Sigismund (4 Kinder)

II.
KS. FRIEDRICH (V.) III.
Kg. 1440, Ks. 1452–1493
* 1415 † 1493
∞ Eleonore v. Portugal † 146
(5 Kinder)

ANNA
* 1432 † 1462
∞ Wilhelm III., Hz. von Sachsen
† 1482

GEORG
* 1435 † 1435

ELISABETH
* 1437 † 1505
∞ Kasimir IV., Kg. v. Polen
† 1492

KG. LADISLAUS POSTUMUS
1452–1457
* 1440 † 1457
nicht verheiratet

CHRISTOPH
* 1455 † 1456

KS. MAXIMILIAN I.
Kg. 1486, Ks. 1508–1519
* 1459 † 1519
I. ∞ Maria v. Burgund † 1482
(3 Kinder)
II. ∞ Bianca Maria Sforza † 151
(keine Kinder)

RUDOLF (III.)
f v. Habsburg-Laufenburg † 1249
∞ Gertrud v. Regensburg

VERNER V.
† 1253

GOTTFRIED I.
† 1271
(Stifter der Linie Laufenburg)

RUDOLF
† 1293
Bischof v. Konstanz

OTTO
† 1253

EBERHARD
† 1284
(Stifter der Linie Kyburg)
∞ Anna, Gfn. v. Kyburg

I.
AGNES
* um 1257 † 1322
lbrecht II., Hz. v. Sachsen
† 1298

I.
HEDWIG (Heilwig)
* um 1259 † 1286 (?)
∞ Otto VI., Mkgf. v. Brandenburg
† 1309

I.
CLEMENTIA
* um 1262 † 1293
∞ Karl I. Martell, Kg. v. Ungarn
† 1295

I.
HARTMANN
* 1263 † 1281
ertrunken im Rhein

I.
RUDOLF II.
* um 1270 † 1290
∞ Agnes v. Böhmen
† 1296

JOHANN PARRICIDA
* 1290 † 1313
(Mörder v. Kg. Albrecht I.)

I.
JUTTA
* 1271 † 1297
∞ Wenzel II., Kg. v. Böhmen
† 1305

I.
KARL
* 1276 † 1276

HEINRICH
* 1299 † 1327
lisabeth v. Virneburg
† 1343

MEINHARD
um 1300 † 1300

HZ. OTTO (d. Fröhliche)
* 1301 † 1339
Mitregent seines Bruders
Hz. Albrecht II. (d. Weise, d. Lahme)
I. ∞ Elisabeth v. Bayern † 1330
II. ∞ Anna v. Böhmen † 1338

JUTTA
* nach 1302 † 1329
∞ Ludwig IV., Gf. v. Öttingen
† 1346

HZ. ALBRECHT III. (m. d. Zopfe) 1365–1395
* 1348 † 1395
∞ Elisabeth v. Luxemburg † 1373
T. d. Ks. Karl IV. (keine Kinder)
. ∞ Beatrix v. Nürnberg † 1414
(1 Sohn)

HZ. LEOPOLD III. (d. Gerechte) 1365–1386
* 1351 † 1386
∞ Viridis Visconti † 1414
(7 Kinder)

HZ. WILHELM
1386–1406
* 1370 † 1406
∞ Johanna II. v. Neapel † 1435
(keine Kinder)

HZ. LEOPOLD IV.
(1386)–1395–1411
* 1371 † 1411
∞ Katharina v. Burgund † 1425
(keine Kinder)

HZ./EHZ. ERNST I. (d. Eiserne)
(1386)–1402–1424
* 1377 † 1424
I. ∞ Margarete v. Pommern † 1407
(keine Kinder)
II. ∞ Cimburgis v. Masowien † 1429
(9 Kinder)

ELISABETH
* 1378 † 1392

HZ. FRIEDRICH IV. (m. d. leeren Tasche)
(1386)–1406–1439
* 1382 † 1439
I. ∞ Elisabeth v. d. Pfalz † 1408
(1 Tochter)
II. ∞ Anna v. Braunschweig-Göttingen † 1432
(4 Kinder)

MARGARETE
* um 1370 † nach 1400
∞ Johann v. Mähren, Hz. v. Görlitz
† 1396

KATHARINA
* 1385? † ?
Nonne in Wien

II.
MARGARETE
* 1416 † 1486
∞ Friedrich, Kfst. v. Sachsen
† 1464

HZ. ALBRECHT VI.
* 1418 † 1463
∞ Mathilde v. d. Pfalz
† 1482

II.
ALEXANDRA
* ? † 1420

KATHARINA
* 1420 † 1493
∞ Karl I., Mkgf. v. Baden
† 1475

RUDOLF
* ? † vor 1424

II.
LEOPOLD
* ? † vor 1424

ERNST II.
* ? † 1432

ANNA
* ? † 1429

I.
ELISABETH
* 1408 † 1408

II.
MARGARETE
* 1423 † 1424

HEDWIG
* 1424 † 1427

WOLFGANG
* 1426 † 1426

II.
HZ. SIEGMUND (SIGISMUND) (d. Münzreiche) Abdankung 1490
* 1427 † 1496
I. ∞ Eleonore v. Schottland † 1480
(1 Sohn)
II. ∞ Katharina v. Sachsen † 1524
(keine Kinder)

I.
WOLFGANG
* 1480 † 1480

HELENE
* 1460 † 1461

KUNIGUNDE
* 1465 † 1520
lbrecht IV., Hz. v. Bayern
† 1508

JOHANNES
* 1466 † 1467

(KG.) EHZ. PHILIPP d. Schöne (I.)
(1504–1506)
* 1478 † 1506
∞ Johanna (d. Wahnsinnige) v. Kastilien u. Aragon † 1555 (6 Kinc

ELEONORE
* 1498 † 1558
I. ∞ Emanuel I., Kg. v. Portugal
† 1521
II. ∞ Franz I., Kg. v. Frankreich
† 1547

(KG.) KS. KARL V. (I.)
1519–1556
* 1500 † 1558
∞ Isabella v. Portugal
† 1539 (5 Kinder)
span. Linie

ISABELLA
(als Kgn. Elisabeth)
* 1501 † 1526
∞ Christian II., Kg. v. Dänen
† 1559

ELISABETH
* 1526 † 1545
∞ Sigismund II. August,
Kg. v. Polen
† 1572

KS. MAXIMILIAN II.
1564–1576
* 1527 † 1576
I. ∞ Maria v. Spanien
† 1603
T. d. Ks. Karl V. (I.) (16 Kinder)

ANNA
* 1528 † 1590
∞ Albrecht V.,
Hz. v. Bayern
† 1579

EHZ. FERDINAND
1564–1595
* 1529 † 1595
I. ∞ Philippine Welser, Gfn. v. Burgau
† 1595
II. ∞ Anna Katharina Gonzaga v. Mantua
† 1621

MARIA
* 1531 † 1581
∞ Wilhelm III.,
Hzg. v. Jülich-Kleve-Berg
† 1592

MAGDALENE
* 1532 † 1590
Nonne

KATHARINA
* 1533 † 1572
I. ∞ Franz III., Hz. v. Mant
† 1550
II. ∞ Sigisgmund II. Augu
Kg. v. Polen
† 1572

ANNA
* 1549 † 1580
∞ Philipp II., Kg. v. Spanien
† 1598

FERDINAND
* 1551 † 1552

KS. RUDOLF II.
1576–1612
* 1552 † 1612
nicht verheiratet

EHZ. ERNST
* 1553 † 1595
nicht verheiratet
Statthalter in Ungarn, ob u.
unt. d. Enns u. den Niederlanden

ELISABETH
* 1554 † 1592
∞ Karl IX., Kg. v. Frankreich
† 1574

MARIA
* 1555 † 1556

KS. MATTHIAS
1612–1619
* 1557 † 1619
∞ Anna v. Österr.-Tirol (keine Kinder)
† 1618

SOHN
totgeboren
† 20. 10. 1557

EHZ. MAXIMILIAN III.
* 1558 † 1618
nicht verheiratet
Hochmeister d. Dtsch. Ordens, Statt-
halter v. Tirol u. den habsb. Vorlanden

EHZ. ALBRECHT VII.
* 1559 † 1621
Kardinal u. Erzbischof, Vizekönig v.
Portugal, päpstl. Dispens z. Vermählung
∞ Isabella (Clara Eugenie) v. Spanien
† 1633

WENZEL
* 1561 † 1578
Großprior d. Johanniterord
v. Kastilien

FRIEDRICH
* 1562 † 1563

MARIA
* 1564 † 1564

KARL
* 1565 † 1566

MARGARETE
* 1567 † 1633
Nonne in Madrid

ELEONORE
* 1568 † 1580

CHRISTINE
* 1601 † 1601

KARL
* 1603 † 1603

JOHANN KARL
* 1605 † 1619

KS. FERDINAND III.
1637–1657
* 1608 † 1657
I. ∞ Maria Anna v. Spanien † 1646 (6 Kinder)
II. ∞ Maria Leopoldine v. Tirol † 1649 (1 Sohn)
III. ∞ Eleonore Gonzaga v. Mantua † 1686 (4 Kinder)

MARIA ANNA
* 1610 † 1665
∞ Maximilian I., Kfst. v. Bayern
† 1651

CÄCILIE (Renate)
* 1611 † 1644
∞ Wladislaw IV., Kg. v. Polen
† 1648

EHZ. LEOPOLD WILHELM
* 1614 † 1662
Bischof v. Passau, Straßburg,
Halberstadt, Olmütz, Breslau,
Hochmeister d. Dtsch. Ordens
Generalstatthalter d. span.
Niederlande

I.

KG. FERDINAND IV. (Franz)
1653–1654
* 1633 † 1654
nicht verheiratet

I.

MARIA ANNA
* 1635 † 1696
∞ Philipp IV., Kg. v.
Spanien u. Portugal
† 1665

PHILIPP AUGUST
* 1637 † 1639

MAXIMILIAN THOMAS
* 1638 † 1639

I.

KS. LEOPOLD I.
1658–1705
* 1640 † 1705
I. ∞ Margareta Theresia v. Spanien † 1673
(4 Kinder)
II. ∞ Claudia Felicitas v. Tirol † 1676
(2 Kinder)
III. ∞ Eleonore Magdalene v. d. Pfalz-Neuburg † 1720
(10 Kinder)

I.

MARIA
* 1646 † 1646

II.

EHZ. KARL JOSEF
* 1649 † 1664
Hochmeister d. Dtsch
Ordens, Bischof v. Olm

I.

FERDINAND WENZEL
* 1667 † 1668

(MARIA) ANTONIA
* 1669 † 1692
∞ Maximilian II. Emanuel,
Kfst. v. Bayern
† 1726

I.

JOHANN LEOPOLD
* 1670 † 1670

MARIA ANNA ANTONIE
* 1672 † 1672

II.

ANNA MARIA SOPHIE
* 1674 † 1674

MARIA JOSEPHA KLEMENTINE
* 1675 † 1676

III.

KS. JOSEPH I.
1705–1711
* 1678 † 1711
∞ Wilhelmine Amalie v.
Braunschweig-Lüneburg † 1742
(3 Kinder)

III.

CHRISTINE
* 1679 † 1679

MARIA ELISABETH
* 1680 † 1741
Statthalterin d. Niederlande

LEOPOLD (JOSEF)
* 1679 † 1679

III.

MARIA ANNA JOSEPHA
* 1683 † 1754
∞ Johann V., Kg. v. Portug
† 1750

(MARIA) THERESIA
† 1696

MARIA JOSEPHA
* 1699 † 1757
∞ Friedrich August II., Kfst. v. Sachsen (Kg. August III. v. Polen) † 1763

LEOPOLD JOSEPH
* 1700 † 1701

MARIA AMALIA JOSEPHA ANNA
* 1701 † 1756
∞ (Karl Albrecht) Karl VII., Kfst. v. Bayern, röm.-dt. Ks. † 1745

KS. MAXIMILIAN I.
1493–1519

MARGARETE
* 1480 † 1530
. ∞ Johann, Pr. v. Kastilien u. Aragon
† 1497
II. ∞ Philibert II. v. Savoyen
† 1504

FRANZ
* 1481 † 1481

‹S. FERDINAND I.
1556–1564
* 1503 † 1564
∞ Anna v. Böhmen
† 1547 (15 Kinder)

MARIA
* 1505 † 1558
∞ Ludwig II., Kg. v. Ungarn u. Böhmen
† 1526

KATHARINA
(postume Geburt)
* 1507 † 1578
∞ Johann III., Kg. v. Portugal
† 1557

ELEONORE
* 1534 † 1594
/ilhelm, Hzg. v. Mantua
† 1587

MARGARETE
* 1536 † 1567
Nonne

JOHANN
* 1538 † 1539

BARBARA
* 1539 † 1572
∞ Alfons II. Este, Hz. v. Ferrara
† 1597

EHZ. KARL
1564–1590
* 1540 † 1590
∞ Maria v. Bayern
† 1608
(15 Kinder)

URSULA
* 1541 † 1543

HELENE
* 1543 † 1574
Nonne

JOHANNA
* 1547 † 1578
∞ Franz Medici, Grhz. v. Toscana † 1587

FERDINAND
* 1572 † 1572

ANNA
* 1573 † 1598
∞ Sigismund III.,
Kg. v. Polen
† 1632

MARIA (Christine)
* 1574 † 1621
∞ Sigmund Báthory,
Fst. v. Siebenbürgen
† 1613

KATHARINA (Renate)
* 1576 † 1595

ELISABETH
* 1577 † 1586

KS. FERDINAND II.
1619–1637
* 1578 † 1637
I. ∞ Maria Anna v. Bayern
† 1616
(7 Kinder)
II. ∞ Eleonore Gonzaga
v. Mantua
† 1655
(keine Kinder)

KARL
* 1579 † 1580

GEORGIANA (Maximiliane)
* 1581 † 1597

ELEONORE
* 1582 † 1620
Nonne

EHZ. MAXIMILIAN ERNST
* 1583 † 1616
Landkomtur d. Dtsch.
Ordens in Österr.

MARGARETE
* 1584 † 1611
∞ Philipp III., Kg. v.
Spanien u. Portugal
† 1621

EHZ. LEOPOLD V.
1625–1632
* 1586 † 1632
Bischof v. Passau
u. Straßburg,
päpstl. Dispens
z. Vermählung
I. ∞ Claudia Medici
v. Toscana
† 1648
(5 Kinder)

KONSTANZE
* 1588 † 1631
∞ Sigismund III., Kg. v. Polen
*1566 † 1632

(MARIA) MAGDALENE
* 1589 † 1631
Cosimo II., Grhz. v. Toscana
† 1621

EHZ. KARL
* 1590 † 1624
Bischof v. Breslau u. Brixen,
Hoch- u. Deutschmeister

MARIA ELEONORE
* 1627 † 1629

EHZ. FERDINAND KARL
1632–1662
* 1628 † 1662
∞ Anna Medici v. Toscana † 1676
(3 Kinder)

ISABELLA CLARA
* 1629 † 1685
∞ Karl II. Gonzaga, Hz. v. Mantua
† 1665

EHZ. SIGISMUND FRANZ
1662–1665
* 1630 † 1665
∞ Bischof v. Augsburg,
Gurk u. Trient, Kardinal

MARIA LEOPOLDINE
* 1632 † 1649
∞ Ferdinand III., röm.-dtsch. Ks.
† 1657

III.
ERESIA MARIA JOSEPHA
* 1652 † 1653

ONORE MARIA JOSEPHA
* 1653 † 1697
∞ Michael, Kg. v. Polen
† 1673
. Karl V., Hz. v. Lothringen
† 1690

III.
MARIA ANNA JOSEPHA
* 1654 † 1689
∞ Johann Wilhelm, Pfgf. v. Neuburg
† 1716

FERDINAND JOSEF ALOIS
* 1657 † 1658

CLAUDIA FELICITAS
* 1653 † 1676
∞ Leopold I., röm.-dtsch. Ks.
† 1705

TOCHTER
* 1654 † 1654

MARIA MAGDALENA
* 1656 † 1669

III.
KG.) KS. KARL VI. (III.)
1711–1740
* 1685 † 1740
Elisabeth Christine v. Braun-
chweig-Wolfenbüttel † 1750
(4 Kinder)

III.
MARIA JOSEPHA
* 1687 † 1703

(MARIA) MAGDALENE JOSEPHA
* 1689 † 1743

MARIA MARGARETE
* 1690 † 1691

MARIA ELISABETH
* 1737 † 1740

MARIA ANNA
* 1738 † 1789
Äbtissin in Prag

MARIA KAROLINE
* 1740 † 1741

KS. JOSEPH II.
1765–1790

* 1741 † 1790
I. ∞ Maria Isabella v. Parma † 1763 (2 Kinder)
II. ∞ Maria Josefa (Antonie) v. Bayern † 1767
(keine Kinder), T. d. Ks. Karl VII.

MARIA CHRISTINA
* 1742 † 1798
∞ Albert II., Hz. v. Sachsen-Teschen † 1822

ELISABETH
* 1743 † 1808
Äbtissin in Innsbruck

KARL JOSEPH
* 1745 † 1761

MARIA AMALIA
* 1746 † 1804
∞ Ferdinand, Hz. v. Parma † 1802

KS. LEOPOLD II.
1790–1792

* 1747 † 1792
∞ Maria Ludovica v. Spanien † 179
(16 Kinder), T. d. Ks. Karl III., H. Bour

MARIA THERESIA
* 1762 † 1770

MARIE CHRISTINE
* 1763 † 1763

MARIA THERESIA
* 1767 † 1827
∞ Anton, Kg. v. Sachsen † 1836

KS. FRANZ II. (I.)
1792–1806 1804–1835

Kaisertum Österreich 1804

* 1768 † 1835
I. ∞ Elisabeth Wilhelmine v. Württemberg † 1790 (1 Tochter)
II. ∞ Maria Theresia v. Sizilien † 1807 (12 Kinder)
III. ∞ Maria Ludovica v. Modena † 1816 (keine Kinder)
IV. ∞ Karoline v. Bayern † 1873 (keine Kinder)

EHZ. FERDINAND III.
Grhz. v. Toscana

* 1769 † 1824
I. ∞ Luise v. Sizilien † 1802
II. ∞ Maria v. Sachsen † 1865

I.
LUDOVICA
* 1790 † 1791

II.
MARIE LOUISE
* 1791 † 1847
I. ∞ Napoleon I., Ks. der Franzosen † 1821
II. ∞ Adam Adalbert, Gf. v. Neipperg † 1829
III. ∞ Karl, Gf. v. Bombelles † 1856

II.
KS. FERDINAND I.
1835–1848
Abdankung

* 1793 † 1875
∞ Maria Anna v. Sardinien-Piemont † 1884
(keine Kinder)

II.
KAROLINE
* 1794 † 1795

KAROLINE LUISE
* 1795 † 1799

LEOPOLDINE
* 1797 † 1826
∞ Pedro I., Ks. v. Brasilien † 1834

KS. FRANZ JOSEPH I.
1848–1916

* 1830 † 1916
∞ Elisabeth v. Bayern † 1898
(4 Kinder)

EHZ. MAXIMILIAN FERDINAN
* 1832 † 1867
Ks. v. Mexiko (I.) 1864
∞ Charlotte v. Belgien † 1927

SOPHIE FRIEDERIKE
* 1855 † 1857

GISELA
* 1856 † 1932
∞ Leopold, Pr. v. Bayern † 1930

EHZ. RUDOLF
* 1858 † 1889

Kronprinz (Freitod i. Mayerling)
∞ Stephanie v. Belgien † 1945

MARIE VALERIE
* 1868 † 1924
∞ Franz Salvator, Ehz. v. Toscana † 1939

EHZ. OTTO FRANZ JOSEF
* 1912
∞ Regina v. Sachsen-Meiningen
* 1925

ADELHEID
* 1914 † 1971

EHZ. ROBERT KARL LUDWI
* 1915
∞ Margherita v. Savoyen
* 1930

(KG.) KS. KARL VI. (III.)
1711–1740

LEOPOLD
* 1716 † 1716

KGN. MARIA THERESIA
1740–1780
* 1717 † 1780
∞ (16 Kinder)

MARIA ANNA
* 1718 † 1744
∞ Karl, Hz. v. Lothringen
† 1780

MARIA AMALIE
* 1724 † 1730

HABSBURG-LOTHRINGEN

KS. FRANZ I. STEPHAN
1745–1765
* 1708 † 1765

KAROLINE
748 † 1748

JOHANNA
GABRIELE
750 † 1762

MARIA JOSEPHA
* 1751 † 1767

MARIA KAROLINE
* 1752 † 1814
∞ Ferdinand I. v. Neapel,
Kg. beider Sizilien † 1825

EHZ. FERDINAND
d. Heirat – Hz. v. Modena
* 1754 † 1806
∞ Maria Beatrix v. Modena-Este † 1829

MARIE ANTOINETTE
* 1755 † 1793
∞ Ludwig XVI., Kg. v. Frankreich † 1793

EHZ. MAXIMILIAN FRANZ
* 1756 † 1801
Hochmeister d. Dtsch. Ordens,
Kfst. v. Köln, Bischof v. Münster

MARIA ANNA
* 1770 † 1809

EHZ. KARL
* 1771 † 1847
ofkriegsratspräsident
∞ Henriette
issau-Weilburg † 1829

EHZ. LEOPOLD
* 1772 † 1795

ALBRECHT
* 1773 † 1774

MAXIMILIAN
* 1774 † 1778

EHZ. JOSEF
* 1776 † 1847
Palatin v. Ungarn
I. ∞ Alexandra v. Rußland † 1801
II. ∞ Hermine v. Anhalt-Bernburg-Hoym † 1817
III. ∞ Maria v. Württemberg † 1855

KLEMENTINE
* 1777 † 1801
∞ Franz I., Kg. beider Sizilien † 1830

EHZ. ANTON
* 1779 † 1835
Hoch- u. Deutschmeister,
Großmeister d. Dtsch. Ordens in Österr.

AMALIA
* 1780 † 1798

EHZ. JOHANN
* 1782 † 1859
Reichsverweser
∞ Anna Maria Plochl, Gfn. v. Meran † 1885

EHZ. RAINER
* 1783 † 1853
∞ Elisabeth v. Savoyen-Carignan † 1856

EHZ. LUDWIG
* 1784 † 1864
Vorsitzender d. Staatskonferenz
1835–1848 unter Ks. Ferdinand

EHZ. RUDOLF
* 1785 † 1831
Kardinal u. Fürst-Erzbischof v. Olmütz

II. II. II.

KLEMENTINE
* 1798 † 1881
∞ Leopold, Pr. v. Salerno † 1851

JOSEF
* 1799 † 1807

KAROLINE
* 1801 † 1832
riedrich August II., Kg. v. Sachsen † 1854

EHZ. FRANZ KARL
Thronverzicht 1848
* 1802 † 1878
Mitglied d. Staatskonferenz 1835–1848
unter Ks. Ferdinand I.
∞ Sophie v. Bayern † 1872
(6 Kinder)

MARIA ANNA
* 1804 † 1858

JOHANN
* 1805 † 1809

AMALIA
* 1807 † 1807

EHZ. KARL LUDWIG
* 1833 † 1896
I. ∞ Margarete v. Sachsen † 1858
(keine Kinder)
∞ Maria Annunziata v. Sizilien † 1871
(4 Kinder)
∞ Maria Theresia v. Portugal † 1944
(2 Kinder)

MARIA ANNA
* 1804 † 1840

SOHN
totgeboren
† 24. 10. 1840

EHZ. LUDWIG VICTOR
* 1842 † 1919

II. II. II. II. III. III.

EHZ. FRANZ FERDINAND
* 1863 † 1914
(ermordet in Sarajewo)
∞ Sophie, Gfn. Chotek
Hzn. v. Hohenberg † 1914
(3 Kinder)
(morganatische Ehe – Kinder
haben kein Erbrecht)

EHZ. OTTO
* 1865 † 1906
∞ Maria Josefa v. Sachsen † 1944
(2 Kinder)

FERDINAND
* 1868 † 1915
(Verzicht auf alle Titel)
∞ Berta Czuber † 1979

MARGARETE SOPHIE
* 1870 † 1902
∞ Albrecht,
Hz. v. Württemberg † 1939

MARIA ANNUNZIATA
* 1876 † 1961
Äbtissin in Prag

ELISABETH AMALIE
* 1878 † 1960
∞ Aloys, Pr. von u. zu
Liechtenstein † 1955

KS. KARL I.
1916–1918
Abdankung und Thronverzicht 1918
* 1887 † 1922
∞ Zita v. Bourbon-Parma
* 1892 † 1989
(8 Kinder)

EHZ. MAXIMILIAN EUGEN LUDWIG
* 1895 † 1952
∞ Franziska v. Hohenlohe-
Waldenburg-Schillingsfürst
* 1897 † ?

HZ. FELIX FRIEDRICH
* 1916
∞ Anna v. Arenberg
* 1925

EHZ. KARL LUDWIG
* 1918
∞ Yolande de Ligne
* 1923

EHZ. RUDOLF SYRINGUS
* 1919
I. ∞ Xenia v. Tschernyschew-Besobrasow † 1968
II. ∞ Anna-Gabriele v. Wrede * 1940

CHARLOTTE
* 1921
∞ Georg, Hz. v. Mecklenburg-Strelitz † 1963

ELISABETH CHARLOTTE
* 1922 (postume Geburt)
∞ Heinrich, Pr. v. Liechtenstein
* 1916

Die spanische Linie des Hauses Habsburg

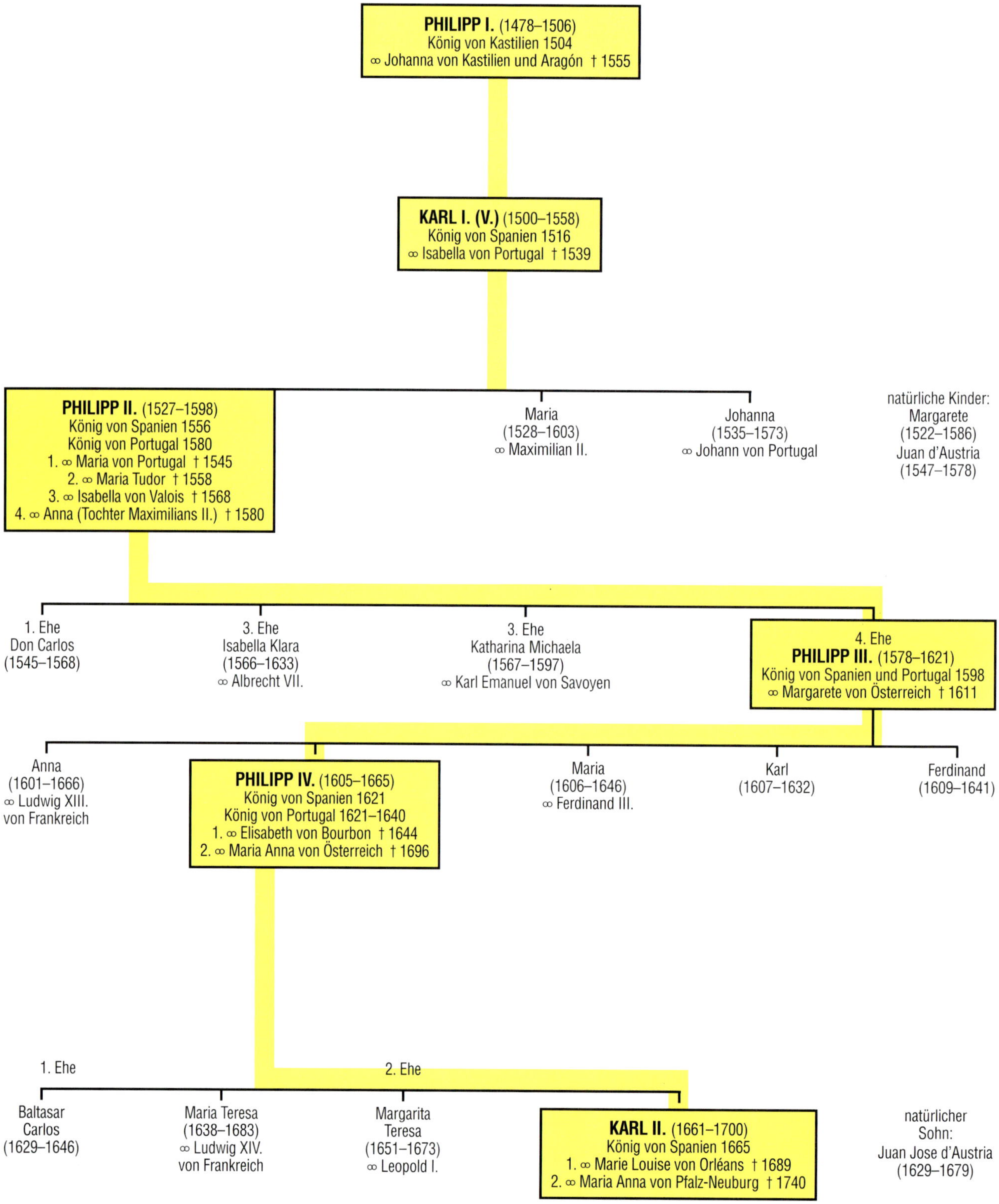

LITERATURVERZEICHNIS

Das Literaturverzeichnis stellt selbstverständlich nur eine Auswahl aus der vorhandenen und benützten Literatur dar. Zu Werken allgemeinen Charakters und Einzelbiographien vgl. man das Literaturverzeichnis von *Vacha, Brigitte (Hg.):* DIE HABSBURGER. Titel, die bereits im Literaturverzeichnis des Bandes *Vocelka/Heller:* DIE LEBENSWELT DER HABSBURGER zitiert wurden, nahmen wir nur in Ausnahmefällen in dieses Literaturverzeichnis auf. Besonderes Schwergewicht lag wieder auf der Spanien betreffenden Literatur und den wenig geläufigen Titel, die sich in manchem Detail des Buches niederschlugen.

Alcón, María Teresa Ruiz: Monasterio de las Descalzas Reales. Madrid 1987.
Alcón, María Teresa Ruiz: Real monasterio de la Encarnación. Madrid 1987.
Altenberg, Hermann: Um Recht und Nachfolge in Hause Habsburg. Wien–Frankfurt–Zürich 1966.
Anders, Ferdinand: Maximilian von Mexiko. Erzherzog und Kaiser. St. Pölten 1982.
Andics, Hellmut: Die Frauen der Habsburger. Wien 1969.
Andics, Hellmut: Der Fall Otto Habsburg. Ein Bericht. Wien–München 1965.
Ankwicz-Kleehoven, Hans: Das Totenbildnis Kaiser Maximilians I. In: Wiener Jahrbuch für Kunstgeschichte 11 (1957). S. 59–68.
Aretin, Karl Othmar Freiherr von: Kaiser Joseph I. zwischen Kaisertradition und österreichischer Großmachtpolitik. In: Historische Zeitschrift 215 (1972). S. 529–606.
Aretz, Gertrude: Kaiserin Elisabeth von Österreich in zweihundert Bildern. Wien–Leipzig 1938.
Arneth, Alfred: Eigenhändige Korrespondenz des Königs Karl III. von Spanien (nachmals Kaiser Karl VI.) mit dem obersten Kanzler des Königreichs Böhmen Grafen Wenzel Wratislaw. In: Archiv für österreichische Geschichte 16 (1856). S. 3–224.
Arneth, Alfred: Maria Theresia, Joseph II. und Leopold II. Ihr Briefwechsel. Leipzig 1866.
Avello, Enrique Junceda: Ginecologia y vida intima de las reinas de España. Tomo 1: De Isabel la catolica a la casa de Borbon. Madrid 1991.
Bankl, Hans: Viele Wege führten in die Ewigkeit. Schicksal und Ende außergewöhnlicher Menschen. Wien–München–Bern 2. Auflage 1992.
Bankl, Hans: Woran sie wirklich starben. Krankheit und Tod historischer Persönlichkeiten. Wien–München–Bern 1989.
Barkeley, Richard: The road to Mayerling. Life and death of crown prince Rudolph of Austria. New York 1968.
Barrios, Manuel: Matrimonios desafortunados de la realeza española. Madrid 1996.
Bauch, Gustav: Caspar Ursinus Velius, der Hofhistoriograph Ferdinands I. Budapest 1886.
Bauer, Wilhelm: Der Plan, Margareta von Oesterreich mit Karl von Geldern zu verheiraten. In: Mitteilungen des Instituts für österreichische Geschichtsforschung. 11. Ergänzungsband (1929). S. 457–461.
Baum, Wilhelm: Die Wahl des Erzherzogs Maximilian Franz zum Koadjutor des Kurstiftes Köln und des Fürstbistums Münster (1779/80). In: Mitteilungen des Instituts für österreichische Geschichtsforschung 81 (1973). S. 139–147.
Baum, Wilhelm: Sigmund der Münzreiche. Zur Geschichte Tirols und der habsburgischen Länder im Spätmittelalter. Bozen 1987.
Baum, Wilhelm: Die Habsburger in den Vorlanden 1386–1486. Krise und Höhepunkt der habsburgischen Machtstellung in Schwaben am Ausgang des Mittelalters. Wien–Köln–Weimar 1993.
Baur, Ludwig: Berichte des hessendarmstädtischen Gesandten Justus Eberhard Passer an die Landgräfin Elisabeth Dorothea über die Vorgänge am kaiserlichen Hofe und in Wien von 1680–1683. In: Archiv für österreichische Geschichte 37 (1867). S. 271–409.
Bayern, Konstantin von: Ohne Macht und Herrlichkeit (Fürstenschicksale einst und jetzt) Hohenzollern, Wittelsbach, Habsburg. München 1961. (= List-Bücher 196/197).
Bayton, Gloria Fernández: Inventarios reales. Testamentaria del rey Carlos II 1701–1703. Madrid 1975.
Beales, Derek: Josephs II's Réveries. In: Mitteilungen des österreichichen Staatsarchivs 33 (1980). S. 142–160.
Beinert, Berthold: Die Testamente und politischen Instruktionen Karls V. für den Prinzen Philipp. In: Peter Rassow und Fritz Schalk (Hg.): Karl V. Der Kaiser und seine Zeit. Köln 1960. S. 21–37.
Bellucci, Paolo: I Lorena in Toscana: gli uomini e le opere. Firenze 1984
Benna, Anna H.: Der Kronprinzenunterricht Josefs II. in der inneren Verfassung der Erbländer und die Wiener Zentralstellen. In: Mitteilungen des österreichischen Staatsarchivs 20 (1967). S. 115–179.
Benna, Anna H.: Jugend und Erziehung Josephs II. In: Österreich zur Zeit Kaiser Josephs II. Mitregent Kaiserin Maria Theresias, Kaiser und Landesfürst. Wien 1980.

S. 31–34. (= Katalog des Niederösterreichischen Landesmuseums NF 95).
Berney, Arnold: Die Hochzeit Josephs I. In: Mitteilungen des Instituts für österreichische Geschichtsforschung 42 (1927). S. 64–83.
Bessard, Raymond: La vie privée de Marie-Louise. Paris 1953.
Besson, André: Marguerite d'Autriche. Paris 1985.
Bibl, Viktor: Der Tod des Don Carlos. Wien 1918.
Bibl, Viktor: Erzherzog Ernst und die Gegenreformation in Niederösterreich (1576–1590). In: Mitteilungen des Instituts für österreichische Geschichtsforschung, Ergänzungsband 6 (1901). S. 575–596.
Bibl, Viktor: Erzherzogin Johanna, erste Großherzogin der Toskana. In: Beiträge zur Neueren Geschichte Österreichs 4. Wien 1908. S. 20–34.
Bibl, Viktor: Thronfolger. München 1929.
*Bibl, Vikto*r: Maximilian II. der rätselhafte Kaiser. Ein Zeitbild. Hellerau bei Dresden 1929.
Bibl, Viktor: Erzherzog Karl, der beharrliche Kämpfer für Deutschlands Ehre. Wien 1942.
Bibl, Viktor: Der Tod des Don Carlos. Wien 1918.
Billard, Max: Kaiserin Marie Luise und ihre Gatten. Nach neuen unveröffentlichten Dokumenten. Berlin 1909.
Birnbacher, Hanna: Erzherzog Anton Victor, Hochmeister des Deutschen Ordens. Diss. Wien 1974.
Blaschka, Anton: Das Schicksal Don Julios de Austria. In: Mitteilungen des Vereines für Geschichte der Deutschen in Böhmen 70 (1932). S. 220–255.
Blümml, Emil Karl (Hg.): Caroline Pichler geborene von Greiner: Denkwürdigkeiten aus meinem Leben. 2 Bde. München 1914.
Bock, Ernst: Die Doppelregierung Kaiser Friedrichs III. und König Maximilians in den Jahren 1486–1493. Ein politisch-historisches Generationenproblem. In: Aus Reichstagen des 15. und 16. Jahrhunderts. Göttingen 1958. S. 283– 340. (= Schriftenreihe d. bayer. Akademie d. Wissenschaften 5).
Boeheim, Wendelin: Philippine Welser. Eine Schilderung ihres Lebens und ihres Charakters. Innsbruck ca. 1900.
Böhm, Willy: Hat Kaiser Maximilian I. im Jahre 1511 Papst werden wollen? Eine kritische Untersuchung. Wien 1873.
Boogert Bob van den und *Jacqueline Kerkhoff (Hg.)*: Maria van Hongarije. Koningin tussen keizers en kunstenaars 1505–1558. Utrecht–'s-Hertogenbosch 1993.
Boom, Gislaine de: Marguerite d'Autriche-Savoie et la pré-Renaissance. Paris–Brüssel 1935.
Bosbach, Franz: Princeps in Compendio. In: Konrad Repgen (Hg.): Das Herrscherbild im 17. Jahrhundert. Münster 1991. S. 79–114. (= Schriftenreihe der Vereinigung zur Erforschung der neueren Geschichte 19).
Bourgoing, Jean de: Marie Louise von Österreich – Kaiserin der Franzosen – Herzogin von Parma. Wien–Zürich 1949.
Braubach, Max: Maria Theresias jüngster Sohn Max Franz. Letzter Kurfürst von Köln und Fürstbischof von Münster. Wien–München 1961.
Breiter, Burghard: Geschichte der Medizin in Österreich. In: Sitzungsberichte der Akademie der Wissenschaften mathematisch-naturwissenschaftliche Klasse 226 (1951). S. 1–270 (ganzer Band).
Bresciani, Adelinde: Erzherzog Karl von Österreich als Bischof von Brixen 1613–1624. Diss. Innsbruck 1974.
Brewitz, Walther: Sind die Habsburger judenblütig? In: Weltkampf 15 (1938). S. 261–265.
Brosch, Moritz: Habsburgische Vermählungspläne mit Elisabeth von England. In: Mitteilungen des Instituts für österreichische Geschichtsforschung 10 (1889). S. 121–134.
Broucek, Peter: Karl I. (IV.). Der politische Weg des letzten Herrschers der Donaumonarchie. Wien–Köln–Weimar 1997.
Brugger, Hans: Die Regierungszeit der Erzherzogin Claudia in Tirol. Diss. Graz 1952.
Brun, Miguel-Angel Ochoa: Felipe II y Maximiliano II. Madrid 1959.
Bücking, Jürgen: Hippolytus Guarinonius (1571–1654), Pfalzgraf zu Hoffberg und Volderthurn. Eine kritische Würdigung. In: Österreich in Geschichte und Literatur 12 (1968). S. 65–80.
Büdinger, Max: Don Carlos Haft und Tod. Wien 1891.
Bues, Almut: Die habsburgische Kandidatur für den polnischen Thron während des Ersten Interregnums in Polen 1572/73. Diss. Wien 1981 (auch: Dissertationen der Universität Wien 163. Wien 1984).
Bundesgesetzblatt 1925, 64. Stück vom 30. Juli 1925, Nr. 292
Bundesgesetzblatt 1935, 80. Stück ohne Datum Nr. 299
Bundesgesetzblatt 1955, 39. Stück vom 30. Juli 1955, S. 725–810 (Österreichischer Staatsvertrag).
Bustamente, Ciriaco Perez: Felipe III. Semblanza de un monarca y perfiles de una privanza. Madrid 1950.
Cabot, José Tomás: La vida y la época de Felipe II. Barcelona 1997. (= Los Reyes de España 4).
Calderara, Estella Galasso: Un'amazzone tedesca nelle Firenze medicea del'600. La Granduchessa Maria Maddalena d'Austria. Genova 1985.
Calderón, Emilio: Amores y desamores de Felipe II. Madrid 1991.
Calderón, Emilio: Usos y costumbres Sexuales de los Reyes de España. Madrid 3. Auflage 1993.
Canz, Sigrid (Hg.): Die große Welt reist ins Bad 1800–1914. Grafenegg 1980.
Carillo, María Angeles Galino: Los tratados sobre la educación de Principes. Siglos XVI y XVII. Madrid 1948.
Carlen, Louis: Ein Tagebuch über die Ereignisse am Wiener Hof im November 1704. In: Mitteilungen des österreichischen Staatsarchivs 22 (1969). S. 327–334.
Carlen, Louis: Zum Namenrecht des Erzherzogs Maximilian von Österreich. In: Adler. Zeitschrift für Genealogie und Heraldik 17 (1993). S. 122–126.
Castelot, André: Marie Antoinette. Wien–Stuttgart 1955.
Castro, María Teresa Oliveros de und *Eliseo Subiza Martín*: Felipe II. Estudio médico-histórico. Madrid 1956.
Cavanillas, Julián Cortés: Alfonso XII. el rey romántico. Madrid o.J. (um 1944).
Christoph, Paul: Dokumente zu den Restaurationsversuchen des Königs Karl IV. von Ungarn. In: Mitteilungen des österreichischen Staatsarchivs 9 (1956). S. 528–564.
Christoph, Paul: Marie Antoinette. Wien 1959.
Christoph, Paul (Hg.): Maria Theresia. Geheimer Briefwechsel mit Marie Antoinette. Frankfurt/Main–Wien 1991. (= Ullstein Buch 22372).

Cierva, Ricardo de la: El mito de la sangre real. Madrid 1995.
Clary, Alfons (Fürst): Aldonzy de Ayala – eine geheimnisvolle Ahnfrau Kaiser Karls. In: Adler. Zeitschrift für Genealogie und Heraldik 7 (1965). S. 33–34.
Coglievina, Franz: Allerhöchste Reise seiner kais. und kön. Apostol. Majestät Franz Joseph I., Kaiser von Österreich, König von Ungarn etc. etc. etc. durch Triest, Görz, nach Venedig, Istrien, Dalmatien und Fiume in den Monaten April und Mai 1875. Wien 1875.
Coreth, Anna: Kaiserin Maria Eleonore, Witwe Ferdinands III. und die Karmelitinnen. In: Mitteilungen des österreichischen Staatsarchivs 14 (1961). S. 42–63.
Correa, Antonio Bonet: Royal monasteries in the national heritage of Spain. Barcelona 1988.
Corredor, Alfonso Iniesta: La educación de Felipe II. Gerona–Madrid 1960.
Corti, Egon Caesar Conte: Elisabeth. Die seltsame Frau. Graz–Wien–Köln 43. Auflage 1998
Corti, Egon Caesar Conte: Ich, eine Tochter Maria Theresias. Ein Lebensbild der Königin Marie Karoline von Neapel. München 1953.
Cremona, Juan Manuel González: Amantes reales. Madrid 1992.
Cremona, Juan Manuel González: Bastardos reales. Barcelona 1991.
Cremona, Juan Manuel González: Carlos I. Barcelona 1996. (= Los Reyes de España 3).
Criste, Oskar: Erzherzog Karl als Schriftsteller. In: Beiträge zur neueren Geschichte Österreichs 4 (1908). S. 231–240.
Cucentrentoli, Giorgo: Gli ultimi granduchi di Toscana. Bologna 1975
Danvila, Alfonso: Felipe II y el rey Don Sebastián de Portugal. Madrid 1954.
Darnton, Robert: The forbidden best-sellers of pre-revolutionary France. New York 1995.
Dauber, Robert L.: Erzherzog Friedrich von Österreich. Admiral und Ordensritter. Graz 1993
Desmond, Alice Curtis: Marie Antoinette's daughter. New York 1967.
Deutsch, Otto Erich: Kaiser Joseph und die Freimaurer. Nach Akten des Haus-, Hof- und Staatsarchivs. In: Wiener Geschichtsblätter 20 (1965). S. 489–492.
Díaz-Plaja, Fernando: Felipe III. Barcelona 1997.
Díaz-Plaja, Fernando: Vida íntima de los Austria. Madrid 1991.
Diekmeier: Portrait und Krankheitsbild des Infanten Don Carlos 1545–1546. In: Kinderärztliche Praxis 23 (1955) S. 376.
Diemer, Kurt: Die Heiratsverhandlungen zwischen Königin Elisabeth I. von England und Erzherzog Karl von Innerösterreich 1558–1570. Diss. Tübingen 1969.
Diesenreiter, Walther: Rudolf III. (I.), Herzog von Österreich, König von Böhmen. Diss. Wien 1935.
Dill, Liesbeth: Kardinal und König. Die Halsbandaffäre der Marie Antoinette. Frei gestaltet nach dem Tagebuch der Gräfin de la Motte. Berlin 1942.
Dinzelbacher, Peter (Hg.): Europäische Mentalitätsgeschichte. Hauptthemen in Einzeldarstellungen. Stuttgart 1993. (= Kröners Taschenbuchausgabe 469).
Doerr, August von: Auszug aus den Matrikeln der k. k. Hof- und Burgpfarre in Wien. Wien 1901.
Domanovszky, Sándor: József nádor élete. Budapest 2 Bde. 1944.
Dopsch, Alphons: Herzog Rudolfs IV. Krankheit und Hausvertrag. In: Mitteilungen des Instituts für österreichische Geschichtsforschung, 11. Ergänzungsband (1929). S. 386 bis 394.
Dudik, Beda: Des Hoch- und Deutschmeisters Erzherzog's Maximilian I. Testament und Verlassenschaft von Jahre 1619. In: Archiv für österreichische Geschichte 33 (1870). S. 233–325.
Dück, Johannes: Ein fürstlicher Transvestit vor 600 Jahren. In: Zeitschrift für Sexualwissenschaft 15 (1928/29). S. 41–45
Dulong, Claude: Anne d'Autriche, mère de Louis XIV. Paris 1980.
Dvořák, Max: Briefe Kaiser Leopold I. an Wenzel Euseb Herzog in Schlesien zu Sagan, Fürsten von Lobkowitz 1657–1674. In: Archiv für österreichische Geschichte 80 (1894). S. 459–514.
Eble, Gábor: Palatin Erzherzog Josef und Erzherzog Karl in Pest 1803–1804. Budapest 1911.
Elisabeth von Österreich. Einsamkeit, Macht und Freiheit. Katalog der Ausstellung in der Hermesvilla im Lainzer Tiergarten, 22. März 1986 bis 22. März 1987. Wissenschaftl. Mitarbeit von Karl Albrecht-Weinberger. Red. von Susanne Walther. Wien 1986 (= Sonderausstellung des Historischen Museums der Stadt Wien. 99).
Emmer, Johann: Erzherzog Ferdinand III. Großherzog von Toskana als Kurfürst von Salzburg, Berchtesgaden, Passau und Eichstädt 1803–1806. Salzburg 1878.
Emmer, Johann: Erzherzog Franz Karl. Ein Erbauungsbüchlein für Volk und Jugend. Salzburg 1883.
Engel, Peter: Die Progenie als Erbanomalie in der Habsburger Dynastie. Diss. München 1986.
Engelbrecht, Helmut: Geschichte des österreichischen Bildungswesens. Erziehung und Unterricht auf österreichischem Boden. 5 Bde. Wien 1982–1988.
Engels, Amélie: Maria Anna, eine Tochter Maria Theresias 1738–1789. Diss. Wien 1964.
Erlanger, Philippe: La mort de Don Carlos. In: La nouvelle Revue des Deux Mondes 1975. S. 74–82.
Ernst Mischler, Ernst und *Josef Ulbricht*: Österreichisches Staatswörterbuch. Handbuch des gesamten österreichischen öffentlichen Rechtes. 4 Bde. Wien 1905 bis 1909.
Ernst, Otto: Zwölf Monarchen im Exil. Wien 1932.
Erherzog Johann von Österreich. Graz 1982. (Ausstellungskatalog).
Fabiny, Tibor: Maria Dorothea und der ungarische Protestantismus. In: Jahrbuch der Gesellschaft für die Geschichte des Protestantismus in Österreich 96 (1980). S. 333–351.
Feigl, Erich: Otto von Habsburg. Protokoll eines politischen Lebens. Wien–München 1987.
Feigl, Erich: Zita. Kaiserin und Königin. Wien 1991.
Ferdinandy, Michael de: Philipps II. von Spanien „lichter Tod" im Rahmen der „Todesgattung" seiner Sippe. In: Adler. Zeitschrift für Genealogie und Heraldik 10 (1974). S. 24–30.

Ferrer, Eusebio und *María Teresa Puga* und *Enrique Royas*: Cuando reinar es un deber. Regencia de Maríe Cristina de Austria de Habsburg-Lorena minoría de edad de Alfonso XIII (1885–1902). Barcelona 1994.
Fichtenau, Heinrich: Der junge Maximilian (1459–1482). Österreich-Archiv 5. Wien 1959.
Fichtenau, Heinrich: Die Lehrbücher Maximilians I. und die Anfänge der Frakturschrift. Hamburg 1961.
Fichtenau, Heinrich: Die Schulbücher Maximilians I. In: Philobiblon. Vierteljahresschrift für Buch- und Graphiksammler 3 (1959). S. 2–8.
Fichtenau, Heinrich: Maximilian I. und die Sprache. In: Heinrich Fichtenau und Erich Zöllner (Hg.): Beiträge zur neueren Geschichte Österreichs (Adam Wandruszka zum 60. Geburtstag gewidmet). Wien 1974. S. 32–46. (= Veröffentlichungen des Instituts für österreichische Geschichtsforschung 20).
Fichtner, Paula S.: To rule is not to govern: The diary of Maximilian II. In: Solomon Wank (Hg.): The mirror of history. Essays in honor of Fritz Fellner. Santa Barbara–Oxford 1988.
Firnhaber, Friedrich: Der Hofstaat König Ferdinand's I. im Jahre 1554. In: Archiv für Kunde österreichischer Geschichtsquellen 26 (1860) S. 1–28.
Fisas, Carlos: Historias de las reinas de Espana. La casa de Austria. Barcelona 1991.
Fischer, Josef: Die Erbteilung Kaiser Rudolfs II. mit seinen fünf Brüdern vom 10. April 1578 mit besonderer Berücksichtigung des Antheiles des Erzherzog Ferdinand II. von Tirol an den vorhergehenden Verhandlungen. In: Zeitschrift des Ferdinandeums für Tirol und Vorarlberg 41 (1897). S. 1–48.
Fischer, Maximilian: Friedrich der Schöne bekennt drei von ihm ausser der Ehe gezeugte Kinder (Bürstenabzug eines geplanten Artikels in der Stifts-Bibliothek Klosterneuburg).
Forst de Battaglia, Otto (Hg. von Johann Lanz): Burgunder, Spanier, Deutscher? Über die Ahnen und die Herkunft Kaiser Karls V. Wien 1971.
Forst de Battaglie, Otto: Ahnen-Tafel seiner kaiserlichen und königlichen Hoheit des durchlauchtigsten Herrn Erzherzogs Franz Ferdinand von Österreich-Este. Wien 1910.
Forst de Battaglie, Otto: Ahnenverlust und nationale Gruppen auf der Ahnentafel des Erzherzogs Franz Ferdinand. Wien 1912.
Forst de Battaglie, Otto: Das Geheimnis des Blutes. Wien 1932.
Forst de Battaglie, Otto: Restauration der Habsburger? In: Europäischen Gespräche 8 (1930). S. 1–10.
Franckenstein, Joseph: Eleonore von Schottland. Die nachmalige Gattin Herzog Sigmund des Münzreichen. Diss. Innsbruck 1937.
Franzel, Emil (Hg.): Virtute Fideque. Festschrift für Otto von Habsburg zum 50. Geburtstag. Wien–München 1965.
Frühmann, Dietlinde: Erzherzog Rainer Ferdinand 1827–1913. Eine Darlegung seines Lebens. Diss. Wien 1985.
Fuchs, Walter P.: Baiern und Habsburg 1534–1536. In: Archiv für Reformationsgeschichte 41 (1948) S. 1–32.
Fugger, Nora: Im Glanz der Kaiserzeit. Wien–München 1932 (2. Auflage 1980).
Gachard, L. P. : Correspondance de Marguerite d'Autriche duchesse de Parme avec Philippe II. 3 Bde. Brüssel 1867 bis 1881.
Gavarrón, Lola: Nacidas para reinar. Doce princesas extranjeras en el trono de España. Madrid 1997.
Gehrig, Emmy: Über das Tugendleben des Dieners Gottes Karl aus dem Hause Österreich. Wien 1962.
Gehrig, Emmy: Umjubelt – Verkannt – Verbannt. Kaiserin und Königin Zita. Wels 1955.
Gesetzblatt für das Land Österreich 62. Stück 14. März 1939.
Gindely, Anton: Rudolf II. und seine Zeit. 2 Bde. Prag 1968.
Girsberger, Ernst K.: Leopold III., Herzog zu Österreich. Der Held von Sempach (1386) Eine Monographie. Innsbruck 1934.
Goerlich, Ernst Joseph: Der letzte Kaiser. Wien–Köln 1962.
Görlitz, Walter: Franz Joseph und Elisabeth. Die Tragik einer Fürstenehe. Stuttgart 1938.
Gómez del Campillo, Miguel: Margarita de Austria, duquesa de Parma. In: Boletín de la (real) academia de la historia 145 (1959). S. 145–178.
Gopčević, Spiridion: Österreichs Untergang. Die Folge von Franz Josephs Mißregierung. Berlin 1920.
Göring, Helmut: Deutschland, Österreich und das Haus Habsburg. In: Das Reich, Idee und Gestalt. Festschrift Johannes Haller zu seinem 75. Geburtstag. Stuttgart 1940. S. 217–229.
Granichstaedten, Rudolf: Uneheliche Kinder der Tiroler Landesfürsten. In: Adler. Zeitschrift für Genealogie und Heraldik 74 (18) (1956). S. 33–40.
Greiner, Christian: Der „Türkenlouis" und Österreich-dynastische Interessenpolitik im militärischen Dienst des Hauses Habsburg. In: Österreich in Geschichte und Literatur 37 (1993). S. 239–258.
Grießmair, Hans: Kaiser Maximilians I. Itinerarium in Südtirol. In: Der Schlern 43 (1969). S. 51–55.
Grössing, Helmuth und *Franz Stuhlhofer*: Versuch einer Deutung der Rolle der Astrologie in den persönlichen und politischen Entscheidungen einiger Habsburger des Spätmittelalters. In: Anzeiger der österreichischen Akademie der Wissenschaften, philosophisch-historische Klasse 117 (1980). S. 267–283.
Größing, Sigrid-Maria: Amor im Hause Habsburg. Große Liebesgeschichten aus dem österreichischen Herrscherhaus. Wien 1990.
Größing, Sigrid-Maria: Kaiserin Elisabeth und ihre Männer. Wien 1998.
Guglia, Eugen: Das Theresianum in Wien. Vergangenheit und Gegenwart. Wien 1912.
Gunther, John: Hapsburgs again? In: Foreign affairs. An American quarterly review 12 (1937). S. 579–591.
Günther, Otto: Unser Kaiser kehrt heim. Legitimistische Arbeit in Österreich. Wien 1933.
Gutkas, Karl: Austria Imperialis. Auf den Spuren der Habsburger in Österreich. St. Pölten 1995
Haas, Walther: Erziehung und Bildung Kaiser Franz Josephs. Diss. Wien 1948.
(Habsburg-Lothringen, Ludwig Salvator): Einiges über Welt-Ausstellungen. Prag 1911.

(Habsburg-Lothringen, Ludwig Salvator): Hobarttown oder Sommerfrische in den Antipoden. Prag 1886.
(Habsburg-Lothringen, Ludwig Salvator): Um die Welt ohne zu wollen. Prag 1881.
Habsburg-Lothringen, Michael: Der habsburgische Familienversorgungsfonds. In: Maria Theresia und ihre Zeit. Salzburg–Wien 1980. S. 421–424.
Haecker, V.: Der Familientypus der Habsburger. Erste Mitteilung. In: Zeitschrift für induktive Abstammungs- und Vererbungslehre 6 (1911/12). S. 61–89.
Haider, Elisabeth: Erzherzogin Maria Christine (1858–1929). Äbtissin des Damenstiftes in Prag und Königin von Spanien. Diss. Innsbruck 1997.
Haller-Reiffenstein, Brigitte: Zu den Aufenthalten Friedrichs III. in Wien. In: Wiener Geschichtsblätter 48 (1993). S. 79–100.
Ham, Claudia: Die verkauften Bräute. Studien zu den Hochzeiten zwischen österreichischen und spanischen Habsburgern im 17. Jahrhundert. Diss. Wien 1995.
Hamann, Brigitte (Hg.): Die Habsburger, ein biographisches Lexikon. Wien 1988.
Hamann, Brigitte: Erzherzog Albrecht – Die graue Eminenz des Habsburgerhofes. Hinweise auf einen unterschätzten Politiker. In: Politik und Gesellschaft im alten Österreich. Festschrift für Rudolf Neck zum 60. Geburtstag Bd. 1. Wien 1981. S. 62–77.
Hamann, Brigitte: Rudolf Kronprinz und Rebell. Wien 1978.
Hamann, Brigitte (Hg.): Kaiserin Elisabeth. Das poetische Tagebuch. Wien 1984 (= Fontes rerum Austriacarum. 1, 12).
Hamann, Brigitte (Hg.): Elisabeth. Bilder einer Kaiserin. Wien–München 1982.
Hamann, Brigitte: Elisabeth. Kaiserin wider Willen. Wien–München 1982 (9. Auflage mit erweitertem Bildteil. Wien–München 1988).
Hantsch, Hugo: Die drei großen Relationen St. Saphorins über die inneren Verhältnisse am Wiener Hof zur Zeit Karls VI. In: Mitteilungen des Instituts für österreichische Geschichtsforschung 58 (1950). S. 625–636.
Hartmann, Eleonore: Die Hofreisen Kaiser Franz I. Diss. Wien 1968.
Hartmeyer, Hans: Die Habsburger-Frage – keine Frage mehr. In: Deutschlands Erneuerung. Monatsschrift für das deutsche Volk 22 (1938). S. 424–429.
Hastier, Louis: La sépulture de Louis XVI et de Marie-Antoinette. In: Revue des Deux Mondes 1955. S. 93–111.
Das Haus Wittelsbach und die europäischen Dynastien. In: Zeitschrift für bayerische Landesgeschichte 44 (1981). Heft 1 (ganzes Heft).
Heiner Haan: Kaiser Ferdinand II. und das Problem des Reichsabsolutismus. Die Prager Heeresreform von 1635. In: Historische Zeitschrift 207 (1968) S. 297–345.
Heinrich, P. (pseud. Heinrich Pollak): Erzherzog Johann. Ein Charakterbild. Mit Beiträgen zur Geschichte der Begründung der zweiten Dynastie Bulgariens nach authentischen Quellen und Briefen des Erzherzogs. Wien 1901.
Heiß, Gernot: Politik und Ratgeber der Königin Maria von Ungarn in den Jahren 1521–1531. In: Mitteilungen des Instituts für österreichische Geschichtsforschung 82 (1974). S. 120–180.
Helbling, Leo: Dr. Johann Fabri, Generalvikar von Konstanz und Bischof von Wien 1478–1541. Beiträge zu seiner Lebensgeschichte. Münster 1941. (= Reformationsgeschichtliche Studien und Texte 67/68).
Helfert, Alexander von: Erzherzog Franz Karl. Ein Lebens- und Charakterbild. Wien 1879.
Helfert, Alexander von: Königin Karoline von Neapel und Sicilien im Kampfe gegen die französische Weltherrschaft 1790–1814. Wien 1878.
Helfert, Alexander von: Maria Karolina von Oesterreich, Königin von Neapel und Sicilien. Wien 1884.
Helfert, Alexander von: Marie Louise, Erzherzogin von Oesterreich, Kaiserin der Franzosen. Wien 1873.
Hellbling, Ernst C.: Die habsburgischen Hausnormen des Mittelalters in rechtlicher Sicht. In: Nikolaus Grass und Werner Ogris (Hg.): Festschrift Hans Lentze. Zum 60. Geburtstag dargebracht von Fachgenossen und Freunden. Innsbruck–München 1969. S 295–313.
Heller, Hermann: Erzherzog Ludwig Victor. Huldigungsblätter. Brünn 1902.
Herzog, Johann Ferdinand: Ahnentafel Kaiser Ferdinands I. (2048 Ahnen). Wien 1839.
Hirn, Josef: Erzherzog Maximilian der Deutschmeister. Regent von Tirol. 2 Bde. Innsbruck 1915 und 1936. Nachdruck (Hg.): Heinrich Noflatscher Bozen 1981.
Hödl, Günther: Herzog Leopold I. von Österreich (1290 bis 1326). Diss. Wien 1964.
Hödl, Günther: Habsburg und Österreich 1273–1493. Gestalten und Gestalt des österreichischen Spätmittelalters. Wien–Graz–Köln 1988.
Höflechner, Walter: Zur Heiratspolitik der Habsburger bis zum Jahre 1526. In: Festschrift Hermann Wiesflecker zum 60. Geburtstag. Graz 1973. S. 115–121.
Hoffmann, Lieselotte: Protestantismus im Hause Habsburg. Bad Rappenau 1978 (= Studien und Dokumente 31/32).
Holler, Gerd: Sophie. Die heimliche Kaiserin – Mutter Franz Joseph I. Wien–München 1993.
Hormayr, Joseph von: Ueber Minderjährigkeit, Vormundschaft und Großjährigkeit im österreichischen Kaiserstaat und Kaiserhaus. Wien 1808.
Hrazky, Joseph: Die Persönlichkeit der Infantin Isabella von Parma. In: Mitteilungen des österreichischen Staatsarchivs 12 (1959). S. 174–238.
Hulst, Henri de: Le mariage de Philippe le Beau avec Jeanne de Castille à Lierre le 20 octobre 1496. Anvers 1958.
Hummelberger, Walter: Erzherzog Matthias in den Niederlanden (1577–1581). In: Jahrbuch der kunsthistorischen Sammlungen in Wien 61 (1965). S. 91–118.
Ilwof, Franz: Erzherzog Johanns Briefe an Joseph Freiherrn von Hammer-Purgstall, mit Einleitung und Erläuterungen herausgegeben. In: Mitteilungen des historischen Vereines für Steiermark 37 (1889). S. 3–76.
Innerkofler, Adolf: Eine große Tochter Maria Theresias. Erzherzogin Marianne in ihrem Hauptmonument dem Elisabethinenkloster zu Klagenfurt. Innsbruck 1910.
Iongh, Jane de: Margaret of Austria. Regent of the Netherlands. New York 1953.
Itzinger, Karl: Vom Verräter zum Heiligen? Der Verrat Karls des Letzten am Bundesgenossen. München 1938.

Jäger, Albert: Beiträge zur Geschichte der Verhandlungen über die erbfällig gewordene Grafschaft Tirol nach dem Tode des Erzherzogs Ferdinand von 1595–1597. In: Archiv für österreichische Geschichte 50 (1873). S. 103–212.

Jäger, Albert: Der Übergang Tirols und der österreichischen Vorlande von dem Erzherzog Sigismund an den Römischen König Maximilian von 1487–1490. Ein Bruchstück aus der Geschichte der Tiroler Landstände. In: Archiv für österreichische Geschichte 51 (1873). S. 297–448.

Jankovic, Patrizia: Michael Korybut Wiśniowiecki und seine Gemahlin Eleonore, Erzherzogin von Österreich. Dipl. Wien 1996.

Jedin, Hubert: Ein Prinzenspiegel für den jungen Maximilian I. In: Archiv für Kulturgeschichte 43 (1961). S. 52–61.

Kállay, István: Ein Geheimbericht über den Tod Maria Theresias. In: Mitteilungen des österreichischen Staatsarchivs 34 (1981). S. 342–344.

Kalmár, Margarethe: Kulturgeschichtliche Studien zu einer Biographie der Erzherzogin Maria Elisabeth (1680–1741) aus Wiener Sicht. Diss. Wien 1988.

Kalnein, Albrecht: Die Regentschaft in Spanien 1665–1677. Schwächung der Krongewalt und politische Alternativen. Saarbrücken–Fort Lauderdale 1992 (= Forschungen zu Spanien 11).

Kann Robert A.: Die Sixtusaffäre und die geheimen Friedensverhandlungen Österreich-Ungarns im Ersten Weltkrieg. Wien 1966. (= Österreich-Archiv 19).

Kann, Robert A.: Joseph Maria Baernreithers und Graf Ottokar Czernins fragmentarische Darstellung der Sixtus-Affaire. Auf Grund der Aufzeichnungen und Dokumente im Baernreitherschen Nachlaß. In: Mitteilungen des österreichischen Staatsarchivs 16 (1963). S. 412–468.

Karajan, Theodor von (Hg.): Michael Beheim's Buch von den Wienern 1462–1465. Wien 1843.

Katschnig-Fasch, Elisabeth: Der Fragebogen Erzherzog Johanns von 1810 – ein frühes „volkskundliches" Wagnis. In: Österreichische Zeitschrift für Volkskunde 85 (1982). S. 362–383.

Kerekeshazy, Josef: Die geheimen Tagebücher Kaiser Ferdinands I. aus dem Revolutionsjahr 1848. 2 Bde. Wien 1975.

Kertész, Johann: Bibliographie der Habsburg-Literatur 1218–1934. Budapest 1934.

Ketösy, M.: Habsburger Mesalliancen und Liebesaffären. Leipzig 7. Auflage 1902.

Ketterl, Eugen: Der alte Kaiser, wie nur einer ihn sah. Der wahrheitsgetreue Bericht des Leibkammerdieners Kaiser Franz Jospehs I. Wien–München–Zürich–Innsbruck 1980 (erstmals 1929).

Kirchmair, Karl: Die religiöse Lage Tirols während der Regierungszeit Erzherzog Leopolds V. (1619–1632). Diss. Innsbruck 1950.

Kiss, István N.: Weineinkauf für den Wiener Hofhaushalt in Westungarn-Burgenland (16.–17.Jahrhundert). In: Burgenländische Heimatblätter 32 (1970). S. 64–71.

Kiszling, Rudolf: Erzherzog Franz Ferdinand von Österreich-Este. Leben, Pläne und Wirken am Schicksalsweg der Donaumonarchie. Graz–Köln 1953.

Klaar, Karl: Christoph von Hertenberg, ein unbekannter Sohn Erzherzog Ferdinands II. In: Veröffentlichungen des Museums Ferdinandeum in Innsbruck 8 (1928). S. 169 bis 187.

Kleinmann, Horst J.: Erzherzog Ludwig Salvator. Mallorcas ungekrönter König. Graz–Wien 1991

Klemmt, Rolf: Besaß Kaiser Friedrich III. eine eigene Rezeptsammlung? In: Archiv für Kulturgeschichte 46 (1964). S. 21–27.

Klingenstein, Grete: Erzherzog Johann von Österreich. Graz 1982.

Knuhr, Werner: Die Todesursachen der in der Kapuzinergruft zu Wien beigesetzten Mitglieder des Hauses Österreich (Habsburg-Lothringen). In: Adler. Zeitschrift für Genealogie und Heraldik 19 (77) (1959). S. 81–83, 97–98, 128–131.

Knußmann Rainer: Vergleichende Biologie des Menschen. Lehrbuch der Anthropologie und Humangenetik. Stuttgart 2. Auflage 1996.

Kohler, Alfred und *Friedrich Edelmayer (Hg.)*: Hispania-Austria. Die katholischen Könige, Maximilian I. und die Anfänge der Casa de Austria in Spanien. Wien 1993.

Köhler, Ruth: Die Heiratsverhandlungen zwischen Eduard I. von England und Rudolf von Habsburg. Ein Beitrag zur englisch-deutschen Bündnispolitik am Ausgang des 13. Jahrhunderts. Meisenheim am Glan 1969.

Kollreider, Monika: Hofreisen Maria Theresias. Diss. Wien 1965.

Komaszyński, Michael: Die Rivalität zwischen Habsburgern und Bourbonen am polnischen Hof im 17. Jahrhundert. In: Österreichische Osthefte 32 (1990). S. 320–332.

Körper, Gerlinde: Studien zur Biographie Elisabeth Christines von Braunschweig-Lüneburg-Wolfenbüttel. Gemahlin Kaiser Karls VI. und Mutter Maria Theresias. Diss. Wien 1975.

Kostenzer, Otto: Die Leibärzte Maximilians in Innsbruck. In: Veröffentlichungen des Tiroler Landesmuseums Ferdinandeum 50 (1970). S. 73–111.

Kövess, Géza: Die ehelichen Nachkommen des Kaisers Franz Joseph I. und der Kaiserin Elisabeth von Österreich. In: Adler. Zeitschrift für Genealogie und Heraldik 1 (15) (1948). S. 138–153.

Kövess, Géza: Neue Ahnenlisten zur Genealogie des Hauses Österreich. In: Adler. Zeitschrift für Genealogie und Heraldik 2 (1950–1952). S. 129–137, 177–178, 263–266.

Kowaschitz, Walter: Kardinal Erzherzog Rudolf, der Bruder des Kaisers Franz, und seine Beziehung zu den Künsten. Graz 1975.

Kramer, Hans: Das Zeitalter des Humanismus in Tirol. Innsbruck 1947.

Kratochwil, Max: Eine illegitime Tochter Josefs II.? In: Wiener Geschichtsblätter 7 (1952). S. 59–62.

Kratochwil, Max: Nochmals: Eine illegitime Tochter Josefs II.? In: Wiener Geschichtsblätter 8 (1953). S. 104–105.

Kraus, Victor von: Itinerarium Maximiliani I. 1508–1518. Mit einleitenden Bemerkungen über das Kanzleiwesen Maximilians I. In: Archiv für österreichische Geschichte 87 (1899). S. 229–318.

Kühnel, Harry: Die Leibärzte der Habsburger bis zum Tode Kaiser Friedrichs III. In: Mitteilungen des österreichischen Staatsarchivs 11 (1958). S. 1–36.

Kühnel, Harry: Pietro Andrea Matthioli. Leibarzt und Bota-

niker des 16. Jahrhunderts. In: Mitteilungen des österreichischen Staatsarchivs 15 (1962). S. 63–92.
Künigl, L.: Erzherzog Eugen. 1863–1954. Innsbruck 1957.
Kunst des Heilens. Aus der Geschichte der Medizin und Pharmazie. Kataloge des Niederösterreichischen Landesmuseums NF 276. Wien 1991.
Kunstler, Carlo: La vita privata di Maria Antonietta. Milano 1939.
Künstler, Gustav: Das Bildnis Rudolfs des Stifters, Herzog von Österreich, und seine Funktion. In: Mitteilungen der österreichischen Galerie 16 (1972). S. 5–15.
Kupka-Ziegerhofer, Anita: Leopoldine Hofmann (1842–1891) Sängerin und Erzherzogsgattin. In: Blätter für Heimatkunde 69 (1995). S. 81–92.
Kutlík-Garudo, Igor E.: Zur 150. Wiederkehr des Geburtstages von Josef Habsburg, dem verkannten großen Romani-Sprachforscher. In: Anzeiger der österreichischen Akademie der Wissenschaften, philosophisch-historische Klasse 119 (1982). S. 158–174.
Lacour-Gayet, Michel: Marie-Caroline reine de Naples (1752–1814). Une adversaire de Napoléon. Paris 1990.
Langer, Ellinor: Die Geschichte des adeligen Damenstiftes zu Innsbruck. Innsbruck 1950 (= Schlern-Schriften 73).
Lanz, Johann: Drei Ahnentafeln von Nachkommen Johannas der Wahnsinnigen. Karl II. von Spanien – Don Carlos – Sebastian von Portugal. Wien 1970.
Lanz, Johann: Kinder und Ahnen des letzten österreichischen Kaiserpaares. Wien 1970.
Leitsch, Walter: Erzherzog Leopold und seine Unräte. Zu einer habsburgischen Kandidatur auf den Moskauer Thron (1613). In: Kieler Historische Studien 22 (1974). S. 51–72.
Lemmer, Manfred (Hg.): Das Kochbuch der Philippine Welser. Kommentar, Transkription und Glossar von Gerold Hayer. Innsbruck 1983.
Lernet-Holenia, Alexander: Die Geheimnisse des Hauses Österreich. Roman einer Dynastie. Zürich 1971.
Levin, Theodor: Ein Heiratsprojekt im pfalzneuburgischen Hause. In: Beiträge zur Geschichte des Niederrheins. Jahrbuch des Düsseldorfer Geschichts-Vereins 15 (1900). S. 366–373.
Levin, Theodor: Zur Ergänzung meines Aufsatzes: Ein Heiratsprojekt im pfalzneuburgischen Hause. In: Beiträge zur Geschichte des Niederrheins. Jahrbuch des Düsseldorfer Geschichts-Vereins 20 (1906). S. 149–150.
Lhotsky, Alphons: Zur Frühgeschichte der Wiener Hofbibliothek. In: Mitteilungen des Instituts für österreichische Geschichtsforschung 59 (1951) S. 329–363.
Das Liebesleben der Habsburger. Wahrheit statt Dichtung. Wien 1922.
List, Joachim: Beiträge zur Stellung und Aufgabe der Erzherzöge unter Kaiser Franz Josef I. Diss. Wien 1982.
Llamas, Antonio Martínez: Isabel de Valois, reina de España. Una historia de amor y enfermedad. Madrid 1996.
Loades, David M.: The Reign of Mary Tudor. Politics, Government and Religion in England 1553–1558. London 1979.
Loevy, Hannelore T. and *Aletha Kowitz*: The Habsburgs and the „Habsburg Jaw“. In: Bulletin of the History of Dentistry 30 (1982). S. 19–23.
Lorenz, Reinhold: Reisen des Kaisers Leopold und des Kurfürsten Max Emanuel im Türkenjahr 1683. In: Mitteilungen des Instituts für österreichische Geschichtsforschung 52 (1938). S. 295–312.
Luxenburger, Hans: Psychiatrisch-erbbiologisches Gutachten über Don Julio (Cesare) de Austria. In: Mitteilungen des Vereines für Geschichte der Deutschen in Böhmen 70 (1932). S. 41–54.
Lynch, John: Spain under the Habsburgs. 2 Bde. Oxford 1969 (2. Auflage 1981).
Magenschab, Hans: Erzherzog Johann. Habsburgs grüner Rebell. Graz–Wien–Köln 1982.
March, José M.: Niñez y juventud de Felipe II. Documentos inéditos sobre su educación civil, literaria y religiosa y su iniciación al gobierno (1537–1547). 2 Bde. Madrid 1941–1942.
Martín, María Jesús Pérez: Margarita de Austria, reina de España. Madrid 1961.
Martin-Weidinger, Karin: Bibliographie der Habsburger-Literatur seit dem Jahre 1934. Diss.Wien 1985.
Maschek, Franz: Herzog Friedrich der Schöne von Österreich und seine illegitimen Nachkommen. In: Adler. Zeitschrift für Genealogie und Heraldik 2 (1950–1952). S. 189–192.
Mauerkircher, Friedrich: Habsburg stark gefragt. In: Volk und Reich 13 (1937). S. 188–193.
Maura, Gabriel: Vida y reinado de Carlos II. 3. Bd. Madrid 1942.
Maurenbrecher, Wilhelm: Beiträge zur Geschichte Maximilians II. 1548–1562. In: Historische Zeitschrift 32 (1874). S. 221–297.
Maurer, Lutz (Hg.): Wenn Du nur schon bey mir waerest ... Aus den Tagebüchern und Briefen von Erzherzog Johann und Anna Plochl. Grundlsee 1997 (Grundlseer Schriften 1).
May, Wolfgang: Die Reisen Josephs II. In: Österreich zur Zeit Kaiser Josephs II. (Ausstellungskatalog). Wien 1980. S. 82–84.
May, Wolfgang: Die Reisen Josephs II. nach Rußland 1780 und 1787. In: Österreich zur Zeit Kaiser Josephs II. (Ausstellungskatalog) Wien 1980. S. 103–104.
Mayer-Löwenschwerdt, Erwin: Der Aufenthalt der Erzherzoge Rudolf und Ernst in Spanien 1564–1571. In: Sitzungsberichte der Akademie der Wissenschaften in Wien 206 (1927) 5. Abh., 1–64.
Mayrhofer, Johann: Kunigunde, Kaiser Friedrich V. Tochter. In: Österreichische Zeitschrift für Geschichte und Staatenkunde 1836, Nr. 50–52.
Mazcarelle, Manuel Rios: Mariana de Austria, esposa de Felipe III. Madrid 1997.
Mazcarelle, Manuel Rios: Reinas de España. Casa de Austria. Madrid 1998. (= El legado de historia 5).
Mazzàccara, Guido: Napoleone II padre naturale (?) dell' Imperatore Francesco Giuseppe d'Austria. Ostuni 1969.
McGuigan, Dorothy Gies: Familie Habsburg 1273 bis 1918. Wien 1966.
Mecenseffy, Grete: Die Habsburger im 17. Jahrhundert. Die Beziehungen der Höfe von Wien und Madrid während des Dreißigjährigen Krieges. In: Archiv für österreichische Geschichte 121 (1955). S. 1–91.
Menčík, Ferdinand: Die Reise Kaiser Maximilians II. nach

Spanien im Jahre 1548. In: Archiv für österreichische Geschichte 86 (1899). S. 293–308.
Mersey, Paul R.: L'amour de la mort chez les Habsbourg. Contribution à la pathologie historique. Paris 1912.
Meyer, Bruno: Habsburg-Laufenburg und Habsburg-Österreich. In: Zeitschrift für Schweizerische Geschichte 28 (1948). S. 310–343.
Migsch; Erwin: Vorschlag zur Lösung der Habsburg-Frage. In: Forum 12 (1965). S. 17–21.
Mikoletzky, Hanns L. (Hg.): (Leopold Wölfling = Leopold Ferdinand Salvator): Als ich Erzherzog war. Zeugen der Zeit. Wien 1988. Original 1936.
Mikoletzky, Hanns L.: Der Haushalt des kaiserlichen Hofes zu Wien (vornehmlich im 18. Jahrhundert). In: Carinthia I 146 (1956). S. 658–683.
Mikoletzky, Hanns L.: Eine Tochter Kaiser Josefs II.? In: Wiener Geschichtsblätter 7 (1952). S. 36–39.
Mikoletzky, Hanns L.: Franz Stephan von Lothringen als Wirtschaftspolitiker. In: Mitteilungen des österreichischen Staatsarchivs 13 (1960). S. 231–257.
Mikoletzky, Hanns L.: Hofreisen unter Kaiser Karl VI. In: Mitteilungen des Instituts für österreichische Geschichtsforschung 60 (1952). S. 265–285.
Mikoletzky, Hanns L.: Kaiser Franz I. Stephan und der Ursprung des habsburgisch-lothringischen Familienvermögens. Wien 1961.
Mikoletzky, Hanns L.: Die privaten „geheimen" Kassen Kaiser Franz I. und Maria Theresias. In: Mitteilungen des Instituts für österreichische Geschichtsforschung 71 (1963). S. 380–394.
Miller, Rotraud: Die Hofreisen Kaiser Leopolds I. In: Mitteilungen des Instituts für österreichische Geschichtsforschung 75 (1967). S. 66–103.
Mitis, Oskar von: Das Leben des Kronprinzen Rudolf. Mit Briefen und Schriften aus dessen Nachlaß. Neu Herausgegeben von Adam Wandruszka. Wien 1971.
Moeller, Wilhelm Max: Kaiser Karl I. von Österreich. Eine Lebensbeschreibung. Zusammengestellt aus Presse, Literatur, Mitteilungen und eigenen Ermittlungen. Wien 1954.
Mommsen, Theodor E.: Das habsburgisch-angiovinische Ehebündnis von 1316. In: Neues Archiv 50 (1935). S. 600–615.
Mommsen-Reindl, Margareta: Die österreichische Proporzdemokratie und der Fall Habsburg. Wien–Köln–Graz 1976. Böhlaus zeitgeschichtliche Bibliothek 1.
Montilla, Francisca: Historia de la educación. Madrid 1964.
Moragas, Jerónimo de: De Carlos I Emperador a Carlos II el Hechizado. Historia humana de una dinastia. Barcelona 1970.
Moreno, Juan Manuel: Historia de la educación. Edades antigua, media y moderna, acción pedagógica contemporánea. Madrid 1971 (= Biblioteca de innovacion educativa serie 7).
Mosser, Ingrid: Der Legitimismus und die Frage der Habsburger-Restauration in der innenpolitischen Zielsetzung des autoritären Regimes in Österreich. Wien 1979.
Mraz, Gerda (Hg.): Johann Balthasar von Antesperg: Das Josephinische Erzherzogliche A.B.C. Oder Namenbüchlein. Nachdruck des Widmungsexemplares von 1741 im Landesmuseum Joanneum in Graz. Dortmund 1980.
Mraz, Gottfried: Anekdoten über Maria Theresia, Joseph II. und ihre Umgebung. In: Österreich in Geschichte und Literatur 33 (1989). S. 1–12.
Müller, Peter: „Schwalbe, leih' mir deine Flügel." Die Reisen der Kaiserin Elisabeth. Bildteil von Viktor Kabelka. Wien 1991
Müller, Peter (Hg.): Das Land der Griechen. St. Pölten–Wien 1984.
Mussak, Karl: Hofleben und Kulturpflege in Tirol unter Erzherzog Leopold V. (1619–1632). Diss. Innsbruck 1962.
Mutschlechner, Georg: Herzog Sigmund von Österreich in Gastein. In: Mitteilungen der Gesellschaft für Salzburger Landeskunde 112/113 (1972/73). S. 325–329.
Nada, John: Karl der Behexte. Der letzte Habsburger auf Spaniens Thron. Wien–Hamburg 1962.
Nadal, Santiago: Las cuatro mujeres de Felipe II. Barcelona 1971.
Naschenweng, Hannes P.: Die Nachkommen von Erzherzog Johann von Österreich (1782–1859) und Anna Plochl, Freiin von Brandhofen, Gräfin von Meran (1804–1885). In: Adler. Zeitschrift für Genealogie und Heraldik 12 (1980). S. 414–436.
Neidenbach, Sieglinde: Die Reisen Kaiser Josephs II. ins Banat. Diss. Wien 1967.
Neuhäuser, Stephan: Der österreichische Legitimismus in der Ersten Republik (1918–1938) unter besonderer Berücksichtigung seiner Organisationen. Dipl. Wien 1991.
Neumann, Dieter und *Rudolf Lehr* und *Silvia Müller* und *Friedrich Heer*: Bad Ischl und die Habsburger. Bad Ischl 1992.
Niedoba, Walter: Die Legendenbildung um den Tod des Kronprinzen Rudolf im Spiegel der Presse. Diss. Wien 1950.
Noflatscher, Heinrich: Erzherzog Maximilian, Hoch- und Deutschmeister 1585/90–1618. Das Haus Habsburg, der Deutsche Orden und das Reich im konfessionellen Zeitalter. 2 Bände Diss. Innsbruck1981.
Novotny, Alexander: Erzherzog Friedrich von Österreich (1821–1847), der Sohn des Siegers von Aspern. Ein Kapitel österreichischer Geschichte im Orient. In: Zeitschrift des historischen Vereins für Steiermark 53 (1962). S. 251–259.
Novotny, Alexander: Kardinal Erzherzog Rudolph (1788–1831) und seine Bedeutung für Wien. In: Wiener Geschichtsblätter 16 (19619. S. 341–347.
Oberacker, Karl H.: Kaiserin Leopoldine. Ihr Leben und ihre Zeit (1797–1826). São Leopoldo 1980.
Oblin, Mireille: La vrai visage de Marie-Louise. Impératrice des Français, duchesse de Parme, Plaisanca et Guastalla. o. O. 1974.
Obry, Olga: Grüner Purpur. Brasiliens erste Kaiserin, Erzherzogin Leopoldine. Wien–Innsbruck–Wiesbaden 1958.
Oldenhage, Klaus: Kurfürst Erzherzog Maximilian Franz, Hoch- und Deutschmeister 1780–1801. Bad Godesberg 1969.
Opel, Julius Otto: Die Wahl des Erzherzogs Leopold Wilhelm zum Bischof von Halberstadt durch lutherische und katholische Domherren im Jahre 1628. In: Neue Mitteilungen des Thüringisch-sächsischen Geschichts- und Altertumsvereins 18 (1891). S. 1–60.
Orso, Steven N.: Art and Death at the Spanish Habsburg Court. The Royal Exequies for Philipp IV. Columbia 1989.

Ortner, Marie-Therese: Die Jesuiten in ihrer Bedeutung für das österreichische Bildungswesen vor und nach der Aufhebung des Ordens im Jahre 1773. Diss. Wien 1994.
P(ollak), Heinrich: Erzherzog Johann. Ein Charakterbild. Mit Beiträgen zur Geschichte der Begründung der zweiten Dynastie Bulgariens nach authentischen Quellen und Briefen des Erzherzogs. Wien 1901.
Peez, Karl: Zur Heiraths-Politik der Dynastie Habsburg-Lothringen. In: Österreichisches Jahrbuch 8 (1884). S. 1–22.
Penn, Heinrich: Erzherzogin Marie Valerie. Das Buch von unserer Kaisertochter. Brünn 1889.
Pernes, Jiří: Habsburkové bez trůno [Habsburger ohne Thron]. Praha 1995.
Pesendorfer, Franz: Ein Kampf um die Toskana, Großherzog Ferdinand III. 1790–1824. Wien 1984.
Pesendorfer, Franz: Lothringen und seine Herzöge. Im Zeichen der drei Adler. Graz 1994.
Pesendorfer, Franz: Zwischen Trikolore und Doppeladler. Leopold II. Großherzog von Toskana 1824–1859. Wien 1987.
Peters, Henriette: Mitra und Krone. In: Beiträge zur Wiener Diözesangeschichte 12 (1971). S. 5–7.
Petrie, Charles: Don John of Austria. London 1967.
Pfandl, Ludwig: Johanna die Wahnsinnige. Ihr Leben. Ihre Zeit. Ihre Schuld. Freiburg/Breisgau 1930.
Pfandl, Ludwig: Karl II. Das Ende der spanischen Machtstellung in Europa. München 1940.
Pickl, Othmar (Hg.): Erzherzog Johann von Österreich. Sein Wirken in seiner Zeit. Graz 1982. (= Forschungen zur geschichtlichen Landeskunde der Steiermark 33).
Pillich, Walter: Königin Katharina von Polen in Linz. In: Historisches Jahrbuch der Stadt Linz 1966. S. 169–198.
Plantagenet, Edouard: La restauration des Habsbourgs – menace pour la paix européenne. Paris um 1936.
Poyato, José Calvo: Carlos II el hechizado. Barcelona 1996.
Prantner, Johanna: Der Beitrag des Hauses Habsburg-Lothringen und österreichischen Geistesgutes zur Entwicklung Brasiliens während der Monarchie im 19. Jahrhundert. Diss. Wien 1968
Praschl-Bichler, Gabriele: „Gott gebe, daß das Glück andauere." Liebesgeschichten und Heiratssachen im Hause Habsburg. Wien–München 1997.
Praschl-Pichler, Gabriele: Das Familienalbum von Kaiser Franz Joseph und Elisabeth. Wien 1995.
Prehn von Dewitz, H.: Marie Antoinette, Königin von Frankreich. Der Lebensroman einer galanten und unglücklichen Frau. Berlin 1913.
Pribram, Alfred F.: Aus dem Berichte eines Franzosen über den Wiener Hof in den Jahren 1671 und 1672. In: Mitteilungen des Instituts für österreichische Geschichtsforschung 12 (1891). S. 270–296.
Pribram, Alfred F.: Ein habsburgisch-stuartischen Heiratsprojekt. In: Mitteilungen des Instituts für österreichische Geschichtsforschung 29 (1908). S. 423–466.
Pribram, Alfred Francis: Die Heirat Kaiser Leopolds I. mit Margaretha Theresia von Spanien. In: Archiv für österreichische Geschichte 77 (1891). S. 319–375.
Probszt, Günther: Erzherzogin Maria Anna als Numismatikerin. In: Carinthia I 153 (1963). S. 535–547.
Prommitzer, Petra: Die Reisen Kaiser Franz Josephs (1848 bis 1867). Diss. Wien 1967.
Proschko, Hermine: Habsburgs Kaiserfrauen und Herzoginnen. Ein Festgeschenk für Oesterreichs Volk und Jugend. Wien 1878.
Puaux, Anne: Madama, fille de Charles quint. Paris 1987.
Radics, Peter Paul: Fürstinnen des Hauses Habsburg in Ungarn. Zur Millenniums- und Huldigungsfeier. Dresden–Leipzig–Wien 1896.
Radlkofer, Max: Markgraf Karl von Burgau, Sohn Erzherzog Ferdinands von Tirol und der Philippine Welser. In: Zeitschrift des Ferdinandeums für Tirol und Vorarlberg III/51 (1907). S. 1–49.
Rainer, Johann: Kirchliche Benefizien als Einnahmequelle für Fürstensöhne. Erzherzog Leopold V. und das Erzbistum Monreale. In: Festschrift Othmar Pickl zum 60. Geburtstag. Graz–Wien 1987. S. 515–520.
Rainer, Johann: Bartholomäus Portia als Nuntius bei Erzherzog Ferdinand II. von Tirol 1573/74. In: Neue Beiträge zur geschichtlichen Landeskunde Tirols. 2.Bd. Innsbruck 1969. S. 347–360.
Rajakovics, Emil: War Margarethe von Rappach die Mutter der Barbara von Rottal ? In: Adler. Zeitschrift für Genealogie und Heraldik 4 (1956–1958). S. 15–20.
Rapp, Ludwig: Königin Magdalena von Oesterreich, Stifterin des königlichen Stiftes zu Hall in Tirol. Ein Lebensbild aus dem sechzehnten Jahrhundert. Innsbruck 1858 (= Vereins-Gaben der marianischen Gesellschaft zur Verbreitung guter Schriften in Innsbruck 1).
Rassl, Hermann: Zur Geschichte des Königinklosters. In: Wiener Geschichtsblätter 39 (1984). S. 159–166.
Rauber-Zimmer, Ingeborg U.: Erzherzogin Maria Anna. Ein Leben für Wissenschaft und Wohltätigkeit. In: Die Brücke 5 (1979). S. 147–154.
Rausch, Wilhelm: Die Hofreisen Kaiser Karls VI. Diss. Wien 1949.
Redlich, Oswald: Die Tagebücher Kaiser Karls VI. In: Gesamtdeutsche Vergangenheit. Festgabe für Heinrich Ritter von Srbik zum 60.Geburtstag am 10. November 1938. München 1938. S. 141–151.
Reichenbach, Erwin: Der Habsburger Kiefer. In: Das medizinische Bild 13 (1970). S. 112–115.
Reinöhl, Friedrich: Die Ernennung des Erzherzogs Stephan zum Statthalter des Königreiches Ungarn. In: Ungarische Jahrbücher 14 (1934). S. 215–243.
Reissenberger, Karl: Prinzessin Maria Christierna von Innerösterreich (1574–1621). In: Mitteilungen des historischen Vereins für Steiermark 30 (1980). S. 27–72.
Reitinger, Gottfried: Die Organisation der Feldzüge Erzherzog Leopolds V. gegen Graubünden 1620–1623. Diss. Innsbruck 1954.
Religionsprüfung des Kronprinzen Rudolf. In: Beiträge zur Wiener Diözesangeschichte 19 (1978). S. 47–48.
Renner, Victor: Die Erbteilung Kaiser Ferdinands II. mit seinen Brüdern. In: Zeitschrift des Ferdinandeums für Tirol und Vorarlberg 18 (1873). S. 197–248.
Retana, Luis Fernández de: Doña Juana de Austria. Gobernadora de España, hermana de Felipe II., madre de don Sebastián el Africano, rey de Portugal, fundadora de las Descalzas reales de Madrid 1535–1573. Madrid 1955.

Rieder, Heinz: Kaiser Karl. Der letzte Monarch Österreich-Ungarns. München 1981.
Riedmann, Josef: Geschichte Tirols. München 1983.
Rill, Bernd: Karl VI. Habsburg als barocke Großmacht. Graz–Wien–Köln 1992.
Risco, Alberto: Don Juan de Austria, hijo de Felipe IV. Narración histórica. Madrid 1918.
Rocheterie, Maxime de la: Marie Antoinette, Königin von Frankreich. 2 Bde. Wien 1893.
Roegiers, Jan: Die Reise Josephs II. in den österreichischen Niederlanden (Mai–Juli 1781). In: Österreich zur Zeit Kaiser Josephs II. (Ausstellungskatalog) Wien 1980. S. 85–88.
Roider, Karl: The Pragmatic Sanction. In: Austrian History Yearbook 8 (1972). S. 153–158.
Roschitz, Eva Maria: Das System der habsburgischen Heiraten zur Zeit Maximilians I. Diss. Graz 1972.
Roth, Elke: Erzherzogin Anna von Innerösterreich, Königin von Polen und Schweden. Leben und Stellung in der habsburgischen Politik ihrer Zeit (1573–1598). Diss. Graz 1967.
Rouillé, Michel Dugast: L'ombre de Clemenceau a Mayerling. Saint-Herblain 1985.
Rouillé, Michel Dugast: Les grands mariages des Habsbourg. Paris 1955.
Rubbrecht, Oswald: L'origine du type familial de la maison de Habsbourg. Bruxelles 1911.
Rudan, Othmar: Erzherzogin Maria Anna in Klagenfurt 1781 bis 1789. Palais und Kloster vereint. In: Carinthia I 170 (1980). S. 185–260.
Rudolf, Karl: Reisen und Beziehungen zwischen Österreich und Spanien in Spätmittelalter und Renaissance. In: Wolfgang Krömer (Hg.): Spanien und Österreich in der Renaissance. Akten des fünften spanisch-österreichischen Symposions 21.–25. September 1987 in Wien. Innsbruck 1989. S. 31–42. (= Innsbrucker Beiträge zur Kulturwissenschaft Sonderheft 66).
Rummel, Friedrich von: Franz Ferdinand von Rummel. Lehrer Kaiser Josephs I. und Fürstbischof von Wien 1644 bis 1716. Wien 1980. (= Österreich Archiv. Schriftenreihe des Instituts für Österreichkunde 27).
Saathen, Friedrich (Hg.): Anna Nahowski und Kaiser Franz Jopseph. Aufzeichnungen. Wien–Köln–Graz 1986.
Sabater, Gaspar: Mallorca en la vida del Archiduque. Palma de Mallorca 1985.
Schadelbauer, Karl: Hof-Leibärzte Kaiser Maximilians I. zu Innsbruck. In: Festschrift zum 80. Geburtstag Max Neuburgers. Wien 1948. S. 420–427. (= Wiener Beiträge zur Geschichte der Medizin 11).
Schäfer, Dieter: Ferdinand von Österreich, Großherzog zu Würzburg, Kurfürst von Salzburg, Großherzog der Toskana. Köln 1988.
Schaffelhofer, Hans: Johann Orth. Im Weltmeer verschollen. Wien–Krems 1952.
Schager-Eckartsau, Albin: Die Konfiskation des Privatvermögens der Familie Habsburg-Lothringen und des Kaisers und Königs Karl. Innsbruck 1922.
Schellmann, Monika: Zur Geschichte Herzog Ernsts des Eisernen (1386/1402–1424). Diss. Wien 1966.
Scherlacher, Beatrix: Die ehelichen Verbindungen zwischen den Herrscherhäusern Habsburg und Wittelsbach und deren politische und persönliche Konsequenzen. Dipl. Wien 1982.
Schiel, Irmgard: Marie Louise. Eine Habsburgerin für Napoleon. Stuttgart 1983.
Schiel, Irmgard: Stefanie, Kronprinzessin im Schatten von Mayerling. Wien 1978.
Schildenfeld, Zoe von: Erzherzog Eugen 1863–1963. Ein Gedenkbuch. Innsbruck 1963.
Schmidt, Hans: Zur Vorgeschichte der Heirat Kaiser Leopolds I. mit Eleonore Magdalena Theresia von Pfalz-Neuburg. In: Zeitschrift für bayerische Landesgeschichte 45 (1982). S. 299–330.
Schneider, Josef (Hg.): Kaiser Franz Joseph I. und sein Hof. Erinnerungen und Schilderungen aus den nachgelassenen Papieren eines persönlichen Ratgebers. Wien 1919.
Schönbauer, Leopold: Das medizinische Wien. Geschichte/Werden/Würdigung. Berlin–Wien 1944.
Schöppler, Hermann: Über den Tod Maximilians II. In: Mitteilungen zur Geschichte der Medizin und der Naturwissenschaften 9 (1910). S. 219–225.
Schreiber, Renate: Erzherzog Leopold Wilhelm. Kirche, Krieg und Kunst. Dipl. Wien 1998.
Schröder, Konrad (Hg.): Fremdsprachenunterricht 1500 bis 1800. Vorträge gehalten anläßlich eines Arbeitsgesprächs vom 16. bis 19. Oktober 1988 in der Herzog-August-Bibliothek Wolfenbüttel. Wiesbaden 1992 (= Wolfenbütteler Forschungen 52).
Schulte, Aloys: Zur Herkunft der Habsburger. In: Mitteilungen des Instituts für österreichische Geschichtsforschung 10 (1889). S. 208–216.
Schwarz, Henry Frederick: The Imperial Privy Council in the seventeenth century. Cambridge Mass.–London 1943.
Schwarzer, Ronald F.: Der allerletzte Ritter im Exil. Erzherzog Eugens Basler Jahre 1919–1934. Dipl. Wien 1994.
Schwendinger, Helga: Erzherzog Ludwig Salvator. Der Wissenschafler aus dem Kaiserhaus. Wien 1991.
Senfelder, Leopold: Kaiser Maximilian's II. letzte Lebensjahre und Tod. Medicinisch-historische Studie. In: Blätter des Vereines für Landeskunde von Niederösterreich 31 (1897). S. 47–75.
Sevilla, Maria Emilia González: A la mesa con los reyes de España. Curiosidades y anécdotas de la cocina de palacio. Madrid 1998.
Siebenschein, Hugo: Goethe und Maria Ludovika. In: Wissenschaftliche Zeitschrift der Friedrich-Schiller-Universität Jena 7 (1957). S. 363–375.
Singer, Bruno: Die Fürstenspiegel in Deutschland im Zeitalter des Humanismus und der Reformation. Bibliographische Grundlagen und ausgewählte Interpretationen: Jakob Wimpfeling, Wolfgang Seidel, Johann Sturm, Urban Rieger. München 1981. (= Humanistische Bibliothek Reihe I: Abhandlungen 34).
Smidt-Dörrenberg, Irmgard: Margarita Maria, Infantin von Spanien, römisch-deutsche Kaiserin. Des Velazquez liebliechstes Modell. Wien 1966.
Sommer-Mathis, Andrea: Tu felix Austria nube. Hochzeitsfeste der Habsburger im 18. Jahrhundert. Wien 1994 (= Dramma per musica 4).
Sondheimer, Alphons de: Vitrine XIII. Geschichte und Schick-

sal der österreichischen Kronjuwelen. Wien–Hamburg 1966.

Sonnweber, Hans: Erzherzog Sigmund Franz von Tirol. Geschichte seiner oberösterreichischen Regierung (1663–1665) mit besonderer Berücksichtigung der nach seinem Tod erfolgten Übernahme des Landes durch Kaiser Leopold I. Diss. Innsbruck 1949.

Staatsgesetzblatt für den Staat Deutschösterreich Jahrgang 1919, 71. Stück vom 10. April 1919 Nr. 209

Staatsgesetzblatt für die Republik Österreich 180. Stück vom 30. Oktober 1919 Nr. 501

Stadtlaender, Chris: Sisi. Die geheimen Schönheitsrezepte der Kaiserin und des Hofes. Wien 1995.

Steier, Gabriele Helga: Die Erzherzogin. Studien zu ihrer Erziehung und gesellschafts-politischen Funktion im 19. Jahrhundert. Diss. Wien 1990.

Steinherz, Samuel: Kaiser Karl IV. und die österreichischen Freiheitsbriefe. In: Mitteilungen des Instituts für österreichische Geschichtsforschung 9 (1889). S. 63–81.

Steinwenter, Artur: Beiträge zur Geschichte der Leopoldiner. In: Archiv für österreichische Geschichte 58 (1879). S. 389–505.

Steinwenter, Artur: Studien zur Geschichte der Leopoldiner. In: Archiv für österreichische Geschichte 63 (1882). S. 1–146.

Steuer, Rudolf: Beiträge zur Geschichte des Erzherzogs Ernst von Österreich (15.6.1553–20.2.1595). Institutshausarbeit Wien 1947.

Stirling, William: The cloister life of the Emperor Charles the Fifth. Boston–New York 1853.

Stöckelle, Angela: Geburten und Taufen am barocken Kaiserhof. In: Österreich in Geschichte und Literatur 18 (1974). S. 129–141.

Stöckelle, Angela: Taufzeremoniell und politische Patenschaften am Kaiserhof. In: Mitteilungen des Instituts für österreichische Geschichtsforschung 90 (1982). S. 271–337.

Stoerk, Felix: Der Austritt aus dem landesherrlichen Hause. Berlin 1901.

Strakosch-Grassmann, Gustav: Erziehung und Unterricht im Hause Habsburg. In: Fünfter Jahresbericht des städtischen Kaiser Franz Josef Jubiläums-Realgymnasiums in Korneuburg. Korneuburg 1903. S. 1–82.

Strelka, Josef: Der burgundische Renaissancehof Margaretes von Österreich und seine literarhistorische Bedeutung. Wien 1957.

Strelka, Josef: Gedichte Margarete's von Österreich (Die Handschrift 2584 der Wiener Nationalbibliothek). Wien 1954.

Stritzl-Arstatt, Fritz: Denkschrift betreffend die rechtliche Natur des Eigentums an mehreren in Deutsch-Oesterreich befindlichen Vermögensmassen des Kaisers und des Erzhauses Habsburg-Lothringen. Wien 1924.

Strnad, Alfred A.: Brixen – Valencia – Lüttich. Konturen zu einem Lebensbild Georgs von Österreich. In: Kunst und Kirche in Tirol. Festschrift zum 70. Geburtstag von Karl Wolfsgruber. Bozen 1987. S. 81–101.

Strnad, Alfred A.: Ein habsburgisch-viscontisches Eheprojekt aus dem Jahre 1374. In: Mitteilungen des Instituts für österreichische Geschichtsforschung 72 (1964). S. 326–363.

Strnad, Alfred A.: Wahl und Informativprozeß Erzherzog Leopold Wilhelms von Österreich, Fürstbischofs von Breslau (1655–1662). In: Archiv für schlesische Kirchengeschichte 26 (1968). S. 153–190.

Strohmeyer, Arno (Hg.): Die Korrespondenz der Kaiser mit ihren Gesandten in Spanien. Bd. 1. Der Briefwechsel zwischen Ferdinand I., Maximilian II. und Adam von Dietrichstein 1563–1565. Wien 1997.

Strohmayer, Wilhelm: Die Vererbung des Habsburger Familientypus. In: Archiv für Rassen- und Gesellschaftsbiologie 8 und 9 (1911 und 1912). S. 775–785, 150–164.

Stuhlhofer, Franz: Georg Tannstetter (Collimitius). Astronom, Astrologe und Leibarzt bei Maximilian I. und Ferdinand I. In: Jahrbuch des Vereins für Geschichte der Stadt Wien 37 (1981). S. 7–49.

Stülz, Jodok: Ueber den Grafen Ulrich von Schaunberg, den angeblichen Erzieher des Herzogs Rudolf IV. von Oesterreich. In: Archiv für Kunde österreichischer Geschichtsquellen 8 (1852). S. 323–331.

Sturmberger, Hans: Der habsburgische „Princeps in Compendio“ und sein Fürstenbild. In: Hans Sturmberger: Land ob der Enns und Österreich. Aufsätze und Vorträge. Linz 1979. S. 188–210. (= Mitteilungen des Oberösterreichischen Landesarchivs Ergänzungsband 3).

Sturmberger, Hans: Die Anfänge des Bruderzwistes in Habsburg. Das Problem einer österreichsichen Länderteilung nach dem Tode Maximilians II. und die Residenz des Erzherzogs Matthias in Linz. In: Mitteilungen des oberösterreichischen Landesarchivs 5 (1957) S. 143–188.

Sucheni-Grabowska, Anna: Zu den Beziehungen zwischen Jagiellonen und den Habsburgern. Katharina von Österreich, die dritte Gemahlin des Königs Sigismund August. In: Historisches Jb. der Stadt Linz 1979. S. 59–100.

Sutter, Berthold: Erzherzog Johanns Kritik an Österreich. In: Mitteilungen des österreichischen Staatsarchivs 16 (1963). S. 165–215.

Szimics, Eugen: Die heimliche Ehe des Erzherzogs Ernst von Oesterreich und seine Kinder. Wien 1901

Tamussino, Ursula: Isabella von Parma. Gemahlin Josephs II. Wien 1989.

Taylor, Gladys: The little Infanta. London 1960.

Terlinden, Charles: L'archiduchesse Isabelle. Brüssel 1943.

Thausing, M.: Die Leiche Kaiser Karls V. In: Mitteilungen des Instituts für österreichische Geschichtsforschung 2 (1881). S. 459–460.

Thiel, Viktor: Die Aufrichtung der Regierung des Erzherzogs Karl von Innerösterreich. In: Zeitschrift des historischen Vereins für Steiermark 11 (1913). S. 297–307.

Toscana, Luise von: Mein Leben (Umschlagtitel: Mein Lebensweg). Wien 1988.

Toselli, Enrico: Meine Ehe mit Louise von Toscana. Basel–St. Ludwig–Leipzig 1912.

Tötschinger, Gerhard: Habsburger in Tirol. Geschichte und Wirkung. Wien–München 1992.

Trapp, Oswald Graf: Italienreise des Tiroler Landesfürsten Erzherzog Ferdinand Carl 1652. In: Der Schlern 39 (1965). S. 167–177.

Trathnigg, Gilbert: Zum Totenbildnis Kaiser Maximilians I. In: Jahrbuch des Musealvereins Wels 1957. S. 188–190.

Treue, Wilhelm: Mit den Augen der Leibärzte. Von bedeutenden Medizinern und ihren großen Patienten. Düsseldorf 1955.
Turba, Gustav: Beiträge zur Geschichte der Habsburger. Aus den letzten Jahren des spanischen Königs Philipp I. In: Archiv für österreichische Geschichte 86 (1899). S. 309–452.
Turba, Gustav: Geschichte des Thronfolgerechtes in allen habsburgischen Ländern bis zur Pragmatischen Sanktion Kaiser Karls VI. Wien–Leipzig 1903.
Turba, Gustav: Neues über lothringisches und habsburgisches Privateigentum. Wien 1925.
Tuscany, Louisa of: My Own Story. London 1911.
Uebersberger, Hans: Das russisch-österreichische Heiratsprojekt vom Ausgang des XVI. Jahrhunderts. In: Beiträge zur neueren Geschichte Österreichs. Wien 1906. S. 32–43.
Uttenthaler, Gerlinde: Die Französischkenntnisse der Habsburger. Eine Untersuchung zur Spracherziehung. Dipl. Wien 1992.
Varela, Javier: La muerte del Rey. El ceremonial funerario de la monarquía española (1500–1885). Madrid o. J. (1990).
*Vasari, Emilio (*d. i. *Emil Csonka)*: Dr. Otto Habsburg oder die Leidenschaft für Politik. Wien 1972.
Das Vermögen der Habsburger. Wien 1929.
La vita di Don Giovanni d'Austria figlio naturale di Filippo IV. Re di Spagna. Köln 1686.
Vocelka, Karl: Habsburgische Hochzeiten 1550–1600. Kulturgeschichtliche Studien zum manieristischen Repräsentationsfest. Wien–Köln–Graz 1976 (= Veröffentlichungen der Kommission für Neuere Geschichte Österreichs 65).
Vocelka, Karl: Matthias contra Rudolf. Zur politischen Propaganda in der Zeit des Bruderzwistes. In: Zeitschrift für historische Forschung 10 (1983). S. 341–351.
Vocelka, Karl: De betrekkingen tussen het Habsburgse Huis en de „Nederlanden". In: De Habsburgers en Mechelen. „De Dynastie". Mechelen 1987. S. 13–16 (= Europalia 87 Österreich).
Vocelka, Karl: Die Bedeutung der Beherrschung des „schrägen Durchganges" für die Adriapolitik der Habsburgermonarchie. In: Römische historische Mitteilungen 31 (1989). S. 137–147.
Vocelka, Karl: „Du bist die port und zir alzeit, befestigung der christenheit" – Wien zwischen Grenzfestung und Residenzstadt im späten Mittelalter und der Frühen Neuzeit. In: Engel, Evamaria und Karen Lambrecht und Hanna Nogossek (Hg.): Metropolen im Wandel. Zentralität in Ostmitteleuropa an der Wende von Mittelalter zur Neuzeit. Berlin 1995. S. 263–275.
Vocelka, Karl: Das Ringen um Positionen in Italien. Die Habsburgermonarchie und die italienischen Staaten 1683 bis 1790/96. In: Paolo Chiarini und Herbert Zemann (Hg.): Österreich–Italien. Auf der Suche nach der gemeinsamen Vergangenheit / Italia–Austria. Alla ricerca del passato comune. Roma 1995. S. 221–234.
Vocelka, Karl: Polska i Habsburgowie. Polityka malzenska jako instrument polityczny [Polen und die Habsburger. Die Heiratspolitik als politisches Instrument]. In: Habsburzanki na tronie polskim. Katalog Wystawy [Die Habsburger auf dem polnischen Thron. Ausstellungskatalog]. Warszawa 1996. S. 15–20.
Voltelini, Hans von: Ein Familienfideikommiß im Hause Habsburg. In: Festschrift zum siebzigsten Geburtstage Oswald Redlichs (Hg.): Verein für Landeskunde und Heimatschutz von Niederösterreich und Wien. Wien 1928. S. 164–171.
Voss, Gabriele: Der Tod des Herrschers. Sterbe- und Beerdigungsbrauchtum beim Übertritt vom Mittelalter in die Frühe Neuzeit am Beispiel der Kaiser Friedrich III., Maximilian I. und Karl V. Wien 1989 (= Diplomarbeit).
Vossen, Karl: Maria von Burgund. Des Hauses Habsburg Kronjuwel. Stuttgart 1982.
Wachter, Friederike: Die Erziehung der Kinder Maria Theresias. Diss. Wien 1968.
Wagner, Georg: Wallenstein und der Landesherr von Tirol. Der Briefwechsel des Herzogs von Friedland mit Erzherzog Leopold I. 1626–1632 und die Ereignisse der Zeit. In: Mitteilungen des Instituts für österreichische Geschichtsforschung 83 (1975) S. 75–113.
Wagner, Hans: Die Reise Josephs II. nach Frankreich 1777 und die Reformen in Österreich. In: Österreich und Europa. Festgabe für Hugo Hantsch zum 70. Geburtstag. Graz–Wien–Köln 1965. S. 221–246.
Wallburg, Ernst: Ein Justizmord! Enthüllungen des Erzherzog-Sohnes Baron Wallburg über die morganatische Ehe seines Vaters Erzherzog Ernst. Leipzig–Wien–Budapest 1904.
Walsh, William Thomas: Philipp II. London–New York 1937.
Walther, Susanne: Das Turnzimmer der Kaiserin. In: Kaiser Franz Joseph oder Der Verfall eines Prinzips. Wien 1980 (= Sonderausstellung des historischen Museums der Stadt Wien 64) S. 246.
Walther, Susanne: Das „Schlafgemach" der Kaiserin. In: Kaiser Franz Joseph oder Der Verfall eines Prinzips. Wien 1980 (= Sonderausstellung des historischen Museums der Stadt Wien 64) S. 236–237.
Wandruszka, Adam: Leopold II., Erzherzog von Österreich, Großherzog von Toskana, König von Ungarn und Böhmen, Römischer Kaiser. 2. Bde. Wien 1965.
Wandruszka, Adam: Habsburger und Habsburg-Lothringer. In: Franz Gall und Hanns Jäger-Sunstenau (Hg.): Genealogica et heraldica. Kongreßbericht des 10. internationalen Kongresses für genealogische und heraldische Wissenschaften. Wien 1972. S. 315–320.
Wandruszka, Adam: Livia Raimondi und Ludwig Grün. Das Lebensschicksal des unehelichen Sohnes Kaiser Leopolds II. In: Jahrbuch ds Vereines für Geschichte der Stadt Wien 17/18 (1961/62). S. 189–199.
Wandruszka, Adam: Malattie e morte di Pietro Leopoldo. In: Physic. Rivista di storia della scienza 4 (1962). S. 117 bis124.
Warsberg, Alexander von: Das Land der Griechen (Aus dem Reisetagebuch des Alexander von Warsberg, ästhetischer Reisemarschall der Kaiserin Elisabeth). Mit Bildern aus den Photoalben der Kaiserin Elisabeth. Hrsg. und mit einem Vorwort versehen von Peter Müller. St. Pölten–Wien 1984.
Weber, Hermann: Die Bedeutung der Dynastien für die europäische Geschichte der frühen Neuzeit. In: Zeitschrift für bayerische Landesgeschichte 44 (1981). S. 5–32.

Weghaupt, Ingrid: Die Spanienreise des Kronprinzen Erzherzog Rudolf. Dipl. Wien 1996.
Weissensteiner, Friedrich (Hg.): Franz Joseph I., Kaiser von Österreich: Lieber Rudolf! Briefe von Kaiser Franz Joseph und Elisabeth an ihren Sohn. Wien 1991.
Weissensteiner, Friedrich: Die rote Erzherzogin. Das ungewöhnliche Leben der Tochter des Kronprinzen Rudolf. Versuch einer Biographie. Wien 6. Auflage 1988 (= Ein Österreich-Thema aus dem Bundesverlag).
Weissensteiner, Friedrich (Hg.): Ein Aussteiger aus dem Kaiserhaus. Johann Orth. Das eskapadenreiche Leben des Erzherzogs Johann Salvator. Eine Biographie. Wien 1985 (= Ein Österreich-Thema aus dem Bundesverlag).
Weissensteiner, Friedrich (Hg.): Frauen um Kronprinz Rudolf. Wien 1991.
Weissensteiner, Friedrich (Hg.): Die anderen Habsburger. Reformer, Republikaner und Rebellen aus dem österreichischen Herrscherhaus. Wien 1989.
Weissensteiner, Friedrich (Hg.): Die Töchter Maria Theresias. Wien 1994.
Werkmann, Karl (Freiherr von): Otto von Habsburg. Ein ungelöstes europäisches Problem. Berlin–Wien–Leipzig 1932.
Wertheimer, Eduard: Die drei ersten Frauen des Kaisers Franz. Leipzig 1893.
Wertheimer, Eduard: Palatin Erzherzog Josefs Gedanken zur Regenerierung Ungarns und Österreichs im Jahre 1810. In: Ungarische Revue 1881. S. 343–356.
Widmoser, Eduard: Kardinal Andreas von Österreich. Markgraf von Burgau 1558–1600. In: Lebensbilder aus dem bayerischen Schwaben Reihe 3, Bd. 4. München 1955. S. 249–259
Widmoser, Eduard: Markgraf Karl von Burgau. In: Lebensbilder aus dem bayerischen Schwaben Reihe 3, Bd. 5. München 1954. S. 269–284.
Widorn, Helga: Die spanischen Gemahlinnen der Kaiser Maximilian II., Ferdinand III. und Leopold I. Diss. Wien 1959.
Wiesflecker, Hermann: Das Bild Maximilians in der deutschen Geschichtsschreibung. In: Österreich in Geschichte und Literatur 1 (1957). S. 142–153.
Wiesflecker, Hermann: Maximilian I. und die habsburgisch-spanischen Heirats- und Bündnisverträge von 1495/96. In: Mitteilungen des Instituts für österreichische Geschichtsforschung 67 (1959). S. 1–52.
Wiesflecker, Hermann: Neue Beiträge zur Frage des Kaiser-Papstplanes Maximilians I. im Jahre 1511. In: Mitteilungen des Instituts für österreichische Geschichtsforschung 71 (1963). S. 311–332.
Wilcek, Felix: Erzherzog Ferdinand Maximilian Joseph. Kaiser Max I. von Mexiko (1832–1867). Dipl. Wien 1989.
Wilcek, Felix: Finanzen der Familie Habsburg-Lothringen unter besonderer Berücksichtigung von Erzherzog Ferdinand Max. Versuch einer Darstellung (1800 bis zur 2. Republik). Diss. Wien 1991.
Windisch-Graetz, Ghislaine: Kaiseradler und rote Nelke. Das Leben der Tochter des Kronprinzen Rudolf. Wien–München 1988.
Winter, Eduard: Die polnischen Königswahlen 1575 und 1587 in der Sicht der Habsburger. In: Innsbrucker historische Studien 1 (1978). S. 61–76.
Winter, Robert: Paulus Fabricius. Ein Wiener Universitätsprofessor des 16. Jahrhunderts. Diss. Wien 1980.
Wirer, Franz: Ischl und seine Heilanstalten. Wien 1842.
Witte, Heinrich: Zur Abstammung des österreichischen Kaiserhauses. In: Mitteilungen des Instituts für österreichische Geschichtsforschung 17 (1896). S. 389–396.
Wodenegg-Röck, Selma: Die Schicksale des königlichen Damenstiftes zu Hall. In: Tiroler Heimat 31/32 (1967/68). S. 163–180.
Woeginger, Sophie Katharina: Die Erziehung der österreichischen Kaiser: Kaiser Franz II./I., Kaiser Ferdinand I., Kaiser Franz Joseph, Kaiser Karl I., Otto von Habsburg [sic!]. Dipl. Wien 1996.
Wolf, Julius: Blut und Rasse des Hauses Habsburg-Lothringen. Probleme der Physiognomiegeschichte und Vererbungslehre. Zürich–Leipzig–Wien 1940.
Wolff, Adam: Marie-Christine, Erzherzogin von Oesterreich. Wien 2 Bde. 1863.
Wölfling, Leopold: Habsburger unter sich. Freimüthige Aufzeichnungen eines ehemaligen Erzherzogs. Berlin 1921.
Wölfling, Leopold: Als ich Erzherzog war. Wien 1988.
Wurzbach, Konstantin: Habsburg und Habsburg-Lothringen. Eine biographisch-genealogische Studie. Wien 1861.
Xaver, Gerhard: „Du, glückliches Österreich, heirate!" Erzherzogin Maria Leopoldines Ehe mit Kurfürst Karl Theodor von Pfalz-Bayern. In: Österreich in Geschichte und Literatur 22 (1978). S. 209–211.
Zedinger, Renate: Hochzeit im Brennpunkt der Mächte. Franz Stephan von Lothringen und Erzherzogin Maria Theresia. Schriftenreihe der österreichischen Gesellschaft zur Erforschung des 18. Jahrhunderts. Wien–Köln–Weimar 1994. (= Schriftenreihe der österreichischen Gesellschaft zur Erforschung des 18. Jahrhunderts 3).
Zeissberg, Heinrich Ritter von: Der österreichische Erbfolgestreit nach dem Tode des Königs Ladislaus Postumus (1457–1458) im Lichte der habsburgischen Hausverträge. In: Archiv für österreichische Geschichte 58 (1879). S. 1–170.
Zeissberg, Heinrich Ritter von: Zur Geschichte der Minderjährigkeit Herzog Albrechts V. von Österreich (mit einer Beschreibung der Handschrift Suppl. 3344 der k.k. Hofbibliothek in Wien). In: Archiv für österreichische Geschichte 86 (1899). S. 455–550.
Zekert, Otto: Die Hof-Apotheke zu Wien. Wien o. J.
Zekert, Otto: Die Rezeptsammlung der Philippine Welser. Wien 1941 (Sonderdruck aus Scientia pharmaceutica Sept.–Okt. 1940; Januar 1941).
Zekert, Otto: Leibärzte (HMW-Jahrbuch). Wien 1957.
Zelfel, Hans Peter: Ableben und Begräbnis Friedrichs III. Diss. Wien 1970 (auch Dissertationen der Universität Wien 103, Wien 1974).
Ziegler, Peter: Die ruhelose Kaiserin Elisabeth von Österreich auf Reisen. St. Michael 1981.
Zimburg, Heinrich: Kaiserin Elisabeth von Österreich als Kurgast in Gastein. In: Badgasteiner Badeblatt 29 (1969). 359–361.
Zimmermann, Franz: Österreich und Familie Habsburg-Lothringen [sic!]. Mit einem Aufsatz von Botho Wedel. Linz 1934.

PERSONENREGISTER